"十三五"国家重点出版物出版规划项目

经济科学译丛

曼昆版《宏观经济学》(第十版)课后题解答与题库

N. 格里高利 · 曼昆 (N. Gregory Mankiw)
马克 · 吉布森 (Mark Gibson) 著
郝延伟 卢远瞩 译

SOLUTION MANUAL AND TEST BANK FOR MACROECONOMICS (TENTH EDITION)

中国人民大学出版社
· 北京 ·

《经济科学译丛》

编辑委员会

《经济科学译丛》总序

中国是一个文明古国，有着几千年的辉煌历史。鸦片战争后，中国由盛而衰，一度成为世界上最贫穷、落后的国家之一。中国共产党领导的革命把中国从饥饿、贫困、被欺侮、被奴役的境地中解放出来，1949 年中华人民共和国成立，中国人民从此当家做主。1978 年以来的改革开放，使中国真正走上了通向繁荣富强的道路。

中国改革开放的目标是建立一个有效的社会主义市场经济体制，加速发展经济，提高人民生活水平。但是，要完成这一历史使命绝非易事，我们不仅需要从自己的实践中总结教训，也要从别人的实践中获取经验，还要用理论来指导我们的改革。市场经济虽然对我们这个共和国来说是全新的，但市场经济的运行在发达国家已有几百年的历史，市场经济的理论亦在不断发展完善，并形成了一个现代经济学理论体系。虽然许多经济学名著出自西方学者之手，研究的是西方国家的经济问题，但他们归纳出来的许多经济学理论反映的是人类社会的普遍行为，这些理论是全人类的共同财富。要想迅速稳定地改革和发展我国的经济，我们必须学习和借鉴世界各国包括西方国家在内的先进经济学的理论与知识。

本着这一目的，我们组织翻译了这套经济学教科书系列。这套译丛的特点是：第一，全面系统。除了经济学、宏观经济学、微观经济学等基本原理之外，这套译丛还包括了产业组织理论、国际经济学、发展经济学、货币金融学、财政学、劳动经济学、计量经济学等重要领域。第二，简明通俗。与经济学的经典名著不同，这套丛书都是国外大学通用的经济学教科书，大部分都已发行了几版或十几版。作者尽可能地用简明通俗的语言来阐述深奥的经济学原理，并附有案例与习题，对于初学者来说，更容易理解与掌握。

经济学是一门社会科学，许多基本原理的应用受各种不同的社会、政治或经济体制的影响，许多经济学理论是建立在一定的假设条件上的，假设条件不同，结论也就不一定成立。因此，正确理解和掌握经济分析的方法而不是生搬硬套某些不同条件下产生的结论，才是我们学习当代经济学的正确方法。

本套译丛于 1995 年春由中国人民大学出版社发起筹备并成立了由许多经济学专家学者组成的编辑委员会。中国留美经济学会的许多学者参与了原著的推荐工作。中国人民大学出版社向所有原著的出版社购买了翻译版权。北京大学、中国人民大学、复旦大学以及中国社会科学院的许多专家教授参与了翻译工作。前任策划编辑梁晶女士为本套译丛的出版作出了重要贡献，在此表示衷心的感谢。在构建高水平社会主义市场经济体制时期，我们把这套译丛献给读者，希望为中国经济的深入改革与发展作出贡献。

《经济科学译丛》编辑委员会

目　录

第 1 部分　课后题解答

第 1 章　宏观经济学科学 …………………… 3
第 2 章　宏观经济学的数据 ………………… 5
第 3 章　国民收入：源自何处？去向何方？ ………………………… 12
第 4 章　货币系统：它是什么？如何起作用？ ……………………… 24
第 5 章　通货膨胀：起因、影响和社会成本 ………………………… 30
第 6 章　开放的经济 ………………………… 36
第 7 章　失　业 ……………………………… 49
第 8 章　经济增长Ⅰ：资本积累与人口增长 ……………………… 55
第 9 章　经济增长Ⅱ：技术、经验和政策 ………………………… 62
第 10 章　经济波动导论 …………………… 71
第 11 章　总需求Ⅰ：建立 *IS-LM* 模型 ………………………………… 77
第 12 章　总需求Ⅱ：应用 *IS-LM* 模型 ………………………………… 84
第 13 章　重访开放经济：蒙代尔-弗莱明模型与汇率制度 ………… 99
第 14 章　总供给与通货膨胀和失业之间的短期权衡 ……………… 114
第 15 章　一个经济波动的动态模型 … 124
第 16 章　关于稳定化政策的不同观点 … 131
第 17 章　政府债务和预算赤字 ……… 135
第 18 章　金融系统：机会与危险 …… 139
第 19 章　消费和投资的微观基础 …… 142

第 2 部分　题　库

第 1 章　宏观经济学科学 ……………… 153
第 2 章　宏观经济学的数据 …………… 160
第 3 章　国民收入：源自何处？去向何方？ ………………………… 174
第 4 章　货币系统：它是什么？如何起作用？ ……………………… 194

第 5 章　通货膨胀：起因、影响和社会成本 ………………………… 204
第 6 章　开放的经济 ………………………… 214
第 7 章　失　业 ………………………… 231
第 8 章　经济增长Ⅰ：资本积累与人口增长 ………………………… 241
第 9 章　经济增长Ⅱ：技术、经验和政策 ………………………… 254
第 10 章　经济波动导论 ………………………… 265
第 11 章　总需求Ⅰ：建立 *IS*-*LM* 模型 ………………………… 277
第 12 章　总需求Ⅱ：应用 *IS*-*LM* 模型 ………………………… 289
第 13 章　重访开放经济：蒙代尔-弗莱明模型与汇率制度 ……… 302
第 14 章　总供给与通货膨胀和失业之间的短期权衡 ……………… 317
第 15 章　一个经济波动的动态模型 … 329
第 16 章　关于稳定化政策的不同观点 … 339
第 17 章　政府债务和预算赤字 ……… 350
第 18 章　金融系统：机会与危险 …… 359
第 19 章　消费和投资的微观基础 …… 370

第 1 部分

课后题解答

第 1 章

宏观经济学科学

复习题

1. 解释宏观经济学和微观经济学之间的差别。这两个领域是如何相互关联的?

答: 微观经济学是关于单个企业和家庭如何作出决策以及它们在市场上如何相互作用的研究。关于企业和家庭的微观经济模型是基于优化原理的:给定它们面临的约束条件,企业和家庭尽其所能地做到最好。例如,家庭选择购买哪些商品来最大化它们的效用,企业选择投入和产出来最大化利润。相反,宏观经济学是关于经济整体的研究;它关注总产出、总就业和总体价格水平是如何决定的等问题。这些关于全部经济的变量以许多家庭和许多企业的相互作用为基础;因此,微观经济学构成了宏观经济学的基础。

2. 为什么经济学家要建立模型?

答: 经济学家建立模型是将其作为一种总结经济变量之间关系的方式。由于模型抽象掉了经济中的许多细节,使得我们可以关注最重要的经济联系,因此它们大有用途。

3. 什么是市场出清模型?什么时候假设市场出清是合适的?

答: 市场出清模型是价格调整以平衡供给和需求的模型。在价格具有弹性的情况下,市场出清模型很有用。然而,在许多情况下,弹性价格可能不是一个符合现实的假设。例如,劳动合同常常设定长达三年的工资,杂志社等企业可能每几年才改变价格。大多数宏观经济学家认为,价格具有弹性对研究长期问题来说是一个合理的假设。即使价格在短期可能调整缓慢,但是在长期,价格对需求或供给的变动作出反应。

问题与应用

1. 列举最近的新闻中出现的三个宏观经济问题。

答: 第一,美国的货币政策在 2018 年继续成为一个主要话题。美联储必须决定多快地提高联邦基金利率。在这么做的同时,它密切监测工资和价格的上升。第二,美国在实行更多的保护主义政策,限制国际贸易和移民。这种做法将如何影响消费者、工人和企业以及其他国家将如何作出反应,都存在持续的不确定性。第三,美国已经推行了税收改革,这些改革将影响整体经济,改变家庭和企业的决策并引发联邦预算方面的问题。

2. 你认为界定一门科学的特征是什么？你认为宏观经济学应该被称为一门科学吗？为什么？

答： 许多科学思想家认为，科学的定义性特征是使用科学的探究方法来建立稳定的关系。科学家考察数据（常常是受控实验提供的）以支持或反驳某个假说。经济学家在对实验的使用上受到更多的局限。他们不能对经济做受控实验；他们必须依赖经济的自然发展进程来收集数据。经济学家使用科学的探究方法，也就是说，提出假说并检验假说，从这个意义上说，经济学具有科学的这一特征。

3. 用供给和需求模型解释冰冻酸奶价格的下降会如何影响冰激凌的价格和销售量。在你的解释中，指出外生变量与内生变量。

答： 我们可以用比萨饼的供求模型的简单变形来回答这个问题。假设冰激凌的需求量不但取决于冰激凌的价格，而且取决于冰冻酸奶的价格：

$$Q^d = D(P_{IC}, P_{FY}, Y)$$

式中，P_{IC}和P_{FY}分别代表冰激凌的价格和冰冻酸奶的价格。

由于冰激凌和冰冻酸奶是替代品，所以，我们预期，当冰冻酸奶的价格上升时，冰激凌的需求将上升。也就是说，当冰冻酸奶的价格上升时，家庭将减少对冰冻酸奶的消费，转而更多地用冰激凌满足其对冰冻甜点的欲望。模型的下一部分是冰激凌的供给函数，$Q^s = S(P_{IC})$。最后，在均衡处，供给必须等于需求，即$Q^s = Q^d$。Y和P_{FY}是外生变量，Q和P_{IC}是内生变量。图1-1用这个模型说明冰冻酸奶价格的下降导致冰激凌的需求曲线向左移动。在新的均衡处，冰激凌的价格和数量都更低。

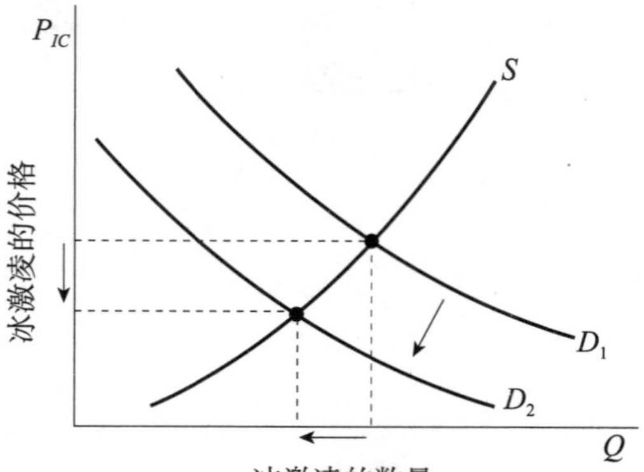

图1-1

4. 你支付的理发价格变动得多频繁？关于市场出清模型对分析理发市场的有用性，你的回答意味着什么？

答： 理发的价格变动相当不频繁。根据不经意的观察，无论对理发的需求和理发师的供给怎样变化，理发师往往在一年或两年内收取相同的价格。对分析理发市场来说，市场出清模型的弹性价格假设不切实际。原因在于，在短期，我们观察到价格缺乏弹性，但是在长期，理发的价格确实发生调整，因此，市场出清模型是合适的。

第 2 章

宏观经济学的数据

复习题

1. GDP 衡量了哪两样东西？GDP 怎么能同时衡量这两样东西呢？

答： GDP 衡量了从经济的最终产品和服务的生产中赚取的总收入，它也衡量了在经济的最终产品和服务上的总支出。GDP 能够同时衡量这两样东西的原因是，作为一个核算问题，买者的总支出必须等于卖者的总收入。正如教材中的循环流图所阐述的，这些是衡量经济中美元流量的等价方法。

2. GDP 的四个组成部分是什么？对每个组成部分举一个例子。

答： GDP 的四个组成部分是消费、投资、政府购买和净出口。GDP 中的消费由家庭在新的最终产品与服务上的支出构成，如购买新电视机。GDP 中的投资由企业固定投资、住房固定投资以及存货投资构成。当企业购买新设备时，这被记作投资。政府购买由联邦政府、州政府和地方政府对新的最终产品与服务的购买构成，如购买新的军事装备。净出口衡量卖给其他国家的产品和服务的价值减去外国人卖给我们自己国家的产品和服务的价值。当美国卖给外国玉米时，美国 GDP 中的净出口就增加了。

3. 消费者价格指数衡量什么？列举它与 GDP 平减指数不同的三个方面。

答： 消费者价格指数（CPI）衡量经济中的总体价格水平。它告诉我们一个固定的商品篮子的价格相对于同一篮子在基年的价格是什么水平。GDP 平减指数是某一给定年份的名义 GDP 和实际 GDP 之比。这两个指标在三个方面存在区别。第一，GDP 平减指数衡量了经济生产的所有最终产品和服务的价格，而 CPI 只衡量了消费者购买的产品和服务的价格。第二，GDP 平减指数只包括国内产品和服务的价格，而 CPI 既包含了国内产品和服务的价格，又包含了进口品的价格。第三，CPI 是一个拉氏指数，它在不同时期有着固定的商品篮子，而 GDP 平减指数是一个帕氏指数，它在不同时期的商品篮子是变化的。在实践中，这两个指数往往同步运动，并非常常相互背离。

4. CPI 和 PCE 平减指数的相似和不同之处是什么？

答： CPI 衡量一个固定的商品篮子的价格相对于同一篮子在基年的价格是什么水平。PCE 平减指数是名义消费者支出和实际消费者支出的比值。CPI 和 PCE 平减指数的相似之处在于，它们都只包括消费者购买的产品的价格，它们都既包括进口品的价格又包括国内生产的产品的价格。两者的区别在于，CPI 衡量固定的商品篮子的价格的变化，而 PCE 平减指数衡量的商品逐年变化，取决于消费者在该特定年份购买了什么。

5. 列出劳工统计局对经济中每个人归类所使用的三种类型。劳工统计局如何计算失业率？

答：劳工统计局把每个人归为下面三种类型之一：就业者、失业者、不属于劳动力者。失业率是失业者在劳动力中所占的百分比，其计算方法如下：

$$失业率=\frac{失业人数}{劳动力}\times 100\%$$

注意，劳动力是就业者与失业者之和。

6. 描述劳工统计局衡量就业总量的两种方法。

答：为了衡量就业，劳工统计局每个月做两项调查。第一，它调查大约 6 万个家庭以获得声称自己有工作的人数的估计。劳工统计局用这个比例乘以估计人口数以衡量就业者数量。第二，劳工统计局调查大约 16 万个商业机构，询问它们雇用了多少人。这两项调查都是不完美的，因此，这两个就业测度相互背离。

问题与应用

1. 访问经济分析局的网站，找到最近一个季度的实际 GDP 增长率。访问劳工统计局的网站，找到去年的通货膨胀率和最近一个月的失业率。你如何解释这些数据？

答：在 bea.gov 网站首页，点击顶部“Interactive Data”标签，选择“GDP & Personal Income”，点击“Begin using the data…”，选择“Section 1，Table 1.1.1”。在 2017 年第 4 季度，实际 GDP 增长率为 2.9%。与 2017 年前三个季度的增长率 1.2%、3.1%和 3.2%比较起来，2.9%略高于平均值。在 bls.gov 网站首页，选择“Data Tools”标签，然后选择“Top Picks”。勾选“失业率”，点击“Retrieve data”。2018 年 2 月的失业率为 4.1%，与之前的几个月相似。在 bls.gov 网站首页，选择“Economic Releases”标签，然后选择“Inflation & Prices”。查阅 CPI 报告，找到 Table 1。从 2018 年 1 月到 2 月，经季节调整的、包含所有项目的通货膨胀率为 0.2%，排除食品和能源后的通货膨胀率也是这个数字。通货膨胀率低于平均水平，也低于美联储的目标值 2%。

2. 一个农民种植了 1 蒲式耳小麦，以 1 美元的价格把它卖给一个磨坊主。该磨坊主把小麦磨成面粉，然后以 3 美元的价格卖给一个面包师。该面包师用面粉制作面包，并以 6 美元的价格卖给一个工程师。该工程师吃了面包。每个人的增加值是多少？这个面包对 GDP 的贡献是多少？

答：每个人的增加值等于他生产出来的产品的价值减去购买生产该产品所需原料的成本。在这个例子中，农民的增加值为 1 美元。由于购买小麦花了 1 美元，面粉卖了 3 美元，因此，磨坊主的增加值为 2 美元。由于购买面粉花了 3 美元，面包卖了 6 美元，因此，面包师的增加值为 3 美元。GDP 是总的增加值，即 1+2+3=6（美元）。注意，GDP 等于最终产品（面包）的价值。

3. 假定一个妇女嫁给了其男管家。在他们结婚之后，她的丈夫继续像以前一样照顾她，她也继续像以前一样养活他（但是把他作为丈夫而不是雇员）。他们的婚姻如何影响 GDP？你认为它应该如何影响 GDP？

答：当一个妇女嫁给了其男管家时，GDP 减少了男管家的工资那么多。这是因为 GDP 衡量了来自市场活动的总收入，而不包括在家里生产的任何产出的价值。如果 GDP 真正衡量了所有产品和服务的价值，那么由于经济活动总量没有发生变化，该婚姻就不会影响 GDP。然而，现在使用的 GDP 不是一个完美的经济活动衡量指标。

4. 把下列交易归入支出的四个组成部分之一：消费、投资、政府购买和净出口。

a. 苹果公司向肯塔基州巴黎市的一所公立学校出售一台电脑。

b. 苹果公司向伊利诺伊州巴黎市的一个会计师事务所出售一台电脑。

c. 苹果公司向法国巴黎市的一个面包店出售一台电脑。

d. 苹果公司向帕里斯·希尔顿出售一台电脑。

e. 苹果公司制造了一台供明年出售的电脑。

答：

a. 由于公立学校是政府的一部分，所以，向公立学校出售的电脑被记作政府购买。

b. 由于向会计师事务所出售的电脑是出售给私人企业的资本品，所以被记作投资。

c. 由于巴黎市的面包店是一个外国企业，所以向其出售的电脑被记作出口。

d. 由于帕里斯·希尔顿是一个私人主体，所以向其出售的电脑被记作消费。

e. 为供明年出售而生产的电脑被记作投资。特别地，由于它是今年生产、明年才出售的，所以它被记作存货投资。

5. 找到有关 GDP 及其组成部分的数据，计算在 1950 年、1990 年和能得到数据的最近一年下列组成部分在 GDP 中所占的百分比。

a. 个人消费支出。

b. 私人国内总投资。

c. 政府购买。

d. 净出口。

e. 国防购买。

f. 进口。

你看出了这些数据中存在任何稳定的关系吗？你看出什么趋势了吗？[提示：你可以在经济分析局的网站 http://www.bea.gov 找到这些数据。]

答：访问 bea.gov 网站，点击顶部“Interactive Data”标签，选择“GDP & Personal Income”，点击“Begin using the data…”，选择“Section 1，Table 1.1.5”。使用“MODIFY”选项，选择 1950—2017 年的年度数据。通过将每个组成部分除以 GDP 再乘以 100%，我们得到了如下百分比：

	1950 年	1990 年	2017 年
a. 个人消费支出	64.0%	64.0%	69.1%
b. 私人国内总投资	18.8%	16.6%	16.6%
c. 政府购买	16.9%	20.7%	17.3%
d. 净出口	0.2%	−1.3%	−2.9%
e. 国防购买	7.6%	6.7%	3.8%
f. 进口	3.9%	10.5%	15.0%

（注：以上数据于 2018 年 4 月 4 日下载自 BEA 网站。）

根据该表，个人消费支出、私人国内总投资、政府购买占 GDP 的份额在不同时期相对稳定；净出口和国防购买所占份额下降了；进口相对于 GDP 增长迅速。

6. （Work It Out）蒂娜是蒂娜除草股份有限公司的唯一老板。某一年，该公司从客户那里得到了 1 000 000 美元的除草收入。公司设备价值折旧了 125 000 美元。公司支付给工人的报酬为 600 000 美元，工人交纳了 140 000 美元税收。公司交纳了 50 000 美元所得税，给蒂娜支付了 150 000 美元股息。蒂娜支付了 60 000 美元股息税。公司留存了 75 000 美元收入供未来扩张使用。这一经济活动对以下各项的贡献分别是多少？

a. GDP。 b. NNP。

c. 国民收入。 d. 雇员报酬。

e. 业主收入。 f. 公司利润。

g. 个人收入。 h. 个人可支配收入。

答：

a. GDP 衡量最终产品和服务的价值，在本题中是除草收入 1 000 000 美元。

b. NNP 等于 GNP 减去折旧。本题中没有支付给国外的或来自国外的要素报酬，因此 GNP 等于 GDP。由于折旧为 125 000 美元，因此，NNP 为 875 000 美元。

c. 国民收入等于 NNP，即 875 000 美元。

d. 雇员报酬为 600 000 美元。

e. 业主收入衡量了所有者的收入，此处即为股息，150 000 美元。

f. 公司利润等于公司税收、股息和留存收益之和，此处为 50 000＋150 000＋75 000＝275 000（美元）。

g. 个人收入等于雇员报酬加上股息，即 750 000 美元。

h. 个人可支配收入等于个人收入减去个人税收，即 550 000 美元。

7.（Work It Out）考虑一个生产和消费热狗与汉堡的经济。下表是两个不同年份的数据。

产品	2010 年		2018 年	
	数量	价格	数量	价格
热狗	200	2 美元	250	4 美元
汉堡	200	3 美元	500	4 美元

a. 把 2010 年作为基年，计算每年的以下统计指标：名义 GDP、实际 GDP、GDP 的隐性价格平减指数，以及 CPI。

b. 在 2010—2018 年间，价格上涨了多少百分比？对每种产品以及 GDP 平减指数和 CPI 这两个总体价格水平的衡量指标，给出你的答案。比较这两个拉氏和帕氏价格指数（以上两个价格指数分属拉氏和帕氏价格指数）给出的答案。解释其差别。

答：

a. i. 名义 GDP 是用现期价格衡量的产品与服务的总价值。因此，

2010 年的名义 GDP＝2010 年热狗的价格×2010 年热狗的数量＋2010 年汉堡的价格×2010 年汉堡的数量＝2×200＋3×200＝400＋600＝1 000（美元）

2018 年的名义 GDP＝2018 年热狗的价格×2018 年热狗的数量＋2018 年汉堡的价格×2018 年汉堡的数量＝4×250＋4×500＝1 000＋2 000＝3 000（美元）

ii. 实际 GDP 是用基年价格衡量的产品与服务的总价值。在基年（2010 年），实际 GDP 等于名义 GDP，因此，2010 年的实际 GDP 为 1 000 美元。为了计算 2018 年的实际 GDP，用 2018 年的购买量乘以 2010 年的价格：

2018 年的实际 GDP＝2010 年热狗的价格×2018 年热狗的数量＋2010 年汉堡的价格×2018 年汉堡的数量＝2×250＋3×500＝500＋1 500＝2 000（美元）

iii. GDP 的隐性价格平减指数是名义 GDP 和实际 GDP 之比。在基年（2010 年），它等于 1。在 2018 年，我们有：

2018 年 GDP 的隐性价格平减指数＝3 000/2 000＝1.5

iv. CPI 使用一个固定的商品篮子衡量价格水平随着时间的变动。在基年（2010 年），它等于 1。2018 年的 CPI 衡量 2010 年的商品篮子在 2018 年的成本相对于 2010 年的成本是什么水平：

$$2018\text{ 年的 CPI}=\frac{2018\text{ 年热狗的价格}\times 2010\text{ 年热狗的数量}+2018\text{ 年汉堡的价格}\times 2010\text{ 年汉堡的数量}}{2010\text{ 年热狗的价格}\times 2010\text{ 年热狗的数量}+2010\text{ 年汉堡的价格}\times 2010\text{ 年汉堡的数量}}$$

$$=\frac{4\times 200+4\times 200}{2\times 200+3\times 200}=\frac{1\ 600}{1\ 000}=1.6$$

b. 由于 GDP 平减指数的商品篮子是变化的，所以它是一个帕氏价格指数。而 CPI 的商品篮子是固定的，所以它是一个拉氏价格指数。2018 年的 GDP 平减指数是 1.5，这表明价格比 2010 年的水平上升了 50%。2018 年的 CPI 是 1.6，这表明价格比 2010 年的水平上升了 60%。

如果所有产品的价格都上升相同的百分比，例如说 50%，那么我们可以明确地说价格水平上升了 50%。然而，在我们的例子中，相对价格发生了变化。热狗的价格上升了 100%，而汉堡的价格上升了 33.33%，这使得汉堡相对来说不那么贵了。消费者对此作出的反应是增加汉堡的购买量（相对于热狗的购买量来说）。由于 CPI 的商品篮子是固定的，它没有考虑这种替代效应，因此，它给出的通货膨胀率比 GDP 平减指数给出的更高。

8. 阿贝只消费苹果。在第1年，红苹果的价格是每个1美元，青苹果每个2美元，阿贝买了10个红苹果。在第2年，红苹果的价格是每个2美元，青苹果每个1美元，阿贝买了10个青苹果。

a. 计算每年苹果的消费者价格指数。假设第1年是基年，即消费者篮子固定的年份。从第1年到第2年，你计算的指数如何变动？

b. 计算阿贝每年在苹果上的名义支出。从第1年到第2年，名义支出如何变动？

c. 把第1年作为基年，计算阿贝每年在苹果上的实际支出。从第1年到第2年，实际支出有什么变动？

d. 把隐性价格平减指数定义为名义支出除以实际支出，计算每年的价格平减指数。从第1年到第2年，价格平减指数如何变动？

e. 假定阿贝吃红苹果或青苹果同样快乐。阿贝的真实生活成本增加了多少？比较这一答案与你得到的问题a和d的答案。关于拉氏和帕氏价格指数，这个例子告诉了你什么？

答：

a. 为了计算CPI，我们固定第1年的商品篮子，允许价格随时间变化。在基年，CPI为1；在第2年，CPI为：

$$\text{第 2 年的 CPI}=\frac{\text{第 2 年红苹果的价格}\times\text{第 1 年红苹果的数量}+\text{第 2 年青苹果的价格}\times\text{第 1 年青苹果的数量}}{\text{第 1 年红苹果的价格}\times\text{第 1 年红苹果的数量}+\text{第 1 年青苹果的价格}\times\text{第 1 年青苹果的数量}}$$

$$=\frac{2\times 10+1\times 0}{1\times 10+2\times 0}=2$$

根据CPI，价格翻倍了。

b. 阿贝这两年都以每个苹果1美元的价格购买了10个苹果，因此，她的名义支出都为10美元。没有发生变化。

c. 在第1年（基年），阿贝的实际支出等于其名义支出，即10美元。在第2年，她消费了10个青苹果，每个青苹果在第1年的价格为2美元，因此，她的实际支出为20美元。即

第2年的实际支出＝第1年红苹果的价格×第2年红苹果的数量＋第1年青苹果的价格×第2年青苹果的数量＝1×0＋2×10＝20(美元)

阿贝的实际支出从10美元翻倍到20美元。

d. 隐性价格平减指数等于名义支出除以实际支出，因此，在基年（第1年），它等于1。

$$\text{第 2 年的隐性价格平减指数}=\frac{\text{第 2 年的名义支出}}{\text{第 2 年的实际支出}}=\frac{10}{20}=0.5$$

隐性价格平减指数表明，价格下降了一半。其原因是，该平减指数用第1年的价格估计阿贝对苹果的估值。从这个角度看，青苹果看起来更有价值。在第2年，当阿贝消费10个青苹果时，由于该平减指数认为青苹果比红苹果的价值更高，因此，看起来她的消费增加了。

e. 如果阿贝认为红苹果和青苹果是完全替代品，那么在这个经济中，生活成本没有变化——在任意一年里都花10美元消费10个苹果。CPI，一个拉氏价格指数，表明生活成本翻倍了；而隐性价格平减指数，一个帕氏价格指数，表明生活成本减半了。这是因为CPI没有考虑商品篮子的变化，隐性价格平减指数没有考虑相对价格的变化。这表明，这两个指数的结合，如链式加权指数，将会是一个更好的真实生活成本的衡量指标。

9. (Work It Out) 考虑一个由100人组成的经济。这100人分成如下几个群体：25人有全职工作，20人有一份兼职工作，5人有两份兼职工作，10人想工作且正在找工作，10人想工作但丧失信心并放弃找工作了，10人经营自己的生意，10人退休了，还有10人是小孩。

a. 计算劳动力和劳动力参与率。

b. 计算失业者人数和失业率。

c. 用两种方法计算总就业量：一种是按家庭调查来衡量，另一种是按机构调查来衡量。

答：

a. 劳动力包括全职工人、兼职工人、经营自己的生意的人以及没有工作但正在找工作的人。劳动力一共有 70 人。劳动力参与率是劳动力占成年人口的比例，为 (70/90)×100%＝77.8%。

b. 失业工人是那些想工作且正在找工作的人，因此是 10 人。失业率是失业工人占劳动力的比例，为 (10/70)×100%＝14.3%。

c. 家庭调查通过询问家庭样本的就业状况来估计总就业。家庭调查将报告 60 人就业。机构调查通过要求企业样本报告它们雇用的工人数量来估计总就业。在本题中，机构调查将报告 55 人就业，原因是有两份兼职的 5 人将被计算两次，10 个经营自己的生意的人将不被计入。

10. 在参议员罗伯特·肯尼迪（Robert Kennedy）1968 年竞选总统时的一篇演讲中，他就 GDP 讲了以下一段话："（GDP）没有考虑到孩子们的健康、他们的教育质量或者玩耍带给他们的快乐。它没有包括我们的诗歌之美好或婚姻之力量，没有包括我们关于公共问题争论的智慧或者我们公务员的正直。它既没有衡量出我们的勇气与智慧，也没有衡量出我们对祖国的热爱。简言之，它衡量一切，但并不包括使我们的生活有意义的东西，它可以告诉我们有关美国的一切，但没有告诉我们，为什么我们以作为美国人而骄傲。"

罗伯特·肯尼迪的话正确吗？如果正确，我们为什么要关注 GDP？

答： 正如参议员罗伯特·肯尼迪所指出的，GDP 是一个不完美的经济表现或福利衡量指标。除了肯尼迪所提及的遗漏项外，GDP 还忽略了汽车、冰箱和剪草机等耐用品上的估算租金；作为家庭活动而被生产出来的许多服务和产品，如做饭和打扫卫生；非法活动中生产和销售的产品的价值，如毒品交易。GDP 衡量中的这些不完美之处并不必然减少其有用性。只要这些衡量问题随时间保持稳定，GDP 在不同年份的经济活动比较中就是有用的。而且，更多的 GDP 使得我们能够为孩子们的健康提供更好的医疗、为孩子们的教育提供更新的图书、为孩子们玩要提供更多的玩具。最后，GDP 更高的国家往往有着更高的预期寿命水平、能够更好地获得清洁水和卫生设施以及更高的教育水平。因此，GDP 在各国增长和发展水平的比较中是一个有用的衡量指标。

11. 考虑下列每一个事件可能如何增加或减少实际 GDP。对于每个事件，你认为社会中人均福利很可能与实际 GDP 同方向变动吗？为什么？

a. 佛罗里达的飓风迫使迪士尼乐园停业一个月。

b. 新的、更容易种植的小麦品种的发现增加了农场的收成。

c. 工会和经理之间敌对状态的加剧引起了罢工的爆发。

d. 整个经济中的企业都经历着需求的减少，导致企业解雇工人。

e. 国会通过了新的环境法，该法禁止企业使用排放大量污染的生产方法。

f. 更多的高中生辍学从事除草工作。

g. 全国的父亲减少工作周数，把更多的时间用于与孩子相处。

答： a. 由于迪士尼乐园在停业期间不生产任何服务，所以，实际 GDP 下降。由于迪士尼乐园的工人和股东收入下降（国民收入账户的收入方面），人们对迪士尼乐园的消费减少（国民收入账户的支出方面），所以，这相当于经济福利的下降。

b. 由于用于农场生产的原有资本和劳动现在能够生产更多的小麦，所以，实际 GDP 上升。由于人们现在可以消费更多的小麦，或者用于农场生产的部分资本和劳动可以被重新配置于生产社会看重的其他产品，所以，这相当于经济福利的上升。

c. 由于上班的工人少了，企业生产得少

了，所以，实际 GDP 下降。这导致收入和消费都减少，因此，经济福利下降。

d. 由于解雇工人的那些企业生产得少了，所以，实际 GDP 下降。由于工人的收入下降，供人们消费的产品减少，所以，这降低了经济福利。

e. 由于企业转而采用生产的产品更少但排放的污染也更少的生产方法，所以，实际 GDP 可能下降。但是，经济福利可能上升。经济现在生产的产出更少了，但是，清洁空气更多了。清洁空气不是一种市场产品，从而不在 GDP 测度中体现出来，但是，它仍然是人们看重的一种产品。

f. 由于这些高中生从不生产市场产品和服务的活动转到生产市场产品和服务的活动，所以，实际 GDP 上升。然而，经济福利可能下降。由于上学很可能提高工人未来的生产率，所以，在理想的国民收入账户中，上学应该作为投资而被体现出来。事实上，国民收入账户并不衡量这类投资。也要注意，未来的 GDP 可能会因为未来的劳动力受教育程度的下降而低于这些学生不辍学的情形。

g. 由于父亲用于生产市场产品和服务的时间减少，所以，实际 GDP 下降。然而，这些父亲现在提供了更多的抚养子女的服务。如果这些父亲和子女从他们共度的额外时间中受益足够多，那么普通人的福利可能上升。

第 3 章 国民收入：源自何处？去向何方？

复习题

1. 什么决定了一个经济生产的产出量？

答： 生产要素和生产技术决定了一个经济能够生产的产出数量。生产要素是用于生产产品和服务的投入；最重要的生产要素是资本和劳动。生产技术决定了从任意给定数量的这些要素中，有多少产出可以被生产出来。任意一种生产要素的增加或生产技术的进步都导致经济的产出增加。

2. 解释一个竞争性的、利润最大化的企业如何决定每种生产要素的需求量。

答： 当一个企业决定某种生产要素的雇用量或需求量时，它考虑这一决策如何影响利润。例如，雇用额外一单位劳动会增加产出从而增加收益；企业比较额外收益与工资账单上的额外成本。企业收到的额外收益取决于劳动的边际产量（MPL）和产品的价格（P）。额外一单位劳动生产 MPL 单位的额外产出，每单位售价 P 美元。因此，企业的额外收益为 $P\times MPL$。雇用额外一单位劳动的成本是工资 W。因此，雇用额外一单位劳动的决策对利润的影响如下：

$$\Delta\text{利润}=\Delta\text{收益}-\Delta\text{成本}$$

$$=P\times MPL-W$$

如果雇用额外一单位劳动的额外收益（$P\times MPL$）超过额外成本（W），那么利润就增加。企业将雇用劳动直到这么做不再是有利可图的，也就是说，直到 MPL 下降到利润的变化为零的点。在上面的方程中，企业雇用劳动直到 Δ利润$=0$，即 $P\times MPL=W$。这个条件可以被改写为

$$MPL=W/P$$

因此，一个竞争性的、利润最大化的企业雇用劳动直到劳动的边际产量等于实际工资。同样的逻辑适用于企业关于雇用多少资本的决策：企业雇用资本直到资本的边际产量等于实际租赁价格。

3. 在收入分配中规模报酬不变的作用是什么？

答： 如果所有生产要素增加相同的百分比会导致产出增加同一百分比，那么生产函数的规模报酬不变。例如，如果企业使用的资本和劳动都增加 50%，产出也增加 50%，那么该生产函数就有着不变的规模报酬。

如果生产函数的规模报酬不变，那么由竞争性的、利润最大化的企业所组成的经济中的总收入（或者，等价地，总产出）将在

劳动报酬（$MPL \times L$）和资本报酬（$MPK \times K$）之间分配。也就是说，在不变规模报酬下，经济利润为零。

4. 写出资本回报是总收入的 1/4 的柯布-道格拉斯生产函数。

答：柯布-道格拉斯生产函数的形式为 $F(K, L)=AK^{\alpha}L^{1-\alpha}$。教材正文证明，参数 α 就是收入的资本份额。因此，如果资本回报是总收入的 1/4，那么 $\alpha=0.25$，从而 $F(K, L)=AK^{0.25}L^{0.75}$。

5. 什么决定了消费和投资？

答：消费与可支配收入正相关，即缴纳所有税收后的收入量。更高的可支配收入意味着更高的消费。

投资品的需求量与实际利率负相关。若一项投资要有利可图，那么它的回报必须高于其成本。由于实际利率衡量了资金的成本，因此，更高的实际利率增加了投资的成本，投资品的需求量下降。

6. 解释政府购买和转移支付之间的差别。每种情况各举两个例子。

答：政府购买是一个衡量政府直接购买的产品和服务的价值的指标。例如，政府购买导弹和坦克，修建道路，提供空中交通管制等服务。所有这些活动都是GDP的一部分。转移支付是不换取产品和服务的、政府对个人的支付。它与税收截然相反：税收降低了家庭的可支配收入，而转移支付增加了家庭的可支配收入。转移支付的例子包括对老人的社会保障支付、失业保险和退伍军人津贴。

7. 什么使经济中产品与服务的需求与供给相等？

答：消费、投资和政府购买决定了对经济的产出的需求，而生产要素和生产函数决定了产出的供给。实际利率通过调整以确保对经济的产出的需求等于供给。在均衡利率下，对产品和服务的需求等于供给。

8. 解释当政府增加税收时，消费、投资和利率会发生什么变动。

答：当政府增加税收时，可支配收入减少，因此消费也减少。消费的减少等于税收的增加乘以边际消费倾向（MPC）。MPC 越高，税收增加对消费的负向影响越大。由于产出被生产要素和生产技术所固定且政府购买没有变化，因此，消费的减少必然被投资的增加所抵消。要使投资增加，实际利率必须下降。因此，税收的增加导致消费的减少、投资的增加和实际利率的下降。

问题与应用

1. 用新古典分配理论预测下列每个事件对实际工资和资本实际租赁价格的影响：

a. 移民潮增加了劳动力。

b. 地震摧毁了部分资本存量。

c. 技术进步改善了生产函数。

d. 高通货膨胀令经济中所有要素和产出的价格翻倍。

答：a. 根据新古典分配理论，实际工资等于劳动的边际产量。由于劳动的报酬递减，因此，劳动力的增加导致劳动的边际产量下降，从而实际工资下降。

给定柯布-道格拉斯生产函数，劳动力的增加将提高资本的边际产量，从而将提高资本的实际租赁价格。在工人增加的条件下，资本就会得到更加密集的使用，生产力也会更高。

b. 资本的实际租赁价格等于资本的边际产量。如果地震摧毁了部分资本存量（然而奇迹般地没有任何人死亡，从而没有减少劳动力），那么资本的边际产量上升，从而资本的实际租赁价格上升。

给定柯布-道格拉斯生产函数，资本存量的减少将降低劳动的边际产量，从而将降低实际工资。在资本减少的条件下，每个工人的生产力都会下降。

c. 如果技术进步改善了生产函数，那么这可能会增加资本和劳动两者的边际产量。因此，实际工资和资本的实际租赁价格都提高。

d. 令名义工资和价格水平都翻倍的高通货膨胀对实际工资将不会有影响。类似地，令资本的名义租赁价格和价格水平都翻倍的高通货膨胀对资本的实际租赁价格将不会有影响。

2. (Work It Out) 假定中世纪欧洲的生产函数是 $Y=K^{0.5}L^{0.5}$，其中 K 是土地数量，L 是劳动数量。该经济一开始时有 100 单位土地和 100 单位劳动。用计算器和本章的方程求出以下每个问题的答案：

a. 该经济生产多少产出？

b. 工资和土地租赁价格是多少？

c. 劳动收到的产出份额是多少？

d. 如果有一半的人口因为一场瘟疫而病死了，那么新的产出水平是多少？

e. 新的工资和土地租赁价格是多少？

f. 劳动现在收到的产出份额是多少？

答： a. 为了找到产出的数量，把劳动和土地的给定数值代入生产函数，得到

$$Y=100^{0.5}100^{0.5}=100$$

b. 根据教材正文，劳动和土地的边际产量的公式为

$$MPL=(1-\alpha)AK^{\alpha}L^{-\alpha}$$
$$MPK=\alpha AK^{\alpha-1}L^{1-\alpha}$$

在本题中，$\alpha=0.5$，$A=1$。把劳动和土地的给定数值代入，得到 $MPL=0.5$，$MPK=0.5$。我们知道，实际工资等于劳动的边际产量，土地实际租赁价格等于土地的边际产量。

c. 劳动收到的产出数量等于劳动的边际产量乘以劳动的数量，其值为 50 单位，占总产出的份额为 50/100=0.5，即 50%。

d. 新的产出水平为 70.71。

e. 新的工资为 0.71，新的土地租赁价格为 0.35。

f. 劳动现在收到的产出数量为 35.36 单位，占产出的份额为 35.36/70.71=0.5，即 50%。注意，由于生产函数是柯布-道格拉斯形式的，所以，劳动收到的产出（或收入）份额与之前相同。

3. 如果资本和劳动各增加 10%而引起的产出增加少于 10%，我们说生产函数表现出规模报酬递减（decreasing returns to scale）的性质。如果资本和劳动各增加 10%而引起的产出增加多于 10%，我们说生产函数表现出规模报酬递增（increasing returns to scale）的性质。为什么生产函数可能表现出规模报酬递减或递增的性质呢？

答： 如果所有生产要素增加相同的百分比导致产出增加更小的百分比，那么该生产函数规模报酬递减。例如，如果我们将资本和劳动的数量翻倍，但产出增加不到一倍，那么该生产函数的规模报酬就是递减的。如果经济中有一种固定要素，例如土地，且这种固定要素随着资本和劳动数量的增加而变得相对稀缺，那么规模报酬递减就可能发生。

如果所有生产要素增加相同的百分比导致产出增加更大的百分比，那么该生产函数规模报酬递增。例如，如果我们将资本和劳动的数量翻倍，但产出增加超过一倍，那么该生产函数的规模报酬就是递增的。如果劳动的专业化程度随着人口增长而更高，那么规模报酬递增就可能发生。例如，如果只有一个工人生产一辆汽车，那么由于他不得不学习许多不同的技能，而且他必须不停地更换任务和工具，生产一辆汽车将耗费他很长的时间。但是，如果许多工人生产一辆汽车，那么每个人可以专业化于某项特定的任务，生产效率会更高。

4. 假定某经济的生产函数是参数 $\alpha=0.3$ 的柯布-道格拉斯生产函数。

a. 资本和劳动得到的收入比例是多少？

b. 假定移民使劳动力增加了 10%。总产出会发生什么变化（用百分比表示）？资本的租赁价格呢？实际工资呢？

c. 假定来自国外的资本捐赠使资本存量增加了 10%。总产出会发生什么变化（用百分比表示）？资本的租赁价格呢？实际工资呢？

d. 假定技术进步使参数 A 的值提高了 10%。总产出会发生什么变化（用百分比表示）？资本的租赁价格呢？实际工资呢？

答： a. 柯布-道格拉斯生产函数的形式为 $Y=AK^{\alpha}L^{1-\alpha}$。对于该函数，教材证明了

劳动和资本的边际产量分别为

$$MPL = (1-\alpha)Y/L$$
$$MPK = \alpha Y/K$$

竞争性的利润最大化企业雇用劳动直到其边际产量等于实际工资，雇用资本直到其边际产量等于实际租赁价格。利用这些事实和上面给出的边际产量公式，我们有

$$W/P = MPL = (1-\alpha)Y/L$$
$$R/P = MPK = \alpha Y/K$$

这些公式可以改写为

$$(W/P)L = MPL \times L = (1-\alpha)Y$$
$$(R/P)K = MPK \times K = \alpha Y$$

注意，$(W/P)L$ 和 $(R/P)K$ 分别是工资账单和总的资本回报。给定 $\alpha=0.3$，上述公式表明劳动收到了总产出（或收入）的 70%，资本收到了总产出（或收入）的 30%。

b. 为了确定当劳动力增加 10%时总产出会发生什么变化，考虑柯布-道格拉斯生产函数的公式

$$Y = AK^{\alpha}L^{1-\alpha}$$

记 Y_1 为初始产量，Y_2 为最终产量。我们知道 $\alpha = 0.3$。我们还知道劳动 L 增加了 10%：

$$Y_1 = AK^{0.3}L^{0.7}$$
$$Y_2 = AK^{0.3}(1.1L)^{0.7}$$

注意，我们将 L 乘以了 1.1 以反映劳动力增加了 10%这一事实。

为了计算产出的百分比变化，将 Y_2 除以 Y_1：

$$\frac{Y_2}{Y_1} = \frac{AK^{0.3}(1.1L)^{0.7}}{AK^{0.3}L^{0.7}}$$
$$= 1.1^{0.7}$$
$$= 1.069$$

也就是说，产出增加了 6.9%。

为了确定劳动力的增加如何影响资本的租赁价格，考虑资本的实际租赁价格 R/P 的公式：

$$R/P = MPK = \alpha AK^{\alpha-1}L^{1-\alpha}$$

我们知道 $\alpha=0.3$。我们还知道劳动 L 增加了 10%。记 $(R/P)_1$ 为资本的实际租赁价格的初始值，$(R/P)_2$ 为劳动力增加 10%后资本的实际租赁价格的最终值。为了找到 $(R/P)_2$，将 L 乘以 1.1 以反映劳动力增加了 10%这一事实：

$$(R/P)_1 = 0.3AK^{-0.7}L^{0.7}$$
$$(R/P)_2 = 0.3AK^{-0.7}(1.1L)^{0.7}$$

资本的实际租赁价格的变化为：

$$\frac{(R/P)_2}{(R/P)_1} = \frac{0.3AK^{-0.7}(1.1L)^{0.7}}{0.3AK^{-0.7}L^{0.7}}$$
$$= 1.1^{0.7}$$
$$= 1.069$$

因此，资本的实际租赁价格增加了 6.9%。

为了确定劳动力的增加如何影响实际工资，考虑实际工资 W/P 的公式：

$$W/P = MPL = (1-\alpha)AK^{\alpha}L^{-\alpha}$$

我们知道 $\alpha=0.3$。我们还知道劳动 L 增加了 10%。记 $(W/P)_1$ 为实际工资的初始值，$(W/P)_2$ 为实际工资的最终值。为了找到 $(W/P)_2$，将 L 乘以 1.1 以反映劳动力增加了 10%这一事实：

$$(W/P)_1 = (1-0.3)AK^{0.3}L^{-0.3}$$
$$(W/P)_2 = (1-0.3)AK^{0.3}(1.1L)^{-0.3}$$

为了计算实际工资的百分比变化，将 $(W/P)_2$ 除以 $(W/P)_1$：

$$\frac{(W/P)_2}{(W/P)_1} = \frac{(1-0.3)AK^{0.3}(1.1L)^{-0.3}}{(1-0.3)AK^{0.3}L^{-0.3}}$$
$$= 1.1^{-0.3}$$
$$= 0.972$$

也就是说，实际工资下降了 2.8%。

c. 运用与 b 中相同的逻辑，有

$$Y_1 = AK^{0.3}L^{0.7}$$
$$Y_2 = A(1.1K)^{0.3}L^{0.7}$$

因此，我们有

$$\frac{Y_2}{Y_1} = \frac{A(1.1K)^{0.3}L^{0.7}}{AK^{0.3}L^{0.7}}$$
$$= 1.1^{0.3}$$
$$= 1.029$$

这个方程表明，产出增加了 2.9%。注意，由于 $\alpha<0.5$，资本增加 10%引起的产出增加比劳动增加 10%引起的产出增加要少。

再次地，运用与 b 中相同的逻辑，我们

可以计算资本的实际租赁价格的变化：

$$\frac{(R/P)_2}{(R/P)_1}=\frac{0.3A(1.1K)^{-0.7}L^{0.7}}{0.3AK^{-0.7}L^{0.7}}$$
$$=1.1^{-0.7}$$
$$=0.935$$

由于资本回报递减，所以，资本的实际租赁价格下降了6.5%；也就是说，当资本增加时，它的边际产量下降。

最后，我们计算实际工资的变化：

$$\frac{(W/P)_2}{(W/P)_1}=\frac{0.7A(1.1K)^{0.3}L^{-0.3}}{0.7AK^{0.3}L^{-0.3}}$$
$$=1.1^{0.3}$$
$$=1.029$$

因此，由于额外的资本提高了现有工人的边际生产率，所以，实际工资增加了2.9%。(注意，工资和产出都增加了相同的数量，从而劳动份额没有变化——柯布-道格拉斯技术的一个特征。)

d. 利用相同的公式，我们发现产出的变化：

$$\frac{Y_2}{Y_1}=\frac{(1.1A)K^{0.3}L^{0.7}}{AK^{0.3}L^{0.7}}$$
$$=1.1$$

这个方程表明，产出增加了10%。类似地，资本的实际租赁价格和实际工资也增加了10%：

$$\frac{(R/P)_2}{(R/P)_1}=\frac{0.3(1.1A)K^{-0.7}L^{0.7}}{0.3AK^{-0.7}L^{0.7}}$$
$$=1.1$$
$$\frac{(W/P)_2}{(W/P)_1}=\frac{0.7(1.1A)K^{0.3}L^{-0.3}}{0.7AK^{0.3}L^{-0.3}}$$
$$=1.1$$

5. 图3-5* 显示，在美国的数据中，劳动收入在总收入中所占比例随着时间的推移大体保持不变。表3-1* 显示了实际工资的趋势和劳动生产率的趋势几乎同步。这些事实是如何联系的？如果第二个事实不是真实的，第一个事实可能是真实的吗？利用劳动份额的数学表达式对你的答案作出解释。

答：劳动收入被定义为

$$\frac{W}{P}\times L=\frac{WL}{P}$$

收入的劳动份额被定义为

$$\left(\frac{WL}{P}\right)/Y=\frac{WL}{PY}$$

例如，如果这个比值大约稳定在0.7，那么$W/P=0.7Y/L$。这意味着实际工资大致与劳动生产率成比例。因此，劳动生产率的任何趋势均必须与实际工资的相同趋势相匹配。否则，劳动的份额将会偏离0.7。这样，第一个事实（劳动份额不变）意味着第二个事实（实际工资的趋势与劳动生产率的趋势几乎同步）。

6. 根据新古典分配理论，一个工人的实际工资反映了他的生产率。让我们用这一见解考察两组工人的收入：农民和理发师。用W_f和W_b分别表示农民和理发师的名义工资，P_f和P_b分别表示食物和理发的价格，A_f和A_b分别表示农民和理发师的边际生产率。

a. 对于这6个变量中的每一个，尽可能精确地说出用来衡量它们的单位。(提示：每个答案的形式为"X/单位Y"。)

b. 在过去的一个世纪中，由于技术进步，农民的生产率A_f大幅度提高。根据新古典分配理论，农民的实际工资W_f/P_f应该发生什么变动？这一实际工资是用什么单位来衡量的？

c. 在同一时期中（过去的一个世纪），理发师的生产率A_b没有改变。理发师的实际工资W_b/P_b应该发生什么变动？这一实际工资是用什么单位来衡量的？

d. 假定在长期工人可以在当农民和当理发师之间自由流动。这种流动性对农民和理发师的名义工资W_f和W_b意味着什么？

e. 你前面的回答对理发和食物的相对价格P_b/P_f意味着什么？

f. 假定理发师和农民消费相同的产品和服务篮子。谁从农业技术进步中受益更多——是农民还是理发师？解释你的答案与b和c两小问中实际工资的结果是如何保持

* 题干中的图和表均指对应教材中的图和表。下同。——译者注

一致的。

答：a. 名义工资用每小时多少钱来衡量。价格用每单位产出（每次理发或每单位农产品）值多少钱来衡量。边际生产率用每小时生产多少单位产出来衡量。

b. 根据新古典理论，增加了农民的边际产量的技术进步导致他们的实际工资上升。农民的实际工资用每小时生产多少单位农产品来衡量。实际工资是 W_f/P_f，它等于每小时生产的价格/每单位食物的价格，即每小时生产多少单位食物。

c. 如果理发师的边际生产率不变，那么他们的实际工资就不变。理发师的实际工资用每小时理多少次头发来衡量。实际工资是 W_b/P_b，它等于每小时理发的价格/每次理发的价格，即每小时理多少次头发。

d. 如果工人可以在当农民还是当理发师之间自由流动，那么他们在每个部门必须得到相同的工资支付，即 $W_f=W_b$。否则，就只会有一种产品或服务被生产出来。

e. 如果两个部门的名义工资 W 相同，但是用每小时生产多少单位农产品来衡量的实际工资高于用每小时理多少次头发来衡量的实际工资，那么理发的价格相对于食物的价格必然已经上升了。我们知道，$W/P=MPL$，因此，$W=P\times MPL$。由于名义工资相同，因此，$P_fMPL_f=P_bMPL_b$。于是，我们有 $P_b/P_f=MPL_f/MPL_b$。由于理发师的边际产量没有变化而农民的边际产量上升了，因此，理发的价格相对于食物的价格必然已经上升了。

f. 给定劳动在农民和理发师这两个部门之间自由流动以及两类工人消费相同的产品和服务篮子，农民和理发师同等地受益于农业技术进步。由于劳动在这两个部门之间自由流动，我们从 d 小问知道他们的名义工资相同。由于他们用这一工资购买相同的产品和服务篮子，因此他们的状况一样好。这个结果与 b 小问是一致的，原因是，尽管用购买到的食物单位数表示的农民的实际工资上升，但给定 e 小问中理发的相对价格上升，因此用购买到的理发次数表示的农民的实际工资保持不变。这个结果与 c 小问也是一致的，原因是，尽管用购买到的理发次数表示的理发师的实际工资保持不变，但给定 e 小问中食物的相对价格下降，因此用购买到的食物单位数表示的理发师的实际工资上升了。

7.（本题要求运用微积分。）考虑有三种投入的柯布-道格拉斯生产函数。K 是资本（机器数量），L 是劳动（工人人数），H 是人力资本（工人中具有大学学位的人数）。生产函数是

$$Y=K^{1/3}L^{1/3}H^{1/3}$$

a. 推导出劳动的边际产量的表达式。人力资本量的增加怎样影响劳动的边际产量？

b. 推导出人力资本的边际产量的表达式。人力资本量的增加怎样影响人力资本的边际产量？

c. 支付给劳动的收入份额是多少？支付给人力资本的收入份额是多少？在这个经济的国民收入核算中，你认为工人会得到多大份额的总收入？（提示：考虑人力资本的回报出现在哪里。）

d. 一个非技能型工人的报酬等于劳动的边际产量，而一个技能型工人的报酬等于劳动的边际产量加上人力资本的边际产量。运用你得到的 a 与 b 小问的答案，找出技能型工人与非技能型工人工资的比率。人力资本量增加如何影响这个比率？请解释。

e. 一些人认为，政府提供的大学奖学金是一种创造一个更加平等的社会的途径。另一些人则认为，大学奖学金只能帮助那些能上大学的人。你对前面问题的回答对这一争论提供了什么见解？

答：a. 通过将生产函数对劳动求导数，我们得到劳动的边际产量 MPL：

$$MPL=\frac{\mathrm{d}Y}{\mathrm{d}L}$$

$$=\frac{1}{3}K^{1/3}H^{1/3}L^{-2/3}$$

由于更多的人力资本使得所有现有劳动

的生产率提高，所以人力资本的增加将增加劳动的边际产量。

b. 通过将生产函数对人力资本求导数，我们得到人力资本的边际产量 MPH：

$$MPH = \frac{\mathrm{d}Y}{\mathrm{d}H} = \frac{1}{3}K^{1/3}L^{1/3}H^{-2/3}$$

由于边际报酬递减，所以人力资本的增加将降低人力资本的边际产量。

c. 产出的劳动份额是支付给劳动的产出所占的比例。支付给劳动的产出总量是实际工资（在完全竞争下，它等于劳动的边际产量）乘以劳动的数量。用这个数量除以产出总量就得到了劳动份额：

$$劳动份额 = \frac{\left(\frac{1}{3}K^{1/3}H^{1/3}L^{-2/3}\right)L}{K^{1/3}H^{1/3}L^{1/3}} = \frac{1}{3}$$

利用相同的逻辑，我们可以得到人力资本份额：

$$人力资本份额 = \frac{\left(\frac{1}{3}K^{1/3}L^{1/3}H^{-2/3}\right)H}{K^{1/3}H^{1/3}L^{1/3}} = \frac{1}{3}$$

因此，劳动得到 1/3 的产出，人力资本得到1/3的产出。由于工人拥有他们的人力资本，所以看起来劳动得到了 2/3 的产出。

d. 技能型工人的工资与非技能型工人的工资之比为：

$$\frac{技能型工人的工资}{非技能型工人的工资} = \frac{MPL + MPH}{MPL} = \frac{\frac{1}{3}K^{1/3}L^{-2/3}H^{1/3} + \frac{1}{3}K^{1/3}L^{1/3}H^{-2/3}}{\frac{1}{3}K^{1/3}L^{-2/3}H^{1/3}} = 1 + \frac{L}{H}$$

注意，由于技能型工人的工资高于非技能型工人，这个比值总是大于 1。当 H 增加时，这个比值下降，原因是人力资本的边际报酬递减降低了其回报，而与此同时提高了非技能型工人的边际产量。

e. 更多的大学提供奖学金将会增加 H，这确实会导致一个更加平等的社会。额外的奖学金降低了教育的回报，缩小了受教育程度不同的工人之间的工资差距。更重要的是，由于技能型工人的数量增加时非技能型工人的边际产量上升，所以，额外的奖学金甚至提高了非技能型工人的绝对工资。

8. 政府增加税收 1 000 亿美元。如果边际消费倾向是 0.6，以下各项会发生什么变化？它们会增加还是减少？增加或减少的数量是多少？

a. 公共储蓄。

b. 私人储蓄。

c. 国民储蓄。

d. 投资。

答：政府增加税收 1 000 亿美元对公共储蓄、私人储蓄、国民储蓄的影响可以运用如下关系来分析：

$$\begin{aligned} 国民储蓄 &= 私人储蓄 + 公共储蓄 \\ &= [Y - T - C(Y - T)] + (T - G) \\ &= Y - C(Y - T) - G \end{aligned}$$

a. 税收增加导致公共储蓄一对一增加。T 增加 1 000 亿美元，因此，公共储蓄增加 1 000 亿美元。

b. 税收增加使可支配收入 $Y - T$ 减少了 1 000 亿美元。由于边际消费倾向（MPC）为 0.6，所以消费下降 0.6×1 000＝600(亿美元)。因此，

$$\Delta 私人储蓄 = -1\,000 - 0.6 \times (-1\,000) = -400(亿美元)$$

私人储蓄减少了 400 亿美元。

c. 由于国民储蓄是私人储蓄和公共储蓄之和，我们可以得出结论：税收增加 1 000 亿美元导致国民储蓄增加 600 亿美元。

另一种得到国民储蓄变化量的方法是通

过利用上面给出的国民储蓄的第三个方程：国民储蓄 $= Y - C(Y-T) - G$。税收增加 1 000 亿美元减少了可支配收入，导致消费下降 600 亿美元。由于 G 和 Y 都没有变化，因此，国民储蓄增加了 600 亿美元。

d. 为了确定这一税收增加对投资的影响，回忆一下国民收入核算恒等式：

$$Y = C(Y-T) + I(r) + G$$

改写后得到

$$Y - C(Y-T) - G = I(r)$$

该方程的左边是国民储蓄，因此，该方程告诉我们，国民储蓄等于投资。由于国民储蓄增加了 600 亿美元，因此，投资必然也增加了 600 亿美元。

投资的这一增加是如何发生的呢？我们知道投资取决于实际利率。投资要增加，实际利率必须下降。图 3-1 说明了储蓄和投资与实际利率的关系。

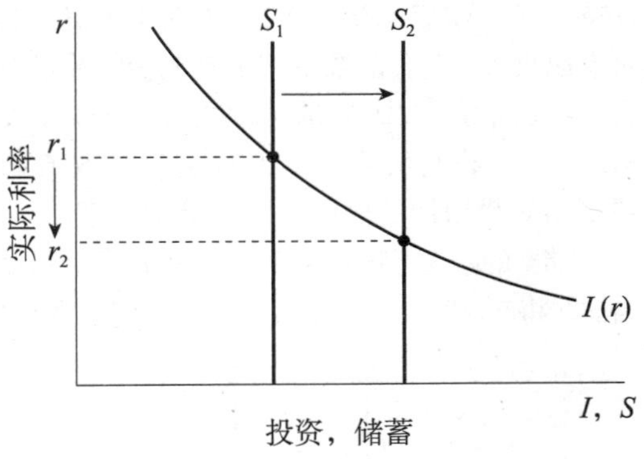

图 3-1

税收增加导致国民储蓄上升，因此，可贷资金的供给曲线向右移动。均衡实际利率下降，投资增加。

9. 假定消费者信心的提高增加了消费者对未来收入的预期，从而增加了他们现在希望消费的数量。这可以解释为消费函数向上移动。这种移动如何影响投资和利率？

答：如果消费者今天增加他们的消费量，那么私人储蓄下降，从而国民储蓄也下降。我们是从国民储蓄的定义得知国民储蓄下降的。

$$\begin{aligned} \text{国民储蓄} &= \text{私人储蓄} + \text{公共储蓄} \\ &= [Y - T - C(Y-T)] \\ &\quad + (T-G) \end{aligned}$$

消费的增加减少了私人储蓄，因此，国民储蓄下降。

图 3-2 说明了储蓄和投资与实际利率的关系。如果国民储蓄下降，那么可贷资金的供给曲线向左移动，从而提高了实际利率，减少了投资。

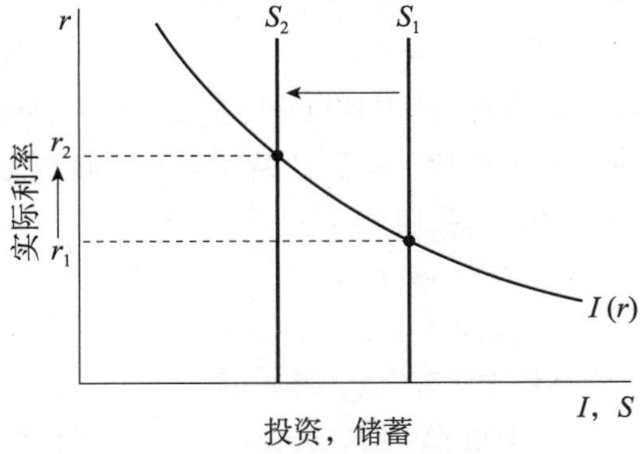

图 3-2

10. （Work It Out）考虑由下列方程描述的一个经济：

$$Y = C + I + G$$
$$Y = 8\ 000$$
$$G = 2\ 500$$
$$T = 2\ 000$$
$$C = 1\ 000 + 2/3(Y-T)$$
$$I = 1\ 200 - 100r$$

a. 在这一经济中，计算私人储蓄、公共储蓄和国民储蓄。

b. 找出均衡利率。

c. 现在假定 G 减少了 500。计算私人储蓄、公共储蓄和国民储蓄。

d. 找出新的均衡利率。

答：a. 私人储蓄是未被消费的可支配收入 $Y-T$ 的数量。

$$S^{私人} = Y - T - C$$

$$= 8\,000 - 2\,000 - [1\,000 + (2/3)(8\,000 - 2\,000)]$$
$$= 1\,000$$

公共储蓄是政府税收减去政府购买后的数量：

$$S^{公共} = T - G$$
$$= 2\,000 - 2\,500$$
$$= -500$$

国民储蓄是私人储蓄和公共储蓄之和：

$$S^{国民} = S^{私人} + S^{公共}$$
$$= 1\,000 + (-500)$$
$$= 500$$

b. 均衡利率是使可贷资金市场出清的利率（r）的数值。我们已经知道国民储蓄为500，因此，我们只需令其等于投资：

$$S^{国民} = I$$
$$500 = 1\,200 - 100r$$

从该方程解出 r，得 $r=7$。

c. 当政府增加其支出时，私人储蓄保持不变（注意到 G 没有出现在上面的 $S^{私人}$ 方程中），而公共储蓄下降。将新的 G 代入上面的方程，我们得到

$$S^{私人} = 1\,000$$
$$S^{公共} = T - G$$
$$= 2\,000 - 2\,000$$
$$= 0$$

从而

$$S^{国民} = S^{私人} + S^{公共}$$
$$= 1\,000 + 0$$
$$= 1\,000$$

d. 再次地，均衡利率使可贷资金市场出清：

$$S^{国民} = I$$
$$1\,000 = 1\,200 - 100r$$

从该方程解出 r，得 $r=2$。

11. 假定政府等量地增加税收和政府购买。作为对这种保持预算平衡的变动的反应，利率和投资会发生什么变动？解释你的答案会如何取决于边际消费倾向。

答：为了确定税收和政府购买等量增加对投资的影响，考虑国民储蓄的定义：

$$国民储蓄 = 私人储蓄 + 公共储蓄$$
$$= [Y - T - C(Y - T)] + (T - G)$$

我们知道，Y 由生产要素的数量所固定。我们还知道消费的变化等于边际消费倾向（MPC）乘以可支配收入的变化。这告诉我们

$$\Delta(国民储蓄) = \{-\Delta T - [MPC \times (-\Delta T)]\} + (\Delta T - \Delta G)$$
$$= [-\Delta T + (MPC \times \Delta T)] + 0$$
$$= (MPC - 1)\Delta T$$

这个表达式告诉我们，T 和 G 的等量增加对国民储蓄的影响取决于边际消费倾向的大小。MPC 越接近1，储蓄的下降越少。例如，如果 $MPC=1$，那么消费的下降等于政府购买的上升，因此，国民储蓄［$Y-C(Y-T)-G$］保持不变。MPC 越接近0（从而对于1美元的可支配收入，储蓄的数量而不是消费的数量更大），对储蓄的影响越大。由于我们假设 $MPC<1$，我们预期，作为对税收和政府购买支出等量增加的反应，国民储蓄下降。

储蓄的减少意味着图3－3中可贷资金的供给曲线将向左移动。实际利率上升，投资下降。

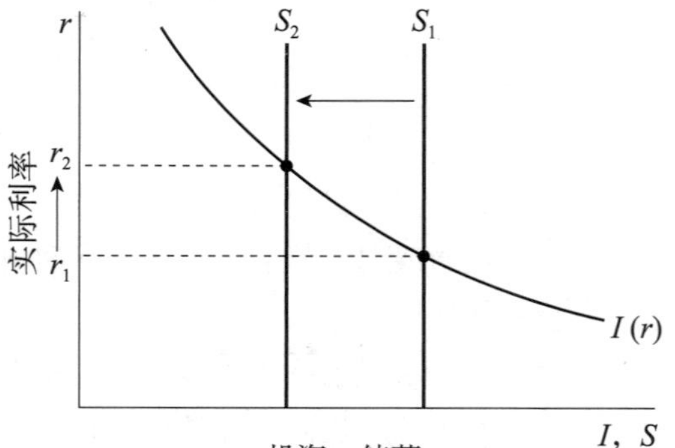

图3－3

12. 当政府通过投资税收抵免这类政策补贴投资时，这种补贴常常只适用于某些类型的投资。请你考虑这种变动的效应。假定

经济中有两种类型的投资：企业投资和住房投资。利率调整使得国民储蓄和总投资（企业投资和住房投资之和）达到平衡。现在假定政府实行只针对企业投资的税收抵免。

a. 这一政策如何影响企业投资的需求曲线？如何影响住房投资的需求曲线？

b. 画出经济中可贷资金的供给与需求曲线。该政策如何影响可贷资金的供给和需求？均衡利率会发生什么变动？

c. 比较原来的均衡与新均衡。该政策如何影响总投资量？如何影响企业投资量？如何影响住房投资量？

答： a. 由于对于任何给定利率，补贴都增加了有利可图的投资机会的数量，因此，企业投资的需求曲线向右移动。住房投资的需求曲线保持不变。

b. 由于经济中的总投资代表了企业投资和住房投资之和，企业投资曲线向右移动，住房投资保持不变，因此，经济中的总投资的需求曲线向右移动。结果，实际利率上升，如图 3－4 所示。

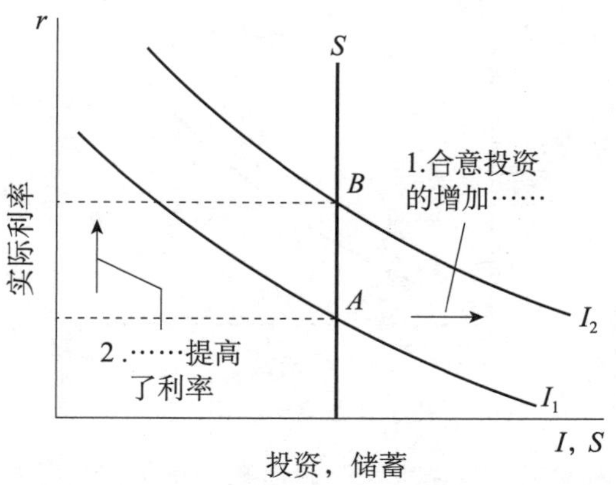

图 3－4

c. 总投资量不变，这是因为它受限于完全缺乏弹性的储蓄供给。投资税收抵免导致企业投资的增加和住房投资的下降，两者完全相互抵消了。也就是说，更高的利率意味着住房投资下降（沿着该曲线的运动），而企业投资曲线的向右移动导致企业投资上升一个相等的数量。图 3－5 显示了这一变化。注意 $I_1^B + I_1^R = I_2^B + I_2^R = \overline{S}$。

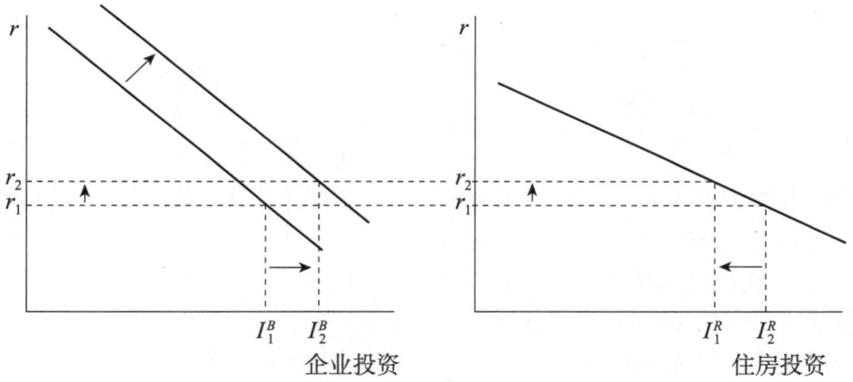

图 3－5

13. 假定消费取决于利率。这会如何改变本章得到的关于政府购买的增加对投资、消费、国民储蓄和利率的影响的结论（如果会改变的话）?

答： 在本章，我们得出结论：政府购买支出的增加降低了国民储蓄，提高了利率。从而，政府购买支出的增加挤出了投资，且挤出量等于政府购买支出的增加量。

如果消费取决于利率，那么储蓄也将取决于利率。利率越高，储蓄的回报越多。因此，可以合理地认为利率的增加会增加储蓄和减少消费。图 3－6 说明了作为利率的增函数的储蓄。

考虑当政府购买增加时会发生什么。在任何给定的利率水平，国民储蓄下降，其下降的数量等于政府购买增加的数量，如图 3－7 所示。该图显示，如果储蓄函数向右上方倾斜，那么投资下降的数量少于政府购买增加的数量。原因是作为对更高利率的反应，消费下降，储蓄上升。因此，消费对

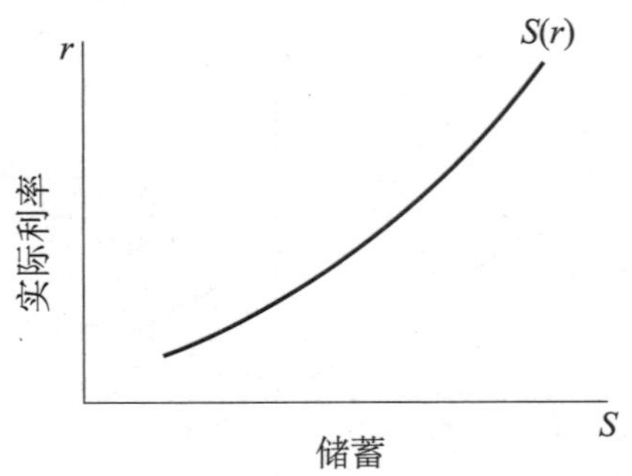

图 3－6

利率的反应越大，被政府购买增加挤出的投资越少。

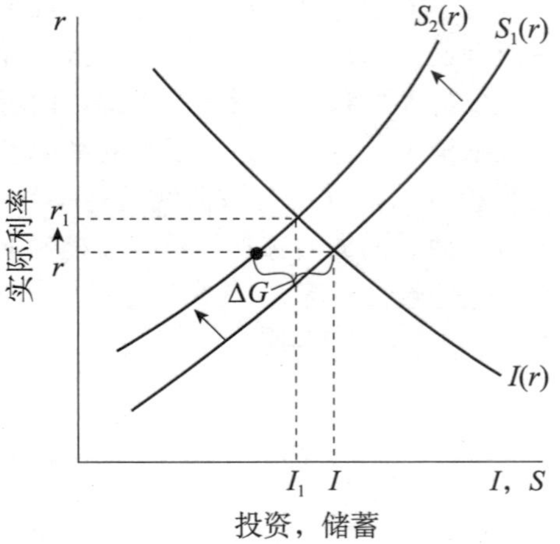

图 3－7

14. 宏观经济数据没有显示投资与利率之间存在强相关。让我们考察一下为什么可能是这样。使用我们在本章建立的利率调整使可贷资金供给（向上倾斜）与可贷资金需求（向下倾斜）达到平衡的模型。

a. 假定可贷资金的需求是稳定的但其供给逐年波动。什么可能造成供给的波动？在这种情况下，你会发现投资与利率之间有何种相关性？

b. 假定可贷资金的供给是稳定的，但需求逐年波动。什么可能引起需求的波动？在这种情况下，现在你会发现投资与利率之间有何种相关性？

c. 假定这个市场上的供给和需求都随时间推移而波动。如果你要绘出一幅投资与利率的散点图，你将发现什么？

d. 你认为以上三种情况中哪一种在经验上最现实？为什么？

答： a. 图 3－8 显示了可贷资金需求稳定但供给（储蓄曲线）波动的情况。供给的波动可能反映了暂时的收入冲击、政府购买支出的变动或消费者信心的变化。在这种情况下，当利率下降时，投资上升；当利率上升时，投资下降。我们将预期投资和利率之间存在负相关关系。

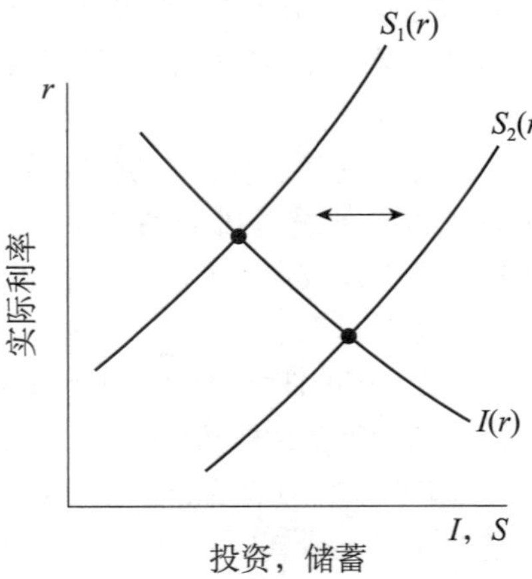

图 3－8

b. 图 3－9 显示了可贷资金供给（储蓄）稳定但需求波动的情况。需求的波动可能反映了企业关于资本边际产量的预期变化。现在，我们将发现投资和利率之间存在正相关关系：当资金需求上升时，它推高了利率，因此，我们观察到投资和实际利率同时上升。

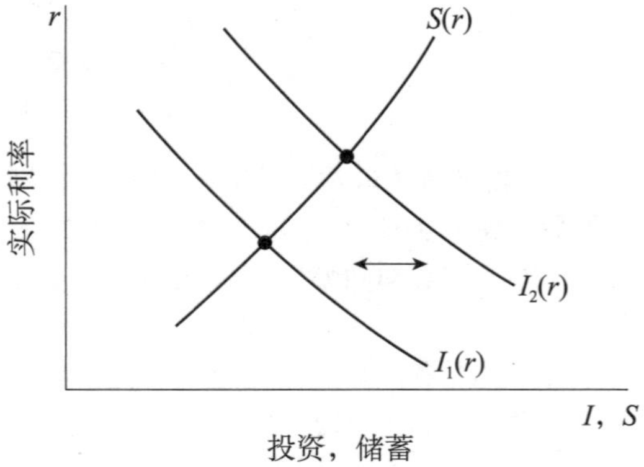

图 3－9

c. 如果可贷资金的需求曲线和供给曲线都移动，我们可能会得到如图 3－10 所示的散点图。在该图中，经济在 A、B、C 和 D 点之间波动。取决于经济在其中每个点上的停留时间有多久，我们可能发现投资和利率之间没有什么清晰的关系。

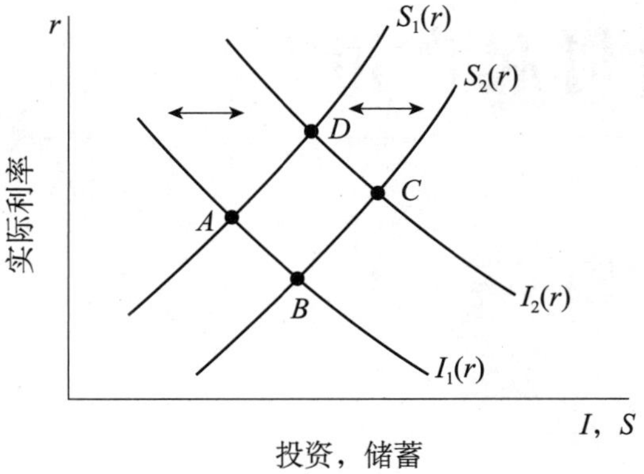

图 3－10

d. 情形 c 看似相当合理。原因是，作为对经济的变化的反应，可贷资金的供给和需求都随时间推移而波动。

第 4 章 货币系统：它是什么？如何起作用？

复习题

1. 描述货币的职能。

答：货币有三种职能：价值储藏手段、计价单位和交换媒介。作为一种价值储藏手段，货币提供了一种把购买力从现在转换到未来的方式。作为一种计价单位，货币提供了人们标记价格和记录债务的单位。作为一种交换媒介，货币是我们用于购买产品和服务的东西。

2. 什么是法定货币？什么是商品货币？

答：法定货币是由政府确定为货币的，但其没有内在价值。例如，美元是法定货币。商品货币是基于有某种内在价值的商品的货币。当黄金作为货币使用时，它是商品货币的一个例子。

3. 什么是公开市场操作？它们如何影响货币供给？

答：公开市场操作是中央银行（在美国是美联储）对政府债券的买卖。如果美联储从公众手中购买债券，那么它为债券支付的美元就增加了基础货币，从而增加了货币供给。如果美联储向公众出售债券，那么公众支付给美联储的美元就减少了基础货币，从而减少了货币供给。

4. 解释银行如何创造货币。

答：在部分准备金银行制度下，由于银行只保留一部分存款作为准备金而把其余存款贷放出去，因此，银行创造了货币。考虑银行如何创造货币的最简单的办法是考虑如图 4－1 所示的银行资产负债表。

A. 第一银行的资产负债表 货币供给＝1 000 美元

资产		负债	
准备金	1 000 美元	存款	1 000 美元

B. 第一银行的资产负债表 货币供给＝1 800 美元

资产		负债	
准备金	200 美元	存款	1 000 美元
贷款	800 美元		

C. 第二银行的资产负债表 货币供给＝2 440 美元

资产		负债	
准备金	160 美元	存款	800 美元
贷款	640 美元		

图 4－1

假定人们在第一银行存入 1 000 美元，如图 4－1（A）所示。尽管货币供给仍然是 1 000 美元，但它现在是活期存款而非通货的形式。如果该银行将这些存款的100%作为准备金，那么该银行对货币供给没有任何影响。在部分准备金银行制度下，该银行不需要把所有的存款作为准备金；它必须拥有充足的准备金以便在储户要提现的任何时候都有资金可用，但是该银行可以将余下的存款贷放出去。如果第一银行的存款准备金率为20%，那么它保留200美元作为准备金，贷出余下的800美元。图4-1（B）显示了第一银行发放800美元贷款之后的资产负债表。通过发放这些贷款，第一银行增加了800美元的货币供给。活期存款仍然为1 000美元，但是现在借款人也持有另外800美元的通货。总货币供给等于1 800美元。

货币的创造不会停止在第一银行。如果借款人把800美元通货存入第二银行，那么第二银行可以用这些存款放贷。如果第二银行的存款准备金率也是20%，那么它保留160美元作为准备金，贷出余下的640美元。通过发放这些贷款，第二银行增加了640美元的货币供给，如图4-1（C）所示。总货币供给现在为2 440美元。

这个货币创造过程伴随着每一次存款和随后的贷款在继续。教材证明，作为准备金的每一美元产生了（$1/rr$）美元的货币，其中rr为存款准备金率。在本例中，$rr=0.20$，因此，最初存入第一银行的1 000美元创造了5 000美元的货币。

5. 美联储影响货币供给的方式有哪些？

答：美联储通过公开市场操作、法定准备金率、贴现率影响货币供给。公开市场操作是美联储对政府债券的买卖。如果美联储购买政府债券，那么它所支付的美元就增加了基础货币，从而增加了货币供给。如果美联储卖出政府债券，那么它所收到的美元就减少了基础货币，从而减少了货币供给。法定准备金率是美联储施加给银行、要求其维持最低存款准备金率的管制手段。法定准备金率的下降降低了存款准备金率，这使得银行能够在存款数量给定的情况下发放更多的贷款，因此增大了货币乘数和货币供给。贴现率是美联储对银行借款收取的利率。如果银行的准备金低于法定要求，它们可以从美联储借款。贴现率的下降使得银行借准备金的成本下降。结果，银行将从美联储借更多的款；这增加了基础货币，从而增加了货币供给。

6. 为什么银行危机可能导致货币供给的减少？

答：为了理解为什么银行危机可能导致货币供给的减少，首先考虑什么决定了货币供给。教材中的货币供给模型表明

$$M=m\times B$$

货币供给M取决于货币乘数m和基础货币B。货币乘数可以用存款准备金率rr和通货存款比cr表示，于是，

$$M=\frac{cr+1}{cr+rr}\times B$$

这个方程表明，货币供给取决于通货存款比、存款准备金率和基础货币。

涉及大量银行破产的银行危机可能改变储户和银行家的行为，从而改变通货存款比和存款准备金率。假定银行破产降低了公众对银行体系的信心。人们将偏爱以通货（也许放在床垫底下）而非银行存款的形式持有货币。储户行为的这种变化将导致大规模提现，从而增大通货存款比。此外，银行危机将改变银行的行为。出于对大规模提现的担心，银行将变得更加慎重，增加它们持有的准备金数量，从而提高存款准备金率。正如前面的货币乘数公式所表明的，通货存款比和存款准备金率的提高导致货币乘数的下降，从而货币供给下降。

问题与应用

1. 货币的三种职能是什么？下列物品能满足哪些职能？不能满足哪些职能？

a. 信用卡。

b. 伦勃朗的油画作品。

c. 地铁代币。

答：货币有三种职能：价值储藏手段、计价单位和交换媒介。

a. 信用卡可以作为一种交换媒介，原因是它在产品和服务的交易中被接受。信用卡可以说是一种（负的）价值储藏手段，原因是你可以用它积累债务。信用卡不是一种计价单位，原因是价格不能用信用卡的数量标示。

b. 伦勃朗的油画作品只是一种价值储藏手段。

c. 在地铁系统内部，地铁代币满足货币的所有三种职能。在地铁系统以外，它没有被广泛地用作计价单位或交换媒介，因此，它不是一种货币形式。

2. 解释以下每一事件如何影响基础货币、货币乘数和货币供给。

a. 美联储在公开市场操作中购买债券。

b. 美联储提高它对银行持有的准备金支付的利率。

c. 美联储减少它通过短期标售工具给银行的贷款。

d. 关于电脑病毒对 ATM 的攻击的谣言增加了人们持有的通货（而不是活期存款）的数量。

e. 美联储驾驶直升机在纽约市第五大道空投新发行的面值 100 美元的钞票。

答： a. 当美联储购买债券时，它付给公众的美元增加了基础货币，这又增加了货币供给。假设存款准备金率和通货存款比都没有变化，货币乘数不受影响。

b. 当美联储提高准备金利率时，它给了银行持有更多准备金的激励。存款准备金率的提高降低了货币乘数。货币乘数的降低导致货币供给的减少。由于银行现在持有更多的准备金（从而发放更少的贷款），基础货币增加。

c. 如果美联储通过短期标售工具减少它给银行的贷款，那么基础货币将减少。这又减少了货币供给。假设存款准备金率和通货存款比都没有变化，货币乘数将不受影响。

d. 如果消费者对 ATM 失去了信心从而偏爱持有更多的现金，那么通货存款比将增大，这降低了货币乘数。由于银行可放贷的准备金减少了，货币供给下降。一方面，由于人们持有更多的通货，基础货币增加；但是另一方面，由于银行持有更少的准备金，基础货币减少。对基础货币的净影响是零。

e. 如果美联储空投新发行的面值 100 美元的钞票，那么这将增加基础货币和货币供给。如果这些通货中有的被存入银行系统，那么货币供给将进一步增加。如果最终人们的通货存款比增大，那么货币乘数将下降。

3. 某个经济的基础货币为 1 000 张面值 1 美元的钞票。计算情形 a 至 d 的货币供给，然后回答问题 e。

a. 所有货币都作为通货被持有。

b. 所有货币都作为活期存款被持有。银行持有 100%的存款作为准备金。

c. 所有货币都作为活期存款被持有。银行持有 20%的存款作为准备金。

d. 人们持有相同数量的通货和活期存款。银行持有 20%的存款作为准备金。

e. 中央银行决定增加 10%的货币供给。对于以上四种情形的每一种，它应该增加多少基础货币？

答： a. 如果所有货币都作为通货被持有，那么货币供给等于基础货币。货币供给为1 000 美元。

b. 如果所有货币都作为活期存款被持有但是银行持有 100%的存款作为准备金，那么就没有贷款。货币供给为 1 000 美元。

c. 如果所有货币都作为活期存款被持有而银行持有 20%的存款作为准备金，那么存款准备金率为 0.2，通货存款比为 0，货币乘数为 1/0.2=5。货币供给为 5 000 美元。

d. 如果人们持有相同数量的通货和活期存款而银行持有 20%的存款作为准备金，那么通货存款比为 1，存款准备金率为 0.2，货币乘数为 (1+1)/(1+0.2)=1.67。货币供给为 1 666.67 美元。

e. 货币供给与基础货币成比例，其关系为 $M=m\times B$，其中 M 为货币供给，m 为货币乘数，B 为基础货币。对于以上每种情形，基于给定的货币乘数，基础货币 B 增加10%导致货币供给 M 增加10%。

4.（Work It Out）在威克纳姆（Wiknam）国，人们持有1 000美元通货和4 000美元活期存款。所有的活期存款都存在叫作威克银行的唯一的银行。存款准备金率为0.25。

a. 货币供给、基础货币和货币乘数各为多少？

b. 假设威克银行是一家简单的银行：它吸收存款，发放贷款，没有资本。画出该银行的资产负债表。该银行未清偿的贷款的价值是多少？

c. 威克纳姆国的中央银行想增加10%的货币供给。它在公开市场操作中应该购买还是出售政府债券？假设货币乘数不变，计算中央银行需要进行交易的规模（用美元表示）。

答： a. 货币供给等于通货加上活期存款，即5 000美元。基础货币等于通货加上准备金。如果银行没有持有超额准备金，那么准备金为活期存款的25%，即1 000美元。于是，基础货币为2 000美元。货币乘数等于货币供给除以基础货币，即2.5。我们也可以利用公式 $m=(cr+1)/(cr+rr)$ 来计算货币乘数，其中 cr 为通货存款比（0.25），rr 为存款准备金率（0.25）。

b. 该银行的资产负债表如下表所示。如果该银行没有持有超额准备金，那么准备金为活期存款的25%，即1 000美元。由于资产等于负债，未清偿贷款必须为3 000美元。

威克银行的资产负债表

资产		负债	
准备金	1 000美元	存款	4 000美元
贷款	3 000美元		

c. 为了增加货币供给，中央银行应该购买政府债券，原因是这将增加基础货币。由于货币乘数不变，中央银行必须增加10%的基础货币，即200美元。

5.（Work It Out）在帕尼夏（Panicia）这个经济中，基础货币为1 000美元。人们以通货的形式持有1/3的货币（从而2/3的货币作为银行存款被持有）。银行持有1/3的存款作为准备金。

a. 存款准备金率、通货存款比、货币乘数和货币供给各为多少？

b. 有一天，人们开始对银行体系感到担心，于是，现在人们想以通货的形式持有一半的货币。如果中央银行不采取任何措施，新的货币供给是多少？

c. 面对这一恐慌，如果中央银行想实施公开市场操作来将货币供给维持在原来的水平，它将购买还是出售政府债券？计算中央银行需要进行交易的规模（用美元表示）。

答： a. 给定银行持有存款的1/3作为准备金，存款准备金率为 $rr=1/3$。给定人们以通货的形式持有1/3的货币，以银行存款的形式持有2/3的货币，通货存款比为 $cr=1/2$。因此，货币乘数等于

$$m=\frac{cr+1}{cr+rr}=\frac{\frac{1}{2}+1}{\frac{1}{2}+\frac{1}{3}}=1.8$$

货币供给等于基础货币乘以货币乘数，即1 800美元。

b. 如果人们以通货的形式持有一半的货币，那么通货持有量将等于存款，通货存款比将等于1。货币乘数将为1.5，货币供给将为1 500美元。

c. 中央银行买入政府债券以增加基础货币。在本题中，中央银行要增加300美元的货币供给。由于 $M=m\times B$，我们有 $300=1.5\times B$，因此，中央银行将购买价值200美元的政府债券。

6. 正如本章的一个案例研究所讨论的，因为通货存款比和存款准备金率都上升了，1929—1933年货币供给出现了下降。运用货币供给模型和表4-2中的数据回答以下有关这一时期的假设性问题。

a. 如果通货存款比上升，但存款准备金率保持不变，货币供给会发生什么变动？

b. 如果存款准备金率上升，但通货存款比保持不变，货币供给会发生什么变动？

c. 这两种变动中哪一种要更多地对货币供给的下降负责？

答：本章建立的货币供给模型表明，

$$M=\frac{cr+1}{cr+rr}\times B$$

这个方程说明，货币供给取决于通货存款比、存款准备金率和基础货币。

为了回答 a～c，我们利用教材表 4-2 中的货币供给、基础货币、货币乘数、存款准备金率、通货存款比等的数值。下面的表 4-1 列出了这些数值。

表 4-1

	1929 年 8 月	1933 年 3 月
货币供给	26.5	19.0
基础货币	7.1	8.4
货币乘数	3.7	2.3
存款准备金率	0.14	0.21
通货存款比	0.17	0.41

a. 为了确定如果通货存款比上升但存款准备金率保持不变，货币供给会发生什么变动，我们需要重新计算货币乘数，然后将数值代入上面的货币供给方程。使用 1933 年的通货存款比的数值和 1929 年的存款准备金率的数值，货币乘数为

$$\begin{aligned} m &= (cr_{1933}+1)/(cr_{1933}+rr_{1929}) \\ &= (0.41+1)/(0.41+0.14) \\ &= 2.56 \end{aligned}$$

1933 年的货币供给将会是

$$\begin{aligned} M_{1933} &= 2.56\times B_{1933} \\ &= 2.56\times 8.4 \\ &= 21.5 \end{aligned}$$

因此，在这样的环境下，货币供给将会从 1929 年的 26.5 下降到 1933 年的 21.5。

b. 为了确定如果存款准备金率上升但通货存款比保持不变，货币供给会发生什么变动，我们需要重新计算货币乘数，然后将数值代入上面的货币供给方程。使用 1933 年的存款准备金率的数值和 1929 年的通货存款比的数值，货币乘数为

$$\begin{aligned} m &= (cr_{1929}+1)/(cr_{1929}+rr_{1933}) \\ &= (0.17+1)/(0.17+0.21) \\ &= 3.08 \end{aligned}$$

1933 年的货币供给将会是

$$\begin{aligned} M_{1933} &= 3.08\times B_{1933} \\ &= 3.08\times 8.4 \\ &= 25.9 \end{aligned}$$

因此，在这样的环境下，货币供给将会从 1929 年的 26.5 下降到 1933 年的 25.9。

c. 根据 a 和 b 部分的计算，很清楚，通货存款比的下降要更多地对货币乘数的下降从而对货币供给的下降负责。

7. 为了增加税收收入，美国政府在 1932 年对根据银行账户存款签发支票征收 2 美分的税收。（按今天的美元计，这一税收相当于每张支票 35 美分左右。）

a. 你认为这一支票税如何影响通货存款比？请解释。

b. 使用部分准备金银行制度下的货币供给模型讨论这一税收如何影响货币供给。

c. 许多经济学家认为，货币供给的下降对 20 世纪 30 年代的大萧条的严重性负有部分责任。从这个视角来看，在大萧条中期征收这一支票税是一项好政策吗？

答：a. 支票税的引入使得人们更不情愿用支票账户作为支付手段。因此，他们出于交易目的持有更多的现金，这提高了通货存款比 cr。

b. 由于货币乘数 $m=(cr+1)/(cr+rr)$ 是 cr 的减函数，所以货币供给下降。直观上，通货存款比越高，银行持有的准备金占基础货币的比例越低，从而银行能创造的货币越少。

c. 由于支票税使得人们偏爱用现金而非签发支票付款，从而导致货币供给下降，因此，在大萧条中期征收支票税不是一项好政策。银行的准备金减少了，发放的贷款也少了。

8. 给出一个杠杆率为 20 的银行资产负债表的例子。如果银行资产价值上升 2%，那么这家银行的所有者权益的价值会如何变化？若要使该银行的资本减少到零，银行资产价值要有多大的下降？

答：杠杆率是银行的总资产与资本之比。如果杠杆率为 20，这意味着，对于银行所有者投入的每一美元资本，该银行有 20 美元的资产，因此有 19 美元的存款和债务。下面的资产负债表的杠杆率为 20：总资产为 1 200 美元，资本为 60 美元。

资产		负债和所有者权益	
准备金	200 美元	存款	800 美元
贷款	600 美元	债务	340 美元
证券	400 美元	资本(所有者权益)	60 美元

如果该银行的资产价值上升 2%而存款和债务都不变，那么资本的增加量将等于资产价值的 2%，即 24 美元，资本增加了 40%。若要使该银行的资本减少到零，资产价值必须下降 60 美元，即下降 5%。

9. (Work It Out) 吉米·保罗·米勒开办了自己的银行，取名 JPM（其姓名首字母）。作为银行所有者，吉米投入了 2 000 美元自己的钱。然后，JPM 从吉米的叔叔那里借了 4 000 美元长期贷款，从其邻居那里吸纳了 14 000 美元活期存款，购买了 7 000 美元美国国库券，借了 10 000 美元给本地企业用于新投资，剩下的银行资产被作为准备金存在美联储。

a. 画出 JPM 的资产负债表。该银行的杠杆率是多少？

b. 一场经济衰退导致 5%的本地企业宣布破产和拖欠贷款。画出 JPM 的新资产负债表。JPM 的资产价值下降了多少百分比？资本下降了多少百分比？

答：

a. JPM 的资产负债表如下表所示。我们知道，由于总资产必须等于总负债和所有者权益之和，所以准备金等于 3 000 美元。

资产		负债和所有者权益	
准备金	3 000 美元	存款	14 000 美元
贷款	10 000 美元	债务	4 000 美元
证券	7 000 美元	资本(所有者权益)	2 000 美元

该银行的杠杆率等于总资产与资本之比，即 10。

b. 正如下面的资产负债表所示，贷款价值减少 5%使该银行的总资产减少了 500 美元，即总资产价值下降了 2.5%。如果存款和债务没有变化，那么资本也下降 500 美元，即 JPM 的资本下降了 25%。

资产		负债和所有者权益	
准备金	3 000 美元	存款	14 000 美元
贷款	9 500 美元	债务	4 000 美元
证券	7 000 美元	资本(所有者权益)	1 500 美元

第 5 章 通货膨胀：起因、影响和社会成本

复习题

1. 写出数量方程并解释。

答： 数量方程是表达人们进行的交易次数和他们持有多少货币之间的联系的一个恒等式。我们将其写成

货币×货币流通速度=价格×交易

$M \times V = P \times T$

数量方程的右边是给定时期（例如一年）内发生的交易的价值，其中 T 为交易总次数，P 为一次交易的平均价值。因此，$P \times T$ 是一年内交换的美元量。

数量方程的左边告诉我们货币是如何用于进行这些交易的，其中，M 是经济中的货币量，V 是货币的交易流通速度，即货币在经济中流通的速度。

由于交易的次数难以衡量，经济学家通常使用一个稍有不同的数量方程，其中，经济中的总产出 Y 取代了交易次数 T：

货币×货币流通速度=价格×产出

$M \times V = P \times Y$

现在，P 代表每单位产出的价格，因此，$P \times Y$ 是产出的美元价值，即名义 GDP，V 是货币的收入流通速度，即一张美元钞票进入某个人的收入的次数。

2. 货币流通速度不变的假设意味着什么？

答： 如果我们假设数量方程中的货币流通速度为常数 $1/k$，那么我们可以把数量方程表达成

$$M/P = kY$$

这被称为货币数量论。该方程的左边是实际货币余额。如果货币流通速度 V 不变，那么实际货币余额 M/P 必定与实际收入 Y 成比例。如果我们进一步假设产出被生产要素和生产技术所固定从而方程中的 Y 不变，那么我们可以得出结论：货币量决定了价格水平。

3. 谁支付通货膨胀税？

答： 货币持有者支付通货膨胀税。随着价格的上升，人们持有的货币的实际价值下降；也就是说，由于价格更高了，给定数量的货币购买的产品和服务减少了。实际购买力的这种损失类似于对人们持有的货币征税。

4. 如果通货膨胀率从 6%上升到 8%，那么根据费雪效应，实际利率和名义利率会发生什么变化？

答：费雪方程表达了名义利率和实际利率之间的关系。它认为名义利率 i 等于实际利率 r 加上通货膨胀率 π：

$$i=r+\pi$$

它告诉我们，名义利率可以因为实际利率的变化而变化，也可以因为通货膨胀率的变化而变化。实际利率被假设为不受通货膨胀的影响；正如第 3 章中所讨论的，它的调整使得储蓄与投资达到平衡。于是，通货膨胀率和名义利率之间有着一对一的关系：如果通货膨胀率提高 1 个百分点，那么名义利率也上升 1 个百分点。这种一对一的关系被称为费雪效应。

如果通货膨胀率从 6%上升到 8%，那么根据费雪效应，名义利率上升 2 个百分点，而实际利率不变。

5. 列出你可以想到的所有通货膨胀成本，根据你认为的重要程度进行排序。

答：预期的通货膨胀的成本包括以下各项：

a. 鞋底成本。更高的预期通货膨胀导致更高的名义利率，这又减少了对实际货币余额的需求。如果人们减少他们的实际货币余额，那么他们必须更频繁地去银行取款。这种不方便被称为鞋底成本，原因是，通俗地讲，去银行提现的次数越多，对鞋子的磨损越大。

b. 菜单成本。更高的通货膨胀诱使企业更频繁地改变它们的标价。如果它们必须重新印制菜单和目录，那么这对它们可能是代价很高的。

c. 相对价格更大的变动。如果企业改变价格不频繁，那么通货膨胀会导致各企业间相对价格更大的变动。由于自由市场经济依赖相对价格来有效地配置资源，因此，通货膨胀导致微观经济的无效率。

d. 税收义务的改变。税法的许多条款没有考虑通货膨胀的影响。因此，通货膨胀常常会以立法者没有想到的方式改变个人和企业的税收义务。

e. 价格水平变动带来的不方便。生活在一个价格水平变动的世界中是不方便的。货币是我们衡量经济交易的标尺。当货币的价值总是在变化时，它作为标尺的用处就下降了。

未被预期到的通货膨胀还有一种额外的成本。

f. 任意的财富再分配。未被预期到的通货膨胀在人们之间任意地再分配财富。例如，如果通货膨胀高于预期，那么债务人受益，债权人受损。同样，靠固定养老金生活的人也因为他们的钱能买到的产品更少了而受到伤害。

6. 解释货币政策和财政政策在引起和结束恶性通货膨胀中的作用。

答：恶性通货膨胀总是对货币政策的一种反映。也就是说，如果货币供给不快速增长，价格水平就不能快速增长；如果政府不大幅降低货币增长速度，恶性通货膨胀就不会结束。然而，这样的解释回避了一个中心问题：为什么政府开始而后又停止大量印刷货币？答案几乎总是在于财政政策：当政府有着无法通过借款筹措资金来解决的大量预算赤字（例如，由于近来的一场战争或某一其他大事件）时，它就诉诸印刷货币来买单。只有当财政问题得到缓解时——通过减少政府支出和/或征缴更多的税收，政府才愿意降低货币增长速度。

7. 定义术语“实际变量”和“名义变量”，并各举一个例子。

答：实际变量是用确确实实的单位衡量的变量，名义变量是用货币衡量的变量。实际变量对通货膨胀进行了调整，常常用不变美元来衡量，而名义变量则用当期美元来衡量。例如，实际 GDP 用不变的基年美元来衡量，而名义 GDP 用现期美元来衡量。实际 GDP 的增加意味着我们生产的用基年美元衡量的产品和服务的总量更多了。作为另一个例子，实际利率衡量了你的储蓄的购买力——用你的钱能买到的产品和服务的数量——增加的百分比，而名义利率衡量了你的储蓄的当期美元数增加的百分比。银行给出的利率——例如8%——是一种名义利率。如果通货膨胀率为3%，那么你的存款的购买力增加了5%。你的存款的美元数增加了8%，但是你用这些钱只能多买5%的产品和服务。

问题与应用

1. (Work It Out) 在威克纳姆国中，货币流通速度是不变的。实际GDP每年增长3%，货币存量每年增长8%，名义利率是9%。以下各个变量是多少？

a. 名义GDP的增长率；

b. 通货膨胀率；

c. 实际利率。

答： a. 为了求出名义GDP的增长率，我们从数量方程 $MV=PY$ 开始，并注意到 PY 是名义GDP，即用当期美元衡量的产品和服务的价值。如果我们用百分比形式表达这个公式，那么我们有

$$\% \Delta M + \% \Delta V = \% \Delta (PY)$$

如果我们假设货币流通速度的百分比变化是零，那么名义GDP的百分比变化等于货币供给的百分比变化，即8%。

b. 为了求出通货膨胀率，用百分比形式表达数量方程：

$$\% \Delta M + \% \Delta V = \% \Delta P + \% \Delta Y$$

改写这个方程，可以发现通货膨胀率由下式给出：

$$\% \Delta P = \% \Delta M + \% \Delta V - \% \Delta Y$$

将题中的信息代入，我们发现

$$\begin{aligned}\% \Delta P &= 8\% + 0 - 3\% \\ &= 5\%\end{aligned}$$

c. 实际利率为4%：名义利率9%减去通货膨胀率5%。

2. 假定一国的货币需求函数为 $(M/P)^d = kY$，式中，k 为一个常数。货币供给每年增加12%，实际收入每年增长4%。

a. 平均通货膨胀率是多少？

b. 如果实际收入增长更快，通货膨胀将会有什么不同？请解释。

c. 你如何解释参数 k？它与货币流通速度是什么关系？

d. 假定货币需求函数不再是不变的，相反，该经济中货币流通速度由于金融创新而稳定地上升。这将会如何影响通货膨胀率？请解释。

答： 在均衡状态下，由于实际货币需求必须等于实际货币供给，货币市场的出清要求

$$M/P = kY$$

a. 为了求出平均通货膨胀率，我们把以上条件用增长率表达成：

$$\% \Delta M - \% \Delta P = \% \Delta Y$$

（参数 k 是常数，因此可以被忽略。）如果货币供给增长12%，实际收入增长4%，那么通货膨胀率必须是8%。

b. 根据a小问的答案，实际收入增长的加快将导致更低的平均通货膨胀率。例如，如果实际收入增长率上升到6%而货币供给仍然增长12%，那么通货膨胀率下降到6%。

c. 参数 k 定义了对于每一美元的收入，人们想持有多少货币。参数 k 是货币流通速度的倒数。在所有其他条件相同的情形下，如果对于每一美元的收入，人们持有更少的美元作为货币，那么要购买同样数量的产品和服务，作为货币的每一美元被使用的次数就必须更多。

d. 如果货币流通速度增长率为正，那么在所有其他条件相同的情形下，通货膨胀率更高。根据数量方程，我们知道

$$\% \Delta M + \% \Delta V = \% \Delta P + \% \Delta Y$$

假定货币供给增长12%，实际收入增长4%。当货币流通速度增长为零时，通货膨胀率为8%。现在假定货币流通速度增长2%，这导致价格增长10%。由于用货币购买的产品和服务的数量给定，而平均每一美元被使用的次数增加，通货膨胀率必然上升。

3. (Work It Out) 某经济的货币需求函数为 $(M/P)^d = 0.2Y/i^{1/2}$。

a. 推导货币流通速度的表达式。货币流通速度取决于什么？解释为什么会有这种依

赖关系。

b. 如果名义利率为 4%，计算货币流通速度。

c. 如果产出 Y 为 1 000 单位，货币供给 M 为 1 200 美元，那么价格水平 P 为多少？

d. 假定新任中央银行行长有着对通货膨胀态度温和的声誉，一个关于新中央银行行长的公告使预期通货膨胀提高了 5 个百分点。根据费雪效应，新的名义利率为多少？

e. 计算新的货币流通速度。

f. 如果在这个公告后该经济的产出和现期货币供给都没有变化，那么价格水平会怎么变化？解释为什么会这样。

g. 如果新中央银行行长要把该公告发布后的价格水平维持在公告前的水平，那么她应该把货币供给设定在什么水平？

答： a. 为了找到货币流通速度的表达式，从数量方程 $MV=PY$ 开始，将其改写为 $M/P=Y/V$。在均衡状态下，实际货币供给 M/P 等于实际货币需求，因此

$$\frac{Y}{V}=\frac{0.2Y}{i^{1/2}}$$

$$0.2V=i^{1/2}$$

$$V=5\,i^{1/2}$$

货币流通速度取决于名义利率。原因是，当名义利率更高时，人们有激励持有更少的货币。如果人们持有更少的货币，那么他们所持有的美元就会更经常地被使用，货币流通速度增快。

b. 如果名义利率为 4%，那么货币流通速度为 $V=5\times4^{1/2}=10$。

c. 在均衡状态下，货币需求等于货币供给，因此，我们有

$$\frac{M}{P}=\frac{0.2Y}{i^{1/2}}$$

给定 $M=1\ 200$ 美元，$Y=1\ 000$，$i=4$，P 必定为 12 美元。

d. 根据费雪效应，预期通货膨胀增加 5 个百分点将使名义利率提高 5 个百分点，因此，新的名义利率为 9%。

e. 新的货币流通速度为 $V=5\times9^{1/2}=15$。

f. 利用 c 小问中的方程，新的价格水平为 18 美元。名义利率的提高增加了持有货币的机会成本，因此降低了实际货币余额的需求。由于名义货币的供给保持不变，价格水平必须上升以使实际货币余额的供给和需求达到平衡。

g. 给定 $Y=1\ 000$，$i=9$，如果中央银行行长想要使 $P=12$ 美元，那么 c 小问中的方程表明，货币供给应该被设定为 800 美元。

4. 假定货币需求函数的形式为 $(M/P)^d=L(i,\ Y)=Y/(5i)$。

a. 如果产出增长速度为 g，名义利率恒定，那么实际货币余额需求将会以什么速度增长？

b. 这一经济的货币流通速度是多少？

c. 如果通货膨胀和名义利率恒定，那么货币流通速度将会以什么速度增长（如果有的话）？

d. 利率水平的一个永恒的（一次性）增加将如何影响货币流通速度？它将如何影响随后的货币流通速度增长率？

e. 如果中央银行要实现长期目标通货膨胀率 π，那么货币供给应该以什么速度增长？

答： 货币需求函数的形式为

$$(M/P)^d=L(i,Y)=Y/(5i)$$

a. 如果产出 Y 的增长速度为 g，名义利率 i 恒定，那么实际货币余额需求 $(M/P)^d$ 的增长速度必然也为 g。

b. 为了找到货币流通速度，从数量方程 $MV=PY$ 开始，将其改写为 $V=(PY)/M=(P/M)Y$。注意，P/M 是实际货币供给的倒数，在均衡时实际货币供给等于实际货币需求。因此，货币流通速度为 $V=(5i/Y)Y=5i$。

c. 如果名义利率恒定，那么货币流通速度必然也恒定。

d. 名义利率的一次性提高导致货币流通速度的一次性提高，此后，货币流通速度保持恒定。

e. 对于给定的实际产出水平 Y 和给定的货币流通速度 V，货币供给 M 的百分比变化

等于价格水平 P 的百分比变化。因此，为了实现目标通货膨胀率 π，名义货币供给的增长速度必须为 π。

5. 一篇报纸文章曾经报道，美国经济正经历着低通货膨胀率。它说："低通货膨胀有一个负面效应：4 500 万名社会保障和其他津贴的领取者将看到他们的支票在下一年中仅仅增加 2.8%。"

a. 为什么政策制定者将社会保障和其他津贴的增加与通货膨胀建立联系？

b. 津贴的小幅增加是否如该文所认为的那样是低通货膨胀的一个"负面效应"？为什么？

答： a. 立法者希望确保社会保障和其他津贴的实际价值随着时间的推移保持不变。通过指数化津贴，即与用消费者价格指数衡量的生活成本建立联系，可以实现这个目标。指数化后，津贴的名义值就会与该价格指数以相同的速度变化。

b. 如果通货膨胀率得到了正确的衡量（要想更多地了解这个问题，参见第 2 章），那么老年人不会受到低通货膨胀率的影响。尽管他们的津贴的名义价值更低了，但是他们的津贴的实际价值——购买力——与高通货膨胀率情况下是相同的。

6. 在第二次世界大战期间，德国和英国都有纸武器的计划：它们各自印制对方国家的通货，打算用飞机大量空投。为什么这可能是一种有效的武器？

答： 恶性通货膨胀有害的所有理由都是这种武器可能有效的理由。例如，货币供给的大量增加会提高鞋底成本和菜单成本，使得相对价格变动更大，扭曲税收体系，导致普遍的不方便以及任意地再分配财富。如果恶性通货膨胀足够极端，那么它可能摧毁公众对官方货币和经济的信心。

注意，当外国政府印制货币时，国内政府没有收到货币铸造税，这消除了增加货币供给的一大好处。

7. 对于以下每个场景，解释并对通货膨胀的成本进行归类。

a. 由于通货膨胀上升了，某服装公司决定每月而不是每个季度发行一个新的产品目录。

b. 爷爷从一个保险公司购买了 100 000 美元的年金，该公司承诺在爷爷的有生之年每年付给他 10 000 美元。在购买了该年金后，爷爷意外地发现在接下来的几年里高通货膨胀使价格上升到了原来的三倍。

c. 玛丽亚生活在一个有着恶性通货膨胀的经济中。每到发工资的那一天，她就尽可能快地跑到商店，以便能在钱丧失价值之前花掉。

d. 吉塔生活在一个通货膨胀率为 10% 的经济中。在过去一年里，她的价值百万美元的股票和债券组合给她带来了 50 000 美元的回报。由于她的税率为 20%，她给政府缴纳了 10 000 美元的税收。

e. 你的父亲告诉你，当他在你这个年龄时，他每小时工作的报酬只有 4 美元。他的言下之意是你有一份每小时 9 美元的工作已经很幸运了。

答： a. 当该公司决定每个月而不是每个季度发行一个新的产品目录时，菜单成本增加了。生产性资源被转移到更频繁地更新产品目录上，从而该公司的产品价格跟着生产成本上升了。

b. 未被预期到的通货膨胀降低了年金付款的实际价值。当通货膨胀高于预期时，债权人受损，债务人受益。在这个例子中，保险公司每年要付给爷爷 10 000 美元，因此爷爷是债权人，保险公司是债务人。由于随着时间的推移，年金付款的实际价值下降得快于预期，因此，存在着从债权人到债务人的财富再分配。

c. 在钱丧失价值之前快速花掉是鞋底成本的一个例子。玛丽亚正在从其他活动上转移时间和精力以便她能在恶性通货膨胀大幅侵蚀钱的价值之前快速把钱转换成产品和服务。

d. 吉塔的税收负担基于其名义回报而不是实际回报。吉塔赚取的名义回报率为 5%，却不得不缴纳名义回报的 20%作为税收，这使得其名义税后回报率只有 4%。她的实际税后回报率为−6%（名义税后回报率 4%减去通货膨胀率 10%）。如果税收负担是基于实际回报的，那么她本不应缴纳税收。

e. 你的父亲年轻时每小时赚 4 美元，你现在每小时赚 9 美元，这阐述了价格水平变化造成的不方便：它使得比较不同时期的价格更为困难。为了搞清楚你的境况是否好于你的父亲，你需要比较你们俩的实际工资。在这个例子中，你的名义工资比你的父亲年轻时高 125%。只有从你的父亲年轻时算起，在价格水平增长不到 125%的条件下你的境况才会好于你的父亲。

8. 一些经济史学家指出，在金本位时期，黄金的发现在长期通货紧缩之后最可能出现。（1896 年的发现是一个例子。）为什么这种观察可能是正确的？

答： 通货紧缩，即总体价格水平下降，增加了货币的实际价值。在金本位下，货币与黄金之比是固定的。因此，通货紧缩增加了黄金的价值，意味着一盎司黄金能买到的产品和服务更多了。这创造了寻找新金矿的激励，于是在通货紧缩之后黄金更有可能被发现。

第6章 开放的经济

复习题

1. 定义资本净流出和贸易余额。解释它们是如何相关的。

答： 资本净流出（$S-I$）是国内储蓄超过国内投资的部分。在开放经济中，由于投资者可以在世界金融市场上借贷，因此，国内储蓄无须等于国内投资。贸易余额 NX 是产品与服务的出口减去进口。通过将国民收入账户恒等式表达成

$$S-I=NX$$

我们看到，资本净流出必定等于贸易余额。这个恒等式表明，金融资产的国际流动与产品和服务的国际流动是同一枚硬币的两面。

2. 定义名义汇率与实际汇率。

答： 名义汇率是两国通货的相对价格。它规定了一国通货与另一国通货的交换比率。实际汇率，有时被称为贸易条件，是两国产品的相对价格。它规定了一国的产品篮子与另一国的产品篮子的交换比率。

3. 如果一个小型开放经济削减国防支出，则储蓄、投资、贸易余额、利率和汇率会发生什么变动？

答： 国防支出的削减增加了政府储蓄，从而增加了国民储蓄。由于世界利率不受影响，投资也不会受到影响。因此，垂线（$S-I$）向右移动，如图6-1所示。贸易余额上升，汇率贬值。

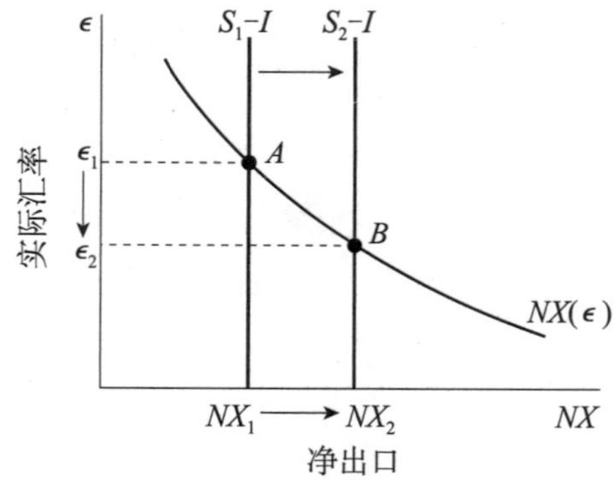

图6-1

4. 如果一个小型开放经济禁止日本视频游戏系统的进口，则储蓄、投资、贸易余额、利率和汇率会发生什么变动？

答： 如果一个小型开放经济禁止日本视频游戏系统的进口，那么对于任何给定的实际汇率，进口更少了，因此，净出口更多了。净出口曲线向右移动，如图6-2所示。

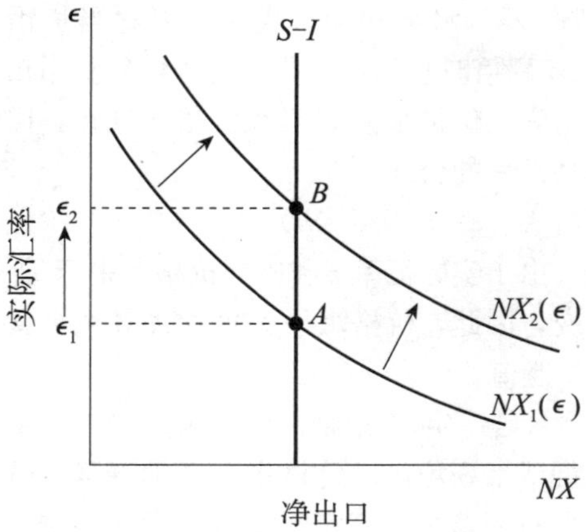

图 6-2

禁止进口日本视频游戏系统的贸易保护主义政策不影响储蓄、投资和世界实际利率，因此，垂线（$S-I$）不移动。这意味着贸易余额保持不变：进口需求的减少正好完全被实际汇率的升值所抵消。

5. 根据购买力平价理论，如果日本有低通货膨胀而墨西哥有高通货膨胀，日元和墨西哥比索之间的汇率会怎么变化？

答：根据定义，名义汇率和实际汇率有如下关系：

名义汇率＝实际汇率×价格水平之比

$$e=\varepsilon\times(P^*/P)$$

令 P^* 代表墨西哥的价格水平，P 代表日本的价格水平。名义汇率 e 是每单位日元换取的墨西哥比索的数量（这是把日本视为本国的角度）。购买力平价意味着实际汇率 ε 不变，这让我们可以把上面的方程用百分比形式表达成

$$\%\Delta e=\pi^*-\pi$$

其中，π^* 为墨西哥的通货膨胀率，π 为日本的通货膨胀率。如果墨西哥的通货膨胀率高于日本，那么这个方程告诉我们，随着时间的推移，日元能够换取的墨西哥比索将增加：日元相对于墨西哥比索将升值，等价地，墨西哥比索相对于日元将贬值。

问题与应用

1. 用小型开放模型预测，作为对下列每个事件的反应，贸易余额、实际汇率和名义汇率会发生什么变动？

a. 消费者对未来的信心下降引起消费者减少消费和增加储蓄。

b. 一项税收改革增加了企业建立新工厂的激励。

c. 丰田新推出一款时尚车型使一部分消费者偏好外国汽车而不是本国汽车。

d. 中央银行将货币供给增加至原来的两倍。

e. 限制信用卡使用的新规定增加了货币需求。

答：

a. 储蓄意愿的增加使垂线（$S-I$）向右移动，导致实际汇率贬值和贸易余额增加，如图 6-3 所示。由于相对价格水平没有变化，所以名义汇率也贬值。

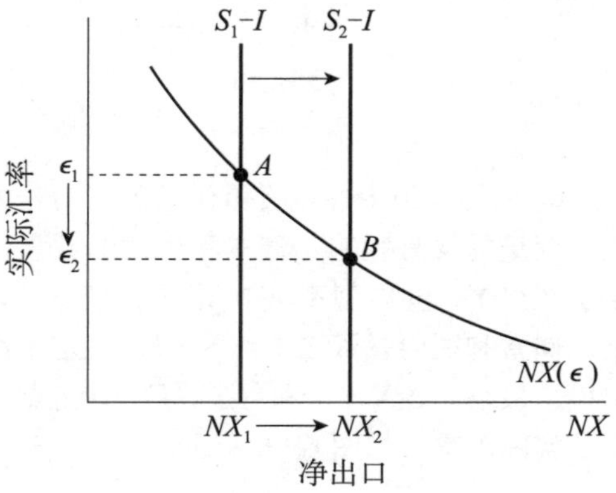

图 6-3

b. 建立新工厂增加了投资，因此垂线（$S-I$）向左移动。这导致实际汇率升值和贸易余额减少，如图 6-4 所示。由于相对价格水平没有变化，所以名义汇率也升值。

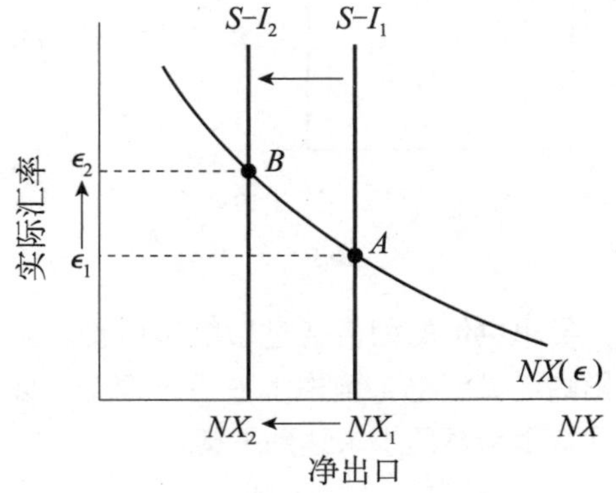

图 6-4

c. 丰田推出一款时尚车型，使一些消费者偏好外国汽车而不是本国汽车，这对储蓄和投资都没有影响，但它使 $NX(\varepsilon)$ 向左移动，如图 6-5 所示。实际汇率贬值，贸易余额保持不变。由于相对价格水平没有变化，所以名义汇率也贬值。

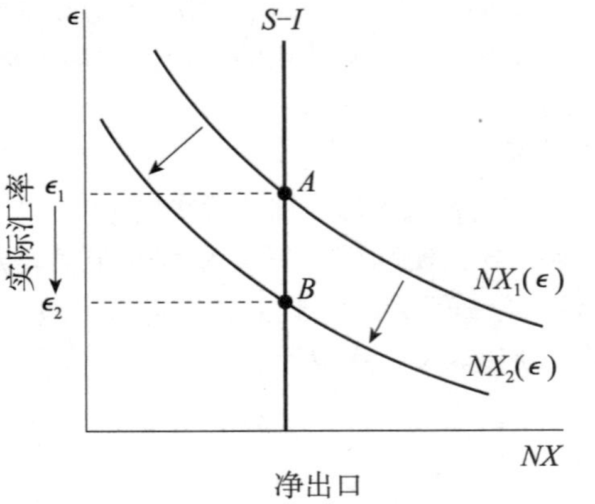

图 6-5

d. 根据货币中性，货币供给翻倍对任何实际变量都没有影响。资本和劳动的数量决定了产出 Y。世界利率 r^* 决定了投资 $I(r^*)$。国内储蓄和国内投资之差（$S-I$）决定了净出口。最后，$NX(\varepsilon)$ 和（$S-I$）的交点决定了实际汇率，如图 6-6 所示。

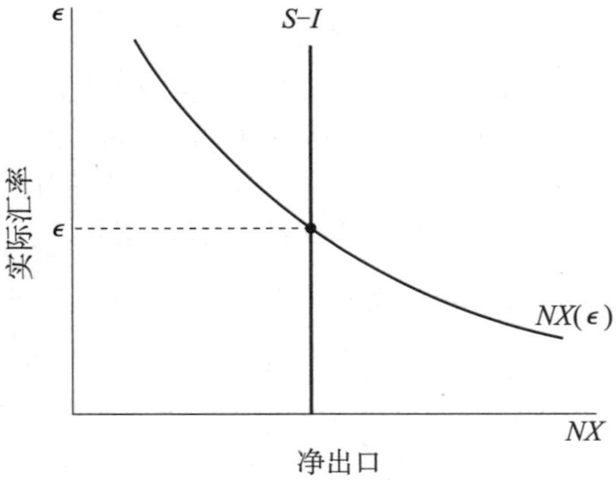

图 6-6

货币供给的翻倍通过影响国内价格水平来影响名义汇率。价格水平通过调整，以使实际货币余额的供求达到平衡，即

$$M/P=(M/P)^d$$

实际货币余额的需求 $(M/P)^d$ 由产出（或收入）水平和利率决定，因此当货币供给 M 翻倍时它不会变化。为了恢复货币市场的均衡，价格水平 P 必须翻倍。现在，回忆名义汇率的公式：

$$e=\varepsilon\times(P^*/P)$$

由于实际汇率 ε 和国外价格水平 P^* 保持不变，因此，价格水平 P 的增加导致名义汇率 e 贬值。

e. 当实际货币余额的需求增加时，要恢复货币市场均衡，价格水平必须下降。价格水平的下降对任何实际变量都没有影响，正如 d 小问答案中所解释的那样。由于实际汇率和国外价格水平都保持不变，所以，价格水平的下降导致名义汇率升值。

2. （Work It Out）考虑一个由以下方程所描述的经济：

$$Y=C+I+G+NX$$
$$Y=8\ 000$$
$$G=2\ 500$$
$$T=2\ 000$$
$$C=500+2/3(Y-T)$$
$$I=900-50r$$
$$NX=1\ 500-250\varepsilon$$
$$r=r^*=8$$

a. 在这个经济中，求出私人储蓄、公共储蓄、国民储蓄、投资、贸易余额以及均衡汇率。

b. 假定现在 G 减少到 2 000，求出私人储蓄、公共储蓄、国民储蓄、投资、贸易余额以及均衡汇率。解释你的结果。

c. 现在假定世界利率从 8%下降到 3%（G 还是 2 500），求出私人储蓄、公共储蓄、国民储蓄、投资、贸易余额以及均衡汇率。解释你的结果。

答： a. 消费为

$$\begin{aligned}C&=500+(2/3)(Y-T)\\&=500+(2/3)(8\ 000-2\ 000)\\&=4\ 500\end{aligned}$$

私人储蓄为

$$\begin{aligned}S_{私人}&=Y-C-T\\&=8\ 000-4\ 500-2\ 000\\&=1\ 500\end{aligned}$$

公共储蓄为

$$S_{公共} = T - G = 2\,000 - 2\,500 = -500$$

国民储蓄为

$$S = S_{私人} + S_{公共} = 1\,500 + (-500) = 1\,000$$

投资为

$$I = 900 - 50r = 900 - 50 \times 8 = 500$$

净出口为

$$NX = S - I = 1\,000 - 500 = 500$$

通过令净出口需求等于资本净流出，我们求出均衡实际汇率：

$$1\,500 - 250\varepsilon = S - I$$
$$1\,500 - 250\varepsilon = 1\,000 - 500$$
$$250\varepsilon = 1\,000$$
$$\varepsilon = 4$$

b. 当 $G=2\,000$ 时，通过同样的分析，我们得到

$$S_{私人} = Y - C - T = 1\,500$$
$$S_{公共} = T - G = 2\,000 - 2\,000 = 0$$
$$S = S_{私人} + S_{公共} = 1\,500 + 0 = 1\,500$$
$$I = 900 - 50r = 900 - 50 \times 8 = 500$$
$$NX = S - I = 1\,500 - 500 = 1\,000$$

通过令净出口需求等于资本净流出，我们求出均衡实际汇率：

$$1\,500 - 250\varepsilon = S - I$$
$$1\,500 - 250\varepsilon = 1\,000$$
$$\varepsilon = 2$$

政府购买的减少增加了国民储蓄，但是，由于世界实际利率不变，投资也保持不变。这增加了资本净流出。实际汇率贬值以使净出口和资本净流出相等。

c. 当 $r=3$ 和 $G=2\,500$ 时，通过同样的分析，我们得到

$$S_{私人} = Y - C - T = 1\,500$$
$$S_{公共} = T - G = 2\,000 - 2\,500 = -500$$
$$S = S_{私人} + S_{公共} = 1\,500 + (-500) = 1\,000$$
$$I = 900 - 50r = 900 - 50 \times 3 = 750$$
$$NX = S - I = 1\,000 - 750 = 250$$

通过令净出口需求等于资本净流出，我们求出均衡实际汇率：

$$1\,500 - 250\varepsilon = S - I$$
$$1\,500 - 250\varepsilon = 250$$
$$\varepsilon = 5$$

储蓄与 a 小问中的相同，但是更低的世界实际利率使得投资增加了。投资的增加减少了资本净流出，导致实际汇率的升值和净出口的下降。

3. Leverett 国是一个小型开放经济。突然，世界时尚的变动使该国的出口品不受欢迎。

a. Leverett 国的储蓄、投资、净出口、利率和汇率会发生什么变动？

b. Leverett 国的公民喜欢出国旅游。汇率的这种变动将如何影响他们？

c. Leverett 国的财政政策制定者想调整税收，以把汇率维持在以前的水平上。他们应该做什么？如果他们这样做了，对储蓄、投资、净出口和利率的总体影响是什么？

答：a. 当 Leverett 国的出口品变得不受欢迎时，它的国内储蓄 $S=Y-C-G$ 不变。这是因为我们假设 Y 由资本和劳动的数量决定，消费只取决于可支配收入，政府支出是外生的。由于 Leverett 国是一个小型开放经济且世界实际利率不变，所以投资也不变。由于储蓄和投资都不变，而净出口等于 $(S-I)$，所以净出口也不变。如图 6－7 所示，垂线 $(S-I)$ 不移动。

Leverett 国的出口品的受欢迎程度下降导致净出口曲线向左移动，如图 6－7 所示。在新的均衡状态下，净出口不变，实际汇率贬值。

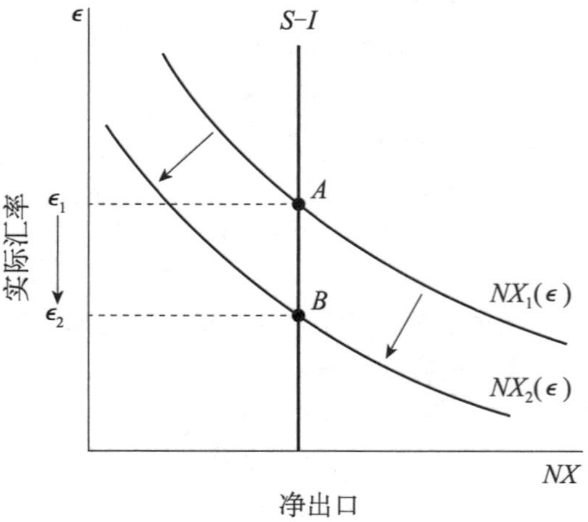

图 6－7

尽管 Leverett 国的出口品变得不那么受欢迎，但是由于汇率的贬值使得该国的产品相对于世界其他地方的产品变得便宜了，所以该国的贸易余额保持不变。

b. 实际汇率的贬值使得世界上其他地方的产品和服务，包括游客购买的那些，相对于 Leverett 国的更加昂贵，这将减少 Leverett 国的公民出境游的次数。

c. 利用税收恢复初始的汇率需要通过减税使垂线（$S-I$）向左移动。减税增加了可支配收入和消费，因此国民储蓄下降。由于 Leverett 国将世界实际利率视为给定，而世界实际利率不受该减税政策的影响，因此投资也不受影响。从会计角度来看，资本净流出（$S-I$）的减少与净出口的减少相匹配。

4. 当政府购买增加时，例如在战争期间，一个小型开放经济的贸易余额和实际汇率会发生什么变动？你的回答是否取决于这是国内战争还是世界大战？

答： 首先考虑国内战争。政府购买的增加减少了政府储蓄，从而减少了国民储蓄。这使储蓄曲线向左移动，如图 6－8 所示。国内战争对世界实际利率 r^* 没有影响，因此国内储蓄的减少导致贸易余额下降。

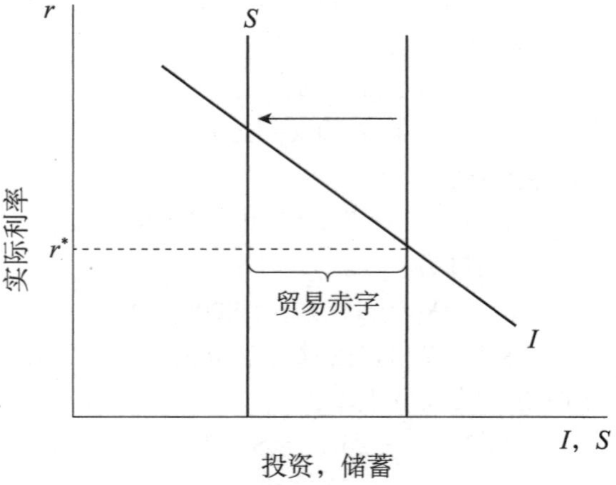

图 6－8

图 6－9 显示了政府购买的增加对实际汇率的影响。国民储蓄的下降使垂线（$S-I$）向左移动，导致资本净流出下降和实际汇率升值。结果，国内产品相对于国外产品变得昂贵了，这导致出口下降和进口上升。正如我们在图 6－8 中所看到的，贸易余额下降。

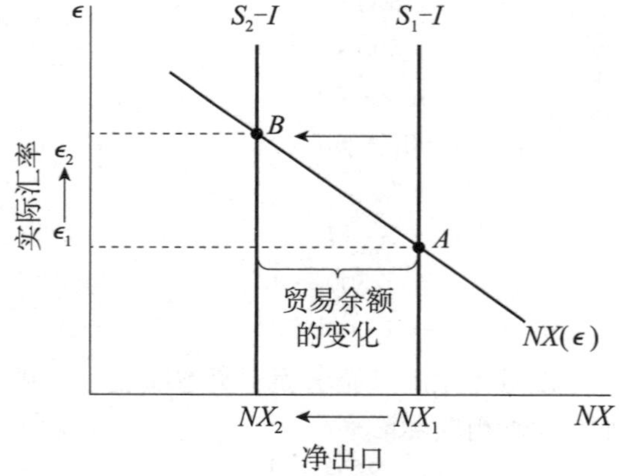

图 6－9

现在考虑世界大战。由于世界大战导致许多政府增加它们的支出，因此，世界实际利率 r^* 上升。国民储蓄的减少减少了资本净流出，而世界实际利率的上升通过减少国内投资增加了资本净流出。净影响取决于哪种力量占主导。从平衡贸易出发，图 6－10 显示世界大战导致贸易赤字，而图 6－11 显示世界大战导致贸易盈余。

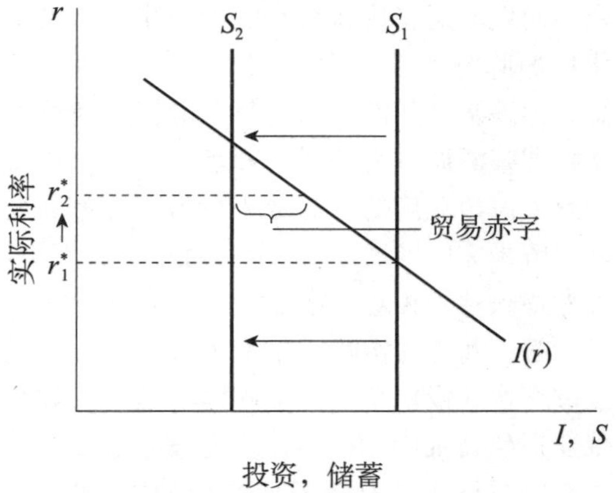

图 6－10

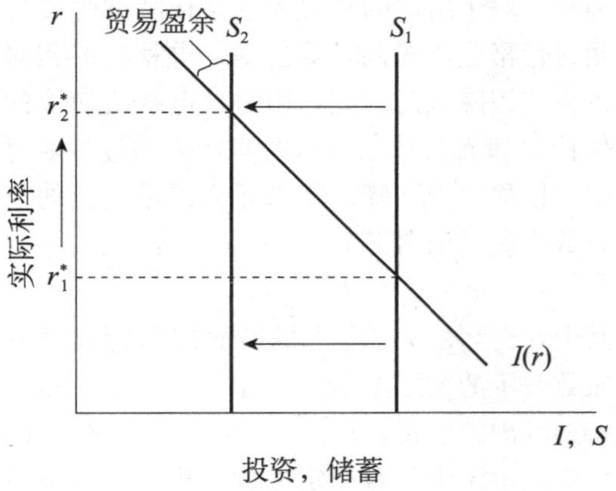

图 6－11

5. 本章的一个案例研究得出结论：如果穷国提供更高的生产效率和更好的法律保护，像美国这样的富国的贸易余额将转向盈余。让我们考虑为什么可能是这样。

a. 如果世界的穷国提供更高的生产效率和更好的法律保护，这些国家的投资需求函数会发生什么变化？

b. 你在问题 a 中描述的变化会如何影响世界金融市场的可贷资金需求？

c. 你在问题 b 中描述的变化会如何影响世界利率？

d. 你在问题 c 中描述的变化会如何影响富国的贸易余额？

答： a. 如果穷国提供更高的生产效率和更好的法律保护，那么资本的边际产量将上升，对于任何给定的世界实际利率，这将导致企业增加它们的资本投资。结果，这些国家的投资曲线将向右移动。

b. 假设穷国在世界投资中所占的份额相当可观，可贷资金的世界需求曲线将向右移动，如图 6－12 所示。

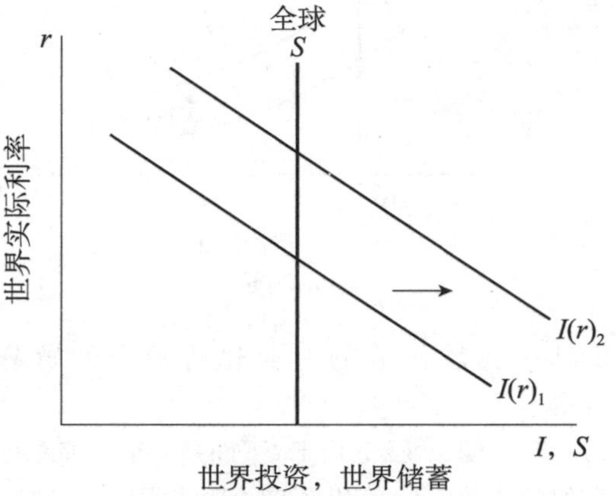

图 6－12

c. 如图 6－12 所示，可贷资金需求的增加将导致世界实际利率上升。

d. 对于富国，世界实际利率的上升将通过增加投资的机会成本而减少投资。因此，富国的资本净流出将上升，这意味着该国的贸易余额也将上升。

6. 总统正考虑对日本豪华汽车的进口征收关税。利用本章介绍的模型，讨论这项政策的经济学与政治学。特别地，这项政策会如何影响美国的贸易赤字？如何影响汇率？谁会受到这项政策的损害？谁将获益？

答： 对于任何给定的实际汇率，美国对日本豪华汽车征收关税将降低美国的进口需求，从而使 *NX* 曲线向右移动，如图 6－13 所示。由于美国的储蓄和投资不会受到影响，因此，实际汇率将升值以使贸易余额维持在相同的水平。因此，这一关税将导致美国进口和出口下降相同的数量。

这一关税还将产生若干分配效应。美国奢侈汽车的生产商将直接从这一保护举措中获益。美国的其他与进口品竞争的行业将从实际汇率升值中获益，而出口导向的行业将受损。日本奢侈汽车的美国消费者将由于这一关税而受损，而其他进口品的消费者将从美元升值中获益。综合来看，这一关税将降

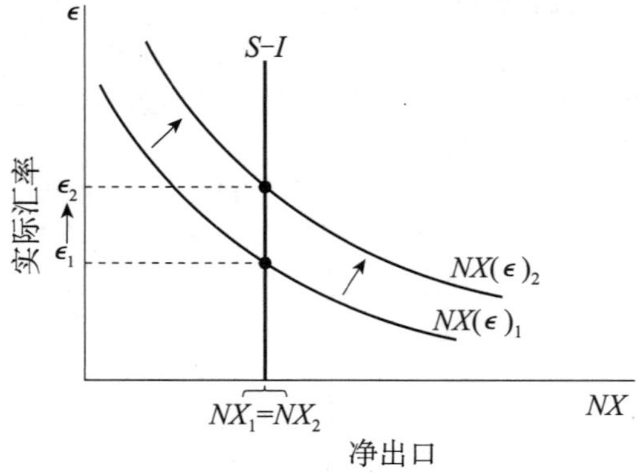

图 6－13

低基于比较优势的专业化所带来的贸易所得。

7. （Work It Out）下面是一个与表 6－2 类似的表格，它给出了四个假想国家（按字母顺序排序）的通货的信息。利用购买力平价理论填充表格，如果根据给出的信息无法确定某些数字，就填写“NA”。解释你的答案。

国家	通货	黄油啤酒的价格	汇率（每 Hagrid fluffy）	
			预测值	现实值
Hagrid	fluffy	5	—	—
Hermionia	galleon	—	80	70
Potterstan	sickle	60	—	10
Ronland	knut	100	20	—

答：在本题中，购买力平价预测，一国的汇率等于黄油啤酒的国内价格除以黄油啤酒在 Hagrid 的价格（5 fluffies）。Hagrid fluffy 相对于本身的汇率预测值和现实值显然是 1。对 Hermionia 来说，每 fluffy 80 galleons 的汇率预测值表明，该国的黄油啤酒的价格必定是 400 galleons。对 Potterstan 来说，汇率预测值必定是 60 sickles 除以 5 fluffies，即每 fluffy 12 sickles。根据给出的信息，Ronland 的汇率现实值无法确定。

8. 假定中国出口电视机并使用人民币（元）作为其通货，而俄罗斯出口伏特加啤酒并使用卢布作为其通货。中国有稳定的货币供给，电视机生产的技术进步缓慢而稳定，而俄罗斯有快速增长的货币供给，没有伏特加啤酒生产的技术进步。基于这一信息，你预测实际汇率（用每台电视机换取的伏特加啤酒瓶数来衡量）和名义利率（用每一元人民币兑换的卢布数来衡量）会怎么变动？解释你的推理。（提示：对于实际汇率，思考稀缺性和相对价格之间的联系。）

答：此处的实际汇率是一台中国电视机能够交换的俄罗斯伏特加啤酒的数量。如果俄罗斯伏特加啤酒的生产没有技术进步而中国的电视机生产有缓慢而稳定的技术进步，那么伏特加啤酒相对于电视机将变得越来越稀缺。对于给定的相对需求，伏特加啤酒的相对价格应该提高，等价地，电视机的相对价格应该降低。因此，用每台电视机换取的伏特加啤酒瓶数来表示的实际汇率应该随时间的推移缓慢下降。用每元人民币兑换的卢布数来衡量的名义汇率 e 由下式给出：

$$e=\varepsilon\times(P^*/P)$$

其中，ε 是用每台电视机换取的伏特加啤酒瓶数表示的实际汇率，P^* 是在俄罗斯一瓶伏特加啤酒的价格，P 是在中国一台电视机的价格。由于中国有稳定的货币供给，而俄罗斯的货币供给快速增长，因此，随着时间的推移，价格比 P^*/P 将快速上升。实际汇率的下降将推动名义利率下降，而价格比的上升将推动名义利率上升，因此，对名义汇率的影响取决于这两种力量的相对强度。由于实际汇率的下降缓慢而价格比的上升快速，所以，随着时间的推移，名义利率将上升（也就是说，人民币将相对于卢布升值）。

9. Oceania 是一个小型开放经济。假定众多其他国家开始通过实行投资税收抵免来补贴投资（同时调整其他税收以保持税收收入不变），但是 Oceania 没有实行这样的投资补贴。

a. 作为世界利率函数的世界投资需求会发生什么变动？

b. 世界利率会发生什么变动？

c. Oceania 的投资会发生什么变动？

d. Oceania 的贸易余额会发生什么变动？

e. Oceania 的实际汇率会发生什么变动？

答： a. 如果众多其他国家实行投资税收抵免，那么世界投资需求曲线将向右移动，如图 6－14 所示。

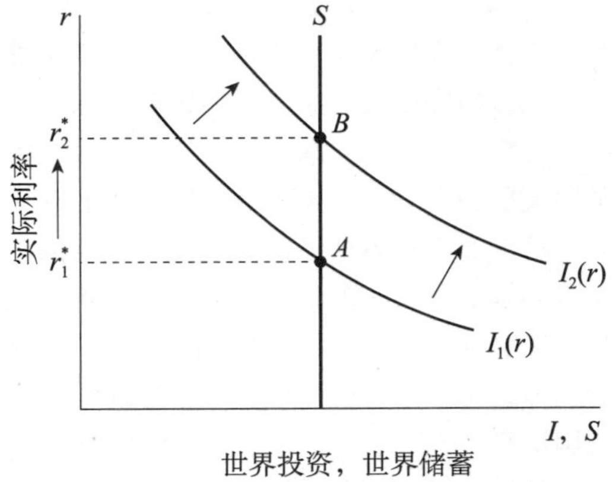

图 6－14

b. 如图 6－14 所示，世界投资需求的增加将提高世界实际利率。

c. 由于利率是投资的机会成本，所以，对于 Oceania 这样的小型开放经济来说，更高的世界利率意味着更少的投资，如图 6－15 所示。

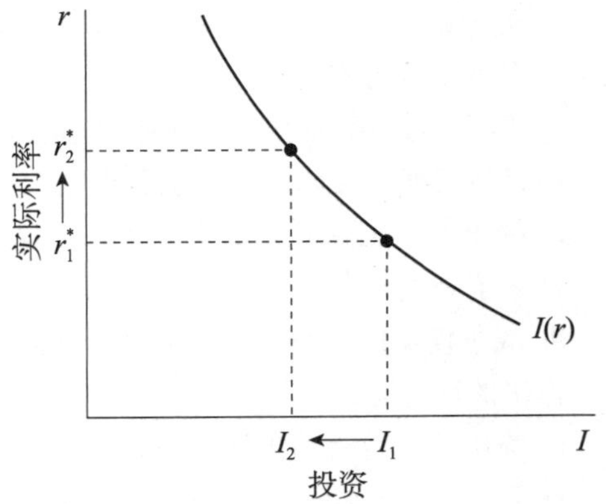

图 6－15

d. 由于 Oceania 的国民储蓄不受影响，更高的世界实际利率增加了其资本净流出，所以增加了其贸易余额，如图 6－16 所示。

e. Oceania 的资本净流出的增加导致其实际汇率贬值，如图 6－17 所示。

10. “在墨西哥旅游现在比 10 年前便宜得多，”一位朋友说，“10 年前，1 美元兑换

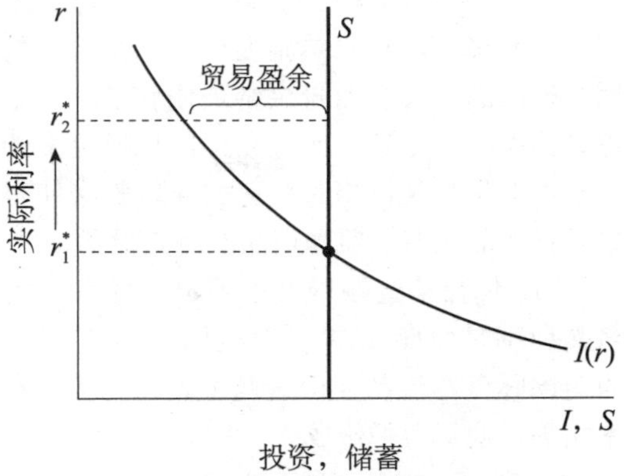

图 6－16

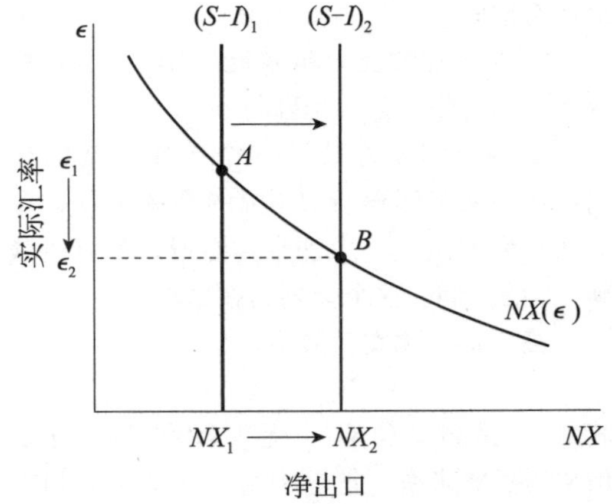

图 6－17

10 比索，今年，1 美元兑换 15 比索。”你朋友的话正确还是错误？给定这个时期总的通货膨胀在美国是 25%，而在墨西哥是 100%，在墨西哥旅行是变得更贵还是更便宜？用一个具体例子——例如，美国热狗 vs. 墨西哥玉米饼卷——写出将令你朋友信服的答案。

答： 确定你朋友的话正确还是错误的最容易的办法是考虑一个例子。假定 10 年前一个美国热狗的价格是 1 美元而一个墨西哥玉米饼卷的价格是 10 比索。由于汇率是 1 美元兑换 10 比索，因此，这两样东西的价格相同。10 年后，给定美国的通货膨胀是 25%，现在一个美国热狗的价格是 1.25 美元，给定墨西哥的通货膨胀是 100%，现在一个墨西哥玉米饼卷的价格是 20 比索。现在的汇率是 1 美元兑换 15 比索，因此，一个墨西哥玉米饼卷的价格是 20/15＝1.33（美

元）。这意味着，现在购买一个墨西哥玉米饼卷比购买一个美国热狗要贵。于是，你的朋友得出的"去墨西哥旅游更便宜了"的结论是错误的。尽管美元现在可以兑换更多的比索，但是墨西哥相对快速的通货膨胀使得墨西哥产品相对于美国产品变得更贵了。

11. 你在某金融网站上看到，加拿大的名义利率是每年 12%，而美国是每年 8%。假定国际资本流动使得这两个国家的实际利率相等，购买力平价成立。

a. 利用（第 5 章中讨论的）费雪方程，关于加拿大和美国的预期通货膨胀，你能作出什么推断？

b. 关于加拿大元和美元之间汇率的预期变动，你能作出什么推断？

c. 一个朋友提议了一个迅速致富的计划：从一家美国银行以 8%的利率借钱，存入利率为 12%的一家加拿大银行，就可以赚到 4%的利润。这个计划错在哪里？

答： a. 根据费雪效应，

$$i=r+E\pi$$

其中，i 是名义利率，r 是实际利率，$E\pi$ 是预期通货膨胀率。把题中给出的加拿大和美国的信息代入，我们有：

$$12\%=r+E\pi_{加拿大}$$

$$8\%=r+E\pi_{美国}$$

其中，r 是世界实际利率。这意味着

$$E\pi_{加拿大}-E\pi_{美国}=4\%$$

我们得出结论，加拿大的预期通货膨胀率比美国高 4 个百分点。

b. 我们可以将用每美元兑换的加拿大元表示的名义汇率表达成：

$$e=\varepsilon\times(P_{加拿大}/P_{美国})$$

其中，ε 是实际汇率，$P_{加拿大}$ 是加拿大的价格水平，$P_{美国}$ 是美国的价格水平。该式的百分比变化形式为：

$$\%\Delta e=\%\Delta\varepsilon+(\pi_{加拿大}-\pi_{美国})$$

由于购买力平价成立，所以，实际汇率固定为 1。于是，名义汇率的百分比变化是由通货膨胀率差别驱动的。也就是说，

$$\%\Delta e=\pi_{加拿大}-\pi_{美国}$$

两边取期望，我们有

$$\%\Delta Ee=E\pi_{加拿大}-E\pi_{美国}=4\%$$

美元预期升值 4%。

c. 这个计划的问题是它没有考虑名义汇率的变化。假定当前汇率是 1 美元兑换 1 加拿大元。如果你从一家美国的银行借入 1 美元，将它兑换为 1 加拿大元，然后存入一家加拿大的银行，一年后你将有 1.12 加拿大元。给定 b 小问的结果，你预期一年后的汇率将会是 1 美元兑换 1.04 加拿大元。将 1.12 加拿大元换回美元，你将换得 1.12/1.04 美元，即约 1.08 美元，而你欠你借款的那家美国银行 1.08 美元，因此你大致收支平衡（尚未考虑交易成本）。

更多的问题与应用

1. 如果国外爆发了一场战争，它将在许多方面影响美国经济。用大型开放经济模型考察这样一场战争的如下影响：美国的储蓄、投资、贸易余额、利率以及汇率会发生什么变动？（为了简化，分别考察以下各项影响。）

a. 美国政府由于担心需要介入战争，增加了对军事装备的购买。

b. 其他国家增加了对高科技武器的需求，高科技武器是美国的一项主要出口。

c. 战争使美国企业无法确知未来，这些企业推迟了一些投资项目。

d. 战争使美国消费者无法确知未来，消费者作出的反应是增加储蓄。

e. 美国人变得害怕出国旅行，因此更多的人在美国本土度假。

f. 外国投资者为他们的投资组合在美国寻找一个避风港。

答： a. 政府购买的增加减少了国民储蓄。如图 6-18 所示，这提高了均衡利率。由于国内投资和资本净流出与利率负相关，所以两者都减少。为了将贸易余额降低到资本净流出水平，实际汇率升值。

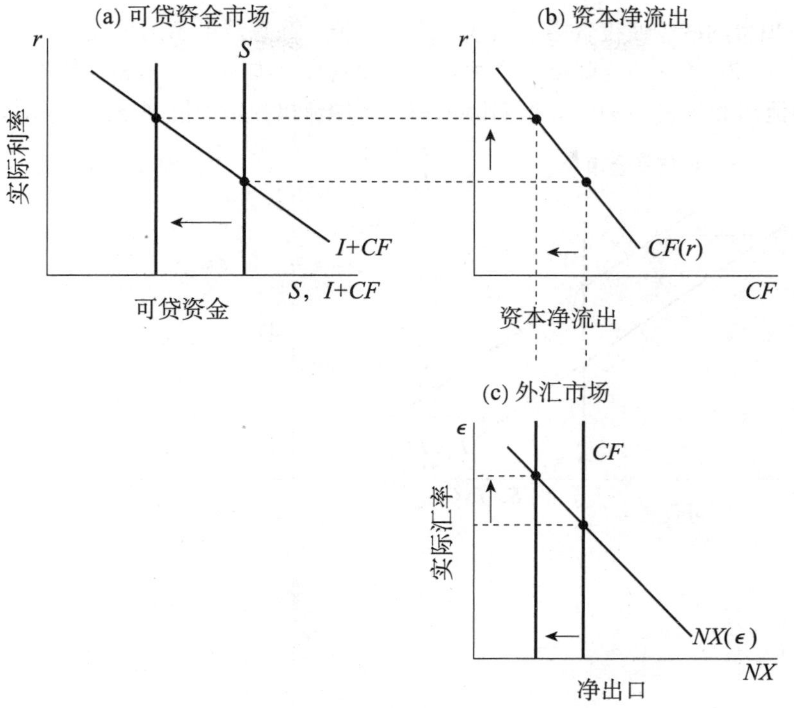

图 6－18

b. 如图 6－19 所示，对一国出口品需求的增加使净出口曲线向右移动。由于可贷资金市场没有发生任何变化，所以储蓄、投资和利率都不变。这又意味着资本净流出和贸易余额保持不变。净出口曲线的移动导致汇率升值，这使美国产品相对于外国产品变得更贵了。最终的结果是出口和进口等量增加。

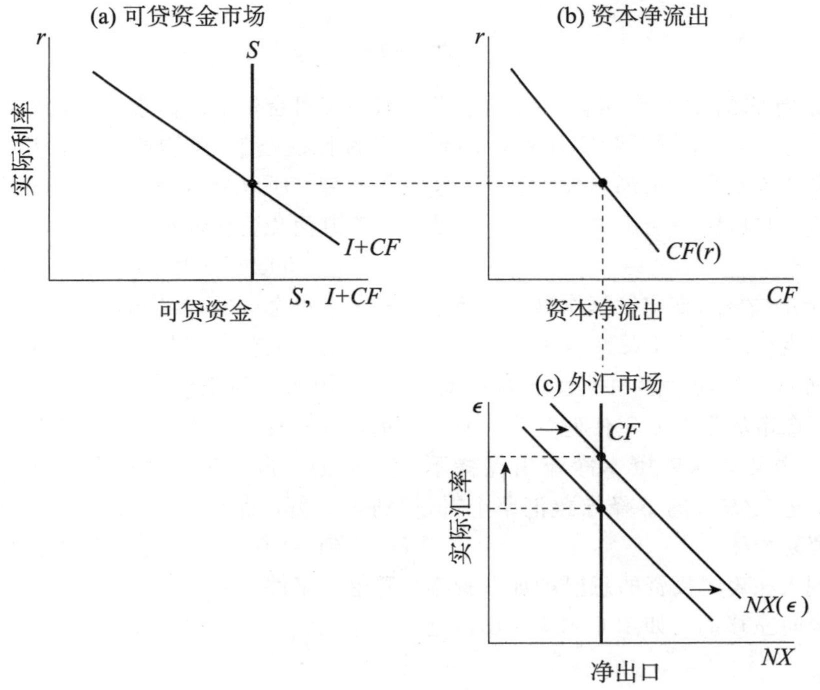

图 6－19

c. 投资项目的减少使投资需求曲线向左移动。如图 6－20 所示，这降低了利率，增加了资本净流出和贸易余额，导致实际汇率贬值。注意，由于国民储蓄没有变化，所以投资和资本净流出之和保持不变。于是，资本净流出的增加恰好被投资的减少所抵消。

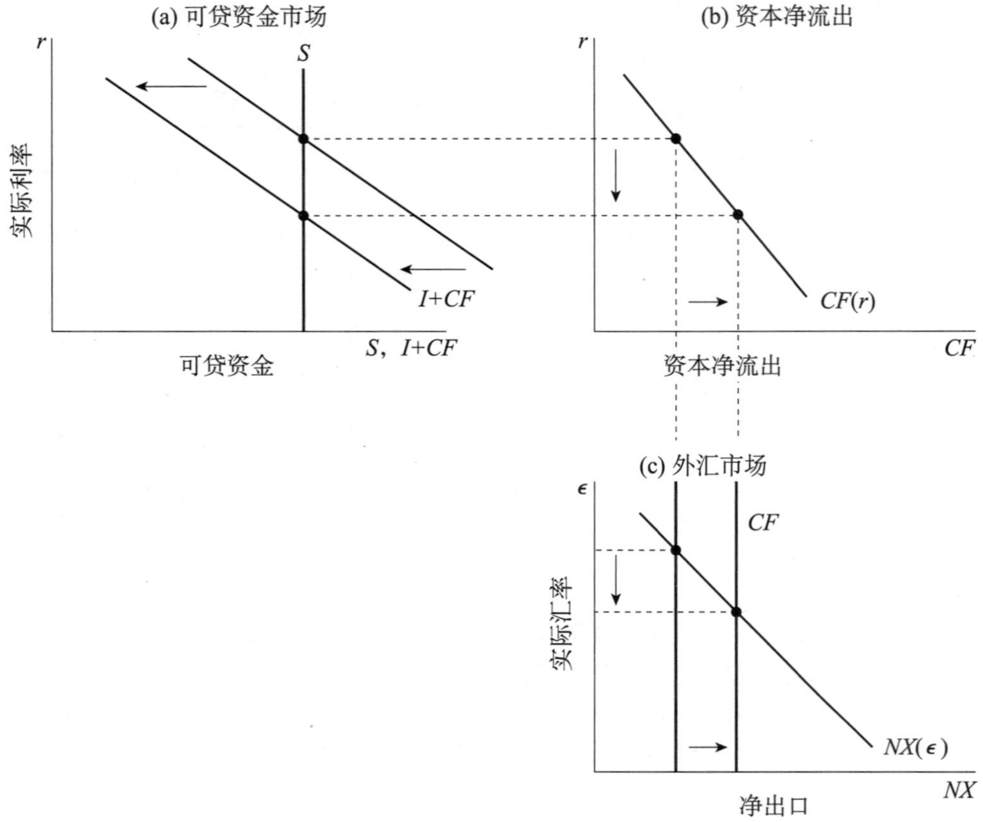

图 6－20

d. 储蓄意愿的增加使储蓄曲线向右移动。如图 6－21 所示，这导致实际利率下降。结果，投资和资本净流出都增加。最后，实际汇率贬值，并将贸易余额提高到资本净流出的水平。

e. 由于出国旅行支出被算作进口，所以美国人出国旅行的意愿下降减少了进口。如图 6－22 所示，这使净出口曲线向右移动。由于可贷资金市场没有发生任何变化，所以利率不变，这又意味着资本净流出保持不变。于是，进口需求的下降导致汇率上升，但不影响贸易余额。

f. 外国人在美国投资的意愿增加使资本净流出曲线向左移动。如图 6－23 所示，这减少了可贷资金的需求，导致利率下降，利率的下降又使投资增加。由于 $I+CF$ 的均衡值不变，所以资本净流出必须减少，这导致汇率升值和贸易余额下降。

2. 1995 年 9 月 21 日，"众议院议长纽特·金里奇（Newt Gingrich）威胁说要让美国在历史上首次拖欠债务，以迫使克林顿政府按共和党的条件平衡预算"。（《纽约时报》，1995 年 9 月 22 日，A1 版。）同一天，美国政府 30 年期债券的利率从 6.46％上升到 6.55％，而且，美元的价值从 102.7 日元下降到 99.0 日元。用大型开放经济模型解释这一事件。

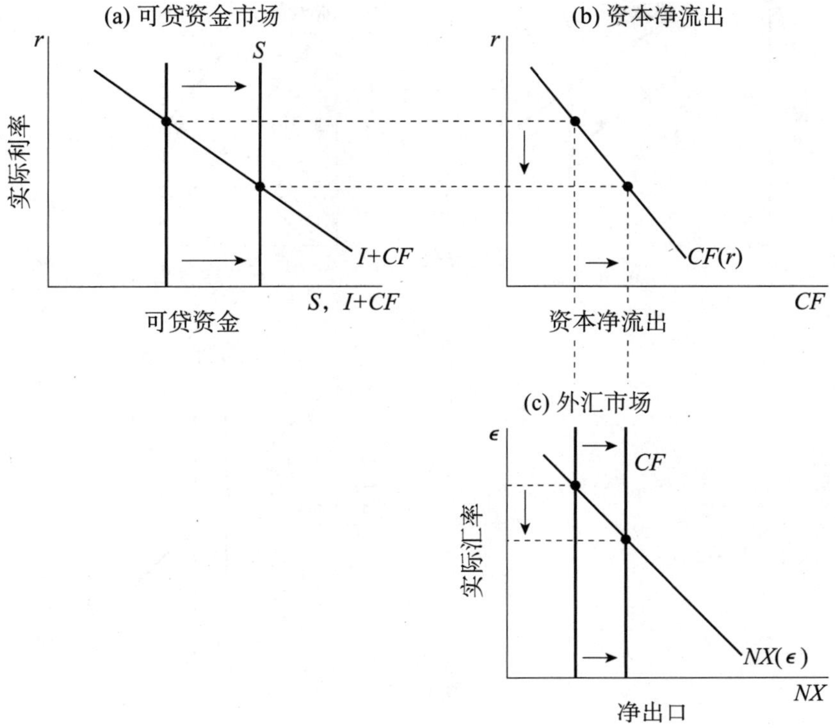
(a) 可贷资金市场
r
S
实际利率
I+CF
可贷资金
S，I+CF
(b) 资本净流出
r
CF(r)
资本净流出
CF
(c) 外汇市场
ϵ
CF
实际汇率
NX(ϵ)
净出口
NX

图 6－21

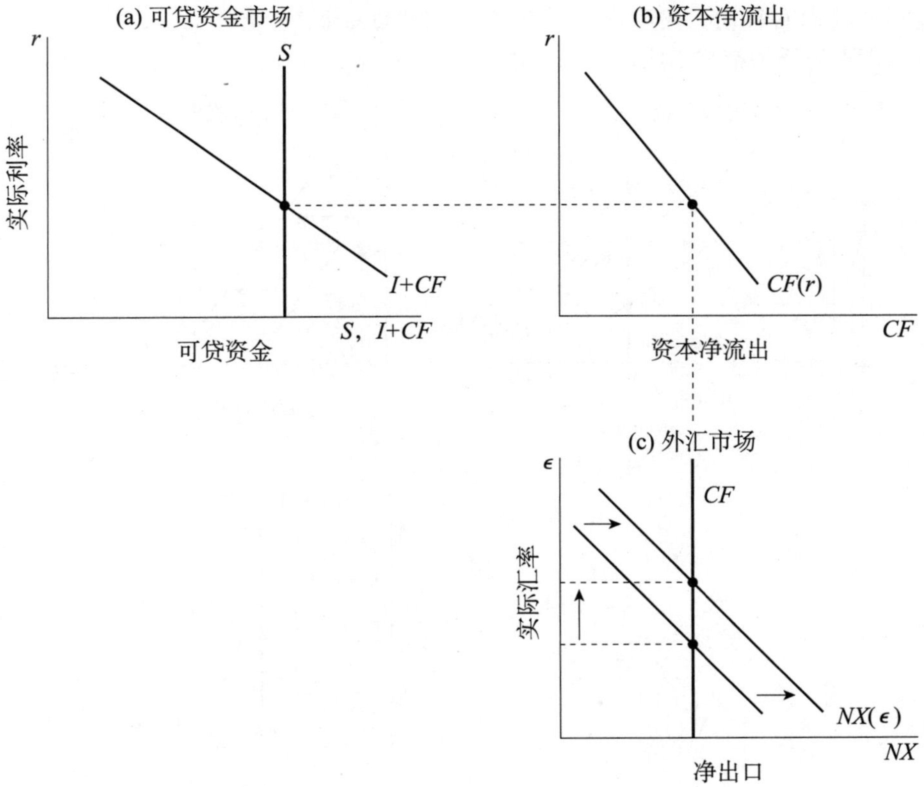
(a) 可贷资金市场
r
S
实际利率
I+CF
可贷资金
S，I+CF
(b) 资本净流出
r
CF(r)
资本净流出
CF
(c) 外汇市场
ϵ
CF
实际汇率
NX(ϵ)
净出口
NX

图 6－22

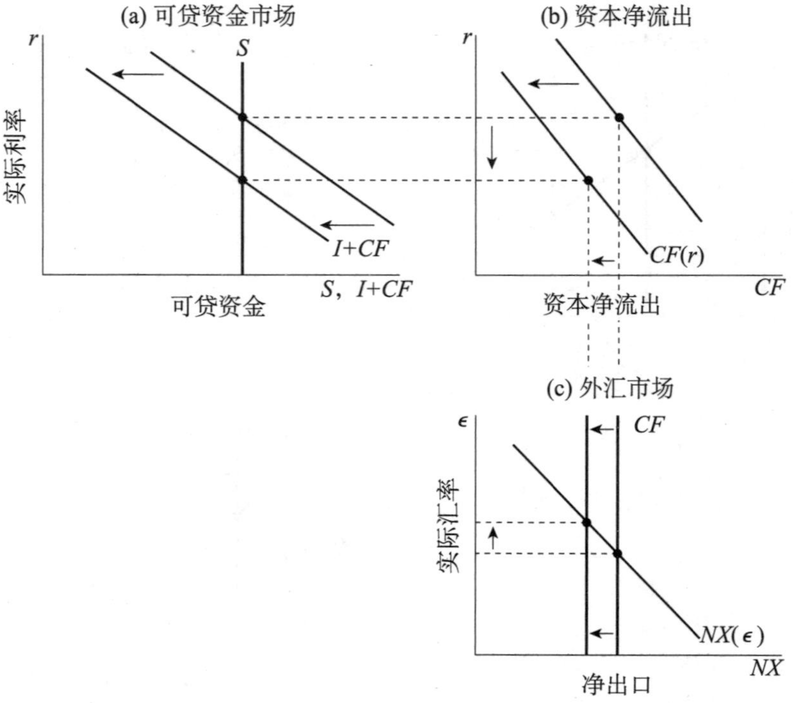

图 6-23

答：由于违约风险增加，对美国政府债券的需求下降。如图 6-24 所示，这导致资本净流出曲线向右移动。在可贷资金市场，可贷资金需求的增加推高了实际利率，这又降低了投资。由于 $I+CF$ 的均衡值不变，所以资本净流出必须增加，这导致实际汇率贬值和贸易余额上升。

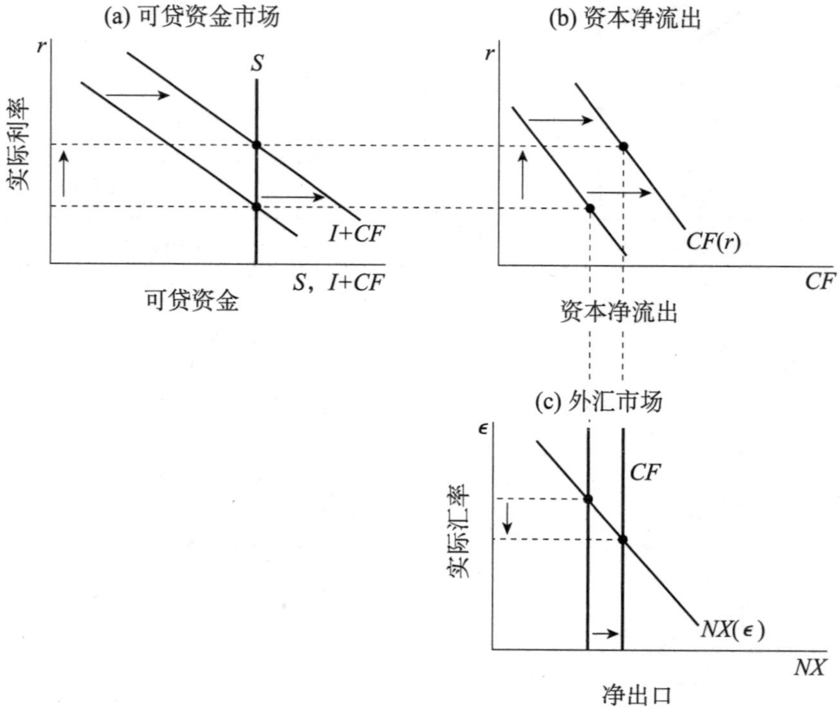

图 6-24

第 7 章

失 业

复习题

1. 什么决定了自然失业率？

答：离职率和入职率决定了自然失业率。离职率是指每月失去工作的人所占的比例。离职率越高，自然失业率就越高。入职率是每月找到工作的失业者所占的比例。入职率越高，自然失业率就越低。

2. 描述摩擦性失业与结构性失业之间的差别。

答：摩擦性失业是由匹配工人和工作所花的时间引起的失业。由于关于求职者和空缺职位的信息流动不是即刻的，所以找到一份合适的工作需要时间。由于不同的工作要求不同的技能，支付的工资也不同，所以失业者可能不会接受他们获得的第一个工作机会。

与此相对，结构性失业是指由工资刚性和工作配给引起的失业。这些工人的失业不是由于他们没有积极地搜寻最适合他们的技能的工作（这是摩擦性失业的情况），而是由于在当前的实际工资水平下，劳动供给量超过了劳动需求量。如果工资不能调整以使劳动市场出清，那么这些工人必须等待工作机会的出现。因此，结构性失业产生的原因是，虽然存在劳动的超额供给，但企业未能降低工资。

3. 给出三种对实际工资可能保持在高于使劳动供给和需求达到均衡的水平的解释。

答：由于最低工资法、工会的垄断力量、效率工资，实际工资可能保持在高于使劳动供给和需求达到均衡的水平。

当最低工资法阻碍工资降至均衡水平时，它导致工资刚性。尽管大多数工人的工资高于最低工资，但是对某些工人来说，特别是那些低技能和缺乏经验的工人，最低工资将他们的工资提高至高于均衡水平。因此，它降低了企业的劳动需求量。这创造出了劳动的超额供给，增加了失业。

由于已加入工会的工人的工资不是由市场供给和需求决定的，而是由工会领导人和企业管理层之间的集体议价决定的，因此，工会的垄断力量导致工资刚性。集体议价达成的工资协议常常将工资提高至高于均衡水平，这导致企业雇用的工人数比市场出清工资时要少，因此，结构性失业增加。

效率工资理论表明，更高的工资使工人更有生产力。工资对工人效率的影响可以解释为什么在存在劳动的超额供给时企业常常不削减工资。尽管工资削减将减少企业的工资支出，但是它也可能降低劳动生产率和企业的利润。

4. 大多数失业是长期的还是短期的？请解释。

答：取决于人们怎么看数据，大部分失业看起来可能是短期的，也可能是长期的。一方面，大部分失业持续时间短；也就是说，大部分失业者迅速找到了工作。另一方面，大部分失业周数归因于少量长期失业者。根据定义，长期失业者没有迅速找到工作，因此，他们在失业名单上出现了许多周或许多个月。

5. 欧洲人工作的小时数高于还是低于美国人？列举三个解释这一差别的假说。

答：欧洲人工作的小时数低于美国人。第一个解释是欧洲更高的税率降低了工作的激励。更高的税率也可能导致更大规模的地下经济（作为逃税的产物），而衡量地下经济中的工作小时数更为困难。第二个解释是工会在欧洲比在美国更重要，而工会能采取集体议价的方式缩短工作时长。第三个解释是基于偏好的：欧洲人比美国人更重视闲暇，因此选择工作更少的时间。

问题与应用

1. 回答下列关于你自己在劳动力中的经历的问题：

a. 当你或你的一个朋友找一份兼职工作时，一般需要几周？在你找到一份工作之后，一般能持续多少周？

b. 根据你的估计，计算你的入职率 f 与你的离职率 s（用每周的比率表示）。（提示：如果 f 是入职率，那么平均的失业时间长度就是 $1/f$。）

c. 你所代表的人口的自然失业率是多少？

答：a. 在下面的例子中，我们假设一个大学生通常花 2 周找到一份工作，一份工作通常持续 12 周。

b. 如果找到一份工作要花 2 周，那么入职率是

$$f=1\text{ 份工作}/2\text{ 周}=0.5\text{ 份工作}/\text{周}$$

如果这份工作持续 12 周，那么离职率是

$$s=1\text{ 份工作}/12\text{ 周}=0.083\text{ 份工作}/\text{周}$$

c. 根据教材，我们知道，自然失业率的公式是

$$U/L = s/(s+f)$$

其中，U 是失业者数量，L 是劳动力人数。把我们在 b 小问中计算出来的 f 和 s 的数值代入，我们得到自然失业率：

$$U/L = 0.083/(0.083+0.5) = 0.14$$

于是，如果一个大学生通常花 2 周找到一份工作，一份工作通常持续 12 周，那么大学生的自然失业率是 14%。

2. （Work It Out）某个郊外住宅区的居民收集了以下数据：居住在这个住宅区的人可以分为在谈恋爱的或没在谈恋爱的。在谈恋爱的人中，每月有 10% 的人经历了分手。在没有谈恋爱的人中，每月有 5% 的人开始谈恋爱。在稳定状态下，居民中没有谈恋爱的比例是多少？

答：我们可以重新解释自然失业率的公式 $U/L=s/(s+f)$。令 U/L 为没在谈恋爱的居民所占的比例，令 $s=0.1$ 为谈恋爱的居民分手的比例，令 $f=0.05$ 为没有谈恋爱的居民开始谈恋爱的比例。于是，在稳定状态下，没有谈恋爱的居民所占的比例为 $U/L = s/(s+f) = 0.1/(0.1+0.05) = 2/3$。

3. 在本章中我们看到了稳定状态失业率是 $U/L=s/(s+f)$。假定失业率开始时并不位于这个水平。证明失业率将随时间变动并达到这一稳定状态。（提示：把失业人数的变动表示成 s、f 和 U 的函数。然后证明：如果失业高于自然失业率，那么失业下降；如果失业低于自然失业率，那么失业上升。）

答：为了证明失业率随着时间的推移收敛于自然失业率，我们首先说明失业人数随着时间的推移如何变化。失业人数的变化等于失去工作的人数（sE）减去找到工作的人

数（fU）。也就是说，

$$\Delta U = sE - fU$$

根据定义，$L=E+U$，因此，该方程变为

$$\Delta U = s(L-U) - fU$$
$$= sL - (s+f)U$$

假定失业率高于自然失业率，因此 $U > sL/(s+f)$。那么 $(s+f)U > sL$，从而 $\Delta U < 0$。现在假定失业率低于自然失业率，因此 $U < sL/(s+f)$。那么 $(s+f)U < sL$，从而 $\Delta U > 0$。如果失业率高于自然失业率，那么失业率下降；如果失业率低于自然失业率，那么失业率上升。因此，随着时间的推移，失业率收敛于自然失业率。

4. 假定国会通过了使企业更难解雇工人的立法。（例如，法律要求向被解雇工人支付离职金。）如果这项法律降低了离职率而又不影响入职率，自然失业率会如何变动？你认为这项立法不影响入职率是合理的吗？为什么？

答：考虑自然失业率的公式 $U/L = s/(s+f)$。如果新法律降低了离职率 s 但对入职率 f 没有影响，那么自然失业率将下降。

由于两个理由，这一新法律也可能降低 f。第一，提高解雇成本可能使得企业在雇用工人上更为谨慎，这是因为解雇一个被证明是不匹配的工人的成本更高了。第二，如果求职者认为这项新法律将导致他们在一个特定岗位上工作更长的时间，那么他们在决定是否接受工作机会时可能会更加仔细地权衡。如果 f 的下降足够大，那么这一新政策甚至可能增加自然失业率。

5. （Work It Out）考虑一个有以下柯布-道格拉斯生产函数的经济：

$$Y = 5K^{1/3}L^{2/3}$$

a. 求出描述该经济中劳动需求的方程，将它表示为实际工资和资本存量的函数。（提示：回顾第 3 章。）

b. 该经济有 27 000 单位资本和 1 000 个工人。假设要素价格调整以使供给和需求达到均衡，计算实际工资、总产出和工人所赚到的工资总量。

c. 现在假定关注工人阶级福利的国会通过了一项法律，规定了比你在 b 部分求得的均衡工资高出 10%的最低工资。假设国会不能强行规定企业以规定的工资雇用多少工人，这一法律的影响是什么？具体而言，计算实际工资、就业、产出以及工人赚到的工资总量会发生什么变动。

d. 国会成功地实现了帮助工人阶级的目的吗？请解释。

e. 你认为这一分析为思考最低工资法提供了一种好方法吗？为什么？

答：a. 劳动需求由利润最大化企业在给定实际工资的水平下想要雇用的劳动量决定。该企业将雇用劳动直到劳动边际产量等于实际工资为止：

$$MPL = \frac{W}{P}$$

劳动边际产量由生产函数对劳动求偏导得到（更多的讨论见第 3 章）：

$$MPL = \frac{\partial Y}{\partial L}$$
$$= \frac{\partial(5K^{1/3}L^{2/3})}{\partial L}$$
$$= \frac{10}{3}K^{1/3}L^{-1/3}$$

为了求出劳动需求，我们令劳动边际产量等于实际工资然后求出 L：

$$\frac{10}{3}K^{1/3}L^{-1/3} = \frac{W}{P}$$
$$L = \frac{1\,000}{27}K\left(\frac{W}{P}\right)^{-3}$$

该表达式具有一个直觉上合意的特征：实际工资的增加减少了劳动需求。

b. 给定劳动供给为 1 000 个工人和资本存量为 27 000 单位，我们可以用劳动供给等于劳动需求这一均衡条件求出 W/P：

$$1\,000 = \frac{1\,000}{27} \times 27\,000 \times \left(\frac{W}{P}\right)^{-3}$$
$$\frac{W}{P} = 10$$

在均衡状态下，企业以 10 单位产出的实际工资雇用 1 000 个工人，工人的总报酬

为 10 000 单位产出。总产出由生产函数给出：

$$Y = 5K^{1/3}L^{2/3}$$
$$= 5 \times 27\ 000^{1/3} \times 1\ 000^{2/3}$$
$$= 15\ 000$$

注意，工人总共得到了 2/3 的产出，这与我们在第 3 章知道的柯布-道格拉斯生产函数所具有的性质是一致的。

c. 现在的实际工资为 10×1.1=11 单位产出。企业的劳动需求为

$$L = \frac{1\ 000}{27}K\left(\frac{W}{P}\right)^{-3}$$
$$= \frac{1\ 000}{27} \times 27\ 000 \times 11^{-3}$$
$$= 751.3$$

这样，企业以 11 单位产出的实际工资雇用了 751.3 个工人，工人的总报酬为 8 264 单位产出。总产出为：

$$Y = 5K^{1/3}L^{2/3}$$
$$= 5 \times 27\ 000^{1/3} \times 751.3^{2/3}$$
$$= 12\ 397$$

d. 被雇用的那 751.3 个工人多赚了 1 单位产出，但有 248.7 个工人非自愿地失业了。从总报酬来看，工人的境况变差了，总报酬从 10 000 单位产出下降到了 8 264 单位。

e. 这一分析显示了最低工资法的主要影响：它们提高了某些工人的工资，但导致结构性失业。在这个例子中，从总报酬来看，工人的境况变差了。但是，如果劳动需求不那么有弹性，那么就业的减少可能足够小从而总报酬增加。

6. 假定一个国家经历了生产率下降，也就是说，对生产函数的不利冲击。

a. 劳动需求曲线会有什么变动？

b. 如果劳动市场总处于均衡状态，生产率的这一变动会如何影响劳动市场，也就是说，会如何影响就业、失业和实际工资？

c. 如果工会阻止了实际工资下降，生产率的这一变动会如何影响劳动市场？

答： a. 劳动需求曲线由劳动边际产量给出。如果一国经历了生产率下降，那么劳动需求曲线向左移动，如图 7－1 所示。于是，对于任何给定的实际工资，企业需要的劳动都更少了。

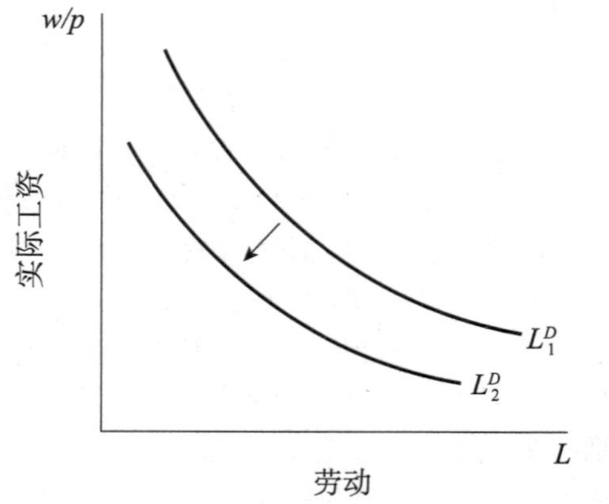

图 7－1

b. 如果劳动市场总是处于均衡状态，那么在劳动供给固定的假设下，不利的生产率冲击将导致实际工资下降，但对就业没有影响，如图 7－2 所示。

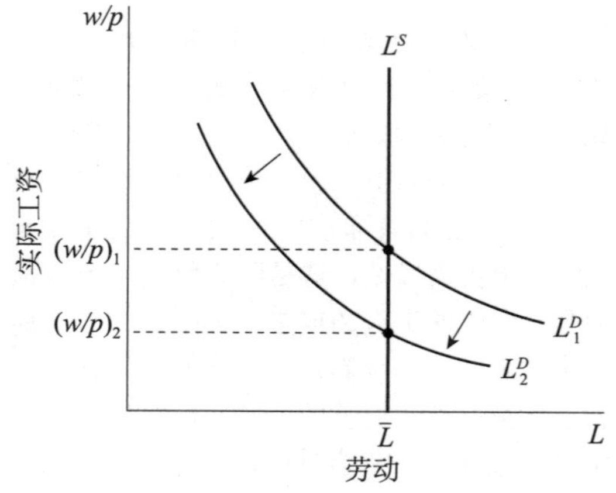

图 7－2

c. 如果工会阻止了实际工资下降，那么如图 7－3 所示，就业下降到 L_1，失业等于 $\bar{L}-L_1$。

7. (Work It Out) 考虑一个有两个部门的经济：制造部门和服务部门。两个部门的劳动需求由如下方程描述：

$$L_m = 200 - 6W_m$$
$$L_s = 100 - 4W_s$$

式中，L 为劳动（工人人数）；W 为工资

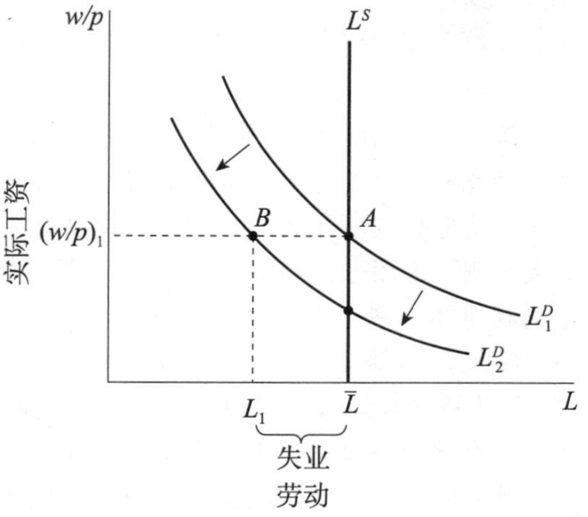

图 7-3

（美元数）；下标 m 和 s 分别代表制造部门和服务部门。该经济有 100 个愿意和能够在任意一个部门工作的工人。

a. 如果工人在部门间自由流动，W_m 和 W_s 之间会有什么关系？

b. 假定 a 部分中的条件成立且工资调整以使劳动供给和劳动需求达到均衡。计算每个部门的工资和就业。

c. 假定制造部门成立了工会，它将该部门的工资推高到 25 美元。计算该部门的就业。

d. 在制造部门工会化之后，所有得不到高工资工作的工人都流向服务部门。计算服务部门的工资和就业。

e. 现在假定工人的保留工资为 15 美元，也就是说，他们宁愿等待制造部门 25 美元的工作机会，也不接受工资在 15 美元以下的工作。计算每个部门的工资和就业。该经济的失业率为多少？

答： a. 如果工人在部门间自由流动，那么各部门的工资必须相等。如果工资不相等，那么工人就有流动到工资更高的部门的激励。这将导致较高的工资下降和较低的工资上升，直至两者相等。

b. 由于总共有 100 个工人，所以 $L_s=100-L_m$。将 $L_s=100-L_m$ 代入方程并令工资等于 W，劳动需求方程变成

$$L_m=200-6W$$

$$100-L_m=100-4W$$

第二个方程意味着

$$L_m=4W$$

将上式代入第一个方程，我们有

$$4W=200-6W$$

$$10W=200$$

$$W=20$$

最后，我们将均衡工资代入劳动需求方程，得到 $L_m=80$，$L_s=20$。

c. 如果 $W_m=25$，那么

$$L_m=200-6\times25$$

$$=50$$

d. 现在服务部门有 50 个工人就业。服务部门的劳动供求相等意味着

$$50=100-4W_s$$

$$4W_s=50$$

$$W_s=12.5$$

e. 制造部门的工资仍然是 25 美元，就业仍然是 50。当保留工资为 15 美元时，服务部门的劳动需求为

$$L_s=100-4\times15$$

$$=40$$

于是有 10 个人失业，从而失业率为 10%。

8. 当工人的工资上升时，他们关于多少时间用于工作的决策以两种相互矛盾的方式受到影响，如同你可能已经在微观经济学课程中学到的那样。收入效应是少工作的欲望，因为较多的收入意味着工人可以负担消费更多的闲暇。替代效应是多工作的欲望，因为多工作 1 小时的报酬上升了（同等地，闲暇的机会成本上升了）。把这些概念应用到布兰查德关于美国人和欧洲人对闲暇的偏好的假说上。在大西洋的哪一边，收入效应看起来大于替代效应？在哪一边这两种效应大体相互抵消？你认为对闲暇的偏好随地域变化是一个合理的假说吗？为什么？

答： 美国和欧洲的实际工资都随着时间的推移在上升，这既增加了工作的报酬（替代效应），又增加了消费更多闲暇的欲望（收入效应）。如果收入效应占主导，那么随

着实际工资的上升，人们工作得更少了。这可能有助于解释欧洲的情况：自20世纪70年代以来，一个典型工人工作的小时数下降了。如果收入效应和替代效应相互抵消，那么随着实际工资的上升，人们工作的时间不变。这可能有助于解释美国的情况：自20世纪70年代以来，一个典型工人工作的小时数大致不变。尽管对闲暇的偏好由于文化的原因可能随地域变化，但经济学家之间对此有很大的争议。

9. 在任何时间任何城市，总有一些可用的办公场所的存量是闲置的。这些闲置的办公场所是未被利用的资本。你如何解释这种现象？特别地，哪种解释失业劳动的方法可以最佳地被应用于解释未被利用的资本？你认为未被利用的资本是一个社会问题吗？请解释。

答：办公场所闲置的问题与失业问题类似，因此我们可以应用分析失业时使用的概念来分析办公场所闲置。我们可以定义办公室搬离率：占用办公室的企业离开，要么是搬到其他办公室，要么是因为破产。我们也可以定义办公室搬入率：需要办公室的企业（要么是新企业，要么是想要扩张的企业）找到了空置的办公室。不同类型的企业需要不同特征的办公空间，因此将企业和可用办公空间匹配起来需要时间。这类似于摩擦性失业。

第 8 章

经济增长Ⅰ：资本积累与人口增长

复习题

1. 在索洛增长模型中，储蓄率是如何影响稳态收入水平的？它是如何影响稳态增长率的？

答：在索洛增长模型中，更高的储蓄率导致更大的稳态资本存量和更高的稳态产出水平。由于经济收敛于新稳态，提高储蓄率只在短期导致更快的经济增长。在稳态，产出（或收入）增长率独立于储蓄率。

2. 为什么经济的政策制定者可能会选择黄金律资本水平？

答：经济政策制定者会选择黄金律资本水平以最大化稳态的人均消费。这样的政策制定者有着长期视野并且关心未来各代人的福利。这样的政策制定者还意识到，在索洛增长模型中，社会福利与人均消费有关而非与人均产出有关。因为储蓄的机会成本是消费，所以，虽然更高的储蓄率总是导致更高的产出，但并不总是导致更高的消费。

3. 政策制定者会选择一个资本高于黄金律稳态水平的稳态吗？会选择一个资本低于黄金律稳态水平的稳态吗？请解释。

答：政策制定者是否会选择黄金律稳态可能取决于当前的储蓄率。如果当前的储蓄率高于黄金律储蓄率，那么将其降低至黄金律储蓄率会导致每个时期的人均消费都更高。政策制定者的决策很明确。如果当前的储蓄率低于黄金律储蓄率，那么将其提高至黄金律储蓄率虽然在长期提高了消费，但在短期却牺牲了消费。在这种情况下，政策制定者的决策不是那么明确。如果政策制定者关心当前各代人甚于关心未来各代人，那么他可能决定不提高储蓄率以达到黄金律稳态。如果政策制定者同等地关心各代人，那么他可能选择提高储蓄率以达到黄金律稳态，原因是，尽管当前各代人不得不减少消费，但是无穷多的未来各代人将会从更高的消费中获益。

4. 在索洛增长模型中，人口增长率是如何影响稳态收入水平的？它是如何影响稳态增长率的？

答：更高的人口增长率导致更低的稳态人均资本，从而导致更低的稳态人均收入。为了弄明白原因，考虑图 8－1，它显示了当人口增长率分别为 n_1 和 n_2 时稳态资本存量的决定，其中 $n_1<n_2$。当人口增长率 $n_2>n_1$ 时，代表收支相抵的投资的直线更陡峭。更高的人口增长率降低了积累资本的激励，导致更低的稳态人均资本。

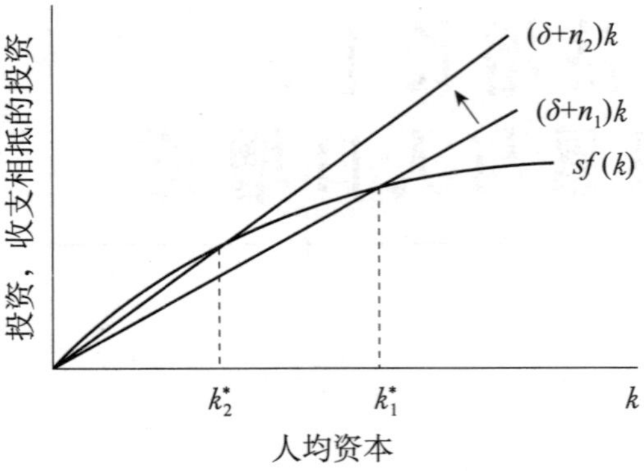

图 8－1

在没有技术变化的模型中，总收入的稳态增长率是 n，因此，更高的人口增长率会导致更高的稳态增长率。然而，稳态人均收入是不变的。

问题与应用

1.（Work It Out）A 国与 B 国的生产函数都是 $Y=F(K,L)=K^{1/3}L^{2/3}$。

a. 这个生产函数是规模报酬不变的吗？请解释。

b. 人均生产函数 $y=f(k)$ 是什么？

c. 假设两个国家都没有人口增长和技术进步，资本折旧为每年 20%。进一步假设 A 国每年储蓄 10%的产出，B 国每年储蓄 30%的产出。用你得到的问题 b 的答案和投资等于折旧这一稳态条件，找出每个国家的稳态人均资本水平，然后找出稳态人均收入水平和人均消费水平。

d. 假定两国开始的人均资本存量都为 1。人均收入水平和人均消费水平是多少？

e. 记住资本存量的变动是投资减去折旧，用一个计算器（或电子表格）来显示这两个国家的人均资本存量将如何随时间变动。计算每一年的人均收入和人均消费。B 国的消费要过多少年才会高于 A 国的消费？

答： a. 如果所有生产要素增加相同的百分比导致产出增加同一百分比，那么生产函数的规模报酬不变。例如，如果生产要素翻倍，那么产出也翻倍。在数学上，如果对于任意正数 z 都有 $zY=F(zK, zL)$，那么生产函数的规模报酬不变。生产函数 $Y=F(K, L)=K^{1/3}L^{2/3}$ 的规模报酬不变，原因是

$$F(zK,zL)=(zK)^{1/3}(zL)^{2/3}$$
$$=zK^{1/3}L^{2/3}$$
$$=zY$$

b. 为了求出人均生产函数，我们把 $Y=F(K, L)=K^{1/3}L^{2/3}$ 除以 L：

$$\frac{Y}{L}=\frac{F(K,L)}{L}=\left(\frac{K}{L}\right)^{1/3}$$

由于该生产函数的规模报酬不变，

$$\frac{F(K,L)}{L}=\frac{LF(K/L,1)}{L}$$
$$=F(K/L,1)$$

如果我们定义 $y=Y/L$，$k=K/L$，$f(k)=F(k, 1)$，那么人均生产函数可以表示为

$$y=f(k)=k^{1/3}$$

c. 人均资本的稳态条件是 $sf(k)=\delta k$。这里 $f(k)=k^{1/3}$。我们可以把它代入稳态条件，求出 k：

$$sk^{1/3}=\delta k$$
$$k^{2/3}=s/\delta$$
$$k=(s/\delta)^{3/2}$$

本题中，折旧率为 $\delta=0.2$，A 国储蓄率为 $s_A=0.1$，B 国储蓄率为 $s_B=0.3$。于是，稳态人均资本水平为

$$k_A=(s_A/\delta)^{3/2}=(0.1/0.2)^{3/2}$$
$$=0.35$$
$$k_B=(s_B/\delta)^{3/2}=(0.3/0.2)^{3/2}$$
$$=1.84$$

由于 $y=k^{1/3}=(s/\delta)^{1/2}$，所以，稳态人均收入水平为

$$y_A=(s_A/\delta)^{1/2}=0.35^{1/2}=0.59$$
$$y_B=(s_B/\delta)^{1/2}=1.84^{1/2}=1.36$$

工人将占收入 s 比例的部分储蓄起来，因此，人均消费为 $c=(1-s)y$。于是，稳态人均消费水平为

$$c_A=(1-s_A)y=0.9\times0.59=0.53$$
$$c_B=(1-s_B)y=0.7\times1.36=0.95$$

d. 如果两国的人均资本都为1，那么人均收入和人均消费为

$$y_A = y_B = 1$$

$$c_A = 0.9$$

$$c_B = 0.7$$

e. 利用电子表格，我们得到如下表格：

A 国

年	k	$y=k^{1/3}$	$c=(1-s_A)y$	$i=s_Ay$	δk	$\Delta k=i-\delta k$
1	1.00	1.00	0.90	0.10	0.20	−0.10
2	0.90	0.97	0.87	0.10	0.18	−0.08
3	0.82	0.93	0.84	0.09	0.16	−0.07
4	0.75	0.91	0.82	0.09	0.15	−0.06
5	0.69	0.88	0.79	0.09	0.14	−0.05
6	0.64	0.86	0.775	0.09	0.13	−0.04
7	0.60	0.84	0.76	0.08	0.12	−0.04

B 国

年	k	$y=k^{1/3}$	$c=(1-s_A)y$	$i=s_Ay$	δk	$\Delta k=i-\delta k$
1	1.00	1.00	0.70	0.30	0.20	0.10
2	1.10	1.03	0.72	0.31	0.22	0.09
3	1.19	1.06	0.74	0.32	0.24	0.08
4	1.27	1.08	0.76	0.32	0.25	0.07
5	1.34	1.10	0.77	0.33	0.27	0.06
6	1.40	1.12	0.784	0.34	0.28	0.06
7	1.46	1.13	0.79	0.34	0.29	0.05

五年后（即第6年），B国的人均消费（0.784）高于A国（0.775）。

2. 在有关德国和日本战后增长的讨论中，正文描述了当部分资本存量在战争中被摧毁时所出现的情况。相反，假定战争并没有直接影响资本存量，但人员死伤减少了劳动力。假设经济在战前处于稳态，储蓄率没有变化，战后的人口增长率与战前相同。

a. 战争对总产出和人均产出的即刻影响是什么？

b. 随后，战后经济中的人均产出会发生什么变动？战后人均产出增长率小于还是大于战前水平？

答：a. 索洛增长模型中的生产函数是 $Y=F(K, L)$，人均形式为 $y=f(k)$。如果战争伤亡减少了劳动力，那么 L 下降但 $k=K/L$ 上升。于是，总产出因工人减少而下降，但人均产出因每个工人有了更多的资本而上升。

b. 经济初始时处于人均资本为 k^* 的稳态，如图8-2所示。战后，劳动力的减少使人均资本增加到 k_1。在人均资本为 k_1 时，投

资低于收支相抵水平，因此，随着时间的推移和经济逐渐收敛于稳态，人均资本下降，从而人均产出下降。经济将经历一场萎缩。

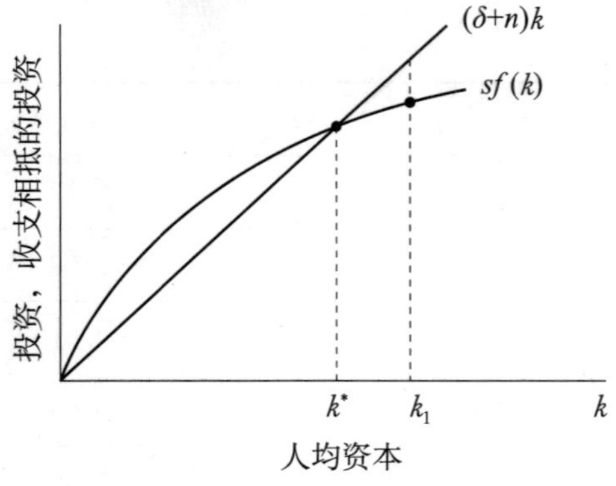

图 8-2

3. （Work It Out）考虑用以下生产函数描述的一个经济：$Y=F(K,L)=K^{0.4}L^{0.6}$。

a. 人均生产函数是什么？

b. 假设没有人口增长和技术进步，找出稳态人均资本存量、人均产出和人均消费，把它们表示成储蓄率和折旧率的函数。

c. 假设折旧率是每年15%。制作一个表格，表示出储蓄率为0、10%、20%、30%等时的稳态人均资本、人均产出和人均消费。（你或许发现使用电子表格是最容易的。）使人均产出最大化的储蓄率是多少？使人均消费最大化的储蓄率是多少？

d. 使用第3章的知识求出资本的边际产量。对于每个储蓄率，在你在问题c得到的表格中增加一项——资本的边际产量减去折旧。关于资本的净边际产量和稳态消费之间的关系，你的表格说明了什么？

答： a. 为了求出人均生产函数，我们把 $Y=F(K,L)=K^{0.4}L^{0.6}$ 除以 L：

$$\frac{Y}{L}=\frac{F(K,L)}{L}=\left(\frac{K}{L}\right)^{0.4}$$

由于该生产函数规模报酬不变，

$$\frac{F(K,L)}{L}=\frac{LF(K/L,1)}{L}=F(K/L,1)$$

如果我们定义 $y=Y/L$，$k=K/L$，$f(k)=F(k,1)$，那么人均生产函数可以表示为

$$y=f(k)=k^{0.4}$$

b. 回忆一下

$$\Delta k=sf(k)-\delta k$$

稳态人均资本 k^* 必须满足如下条件：

$$sf(k^*)=\delta k^*$$

等价地，

$$\frac{k^*}{f(k^*)}=\frac{s}{\delta}$$

在本题中，我们可以这么求解稳态人均资本存量：

$$\frac{k^*}{(k^*)^{0.4}}=\frac{s}{\delta}$$

$$(k^*)^{0.6}=\frac{s}{\delta}$$

$$k^*=\left(\frac{s}{\delta}\right)^{5/3}$$

稳态人均产出为

$$y^*=(k^*)^{2/5}=\left(\frac{s}{\delta}\right)^{2/3}$$

最后，人均消费等于未被储蓄的人均产出，因此

$$c^*=(1-s)y^*=(1-s)\left(\frac{s}{\delta}\right)^{2/3}$$

c. 下表用b小问中的方程和折旧率 $\delta=0.15$ 对不同的储蓄率计算了 k^*、y^* 和 c^*。（最后一列显示了后面d小问求出的资本的净边际产量。）

s	k^*	y^*	c^*	$MPK-\delta$
0	0	0	0	∞
0.10	0.51	0.76	0.69	0.45
0.20	1.62	1.21	0.97	0.15
0.30	3.17	1.59	1.11	0.05
0.40	5.13	1.92	1.15	0
0.50	7.44	2.23	1.12	−0.03
0.60	10.08	2.52	1.01	−0.05
0.70	13.03	2.79	0.84	−0.06
0.80	16.28	3.05	0.61	−0.08
0.90	19.81	3.30	0.33	−0.08
1.00	23.61	3.54	0	−0.09

使稳态人均产出最大化的储蓄率是100%，使稳态人均消费最大化的储蓄率

是 40%。

d. 为了求出资本的边际产量 MPK，我们将人均生产函数对人均资本求导数，得到

$$MPK = f'(k) = 0.4k^{-0.6}$$

然后，我们减去折旧率得到资本的净边际产量。正如 c 小问中的表格所示，当资本的净边际产量为零时，稳态人均消费达到了最大。

4. “把更大比例的国民产出用于投资将有助于恢复快速的生产率增长和提高生活水平。”你同意这种说法吗？请用索洛增长模型进行解释。

答：假定经济初始时处于人均资本低于黄金律水平的稳态。然后假定经济采用了实现黄金律稳态所需的更高的储蓄率。比较这两个稳态发现，在更高储蓄率下的稳态有着更高的人均产出和人均消费，因此在长期，生活水平提高了。但是两个稳态的人均产出增长率都为零，因此，更高的储蓄率不会对生产率的长期增长率产生影响。我们也可以考虑从一个稳态到另一个稳态的过渡。更高的储蓄率在短期导致人均产出更快地增长，但它在短期也降低了人均消费，因此，在达到长期更高的生活水平的过程中涉及短期牺牲。

5. 画一幅图说明有人口增长的索洛增长模型的稳态，清楚地标注横轴、纵轴、各条曲线和直线。利用该图形找出以下各种外生变动会引起稳态人均资本和人均收入发生什么变动。

a. 消费者偏好的某种变化提高了储蓄率。

b. 天气模式的某种变化提高了折旧率。

c. 更好的生育控制手段降低了人口增长率。

d. 技术的一次性永久进步增加了利用任何给定数量的资本和劳动能够生产的产出量。

答：a. 储蓄率的提高使投资曲线向上移动，如图 8-3 所示。然后，实际投资高于收支相抵的投资，因此，人均资本水平提高，直至达到一个新的稳态。在新稳态，人均产出也更高。

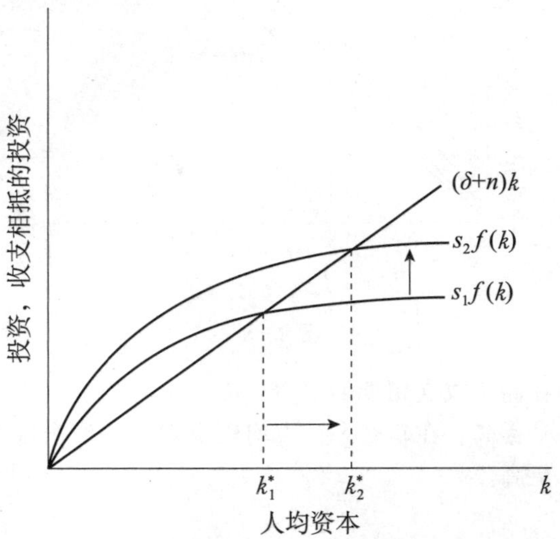

图 8-3

b. 折旧率的提高使收支相抵的投资曲线向上移动，如图 8-4 所示。然后，实际投资低于收支相抵的投资，因此，人均资本水平降低。在新稳态，人均资本和人均产出都更低。

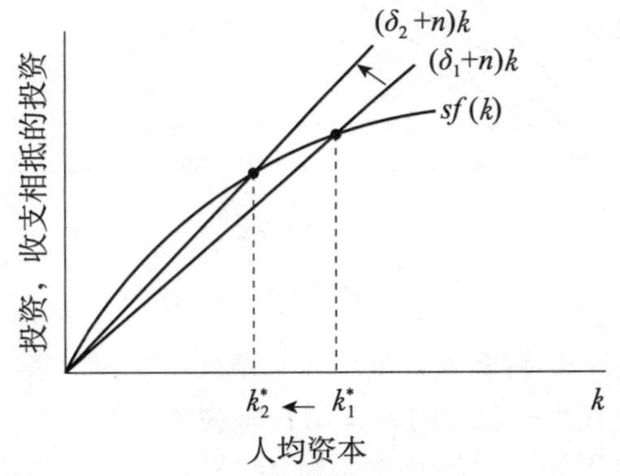

图 8-4

c. 人口增长率的下降使收支相抵的投资曲线向下移动，如图 8-5 所示。由于实际投资高于收支相抵的投资，因此，人均资本水平提高。在新稳态，人均资本和人均产出都更高。

d. 对任何给定数量（正数）的 k，技术进步都增加了人均产出 $f(k)$，因此投资曲线向上移动，如图 8-6 所示。由于实际投资现

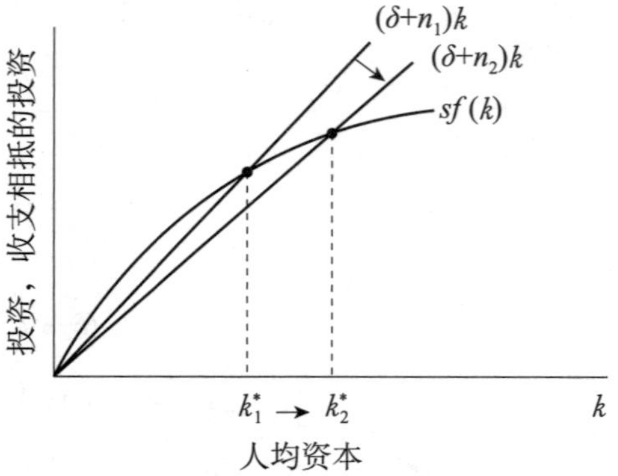

图 8-5

在高于收支相抵的投资，因此，人均资本水平提高。在新稳态，人均资本和人均产出都更高。

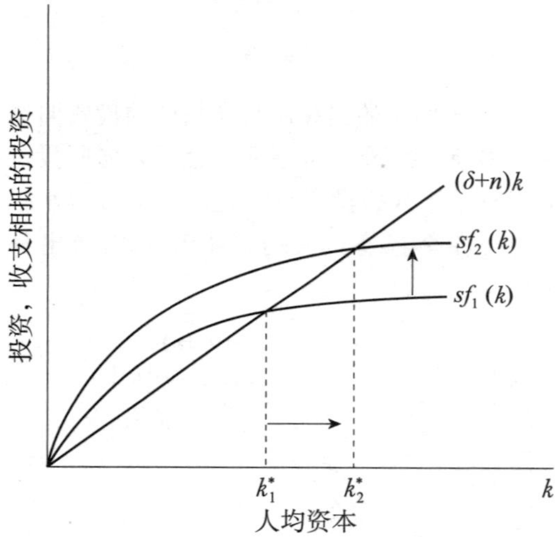

图 8-6

6. 许多人口统计学家预言，在接下来的年代里，美国的人口增长将为零，而历史上的平均人口增长率是每年1%左右。用索洛增长模型预测人口增长的这种下降对总产出增长和人均产出增长的影响。在考虑这些影响时，既要包括稳态又要包括从原来的稳态到新稳态的过渡。

答： 首先考虑稳态。如图 8-7 所示，人口增长率的下降使收支相抵的投资曲线向下移动，导致稳态人均资本和人均产出水平都更高。

在稳态，总产出增长率为 n，而人均产出保持不变。因此，在长期，更缓慢的人口增长将导致更缓慢的总产出增长但不影响人均产出增长。

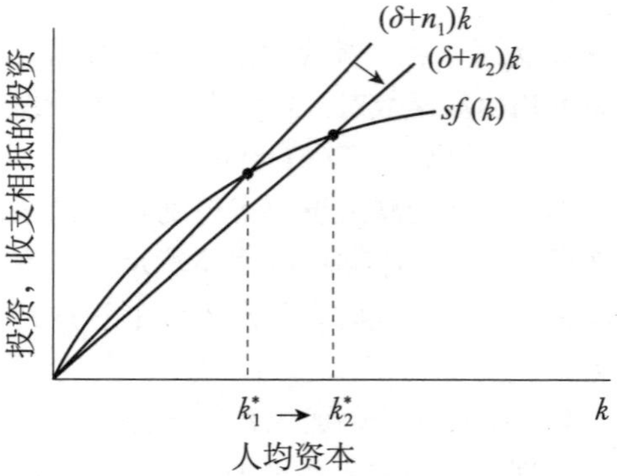

图 8-7

在向新稳态的过渡中，人均产出将增加，收敛于新稳态水平，因此，人均产出在短期将有正增长，但是，人均产出增长率在长期将回落至零。在过渡期间，总产出增长率将等于人均产出增长率加上新的人口增长率，因此，总产出增长率在短期将会相对高，最终将回落至人口增长率。

7. 在索洛增长模型中，人口增长导致稳态总产出增长，但人均产出并不增长。如果生产函数表现出规模报酬递增或递减，你认为还是如此吗？请解释。（关于规模报酬递增和递减的定义，参见第 3 章“问题与应用”第 3 题。）

答： 如果生产函数表现出规模报酬递增或递减，那么人口增长将导致更高的总产出，但稳态不会存在，因此，人均产出不会保持不变。为了弄明白其中的原因，假定生产函数是柯布-道格拉斯形式

$$Y = K^{\alpha}L^{\beta}$$

其中，$\alpha+\beta\neq1$。然后，利用本章的符号，人均产出可以被表示为

$$\frac{Y}{L} = \left(\frac{K}{L}\right)^{\alpha} L^{\alpha+\beta-1}$$

$$y = k^{\alpha}L^{\alpha+\beta-1}$$

于是，人均资本的变化为

$$\Delta k = sk^{\alpha}L^{\alpha+\beta-1} - (\delta + n)k$$

如果劳动力 L 随时间的推移而增长，那

么稳态不会存在。如果规模报酬递增，即 $\alpha+\beta>1$，那么对于任何给定的人均资本水平 k，人口增长增加了人均投资。如果规模报酬递减，即 $\alpha+\beta<1$，那么对于任何给定的人均资本水平 k，人口增长减少了人均投资。于是，在长期，规模报酬递增导致人均产出持续增加，而规模报酬递减导致人均产出持续减少。

8. 考虑失业会如何影响索洛增长模型。假定生产函数为 $Y=K^{\alpha}[(1-u)L]^{1-\alpha}$。式中：$K$ 为资本；L 为劳动；u 为自然失业率。国民储蓄率为 s，劳动力增长率为 n，资本折旧率为 δ。

a. 把人均产出（$y=Y/L$）表示为人均资本（$k=K/L$）和自然失业率的函数。

b. 写出描述该经济的稳态的方程。用图形表示稳态，就像我们在本章对标准的索洛增长模型所做的那样。

c. 假定政府政策的某些变化降低了自然失业率。运用你在问题 b 中所画的图形，描述这一变化对产出的即刻影响和随着时间的推移对产出的影响。对产出的稳态的影响大于还是小于对产出的即刻影响？请解释。

答： a. 为了求出人均产出 y，将总产出 Y 的表达式除以工人数并化简得到

$$\frac{Y}{L}=\frac{K^{\alpha}[(1-u)L]^{1-\alpha}}{L}$$

$$y=\left(\frac{K}{L}\right)^{\alpha}(1-u)^{1-\alpha}$$

$$y=k^{\alpha}(1-u)^{1-\alpha}$$

b. 在稳态，投资导致的人均资本的增加等于折旧和人口增长导致的人均资本的减少，因此，$sf(k^*, u)=(\delta+n)k^*$，其中 $f(k^*, u)=(k^*)^{\alpha}(1-u)^{1-\alpha}$。图 8－8 说明了两种不同失业率的情况。

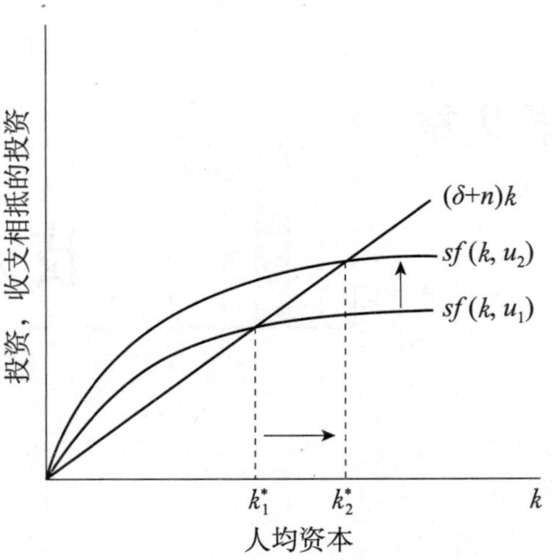

图 8－8

c. 如图 8－8 所示，失业率的下降使人均投资曲线向上移动，导致更高的稳态人均资本水平和更高的人均产出水平。如图 8－9 所示，失业率的下降即刻导致人均产出增加。然后，随着人均资本逐步增加至其新稳态水平，人均产出进一步增加。于是，由于失业率的下降增加了积累资本的激励，对产出的稳态的影响大于对产出的即刻影响。

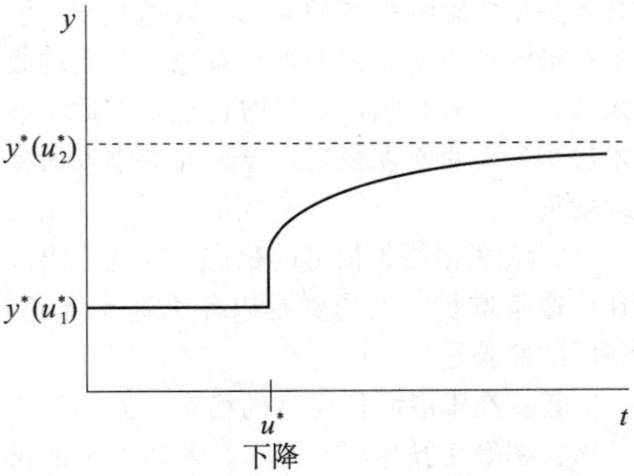

图 8－9

第 9 章 经济增长Ⅱ：技术、经验和政策

复习题

1. 在索洛增长模型中，什么决定了稳态的人均收入增长率？

答： 在索洛增长模型中，我们发现只有技术进步能影响稳态的人均收入增长率。资本存量的增长（通过储蓄）对稳态的人均收入增长率没有影响，人口增长也是如此。技术进步，而非要素积累，导致人均收入的持续增长。

2. 在索洛增长模型的稳态，人均产出以什么速率增长？人均资本以什么速率增长？美国的经验是什么情况？

答： 在索洛增长模型的稳态，人均产出的增长率等于技术进步率 g。人均资本的增长率也是 g。这意味着有效工人人均产出和资本在稳态是不变的。在美国的数据中，在过去的半个世纪里，人均产出和资本的增长率都大约为 2%。

3. 为了确定一个经济的资本大于还是小于黄金律稳态，你需要什么数据？

答： 为了确定一个经济的资本大于还是小于黄金律稳态，我们需要比较资本的边际产量减去折旧率（$MPK-\delta$）与总产出的增长率（$n+g$）。如果 $MPK-\delta>n+g$，那么经济的资本小于黄金律稳态；如果 $MPK-\delta<n+g$，那么经济的资本大于黄金律稳态。人口增长率和人均实际 GDP 增长率很容易得到。估计资本的净边际产量要求多做一些工作，但是正如教材所示，根据资本存量与 GDP 之比、资本折旧总量与 GDP 之比以及资本的收入份额这些可以获得的数据，我们可以推算出资本的净边际产量。

4. 政策制定者可以怎样影响一国的储蓄率？

答： 经济政策可以通过增加公共储蓄或提供激励刺激私人储蓄来影响储蓄率。公共储蓄是政府收入和政府支出之差。通过减少政府支出或提高税收都可以增加公共储蓄。有许多政府政策可影响私人储蓄。家庭储蓄的决策可能依赖于储蓄的回报；回报越高，储蓄的激励越大。诸如免税的个人退休账户和针对企业的投资税收抵免之类的税收激励提高了储蓄的回报率，鼓励了私人储蓄。

5. 举一个可能解释两国人均收入差别的制度差别例子。

答： 司法体系是可能解释国家间人均收入差别的制度差别的例子。采用了英式普通

法体系的国家往往有着更发达的资本市场，能够更有效地为投资项目融资，这导致了更快的增长。政府的质量也很重要。政府腐败问题更严重的国家往往人均收入水平也更低。

6. 在没有外生技术进步假设的情况下，内生增长理论如何解释长期增长？这种解释与索洛增长模型有什么不同？

答：内生增长理论试图通过模型化决定（通过研发进行的）知识创造的决策来解释技术进步率。这与将技术进步率视为给定的索洛增长模型不同。在索洛增长模型中，储蓄率暂时影响增长，但资本的报酬递减最终迫使经济达到稳态，而稳态增长只取决于外生的技术进步。相反，许多内生增长模型假设资本的报酬不变（而非递减），这可以被解释为资本既包括实物资本又包括人力资本。因此，储蓄率的变化可以导致持续增长。

问题与应用

1. 假定索洛增长模型描述的一个经济有以下生产函数：

$$Y = K^{1/2}(LE)^{1/2}$$

a. 对于这个经济，$f(k)$ 的形式是什么？

b. 利用 a 的答案解出稳态的 y 值，把它表示成 s、n、g 和 δ 的函数。

c. 两个邻国经济都有如上的生产函数，但它们的参数值不一样。Atlantis 的储蓄为 28%，人口增长率为每年 1%。Xanadu 的储蓄率为 10%，人口增长率为每年 4%。在这两个国家中，都有 $g=0.02$，$\delta=0.04$。找出每个国家稳态的 y 值。

答：a. 在有技术进步的索洛增长模型中，y 被定义为有效工人人均产出，k 被定义为有效工人人均资本。有效工人的数量被定义为 $L\times E$（即 LE），其中 L 为工人数量，E 衡量每个工人的效率。为了得到有效工人人均产出 y，将总产出除以有效工人数量并化简：

$$\frac{Y}{LE} = \frac{K^{1/2}(LE)^{1/2}}{LE}$$

$$\frac{Y}{LE} = \left(\frac{K}{LE}\right)^{1/2}$$

$$y = k^{1/2}$$

b. 为了解出稳态的 y 值并将它表示成 s、n、g 和 δ 的函数，我们从稳态条件开始：

$$sy = (\delta + n + g)k$$

由于 $y=k^{1/2}$，所以 $k=y^2$。将其代入稳态条件，我们有

$$sy = (\delta + n + g)y^2$$

我们由此解出稳态的 y 值：

$$y^* = s/(\delta + n + g)$$

c. 该问题提供了关于每个国家的如下信息：

Atlantis：$s=0.28$	Xanadu：$s=0.10$
$n=0.01$	$n=0.04$
$g=0.02$	$g=0.02$
$\delta=0.04$	$\delta=0.04$

利用 b 小问得到的方程，我们可以计算出每个国家的有效工人人均产出的稳态值：

Atlantis：$y^* = 0.28/(0.04+0.01+0.02)=4$

Xanadu：$y^* = 0.10/(0.04+0.04+0.02)=1$

2. （Work It Out）某经济有如下形式的柯布-道格拉斯生产函数：

$$Y = K^{\alpha}(LE)^{1-\alpha}$$

（若要回顾柯布-道格拉斯生产函数，参见第 3 章。）该经济中资本的份额为 1/3，储蓄率为 24%，折旧率为 3%，人口增长率为 2%，劳动改善型技术进步率为 1%。它处于稳态。

a. 总产出、人均产出和有效工人人均产出的增长率分别为多少？

b. 求出有效工人人均资本、有效工人人均产出以及资本的边际产量。

c. 该经济的资本比黄金律稳态水平多还是少？你是如何知道的？为了达到黄金律稳态，储蓄率需要增加还是减少？

d. 假定你在 c 中描述的储蓄率变动发生了。在向黄金律稳态过渡期间，人均产出的增长率将比你在 a 中得到的高还是低？在该

经济达到新的稳态后，人均产出的增长率将比你在a中得到的高还是低？请解释。

答：a. 在稳态，有效工人人均资本为常数，这导致有效工人人均产出也为常数。给定有效工人人均产出增长率为零，总产出的增长率等于有效工人的增长率。劳动力 L 的增长率等于人口增长率 n，劳动效率 E 的增长率为 g。因此，总产出的增长率为 $n+g$。给定总产出的增长率 $n+g$ 和劳动的增长率 n，人均产出的增长率必定为 g。这是根据如下规则得到的：Y/L 的增长率近似等于 Y 的增长率减去 L 的增长率。在本题中，总产出的增长率为3%，人均产出的增长率为1%，有效工人人均产出为常数。

b. 首先求出有效工人人均产出的表达式，步骤如下：

$$\frac{Y}{LE}=\frac{K^{1/3}(LE)^{2/3}}{LE}$$

$$\frac{Y}{LE}=\left(\frac{K}{LE}\right)^{1/3}$$

$$y=k^{1/3}$$

为了求出有效工人人均资本，我们从稳态条件开始，把 y 的表达式和题中给出的参数数值代入，求出 k：

$$sy=(\delta+n+g)k$$

$$0.24k^{1/3}=(0.03+0.02+0.01)k$$

$$k^{2/3}=4$$

$$k=8$$

有效工人人均产出为

$$y=k^{1/3}=2$$

资本的边际产量为

$$MPK=(1/3)k^{-2/3}=1/12$$

c. 在黄金律稳态，资本的边际产量等于 $\delta+n+g=0.06$。在当前的稳态，资本的边际产量为1/12，即0.083。由于资本的边际报酬递减，所以该经济的有效工人人均资本低于黄金律稳态的水平。为了增加有效工人人均资本，储蓄率必须提高。

d. 在任何稳态，人均产出的增长率都是 g。在向黄金律稳态的过渡中，更高的储蓄率导致人均产出的增长率上升到 g 以上，直到经济收敛于新稳态。也就是说，在过渡期间，人均产出的增长率跳升，然后回落至 g。

3. (Work It Out) 在美国，GDP中资本的份额大约为30%；产出的平均增长为每年3%左右；折旧率为每年4%左右；资本产出比为2.5左右。假定生产函数是柯布-道格拉斯生产函数且美国已经处于稳态。(关于柯布-道格拉斯生产函数的讨论，参见第3章。)

a. 在初始稳态，储蓄率必须是多少？[提示：使用稳态的关系式 $sy=(\delta+n+g)k$。]

b. 在初始稳态，资本的边际产量是多少？

c. 假定公共政策改变了储蓄率，从而使经济达到了资本的黄金律水平。在黄金律稳态资本的边际产量将是多少？比较黄金律稳态资本的边际产量和初始稳态资本的边际产量，并解释。

d. 在黄金律稳态，资本产出比将是多少？(提示：对柯布-道格拉斯生产函数来说，资本-产出比率与资本的边际产量是相关的。)

e. 要达到黄金律稳态，储蓄率必须是多少？

答：题干中给出了如下信息：

- 生产函数是柯布-道格拉斯形式，资本的收入份额是 $\alpha=0.3$。
- 产出的增长率是 $n+g=0.03$。
- 折旧率是 $\delta=0.04$。
- 资本-产出比率是 $K/Y=2.5$。由于 $k/y=[K/(LE)]/[Y/(LE)]=K/Y$，所以我们也知道 $k/y=2.5$。

a. 我们从稳态条件 $sy=(\delta+n+g)k$ 开始，两边除以 y 得到

$$s=(\delta+n+g)(k/y)$$
$$=(0.04+0.03)\times2.5$$
$$=0.175$$

初始储蓄率为17.5%。

b. 从第3章我们知道，当生产函数为柯布-道格拉斯形式时，资本的收入份额是 $\alpha=$

$MPK(K/Y)$。重新整理并把上面的数值代入，我们有

$$MPK = \alpha/(K/Y) = 0.3/2.5 = 0.12$$

c. 在黄金律稳态，资本的边际产量必定为

$$MPK = n+g+\delta = 0.03+0.04 = 0.07$$

在黄金律稳态，资本的边际产量为7%，而在初始稳态它为12%。因此，该经济需要增大 k 以达到黄金律稳态。

d. 从第3章我们知道，对于柯布-道格拉斯生产函数，$MPK=\alpha(Y/K)$。我们从中求出资本-产出比率：

$$K/Y = \alpha/MPK = 0.3/0.07 = 4.29$$

在黄金律稳态，资本-产出比率为4.29，当前值为2.5。

e. 我们从a小问知道，在稳态，

$$s = (\delta+n+g)(k/y)$$

在黄金律稳态，$k/y=K/Y=4.29$。把这一数值和题干中给出的数值代入，我们有

$$s = (0.04+0.03)\times 4.29 = 0.3$$

为了达到黄金律稳态，储蓄率必须从17.5%上升到30%。注意，在生产函数为柯布-道格拉斯形式时，等于资本的收入份额的储蓄率实现了黄金律稳态。

4. 证明下列关于有人口增长与技术进步的索洛增长模型的稳态的每一条表述。

a. 资本产出比是不变的。

b. 资本和劳动各自赚取了经济的一个不变份额的收入。[提示：回忆定义 $MPK = f(k+1) - f(k)$。]

c. 资本总收入和劳动总收入的增长率都等于人口增长率加技术进步率（$n+g$）。

d. 资本的实际租赁价格是不变的，实际工资以技术进步率 g 增长。（提示：资本的实际租赁价格等于资本总收入除以资本存量，实际工资等于劳动总收入除以劳动力。）

答：a. 稳态条件 $sy=(\delta+n+g)k$ 意味着

$$k/y = s/(\delta+n+g)$$

由于 s、δ、n 和 g 都是常数，比率 k/y 也是常数。由于 $k/y=[K/(LE)]/[Y/(LE)]=K/Y$，所以我们得出结论：在稳态，资本产出比是不变的。

b. 资本的收入份额是 $MPK\times(K/Y)$。我们从a小问知道，在稳态，资本产出比是不变的。我们从提示知道 MPK 是 k 的函数，在稳态 k 是不变的，因此，MPK 是不变的。于是，在稳态，资本的收入份额是不变的。由于劳动的收入份额等于1减去资本的收入份额，因此，它也是不变的。

c. 在稳态，总收入的增长率为 $n+g$，即人口增长率加上技术进步率。在b小问我们证明了资本和劳动的收入份额都是不变的。由于收入份额不变且总收入的增长率为 $n+g$，因此，资本总收入和劳动总收入的增长率必然都是 $n+g$。

d. 资本的实际租赁价格等于资本的边际产量。我们在b小问看到，由于在稳态 k 是不变的从而 MPK 是不变的，因此，在稳态，资本的实际租赁价格也是不变的。实际工资等于劳动的边际产量。我们在c小问看到，在稳态，劳动总收入 $L\times MPL$ 的增长率为 $n+g$，因此

$$\frac{\Delta(L\times MPL)}{L\times MPL} = n+g$$

$$\frac{\Delta L}{L} + \frac{\Delta MPL}{MPL} = n+g$$

$$n+\frac{\Delta MPL}{MPL} = n+g$$

$$\frac{\Delta MPL}{MPL} = g$$

我们得出结论：实际工资的增长率为 g。

5. 两个国家，Richland 和 Poorland，都由索洛增长模型描述。它们有相同的柯布-道格拉斯生产函数，$F(K, L)=AK^{\alpha}L^{1-\alpha}$，但是资本量和劳动量不同。Richland 储蓄其收入的32%，而 Poorland 储蓄10%。Richland 的人

口增长率每年为1%，而Poorland的人口增长率为3%。（本问题的数字选取近似为对富国和穷国的现实性描述。）两国的技术进步率均为每年2%，折旧率均为每年5%。

a. 人均生产函数 $f(k)$ 是什么？

b. 解出Richland的稳态人均收入与Poorland的稳态人均收入的比率。（提示：参数 α 在你的答案中将扮演一个角色。）

c. 如果柯布-道格拉斯参数 α 为常用值的约1/3，Richland的人均收入与Poorland相比应当高多少？

d. Richland的人均收入实际上是Poorland人均收入的16倍。你能通过改变参数 α 的值来解释这一事实吗？它必须等于什么？你可以想象出任何方式来解释该参数这一取值的适当性吗？你可能用什么其他办法来解释Richland与Poorland之间巨大的收入差距？

答：a. 人均生产函数为：

$$\frac{F(K,L)}{L}=\frac{AK^{\alpha}L^{1-\alpha}}{L}$$
$$=A\left(\frac{K}{L}\right)^{\alpha}$$
$$=Ak^{\alpha}$$

b. 由于 $\Delta k=\Delta\left(\frac{K}{L}\right)=\frac{\Delta K\times L-K\times\Delta L}{L^2}$ $=\frac{(sY-\delta K)\times L-K\times\Delta L}{L^2}=s\frac{Y}{L}-\left(\delta+\frac{\Delta L}{L}\right)$ $\frac{K}{L}=sAk^{\alpha}-(\delta+n)k$，故稳态条件为 $sAk^{\alpha}=(\delta+n)k$。我们用稳态条件来求稳态人均资本：

$$sAk^{\alpha}=(\delta+n)k$$
$$k^{1-\alpha}=\frac{sA}{\delta+n}$$
$$k=\left(\frac{sA}{\delta+n}\right)^{\frac{1}{1-\alpha}}$$

稳态人均产出为

$$y=Ak^{\alpha}=A\left(\frac{sA}{\delta+n}\right)^{\frac{\alpha}{1-\alpha}}$$

因此，Richland与Poorland的稳态人均收入之比为

$$\frac{y_R}{y_P}=\left(\frac{s_R}{\delta+n_R}\Big/\frac{s_P}{\delta+n_P}\right)^{\frac{\alpha}{1-\alpha}}$$
$$=\left(\frac{0.32}{0.05+0.01}\Big/\frac{0.1}{0.05+0.03}\right)^{\frac{\alpha}{1-\alpha}}$$
$$=\left(\frac{64}{15}\right)^{\frac{\alpha}{1-\alpha}}$$

c. 如果 $\alpha=1/3$，那么Richland的富裕程度应该是Poorland的 $\left(\frac{64}{15}\right)^{\frac{1}{2}}=2.066$ 倍。

d. 要使Richland的富裕程度是Poorland的16倍，α 的值应该满足

$$\left(\frac{64}{15}\right)^{\frac{\alpha}{1-\alpha}}=16$$
$$\alpha=0.6565$$

因此，如果柯布-道格拉斯生产函数的资本收入份额为0.6565，那么Richland的人均收入会是Poorland的16倍。解释其适当性的一种方法是认为资本既包括实物资本，又包括人力资本。也有可能Richland和Poorland之间的其他参数不同，特别是全要素生产率 A 不同，这有助于解释Richland与Poorland之间巨大的收入差距。

[**译者注**：b小问的原答案中稳态条件的右边为 $(\delta+n+g)k$，由此导致b、c、d小问中的数字都略有差别。原答案的错误在于本题问的是人均收入而非教材中的有效工人人均收入，技术进入生产函数的方式与教材中的不同，故不应套用教材中的稳态条件。]

6. 各国之间一个典型个人所获得的教育量差别很大。假定你要比较一个劳动力受教育较多的国家和一个劳动力受教育较少的国家。假设教育只影响劳动效率的水平。再假设这两个国家在其他方面都相同：它们有相同的储蓄率、相同的折旧率、相同的人口增长率和相同的技术进步率。这两个国家都可以用索洛增长模型来描述，都处于各自的稳态。你预测这两个国家的以下变量会有什么差别？

a. 总收入增长率。

b. 人均收入水平。

c. 资本的实际租赁价格。

d. 实际工资。

答：a. 在索洛增长模型中，总收入增长

率为 $n+g$，它独立于劳动力的受教育水平。于是，由于两国有着相同的人口增长率和技术进步率，所以它们的总收入增长率也相同。

b. 由于两国有着相同的储蓄率、人口增长率和技术进步率，所以我们知道，两国相同的有效工人人均稳态资本水平将收敛于 k^*，如图 9-1 所示。

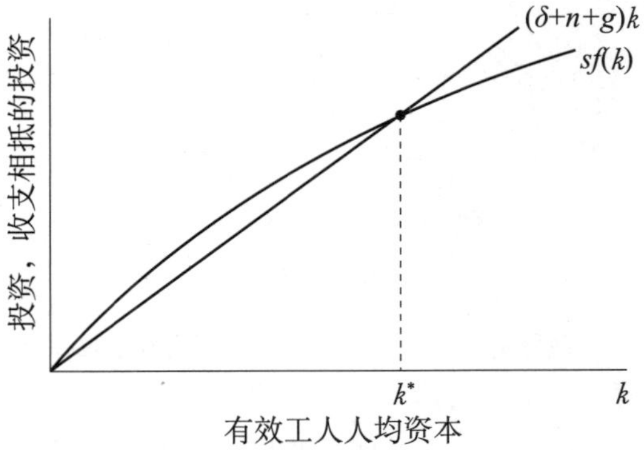

图 9-1

因此，两国的有效工人人均稳态产出 $y^*=f(k^*)$ 相同。但是，由于劳动力的受教育水平影响劳动效率 E，因此，两国的人均产出 $Y/L=y^*E$ 不同。劳动力受教育较多的国家人均收入较高。

c. 我们知道资本的实际租赁价格等于资本的边际产量 MPK。在稳态，$MPK=f'(k^*)$。如 b 小问所示，两国有着相同的k^*。因此，两国的资本的实际租赁价格相同。

d. 有效工人人均实际工资是有效劳动的边际产量。从有效工人人均产出减去资本收入，我们得到有效工人人均实际工资 $f(k)-MPK\times k$。正如 b 小问和 c 小问所示，两国有着相同的有效工人人均稳态资本存量，从而有着相同的 MPK，因此，有效工人人均实际工资相同。但是，由于劳动的边际产量是 $[f(k)-MPK\times k]E$，它取决于受教育水平，因此，两国的人均实际工资不同。于是，劳动力受教育较多的国家的人均实际工资较高。

7. 这个问题要求你更详细地分析正文中介绍的两部门内生增长模型。

a. 用有效工人的人均产出和有效工人的人均资本重新写出制造业的生产函数。

b. 在这个经济中，收支相抵的投资（保持有效工人人均资本量不变所需要的投资量）是多少？

c. 写出 k 变动的方程，该方程把 Δk 表示成储蓄减去收支相抵的投资。用这个方程画出表示稳态 k 如何决定的图形。（提示：这幅图看起来很像我们用来分析索洛增长模型的图。）

d. 在这个经济中，人均产出 Y/L 的稳态增长率是多少？储蓄率 s 和在大学中的劳动力比例 u 如何影响这一稳态增长率？

e. 用你的图表示出 u 提高的影响。（提示：这一变动对两条曲线都产生影响。）描述即刻效应和稳态效应。

f. 根据你的分析，u 的提高对经济肯定是一件好事吗？请解释。

答： a. 在教材中的两部门内生增长模型中，制造业企业的生产函数为

$$Y=F[K,(1-u)LE]$$

该生产函数具有不变规模报酬。正如 3.1 节所定义的，不变规模报酬意味着，对于任意正数 z，均有 $zY=F[zK,z(1-u)LE]$。令 $z=1/(LE)$，我们得到

$$Y/(LE)=F[K/(LE),1-u]$$

利用标准的记号 y 和 k，前者代表有效工人人均产出，后者代表有效工人人均资本，我们可以将其表达成

$$y=F(k,1-u)$$

b. 研究型大学的生产函数意味着劳动效率的增长率是 $\Delta E/E=g(u)$。我们现在可以利用 9.1 节的逻辑，用函数 $g(u)$ 代替不变的增长率 g。为了使有效工人人均资本保持不变，收支相抵的投资包括三项：取代折旧资本需要 δk，为新工人提供资本需要 nk，为研究型大学创造的新增知识存量提供资本需要 $g(u)k$。也就是说，收支相抵的投资为 $[\delta+n+g(u)]k$。

c. 再次利用 9.1 节的逻辑，有效工人人均资本的变化是有效工人人均储蓄与有效工人人均收支相抵的投资之差。我们现在把 a

小问得到的有效工人人均生产函数和 b 小问得到的收支相抵的投资代入，得到

$$\Delta k = sF(k, 1-u) - [\delta + n + g(u)]k$$

在稳态，$\Delta k = 0$，因此，上面的方程变为

$$sF(k, 1-u) = [\delta + n + g(u)]k$$

如同我们在索洛增长模型中的分析，对于给定的 u 值，我们可以作图绘出这个方程的两边，如图 9－2 所示。曲线的交点就是稳态。

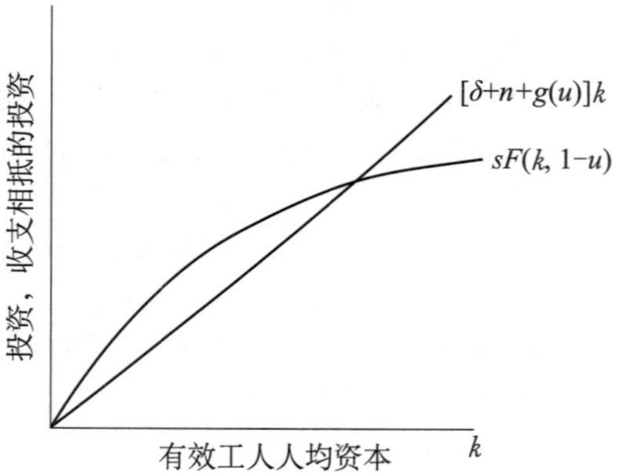

图 9－2

d. 在稳态，有效工人人均资本 k 不变，研究型大学中的劳动力比例 u 不变。因此，有效工人人均产出 y 不变。人均产出等于 yE，E 的增长率为 $g(u)$。因此，人均产出的增长率为 $g(u)$。储蓄率不影响这一增长率。但是研究型大学中的劳动力比例确实影响该增长率：随着研究型大学中的劳动力比例的提高，人均产出的稳态增长率上升。

e. 在我们的图形中，u 的增加使两条曲线都发生移动。由于生产制造品的劳动力比例下降，所以对于任何给定的有效工人人均资本，有效工人人均产出都下降。这是 u 增加的即刻效应。由于有效工人人均产出下降，所以表示有效工人人均储蓄的曲线向下移动。

与此同时，研究型大学中的劳动力比例的提高提高了劳动效率的增长率 $g(u)$。因此，对于任何给定的有效工人人均资本，收支相抵的投资增加了，这导致表示收支相抵的投资的曲线向上移动。图 9－3 表示了这些移动。

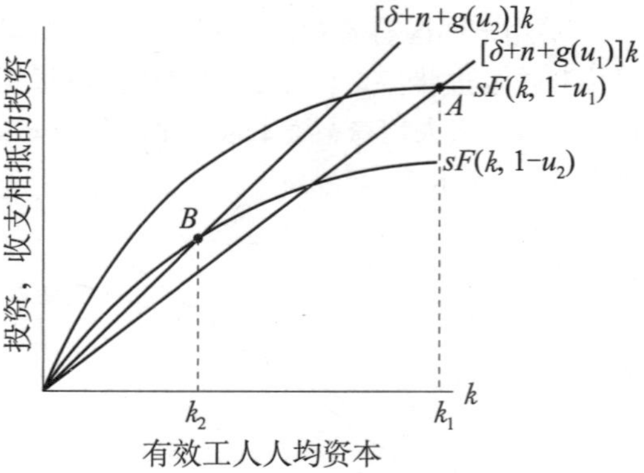

图 9－3

在新稳态，有效工人人均资本下降，从而有效工人人均产出也下降。

f. 在短期，u 的增加降低了产出，原因是生产制造品的工人少了，更多的工人投入到研究型大学从事扩大知识存量的工作。对于给定的储蓄率，产出的减少意味着消费的减少。长期影响不那么明显了。我们在 e 小问发现，有效工人人均稳态产出下降。但是福利取决于人均产出（和消费），而不是有效工人人均产出（和消费）。研究型大学中的劳动力比例的提高意味着 E 增长得更快，而人均产出等于 yE。尽管稳态 y 下降，但 E 的更快的增长最终导致比在 u 不增加的情况下更高的人均产出，从而导致更高的人均消费。

但是，由于消费一开始时下降，u 的增加并非明确是一件好事。对当前各代人的关心超过对未来各代人的政策制定者可能决定不采取增加 u 的政策。

8. 选择你感兴趣的两个国家——一个富国和一个穷国。每个国家的人均收入是多少？找一些可能有助于解释收入差距的国家特征的数据：投资率、人口增长率、受教育程度等。（提示：世界银行的网站 www. worldbank. org 是找到这类数据的一个好地方。）你将如何弄清楚这些因素中的哪一个对观察到的收入差距最为重要？在你的判断中，索洛

增长模型作为一个分析工具对你理解你选择的两个国家之间的差别有何用处？

答：在世界银行网站（www.worldbank.org），你可以浏览基于与经济增长和发展相关的多种多样的指标的数据。为了解释不同国家之间的人均收入差别，你可以去看看如下指标的数据：储蓄总额占 GDP 的百分比，资本形成总额占 GDP 的百分比，识字率，预期寿命，人口增长率。我们从索洛增长模型得知，在所有其他方面都相同的条件下，储蓄率更高、人口增长率更低、人均资本水平更高、劳动更有效或生产率更高，都会导致人均收入更高。以上所选择的数据指标对为什么一个国家可能有更高的人均收入水平提供了解释。我们可以猜测哪个因素对解释国家间的人均收入差距最重要，但是，鉴于大量其他变量也影响人均收入，确切地说出是哪个因素是不太可能的。例如，有些国家可能有着更为发达的资本市场、更少的政府腐败和更好的司法体系。索洛增长模型让我们能够理解国家之间人均收入不同的一些理由，但是这样一个简单的模型不能解释人均收入不同的所有理由。

更多的问题与应用

1. 在 Solovia 这个经济中，资本所有者得到了 2/3 的国民收入，而工人得到了 1/3。

a. Solovia 的男人留在家里从事家务劳动，而妇女在工厂工作。如果一些男人开始走出家门工作，以至劳动力增加了 5%，该经济衡量出来的产出会发生什么变动？劳动生产率——定义为工人的人均产出——是提高了、下降了，还是保持不变？全要素增长率是提高了、下降了，还是保持不变？

b. 在第 1 年中，资本存量为 6，劳动投入为 3，产出为 12。在第 2 年中，资本存量为 7，劳动投入为 4，产出为 14。在这两年间，全要素生产率发生了什么变动？

答：a. 产出 Y 的增长率取决于劳动 L、资本 K 和全要素生产率 A 的增长率，其关系如下：

$$\frac{\Delta Y}{Y}=\alpha\frac{\Delta K}{K}+(1-\alpha)\frac{\Delta L}{L}+\frac{\Delta A}{A}$$

其中，α 是资本的收入份额。在 $\alpha=2/3$ 的条件下，劳动力增加 5%会使产出增加

$$\begin{aligned}\Delta Y/Y&=(1/3)\times 5\%\\&=1.67\%\end{aligned}$$

劳动力增加 5%，产出增加 1.67%。

劳动生产率 Y/L 增长

$$\begin{aligned}\frac{\Delta(Y/L)}{Y/L}&=\frac{\Delta Y}{Y}-\frac{\Delta L}{L}\\&=1.67\%-5\%\\&=-3.33\%\end{aligned}$$

劳动生产率下降 3.33%。

全要素生产率增长

$$\begin{aligned}\Delta A/A&=\Delta Y/Y-\alpha\Delta K/K-(1-\alpha)\Delta L/L\\&=1.67\%-0-(1/3)\times 5\%\\&=0\end{aligned}$$

全要素生产率包括了要素投入以外的产出决定因素，如技术。在本题中，所有的产出增长都归因于要素增长，因此，全要素生产率的增长率为零，正如所预期的那样。

b. 在第 1 年和第 2 年之间，资本存量的增长率是 1/6，劳动的增长率是 1/3，产出的增长率是 1/6。因此，全要素生产率的增长率为

$$\begin{aligned}\Delta A/A&=\Delta Y/Y-\alpha\Delta K/K\ (1-\alpha)\Delta L/L\\&=1/6-(2/3)(1/6)-(1/3)(1/3)\\&=-0.056\end{aligned}$$

全要素生产率下降了 5.6%。

2. 把劳动生产率定义为 Y/L，即产出量除以劳动投入量。从增长核算方程开始，证明：劳动生产率的增长取决于全要素生产率的增长和资本与劳动之比的增长。特别地，证明：

$$\frac{\Delta\left(\frac{Y}{L}\right)}{\frac{Y}{L}}=\frac{\Delta A}{A}+\alpha\frac{\Delta\left(\frac{K}{L}\right)}{\frac{K}{L}}$$

提示：你会发现下面的数学技巧是有所帮助的。如果 $z=wx$，那么 z 的增长率近似

等于 w 的增长率加上 x 的增长率。也就是说，

$$\Delta z/z \approx \Delta w/w + \Delta x/x$$

答： 利用提示和增长核算方程，我们有

$$\begin{aligned}\frac{\Delta(Y/L)}{Y/L} &= \frac{\Delta Y}{Y} - \frac{\Delta L}{L} \\ &= \frac{\Delta A}{A} + \alpha\frac{\Delta K}{K} + (1-\alpha)\frac{\Delta L}{L} \\ &\quad -\frac{\Delta L}{L} \\ &= \frac{\Delta A}{A} + \alpha\left(\frac{\Delta K}{K} - \frac{\Delta L}{L}\right) \\ &= \frac{\Delta A}{A} + \alpha\frac{\Delta(K/L)}{K/L}\end{aligned}$$

3. 假定索洛增长模型所描述的一个经济处于稳态。人口增长率 n 为每年 1.8%，技术进步率 g 为每年 1.8%，总产出和总资本的增长率为每年 3.6%。再假定产出中资本的份额为 1/3。如果你用增长核算方程把产出的增长分为三个源泉——资本、劳动以及全要素生产率，那么你认为每一个源泉的产出增长是多少？比较你的结果和表 9-2 中美国的数字。

答： 题干中给出了如下信息：

$$\Delta Y/Y = n + g = 3.6\%$$

$$\Delta K/K = n + g = 3.6\%$$

$$\Delta L/L = n = 1.8\%$$

资本的收入份额 $=\alpha=1/3$。

我们可以进行增长核算：

$$\frac{\Delta Y}{Y} = \alpha\frac{\Delta K}{K} + (1-\alpha)\frac{\Delta L}{L} + \frac{\Delta A}{A}$$

$$3.6\% = \frac{1}{3}\times 3.6\% + \frac{2}{3}\times 1.8\% + \frac{\Delta A}{A}$$

$$3.6\% = 1.2\% + 1.2\% + \frac{\Delta A}{A}$$

$$\frac{\Delta A}{A} = 1.2\%$$

因此，资本、劳动和全要素生产率为每年的产出增长都贡献了 1.2 个百分点（因而总产出增长 3.6%）。这些数字与教材表 9-2 中美国 1948—2016 年的数字接近。美国的产出增长率为 3.4%，资本、劳动和全要素生产率的贡献分别是 1.3、1.0 和 1.1 个百分点。

第 10 章

经济波动导论

复习题

1. 当在衰退期间实际 GDP 下降时，消费、投资和失业率通常会怎样变动？

答： 当在衰退期间实际 GDP 下降时，消费和投资通常也下降，失业率通常上升。

2. 举出一个在短期具有黏性和在长期具有弹性的价格的例子。

答： 杂志的价格是在短期具有黏性和在长期具有弹性的价格的例子。经济学家对杂志价格在短期具有黏性的原因没有一个确切的答案。也许，如果消费者发现他们购买的杂志的价格每月变动会觉得不方便。

3. 为什么总需求曲线向右下方倾斜？

答： 总需求表示的是产出需求量和价格总体水平之间的关系。为了理解为什么总需求曲线向右下方倾斜，我们需要建立一个总需求理论。一个简单的总需求理论是建立在货币数量论的基础上的。我们可以把就实际货币余额的供给和需求而言的数量方程表达成

$$M/P = (M/P)^d = kY$$

其中，$k=1/V$。这个方程告诉我们，对于任何固定的货币供给 M，在货币流通速度 V 固定的假设下，价格水平 P 和产出 Y 之间存在负向关系：价格水平越高，实际货币余额水平就越低，因此产品和服务的需求量 Y 就越低。换句话说，总需求曲线向右下方倾斜，如图 10－1 所示。

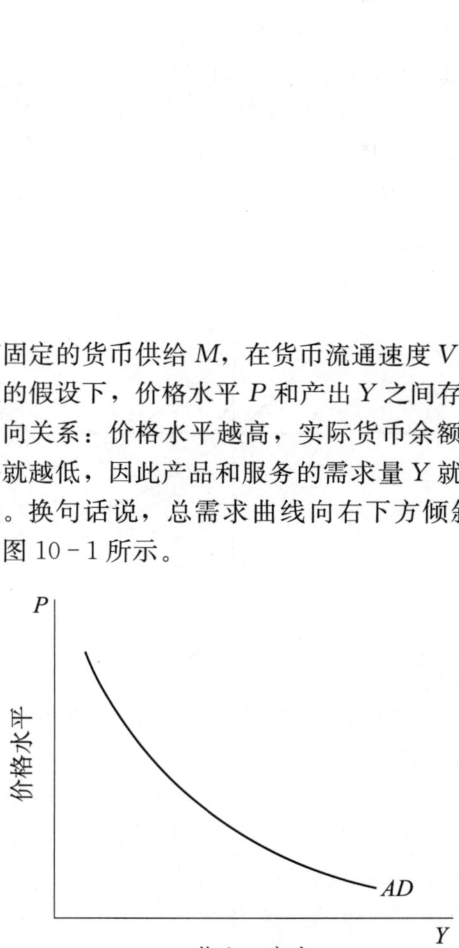

图 10－1

理解价格水平和产出之间的这种负向关系的一种方法是注意货币和交易之间的联系。如果我们假设 V 不变，那么货币供给决定了所有交易的美元价值：

$$MV=PY$$

价格水平的提高意味着每笔交易需要更

多的美元。要使上面的恒等式成立，在货币流通速度不变的条件下，交易的数量从而产品和服务的购买量 Y 必须下降。

4. 解释货币供给增加的短期和长期影响。

答： 如果货币供给增加，那么总需求曲线向上移动，如图 10－2 所示。在短期，价格是黏性的，因此经济沿着短期总供给曲线从 A 点运动到 B 点。产出上升到其自然水平 $\bar{Y}$ 以上。最终，更高的需求导致工资和价格提高。价格的逐渐提高使经济沿着新的总需求曲线 AD_2 运动到 C 点。在新的长期均衡，产出等于其自然水平，但是，价格高于初始均衡 A 点的水平。

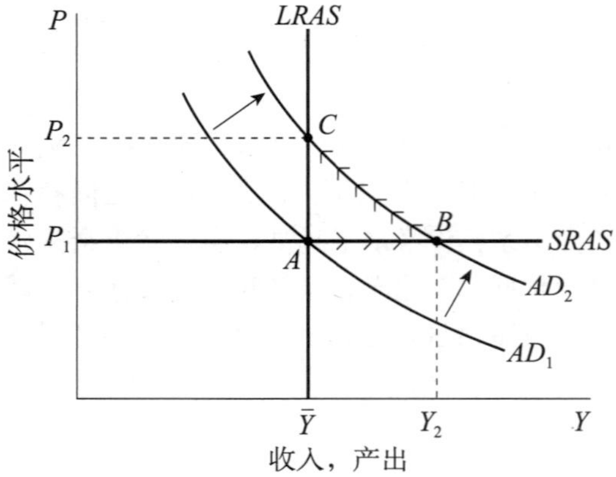

图 10－2

5. 为什么美联储对付需求冲击比对付供给冲击容易？

答： 美联储对付需求冲击比对付供给冲击容易的原因是，美联储可以通过控制货币供给减少甚至消除需求冲击对产出和价格水平的影响。但是，对于供给冲击，美联储没有办法调整总需求以维持充分就业和价格稳定。

为了理解为什么是这样，考虑在每种情形下美联储可选的政策选项。假定有利需求冲击（例如，货币流通速度的增加）使总需求曲线向右移动，如图 10－3 所示。在短期，产出增加到 Y_2。在长期，价格水平上升到 P_2，产出回到其自然水平。如果美联储想减弱这一冲击带来的影响，它可以减少货币供给，从而使总需求曲线移回到初始位置 AD_1。就这样，美联储可以通过改变货币供给来对付需求冲击。

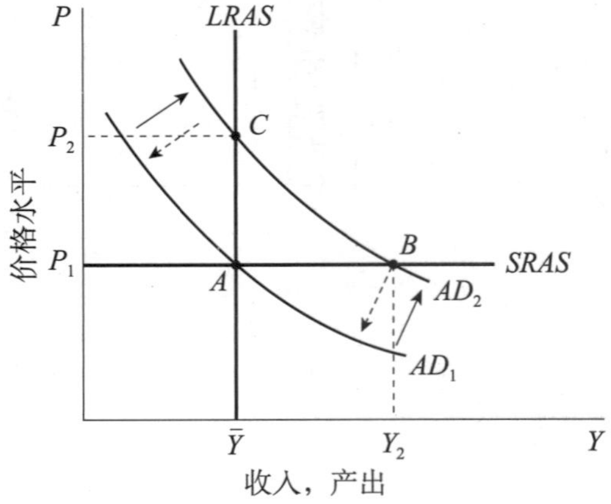

图 10－3

现在考虑不利供给冲击（例如，庄稼歉收或工会变得更加强势）如何影响经济。如图 10－4 所示，短期总供给曲线向上移动，经济从 A 点运动到 B 点。

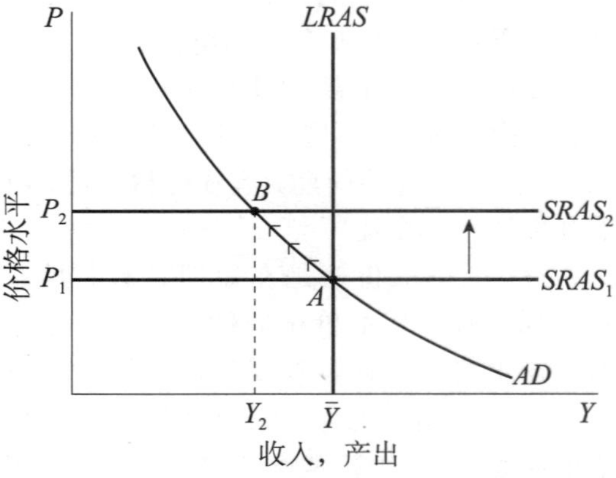

图 10－4

产出下降到其自然水平以下，价格上升。美联储有两个选项。第一个选项是保持总需求不变。最终价格下降，恢复充分就业，但代价是一场衰退。第二个选项是通过增加货币供给来增加总需求，使产出回到其自然水平，如图 10－5 所示。

但是这一政策导致新均衡点 C 的持久的更高的价格水平。于是，在供给冲击的情形下，没有办法调整总需求以维持充分就业和价格稳定。

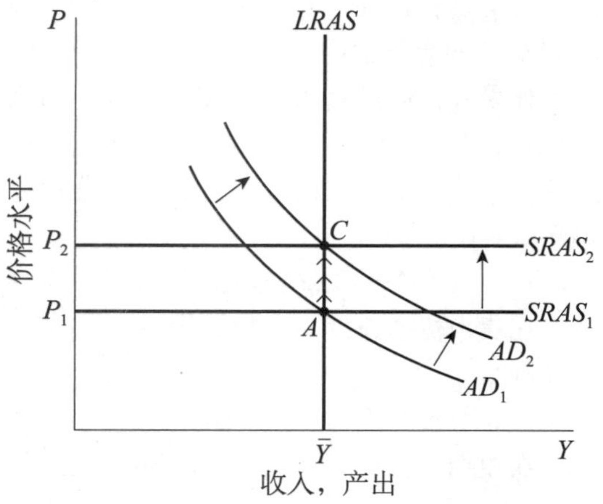

图 10 - 5

问题与应用

1. 一个经济开始时处于长期均衡，然后，政府监管的某个变化允许银行开始为支票账户支付利息。回忆货币存量是通货和包括支票账户在内的活期存款之和，因此，这个监管变化会使持有货币更有吸引力。

a. 这种变动如何影响货币需求？

b. 货币流通速度会发生什么变动？

c. 如果美联储使货币供给保持不变，短期和长期中产出与价格水平将发生什么变动？

d. 如果美联储的目标是稳定价格水平，美联储应该使货币供给保持不变以应对这一监管变化吗？如果不是，它应该做些什么？为什么？

e. 如果美联储的目标是稳定产出，你对问题 d 的回答会如何改变？

答： 1. a. 生息的支票账户使得以可开支票的存款形式持有货币变得更有吸引力。这增加了货币需求。

b. 货币需求的增加等价于货币流通速度的下降。回忆数量方程

$$M/P=kY$$

其中，$k=1/V$。要使这个方程成立，对于给定的产出数量，实际货币余额的增加意味着 k 必须增加；也就是说，货币流通速度下降。由于支票账户的利息鼓励人们持有货币，因此，货币循环的频率下降。

c. 如果美联储使货币供给保持不变，那么货币流通速度的下降使总需求曲线向下移动，如图 10 - 6 所示。在价格具有黏性的短期，经济从初始均衡点 A 运动到短期均衡点 B。总需求的下降导致产出下降到其自然水平以下。

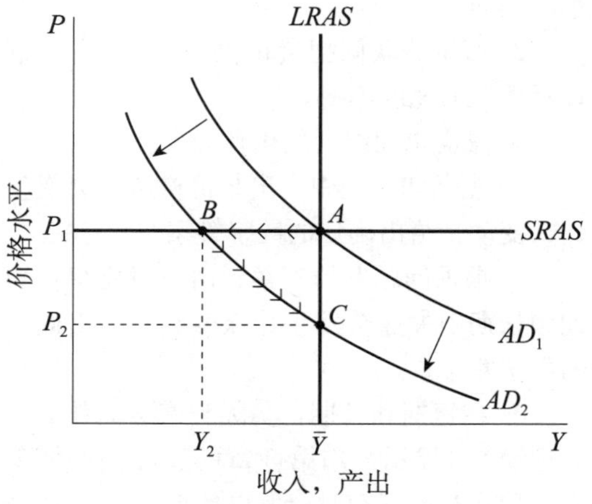

图 10 - 6

随着时间的推移，更低的总需求水平导致价格和工资下降。随着价格的下降，产出逐渐上升，直到到达产出的自然水平，即 C 点。

d. 货币流通速度的下降使总需求曲线向下移动，这在长期导致更低的价格水平。如果美联储的目标是稳定价格水平，那么它应该增加货币供给以抵消总需求曲线的移动，从而使经济回到其初始均衡点 A，如图10 - 7 所示。

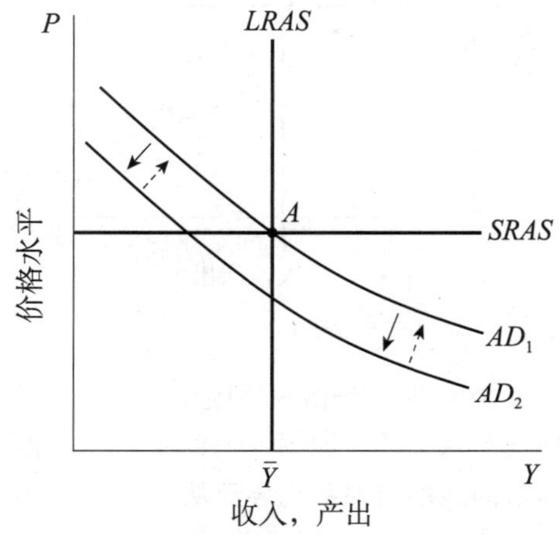

图 10 - 7

e. 货币流通速度的下降使总需求曲线向下移动。在短期，价格水平保持不变，产出下降到其自然水平以下。如果美联储的目标是稳定产出，那么它应该增加货币供给。在这种情况下增加货币供给既稳定了产出，又稳定了价格水平，因此，该小问的答案与 d 小问相同。

2. 假定美联储把货币供给减少 5%。假设货币流通速度不变。

a. 总需求曲线会发生什么变动？

b. 短期和长期中产出与价格水平会发生什么变动？给出确切的数字答案。

c. 根据问题 b 的答案，由奥肯定律，短期和长期中失业会发生什么变动？给出确切的数字答案。

d. 在短期和长期，实际利率会向什么方向运动？（提示：用第 3 章的实际利率模型来看看当产出变动时会发生什么。）

答：a. 如果美联储减少货币供给，那么总需求曲线向下移动，如图 10－8 所示。这个结果基于数量方程 $MV=PY$，该方程告诉我们，对于给定的货币流通速度 V，货币 M 的减少导致名义产出 PY 同比例减少。对于任何给定的价格水平 P，产出水平 Y 更低了；对于任何给定的 Y，P 更低了。

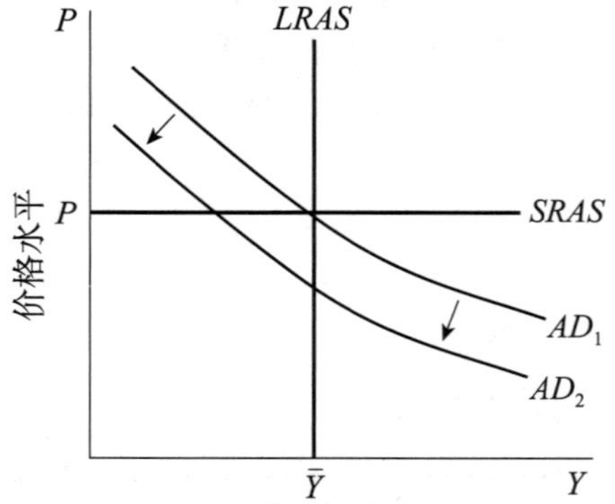

图 10－8

b. 在短期，价格水平固定，因此，总供给曲线是水平的。如图 10－9 所示，在短期，总需求曲线的向左移动导致从 A 点到 B 点的运动：产出下降，但价格水平不变。在长期，价格具有弹性；随着价格的下降，经济回到 C 点的充分就业状态。

如果我们假设货币流通速度不变，那么我们可以量化货币供给减少 5%的影响。回忆我们在第 5 章见到的数量方程的百分比变动形式：

$$\%\Delta M+\%\Delta V=\%\Delta P+\%\Delta Y$$

在货币流通速度不变的假设下，$\%\Delta V=0$。因此，

$$\%\Delta M=\%\Delta P+\%\Delta Y$$

在短期，价格水平也不变，因此 $\%\Delta P=0$。于是，

$$\%\Delta M=\%\Delta Y$$

基于这个方程，我们得出结论：在短期，货币供给减少 5%导致产出减少 5%。如图 10－9 所示。

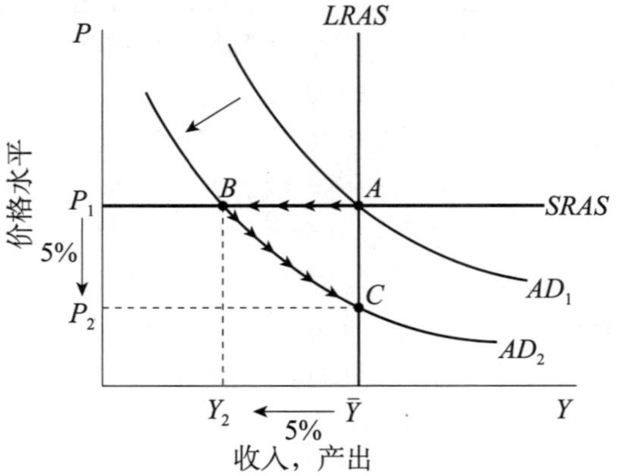

图 10－9

在长期，价格具有弹性，产出回到其自然水平。因此，$\%\Delta Y=0$，而且

$$\%\Delta M=\%\Delta P$$

基于这个方程，我们得出结论：在长期，货币供给减少 5%导致价格水平下降 5%，如图 10－9 所示。

c. 奥肯定律是指失业和实际 GDP 之间存在的负向关系。奥肯定律可以近似地表示为如下方程：

$$\%\Delta Y=3\%-2\Delta u$$

其中，u 表示失业率。在短期，当产出下降时，失业上升。我们在 b 小问中发现短期产出下降 5%。我们可以用奥肯定律计算失业

率的变化：

$$-5\%=3\%-2\Delta u$$

$$2\Delta u=8\%$$

$$\Delta u=4\%$$

于是，在短期，产出下降 5%导致失业率上升 4 个百分点。在长期，产出和失业率都回到其充分就业水平。于是，在长期失业率没有变化。

d. 国民储蓄是 $S=Y-C-G$。当 Y 下降时，由于边际消费倾向小于 1，所以 S 下降。图 10-10 显示，这导致实际利率上升。当 Y 回到其初始均衡水平时，实际利率也回到其初始均衡水平。

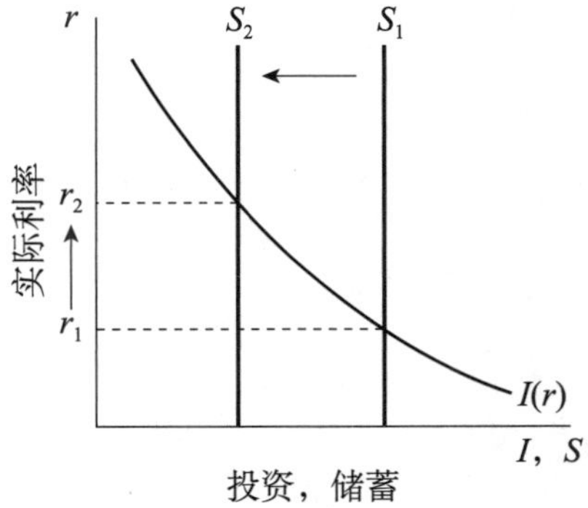

图 10-10

3. 让我们来考察美联储的目标如何影响它对冲击的反应。假定在情景 A 中美联储只关心维持价格水平的稳定，而在情景 B 中美联储只关心把产出与就业维持在其自然水平。解释在每种情景中美联储将如何对下列情况作出反应。

a. 货币流通速度的外生下降。

b. 石油价格的外生提高。

答：a. 货币流通速度的外生下降导致总需求曲线向下移动，如图 10-11 所示。在短期，价格是固定的，因此产出下降。

如果美联储想把产出和就业保持在其自然水平，那么它必须通过增加货币供给来增加总需求。这使得价格水平和产出都保持在 A 点的初始均衡值。

如果美联储想保持价格稳定，那么它就要避免价格在长期调整到图 10-11 中更低水

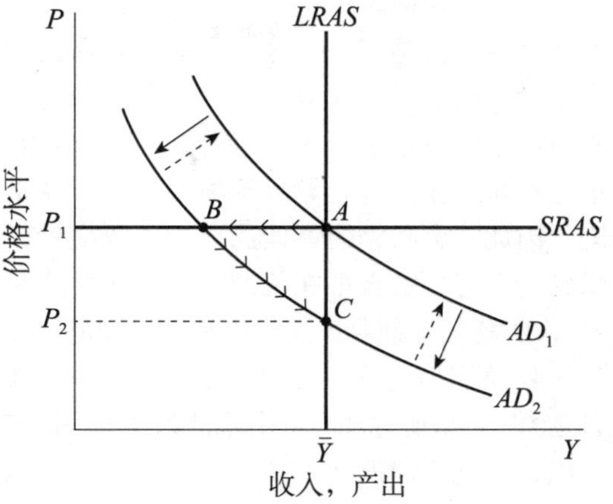

图 10-11

平的 C 点。因此，它应该增加货币供给，使总需求曲线向上移动，从而恢复到 A 点的初始均衡。

因此，对于这两种情景，美联储对需求冲击的政策反应相同。

b. 石油价格的外生提高是一次不利的供给冲击，它导致短期总供给曲线向上移动，如图 10-12 所示。

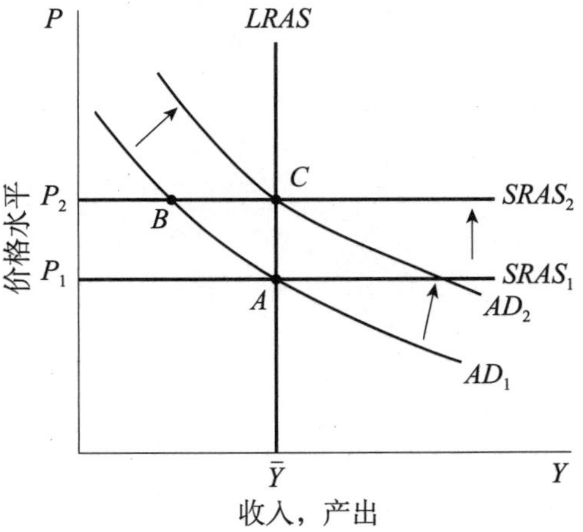

图 10-12

如果美联储想把产出和就业保持在其自然水平，那么它应该通过增加货币供给来增加总需求。这一政策反应使总需求曲线从图 10-12 中的 AD_1 向上移动到 AD_2。在这种情况下，经济的新均衡在 C 点。在 C 点，价格水平永久地更高了，但没有因不利的供给冲击带来产出或就业的损失。

如果美联储想保持价格稳定，那么它没有什么政策措施可以实施。在短期，供给冲击推动价格水平上升至 P_2。美联储可以为了在短期使价格水平回到 P_1 而减少货币供给，但是这将恶化衰退，导致价格水平在长期下降。因此，美联储的最佳选项是不改变货币供给，等待价格水平在长期回到其初始水平 P_1 和恢复充分就业，其代价是经济衰退。

4. 衰退何时开始和何时结束的官方裁决者是国家经济研究局，一个非营利性经济研究组织。访问 NBER 的网站（www.nber.org），找到最新的经济周期转折点。它是什么时候发生的？是从扩张到紧缩，还是反过来？列出在你有生以来所发生的所有衰退（紧缩）以及它们开始和结束的时间。

答：最近的经济周期转折点在 2009 年 6 月，经济从紧缩转向扩张。之前的衰退（紧缩）包括 2007 年 12 月—2009 年 6 月，2001 年 3 月—2001 年 11 月，1990 年 7 月—1991 年 3 月，1981 年 7 月—1982 年 11 月，1980 年 1 月—1980 年 7 月，1973 年 11 月—1975 年 3 月。

第 11 章 总需求Ⅰ：建立 *IS*－*LM* 模型

复习题

1. 用凯恩斯交叉解释为什么财政政策对国民收入有乘数效应。

答：凯恩斯交叉模型告诉我们财政政策对收入有乘数效应。理由是，根据消费函数，更高的收入导致更高的消费。例如，政府购买增加 ΔG 会增加支出从而收入提高了 ΔG。收入的这一增加导致消费上升了 $MPC\times\Delta G$，其中 MPC 为边际消费倾向。消费的这一增加使支出和收入进一步增加。这种从消费到收入的反馈无限期地继续。因此，在凯恩斯交叉模型中，政府支出增加 1 美元导致收入增加超过 1 美元：增加量为 $1/(1-MPC)$ 美元。

2. 用流动性偏好理论解释为什么货币供给增加降低了利率。这种解释对价格水平作出了什么假设？

答：流动性偏好理论解释了实际货币余额的供给和需求如何决定利率。该理论假设中央银行选择了固定的货币供给 M。价格水平 P 在短期是固定的，因此中央银行决定了实际货币余额的供给 M/P。实际货币余额的需求取决于利率，而利率是持有货币的机会成本。在更高的利率水平，由于持有货币的机会成本——放弃的生息资产的回报——更高，所以人们持有的货币更少。相反，在更低的利率水平，由于机会成本更低，所以人们持有的货币更多。图 11－1 画出了实际货币余额的供给和需求。利率调整使供给和需求达到均衡。

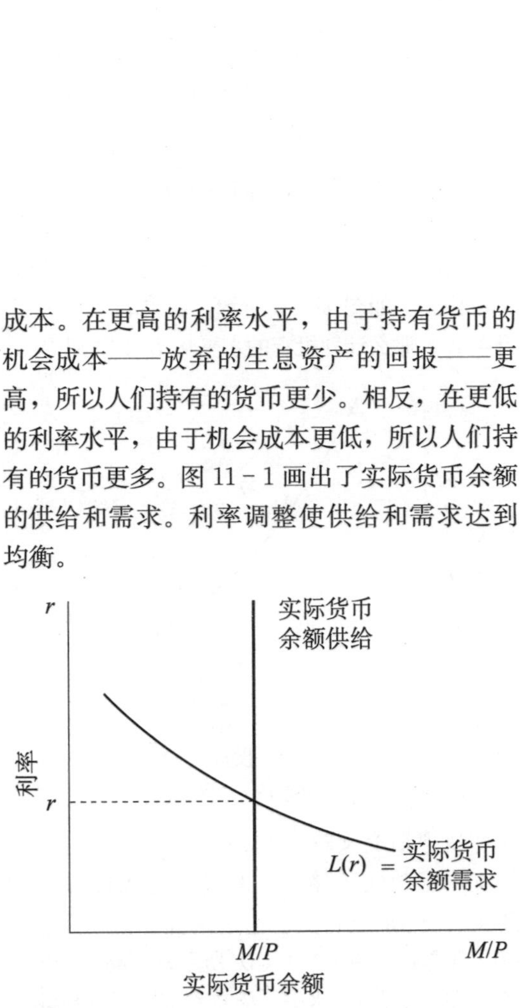

图 11－1

为什么货币供给的增加降低了利率？考虑当中央银行将货币供给从 M_1 增加到 M_2 时会发生什么。由于价格水平 P 固定，货币供给的这一增加使实际货币余额供给 M/P 向右移动，如图 11－2 所示。

在原来的利率 r_1，货币供给超过货币需求，因此利率下降到 r_2 以使供给和需求达到均衡。

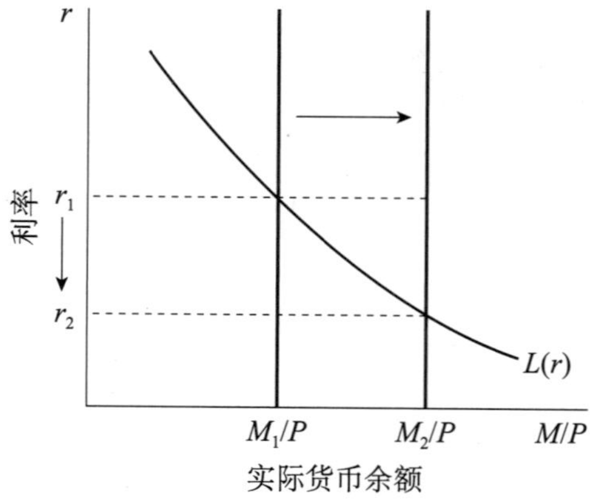

图 11－2

3. 为什么 *IS* 曲线向右下方倾斜？

答： *IS* 曲线概括了产生于产品与服务市场均衡的利率和收入水平之间的关系。投资与利率负相关。如图 11－3 所示，如果利率从 r_1 上升到 r_2，那么计划投资的水平从 I_1 下降到 I_2。

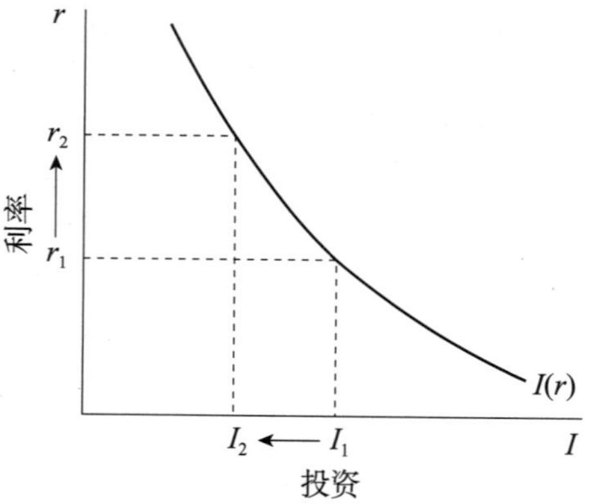

图 11－3

凯恩斯交叉告诉我们，计划投资的减少使支出函数向下移动并减少了国民收入，如图 11－4（a）所示。

于是，如图 11－4（b）所示，更高的利率导致更低的国民收入水平：*IS* 曲线向右下方倾斜。

4. 为什么 *LM* 曲线向右上方倾斜？

答： *LM* 曲线概括了产生于实际货币余额市场均衡的利率和收入水平之间的关系。它告诉我们对于任何给定的收入水平使货币市场达到均衡的利率。流动性偏好理论解释了为什么 *LM* 曲线向右上方倾斜。这一理论

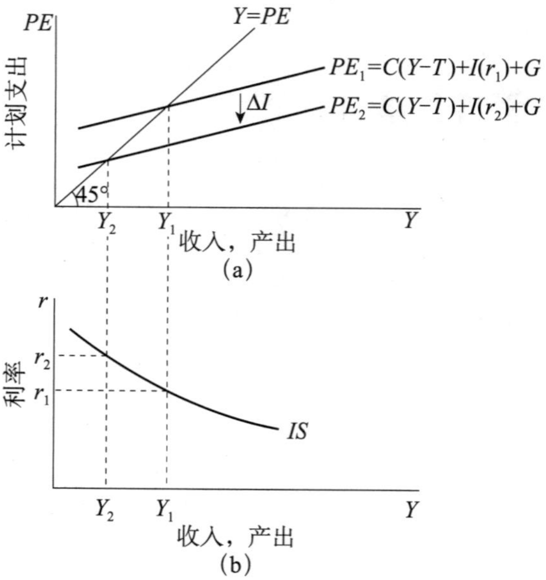

图 11－4

假设实际货币余额需求 $L(r, Y)$ 与利率负相关（由于利率是持有货币的机会成本），与收入水平正相关。价格水平在短期是固定的，因此中央银行决定了实际货币余额供给 M/P。如图 11－5（a）所示，对于给定的收入水平，利率使实际货币余额的供给和需求达到均衡。

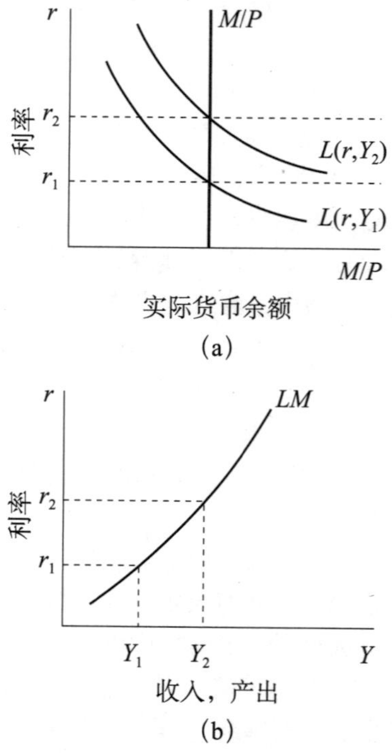

图 11－5

现在考虑当收入水平从 Y_1 增加到 Y_2 时利率会发生什么变化。收入的增加使货币需求曲线向上移动。在原来的利率 r_1 下，实际货币余额需求现在超过了供给。利率必须上升以平衡供给和需求。因此，如图 11－5(b) 所示，更高的收入水平导致更高的利率：*LM* 曲线向右上方倾斜。

问题与应用

1. 用凯恩斯交叉预测以下事件对均衡 GDP 的影响。对于每种情况，指出变动的方向，并用公式表示影响的大小。

a. 政府购买增加。

b. 税收增加。

c. 政府购买与税收等量增加。

答：a. 凯恩斯交叉绘制了经济的计划支出函数 $PE=C(Y-T)+I+G$ 和实际支出等于计划支出 $Y=PE$ 这一均衡条件，如图 11－6 所示。

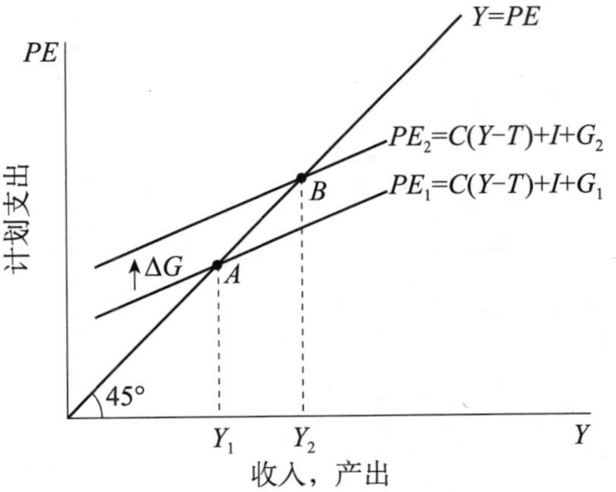

图 11－6

政府购买增加 ΔG 使计划支出函数向上移动。新均衡在 *B* 点。均衡 GDP(*Y*)的变化量等于政府购买乘数与政府支出变化之积：$\Delta Y=[1/(1-MPC)]\Delta G$。由于边际消费倾向 *MPC* 小于 1，所以这个表达式告诉我们，*G* 增加 1 单位导致 *Y* 增加超过 1 单位。

b. 政府税收增加 ΔT 使可支配收入减少 ΔT，从而消费减少 $MPC\times\Delta T$。对于任何给定的收入水平 *Y*，计划支出下降。在凯恩斯交叉中，这一税收增加使得计划支出函数向下移动 $MPC\times\Delta T$ 的距离，如图 11－7 所示。

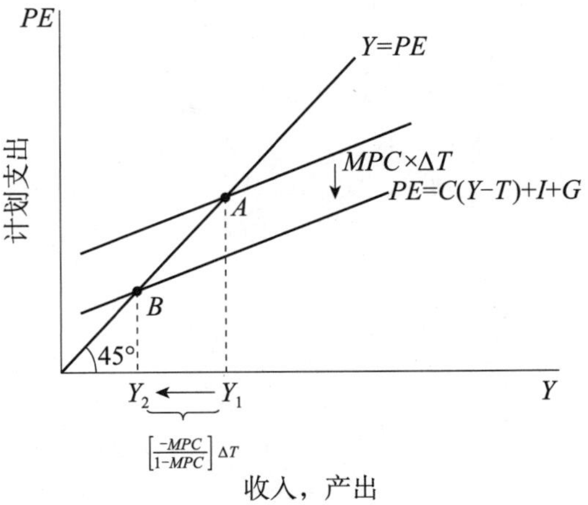

图 11－7

均衡 GDP 的变化量等于税收乘数与税收变化之积：$\Delta Y=[-MPC/(1-MPC)]\Delta T$。

c. 我们可以通过加总 a 小问和 b 小问的乘数效应来计算政府购买和税收增加的影响：

$$\Delta Y=[1/(1-MPC)]\Delta G+[-MPC/(1-MPC)]\Delta T$$

政府购买和税收等量增加，$\Delta G=\Delta T$。因此，我们可以将上面的方程改写为

$$\Delta Y=[1/(1-MPC)-MPC/(1-MPC)]\Delta G=\Delta G$$

这个表达式告诉我们，政府购买和税收等量增加使 *Y* 的增加量等于 *G* 的增加量。也就是说，平衡预算乘数正好为 1。

2. (Work It Out) 在凯恩斯交叉模型中，假设消费函数为：

$$C=120+0.8(Y-T)$$

计划投资是 200；政府购买和税收都是 400。

a. 绘出作为收入函数的计划支出。

b. 均衡收入是多少？

c. 如果政府购买增加到 420，新的均衡收入是多少？政府购买乘数是多少？

d. 为了达到 2 400 的收入，需要的政府购买水平是多少？(税收仍为 400。)

e. 为了达到 2 400 的收入，需要的税收

水平是多少？（政府购买仍为 400。）

答：a. 计划支出是

$$PE = C(Y-T)+I+G$$

把消费函数和投资 I、政府购买 G 以及税收的数值 T 代入，总计划支出为

$$PE = 120+0.8(Y-400)+200+400$$
$$=0.80Y+400$$

图 11－8 绘出了该方程。

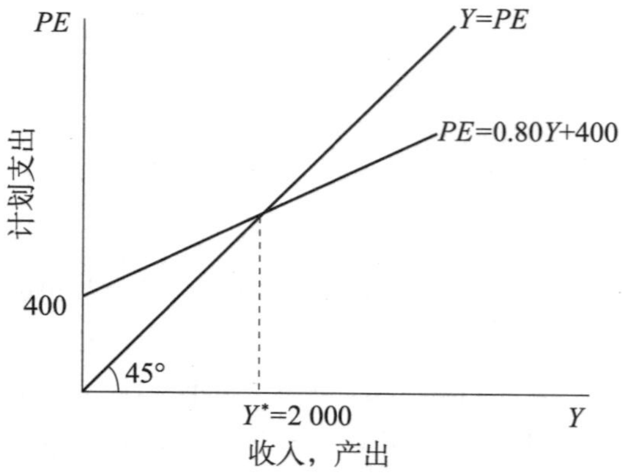

图 11－8

b. 为了找到均衡收入水平，我们把 a 小问得到的计划支出方程与均衡条件 $Y=PE$ 联合：

$$Y=0.80Y+400$$
$$0.2Y=400$$
$$Y=2\ 000$$

均衡收入水平为 2 000，如图 11－8 所标记出来的那样。

c. 如果政府购买增加到 420，那么计划支出变为 $PE=0.80Y+420$，均衡收入增加到 $Y=2\ 100$。因此，政府购买增加 20 使得收入增加了 100。这符合预期，因为政府购买乘数为 $1/(1-MPC)=1/(1-0.8)=5$。

d. 收入水平 2 400 比初始收入水平增加了 400。政府购买乘数为 5。这意味着政府购买必须增加 80，即增加到 480。

e. 收入水平 2 400 比初始收入水平增加了 400。税收乘数为 $-MPC/(1-MPC)=-0.8/(1-0.8)=-4$。这意味着税收必须减少 100，即减少到 300。

3. 虽然我们在本章建立凯恩斯交叉模型时假设税收是一个固定量，但是大多数国家征收的税收中有些随着国民收入自动上升。（美国的例子包括所得税和工资税。）让我们通过将税收收入表示为下式来代表税制：

$$T=\overline{T}+tY$$

式中，$\overline{T}$ 和 t 为税法的参数。参数 $\overline{T}$ 是一次性总付税（或一次性总转移支付，如果为负的话）。参数 t 是边际税率：如果收入上升 1 美元，税收上升 t 美元。

a. 这种税制如何改变消费对 GDP 变动作出反应的方式？

b. 在凯恩斯交叉中，这种税制如何改变政府购买乘数？

c. 在 $IS-LM$ 模型中，这种税制如何改变 IS 曲线的斜率？

答：a. 当税收不依赖于收入时，收入增加 1 美元使可支配收入增加 1 美元，消费增加 MPC 美元。当税收依赖于收入时，收入增加 1 美元使可支配收入增加 $1-t$ 美元，消费增加 $(1-t)MPC$ 美元，其中 t 为收入的税率。由于可支配收入的变动小于总收入的变动，因此，对消费的影响更小。

b. 回忆一下，当税收固定时政府购买乘数为 $\Delta Y/\Delta G=1/(1-MPC)$。我们是通过考虑政府购买增加 ΔG 得到这个乘数的。现在考虑当税收依赖于收入时的同样效果。由于 $\Delta I=0$，产品市场出清要求

$$\Delta Y=\Delta C+\Delta G$$
$$\Delta Y=(1-t)MPC\Delta Y+\Delta G$$
$$[1-(1-t)MPC]\Delta Y=\Delta G$$
$$\Delta Y=[1-(1-t)MPC]\Delta G$$
$$\Delta Y/\Delta G=1/[1-(1-t)MPC]$$

于是，政府购买乘数为 $1/[1-(1-t)MPC]$，当 $t=0$ 时该表达式简化为原来的乘数。随着 t 增加，该乘数下降。例如，如果边际消费倾向为 $MPC=3/4$，税率为 $t=1/3$，那么该乘数从 $1/(1-3/4)=4$ 下降到 $1/[1-(1-1/3)\ (3/4)]=2$。

c. IS 曲线的斜率是 $\Delta r/\Delta Y$。考虑实际利率变化 Δr。假定这导致计划投资变化 ΔI。投资的这一变化与政府购买的变化有着相同

的乘数效应，因此，

$$\Delta Y = [1-(1-t)MPC]\Delta I$$

随着 t 的增加，该乘数下降，因此 Y 也下降。这又导致 $\Delta r/\Delta Y$ 的绝对值上升，因此，IS 曲线变得更陡峭。直觉上，如果税率提高，那么由于乘数更小，任何给定的利率变化对产出的影响都更小。

4. 考虑凯恩斯交叉模型中节俭程度提高的影响。假定消费函数是：

$$C = \overline{C} + c(Y-T)$$

式中，$\overline{C}$ 为一个被称为自主消费（autonomous consumption）的参数，它代表对消费的外生影响；c 为边际消费倾向。

a. 当社会变得更加节俭——表现为 $\overline{C}$ 的下降——时，均衡收入会发生什么变动？

b. 均衡储蓄会发生什么变动？

c. 你认为为什么这一结果被称为节俭悖论（paradox of thrift）？

d. 这种悖论在第 3 章的古典模型中会产生吗？为什么？

答： a. 如果社会变得更加节俭——意思是消费函数向下移动，那么计划支出曲线向下移动，如图 11－9 所示，图中 $\overline{C}_1 > \overline{C}_2$ 。均衡收入从 Y_1 下降到 Y_2。

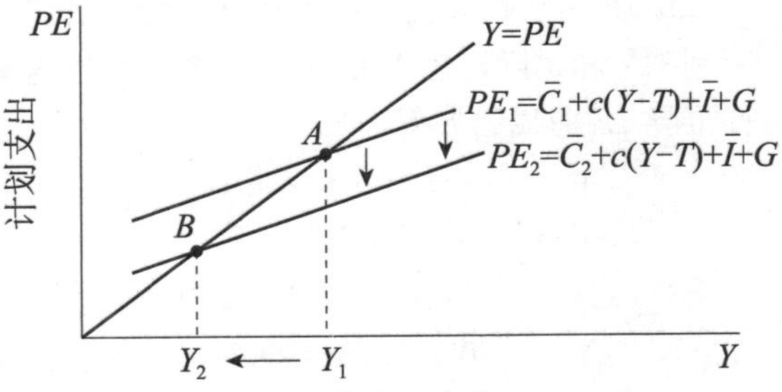

图 11－9

b. 均衡储蓄保持不变。国民收入核算恒等式告诉我们，储蓄等于投资（$S=I$）。在凯恩斯交叉模型中，计划投资是固定的。这意味着新均衡中的投资与原来的均衡相同。因此，储蓄也保持不变。

c. 节俭悖论是指尽管节俭程度增大，但储蓄不受影响。节俭程度增大只是导致收入下降。对个人来说，我们通常认为节俭是美德。但是，从凯恩斯交叉模型所代表的整个经济的角度来看，节俭是缺点。

d. 在第 3 章的古典模型中，节俭悖论不会产生。在该模型中，产出由生产要素和生产技术固定，通过调整利率以平衡储蓄和投资，其中投资取决于利率。对于任何产出水平，节俭程度的增大减少了消费和增加了投资；由于产出固定，储蓄曲线向右移动，如图 11－10 所示。在新均衡处，利率更低，投资和储蓄更高。

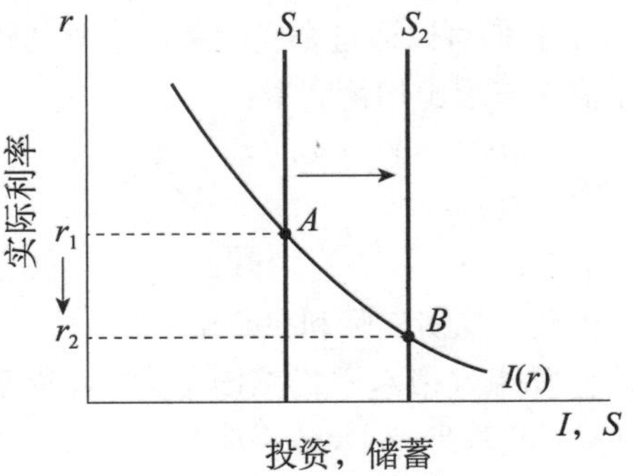

图 11－10

因此，在古典模型中，节俭悖论不存在。

5. （Work It Out）假定货币需求函数是：

$$(M/P)^d = 800 - 50r$$

式中，r 为以百分之一为单位表示的利率。货币供给 M 是 2 000，价格水平 P 固定在 5。

a. 画出实际货币余额的供给与需求。

b. 均衡利率是多少？

c. 如果货币供给从 2 000 减少到 1 500，均衡利率会发生什么变动？

d. 如果中央银行希望利率为 4%，它应该将货币供给设定为多少？

答： a. 图 11－11 中向下倾斜的直线代表货币需求函数 $(M/P)^d=800-50r$。给定 $M=2\ 000$ 和 $P=5$，实际货币供给为 $(M/P)^s=400$。实际货币供给独立于利率，因此，在图 11－11 中由垂线代表。

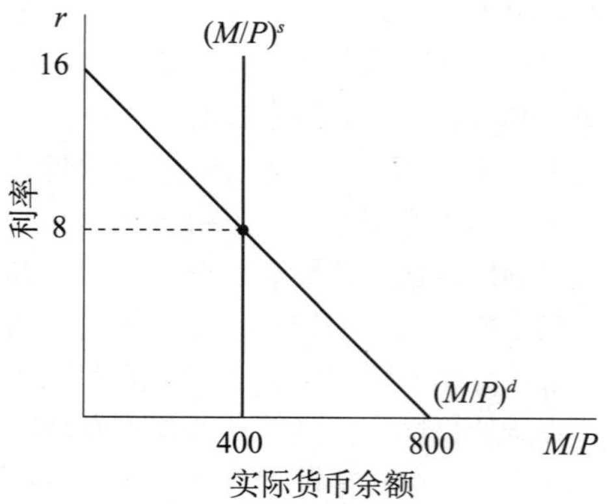

图 11-11

b. 我们可以通过令实际货币余额的供给等于需求来求出均衡利率：

$$400=800-50r$$
$$50r=400$$
$$r=8$$

因此，均衡实际利率等于 8%。

c. 如果价格水平仍然固定为 5，货币供给从 2 000 减少到 1 500，那么新的实际货币余额供给为 $(M/P)^s=300$。我们可以通过令 $(M/P)^s=(M/P)^d$ 来求出新的均衡利率：

$$300=800-50r$$
$$50r=500$$
$$r=10$$

于是，货币供给从 2 000 减少到 1 500 导致均衡利率从 8%上升到 10%。

d. 为了确定利率为 4%的货币供给，我们令 $(M/P)^s=(M/P)^d$，然后将 $P=5$ 和 $r=4$ 代入：

$$M/P=800-50r$$
$$M/5=800-50\times4$$
$$M=3\ 000$$

所以，如果美联储想将利率从 8%降低到 4%，那么它必须将货币供给从 2 000 增加到 3 000。

6. (Work It Out) 某经济由如下方程描述：

$$Y=C+I+G, C=50+0.75(Y-T)$$
$$I=150-10r, (M/P)^d=Y-50r$$
$$G=250, T=200, M=3\ 000, P=4$$

a. 指出每个变量并简单解释其含义。

b. 利用以上方程中相关的方程推导出 *IS* 曲线。绘图表示 *IS* 曲线。

c. 利用以上方程中相关的方程推导出 *LM* 曲线。在 b 部分绘出的图中画出 *LM* 曲线。

d. 均衡收入水平和均衡利率是多少？

答：a. 变量 Y 代表实际产出或实际收入。我们从第 2 章知道，生产出来的产品和服务的价值（实际产出）必须等于在这些产品和服务的生产中赚取的收入的价值（实际收入）。变量 C 代表产品和服务的消费。变量 I 代表企业的投资。当企业购买新资本品时，它被计入投资。当企业的存货变动时，它也被计入 GDP 中投资这一组成部分。变量 G 代表政府在新生产出来的产品和服务上的支出。变量 T 代表一次性总付税，$Y-T$ 代表可支配收入。变量 M 代表名义货币供给，P 代表价格水平，M/P 代表实际货币余额供给。变量 r 代表实际利率。变量 $(M/P)^d$ 代表实际货币余额需求。消费与可支配收入正相关，投资与实际利率负相关，实际货币需求与实际收入正相关，与实际利率负相关。

b. *IS* 曲线代表使产品市场处于均衡的实际利率 r 和实际产出 Y 的所有组合。可以这样推导 *IS* 曲线的方程：

$$Y=C+I+G$$
$$Y=[50+0.75(Y-T)]+(150-10r)+250$$
$$Y=[50+0.75(Y-200)]+(150-10r)+250$$
$$Y=300+0.75Y-10r$$
$$0.25Y=300-10r$$
$$Y=1\ 200-40r$$

图 11-12 绘出了 *IS* 曲线。

c. *LM* 曲线代表使货币市场处于均衡的实际利率 r 和实际产出 Y 的所有组合。可以这样推导 *LM* 曲线的方程：

$$\left(\frac{M}{P}\right)^d=\frac{M}{P}$$

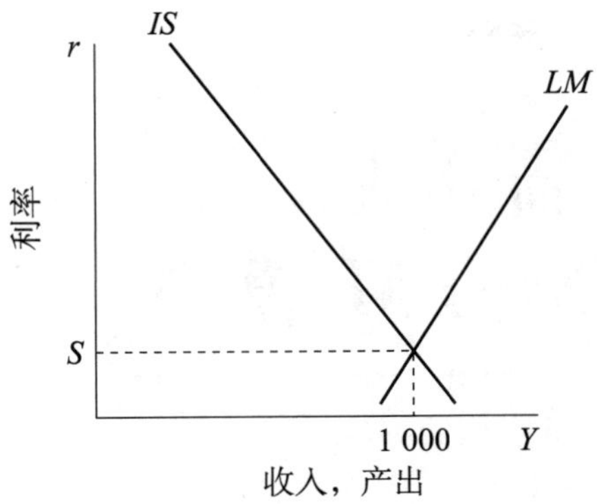

图 11-12

$$Y-50r=\frac{3\ 000}{4}$$

$$Y=750+50r$$

图 11-12 绘出了 *LM* 曲线。

d. 为了求出均衡利率和均衡收入水平，我们令 *IS* 曲线的方程等于 *LM* 曲线的方程并求出 r：

$$1\ 200-40r=750+50r$$

$$90r=450$$

$$r=5$$

然后把 $r=5$ 代入 *IS* 曲线或 *LM* 曲线的方程，得到 $Y=1\ 000$。因此，均衡利率为 5%，均衡产出为 1 000。

第 12 章 总需求Ⅱ：应用 *IS*－*LM* 模型

复习题

1. 解释总需求曲线向右下方倾斜的原因。

答：总需求曲线代表价格水平和国民收入水平之间的负相关关系。在第 10 章，我们考察了一个基于货币数量论的简化的总需求理论。在本章，我们探究了 *IS*－*LM* 模型如何提供了一个更加全面的总需求理论。通过考虑价格水平变化时 *IS*－*LM* 模型会发生什么，我们可以理解为什么总需求曲线向右下方倾斜。如图 12－1（a）所示，对于给定的货币供给，由于价格水平从 P_1 上升至 P_2 使得实际货币余额减少，因此使 *LM* 曲线向上移动；这使收入从 Y_1 减少到 Y_2。图 12－1（b）中的总需求曲线总结了从 *IS*－*LM* 模型得到的价格水平和收入之间的这种关系。

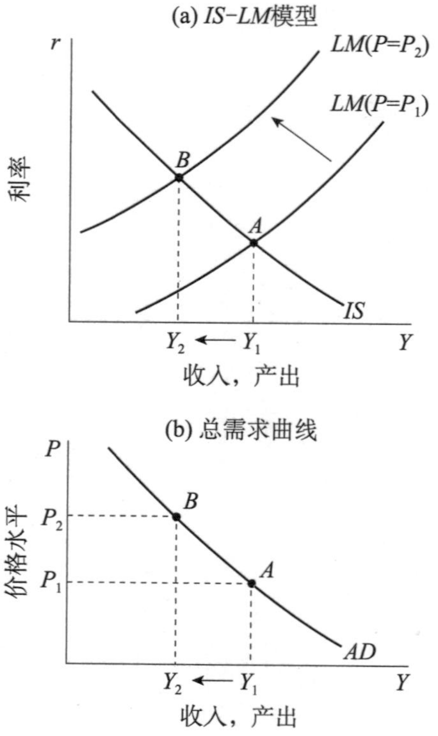

图 12－1

2. 税收增加对利率、收入、消费和投资的影响是什么？

答：凯恩斯交叉模型中的税收乘数告诉我们，对于任何给定的利率，税收增加导致收入变动 $\Delta T\times[-MPC/(1-MPC)]$。*IS* 曲线向左移动这么多距离，如图 12－2 所示。经济的均衡从 *A* 点运动到 *B* 点。税收增加使利率从 r_1 下降到 r_2，国民收入从 Y_1 下降到 Y_2。由于可支配收入下降，所以消费下降；由于利率下降，所以投资上升。

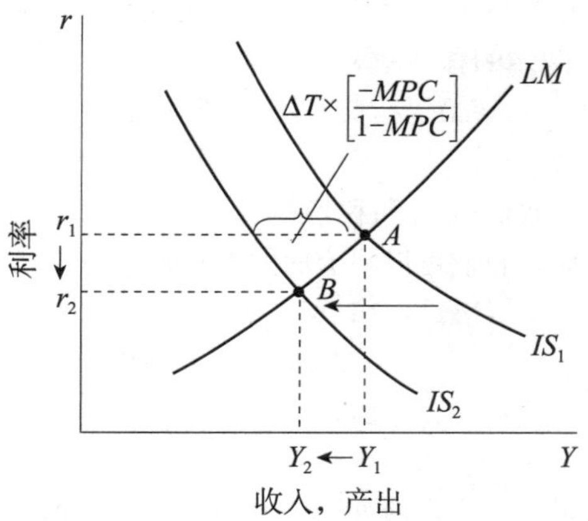

图 12－2

注意，由于 IS－LM 模型考虑了利率下降时投资上升这一事实，所以在该模型中收入的减少比凯恩斯交叉模型中的要少。

3. 货币供给减少对利率、收入、消费和投资的影响是什么？

答：对于给定的价格水平，货币供给的减少使得实际货币余额减少。流动性偏好理论表明，对于任何给定的收入水平，实际货币余额的减少导致利率升高。于是，LM 曲线向上移动，如图 12－3 所示。均衡从 A 点移动到 B 点。货币供给的减少使得收入下降，利率升高。由于可支配收入下降，所以消费下降；由于利率升高，所以投资下降。

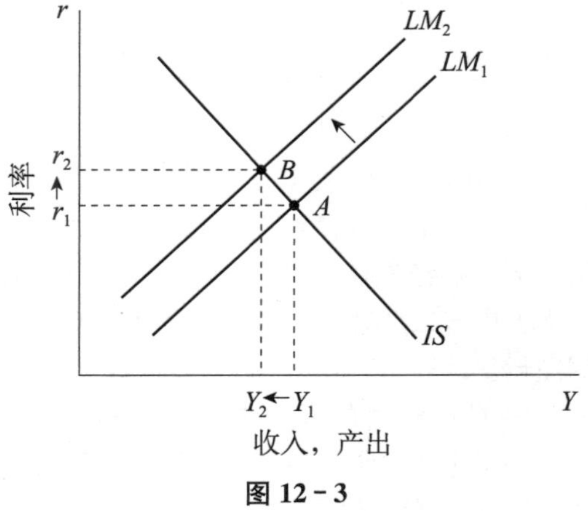

图 12－3

4. 描述价格的下降对均衡收入可能的效应。

答：价格的下降可能增加也可能减少均衡收入。价格的下降有两种方式可能增加收入。第一，实际货币余额的增加使 LM 曲线向下移动，从而增加了收入。第二，由于庇古效应，IS 曲线向右移动。庇古效应是指，实际货币余额是家庭财富的一部分，因此，实际货币余额的增加使消费者更加富裕，这增加了消费。消费的增加使 IS 曲线向右移动，从而增加了收入。

价格的下降有两种方式可能减少收入。第一种是债务-通货紧缩理论。未预期到的价格水平下降将财富从债务人那里再分配给债权人。如果债务人的消费倾向高于债权人，那么这种再分配导致债务人减少的支出高于债权人增加的支出。结果，总消费下降，这使 IS 曲线向左移动，从而减少了收入。价格的下降可能减少收入的第二种方式是通过预期到的通货紧缩的效应。回忆实际利率 r 等于名义利率 i 减去预期通货膨胀率 $E\pi$：$r=i-E\pi$。如果公众预期价格水平未来会下降（即 $E\pi$ 为负），那么对于任何给定的名义利率，实际利率更高了。更高的名义利率抑制了投资，使 IS 曲线向左移动，从而减少了收入。

问题与应用

1. 根据 IS－LM 模型，在下列情况下，利率、收入、消费和投资在短期会发生什么变动？你的答案应该包括一幅合适的图形。

a. 中央银行增加货币供给。

b. 政府增加政府购买。

c. 政府增加税收。

d. 政府等量地增加政府购买和税收。

答：a. 如果中央银行增加货币供给，那么 LM 曲线向下移动，如图 12－4 所示。收入增加，利率下降。可支配收入的增加导致消费上升，利率的下降导致投资也上升。

b. 如果政府购买增加，那么政府购买乘数告诉我们，IS 曲线向右移动 $[1/(1-MPC)]\ \Delta G$ 的距离，如图 12－5 所示。收入和利率都上升。可支配收入的增加导致消费上升，利率的上升导致投资下降。

c. 如果政府增加税收，那么税收乘数告

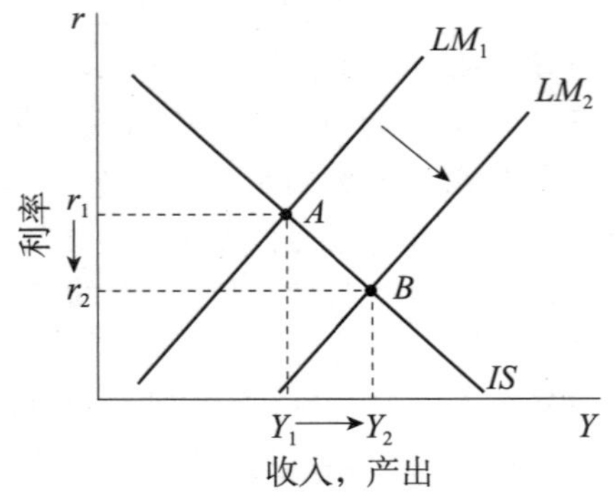

图 12-4

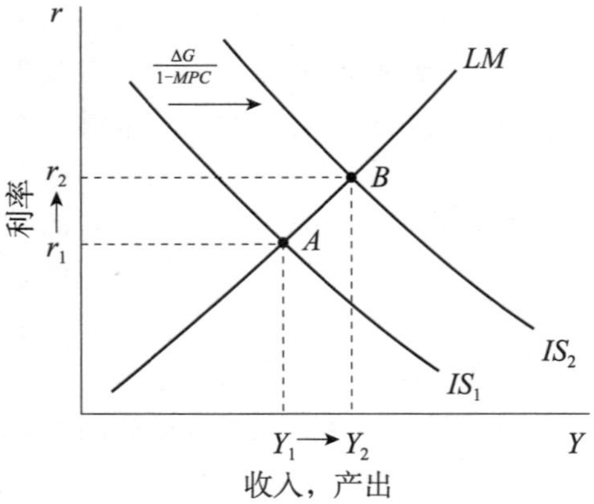

图 12-5

诉我们，IS 曲线向左移动 $[-MPC/(1-MPC)]\Delta T$ 的距离，如图 12-6 所示。收入和利率都下降。由于收入下降且税收增加，所以可支配收入下降；这导致消费下降。利率的下降导致投资上升。

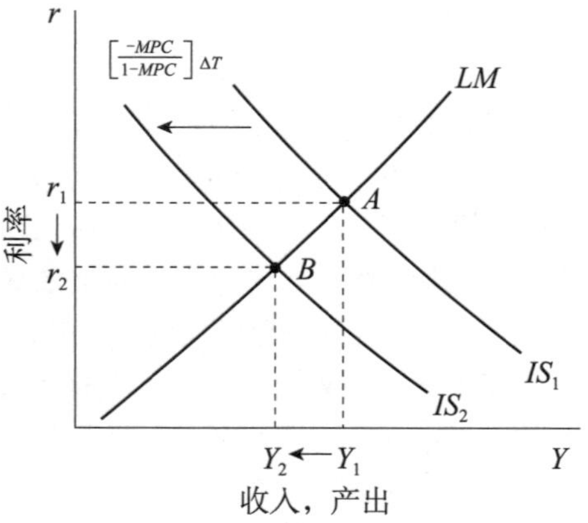

图 12-6

d. 我们可以通过加总 b 小问和 c 小问的乘数效应来确定政府购买和税收增加导致的 IS 曲线的移动距离：

$$\Delta Y = [1/(1-MPC)]\Delta G + [-MPC/(1-MPC)]\Delta T$$

政府购买和税收等量增加，$\Delta G = \Delta T$。因此，我们可以将上面的方程改写为

$$\Delta Y = [1/(1-MPC) - MPC/(1-MPC)]\Delta G = \Delta G$$

这个表达式告诉我们在保持利率不变的情况下产出如何变化：政府购买和税收等量增加导致 IS 曲线向右移动的距离为 G 的增加量。

该变化如图 12-7 所示。产出增加，但增加量少于 G 和 T 的增加量，因此可支配收入 $Y-T$ 下降。结果，消费也下降。利率上升，导致投资下降。

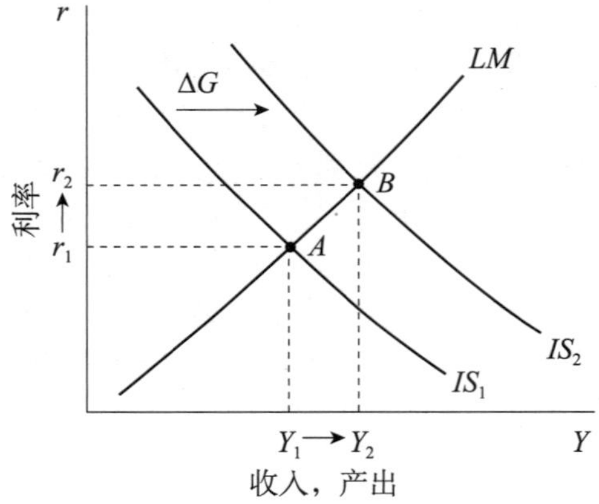

图 12-7

2. 用 IS-LM 模型预测下列每一项冲击对收入、利率、消费和投资的影响。在每种情况下，解释美联储为了把收入维持在初始水平上应该采取什么措施。你的答案要求使用图形。

a. 在一种新的高速电脑芯片被发明之后，许多企业决定把各自的电脑系统升级。

b. 信用卡诈骗浪潮提高了人们用现金进行交易的频率。

c. 一本名为《做一个富裕的退休人》(*Retire Rich*）的畅销书说服公众增加收入中用于储蓄的百分比。

d. 新任命的美联储主席是一个鸽派人士，这项任命增加了预期的通货膨胀。

答：a. 新的高速电脑芯片的发明增加了投资需求，这意味着在每个利率下，企业都想投资更多。投资品需求的增加使 *IS* 曲线向右移动，这提高了收入和利率，如图 12－8所示。

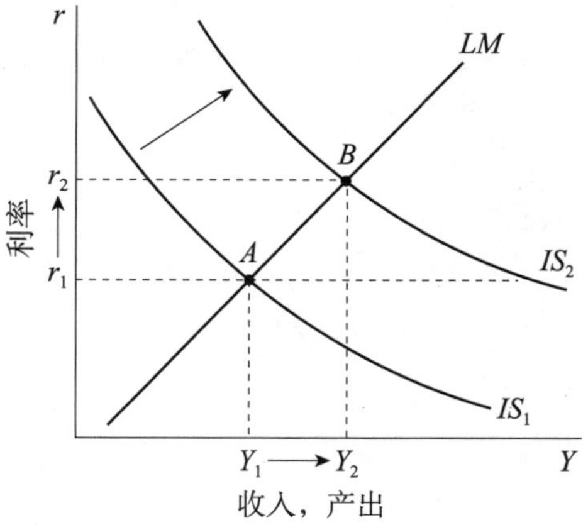

图 12－8

尽管新的芯片增加了任何给定利率下的投资，但是更高的利率减少了投资，因此，产出的增加量并没有 *IS* 曲线向右移动的量那么多。可支配收入的增加导致消费上升。总体上，收入、利率、消费和投资都上升。

如果美联储想把收入维持在初始水平，那么它必须减少货币供给，使 *LM* 曲线向上移动。这进一步提高了利率，完全抵消了投资需求的初始增加。

b. 现金需求的增加使 *LM* 曲线向上移动。这是因为，对于任何给定的货币供给和收入水平，利率必须上升以抵消货币需求的增加。*LM* 曲线的向上移动降低了收入，提高了利率，如图 12－9 所示。由于可支配收入下降，消费下降；由于利率上升，投资下降。

如果美联储想把收入维持在初始水平，那么它必须增加货币供给，使 *LM* 曲线回到其初始位置。

c. 在任何给定的收入水平，消费者现在希望储蓄更多和消费更少。消费函数的减小

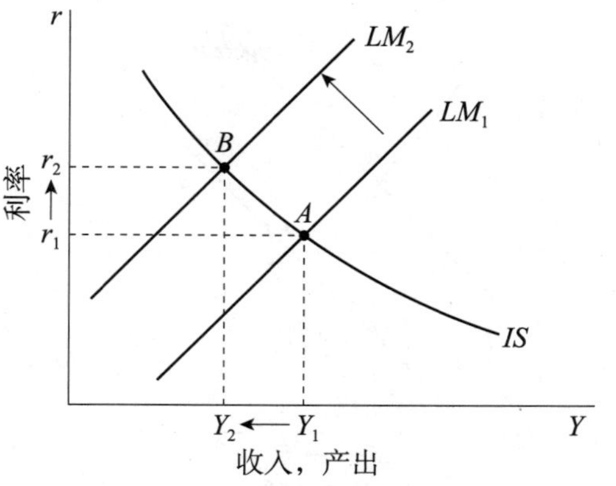

图 12－9

使 *IS* 曲线向左移动。如图 12－10 所示，收入和利率都下降。

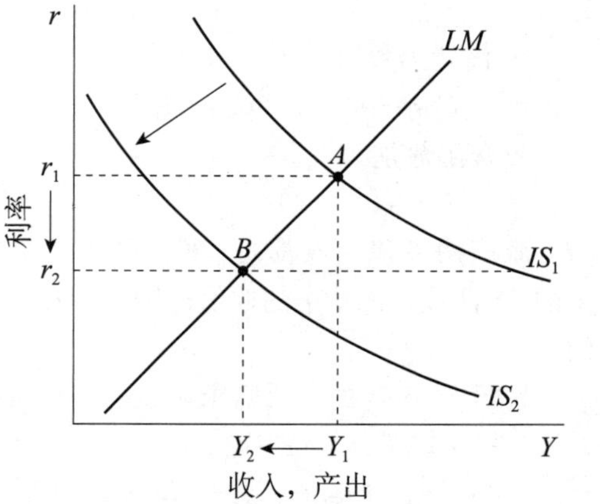

图 12－10

由于消费函数的减小和可支配收入的下降，消费下降。由于利率下降，投资上升，从而部分地抵消了消费下降对产出的影响。

如果美联储想把收入维持在初始水平，那么它必须增加货币供给，使 *LM* 曲线向下移动，从而导致利率进一步下降。这使产出回到其初始水平，但与初始均衡相比，消费更低了，投资更高了。

d. 预期通货膨胀的增加减少了货币需求，这使 *LM* 曲线向下移动，如图 12－11 所示。利率下降，导致投资增加；收入增加，导致消费增加。

如果美联储想把收入维持在初始水平，那么它必须减少货币供给，使 *LM* 曲线回到其初始位置。

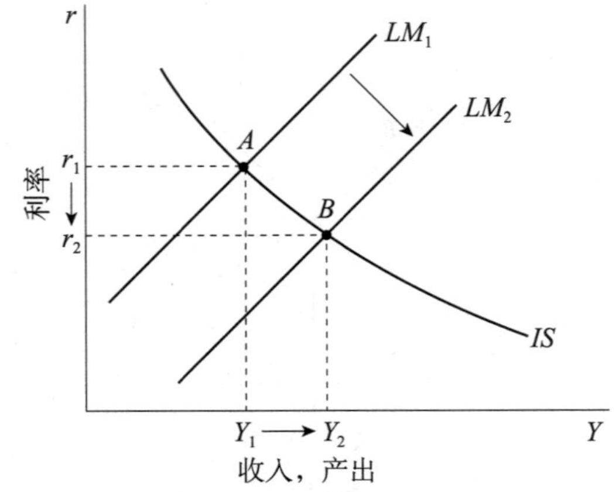

图 12-11

3.（Work It Out）考虑 Hicksonia 经济。

a. 消费函数给定为

$$C = 300 + 0.6(Y - T)$$

投资函数是

$$I = 700 - 80r$$

政府购买和税收都是 500。画出这个经济的 IS 曲线，图中 r 的取值范围在 0 和 8 之间。

b. Hicksonia 的货币需求函数是

$$(M/P)^d = Y - 200r$$

货币供给 M 是 3 000，价格水平 P 是 3。画出这个经济的 LM 曲线，图中 r 的取值范围在 0 和 8 之间。

c. 找出均衡利率 r 和均衡收入 Y。

d. 假定政府购买从 500 增加到 700，IS 曲线会如何移动？移动多少？新的均衡利率和收入是多少？

e. 假定货币供给从 3 000 增加到 4 500（政府购买仍为 500），LM 曲线会如何移动？移动多少？新的均衡利率和收入是多少？

f. 使用货币政策和财政政策的初始值，假定价格水平从 3 上升到 5。会发生什么变化？新的均衡利率和收入是多少？

g. 使用货币政策和财政政策的初始值，推导总需求曲线的方程并绘出其图形。如果财政政策或货币政策像问题 d 和 e 那样变动，这条总需求曲线会发生什么变动？

答： a. IS 曲线满足

$$Y = C(Y - T) + I(r) + G$$

把题干中给定的消费和投资函数以及 G 和 T 的值代入，然后做如下计算：

$$Y = 300 + 0.6(Y - 500) + 700 - 80r + 500$$

$$0.4Y = 1\,200 - 80r$$

$$Y = 3\,000 - 200r$$

图 12-12 画出了 IS 曲线，r 的取值范围在 0 和 8 之间。

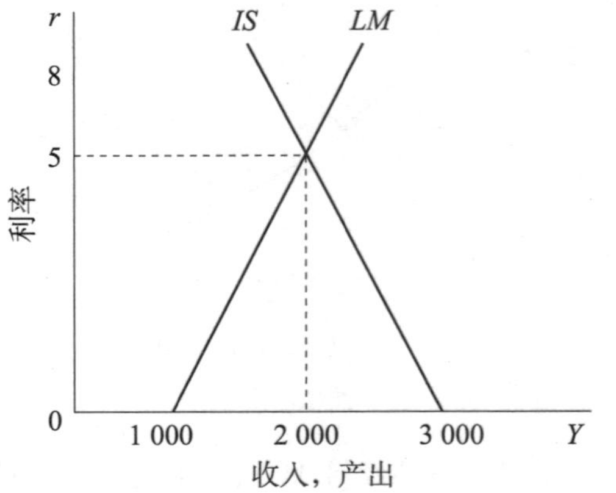

图 12-12

b. 通过令实际货币余额的供给等于需求，我们可以得到 LM 方程。实际货币余额的供给为 $M/P = 3\,000/3 = 1\,000$。令其等于题干中给出的货币需求函数，我们有

$$1\,000 = Y - 200r$$

$$Y = 1\,000 + 200r$$

图 12-12 画出了 LM 曲线，r 的取值范围在 0 和 8 之间。

c. IS 方程和 LM 方程给出了包含两个未知数 Y 和 r 的两个方程。我们在 a 和 b 小问得到了如下方程：

$$IS: Y = 3\,000 - 200r$$

$$LM: Y = 1\,000 + 200r$$

从中可以解出 r：

$$3\,000 - 200r = 1\,000 + 200r$$

$$2\,000 = 400r$$

$$r = 5$$

然后我们将 $r=5$ 代入 IS 方程或 LM 方程，得到 $Y=2\,000$。因此，均衡利率为 5%，

均衡收入水平为 2 000，如图 12-12 所示。

d. 如果政府购买从 500 增加到 700，那么 *IS* 方程变为

$$Y = 300 + 0.6(Y - 500) + 700 - 80r + 700$$

化简得到

$$Y = 3\,500 - 200r$$

图 12-13 画出了该曲线，标记为 IS_2。我们看到 *IS* 曲线向右移动了 500。

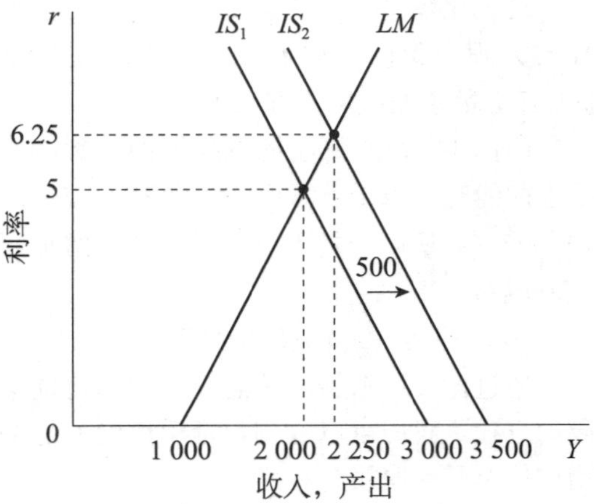

图 12-13

通过令新 *IS* 曲线的产出等于 b 小问中得到的 *LM* 曲线的产出，我们求出新的均衡利率：

$$3\,500 - 200r = 1\,000 + 200r$$
$$2\,500 = 400r$$
$$r = 6.25$$

然后我们将 $r=6.25$ 代入 *IS* 方程或 *LM* 方程，得到 $Y=2\,250$。因此，政府购买的这一增加导致均衡利率从 5%上升到 6.25%，产出从 2 000 上升到 2 250，如图 12-13 所示。

e. 如果货币供给从 3 000 增加到 4 500，那么 *LM* 方程变为

$$4\,500/3 = Y - 200r$$
$$Y = 1\,500 + 200r$$

图 12-14 画出了该曲线，标记为 LM_2。我们看到，由于实际货币余额的增加，*LM* 曲线向右移动了 500。

为了确定新的均衡利率，我们令 a 小问

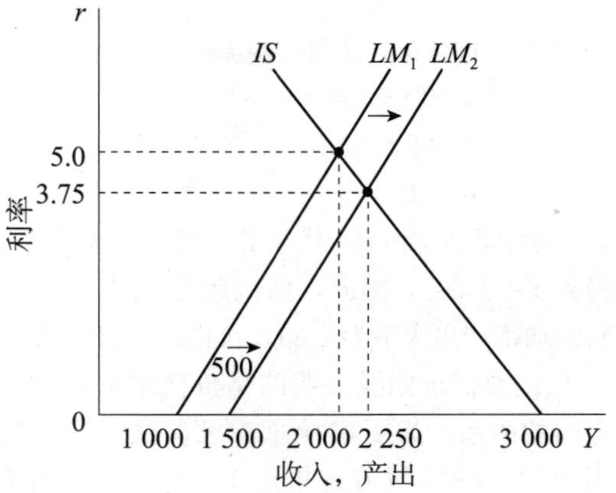

图 12-14

中得到的 *IS* 曲线的产出等于新 *LM* 曲线中的产出：

$$3\,000 - 200r = 1\,500 + 200r$$
$$1\,500 = 400r$$
$$r = 3.75$$

然后我们将 $r=3.75$ 代入 *IS* 方程或 *LM* 方程，得到 $Y=2\,250$。因此，货币供给的这一增加导致均衡利率从 5%下降到 3.75%，产出从 2 000 上升到 2 250，如图 12-14 所示。

f. 如果价格水平从 3 上升到 5，那么实际货币余额从 1 000 下降到 3 000/5＝600。*LM* 方程变为

$$Y = 600 + 200r$$

如图 12-15 所示，由于价格水平增加导致实际货币余额减少，*LM* 曲线向左移动了 400。

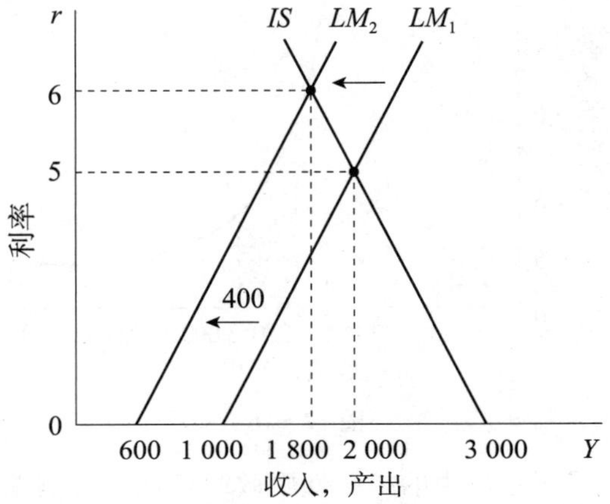

图 12-15

为了确定新的均衡利率，我们令 a 小问中得到的 IS 曲线的产出等于新 LM 曲线中的产出：

$$3\ 000-200r=600+200r$$
$$2\ 400=400r$$
$$r=6$$

然后我们将 $r=6$ 代入 IS 方程或 LM 方程，得到 $Y=1\ 800$。因此，新的均衡利率为 6%，新的均衡产出水平为 1 800，如图 12－15 所示。

g. 总需求曲线表明的是价格水平和收入之间的关系。为了推导总需求曲线，我们利用 IS 方程和 LM 方程求出 Y，将其表示为 P 的函数。也就是说，我们要消去利率。为此，我们通过如下步骤改写 IS 方程和 LM 方程：

$$IS：Y=3\ 000-200r$$
$$200r=3\ 000-Y$$
$$LM：M/P=Y-200r$$
$$200r=Y-M/P$$

联立这两个方程，我们有

$$3\ 000-Y=Y-M/P$$
$$2Y=3\ 000+M/P$$
$$Y=1\ 500+(M/P)/2$$

由于名义货币供给为 $M=3\ 000$，所以该方程变为

$$Y=1\ 500+1\ 500/P$$

图 12－16 绘出了该总需求方程。

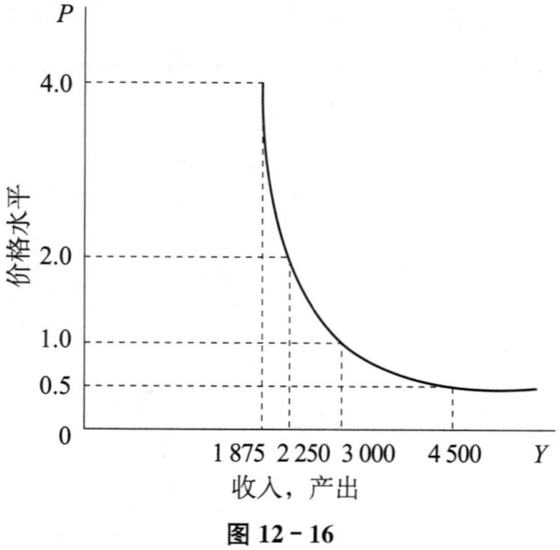

图 12－16

d 小问中的扩张性财政政策如何影响总需求曲线呢？我们利用 d 小问中的 IS 方程和 b 小问中的 LM 方程来推导总需求曲线：

$$IS：Y=3\ 500-200r$$
$$200r=3\ 500-Y$$
$$LM：3\ 000/P=Y-200r$$
$$200r=Y-3\ 000/P$$

联立这两个方程，我们可以求出 Y：

$$3\ 500-Y=Y-3\ 000/P$$
$$2Y=3\ 500+3\ 000/P$$
$$Y=1\ 750+1\ 500/P$$

通过比较这个新的总需求方程与之前推导的方程，我们可以看到，政府购买增加 200 使总需求曲线向右移动了 250。

e 小问中的扩张性货币政策如何影响总需求曲线呢？由于总需求曲线为 $Y=1\ 500+(M/P)/2$，所以，货币供给从 3 000 增加到 4 500 后，

$$Y=1\ 500+2\ 250/P$$

通过比较这个新的总需求方程与之前推导的方程，我们可以看到，货币供给的这一增加使总需求曲线向右移动。

4. （Work It Out）某经济的初始状态由如下方程描述：

$$C=500+0.75(Y-T),\ I=1\ 000-50r$$
$$M/P=Y-200r,\ G=1\ 000$$
$$T=1\ 000,\ M=6\ 000,\ P=2$$

a. 推导并绘图表示 IS 曲线和 LM 曲线。计算均衡利率和收入。把该点标记为 A。

b. 假定新当选的总统减税 20%。假设货币供给保持不变，新的均衡利率和收入是多少？税收乘数是多少？

c. 现在假设中央银行调整货币供给以保持利率不变。新的均衡收入是多少？新的货币供给必须是多少？税收乘数是多少？

d. 现在假设中央银行调整货币供给以保持收入不变。新的均衡利率是多少？新的货币供给必须是多少？税收乘数是多少？

e. 在你在问题 a 绘制的图形中表示出你计算出的问题 b、c 和 d 的均衡，把这些点标记为 B、C 和 D。

答： a. IS 曲线满足

$$Y = C(Y - T) + I(r) + G$$

为了得到 *IS* 方程，我们把题中给定的消费和投资函数以及 G 和 T 的值代入，然后解出 Y，将其表示为 r 的函数：

$$Y = 500 + 0.75(Y - 1\,000) + 1\,000 - 50r + 1\,000$$

$$0.25Y = 1\,750 - 50r$$

$$Y = 7\,000 - 200r$$

通过令实际货币余额的供给等于需求，我们可以得到 *LM* 方程。实际货币余额的供给为 $M/P = 6\,000/2 = 3\,000$。令其等于题干中给出的货币需求函数，我们有

$$3\,000 = Y - 200r$$

$$Y = 3\,000 + 200r$$

联立 *IS* 方程和 *LM* 方程，消去 Y，我们可以解出 r：

$$7\,000 - 200r = 3\,000 + 200r$$

$$4\,000 = 400r$$

$$r = 10$$

然后我们将 $r=10$ 代入 *IS* 方程或 *LM* 方程，得到 $Y = 5\,000$。因此，均衡利率为 10%，均衡收入水平为 5 000，该均衡在 e 小问的图 12-17 中标记为 A 点。

b. 如果税收减少 20%，那么 $T=800$，我们按如下步骤推导新的 *IS* 曲线：

$$Y = 500 + 0.75(Y - 800) + 1\,000 - 50r + 1\,000$$

$$0.25Y = 1\,900 - 50r$$

$$Y = 7\,600 - 200r$$

联立新的 *IS* 方程和原来的 *LM* 方程，我们发现利率满足

$$7\,600 - 200r = 3\,000 + 200r$$

$$4\,600 = 400r$$

$$r = 11.5$$

求出了 r，我们就可以通过把它的值代入 *IS* 方程或 *LM* 方程得到 $Y=5\,300$。因此，均衡利率为 11.5%，均衡收入水平为 5 300。税收的减少使 *IS* 曲线向右移动。新均衡在 e 小问的图 12-17 中标记为 B 点。税收乘数是均衡收入的变化值除以税收的变化值：$300/(-200) = -1.5$。

c. 为了求出使得减税后的利率维持在原来的水平（10%）的货币供给量，我们把 *LM* 方程表达为

$$M/2 = Y - 200r$$

$$Y = M/2 + 200r$$

接下来我们把这个新的 *LM* 方程和新的 *IS* 方程联立，并代入 $r=10$，求出货币供给 M：

$$7\,600 - 200r = M/2 + 200r$$

$$7\,600 - 200 \times 10 = M/2 + 200 \times 10$$

$$M = 7\,200$$

这一货币供给量意味着均衡收入为 $Y=5\,600$。货币供给的增加使 *LM* 曲线向右移动。新均衡在 e 小问的图 12-17 中标记为 C 点。税收乘数是均衡收入的变化值除以税收的变化值：$600/(-200) = -3$。

d. 中央银行希望在减税后均衡收入保持在 5 000 的水平。首先，利用 *IS* 方程，我们把 $Y=5\,000$ 代入，求出利率：

$$Y = 7\,600 - 200r$$

$$5\,000 = 7\,600 - 200r$$

$$200r = 2\,600$$

$$r = 13$$

然后我们利用 *LM* 方程求出 M：

$$M/2 = Y - 200r$$

$$M/2 = 5\,000 - 200 \times 13$$

$$M = 4\,800$$

货币供给的减少使 *LM* 曲线向左移动。新均衡在 e 小问的图 12-17 中标记为 D 点。由于均衡收入不变，所以税收乘数是零。

e. 图 12-17 标出了四个均衡点。

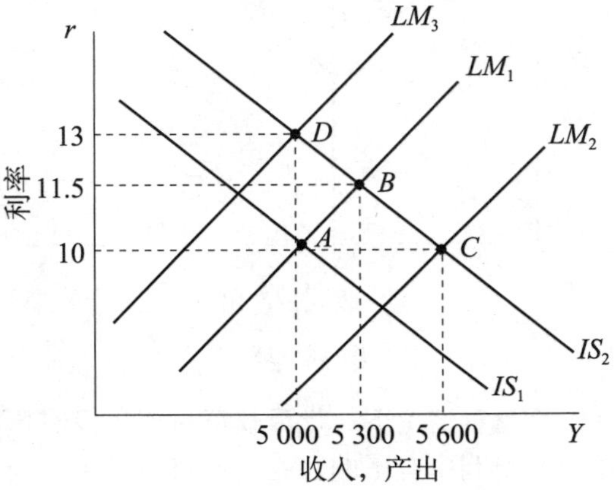

图 12-17

5. 判断以下每句陈述的对错并解释原因。对于每句对的陈述，讨论货币政策与财政政策在该特例下的影响是否有不寻常之处。

a. 如果投资并不取决于利率，那么 LM 曲线是水平的。

b. 如果投资并不取决于利率，那么 IS 曲线是垂直的。

c. 如果货币需求并不取决于利率，那么 IS 曲线是水平的。

d. 如果货币需求并不取决于利率，那么 LM 曲线是垂直的。

e. 如果货币需求并不取决于收入，那么 LM 曲线是水平的。

f. 如果货币需求对利率极其敏感，那么 LM 曲线是水平的。

答：a. 陈述错误。投资是计划支出的一部分，因此投资的变化影响 IS 曲线而不影响 LM 曲线。

b. 陈述正确。IS 曲线代表了产生于产品和服务市场均衡的利率和收入水平之间的关系。也就是说，它描述了满足如下方程的收入和利率的组合：

$$Y = C(Y - T) + I(r) + G$$

如果投资不取决于利率，那么该方程意味着产出独立于利率。于是，IS 曲线是垂直的，如图 12－18 所示。

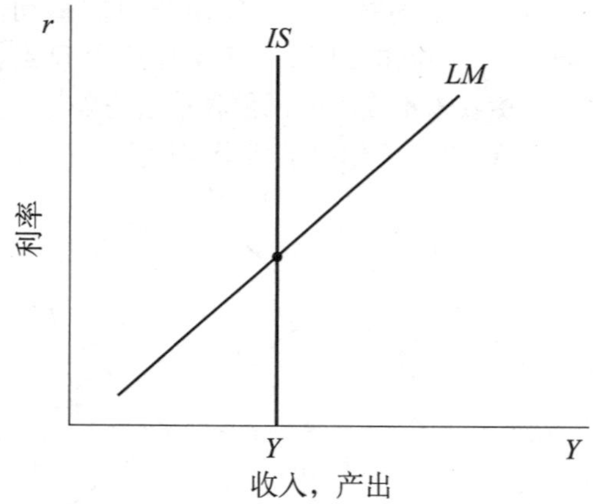

图 12－18

在这种情况下，货币政策对产出没有影响，只对利率有影响。相反，财政政策对产出的影响变大了，原因是产出变动量等于 IS 曲线的移动量。

c. 陈述错误。货币需求影响货币市场，从而影响 LM 曲线而不影响 IS 曲线。

d. 陈述正确。LM 曲线代表了使货币市场处于均衡的收入和利率的组合。如果货币需求不取决于利率，那么我们可以把货币市场均衡表达成

$$M/P = L(Y)$$

对于任何给定的实际货币余额水平 M/P，只有一个收入水平使得货币市场处于均衡。于是，LM 曲线是垂直的，如图 12－19 所示。

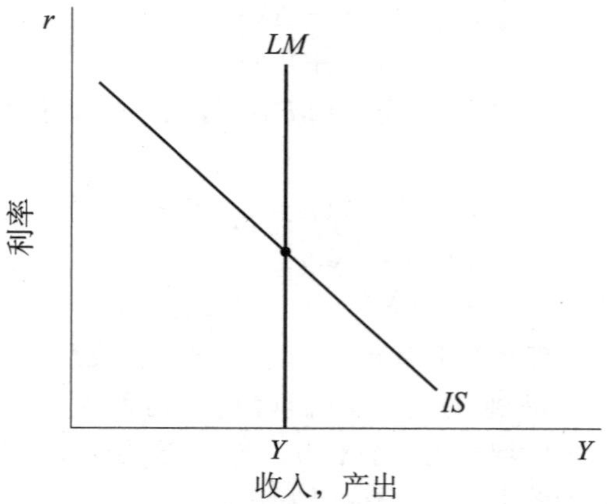

图 12－19

现在，财政政策对产出没有影响；它只影响利率。货币政策对产出的影响变大了，原因是产出变动量等于 LM 曲线的移动量。

e. 陈述正确。如果货币需求不取决于收入，那么货币市场均衡由下式给出：

$$M/P = L(r)$$

对于任何给定的实际货币余额水平 M/P，只有一个利率使得货币市场处于均衡。于是，LM 曲线是水平的，如图 12－20 所示。

财政政策很有效：产出的增加量等于 IS 曲线的移动量。货币政策也有效：货币供给的增加导致利率下降，因此，LM 曲线向下移动，产出增加，如图 12－20 所示。

f. 如果这句陈述中说的是几乎水平，那么它就是正确的。LM 曲线代表了使货币市场处于均衡的收入和利率的组合：

$$M/P = L(r, Y)$$

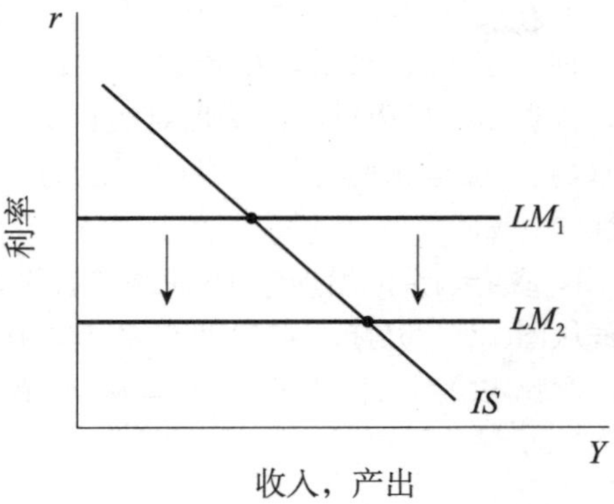

图 12-20

假定收入 Y 增加 1 美元。利率必须变化多少才能使货币市场处于均衡？Y 的增加提高了货币需求。如果货币需求对利率极其敏感，那么利率只需要很小的增加就可以减少货币需求并使货币市场恢复均衡。因此，如图 12-21 所示，LM 曲线几乎是水平的。

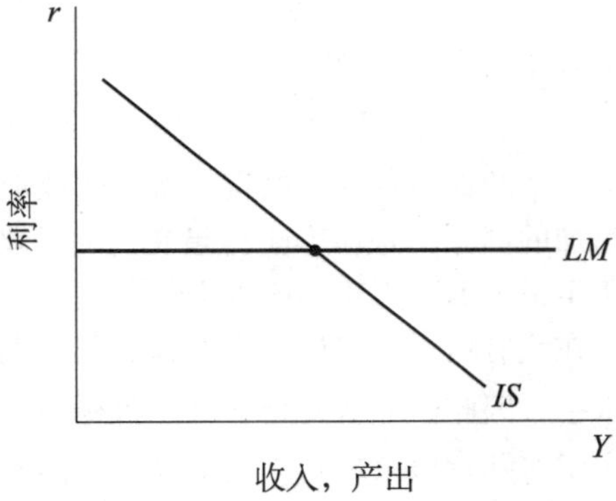

图 12-21

举一个例子可以让上面的论述更加清楚。考虑线性的 LM 方程：

$$M/P = eY - fr$$

随着 f 的增大，货币需求变得对利率越来越敏感。改写该方程可以将 r 表示为：

$$r = (e/f)Y - (1/f)(M/P)$$

我们想着眼于每个变量的变化如何与其他变量的变化相关。因此，将上述方程改写成变化量的形式是很方便的：

$$\Delta r = (e/f)\Delta Y - (1/f)\Delta(M/P)$$

LM 方程的斜率告诉我们，在 M 固定的情况下，Y 变化时 r 变化多少。如果 $\Delta(M/P)=0$，那么斜率是 $\Delta r/\Delta Y = e/f$。当 f 变得很大时，该斜率接近零，这意味着 LM 曲线几乎水平。

如果货币需求对利率很敏感，那么财政政策很有效：产出的变化量几乎就是 IS 曲线的移动量。现在货币政策是无效的：货币供给的变化几乎不移动 LM 曲线。通过考虑在我们的例子中 M 增加时会发生什么，我们可以看出这一点。对于任何给定的 Y（因此 $\Delta Y=0$），$\Delta r/\Delta(M/P) = -1/f$；这告诉我们 LM 曲线向下移动了多少。随着 f 变大，LM 曲线的移动变小并趋近于零。（这与 c 小问中的水平的 LM 曲线相反，M 的增加会导致 LM 曲线向下移动。）

6. 货币政策和财政政策常常同时变动。

a. 假定政府想增加投资但保持产出不变。在 IS-LM 模型中，什么样的货币政策与财政政策组合能实现这一目标？

b. 在 20 世纪 80 年代初，美国政府减税并实施预算赤字，而美联储实施紧缩性货币政策。这种政策组合应该有什么影响？

答： a. 为了增加投资但同时保持产出不变，政府应该采取扩张性货币政策和紧缩性财政政策，前者使 LM 曲线向右移动，后者使 IS 曲线向左移动，如图 12-22 所示。在新的均衡点 B，利率更低了，因此投资更高了。紧缩性财政政策抵消了投资增加对产出的影响。

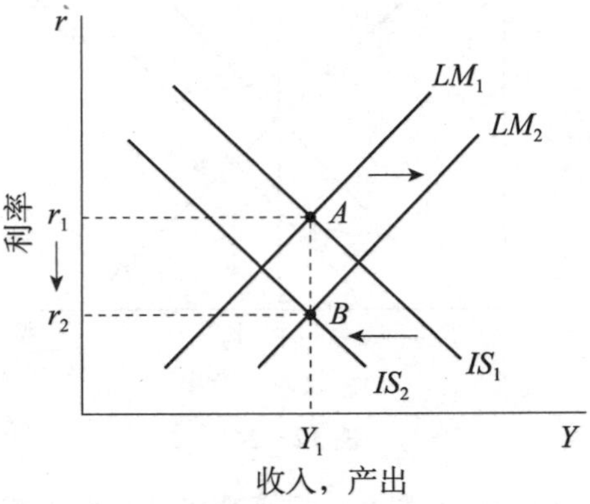

图 12-22

b. 20 世纪 80 年代初的政策组合与 a 小问中的答案正好相反。财政政策是扩张性的，而货币政策是紧缩性的。这样一种政策组合使 IS 曲线向右移动，LM 曲线向左移动，如图 12－23 所示。实际利率升高，投资下降。

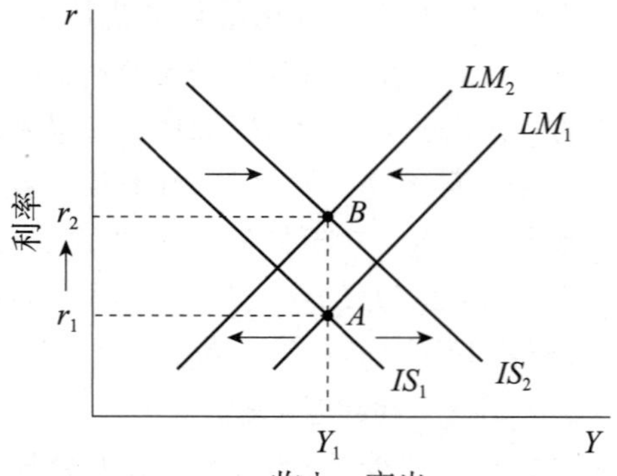

图 12－23

7. 用 IS－LM 图形描述下列变动对国民收入、利率、价格水平、消费、投资以及实际货币余额的短期与长期影响。

a. 货币供给增加。

b. 政府购买增加。

c. 税收增加。

答：a. 在短期，货币供给的增加使 LM 曲线向右移动。这使经济从图 12－24 的 A 点运动到 B 点：利率从 r_1 下降到 r_2，产出从 $\overline{Y}$ 上升到 Y_2。由于更低的利率刺激了投资，这增加了产出。

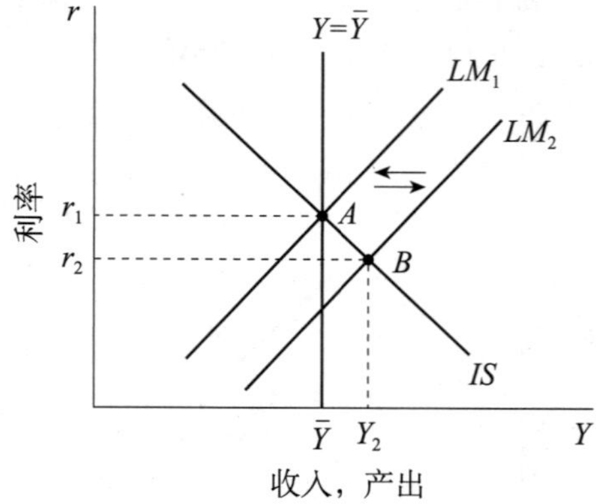

图 12－24

由于现在的产出水平高于其长期均衡水平，所以价格开始上升。价格水平的上升减少了实际货币余额，这提高了利率。如图 12－24 所示，LM 曲线向左移动。价格继续上升，直到经济回到其初始位置 A 点。利率回到其初始水平，投资也是如此。于是，在长期，货币供给的增加对实际变量没有影响。（这是我们在第 5 章中所说的货币中性。）

b. 政府购买的增加使 IS 曲线向右移动，经济从图 12－25 的 A 点运动到 B 点。在短期，产出从 $\overline{Y}$ 上升到 Y_2，利率从 r_1 提高到 r_2。

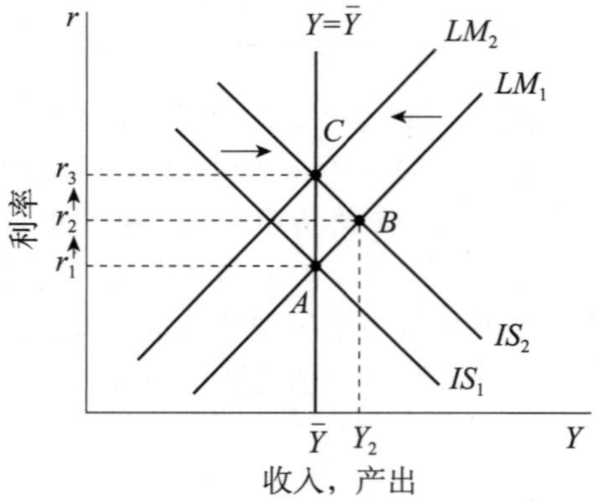

图 12－25

利率的提高减少了投资，挤出了政府购买增加的部分扩张性影响。起初，由于政府购买不进入 LM 方程，所以 LM 曲线不受影响。在政府购买增加后，产出高于其长期均衡水平，因此，价格开始上升。价格的上升减少了实际货币余额，这使 LM 曲线向左移动。利率上升得比短期还多。这个过程一直继续，直到产出再次达到长期水平为止。在新均衡点 C，利率上升到了 r_3，价格水平永久地更高了。与货币政策一样，财政政策不能改变产出的长期水平。但是，不同于货币政策，财政政策可以改变产出的组成：在 C 点的投资水平低于在 A 点。

c. 税收的增加减少了消费者的可支配收入，这使 IS 曲线向左移动，如图 12－26 所示。在短期，随着经济从 A 点运动到 B 点，产出和利率下降。

起初，LM 曲线不受影响。在长期，由于产出低于其长期均衡水平，因此，价格开始下降，同时由于实际货币余额的增加，

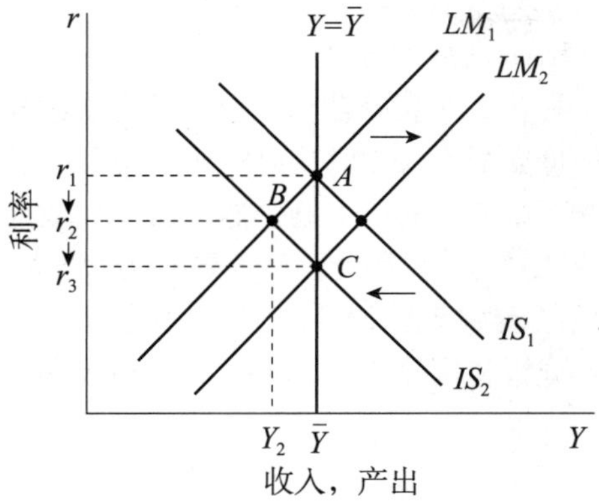

图 12-26

LM 曲线向右移动。利率进一步下降，这增加了投资和收入。经济最终到达长期均衡点 *C*。产出等于其长期水平，价格水平和利率都更低了，消费的减少被投资的增加所抵消。

8. 美联储正在考虑两种可供选择的货币政策：

- 保持货币供给不变和调整利率；
- 调整货币供给以保持利率不变。

在 *IS*-*LM* 模型中，哪一种政策能在以下条件下更好地稳定产出？请解释。

a. 所有对经济的冲击都来自产品与服务需求的外生变动。

b. 所有对经济的冲击都来自货币需求的外生变动。

答：图 12-27（a）画出了美联储保持货币供给不变情形下的 *IS*-*LM* 模型。图 12-27（b）画出了美联储调整利率以保持利率不变情形下的 *IS*-*LM* 模型；这种政策使得 *LM* 曲线事实上变成了水平的。

a. 如果所有对经济的冲击都来自产品与服务需求的外生变动，那么所有的冲击都将移动 *IS* 曲线。假定冲击导致 *IS* 曲线从 IS_1 移动到 IS_2。图 12-28 显示了两种政策下 *IS* 曲线向左移动的影响。在货币供给不变的情形下［图（a）］，利率的变化部分地抵消了产出的变化。在利率不变的情形下［图（b）］，这种抵消效应不存在，因此产出的波动更大。于是，如果所有冲击影响的都是 *IS* 曲线，那么美联储应该采取保持货币供给不变的政策。

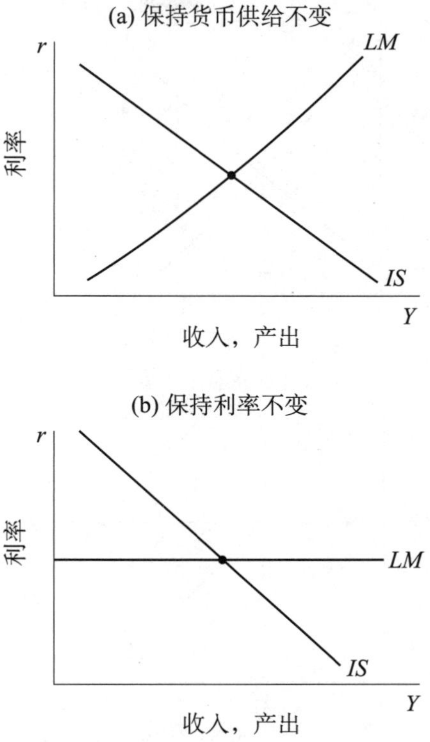

图 12-27

b. 如果所有对经济的冲击都来自货币需求的外生变动，那么所有的冲击都将移动 *LM* 曲线。图 12-29 显示了两种政策下的影响。在货币供给不变的情形下［图（a）］，*LM* 曲线的移动导致产出的变化。在利率不变的情形下［图（b）］，由于美联储立即调整货币供给以满足给定利率下的货币需求，因此，*LM* 曲线不对货币需求冲击作出反应。对产出的影响不存在。于是，如果所有冲击影响的都是 *LM* 曲线，那么美联储应该调整货币供给以保持利率不变，从而稳定产出。

9. 假定实际货币余额需求取决于可支配收入。也就是说，货币需求函数是

$$M/P = L(r, Y-T)$$

运用 *IS*-*LM* 模型，讨论货币需求函数的这种变化是否改变以下两项。

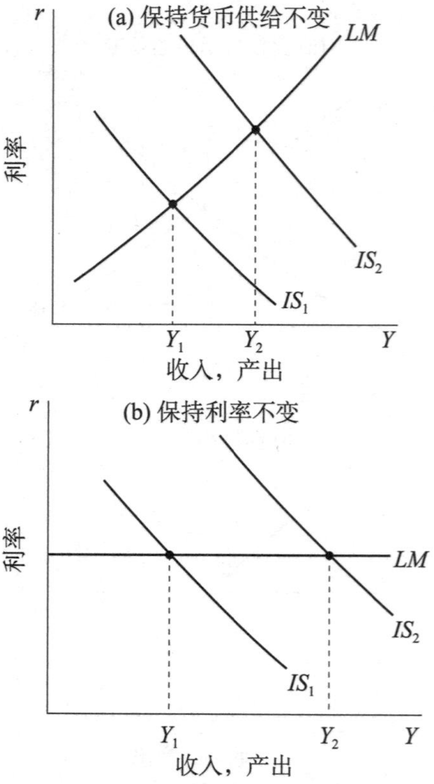

图 12－28

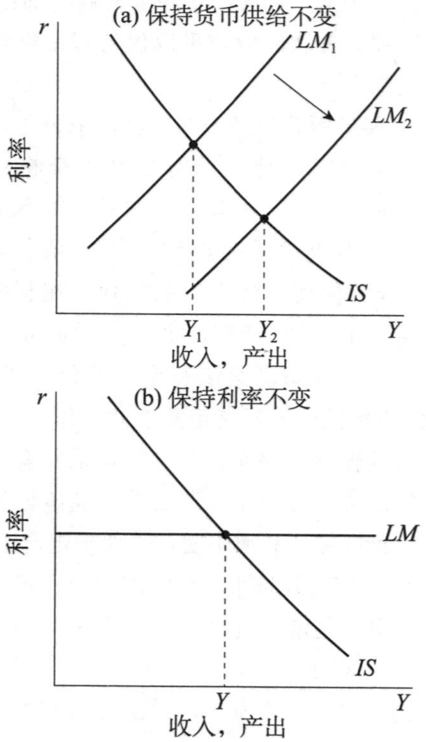

图 12－29

a. 对政府购买变动的分析。

b. 对税收变动的分析。

答： a. 将货币需求取决于总支出改成取决于可支配收入，对政府购买变动的分析不会受到影响。货币市场仍然不会受到政府购买变动的影响，因此，政府购买的增加使 *IS* 曲线向右移动，而 *LM* 曲线不会移动。于是，分析和之前一样，如图 12－30 所示。

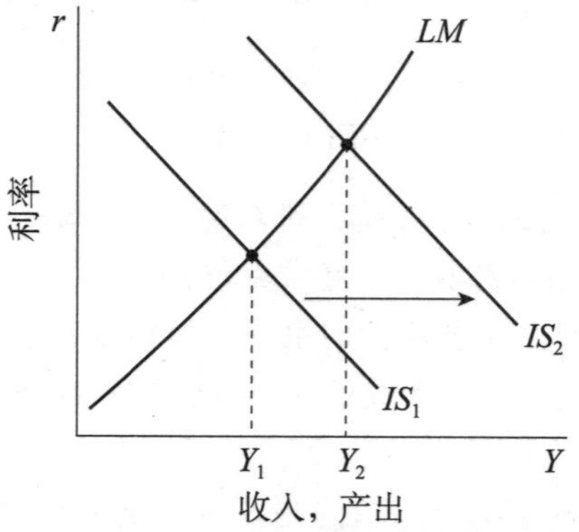

图 12－30

b. 对于任何给定的收入水平，减税增加了消费，因此 *IS* 曲线向右移动，与标准的情形相同，如图 12－31 所示。但是，如果货币需求取决于可支配收入，那么减税增加了货币需求，因此，*LM* 曲线向上移动，如图 12－31 所示。于是，通过使货币需求取决于可支配收入，对税收变动的分析会发生改变。这取决于 *IS* 曲线和 *LM* 曲线移动的距离，产出可能增加，可能减少，也可能不变。图 12－31 所示的是减税产生紧缩性影响的情形。

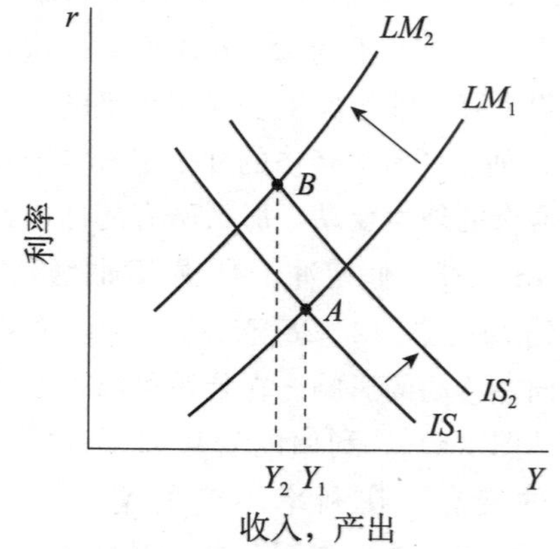

图 12－31

10. 本题要求你对 $IS-LM$ 模型进行代数分析。假定消费是可支配收入的线性函数：

$$C(Y-T)=a+b(Y-T)$$

式中，$a>0$，$0<b<1$。参数 b 是边际消费倾向，参数 a 是有时被称为自主消费的常数。还假定投资是利率的线性函数：

$$I(r)=c-dr$$

式中，$c>0$，$d>0$。参数 d 衡量投资对利率的敏感程度，参数 c 是有时被称为自主投资的常数。

a. 求出 Y，将其表示成 r、外生变量 G 和 T 以及模型参数 a、b、c 和 d 的函数。

b. IS 曲线的斜率如何取决于参数 d，即投资的利率敏感程度？参考问题 a 的答案，给出直观解释。

c. 100 美元的减税和 100 美元的政府购买增加，哪一个引起的 IS 曲线水平移动更大？参考问题 a 的答案，给出直观解释。

现在假定实际货币余额需求是收入和利率的线性函数：

$$L(r,Y)=eY-fr$$

式中，$e>0$，$f>0$。参数 e 衡量货币需求对收入的敏感程度，参数 f 衡量货币需求对利率的敏感程度。

d. 求出 r，将其表示成 Y、M 和 P 以及参数 e 和 f 的函数。

e. 利用问题 d 的答案，确定 LM 曲线是在 f 值大的时候还是小的时候更陡，并给出直观解释。

f. M 增加 100 美元引起的 LM 曲线移动的程度如何取决于

(i) 参数 e（货币需求对收入的敏感程度）的值？

(ii) 参数 f（货币需求对利率的敏感程度）的值？

g. 利用问题 a 和 d 的答案，推导总需求曲线的表达式。你的表达式应该将 Y 表示成 P、外生政策变量 M、G 和 T 以及模型参数的函数，不应包含 r。

h. 利用问题 g 的答案，证明总需求曲线的斜率为负。

i. 利用问题 g 的答案，证明 G 和 M 的增加以及 T 的减少使总需求曲线向右移动。如果参数 f（货币需求对利率的敏感程度）等于零，这一结果如何改变？对你的答案提供直观解释。

答：a. 当产出等于计划支出（即 $Y=PE$）时，产品市场处于均衡。从这个均衡条件开始，利用题干中给出的信息进行替代，我们得出均衡产出 Y 的表达式：

$$Y=C(Y-T)+I(r)+G$$
$$Y=a+b(Y-T)+c-dr+G$$
$$(1-b)Y=a-bT+c-dr+G$$
$$Y=\frac{a-bT+c-dr+G}{1-b}$$

b. 利用 a 小问的表达式，我们按如下步骤求出 IS 曲线的斜率：

$$\frac{\Delta r}{\Delta Y}=\frac{1}{\Delta Y/\Delta r}$$
$$=\frac{1}{-d/(1-b)}=-\frac{1-b}{d}$$

随着 d 的增加，IS 曲线的斜率的绝对值减小，使 IS 曲线更加平缓。直观上，更平缓的 IS 曲线使得产出对利率的变化更加敏感。这是由投资对利率的敏感程度增大造成的。

c. 100 美元的政府购买增加比 100 美元的减税引起的 IS 曲线水平移动更大。a 小问中均衡产出的方程表明，政府购买乘数是 $1/(1-b)$，而税收乘数是 $-b/(1-b)$。由于边际消费倾向满足 $0<b<1$，因此，政府购买乘数的绝对值更大。直观上，这是可以理解的，原因是 100 美元的政府购买增加会被全部花掉，但减税的一部分会被储蓄起来。

d. 当实际货币余额供给等于需求时，货币市场处于均衡。利用题干中给出的货币需求函数形式，我们可以按如下步骤求出均衡利率：

$$M/P=eY-fr$$
$$fr=eY-M/P$$
$$r=\frac{eY-M/P}{f}$$

e. 根据 d 小问中的表达式，LM 曲线的斜率为

$$\frac{\Delta r}{\Delta Y}=\frac{e}{f}$$

随着 f 的增大，LM 曲线的斜率减小，使 LM 曲线更加平缓。直观上，更平缓的 LM 曲线使得利率对产出的变化敏感程度下降。这是由货币需求对利率的敏感程度增大造成的，因此，给定的收入变化不要求利率有同样大小的变化就能恢复货币市场的均衡。

f. 考虑货币供给变化导致的 LM 曲线的水平移动——产出的变化。我们可以改写 d 小问中的方程，将产出表达成

$$Y=\frac{M/P+fr}{e}$$

这意味着对于给定的货币供给变化，产出的变化为 $\Delta Y=\Delta M/e$。随着 e 的增加，货币供给的给定变化对产出的影响变小。换言之，随着货币供给变得对收入更加敏感，货币供给的给定变化不要求产出有同样大小的变化就能使得货币需求发生与货币供给变化相匹配的变化。参数 f 对货币供给变化导致的 LM 曲线水平移动的距离没有影响。但是，它对垂直移动的距离产生了影响，原因是它衡量了货币需求对利率的敏感程度。

g. 为了推导总需求曲线，我们将 d 小问得到的方程代入 a 小问得到的方程，然后求出 Y：

$$Y=\frac{a-bT+c+G}{1-b}-\frac{d}{1-b}\left(\frac{eY-M/P}{f}\right)$$

$$\left[1+\frac{de}{(1-b)f}\right]Y=\frac{a-bT+c+G}{1-b}+\frac{dM/P}{(1-b)f}$$

$$\left[\frac{(1-b)f+de}{(1-b)f}\right]Y=\frac{(a-bT+c+G)f+dM/P}{(1-b)f}$$

$$Y=\frac{(a-bT+c+G)f+dM/P}{(1-b)f+de}$$

h. 我们从 g 小问得到的方程可以看出，总需求曲线的斜率为负。价格水平 P 的提高减少了实际货币余额 M/P，产出 Y 显然是实际货币余额的增函数，因此产出下降。

i. 我们从 g 小问得到的总需求曲线的方程可以看出，政府购买的增加、货币供给的增加、减税都使总需求曲线向右移动——对于任何给定的价格水平，产出增加。我们可以直截了当地看出，$\Delta Y=\Delta G/(1-b)$，$\Delta Y=\Delta M/e$，$\Delta Y=-b\Delta T/(1-b)$，它们都为正。如果 $f=0$，那么总需求曲线为 $Y=M/(eP)$。这可以被改写为 $M/P=eY$，此即第 10 章根据货币数量论得到的总需求曲线的方程。在这种情况下，LM 曲线是垂直的，因此，使 IS 曲线移动的财政政策的变化对产出没有影响。货币政策对稳定产出仍然有效，原因是货币供给的增加仍然使总需求曲线向右移动。

第 13 章 重访开放经济：蒙代尔-弗莱明模型与汇率制度

复习题

1. 在浮动汇率下的蒙代尔-弗莱明模型中，解释当税收增加时，总收入、汇率和贸易余额会发生什么变动。如果汇率是固定的而不是浮动的呢？

答：在浮动汇率下的蒙代尔-弗莱明模型中，税收的增加使 IS^* 曲线向左移动。如果汇率自由浮动，那么 LM^* 曲线不受影响。如图 13－1 所示，汇率下降，而总收入保持不变。汇率的下降导致贸易余额增加。

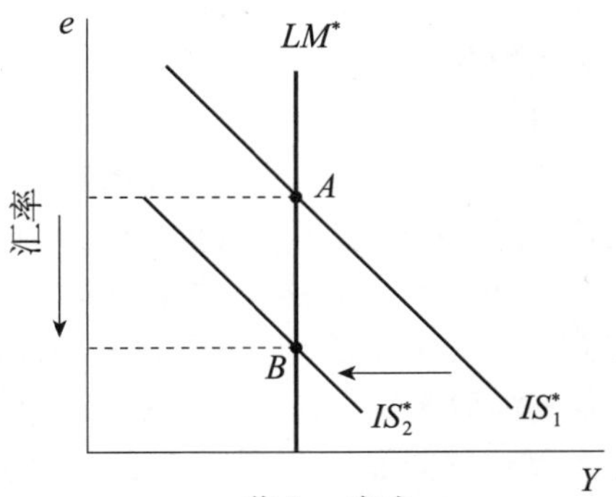

图 13－1

现在假定汇率是固定的。如图 13－2 所示，当 IS^* 曲线向左移动时，货币供给必须下降以保持汇率不变，这使 LM^* 曲线从 LM_1^* 移动到 LM_2^*。如图 13－2 所示，产出下降，而汇率保持不变。由于汇率不变，所以净出口也不变。

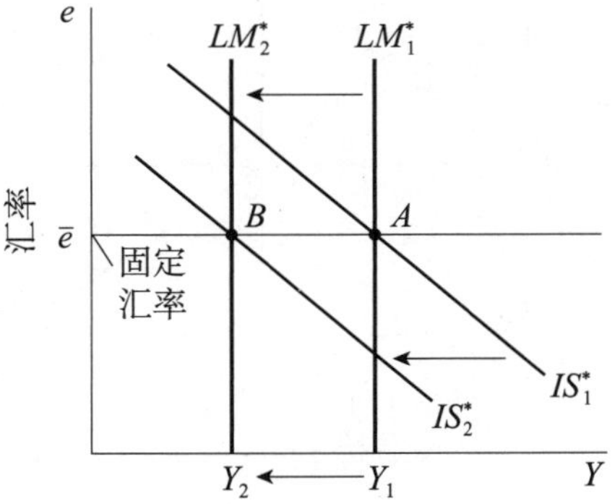

图 13－2

我们得出结论：在小型开放经济中，财政政策在固定汇率下能够有效地影响产出，但在浮动汇率下无效。

2. 在浮动汇率下的蒙代尔-弗莱明模型中，解释当货币供给减少时，总收入、汇率和贸易余额会发生什么变动。如果汇率是固定的而不是浮动的呢？

答：在浮动汇率下的蒙代尔-弗莱明模型

型中，货币供给的减少减少了实际货币余额 M/P，导致 LM^* 曲线向左移动。如图 13－3 所示，这导致新均衡的收入下降，汇率上升。汇率的上升减少了贸易余额。

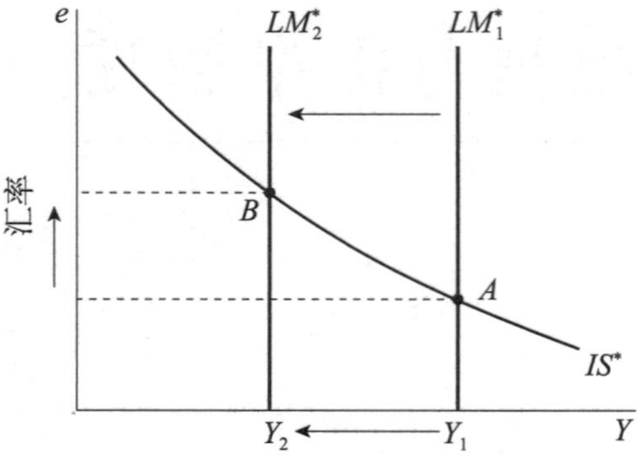

图 13－3

如果汇率是固定的，那么汇率上升的压力迫使中央银行出售本币和买入外汇。这增加了货币供给 M，使 LM^* 曲线移回到初始位置，如图 13－4 所示。收入、汇率和贸易余额都不变。

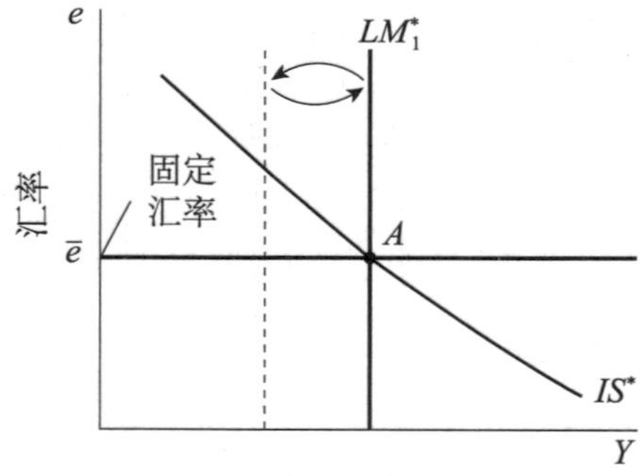

图 13－4

我们得出结论：在小型开放经济中，货币政策在浮动汇率下能够有效地影响产出，但在固定汇率下无效。

3. 在浮动汇率下的蒙代尔-弗莱明模型中，解释当进口汽车的配额被取消时，总收入、汇率和贸易余额会发生什么变动。如果汇率是固定的而不是浮动的呢？

答： 在浮动汇率下的蒙代尔-弗莱明模型中，取消进口汽车配额使净出口曲线向左移动，如图 13－5 所示。对于任何给定的汇率，由于该国进口的汽车比有配额的情况下要多，因此净出口下降。

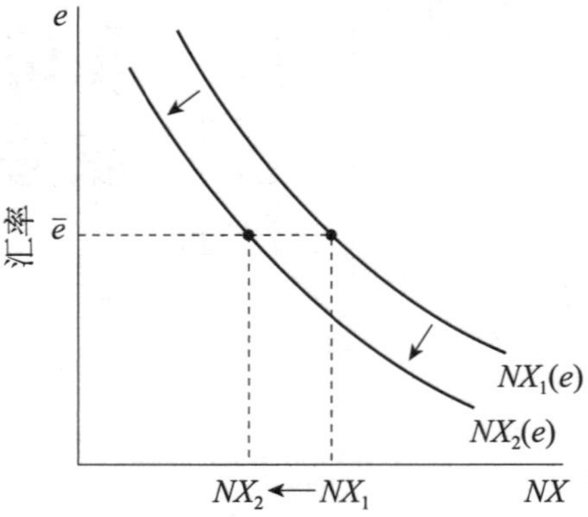

图 13－5

净出口曲线的向左移动导致 IS^* 曲线向左移动，如图 13－6 所示。

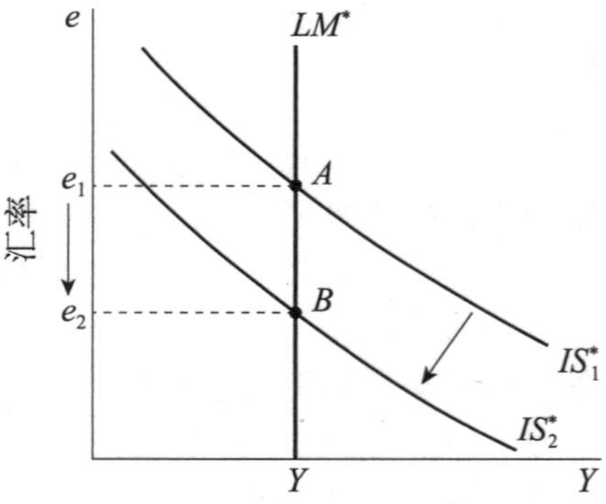

图 13－6

汇率下降，而收入保持不变。贸易余额也不变。由取消配额导致的净出口的下降正好被本币贬值引起的净出口的上升所抵消，从而总收入 Y 保持不变。

如果汇率是固定的，那么如上所述，IS^* 曲线的移动对汇率造成了下降的压力。为了维持汇率，中央银行必须买入本币和卖出外汇，这使 LM^* 曲线向左移动，如图 13－7 所示。

在新的均衡处，收入更低了，汇率没有变化。收入下降是由贸易余额的下降造成的：由于配额被取消，进口上升，从而贸易余额下降，这导致收入下降。

4. 浮动汇率与固定汇率各有什么优

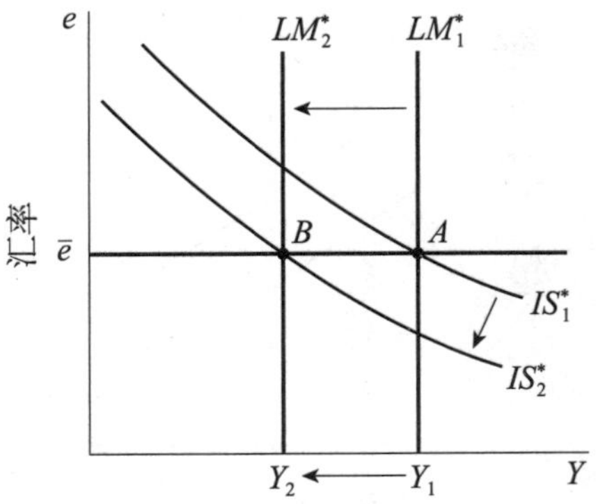

图 13-7

缺点?

答：表 13-1 列举了浮动汇率和固定汇率的优点和缺点。

表 13-1

浮动汇率	
优点	允许货币政策追求汇率稳定之外的政策目标，如价格稳定和充分就业
缺点	增加汇率的不确定性，这使得国际交易更加困难
固定汇率	
优点	通过减小汇率不确定性使国际贸易更为容易 约束货币当局，防止货币供给过度增长。它作为一种货币规则，易于实施
缺点	不允许货币政策追求汇率稳定之外的政策目标。使经济在面对金融危机时更为脆弱

5. 描述不可能三角形。

答：不可能三角形说的是，一国（或地区）不可能同时拥有自由的资本流动、固定汇率和独立的货币政策。一国在任何给定时点只能拥有这三者之二。如果一国（或地区）想要自由的资本流动和独立的货币政策，那么它就不能拥有固定汇率。如果一国（或地区）想要固定汇率和自由的资本流动，那么它就必须放弃独立的货币政策。如果一国（或地区）想要独立的货币政策和固定汇率，那么它就必须限制资本流动。

问题与应用

1. 用蒙代尔-弗莱明模型预测在浮动和固定汇率下，作为对下面每一种冲击的反应，总收入、汇率和贸易余额会发生什么变动？答案需包括一幅合适的图形。

a. 消费者对未来的信心下降导致消费者减少支出和增加储蓄。

b. 丰田新推出一款时尚车型使一部分消费者偏好外国汽车而不是本国汽车。

c. 自动取款机的采用减少了货币需求。

答：下面三个方程描述了蒙代尔-弗莱明模型：

$$Y = C(Y-T) + I(r) + G + NX(e) \quad (IS^*)$$

$$M/P = L(r, Y) \quad (LM^*)$$

$$r = r^*$$

此外，我们假设国内和国外的价格水平在短期都是固定的。这意味着名义汇率 e 等于实际汇率。

a. 如果消费者决定减少支出和增加储蓄，那么 IS^* 曲线向左移动。图 13-8 显示了浮动汇率的情形。由于货币供给不受影响，所以 LM^* 曲线不移动，从而产出 Y 不变。汇率下降（贬值），这导致贸易余额增加，其增加量等于消费的下降量。

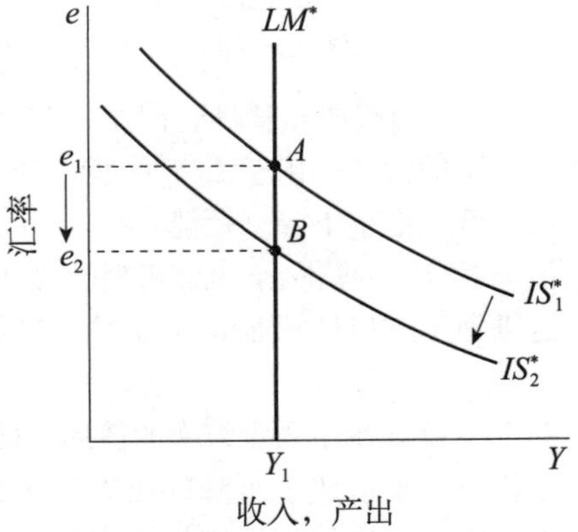

图 13-8

图 13-9 显示了固定汇率的情形。IS^* 曲线向左移动，但是汇率不能下降。相反，中

央银行必须减少货币供给以维持固定汇率，所以产出下降。由于汇率不变，所以贸易余额也不变。

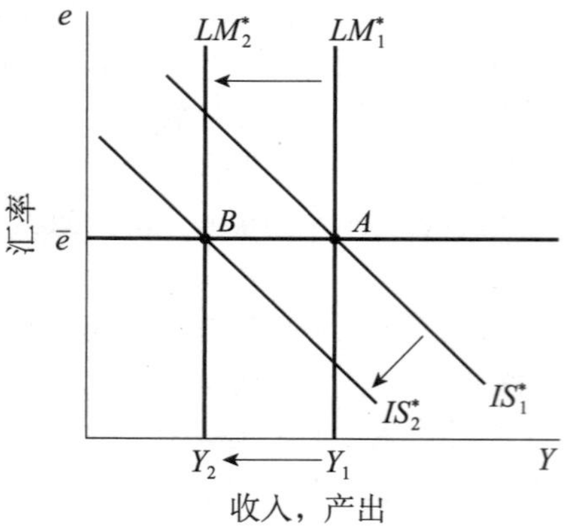

图 13-9

b. 如果消费者的偏好转向进口车，那么净出口曲线将向左移动：对于任何给定的汇率，净出口下降。如图 13-10 所示。

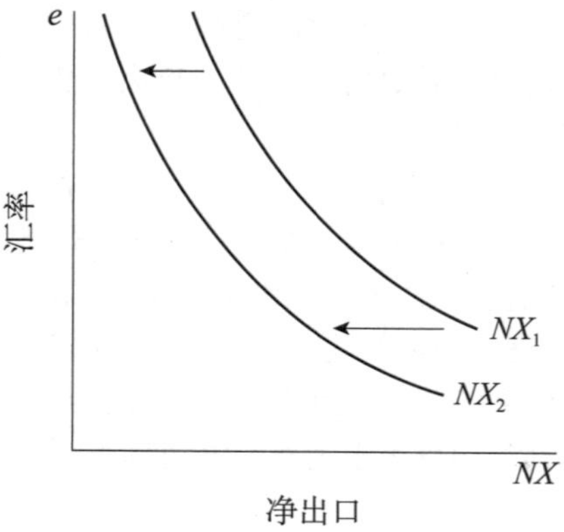

图 13-10

这使 IS^* 曲线向左移动。图 13-11 显示了浮动汇率的情形。由于 LM^* 曲线不变，所以产出不变，汇率下降（贬值）。

汇率的下降使得出口品相对更加便宜了，这抵消了进口的增加，从而净出口保持不变。

图 13-12 显示了固定汇率的情形。IS^* 曲线的左移对汇率造成了下降的压力。中央银行买入本币和卖出外汇以维持固定汇率：这减少了 M，使 LM^* 曲线向左移动。结果是产出下降。

贸易余额下降。其原因是：对于任何给定的汇率，本国进口了更多的汽车，这意味着进口更多了，而出口保持不变；结果是净出口减少。

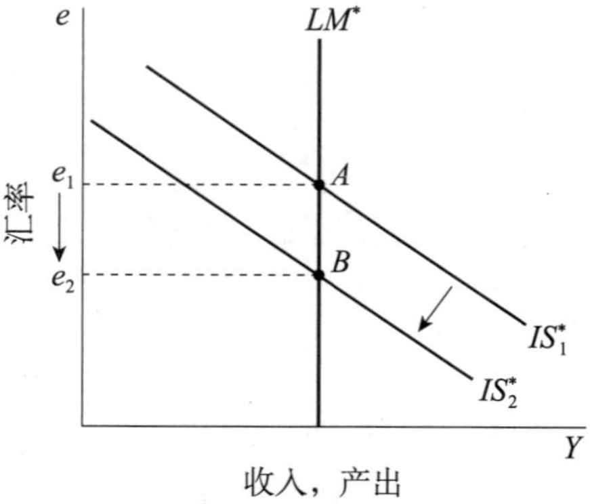

图 13-11

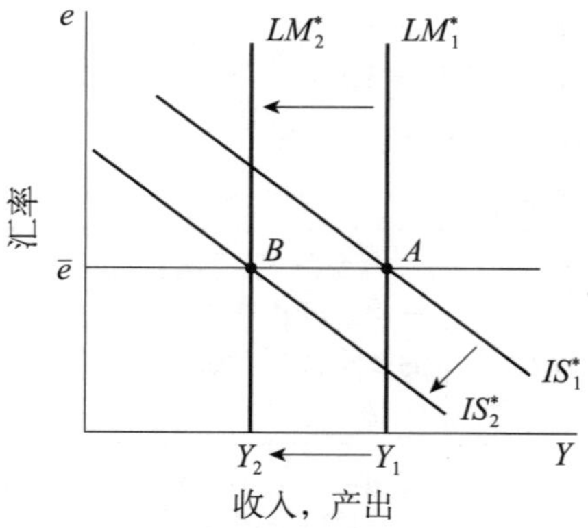

图 13-12

c. 自动取款机的采用减少了货币需求。货币市场的均衡要求实际货币余额的供给等于需求：

$$M/P = L(r^*, Y)$$

对于给定的世界利率和实际货币余额供给，货币需求的下降必须被收入的增加所抵消，因此，LM^* 曲线向右移动。图 13-13 显示了浮动汇率的情形。收入上升，汇率下降（贬值），贸易余额上升。

图 13-14 显示了固定汇率的情形。为了维持固定汇率，LM^* 曲线的右移必须被中央银行的行动抵消：它买入本币和卖出外汇以阻止汇率下降，于是使经济回到原来的均衡。收入、汇率和贸易余额都不变。

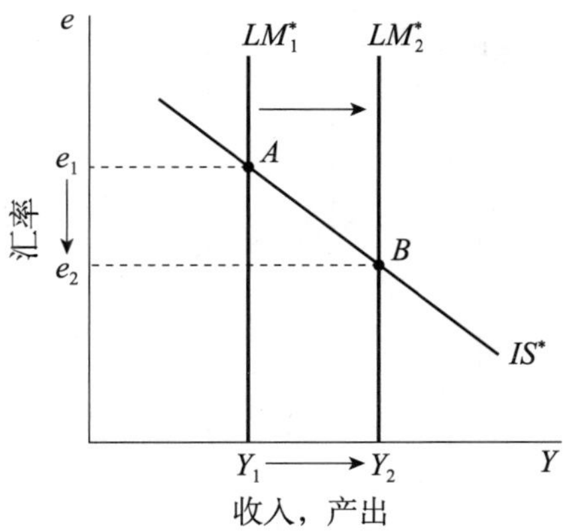

图 13-13

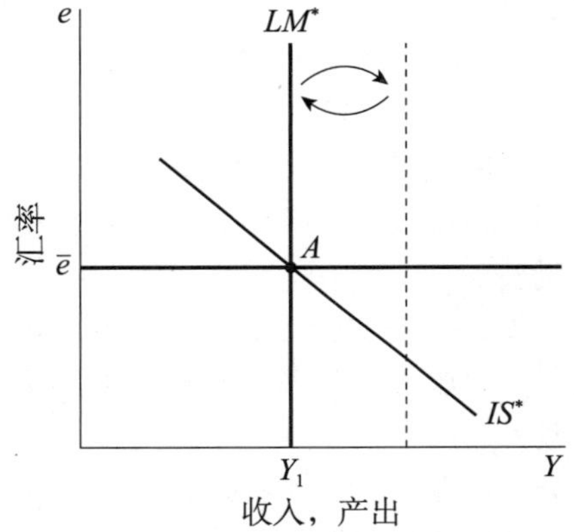

图 13-14

2. (Work It Out) 某小型开放经济由如下方程描述：

$$C=50+0.75(Y-T), I=200-20r,$$
$$NX=200-50\varepsilon, M/P=Y-40r,$$
$$G=200, T=200, M=3\ 000,$$
$$P=3, r^*=5$$

a. 推导 IS^* 曲线和 LM^* 曲线并绘图。

b. 计算均衡汇率、收入和净出口。

c. 假设经济实行浮动汇率。计算如果政府支出增加 50，汇率、收入、净出口和货币供给会发生什么变动。用图形解释你的答案。

d. 现在假设经济实行固定汇率。计算如果政府支出增加 50，汇率、收入、净出口和货币供给会发生什么变动。用图形解释你的答案。

答：a. 为了得到 IS^* 曲线，我们从产品市场出清条件开始，代入题干中给定的信息，并做如下化简：

$$Y=C(Y-T)+I(r^*)+G+NX(\varepsilon)$$
$$Y=50+0.75(Y-T)+200-20r^*+200+200-50\varepsilon$$
$$Y=50+0.75Y-0.75\times200+200-20\times5+200+200-50\varepsilon$$
$$0.25Y=400-50\varepsilon$$
$$Y=1\ 600-200\varepsilon$$

为了得到 LM^* 曲线，我们从货币市场出清条件开始，代入题干中给定的信息，并做如下化简：

$$M/P=L(r^*, Y)$$
$$3\ 000/3=Y-40r^*$$
$$1\ 000=Y-40\times5$$
$$Y=1\ 200$$

b. 令 LM^* 曲线中的产出等于 IS^* 曲线中的产出，我们有

$$1\ 200=1\ 600-200\varepsilon$$
$$200\varepsilon=400$$
$$\varepsilon=2$$

因此，均衡汇率为 2，收入为 1 200，净出口为 100。

c. 政府支出增加 50 后，我们按 a 小问中的步骤推导出新的 IS^* 方程，为

$$Y=1\ 800-200\varepsilon$$

在浮动汇率情形下，由于货币供给、价格水平和世界利率都没有变化，所以 LM^* 曲线不变。因此，均衡收入仍然为 1 200。将其代入新的 IS^* 方程，我们得到新的均衡汇率 3。汇率升值使得政府支出的增加被净出口的减少所匹配，因此净出口下降到 50。在图形上，IS^* 曲线向右移动，如图 13-15 所示。

d. 如果政府支出增加 50，如 c 小问中所推导的，新的 IS^* 方程为 $Y=1\ 800-200\varepsilon$。如果汇率固定在 $\varepsilon=2$，那么收入必须增加到 $Y=1\ 400$。根据 a 小问，我们知道 LM^* 方程为 $M/3=Y-200$，因此，货币供给必须增加到 $M=3\ 600$。也就是说，为了防止本币升值，中央银行必须卖出本币和买入外汇。这使 LM^* 曲线向右移动，如图 13-16 所示。

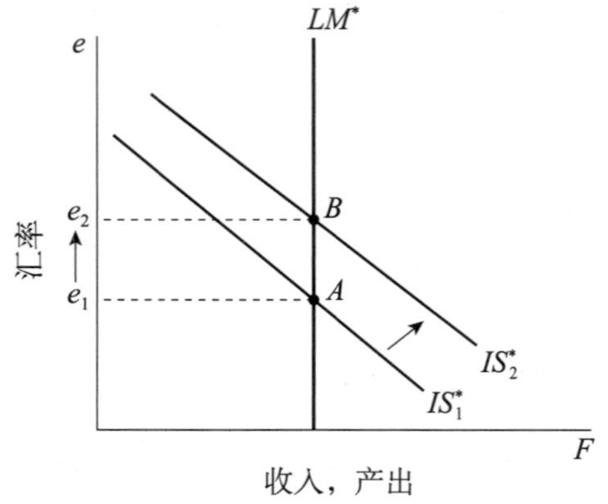

图 13－15

由于汇率不变，因此净出口也不变。

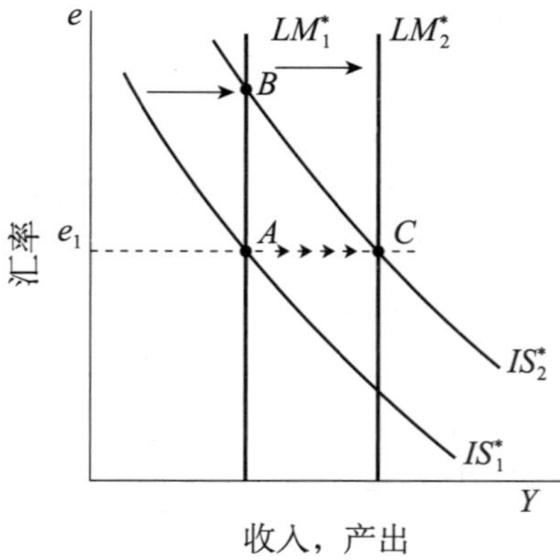

图 13－16

3. 一个实行浮动汇率的小型开放经济处于衰退但实现了贸易平衡。如果政策制定者希望达到充分就业同时保持贸易平衡，他们应选择什么样的货币政策和财政政策组合？要求使用图形，并指出每种政策的影响。

答：假定经济处于衰退，位于图 13－17 中的 A 点。为了增加收入，中央银行应该增加货币供给，从而使 LM^*曲线向右移动。如果仅仅这么做，经济就会运动到 B 点，汇率贬值，这将提高贸易余额。为了阻止汇率贬值和贸易余额上升，财政当局应该减税或增加政府支出。那将使 IS^*曲线向右移动，并使汇率保持在原来的水平。经济将运动到 C 点。由于汇率不变，所以贸易余额也不变。

4. 蒙代尔-弗莱明模型把世界利率 r^*视为外生变量。让我们考虑当这一变量变动时会发生什么。

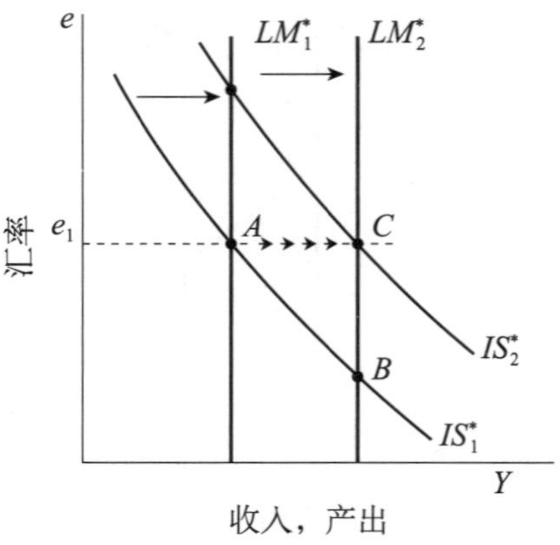

图 13－17

a. 什么可能引起世界利率上升？（提示：世界是一个封闭经济。）

b. 如果经济实行浮动汇率，当世界利率上升时，总收入、汇率和贸易余额会发生什么变动？

c. 如果经济实行固定汇率，当世界利率上升时，总收入、汇率和贸易余额会发生什么变动？

答：a. 蒙代尔-弗莱明模型把世界利率 r^*视为外生变量。但是，没有理由预期世界利率是不变的。在第 3 章的封闭经济模型中，储蓄和投资的均衡决定了实际利率。由于世界是一个封闭经济，所以世界利率是使世界储蓄和世界投资达到平衡的利率。任何减少世界储蓄或增加世界投资的事情都会提高世界利率。此外，在价格固定的短期，任何增加全世界的产品需求或减少全世界的货币供给的事情都会导致世界利率上升。

b. 图 13－18 显示了浮动汇率下世界利率上升的影响。IS^*曲线和 LM^*曲线都发生移动。由于更高的利率导致投资 $I(r^*)$ 下降，所以 IS^*曲线向左移动。由于更高的利率减少了货币需求，所以 LM^*曲线向右移动。我们从图 13－18 中看到，产出上升，汇率下降（贬值）。汇率的下降导致贸易余额增加。

c. 图 13－19 显示了固定汇率下世界利率上升的影响。IS^*曲线和 LM^*曲线都发生

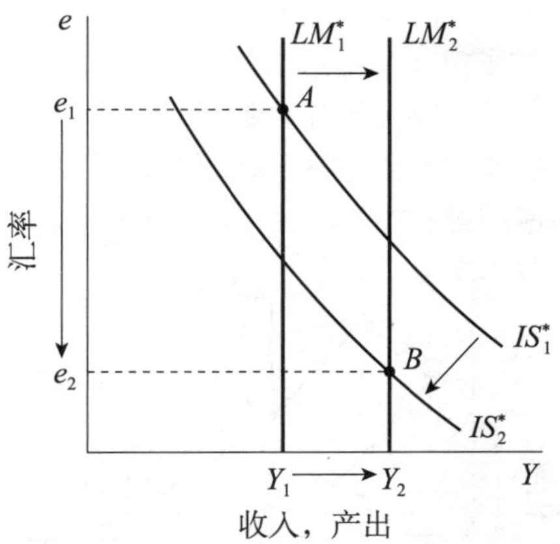

图 13-18

移动。如同 b 小问中所述，由于更高的利率导致投资需求下降，所以 IS^* 曲线向左移动。但是，LM^* 曲线向左移动而不是向右移动。这是因为汇率下降的压力导致中央银行买入本币和卖出外汇。这减少了货币供给，使 LM^* 曲线向左移动以便固定汇率得以维持。

均衡产出下降。由于汇率不变，所以贸易余额也不变。

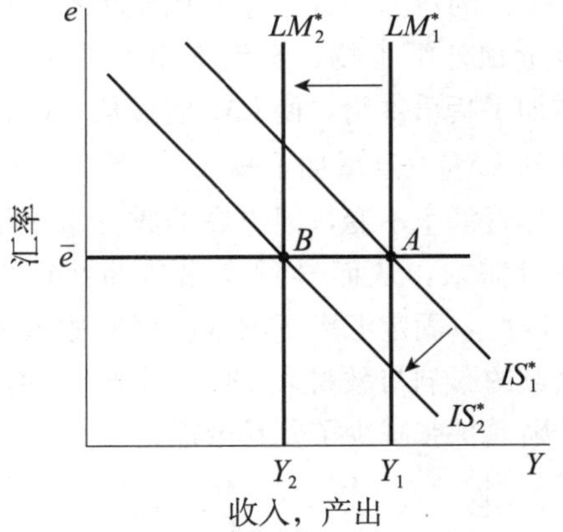

图 13-19

5. 企业高管和政策制定者往往关心美国产业的“竞争力”（美国产业在世界市场上有盈利地销售产品的能力）。

a. 在价格具有黏性的短期，名义汇率的变动如何影响竞争力？

b. 假定你想使国内产业更具竞争力，但不想改变总收入。根据蒙代尔-弗莱明模型，你应该采用什么样的货币政策与财政政策组合？要求使用图形，并指出每种政策的影响。

答： a. 在价格固定的短期，美元贬值使得美国产品在境外更具竞争力。美元贬值导致美国产品用外币表示的价格下降，因此，美国产品在境外变得更加便宜，美国出口增加。例如，假定美元和日元之间的汇率从 200 日元/美元下降到 100 日元/美元。如果一罐美国网球的价格是 2.5 美元，那么它在日本的价格就从 500 日元下降到 250 日元，这使得美国网球在日本更具竞争力。

b. 首先考虑浮动汇率的情形。为了使国内产业更具竞争力而不改变收入，政府可以使用紧缩性财政政策（政府支出减少或税收增加）。如图 13-20（a）所示，这导致 IS^* 曲线向左移动，汇率下降（贬值），这增加了净出口。

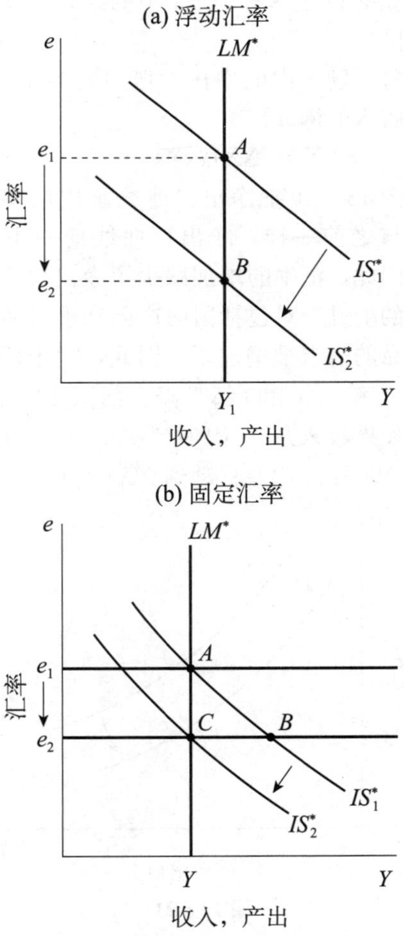

图 13-20

现在考虑固定汇率的情形。为了增加国内产业在境外的竞争力，汇率必须法定贬值（固定在一个更低的水平）。这增加了净出口，从而增加了产出，如图 13－20（b）所示。然后，产出的增加可以被紧缩性财政政策所抵消，如图所示，紧缩性财政政策导致 IS^* 曲线向左移动。

6. 假定更高的收入意味着更多的进口，从而意味着更低的净出口。也就是说，净出口函数是

$$NX = NX(e,Y)$$

考察在以下汇率制度下的小型开放经济中财政扩张对收入和贸易余额的影响：

a. 浮动汇率。

b. 固定汇率。

你的答案与表 13－1 中的结果相比有什么不同？

答： 题干中的净出口既是汇率的函数，又是收入的函数：

$$NX = NX(e,Y)$$

图 13－21 把净出口曲线画成汇率的函数。与之前一样，净出口曲线向右下方倾斜，因此，汇率的增加减少了净出口。随着收入的上升，对包括国内产品和进口品的所有产品的需求都增加了，因此，对于任何给定的汇率，净出口都下降。如图 13－21 所示，如果收入从 Y_1 增加到 Y_2，净出口曲线将从 $NX(Y_1)$ 向左移动到 $NX(Y_2)$。

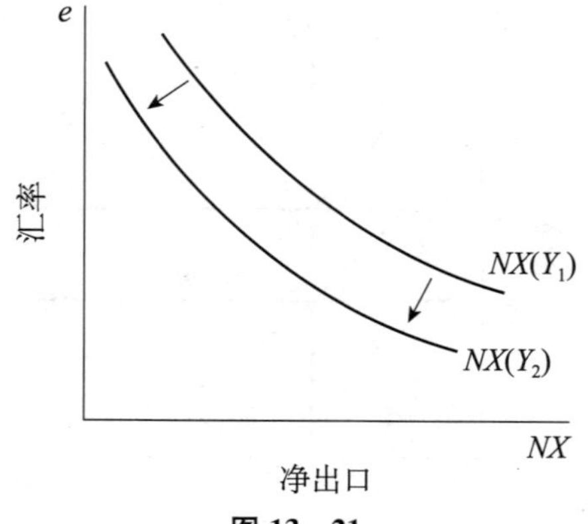

图 13－21

a. 图 13－22 显示了浮动汇率下财政扩张的影响。财政扩张（政府支出的增加或减税）使 IS^* 曲线向右移动，导致汇率升值。财政扩张引起的总需求的增加被净出口的下降抵消了，收入保持不变。

因此，浮动汇率下财政扩张对收入和贸易余额的影响与教材表 13－1 中相同。

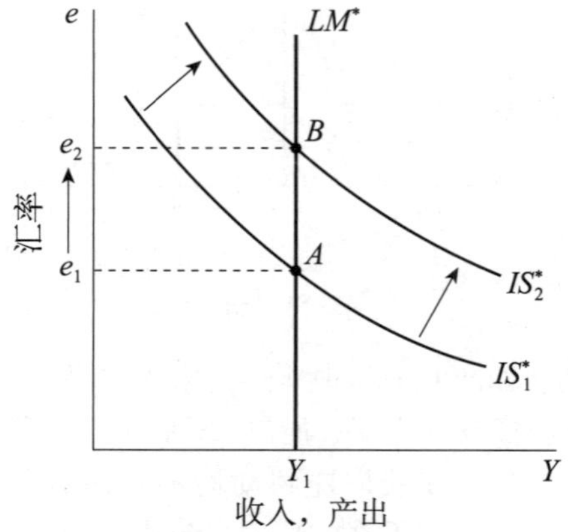

图 13－22

b. 图 13－23 显示了固定汇率下财政扩张的影响。财政扩张使 IS^* 曲线从 IS^*_1 向右移动到 IS^*_2。与 a 小问中一样，这对汇率造成了上升的压力。为了维持固定汇率，中央银行干预外汇市场，卖出本币，买入外汇。这增加了货币供给，使 LM^* 曲线从 LM^*_1 向右移动到 LM^*_2，这增加了收入。

尽管汇率不变，但更高的收入水平增加了进口需求，从而导致净出口曲线向左移动。因此，固定汇率下财政扩张对收入和贸易余额的影响与教材表 13－1 中唯一的区别在于财政扩张减少了贸易余额。

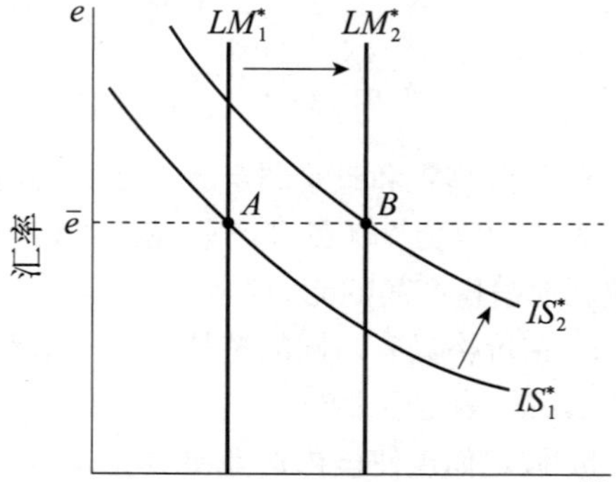

图 13－23

7. 假定货币需求取决于可支配收入，因此，货币市场方程变为

$$M/P = L(r, Y - T)$$

分析在浮动汇率和固定汇率两种制度下的小型开放经济中减税对汇率和收入的影响。

答：我们要考虑当 LM^* 曲线取决于可支配收入而非总收入时减税的影响：

$$M/P = L(r, Y - T)$$

现在，减税使 IS^* 曲线和 LM^* 曲线都发生移动。图 13－24 显示了浮动汇率的情形。IS^* 曲线从 IS_1^* 向右移动到 IS_2^*。当货币需求取决于可支配收入时，LM^* 曲线从 LM_1^* 向左移动到 LM_2^*。这是因为，对于任何给定的实际货币余额 M/P 和世界利率 r^*，可支配收入都是为了维持货币市场均衡唯一可以调整的变量。因此，如果税收 T 下降，那么收入 Y 必须下降相同的数量以使得可支配收入保持不变。如图 13－24 所示，均衡从 A 点运动到 B 点：收入下降，其下降量等于减税的数量，汇率升值。

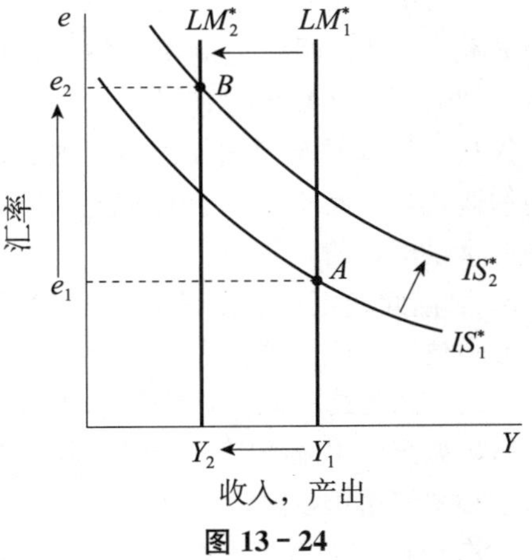

图 13－24

在固定汇率的情形下，IS^* 曲线还是向右移动，但是 LM^* 曲线的初始移动不再重要，这是因为，为了维持固定汇率，中央银行卖出本币，买进外汇，从而增加了货币供给，使 LM^* 曲线向右移动，如图 13－25 所示。

与货币需求取决于总收入的标准情形一样，收入增加。

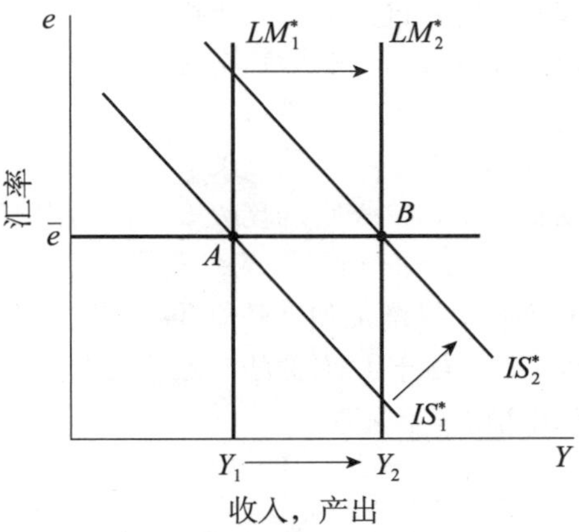

图 13－25

8. 假定与货币需求有关的价格水平包括进口产品的价格，并假定进口产品的价格取决于汇率。也就是说，货币市场可以这样描述：

$$M/P = L(r, Y)$$

式中，

$$P = \lambda P_d + (1 - \lambda) P_f / e$$

此处，P_d 是国内产品的价格，P_f 是用外国通货表示的外国产品的价格，e 是汇率。因此，P_f/e 是用国内通货表示的外国产品的价格。参数 λ 是国内产品在价格指数 P 中的份额。假设国内产品价格 P_d 和用外国通货表示的外国产品价格 P_f 在短期是有黏性的。

a. 假定我们针对 P_d 与 P_f 的给定值（而不是通常所用的 P）画出 LM^* 曲线。这条 LM^* 曲线还是垂直的吗？请解释。

b. 在这个模型中，在浮动汇率下，扩张性财政政策的影响是什么？请解释。与标准的蒙代尔-弗莱明模型进行比较。

c. 假定政治不稳定提高了该国的风险溢价（又称“风险贴水”），从而使利率上升。在这个模型中，对汇率、价格水平和总收入的影响是什么？与标准的蒙代尔-弗莱明模型进行对比。

答：现在，货币市场均衡由下式给出：

$$M/P = L(r, Y)$$

其中，

$$P = \lambda P_d + (1 - \lambda) P_f / e$$

a. 由于汇率 e 上升使得进口产品变得更

加便宜，所以价格水平 P 下降。为了恢复货币市场的均衡，收入 Y 必须上升。因此，LM^* 曲线向右上方倾斜。

b. 在标准的蒙代尔-弗莱明模型中，在浮动汇率下，扩张性财政政策对产出没有影响。如图 13－26 所示，现在不是这样了。减税或政府购买增加使 IS^* 曲线从 IS_1^* 向右移动到 IS_2^*。由于 LM^* 曲线向右上方倾斜，所以产出增加。

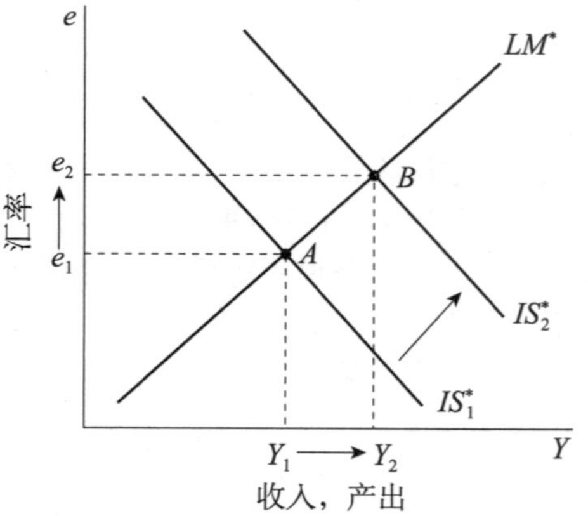

图 13－26

c. 风险溢价的上升提高了利率，降低了任何给定汇率下的货币需求，从而使 LM^* 曲线向右移动。直觉上，对于任何给定的实际货币余额，利率升高导致的货币需求下降均必须被收入升高导致的货币需求增加所抵消。在任何给定的汇率下，更高的利率也减少了投资支出，从而使 IS^* 曲线向左移动。如图 13－27 所示，汇率下降。视两条曲线移动的幅度，产出可能上升、下降或保持不变。

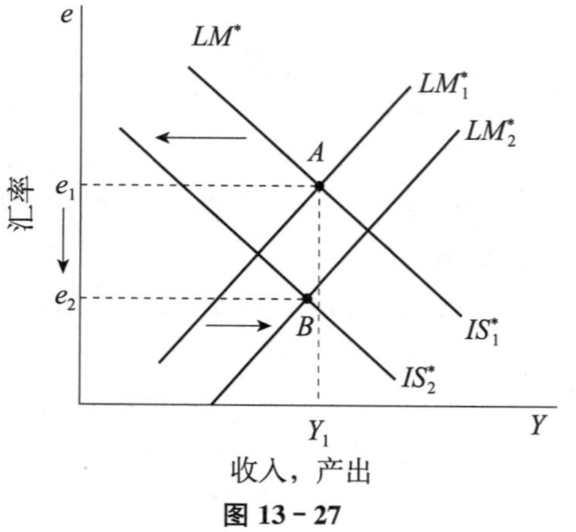

图 13－27

在标准的蒙代尔-弗莱明模型中，LM^* 曲线是垂直的，产出上升。现在不一定是这样。如果投资对利率的敏感程度超过货币需求对利率的敏感程度足够多，那么 IS^* 曲线比 LM^* 曲线移动得更多，产出下降。这个模型考虑到了当风险溢价上升时汇率和产出下降这一更加现实的可能性。

9. 用蒙代尔-弗莱明模型回答下列有关加利福尼亚州（一个小型开放经济）的问题。

a. 加利福尼亚州和它的主要贸易伙伴（亚拉巴马州、阿拉斯加州、亚利桑那州等）之间的汇率制度属于哪一类？

b. 如果加利福尼亚州遭受衰退，州政府应该用货币政策还是财政政策刺激就业？请解释。（注意：对这个问题，假设州政府可以印发美元钞票。）

c. 如果加利福尼亚州禁止从华盛顿州进口红酒，收入、汇率和贸易余额会发生什么变动？考虑短期与长期影响。

d. 你认为加利福尼亚州的经济与（比如说）加拿大的经济有什么重要的不同特征可能使蒙代尔-弗莱明模型应用于加利福尼亚州时不如应用于加拿大时有用？

答：a. 加利福尼亚州使用与美国其他州相同的通货，因此实际上它与其主要贸易伙伴的汇率是固定的。

b. 根据固定汇率下的蒙代尔-弗莱明模型，加利福尼亚州不能使用货币政策来影响产出，这是因为这一政策已经被用来维持固定汇率。如果加利福尼亚州希望刺激就业，那么它必须使用财政政策。

c. 在短期，进口禁令使 IS^* 曲线向右移动。为了抵消汇率的上升压力，加利福尼亚州必须印发美元钞票，这使 LM^* 曲线向右移动。新的均衡位于图 13－28（a）和（b）的 K 点。净出口和产出都上升。

假定加利福尼亚州初始的产出为其长期水平。那么进口禁令导致的短期产出上升对加利福尼亚州的价格水平产生了向上的压力，降低了实际货币余额。这使 $SRAS$ 曲线向上移动，

LM^*曲线向左移动。最终，加利福尼亚州的经济到达 C 点，产出和贸易余额与 A 点相比都没有变化，但价格水平和汇率都更高。

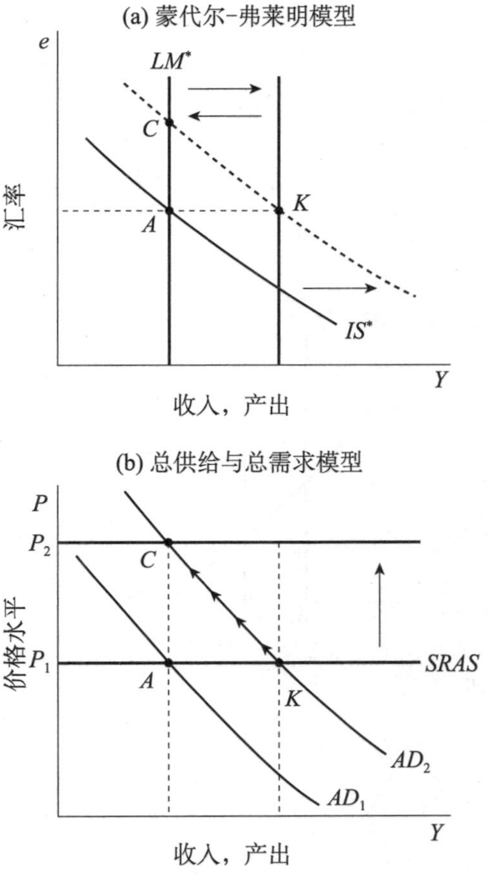

图 13-28

d. 与加拿大不同，加利福尼亚州是各州使用相同通货的这么一个大型货币联盟的一部分。当某个经济是货币联盟的一部分时，它不能实施自己的独立货币政策。在衰退发生时，它的唯一选项是使用财政政策。由于加拿大不是某个货币联盟的一部分，所以它可以实施浮动汇率制度，既可以采用货币政策也可以采用财政政策来影响经济活动。

更多的问题与应用

1. 设想你管理一个实行浮动汇率制度的大型开放经济的中央银行。你的目标是稳定收入，你相应地调整货币供给。在你的政策之下，作为对下列每一种冲击的反应，货币供给、利率、汇率和贸易余额会发生什么变动？

a. 政府提高税收以减少预算赤字。

b. 政府限制对外国汽车的进口。

答： a. 如图 13-29 所示，更高的税收使 IS 曲线向左移动。为了使产出不变，中央银行必须增加货币供给以使 LM 曲线向右移动。在新均衡点（C 点），利率下降，汇率贬值，贸易余额上升。

b. 限制外国汽车的进口使 $NX(e)$ 曲线向右移动，如图 13-30 所示。由于 CF 曲线不受影响，所以这对 IS 曲线和 LM 曲线都没有影响。因此，产出保持不变，货币政策无须做任何变化。利率和贸易余额没有变化，但汇率升值了。

2. 在过去几十年间，世界上各经济在金融上日益融合。也就是说，各国的投资者变得更加愿意和能够利用国外的金融机会。考虑这种新发展对货币政策影响经济的能力有何影响。

a. 如果投资者变得更加愿意和能够在外国与本国资产之间进行替代，CF 函数的斜率会发生什么变动？

b. 如果 CF 函数这样变动，IS 曲线的斜率会发生什么变动？

c. IS 曲线的这种变动如何影响美联储控制利率的能力？

d. IS 曲线的这种变动如何影响美联储控制国民收入的能力？

答： a. 由于给定的利率变化现在对资本流动的影响更大，所以 CF 曲线变得更加平缓。

b. 如同教材中所论证的，更平缓的 CF 曲线使得 IS 曲线也更平缓。

c. 对于斜率不同的两条 IS 曲线，图 13-31 显示了 LM 曲线移动所产生的影响。很清楚，对于更平缓的 IS 曲线，货币供给的给定变化对利率的影响更小。因此，当投资者更加愿意在国外和国内资产之间进行替代时，美联储对利率的控制能力更低。

d. 从图 13-31 中我们可以清楚地看出，对于更平缓的 IS 曲线，货币供给的给定变化对产出的影响更大。因此，美联储对产出的控制能力更高。

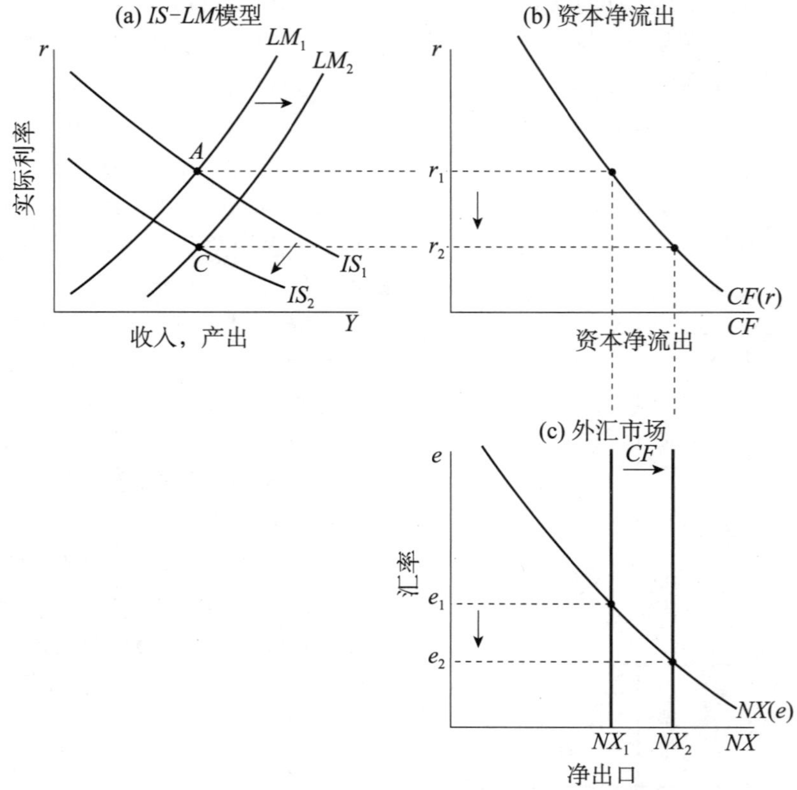
(a) IS-LM模型
(b) 资本净流出
(c) 外汇市场
实际利率
收入，产出
资本净流出
汇率
净出口
LM1
LM2
IS1
IS2
A
C
r1
r2
CF(r)
CF
e1
e2
NX(e)
NX1
NX2
NX

图 13－29

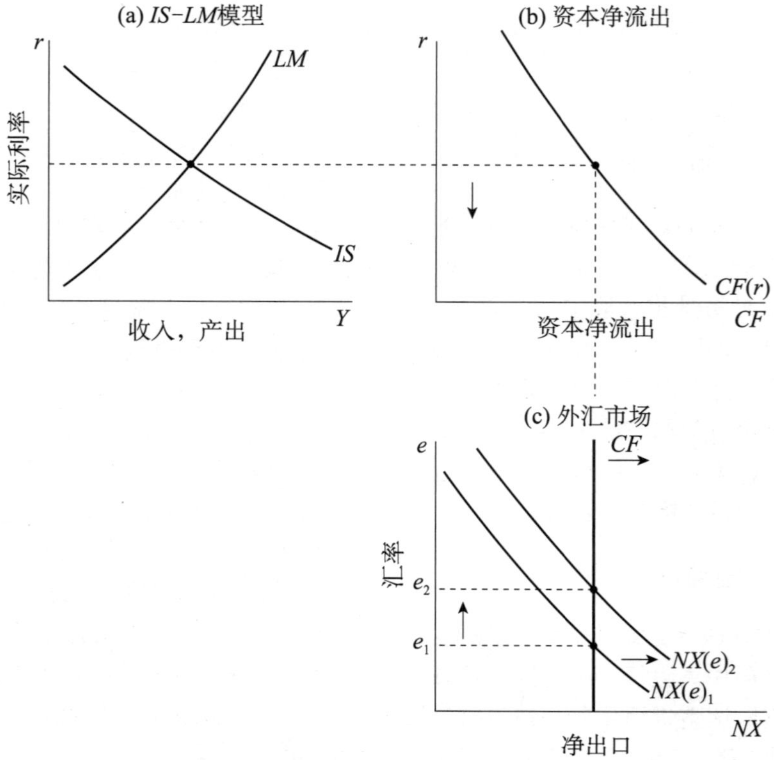
(a) IS-LM模型
(b) 资本净流出
(c) 外汇市场
实际利率
收入，产出
资本净流出
汇率
净出口
LM
IS
CF(r)
CF
e1
e2
NX(e)2
NX(e)1
NX

图 13－30

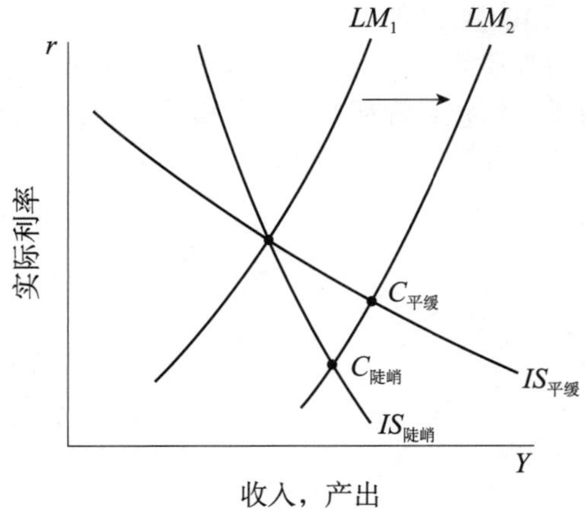

图 13-31

3. 假定一个大型开放经济的政策制定者想提高投资而不改变收入和汇率。（译者注：教材中本题的翻译是“不改变收入或汇率”，应该为“不改变收入和汇率”。）

a. 存在能达到这一目标的国内货币与财政政策的任何组合吗？

b. 存在能达到这一目标的国内货币、财政与贸易政策的任何组合吗？

c. 存在能达到这一目标的国内外货币与财政政策的任何组合吗？

答：a. 不存在。只用货币政策和财政政策来提高投资而不影响收入和汇率是不可能的。更高的投资要求更低的利率。降低利率而不影响收入要求扩张性货币政策和紧缩性财政政策的组合。但是，更低的利率增加了资本净流出，导致汇率贬值。

b. 存在。如图 13-32 所示，政策制定者可以采用扩张性货币政策、紧缩性财政政策和进口壁垒的组合来提高投资而不影响收入和汇率。与 a 小问一样，增加投资而不影响收入要求扩张性货币政策和紧缩性财政政策的组合来降低利率，更低的利率增加了资本净流出。此处的不同在于，进口壁垒使净出口曲线向右移动，从而在初始的汇率下，资本净流出的增加被净出口的增加所匹配。

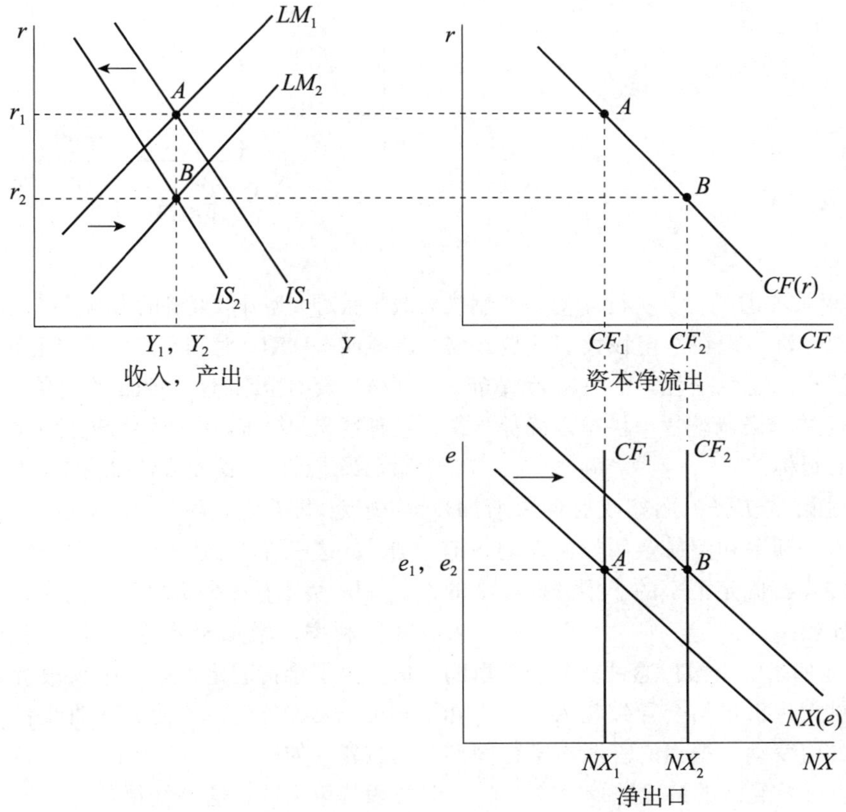

图 13-32

c. 存在。在国外货币扩张或财政紧缩导致利率下降的条件下，政策制定者可以在国内采用扩张性货币政策和紧缩性财政政策的组合来提高投资而不影响收入和汇率。国内的政策组合降低了利率，从而刺激了投资而没有提高收入。国外的政策使 CF 曲线向左移动，以致尽管利率下降但资本净流出保持不变，如图 13－33 所示。

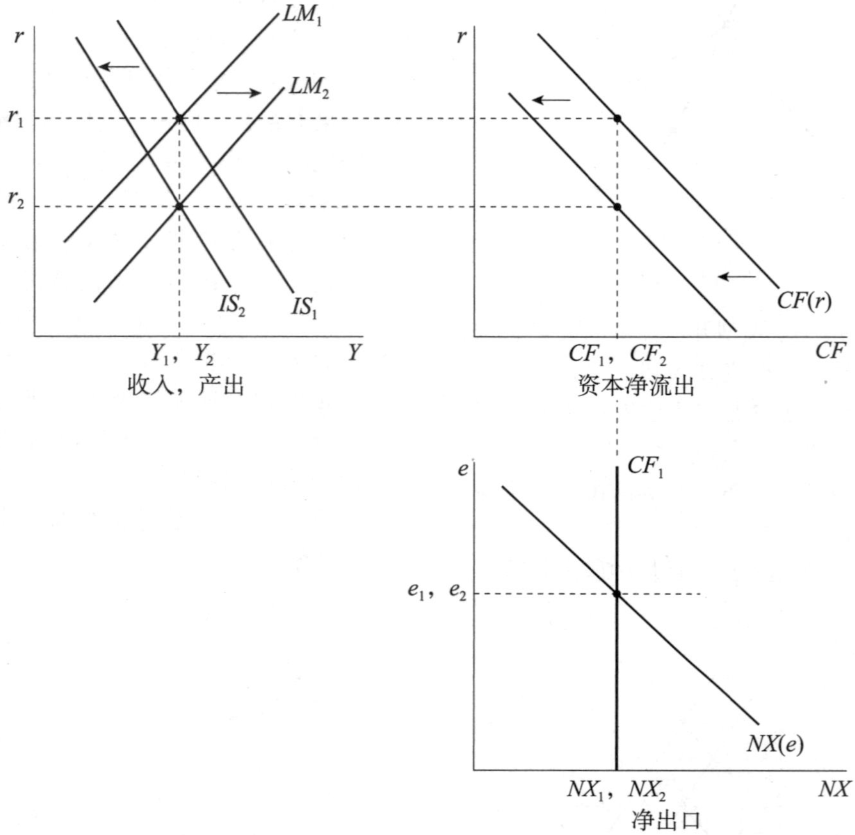

图 13－33

4. 本附录考虑了一个实行浮动汇率制度的大型开放经济。现在假定该大型开放经济实行固定汇率。也就是说，中央银行宣布一个汇率目标并承诺调整货币供给以确保均衡汇率等于其目标。

a. 描述财政扩张（例如政府购买增加）会导致收入、利率和贸易余额如何变动。把你的答案与实行固定汇率的小型开放经济的情况进行比较。

b. 描述如果中央银行通过从公众手里购买债券来扩大货币供给会导致收入、利率和贸易余额如何变动。把你的答案与实行固定汇率的小型开放经济的情况进行比较。

答：a. 图 13－34 显示了在固定汇率下财政扩张对大型开放经济的影响。财政扩张使 IS 曲线向右移动，对利率产生了向上的压力，这将减少资本净流出，导致汇率升值。为了防止这种情况的出现，中央银行进行干预，卖出本币，买进外汇。这使 LM 曲线向右移动。在新均衡点，即 C 点，利率和汇率不变，但产出增加了。这一结果与在小型开放经济中相同。

b. 货币扩张使 LM 曲线向右移动，这将降低利率，增加资本净流出，导致汇率贬值。为了维持固定汇率，中央银行必须买进本币，卖出外汇，这使 LM 曲线移回到原来的位置，如图 13－35 所示。在固定汇率下，货币政策无效，这一结果与在小型开放经济中也相同。

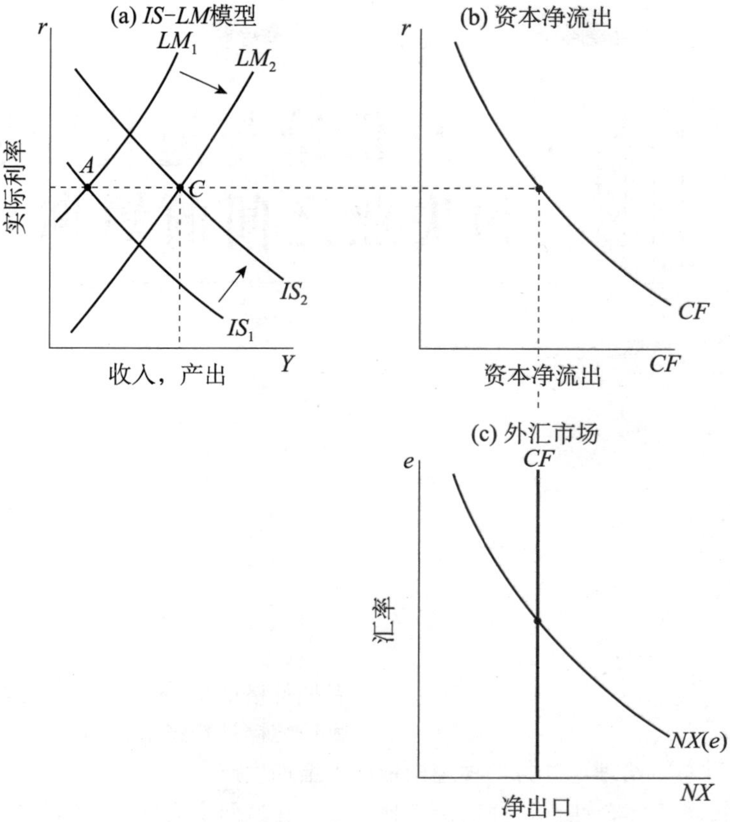
(a) IS-LM模型
r
LM1
LM2
实际利率
A
C
IS2
IS1
收入，产出
Y
(b) 资本净流出
r
CF
资本净流出
CF
(c) 外汇市场
e
CF
汇率
NX(e)
净出口
NX

图 13-34

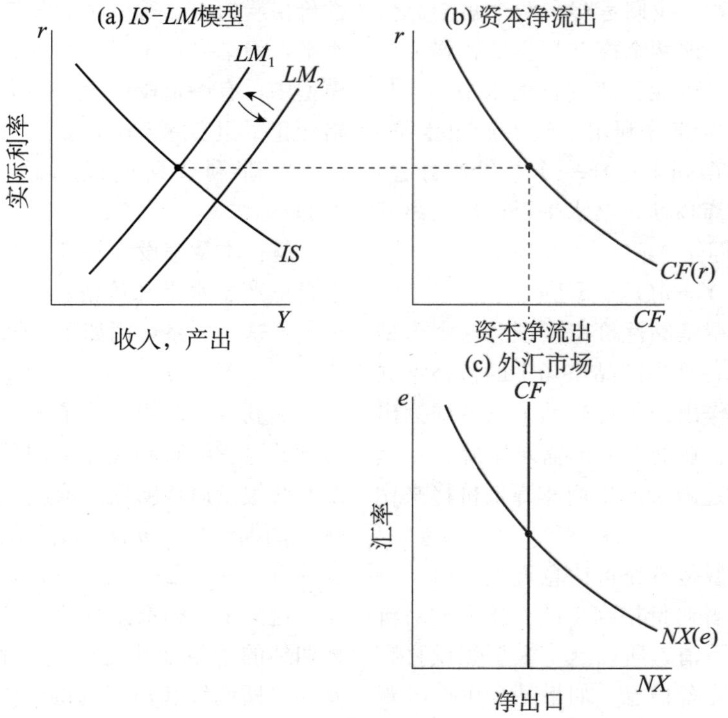
(a) IS-LM模型
r
LM1
LM2
实际利率
IS
收入，产出
Y
(b) 资本净流出
r
CF(r)
资本净流出
CF
(c) 外汇市场
e
CF
汇率
NX(e)
净出口
NX

图 13-35

第 14 章 总供给与通货膨胀和失业之间的短期权衡

复习题

1. 解释两种总供给理论。每一种理论依赖于什么样的市场不完全性？两种理论有什么共同之处？

答： 在本章，我们考察了两个短期总供给曲线的模型。这两个模型都尝试解释为什么在短期，产出可能偏离其自然水平——与充分就业和资本充分利用一致的产出水平。这两个模型都得到了这样一个总供给方程：当价格水平偏离预期价格水平时产出偏离其自然水平 $\bar{Y}$，即

$$Y=\bar{Y}+\alpha(P-EP)$$

第一个模型是黏性价格模型。这个模型中的市场不完备是指产品市场中的价格不立即对需求变化作出调整；产品市场不即刻出清。如果某个企业的产品的需求下降，那么该企业可能通过减少产出而非降低价格来作出应对。

第二个模型是不完备信息模型。由于有些产品的供给者对价格水平的变化和相对价格的变化混淆不清，所以这个模型假设存在关于价格的不完备信息。如果某个生产者观察到自己产品的名义价格上升，那么该生产者把价格的部分上升归于相对价格的增加，哪怕纯粹是普遍的价格上升。结果，该生产者增加生产。

在这两个模型中，实际上发生的事情和企业认为发生的事情之间存在不一致。在黏性价格模型中，有些企业预期价格处于某一水平，但结果处于另一水平。在不完备信息模型中，有些企业认为它们的产出的相对价格变化了但实际上没有变化。

2. 菲利普斯曲线与总供给是怎样相关的？

答： 本章假设在短期，产出的供给取决于自然产出水平和价格水平与预期价格水平之差。这一关系可用如下总供给方程表达：

$$Y=\bar{Y}+\alpha(P-EP)$$

菲利普斯曲线表达了短期总供给曲线所蕴含的通货膨胀和失业之间的权衡。菲利普斯曲线假设通货膨胀 π 取决于预期通货膨胀 $E\pi$、周期性失业 $u-u^n$ 和供给冲击 v：

$$\pi=E\pi-\beta(u-u^n)+v$$

这两个方程都意味着实际经济活动和未预期到的价格变化之间的一种联系。此外，菲利普斯曲线和短期总供给曲线都表明通货膨胀和失业反方向运动。

3. 为什么通货膨胀会有惯性？

答：由于人们形成预期的方式，通货膨胀可能会有惯性。人们对通货膨胀的预期可能取决于近来观察到的通货膨胀。然后这些预期影响工资和价格。例如，如果价格一直在迅速上升，那么人们可能预期价格会继续迅速上升。然后这些预期被体现在工资和价格合同中，因此现实的工资和价格迅速上升。

4. 解释需求拉动型通货膨胀与成本推动型通货膨胀之间的差别。

答：需求拉动型通货膨胀是高总需求的结果：需求的增加拉动价格和产出上升。成本推动型通货膨胀来自推高生产成本的不利供给冲击，例如，20 世纪 70 年代中期和后期的石油价格上升。

菲利普斯曲线告诉我们，通货膨胀取决于预期通货膨胀、失业与其自然水平之差、供给冲击 v：

$$\pi = E\pi - \beta(u - u^n) + v$$

$-\beta(u-u^n)$ 这一项是需求拉动型通货膨胀，原因是，如果失业低于其自然水平（$u<u^n$），那么通货膨胀上升。供给冲击 v 是成本推动型通货膨胀。

5. 在什么情况下降低通货膨胀而不引起衰退是可能的？

答：菲利普斯曲线把通货膨胀率与预期通货膨胀率和失业与其自然水平之差联系起来。衰退通过把失业提高到其自然水平以上来降低通货膨胀。但是，通过降低预期通货膨胀来降低通货膨胀而不引起衰退是可能的。

根据理性预期方法，人们最优地利用了所有可以获得的信息来形成他们的期望。于是，降低预期通货膨胀要求：第一，在人们形成预期之前降低通货膨胀的计划就被宣布（在人们签订工资和价格合同之前）；第二，人们相信被宣布的计划会被执行。如果这两个要求都得到满足，那么预期通货膨胀将下降，这又将降低现实的通货膨胀而不引起衰退。

6. 解释衰退可能提高自然失业率的两种方式。

答：衰退可能提高自然失业率的一种方式是通过影响工作搜寻的过程，这会增加摩擦性失业的数量。例如，失业工人失去了有价值的工作技能。由于他们对企业的合意性下降，所以这降低了他们在衰退结束后找到工作的能力。另外，在长时期失业后，人们可能失去部分工作意愿，因此减少工作搜寻的努力。

衰退可能提高自然失业率的另一种方式是衰退可能影响工资决定的过程，这增加了结构性失业。工资谈判可能给了“内部人”——实际上有工作的人——更大的发言权。那些失业者成了“外部人”。如果内部人更多地关心高实际工资而更少地关心高就业，那么衰退可能永久地推动工资至均衡水平以上，增加结构性失业的数量。

衰退对自然失业率的这种永久的影响被称为滞后作用。

问题与应用

1. 在黏性价格模型中，描述下列特殊情况下的总供给曲线。与在第 10 章中的短期总供给曲线相比，这些特例有何不同？

a. 没有一个企业有弹性价格（$s=1$）。

b. 合意价格不取决于总产出（$a=0$）。

答：在这个问题中，我们考察本章介绍的黏性价格模型的两个特例。在黏性价格模型中，所有企业都有一个合意的价格 p，该合意价格取决于总体价格水平 P 和产出水平与其自然水平之差 $Y-\bar{Y}$。这可以被表达成

$$p = P + a(Y - \bar{Y})$$

有两种类型的企业。占比 $1-s$ 的企业有着弹性价格，按上述方程设定价格。余下占比 s 的企业有着黏性价格，它们基于它们所预期的未来的经济状况提前宣布价格。我们假设这些企业预期产出为其自然水平，即 $EY=\bar{Y}$。因此，这些企业将价格设定为等于预期价格水平：$p=EP$。

总体价格水平是两类企业设定的价格的

加权平均，我们将其表达成：

$$P=sEP+(1-s)[P+a(Y-\bar{Y})]$$
$$sP=sEP+(1-s)a(Y-\bar{Y})$$
$$P=EP+[(1-s)a/s](Y-\bar{Y})$$

a. 如果所有企业都有黏性价格（$s=1$），那么上述方程意味着 $P=EP$。也就是说，总体价格水平等于预期价格水平。这意味着短期总供给曲线是水平的，如第 10 章所假设的那样。

b. 如果合意价格不取决于总产出（$a=0$），那么上述方程再次意味着 $P=EP$：短期总供给曲线是水平的，如第 10 章所假设的那样。

2. 假定一个经济的菲利普斯曲线如下：

$$\pi=\pi_{-1}-0.5(u-5)$$

a. 自然失业率是多少？

b. 作图表示通货膨胀与失业之间的短期关系与长期关系。

c. 为了使通货膨胀率下降 4 个百分点，必须有多少周期性失业？用奥肯定律计算牺牲率。

d. 现在的通货膨胀率为 6%，中央银行想把它降到 2%。给出两种能实现该目标的方案。

答：该经济的菲利普斯曲线为

$$\pi=\pi_{-1}-0.5(u-5)$$

a. 自然失业率是通货膨胀率等于预期通货膨胀率时的失业率。在本题中，预期通货膨胀率是上个时期的通货膨胀率。令通货膨胀率等于上个时期的通货膨胀率，即令 $\pi=\pi_{-1}$，我们得到自然失业率为 $u=5\%$。

b. 在短期（即单个时期），预期通货膨胀率等于前一时期的通货膨胀率 π_{-1}。通货膨胀和失业之间的短期关系由菲利普斯曲线的图形给出：其斜率为-0.5，经过点（$u=5\%$，$\pi=\pi_{-1}$），如图 14-1 所示。在长期，预期通货膨胀率等于现实的通货膨胀率，因此 $\pi=\pi_{-1}$，失业率等于其自然水平 5%，产出等于其自然水平。因此，长期菲利普斯曲线是垂直的，失业率为 5%。

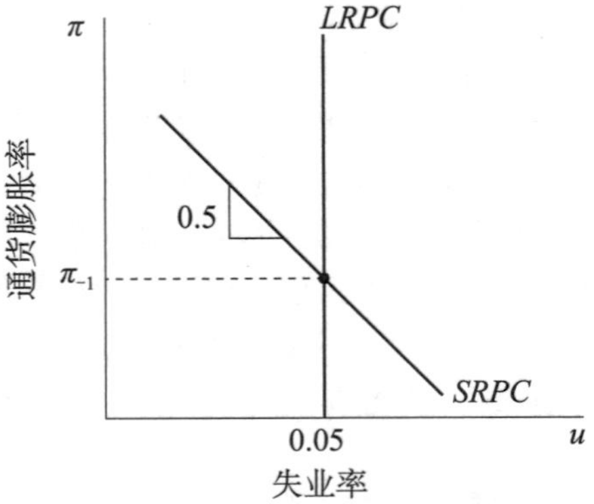

图 14-1

c. 为了降低通货膨胀，菲利普斯曲线告诉我们，失业必须高于其自然水平（5%）。我们可以把菲利普斯曲线写成如下形式：

$$\pi-\pi_{-1}=-0.5(u-5)$$

4 个百分点的通货膨胀率下降告诉我们，$\pi-\pi_{-1}=-4$。将它代入上面方程的左边，我们按如下步骤得到所需的失业率：

$$-4=-0.5(u-5)$$
$$8=u-5$$
$$u=13$$

因此，如要使通货膨胀率下降 4 个百分点，周期性失业率要比 5% 的自然失业率高出 8 个百分点。

奥肯定律告诉我们，1 个百分点的失业率变化就等于 2 个百分点的 GDP 变化。因此，8 个百分点的失业率增加对应着 16 个百分点的 GDP 下降。牺牲率是为了降低 1 个百分点的通货膨胀率必须放弃的一年的 GDP 的百分点。把 16 个百分点的 GDP 下降除以 4 个百分点的通货膨胀率下降，我们发现牺牲率为 16/4=4。

d. 为了使通货膨胀率降低 4 个百分点，一个选项是在短期内忍受非常高的失业（例如，一年时间里 13% 的失业率）。另一个选项是在更长的时期内忍受更低的失业率（例如，在长达四年时间里每年 7% 的失业率）。这两个计划都使通货膨胀率下降 4 个百分点，但下降的速度不同。

3.（Work It Out）一个经济的菲利普斯曲线如下：

$$\pi=E\pi-0.5(u-6)$$

人们形成通货膨胀预期的方式是取前两年通货膨胀的加权平均值：

$$E\pi = 0.7\pi_{-1} + 0.3\pi_{-2}$$

该经济的奥肯定律为：

$$(Y - Y_{-1})/Y_{-1} = 3.0 - 2.0(u - u_{-1})$$

该经济开始时的失业率等于自然失业率，通货膨胀率稳定在 5%。

a. 该经济的自然失业率是多少？

b. 作图表示该经济面临的通货膨胀与失业之间的短期权衡。标出该经济的初始位置，标为 A 点。给出 A 点的坐标。

c. 经济中总需求出现了下降，这导致了衰退，使失业率上升到高出自然失业率 4 个百分点。在 b 小问答案的图中，标出那一年该经济所处的位置，标为 B 点。给出 B 点的坐标。

d. 失业连续两年（c 小问所描述的初始年份再加一年）处于这么高的水平。制作一张表格列出 10 年期间（从衰退前两年开始算起）每年的失业率、通货膨胀率、预期通货膨胀率和产出增长率。（这些计算最好在电子表格中进行。）

e. 在 b 小问答案的图中，画出这 10 年期结束时该经济面临的短期权衡。标出该经济所处的位置，标为 C 点。给出 C 点的坐标。

f. 比较衰退前的均衡和新的长期（时期 10）均衡。通货膨胀变动了多少？在过渡期间有多少个百分点的产出损失了？该经济的牺牲率是多少？

答： a. 自然失业率是通货膨胀率等于预期通货膨胀率时的失业率。菲利普斯曲线的方程为

$$\pi = E\pi - 0.5(u - 6)$$

如果 $\pi = E\pi$，那么当期的失业率等于自然失业率。因此，在本题中，自然失业率为 6%。

b. 经济开始时处于长期均衡，通货膨胀率等于预期通货膨胀率 5%，失业率等于自然失业率 6%。这在图 14－2 中标记为 A 点。

c. 如果失业率上升到高出自然失业率 4 个百分点，那么当前失业率为 $u=10\%$。由于预期通货膨胀率没有变化，所以菲利普斯曲线给出的通货膨胀率为 $\pi=5-0.5(10-6)=3\%$。这在图 14－2 中标记为 B 点。由于预期通货膨胀率没有变化，所以 A 点和 B 点在同一条短期菲利普斯曲线 $SRPC_1$ 上。

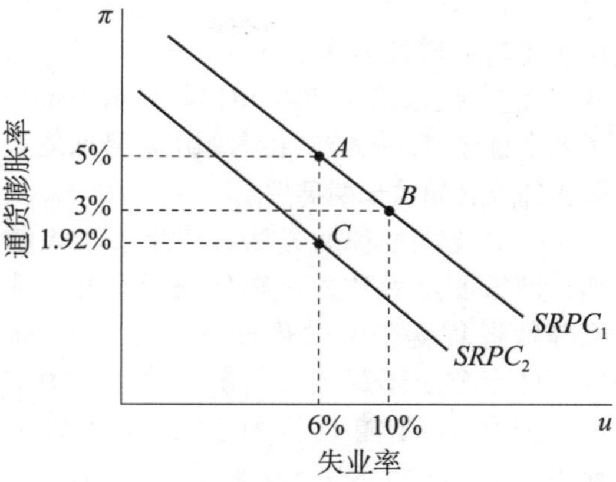

图 14－2

d. 下表显示了 10 年期（从衰退前两年开始算起）每年的失业率、通货膨胀率、预期通货膨胀率和产出增长率。

年	失业率	通货膨胀率	预期通货膨胀率	产出增长率
1	6	5.00	5.00	3
2	6	5.00	5.00	3
3	10	3.00	5.00	−5
4	10	1.60	3.60	3
5	6	2.02	2.02	11
6	6	1.89	1.89	3
7	6	1.93	1.93	3
8	6	1.92	1.92	3
9	6	1.92	1.92	3
10	6	1.92	1.92	3

e. 由衰退导致的通货膨胀率的下降降低了预期通货膨胀率。随着预期通货膨胀率的下降，菲利普斯曲线向下移动到 $SRPC_2$，如图 14－2 所示。在这 10 年期结束时，通货膨胀率等于预期通货膨胀率 1.92%，失业率等于其自然水平 6%。这在图 14－2 中标记为 C 点。

f. 表格显示，通货膨胀率相比衰退前下

降了3.08个百分点。从第2年到第3年，产出相比趋势增长损失了8个百分点，但是，从第4年到第5年，产出相比趋势增长增加了8个百分点。因此，在本题中，降低通货膨胀并没有导致长期牺牲。

4. 根据理性预期方法，如果每个人都相信政策制定者致力于降低通货膨胀，那么降低通货膨胀的代价——牺牲率——将低于如果公众怀疑政策制定者的意图的情形。为什么可能是这样？可信性如何获得？

答：菲利普斯曲线由下式给出：

$$\pi = E\pi - \beta(u - u^n) + v$$

如果政府能够降低预期通货膨胀 $E\pi$，那么现实的通货膨胀 π 下降而失业率无须上升到自然失业率以上，因此不存在牺牲。

根据理性预期方法，人们利用所有可获得的信息形成关于通货膨胀的预期。这包括关于现行政策和预期的未来政策的信息。一方面，如果公众相信政府致力于降低通货膨胀，那么预期通货膨胀就会下降。另一方面，如果公众不相信政府致力于该项政策变化，那么预期通货膨胀就会保持不变。

于是，根据理性预期方法，降低通货膨胀的成本取决于政府有多坚决和多可信。政府如何能使其降低通货膨胀的承诺可信呢？一种可能性是任命有着通货膨胀斗士声誉的中央银行行长。第二种可能性是立法机构通过一项法律要求中央银行降低通货膨胀。第三种可能性是通过限制货币增长的宪法修正案，这甚至比立法更有可信性，原因是法律改变起来更容易。

5. 假定经济初始时处于长期均衡位置。然后，美联储增加了货币供给。

a. 假设产生的任何通货膨胀都没有被预期到，描述这一货币扩张引起的GDP、失业和通货膨胀的任何变化。用三幅图——*IS*-*LM* 模型、*AD*-*AS* 模型和菲利普斯曲线各一幅——来解释你的结论。

b. 假设产生的任何通货膨胀都被预期到了，描述这一货币扩张引起的GDP、失业和通货膨胀的任何变化。再次地，用三幅图——*IS*-*LM* 模型、*AD*-*AS* 模型和菲利普斯曲线各一幅——来解释你的结论。

答：a. 经济初始时处于长期均衡，产出等于其自然水平。如果美联储出乎意料地增加货币供给，那么经济将经历一个扩张阶段。从图14-3（a）的 *IS*-*LM* 模型开始，货币供给的增加使 *LM* 曲线向右移动，这使经济从 *A* 点运动到 *B* 点，导致利率下降和产出增加。在长期，价格水平上升，实际货币余额回到其原来的水平，*LM* 曲线移回到其原来的位置。在长期，实际利率和产出都没有变化。

再来看图14-3（b）的 *AD*-*AS* 模型。货币供给的增加使 *AD* 曲线向右移动，使经济从 *A* 点运动到 *B* 点，导致产出增加和价格水平上升。然后，经济扩张提高了公众的通货膨胀预期，因此 *SRAS* 曲线向上移动。经济最终到达 *C* 点，产出回到其自然水平，价格水平更高了。

最后，在图14-3（c）的菲利普斯曲线图中，经济一开始时处于 *A* 点，失业等于其自然水平。货币供给的增加推动产出增加到其自然水平以上，结果，失业率下降到其自然水平以下。这导致经济沿着短期菲利普斯曲线到 *B* 点的运动。在 *B* 点，通货膨胀更高了，失业率更低了。然后，经济扩张提高了公众的通货膨胀预期，这使短期菲利普斯曲线（*SRPC*）向上移动。在长期，经济最终处于 *C* 点，通货膨胀更高了，失业等于其自然水平。

b. 经济初始时处于长期均衡，产出等于其自然水平。如果美联储增加货币供给且公众完全预期到了，那么实际经济不会经历一个扩张阶段。在图14-4（a）的 *IS*-*LM* 模型中，货币供给的增加导致价格水平成比例上升，因此实际货币余额没有变化。经济停留在 *A* 点。

再来看图14-4（b）的 *AD*-*AS* 模型。货币供给的增加使 *AD* 曲线向右移动，但与此同时，预期通货膨胀的增加使 *SRAS* 曲线

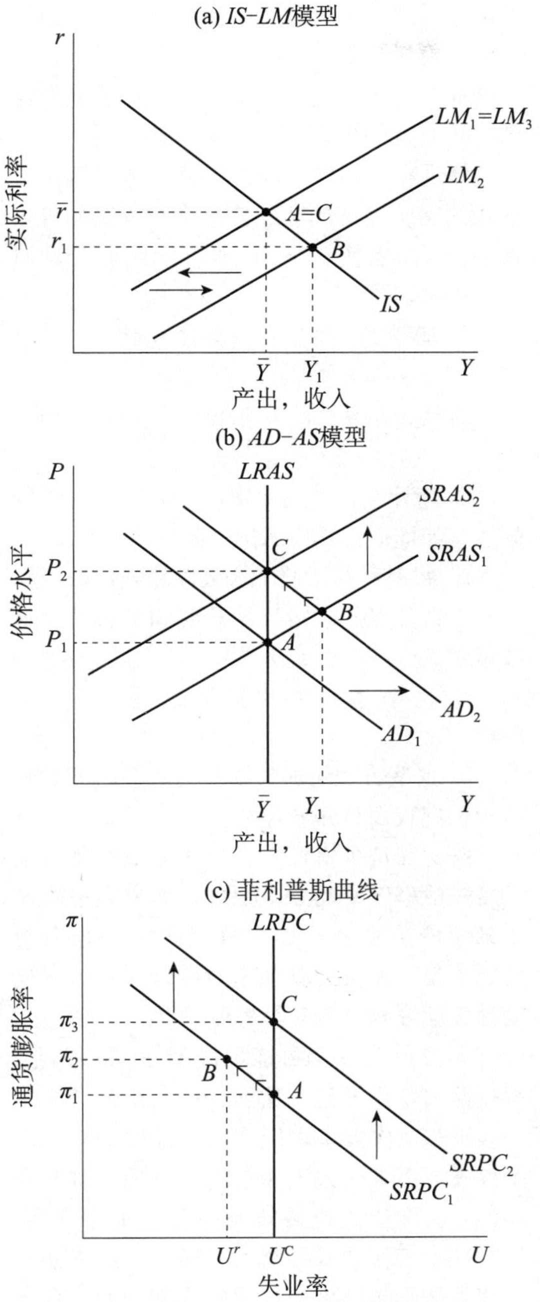

图 14-3

向上移动。价格水平上升，但是产出保持在其自然水平。

最后，在图 14-4（c）的菲利普斯曲线图中，由于货币供给的增加被完全预期到了，所以短期菲利普斯曲线立即向上移动，导致通货膨胀率上升，失业率没有变化。

6. 假设人们有理性预期，经济由黏性价

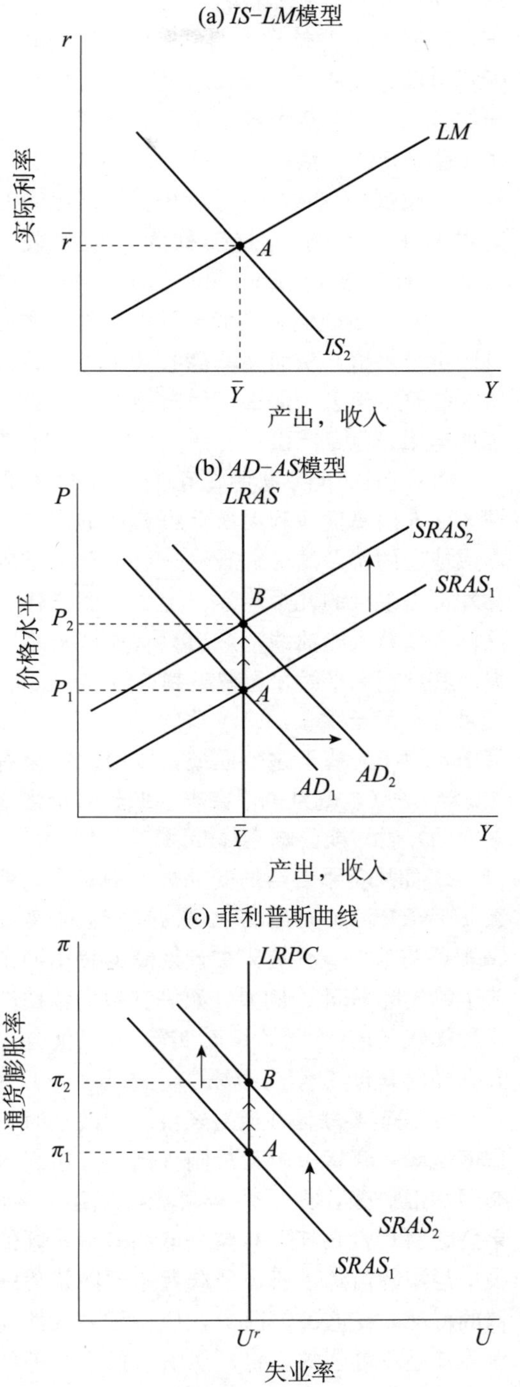

图 14-4

格模型所描述。解释为什么以下每一命题都是正确的：

a. 只有未预期到的货币供给的变动影响实际 GDP。在价格设定时预期到的货币供给的变动没有任何实际影响。

b. 如果美联储在人们设定价格的同时选择货币供给，从而每个人对经济状况都有同样的信息，那么货币政策就不能系统地被运用于稳定产出。因此，保持货币供给不变的政策与根据经济状况调整货币供给的政策有同样的实际影响。[这被称为政策无关论（policy irrelevance proposition）。]

c. 如果美联储在人们已经设定价格之后设定货币供给，从而美联储收集了有关经济状况的更多信息，那么货币政策就可以被系统地运用于稳定产出。

答：在这个问题中，我们考虑理性预期——人们最优地利用所有可获得的信息来形成他们的预期这一假设——对本章考虑的黏性价格模型的几个启示。这个模型意味着这样一条总供给曲线：产出只有在价格水平偏离其预期水平时才会偏离其自然水平，即

$$Y=\bar{Y}+\alpha(P-EP)$$

其中，$\alpha>0$。基于这个模型，货币政策只有在 $P\neq EP$（也就是说，有未预期到的价格水平变动）时才能影响实际 GDP。

a. 如果货币供给的变动被预期到了，那么 $P=EP$，上面的方程意味着这对实际 GDP 没有影响。只有未被预期到的货币冲击才影响实际 GDP。例如，如果有超出预期的通货膨胀（$P>EP$），那么实际 GDP 就会上升到高出其自然水平。

b. 假定美联储在应对经济周期波动时一贯遵循同一套货币政策规则（例如，在衰退期间货币扩张，在繁荣期间货币紧缩）。如果公众有理性预期并且与美联储有着相同的关于经济的信息，那么公众就会预期到美联储的行动。在这种情况下，$P-EP$ 系统性地偏离零是不可能的；它可能由于预期之外的冲击偏离零，但不会因为货币政策的变动而偏离零。于是，货币政策对实际经济的影响与美联储保持货币供给不变的情况是相同的，原因在于保持货币供给不变这一政策也会使得 $P-EP$ 不可能系统性地偏离零。

c. 如果美联储在人们设定了价格之后再设定货币供给，那么美联储就可以系统性地用货币政策来稳定产出。在这种情况下，美联储拥有的关于经济状况的信息比公众设定价格时拥有的要多。由于预期价格水平 EP 已经体现在合同中，因此，美联储可以用它获知的关于经济的额外信息影响现实的价格水平 P，从而使 $P-EP$ 能够系统地变动以稳定产出。

7. 假定经济的菲利普斯曲线是

$$\pi=\pi_{-1}-0.5(u-u^n)$$

自然失业率是过去两年失业率的平均数：

$$u^n=0.5(u_{-1}+u_{-2})$$

a. 为什么自然失业率可能取决于最近的失业（如前面方程中所假设的那样）？

b. 假定美联储遵循永久性地降低通货膨胀 1 个百分点的政策。随着时间的推移，该政策对失业率有什么影响？

c. 这个经济中的牺牲率是多少？请解释。

d. 这些方程对通货膨胀与失业之间的短期和长期权衡意味着什么？

答：在这个模型中，自然失业率是过去两年失业率的平均数。因此，如果衰退提高了某年的失业率，那么自然失业率也会上升。于是，该模型展现出滞后作用：短期周期性失业影响长期自然失业率。

a. 自然失业率可能取决于近来的失业，根据滞后作用理论，这至少有两个原因。第一，近来的失业率可能影响摩擦性失业的水平。失业工人失去工作技能，发现更难找到工作；失业工人也可能丧失部分工作意愿，因此减少工作搜寻的努力。第二，近来的失业率可能影响结构性失业的水平。如果劳动谈判给了内部人比外部人更大的发言权，那么内部人可能以减少工作岗位为代价索取更高的工资。对于企业和工会之间就工资进行谈判的行业来说情况尤其如此。

b. 假定我们从时期 0 开始，该时期的失业率等于自然失业率。美联储永久性地降低通货膨胀率 1 个百分点。那么菲利普斯曲线意味着

$$\pi_1-\pi_0=-0.5(u_1-u_1^n)$$
$$-1=-0.5(u_1-u_1^n)$$
$$u_1=u_1^n+2$$

也就是说，在时期 1，通货膨胀的增加使失业率上升到比初始的自然失业率 u_1^n 高 2 个百分点。在时期 2，自然失业率因周期性失业而上升：

$$u_2^n=0.5(u_1+u_0)$$
$$=0.5(u_1^n+2+u_1^n)$$
$$=u_1^n+1$$

因此，从时期 1 到时期 2，自然失业率上升了 1 个百分点。由于新的通货膨胀率是永久的，所以，时期 2 的失业率必须等于新的自然失业率u_2^n。因此，

$$u_2=u_2^n=u_1^n+1$$

在随后每个时期，失业率等于自然失业率，但失业率永远不会回到其初始水平。下面，我们求出随后部分时期的失业率：

$$u_3=u_3^n=0.5(u_2+u_1)=u_1^n+1.5$$
$$u_4=u_4^n=0.5(u_3+u_2)=u_1^n+1.25$$
$$u_5=u_5^n=0.5(u_4+u_3)=u_1^n+1.375$$

失业率总是高于初始的自然失业率u_1^n。事实上，我们可以证明它总是比初始的自然失业率至少高 1 个百分点。于是，为了降低通货膨胀率 1 个百分点，失业必须在第 1 年上升到比其初始水平高 2 个百分点，在随后的每一年至少高 1 个百分点。

c. 首先考虑从时期 0 到时期 1 的短期牺牲率。为了降低通货膨胀 1 个百分点，失业率必须上升 2 个百分点。利用奥肯定律，失业率上升 2 个百分点对应 GDP 下降 4 个百分点。于是，短期牺牲率为 4。在长期，由于每个时期的失业都更高了，所以，产出永远减少，牺牲率趋近于无穷大。

d. 如果没有滞后作用，通货膨胀和失业之间只有短期权衡而没有长期权衡。上面的分析表明，在有滞后作用的情况下，通货膨胀和失业之间有着长期权衡：为了降低通货膨胀，失业必定永久性增加。

8. 一些经济学家相信税收对劳动供给有重要的影响。他们认为，更高的税收使人们想工作得更少，更低的税收使人们想工作得更多。考虑这种影响如何改变税收变动的宏观经济分析。

a. 如果这种观点正确，减税如何影响自然产出水平？

b. 减税如何影响总需求曲线？如何影响长期总供给曲线？如何影响短期总供给曲线？

c. 减税对产出和价格水平的短期影响是什么？你的回答与税收对劳动供给缺乏影响的情况有什么不同？

d. 减税对产出和价格水平的长期影响是什么？你的回答与税收对劳动供给缺乏影响的情况有什么不同？

答：a. 自然产出水平由生产函数 $\overline{Y}=F(\overline{K},\overline{L})$ 决定。如果减税增加了工作的激励，那么劳动供给增加，自然产出水平也增加。

b. 作为扩张性财政政策，减税使总需求曲线向右移动。通过增加劳动供给和自然产出水平，减税也使长期总供给曲线向右移动。

减税对短期总供给（*SRAS*）曲线的影响取决于用哪一个模型。由于在任何给定的实际工资水平下，工人愿意供给更多的劳动，所以劳动供给曲线向右移动；而劳动需求曲线不变。在黏性价格模型中，劳动量由需求决定，因此 *SRAS* 曲线不移动。相反，不完备信息模型假设劳动市场总是处于均衡，因此，更多的劳动供给立即导致更高的就业：*SRAS* 曲线向右移动。

c. 在黏性价格模型中，短期分析与没有劳动供给影响的传统模型相同。由于总需求上升而短期总供给不变，所以产出和价格水平都增加。在不完备信息模型中，短期总供给曲线向右移动，因此，与传统模型相比，减税更具扩张性，引起的通货膨胀更少。图 14－5 显示了这两个模型的效果。在黏性价格模型中，短期均衡从 *A* 点运动到 *SW* 点；在不完备信息模型中，它运动到 *B* 点。

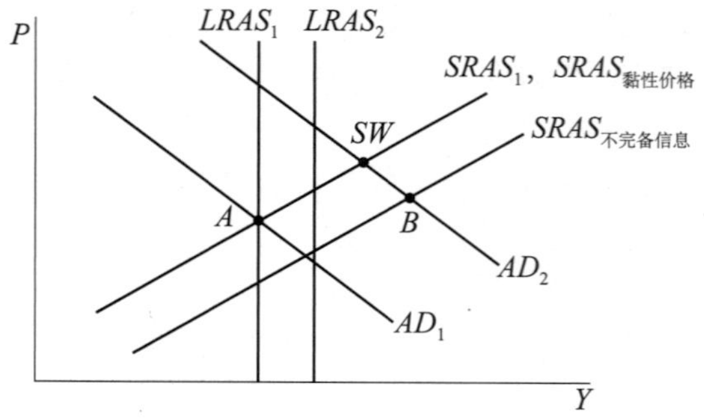

图 14-5

d. 在没有劳动供给影响的情况下，在长期，减税提高了价格水平，产出回到其原来的自然水平。这是因为，在长期，随着预期价格水平因总需求的增加而上升，短期总供给曲线向上移动。在有劳动供给影响的情况下，在长期，减税提高了自然产出水平，同时价格水平的变动是不明确的。如果总需求曲线的水平移动与长期总供给曲线的水平移动相同，那么价格水平不变。如果总需求曲线的水平移动大于长期总供给曲线的水平移动，那么价格水平上升。如果长期总供给曲线的水平移动大于总需求曲线的水平移动，那么价格水平下降。

9. 登录劳工统计局网站（www.bls.gov）。找出过去 5 年的每一年用包括所有产品的消费者价格指数（consumer price index for all items）衡量的通货膨胀率［有时被称为整体通货膨胀（headline inflation）］与用剔除食品和能源的 CPI（CPI excluding food and energy）衡量的通货膨胀率［有时被称为核心通货膨胀（core inflation）］。比较通货膨胀的这两个衡量指标。为什么它们可能不同？关于总供给曲线的移动和短期菲利普斯曲线的移动，这一差别可能告诉你些什么？

答：下表是来自劳工统计局网站（www.bls.gov）的 2012—2017 年包括所有城市消费者的消费者价格指数数据。

年份	消费者价格指数（CPI）	根据 CPI 计算的通货膨胀率	剔除食品和能源的 CPI	根据剔除食品和能源的 CPI 计算的通货膨胀率
2012	229.594	—	229.755	—
2013	232.957	1.46%	233.806	1.76%
2014	236.736	1.62%	237.897	1.75%
2015	237.017	0.12%	242.247	1.83%
2016	240.007	1.26%	247.602	2.21%
2017	245.120	2.13%	252.169	1.84%

食品和能源价格往往有更大的波动性。因此，剔除这些价格的 CPI 往往更加稳定，如数据所示。食品和能源价格也更可能反映供给冲击，这使短期总供给曲线和菲利普斯曲线发生移动，加大价格水平和通货膨胀率的波动。于是，剔除食品和能源价格的 CPI 对需求拉动型通货膨胀的强调往往多于对成本推动型通货膨胀的强调，需求拉动型通货膨胀可能更能反映中央银行的政策权衡。

更多的问题与应用

1. 让我们考虑所有模型之母这一大型模型的更多特例。从这个综合模型开始，你需要作出哪些额外的假设才能得到以下每一个模型？

a. 第 6 章附录中的古典大型开放经济模型。

b. 第 11 章前半部分的凯恩斯交叉模型。

c. 第 13 章附录中的大型开放经济的 *IS-LM* 模型。

答：a. 第 6 章附录中的古典大型开放经济模型允许国内利率偏离世界利率。它是这样一个特例：$EP=P$，$L(i, Y)=(1/V)Y$，资本净流出 $CF(r-r^*)$ 不是有无限弹性的。

b. 第 11 章前半部分的凯恩斯交叉模型是这样一个特例：(i) 经济是封闭的，因此 $CF(r-r^{*})=0$；(ii) $I(r)=I$，因此投资是外生的；(iii) α 无穷大，因此短期总供给曲线是水平的。在这个特例中，产出唯一取决于对产品和服务的需求。

c. 第 13 章附录中的大型开放经济的 $IS-LM$ 模型是这样一个特例：α 无穷大，因此短期总供给曲线是水平的；资本净流出 $CF(r-r^{*})$ 不是有无限弹性的。

第 15 章 一个经济波动的动态模型

复习题

1. 在一幅仔细标记横轴和纵轴的图上画出动态总供给曲线。解释为什么它的斜率是向右上方倾斜的。

答： 动态总供给（DAS）曲线的方程为

$$\pi_t = \pi_{t-1} + \phi(Y_t - \bar{Y}_t) + \upsilon_t$$

回忆一下参数 ϕ 是正的，它决定了企业调整价格以应对产出波动的速度有多快。当产出上升到超过其自然水平时，企业的边际成本上升并且提高价格。于是，经济中产出水平和通货膨胀之间有一种正相关关系；*DAS* 曲线向上倾斜。*DAS* 曲线的陡峭程度取决于当产出高于其自然水平时边际成本上升得有多快和企业提高价格以应对边际成本上升的速度有多快。如果边际成本上升得更快和企业通过提高价格作出应对的速度更快，那么 *DAS* 就更陡峭。图 15 - 1 画出了 *DAS* 曲线。

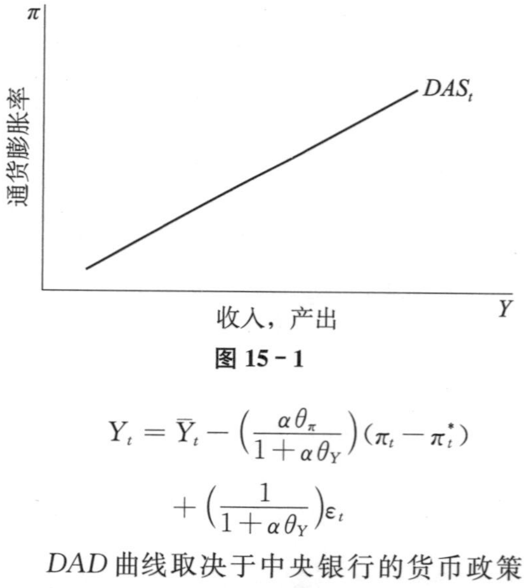

图 15 - 1

2. 在一幅仔细标记横轴和纵轴的图上画出动态总需求曲线。解释为什么它的斜率是向右下方倾斜的。

答： 动态总需求（*DAD*）曲线的方程为

$$Y_t = \bar{Y}_t - \left(\frac{\alpha\theta_\pi}{1+\alpha\theta_Y}\right)(\pi_t - \pi_t^*) + \left(\frac{1}{1+\alpha\theta_Y}\right)\varepsilon_t$$

DAD 曲线取决于中央银行的货币政策规则，它阐述了产出需求量和通货膨胀之间的负相关关系。当通货膨胀变动时，中央银行遵循其货币政策规则，改变名义利率。该货币政策规则规定名义利率的变动超过通货膨胀的变动从而实际利率发生变动，因此，产品和服务需求发生变动。于是，如果通货膨胀上升，那么中央银行提高名义利率，实际利率上升，产出下降。如果中央银行对高通货膨胀的容忍度更高（θ_π更小），中央银行

对产出偏离其自然水平的容忍度更低（θ_Y更大），总需求对实际利率的变动作出的反应更小（α 更小），那么 *DAD* 曲线就更陡峭。图 15－2 画出了 *DAD* 曲线。

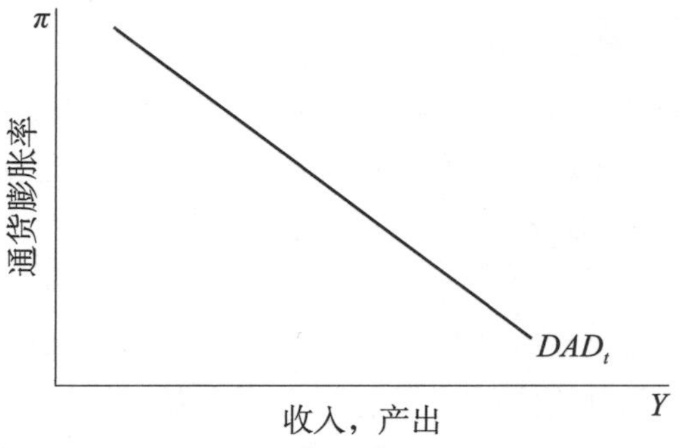

图 15－2

3. 中央银行新行长决定将目标通货膨胀率从 2%提高到 3%。用一幅动态 *AD-AS* 模型的图形来表示这一变化的影响。这一政策变动刚刚发生时，名义利率会发生什么变化？在长期，名义利率会发生什么变化？请解释。

答：*DAD* 曲线考虑了中央银行的货币政策规则。如果中央银行通过提高目标通货膨胀率来改变该规则，那么 *DAD* 曲线向右移动。如 *DAD* 曲线的方程所表明的那样，对于任何给定的通货膨胀率，目标通货膨胀率的增加提高了产出。当中央银行增加目标通货膨胀率时，当前的通货膨胀率低于目标通货膨胀率。结果，中央银行通过降低名义利率来作出反应，这又降低了实际利率。在当前的通货膨胀率，更低的实际利率增加了产品和服务需求，产出上升。如图 15－3 所示，经济一开始时从 *A* 点运动到 *B* 点。由于在 *B* 点产出高于其自然水平，边际成本上升，企业提高它们的价格。随着通货膨胀水平的上升，预期通货膨胀率也上升，这导致 *DAS* 曲线随着时间的推移向上移动，如图所示。最终，经济达到处于 *Z* 点的新长期均衡，通货膨胀等于更高的目标水平，即 3%。

在长期，名义利率等于实际利率加上目标通货膨胀率。由于长期实际利率保持不变，所以名义利率与目标通货膨胀率一对一地上升。

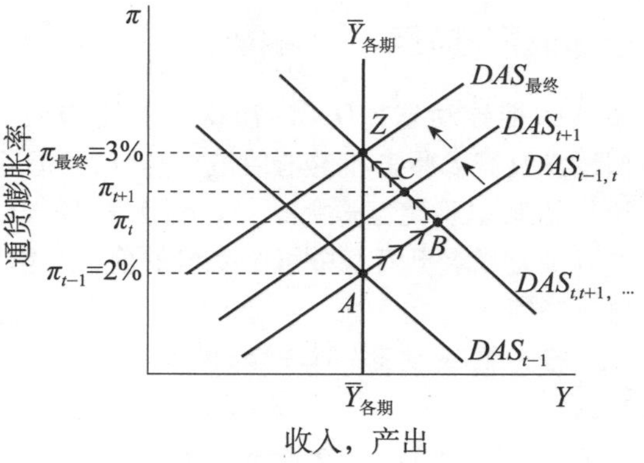

图 15－3

4. 中央银行新行长决定增加利率对通货膨胀率的反应。这一政策变动会如何改变经济对供给冲击的反应？通过图形来回答并给出更加直观的经济学解释。

答：如果中央银行增加利率对通货膨胀率变动的反应（通过增加 θ_π），那么中央银行对通货膨胀率偏离目标的容忍度下降。因此，通货膨胀的给定增加引起名义利率和实际利率更大的增加，*DAD* 曲线变得更加平缓。直观上，当中央银行对通货膨胀的容忍度下降时，它对产出偏离其自然水平的容忍度相对提高了。在数学上，*DAD* 曲线斜率的绝对值为 $(1+\alpha\theta_Y)/(\alpha\theta_\pi)$。当 θ_π增加时，该斜率的绝对值变小，*DAD* 曲线变得更平缓。在这种情况下，与以前的政策相比，使 *DAS* 曲线向上移动的供给冲击导致产出更大的下降和通货膨胀更小的增加。如图 15－4 所示，在新政策下，供给冲击导致经济从 *A* 点运动到 *C* 点，而在以前的政策下，经济从 *A* 点运动到 *B* 点。

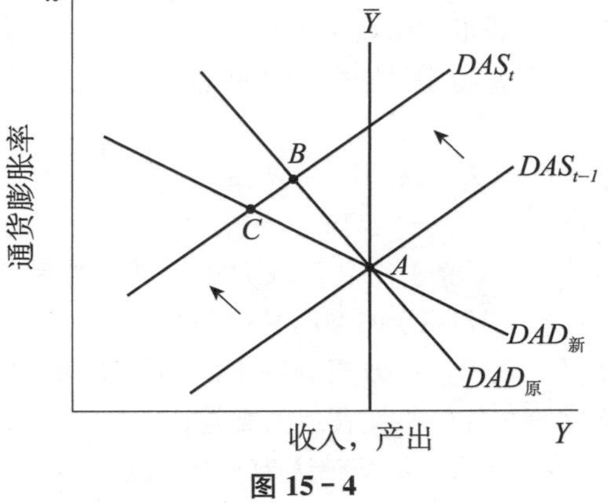

图 15－4

问题与应用

1. 推导动态 AD-AS 模型的长期均衡。假设没有需求冲击和供给冲击（$\varepsilon_t=\upsilon_t=0$），通货膨胀率稳定（$\pi_t=\pi_{t-1}$），利用表 15－1 的五个方程求出模型中每个变量的值。写出每一步骤。

答：组成动态 AD-AS 模型的五个方程为

$$Y_t=\bar{Y}_t-\alpha(r_t-\rho)+\varepsilon_t$$
$$r_t=i_t-E_t\pi_{t+1}$$
$$\pi_t=E_{t-1}\pi_t+\phi(Y_t-\bar{Y}_t)+\upsilon_t$$
$$E_t\pi_{t+1}=\pi_t$$
$$i_t=\pi_t+\rho+\theta_\pi(\pi_t-\pi_t^*)+\theta_Y(Y_t-\bar{Y}_t)$$

我们可以结合菲利普斯曲线和适应性预期方程得到

$$\pi_t=\pi_{t-1}+\phi(Y_t-\bar{Y}_t)+\upsilon_t$$

由于通货膨胀稳定（$\pi_t=\pi_{t-1}$）且没有供给冲击（$\upsilon_t=0$），这个方程意味着$Y_t=\bar{Y}_t$。结合这个结果和没有需求冲击（$\varepsilon_t=0$）的假设，需求方程意味着$r_t=\rho$。我们可以结合这个结果与适应性预期及费雪方程，得到

$$\rho=i_t-\pi_t$$

将这个结果和前面 $Y_t=\bar{Y}_t$ 的结果应用于货币政策规则，得到$\pi_t=\pi_t^*$。总结起来，长期均衡为

$$Y_t=\bar{Y}_t$$
$$r_t=\rho$$
$$\pi_t=\pi_t^*$$
$$E_t\pi_{t+1}=\pi_t^*$$
$$i_i=\rho+\pi_t^*$$

2. 假定货币政策规则用了一个错误的自然利率。也就是说，中央银行采用的规则是：

$$i_t=\pi_t+\rho'+\theta_\pi(\pi_t-\pi_t^*)+\theta_Y(Y_t-\bar{Y}_t)$$

式中，ρ'不等于产品需求方程中的自然利率ρ。动态 AD-AS 模型的其他部分都和本章的相同。求出这一政策规则下的长期均衡。用文字解释你的答案背后的直觉。

答：当中央银行认为自然利率是 ρ'时，组成动态 AD-AS 模型的五个方程为

$$Y_t=\bar{Y}_t-\alpha(r_t-\rho)+\varepsilon_t$$
$$r_t=i_t-E_t\pi_{t+1}$$
$$\pi_t=E_{t-1}\pi_t+\phi(Y_t-\bar{Y}_t)+\upsilon_t$$
$$E_t\pi_{t+1}=\pi_t$$
$$i_t=\pi_t+\rho'+\theta_\pi(\pi_t-\pi_t^*)+\theta_Y(Y_t-\bar{Y}_t)$$

我们可以结合菲利普斯曲线和适应性预期方程得到

$$\pi_t=\pi_{t-1}+\phi(Y_t-\bar{Y}_t)+\upsilon_t$$

由于通货膨胀稳定（$\pi_t=\pi_{t-1}$）且没有供给冲击（$\upsilon_t=0$），这个方程意味着 $Y_t=\bar{Y}_t$。结合这个结果和没有需求冲击（$\varepsilon_t=0$）的假设，需求方程意味着$r_t=\rho$。我们可以结合这个结果与适应性预期及费雪方程，得到

$$\rho=i_t-\pi_t$$

将这个结果和前面 $Y_t=\bar{Y}_t$ 的结果应用于货币政策规则，得到

$$\rho=\rho'+\theta_\pi(\pi_t-\pi_t^*)$$
$$\pi_t=\pi_t^*+\frac{\rho-\rho'}{\theta_\pi}$$

总结起来，长期均衡为

$$Y_t=\bar{Y}_t$$
$$r_t=\rho$$
$$\pi_t=\pi_t^*+\frac{\rho-\rho'}{\theta_\pi}$$
$$E_t\pi_{t+1}=\pi_t^*+\frac{\rho-\rho'}{\theta_\pi}$$
$$i_i=\rho+\pi_t^*+\frac{\rho-\rho'}{\theta_\pi}$$

图 15－5 说明了中央银行的错误认识所产生的影响。经济在 $t-1$ 期处于长期均衡，中央银行使用的是真实的自然利率。然后，从 t 期开始，中央银行认为自然利率比真实值高（$\rho'>\rho$）。这导致中央银行实施紧缩性货币政策，使 DAD 曲线向下移动。这导致一场衰退，降低了通货膨胀率。随着更低的通货膨胀率持续，预期通货膨胀率下降，DAS 曲线向下移动，直到达到新的均衡。在新的长期均衡处，如上面的方程所示，通货膨胀率低于其目标，名义利率更低了。

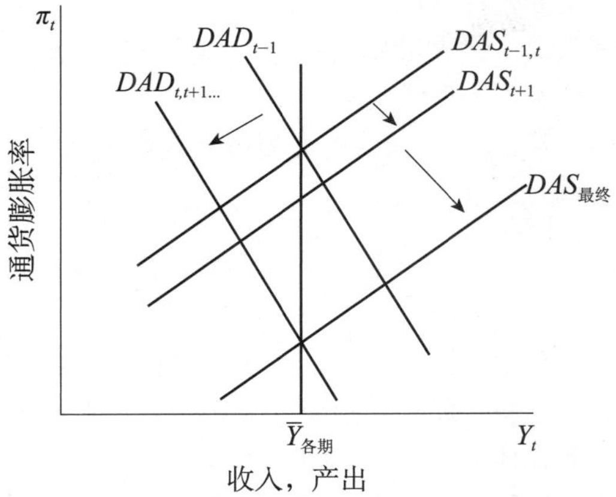

图 15 - 5

3. "如果中央银行想实现更低的名义利率，它就不得不提高名义利率。"解释这一说法在哪方面是有道理的。

答：中央银行要想在长期实现更低的名义利率，它就必须在短期提高名义利率。在长期，名义利率等于自然利率加上目标通货膨胀率。为了降低长期名义利率，中央银行必须降低目标通货膨胀率，从而降低现实的通货膨胀率。在短期，中央银行必须使用紧缩性货币政策来增加名义利率。这降低了通货膨胀，最终降低了预期通货膨胀。经济调整至一个名义利率、目标通货膨胀率和现实通货膨胀率都更低的新长期均衡。在图形上，分析同图 15 - 5。降低目标通货膨胀率使 *DAD* 曲线向下移动，这降低了短期的产出和通货膨胀率。随着预期通货膨胀在长期内不断调整，*DAS* 曲线向下移动。在长期，产出等于其自然水平，通货膨胀和名义利率都更低了。

4. 牺牲率是中央银行降低目标通货膨胀率 1 个百分点所造成的产出累计损失。对于正文中模拟部分采用的参数（参见本章"参考资料"），所隐含的牺牲率是多少？请解释。

答：牺牲率衡量了与通货膨胀率下降 1 个百分点相联系的产出累计损失。在图形上，目标通货膨胀率的下降使 *DAD* 曲线向下移动，这导致短期均衡产出和通货膨胀率都下降。随着时间的推移，预期通货膨胀不断调整，*DAS* 曲线向下移动，直到产出回到其自然水平。对于产出低于潜在水平的每一年，产出偏离其自然水平的百分点都可以计算出来，加总偏离百分点就得到了累计产出损失百分点。对于正文中模拟部分所包括的那 12 年，累计产出损失是 2.59 个百分点。在同一时期，通货膨胀率从 2% 下降到 1.35%，即下降了 0.65 个百分点。因此，隐含的牺牲率为 2.59/0.65＝3.98。我们可以利用动态 *AD*-*AS* 模型从理论上推导这一结果。在适应性预期下，菲利普斯曲线的方程为

$$\pi_t = \pi_{t-1} + \phi(Y_t - \bar{Y}_t) + \upsilon_t$$

从这个方程中我们可以看出，在没有供给冲击（$\upsilon_t=0$）的情况下，产出相比其自然水平下降 1 个百分点导致通货膨胀下降 ϕ 个百分点。反向来看，我们发现，为了降低通货膨胀率 1 个百分点，产出必须下降 $1/\phi$ 个百分点。在模拟部分，$\phi=0.25$，因此牺牲率为 $1/\phi=4$。这与我们直接从模拟结果计算得到的 3.98 非常接近。

5. 正文分析了对产品与服务需求的暂时冲击的情况。但是，现在假定 ε_t 永久增加。随着时间的推移，经济会发生什么变化？特别地，通货膨胀率在长期会回到其目标吗？为什么？（提示：求出没有 $\varepsilon_t=0$ 的假设下的长期均衡可能是有帮助的。）中央银行可能会如何改变它的政策规则来应对这一问题？

答：组成动态 *AD*-*AS* 模型的五个方程为

$$Y_t = \bar{Y}_t - \alpha(r_t - \rho) + \varepsilon_t$$
$$r_t = i_t - E_t\pi_{t+1}$$
$$\pi_t = E_{t-1}\pi_t + \phi(Y_t - \bar{Y}_t) + \upsilon_t$$
$$E_t\pi_{t+1} = \pi_t$$
$$i_t = \pi_t + \rho + \theta_\pi(\pi_t - \pi_t^*) + \theta_Y(Y_t - \bar{Y}_t)$$

我们可以结合菲利普斯曲线和适应性预期方程得到

$$\pi_t = \pi_{t-1} + \phi(Y_t - \bar{Y}_t) + \upsilon_t$$

在通货膨胀稳定（$\pi_t=\pi_{t-1}$）且没有供给冲击（$\upsilon_t=0$）的假设下，这个方程意味着

$Y_t=\bar{Y}_t$。于是，需求方程意味着

$$\alpha(r_t-\rho)=\varepsilon_t$$

$$r_t=\rho+\frac{\varepsilon_t}{\alpha}$$

然后，费雪方程和适应性预期方程意味着

$$\rho+\frac{\varepsilon_t}{\alpha}=i_t-\pi_t$$

货币政策规则意味着

$$\frac{\varepsilon_t}{\alpha}=\theta_\pi(\pi_t-\pi_t^*)$$

$$\pi_t=\pi_t^*+\frac{\varepsilon_t}{\alpha\theta_\pi}$$

我们将它代回到费雪方程，得到

$$\rho+\frac{\varepsilon_t}{\alpha}=i_t-\pi_t^*-\frac{\varepsilon_t}{\alpha\theta_\pi}$$

$$i_t=\rho+\pi_t^*+\left(\frac{1+\theta_\pi}{\alpha\theta_\pi}\right)\varepsilon_t$$

总结起来，长期均衡为

$$Y_t=\bar{Y}_t$$

$$r_t=\rho+\frac{\varepsilon_t}{\alpha}$$

$$\pi_t=\pi_t^*+\frac{\varepsilon_t}{\alpha\theta_\pi}$$

$$E_t\pi_{t+1}=\pi_t^*+\frac{\varepsilon_t}{\alpha\theta_\pi}$$

$$i_t=\rho+\pi_t^*+\left(\frac{1+\theta_\pi}{\alpha\theta_\pi}\right)\varepsilon_t$$

如果需求冲击参数 ε_t 永久地增加，那么 DAD 曲线永久地向右移动。这导致产出和通货膨胀的短期增加；随着经济向新长期均衡调整，通货膨胀在长期进一步增加。这与上面的方程是一致的，上面的方程表明通货膨胀率高于其目标。注意：预期通货膨胀也更高了，名义利率和实际利率也是如此。如果中央银行想恢复到原来的长期通货膨胀水平，那么它可以将其目标通货膨胀率降低 $\varepsilon_t/(\alpha\theta_\pi)$。这将有效地抵消需求冲击的永久性增加，使 DAD 曲线移回到原来的位置。

6. 假定中央银行不满足泰勒原理；特别地，假设 θ_π 略小于零，从而，虽然名义利率随通货膨胀上升而上升，但它上升的量小于通货膨胀上升的量。用一幅类似于图 15－13 的图分析供给冲击的影响。这一分析与作为货币政策设计准则的泰勒原理相互矛盾还是强化了该原理？

答：DAD 曲线的方程由下式给出：

$$Y_t=\bar{Y}_t-\left(\frac{\alpha\theta_\pi}{1+\alpha\theta_Y}\right)(\pi_t-\pi_t^*)+\left(\frac{1}{1+\alpha\theta_Y}\right)\varepsilon_t$$

在标准情况下，$\theta_\pi>0$，DAD 曲线向右下方倾斜。此处，由于 $\theta_\pi<0$，DAD 曲线向右上方倾斜。在这种情况下，使 DAS 曲线向上移动的供给冲击导致通货膨胀不断增加，即使冲击只是暂时的。如图 15－6 所示，供给冲击使 DAS 曲线向上移动，起初使均衡从 A 点运动到 B 点，使产出上升到其自然水平之上，并提高通货膨胀率。由于名义利率上升的量小于通货膨胀上升的量，所以实际利率下降，产出继续上升，DAS 曲线因公众调整通货膨胀预期而继续上升。由于中央银行通常想要低且稳定的通货膨胀，所以这一分析强化了作为货币政策设计准则的泰勒原理。

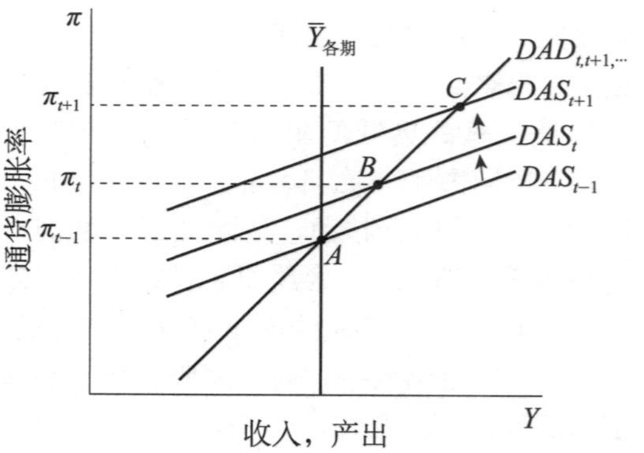

图 15－6

7. 正文假设自然利率 ρ 是一个常数。假定与之相反，它随着时间的推移而变化，因此现在不得不将它写成 ρ_t。

a. 这一改变会如何影响动态总需求方程和动态总供给方程？

b. 对 ρ_t 的冲击会如何影响产出、通货膨胀、名义利率和实际利率？

c. 如果 ρ_t 随着时间的推移而变化，你认

为中央银行可能会面临什么样的实际困难?

答: 假定自然利率不是一个常数,而是随着时间的推移而变化,因此现在将它写成 ρ_t。

a. *DAS* 曲线方程的推导不涉及自然利率,因此 *DAS* 曲线方程不受影响。尽管 *DAD* 曲线方程的推导涉及变量 ρ_t,但它被抵消了从而不是最终方程的一部分,因此 *DAD* 曲线方程也不受影响。

b. 由于 *DAD* 曲线和 *DAS* 曲线都不受 ρ_t 的变化的影响,因此,产出和通货膨胀也不受影响。实际利率和名义利率的变化量与 ρ_t 的变化量相同。

c. 货币政策规则意味着自然利率为中央银行所知。如果自然利率随着时间的推移而变化但是中央银行确切地知道它如何变化,那么中央银行仍然能按照货币政策方程实施货币政策。更现实地说,随着时间的推移,如果中央银行面临自然利率的不确定性,那么它也面临着关于目标名义利率的不确定性,这使得货币政策更难实施。而且,如果自然利率的变动以任何方式与通货膨胀率相关,那么中央银行在实施货币政策上将面临进一步的挑战。

8. 假定人们的通货膨胀预期受到随机冲击的影响。也就是说,不再是简单的适应性预期,时期 $t-1$ 对时期 t 的通货膨胀预期是 $E_{t-1}\pi_t=\pi_{t-1}+\eta_{t-1}$,式中,$\eta_{t-1}$ 是一个随机冲击。这一冲击一般为零,但是,当过去的通货膨胀以外的某事件引起预期的通货膨胀变化时,它就会偏离零。类似地,$E_t\pi_{t+1}=\pi_t+\eta_t$。

a. 推导这个稍微一般化的模型中的动态总需求(*DAD*)方程和动态总供给(*DAS*)方程。

b. 假定经济经历了一场通货膨胀恐慌(inflation scare)。也就是说,在时期 t,由于某些原因人们开始相信时期 $t+1$ 的通货膨胀将会更高,因此 η_t 大于零(只是在这个时期)。时期 t 的 *DAD* 曲线和 *DAS* 曲线会发生什么变化?该时期的产出、通货膨胀、名义利率和实际利率会发生什么变化?请解释。

c. 时期 $t+1$ 的 *DAD* 曲线和 *DAS* 曲线会发生什么变化?该时期的产出、通货膨胀、名义利率和实际利率会发生什么变化?请解释。

d. 在接下来的(多个)时期里经济会发生什么变化?

e. 在何种意义上通货膨胀恐慌自我实现了?

答: 假定人们的通货膨胀预期受到随机冲击的影响从而

$$E_{t-1}\pi_t = \pi_{t-1} + \eta_{t-1}$$

a. *DAS* 曲线由菲利普斯曲线给出,它变成了

$$\pi_t = \pi_{t-1} + \eta_{t-1} + \phi(Y_t - \bar{Y}_t) + \upsilon_t$$

DAD 曲线从需求方程、费雪方程和货币政策规则中推导得到,过程如下:

$$Y_t=\bar{Y}_t-\alpha(r_t-\rho)+\varepsilon_t$$

$$Y_t=\bar{Y}_t-\alpha(i_t-\pi_t-\eta_t-\rho)+\varepsilon_t$$

$$Y_t=\bar{Y}_t-\alpha[\pi_t+\rho+\theta_\pi(\pi_t-\pi_t^*)+\theta_Y(Y_t-\bar{Y}_t)-\pi_t-\eta_t-\rho]+\varepsilon_t$$

$$Y_t=\bar{Y}_t-\alpha[\theta_\pi(\pi_t-\pi_t^*)+\theta_Y(Y_t-\bar{Y}_t)-\eta_t]+\varepsilon_t$$

$$(1+\alpha\theta_Y)Y_t=(1+\alpha\theta_Y)\bar{Y}_t-\alpha\theta_\pi(\pi_t-\pi_t^*)+\alpha\eta_t+\varepsilon_t$$

$$Y_t=\bar{Y}_t-\left(\frac{\alpha\theta_\pi}{1+\alpha\theta_Y}\right)(\pi_t-\pi_t^*)+\left(\frac{\alpha}{1+\alpha\theta_Y}\right)\eta_t+\left(\frac{1}{1+\alpha\theta_Y}\right)\varepsilon_t$$

b. 如果 η_t 只是在某个时期大于零,那么 *DAD* 曲线将向右移动,产出和通货膨胀都将上升。由于 *DAS* 曲线取决于冲击参数的滞后值,所以它一开始时不移动。基于中央银行的货币政策规则,名义利率和实际利率都将上升。直觉上,如果人们预期下一年的通货膨胀会更高,那么他们今天会增加购买。

c. 在 $t+1$ 期,由于 $\eta_{t+1}=0$,所以 *DAD* 曲线移回到其原来的位置。由于 *DAS* 曲线取决于 η_t,而 η_t 为正,所以 *DAS* 曲线向左移动。与长期相比,产出更低,通货膨胀更高;经济经历着滞胀。通货膨胀更高是由于通货膨

胀恐慌，产出更低是因为更高的实际利率。

d. 在接下来的多个时期里，由于更低的产出水平降低了通货膨胀从而降低了通货膨胀预期，所以 *DAS* 曲线移回到原来的位置。由于通货膨胀的短期增加导致预期通货膨胀上升到其长期值以上，所以 *DAS* 曲线不会立即回到原来的位置。

e. 这一分析表明，通货膨胀恐慌可以自我实现。当人们预期通货膨胀上升时，他们的行为方式使得通货膨胀确实上升了。

9. 利用动态 *AD-AS* 模型将通货膨胀表示成只包含滞后通货膨胀和供给与需求冲击的函数。(假设目标通货膨胀为常数。)

a. 根据你得到的方程，通货膨胀在冲击之后会回到其目标值吗？请解释。(提示：看一下滞后通货膨胀的系数。)

b. 假定中央银行不对产出的变化作出反应而只对通货膨胀的变化作出反应，从而 $\theta_Y=0$。这一事实会怎样改变问题 a 的答案(如果会改变的话)？

c. 假定中央银行不对通货膨胀的变化作出反应而只对产出的变化作出反应，从而 $\theta_\pi=0$。这一事实会怎样改变问题 a 的答案(如果会改变的话)？

d. 假定中央银行不遵从泰勒原理，而是对于通货膨胀每增加 1 个百分点只将名义利率提高 0.8 个百分点。在这种情况下，θ_π 的值是多少？需求冲击或供给冲击会如何影响通货膨胀的路径？

答： 我们可以利用动态 *AD-AS* 模型将通货膨胀表示成只包含滞后通货膨胀和供给与需求冲击的函数来解决通货膨胀。我们从 *DAS* 方程开始，用 *DAD* 方程代替 Y_t，按如下步骤求解：

$$\pi_t=\pi_{t-1}+\phi(Y_t-\bar{Y}_t)+\upsilon_t$$

$$\pi_t=\pi_{t-1}+\phi\Big[\bar{Y}_t-\Big(\frac{\alpha\theta_\pi}{1+\alpha\theta_Y}\Big)(\pi_t-\pi^*)+\Big(\frac{1}{1+\alpha\theta_Y}\Big)\varepsilon_t-\bar{Y}_t\Big]+\upsilon_t$$

$$\Big(1+\frac{\phi\alpha\theta_\pi}{1+\alpha\theta_Y}\Big)\pi_t=\pi_{t-1}+\Big(\frac{\phi\alpha\theta_\pi}{1+\alpha\theta_Y}\Big)\pi^*+\Big(\frac{\phi}{1+\alpha\theta_Y}\Big)\varepsilon_t+\upsilon_t$$

$$\pi_t=\Big(\frac{1+\alpha\theta_Y}{1+\alpha\theta_Y+\phi\alpha\theta_\pi}\Big)\pi_{t-1}+\Big(\frac{\phi\alpha\theta_\pi}{1+\alpha\theta_Y+\phi\alpha\theta_\pi}\Big)\pi^*+\Big(\frac{\phi}{1+\alpha\theta_Y+\phi\alpha\theta_\pi}\Big)\varepsilon_t+\Big(\frac{1+\alpha\theta_Y}{1+\alpha\theta_Y+\phi\alpha\theta_\pi}\Big)\upsilon_t$$

a. 供给或需求冲击的暂时性更大取值导致当前通货膨胀增加。随着经济调整和经济回到长期均衡，通货膨胀降回到其目标水平。为了理解其中的原因，注意到滞后通货膨胀的系数为正但小于 1，因此，$t+1$ 期的通货膨胀将小于 t 期的通货膨胀，依此类推，通货膨胀最终回到其目标水平。

b. 如果中央银行不对产出的变化作出反应（$\theta_Y=0$），那么在供给或需求冲击后，经济仍将回到其目标通货膨胀率，原因是滞后通货膨胀的系数仍然为正但小于 1。区别在于通货膨胀回到其目标水平的速度更快，这是因为滞后通货膨胀的系数相比 $\theta_Y>0$ 时更小。在图形上，当中央银行只关心通货膨胀时，*DAD* 曲线更加平缓。

c. 如果中央银行不对通货膨胀的变化作出反应（$\theta_\pi=0$），那么滞后通货膨胀的系数等于 1。在这种情况下，在供给或需求冲击后，通货膨胀不会回到其目标水平；变化是永恒的。

d. 根据泰勒原理，通货膨胀增加 1 个百分点导致名义利率增加 $1+\theta_\pi$ 个百分点。如果中央银行对于通货膨胀每增加 1 个百分点只将名义利率提高 0.8 个百分点，那么 $\theta_\pi=-0.2$。当 θ_π 为负时，*DAD* 曲线向右上方倾斜。供给或需求冲击的暂时性增加使经济处于通货膨胀不断增加的路径上。出现这种情况的原因是实际利率继续下降，从而产出在其自然水平以上继续上升。在数学上，我们看到，如果 $\theta_\pi<0$，那么滞后通货膨胀的系数大于 1。大于 1 的系数引起爆炸性通货膨胀。

第 16 章

关于稳定化政策的不同观点

复习题

1. 什么是内在时滞与外在时滞？哪一种政策内在时滞更长——货币政策还是财政政策？哪一种政策外在时滞更长？为什么？

答： 内在时滞是经济冲击与应对该冲击的政策行动之间的时间。这种时滞的产生是因为政策制定者认识到冲击已经发生和实施适当的政策都需要时间。外在时滞是政策行动与其对经济产生影响之间的时间。这种时滞的产生是因为政策并不能立即影响支出、收入和就业。

财政政策的内在时滞长。例如，从税收变动的提议到其成为法律可能历时数年。货币政策的内在时滞短。一旦中央银行认识到需要采取某项货币政策行动，数天或数周后它就能付诸行动。

但是，货币政策的外在时滞长。货币供给的增加通过降低利率进而增加投资来影响经济。但是，许多企业提前很久做投资计划。这样，从中央银行采取行动时算起，到效果在实际 GDP 中显现需要大概 6 个月时间。

2. 为什么更准确的经济预测使政策制定者稳定经济更为容易？描述经济学家力图预测经济发展的两种方法。

答： 货币政策和财政政策都有着长的时滞。结果，在决定应该采取扩张还是紧缩总需求的政策时，政策制定者必须预测未来六个月到一年的经济状况。

经济学家力图预测经济状况的一种方法是借助领先指标指数。它由常常先于经济波动的 11 个数据序列组成，如股票价格指数、新私人住宅单位的建筑开工许可证、制造业消费品和原材料新订单、利率差等。

另一种方法是使用宏观计量经济模型。这些大型计算机模型有许多方程，每个方程代表着经济的一部分。一旦关于外生变量——税收、政府支出、货币供给、石油价格等——的路径的假设被作出，这些模型就会对失业、通货膨胀、产出和其他内生变量的路径进行预测。

3. 叙述卢卡斯批判。

答： 人们对经济政策作出反应的方式取决于他们对未来的预期，包括关于政府政策变动的预期。卢卡斯对经济政策的批判认为，传统的政策评估方法没有适当地考虑政策影响预期的方式。

例如，牺牲率——为了降低通货膨胀1个百分点必须放弃的GDP百分点数——取决于预期通货膨胀。公众的通货膨胀预期不一定是固定的或者调整缓慢的。它们取决于公众对中央银行的声誉和可信性的看法。

4. 一个人对宏观经济历史的解释如何影响他对宏观经济政策的观点？

答：一个人对宏观经济历史的解释可能影响他对宏观经济政策应该起积极作用还是起消极作用的看法。如果一个人认为过去的政府政策减轻了总供给和总需求受到较大冲击的影响，那么他往往赞成积极的稳定化政策。相反，如果一个人认为大部分政府政策干预的害处大于益处，那么他往往赞成消极的政策，听任经济自然地对冲击作出调整。

5. 经济政策的“时间不一致性”指什么？为什么政策制定者可能很想违背他们以前所做的公告？在这种情况下，政策规则的优点是什么？

答：时间不一致性问题的产生是因为对未来政策的预期影响人们今天如何行动。结果，政策制定者可能想今天公告他们打算在未来会采用的政策以影响公众的预期。一旦公众已经对此作出反应，政策制定者可能很想违背他们的承诺。

例如，教授有激励宣布其课程会有期末考试以便学生认真学习和理解教学内容。到了考试那天早上，学生已经学习和理解了教学内容，该教授可能很想取消考试以便不需要阅卷了。

类似地，政府有激励宣布它不会与恐怖分子谈判。如果恐怖分子相信他们绑架人质不会有任何收获，那么他们就不会那么做。但是，一旦人质被绑架，政府就会强烈地想要谈判和作出让步。

就货币政策而言，假定中央银行公告了低通货膨胀政策，且公众相信了该公告，那么中央银行就有激励提高通货膨胀以试图减少失业。

对于会产生时间不一致性的场景，其存在的问题是，人们会不信任政策公告。在前面的例子中，学生可能不会为了准备考试而学习，恐怖分子可能绑架人质，公众可能预期高通货膨胀。在这些场景中，对政策规则的承诺可以帮助政策制定者维持可信性和防止糟糕的结果。

6. 列出美联储可能遵循的三个政策规则。在这些规则中你支持哪一个？为什么？

答：美联储可能遵循的第一个政策规则是让货币供给以稳定速率增长。货币主义者相信，经济中大部分大的波动都是货币供给波动的结果。在这种情况下，稳定的货币增长这一规则将防止这些大的波动。

美联储可能遵循的第二个政策规则是名义GDP目标制。在这个规则下，美联储将宣布一个名义GDP的计划路径。如果名义GDP低于（高于）此目标，美联储将增加（减少）货币增长以刺激（抑制）总需求。这个政策规则的一个优点是它将允许货币政策对货币流通速度的变化作出调整。

美联储可能遵循的第三个政策规则是通货膨胀目标制。美联储将宣布一个通货膨胀率目标并在现实通货膨胀偏离其目标时调整货币供给。这个规则将帮助经济免受货币流通速度的变化的影响，并易于向公众解释。

问题与应用

1. 假定失业与通货膨胀之间的权衡由菲利普斯曲线决定：

$$u = u^n - \alpha(\pi - E\pi)$$

式中，u为失业率；u^n为自然失业率；π为通货膨胀率；$E\pi$为预期的通货膨胀率。此外，假定民主党总是遵循高货币增长的政策，共和党总是遵循低货币增长的政策。你预测在以下条件下会出现什么样的通货膨胀和失业的“政治性经济周期”？

a. 每4年，根据随机抛掷硬币的结果，其中一个政党执政。（提示：在大选之前预期的通货膨胀将是多少？）

b. 两党轮流执政。

c. 你上面的答案支持“货币政策应该由独立的中央银行设定”这个结论吗？

答： 经济的菲利普斯曲线为

$$u = u^n - \alpha(\pi - E\pi)$$

这意味着，如果通货膨胀低于预期，那么失业将上升到其自然水平以上，经济出现衰退。类似地，如果通货膨胀高于预期，那么失业将下降到其自然水平以下，经济出现繁荣。民主党总是遵循高货币增长和高通货膨胀（用 π^L 表示）的政策，共和党总是遵循低货币增长和低通货膨胀（用 π^R 表示）的政策。

a. 在抛硬币结果出来之前，通货膨胀高和低各有 50%的可能。于是，在大选之前公众的通货膨胀预期为

$$E\pi = 0.5\pi^L + 0.5\pi^R$$

如果民主党赢了，那么通货膨胀一开始时高于预期，失业暂时性地下降到自然失业率以下。因此，民主党赢了后的初期经济出现繁荣。

如果共和党赢了，那么通货膨胀一开始时低于预期，失业暂时性地上升到自然失业率以上。因此，共和党赢了后的初期经济出现衰退。

b. 如果两党轮流执政，那么不存在政治性经济周期。公众确切地知道哪个政党会执政和通货膨胀率会是多少，因此现实的通货膨胀等于预期通货膨胀，失业率等于自然失业率。

c. 独立的中央银行的优势是它可以建立保持低且稳定的通货膨胀的声誉，这样就避免了政治性经济周期。如 a 小问所示，基于选举胜利的货币政策随机改变可以产生政治性经济周期，使得经济稳定性降低。如 b 小问所示，通过使公众的通货膨胀预期与现实的通货膨胀一致，政治性经济周期可以得以避免。不过，就算完全被预期到了，改变货币政策还是可能有其他成本。拥有一个维持低、稳定且独立于政治的通货膨胀的中央银行避免了这些问题。

2. 当城市通过限制房东收取的公寓租金的法律时，这些法律通常适用于已有的房屋，而不适用于任何还没有建的房屋。租金控制的提倡者认为，这种免除保证了租金控制不会抑制新房建设。根据时间不一致性问题评价这种观点。

答： 新建房屋免受租金控制法律限制这一公告存在时间不一致性问题。城市有激励承诺这种免除以使新房屋开发有更多的激励。但是，一旦新房屋建成，该城市就有激励违背其承诺以获得许多租户的好感，毕竟租户的数量比房东要多。新屋建设者将会预期城市会违背其承诺，因此，房屋开发将受到影响。

3. 某中央银行决定采用通货膨胀目标制，现在正在争论把通货膨胀率目标设定为 5%还是 0。该经济由如下菲利普斯曲线描述：

$$u = 5 - 0.5(\pi - E\pi)$$

式中，u 和 π 为用百分点衡量的失业率和通货膨胀率。失业和通货膨胀的社会成本由如下损失函数描述：

$$L = u + 0.05\pi^2$$

中央银行希望最小化损失。

a. 如果该中央银行致力于实现 5%的通货膨胀目标，预期通货膨胀率为多少？如果该中央银行坚决执行计划，失业率为多少？通货膨胀和失业造成的损失为多少？

b. 如果该中央银行致力于实现零通货膨胀目标，预期通货膨胀率为多少？如果该中央银行坚决执行计划，失业率为多少？通货膨胀和失业造成的损失为多少？

c. 基于 a 和 b 两小问的答案，你推荐哪个通货膨胀目标？为什么？

d. 假定该中央银行选择零通货膨胀目标，预期通货膨胀率为 0。但是，该中央银行突然出乎意料地选择了 5%的通货膨胀率。在这个未预期到的通货膨胀时期，失业率为多少？通货膨胀和失业造成的损失为多少？

e. d 小问的答案说明了什么问题？

答： a. 如果该中央银行致力于实现 5%的通货膨胀目标，那么预期通货膨胀率为 $E\pi=5\%$。如果它坚决执行该计划从而现实的通货膨胀率为 $\pi=5\%$，那么失业率为 $u=5\%$，损失为 $L=6.25$。

b. 如果该中央银行致力于实现零通货膨胀目标，那么预期通货膨胀率为 $E\pi=0$。如果

它坚决执行该计划从而现实的通货膨胀率为 $\pi=0$，那么失业率为 $u=5\%$，损失为 $L=5$。

c. 零通货膨胀目标导致的损失更小，因此是更好的选择。

d. 如果该中央银行致力于实现零通货膨胀目标，那么预期通货膨胀率为 $E\pi=0$。如果它不执行该计划从而现实的通货膨胀率为 $\pi=5\%$，那么失业率为 $u=2.5\%$，损失为 $L=3.75$。

e. 这个例子阐述了时间不一致性问题。假定中央银行宣布零通货膨胀目标，且公众认为该公告可信。后来，中央银行有激励允许更高的通货膨胀以使失业率下降。但是，如果中央银行这么做，那么它就会失去可信性，公众就会预期更高的通货膨胀。

4. 每次政策会议之后，美联储均发布一个声明（有时候称为新闻稿），这些声明可以在美联储的网站（http://www.federalreserve.gov/monetarypolicy/fomccalendars.htm）上找到。阅读最新的声明。它说了些什么？美联储在做什么？为什么？你对美联储最近的政策决定有何看法？

答：最新的 FOMC 声明可以在 http://www.federalreserve.gov/monetarypolicy/fomccalendars.htm 找到。它总结了 FOMC 对经济的看法、联邦基金利率目标以及它对货币政策趋势的预期。

更多的问题与应用

1. 在 20 世纪 70 年代的美国，通货膨胀率和自然失业率都上升了。让我们用下面的时间不一致性模型来考察这一现象。假设政策是斟酌处置的。

a. 在到现在为止所建立的模型中，当自然失业率上升时，通货膨胀率会发生什么变动？

b. 现在，让我们通过假定美联储的损失函数是通货膨胀和失业的二次函数来略微改变模型。也就是说，

$$L(u,\pi)=u^2+\gamma\pi^2$$

按照与正文中相似的步骤解出斟酌处置政策下的通货膨胀率。

c. 现在，当自然失业率上升时，通货膨胀率会发生什么变动？

d. 1979 年，吉米·卡特总统任命了保罗·沃尔克为美联储主席。沃尔克极度厌恶通货膨胀。根据这个模型，通货膨胀和失业应该发生什么变动？比较该模型的预测和实际发生的情况。

答：a. 在到现在为止所建立的模型中，斟酌处置政策下的通货膨胀率为 $\pi=\alpha/(2\gamma)$，因此，当自然失业率变化时，通货膨胀率不会发生变动。

b. 新的损失函数为

$$L(u,\pi)=u^2+\gamma\pi^2$$

第一步是对任何给定的通货膨胀预期，求出美联储选择的通货膨胀率。将菲利普斯曲线代入损失函数，我们有

$$L(u,\pi)=[u^n-\alpha(\pi-E\pi)]^2+\gamma\pi^2$$

现在，我们将损失函数对通货膨胀率 π 求导并令其等于零：

$$\begin{aligned}dL/d\pi&=2\alpha^2(\pi-E\pi)-2\alpha u^n+2\gamma\pi\\&=0\end{aligned}$$

求解得到

$$\pi=(\alpha^2E\pi+\alpha u^n)/(\alpha^2+\gamma)$$

理性主体预期美联储将选择这个通货膨胀水平，因此预期通货膨胀率等于现实的通货膨胀率。上面的方程简化为

$$\pi=\alpha u^n/\gamma$$

c. 当自然失业率上升时，通货膨胀率也上升。为什么？现在，失业的边际增加给美联储带来的损失随着失业的上升而上升，因此，私人主体知道美联储在自然失业率更高时有更大的激励选择高通货膨胀。因此，均衡通货膨胀率也上升。

d. 任命一个保守的中央银行行长意味着 γ 上升。因此，均衡通货膨胀率下降。这对失业的影响取决于通货膨胀预期调整的速度有多快。如果它们立即调整，那么失业不会变化，仍等于自然失业率。但是，如果预期调整缓慢，那么根据菲利普斯曲线，通货膨胀率的下降导致失业上升到其自然水平以上。

第 17 章

政府债务和预算赤字

复习题

1. 1980—1995 年美国财政政策的不寻常之处在哪里？

答： 1980—1995 年美国财政政策的不寻常之处是在一段和平且繁荣的时期政府债务急剧增加。在美国历史上，联邦政府的债务占 GDP 的比例变动非常大。历史上，债务占 GDP 的比例一般在主要战争期间急剧增加，在和平年代缓慢下降。1980—1995 年这个时期是美国历史上债务占 GDP 的比例在和平年代大幅增加的一个例子。

2. 为什么许多经济学家预测在接下来几十年中预算赤字和政府债务会增加？

答： 由于人口统计学上的变化，许多经济学家预测在接下来几十年中预算赤字和政府债务会增加。预期寿命稳步增加，而出生率已经下降。结果，老年人占人口的比重正变得越来越高。随着更多的人有资格从社会保障和医疗保健项目中领取资助，政府支出将随着时间的推移自动上升。若税收和支出政策没有改变，政府债务将急剧上升。

3. 描述影响政府预算赤字衡量的四个问题。

答： 预算赤字衡量指标是不完美的，这至少有四个原因。第一，它们不对通货膨胀的影响进行校正。衡量的赤字应该等于政府实际债务的变化，而不应该等于名义债务的变化。第二，这些指标不用政府资产的变化来抵消政府负债的变化。为了衡量政府的综合负债，我们应该从政府债务中减去政府资产。因此，预算赤字被衡量为债务的变化减去资产的变化。第三，衡量指标完全忽略了某些负债，如政府工人的养老金和累积的未来社会保障津贴。第四，预算赤字的衡量指标不对经济周期的影响进行校正。

4. 根据传统的政府债务观点，用债务融资的减税如何影响公共储蓄、私人储蓄和国民储蓄？

答： 公共储蓄是税收和政府购买之差，因此，用债务融资的减税减少了公共储蓄，减少的量等于税收减少的量。减税增加了可支配收入。根据传统观点，由于边际消费倾向在 0 和 1 之间，所以消费和私人储蓄都增加。由于消费上升，所以私人储蓄的增加量少于减税的量。国民储蓄是公共储蓄和私人储蓄之和。由于公共储蓄的减少量超过私人储蓄的增加量，所以国民储蓄下降。

5. 根据李嘉图学派的政府债务观点，用债务融资的减税如何影响公共储蓄、私人储蓄和国民储蓄？

答：根据李嘉图学派的观点，用债务融资的减税不会刺激消费，这是因为它没有提高永久性收入：具有前瞻性的消费者知道，政府今天借债意味着未来更高的税收。由于减税不改变消费，所以，家庭储蓄额外的可支配收入以支付未来的税收责任，这意味着私人储蓄的增加量等于减税的量。私人储蓄的这一增加正好抵消了减税导致的公共储蓄的减少。因此，减税对国民储蓄没有影响。

6. 你认为传统的政府债务观点还是李嘉图学派的政府债务观点更可信？为什么？

答：你持有哪种政府债务观点取决于你认为消费者会怎样行事。如果你持传统观点，那么你就相信用债务融资的减税刺激了消费者支出，降低了国民储蓄。你之所以相信会这样，可能有几个理由。第一，消费者可能是短视的或不理性的，从而他们认为他们的永久性收入增加了，尽管情况并非如此。第二，消费者可能面临紧的借款约束，因此他们只能消费当前的收入。第三，消费者可能预期减税隐含的税收责任将落到子孙后代身上，这些消费者对子女的关心可能没有达到给他们留下遗产以抵消这一税收责任的程度。

如果你持李嘉图学派的观点，那么你就相信前述反对的理由不重要。特别地，你相信消费者有远见，能够明白政府今天借债意味着他们或他们的后代未来要纳更多的税。因此，用债务融资的减税只是给了消费者暂时性收入，最终政府仍要收回去。结果，消费者将储蓄这些额外的收入以抵消未来的税收责任。

7. 给出预算赤字可能是好的政策选择的三个原因。

答：基于如下原因，预算赤字可能是好政策。第一，如果产出低于充分就业水平，它有助于稳定经济。第二，尽管政府支出和产出存在波动，但它能允许国家保持税率相对平滑。第三，它能把税收负担从当代人转移到子孙后代。例如，有些支出可能造福子孙后代，一些经济学家主张子孙后代应该承担为这些支出融资的部分成本。

8. 为什么政府债务水平会影响政府发行货币的激励？

答：由于政府债务是按名义值标明的，政府债务水平可能影响政府发行货币的激励。更高的价格水平减少了政府债务的实际值。因此，高的债务水平可能激励政府发行货币以提高价格水平和减少其债务的实际值。

问题与应用

1. 1996年4月1日，快餐连锁店塔可钟（Taco Bell）通过如下的新闻在《纽约时报》上做了一个整版的广告："为了努力帮助国家减少国债，塔可钟愉快地宣布，我们已经同意购买我国最具历史意义的国宝之一：自由钟。现在它将更名为塔可自由钟，仍然向美国公众开放参观，我们希望我们的举动会促使其他公司采取类似的行动，以减少国家的债务。"按照现在的衡量方法，美国公司的这种行动实际上减少了国债吗？如果美国政府采用资本预算，你的回答有什么改变？你认为这些行动代表了政府负债的真正减少吗？你认为塔可钟对这个计划是认真的吗？（提示：注意日期。）解释你的答案。

答：预算赤字被定义为政府购买减去政府收入。将自由钟卖给塔可钟将提高美国政府的收入，因此将减少赤字。更小的预算赤字将导致政府更少借款，结果，衡量出来的政府债务将下降。

如果美国采用资本预算，那么净政府债务将被定义为政府资产（它的学校、军队、公园等）减去政府负债（主要是未清偿公共债务）。通过卖掉自由钟，美国政府的资产将减少自由钟的价值那么多，负债将减少其收到的价格那么多。假设塔可钟支付的价格公平，那么美国政府的资产和负债减少的量将会相同，净政府债务将不会改变。

这个广告出现在愚人节，所以塔可钟的这个计划不是认真的。

2. 起草一封给 17.3 节中所描述的参议员的信，解释李嘉图学派的政府债务观点并评价它的实用性。

答：以下是一封可能的信。

亲爱的参议员先生：

在我之前的信中，我假设通过政府借贷来融资的减税将刺激消费者支出。许多经济学家都这么假设，原因是该假设看起来合乎情理：如果人们有更多的可支配收入，那么他们将消费更多。由于消费的这一增加，国民储蓄下降。

李嘉图学派的经济学家认为这个看起来合乎情理的假设是不对的。尽管通过债务融资的减税将增加可支配收入，但它同时意味着，在未来的某个时点，政府必须增加税收以偿付债务和累积的利息。结果，减税将只导致消费者收入暂时增加，暂时增加的收入最终将被政府收回。如果消费者理解这一点，那么他们将知道他们的永久性（或一生的）可支配收入不会变化。因此，减税将不会对消费产生影响，家庭将把所有的额外可支配收入储蓄起来以支付未来的税收责任。由于对消费没有影响，因此对国民储蓄也没有影响。

如果国民储蓄不变，那么正如你昨天听到的那位著名经济学家所指出的，预算赤字不会有我所列出的那些影响。特别地，产出、就业、外债和利息在短期和长期都将不会受到影响。减税将不会对经济福利产生任何影响。

由于以下几个原因，李嘉图学派的论点可能不对。第一，消费者可能不是理性的，没有前瞻性；他们可能不会完全理解当前的减税意味着未来的加税。第二，有些人可能面临着借款约束；减税本质上给了这些纳税人现在无法获得的一笔贷款。第三，消费者可能预期隐含的未来税收不会落到自己头上而是落到子孙后代头上，他们对子孙后代的消费的关心程度不及对自己。

你们委员会必须决定你们认为消费者对通过债务融资的减税会如何作出反应。特别地，必须预测他们是否会消费得更多。

你忠实的雇员

国会预算办公室经济学家

3. 社会保障体系向工人征税并给老年人支付津贴。假定国会既增加税收又增加津贴。为了简单起见，假设国会宣布，税收和津贴的增加只持续一年。

a. 你认为这种变动如何影响经济？（提示：考虑年轻人和老年人的边际消费倾向。）

b. 你的回答取决于各代人之间是否有利他主义的联系吗？请解释。

答：a. 向工人征税减少了他们的可支配收入，这又减少了他们的消费，减少量取决于他们的边际消费倾向。当老年人收到暂时增加的津贴时，他们的消费增加量取决于他们的边际消费倾向。由于退休人员的边际消费倾向往往高于工人，因此，这对经济的净影响是消费增加。

b. a 小问的答案确实取决于各代人之间是否有利他主义的联系。如果各代人之间有这种联系，那么老年人认为这一政策是年轻人给老年人的转移支付从而可能不会觉得福利增加了。老年人可能通过送给年轻人礼物或留给他们遗产的方式试图抵消增税对年轻人的影响。如果出现这种情况，那么它就减轻了税收变化对消费和储蓄的影响。

4. 一些经济学家提议周期调整性预算赤字应该永远保持平衡的规则。将这一提议与严格的预算平衡规则相比较。哪一种更可取？你认为周期调整性预算平衡规则存在什么问题吗？

答：周期调整性预算平衡规则至少能够部分地克服本章提出的前两个反对平衡预算的理由。第一，这一规则允许政府为了稳定经济实施反周期的财政政策。也就是说，政府可以在衰退期间赤字运行。在衰退期间，税收自动下降，支出自动上升。这些自动稳定器影响赤字但不影响周期调整性赤字。第二，这一规则允许政府在收入特别低或特别高的不同年份平滑税率，因此在衰退期间提高税率和在繁荣期间降低税率是不必要的。

但是，这一规则只是部分地克服了这两个反对平衡预算的理由，原因在于政府只能运行一定规模的赤字，这个规模可能不够大。此外，周期调整性预算平衡规则不允许政府在支出特别高或特别低的不同年份（如战争或和平年代）平滑税率。（政策制定者可以通过允许在战争等特定环境下豁免平衡预算规则来考虑这一点。）这一规则不能让政府克服本章提出的第三个反对平衡预算的理由，原因是在有理由将支出负担从一代人转移到另一代人时政府却不能这么做。

最后，周期调整性预算平衡规则存在一个严重问题：我们不能直接观察到该预算。也就是说，我们需要估计经济离充分就业有多远，然后估计如果经济处于充分就业，支出和税收会有什么样的差别。

5. 找到一些近年来关于美国政府债务占GDP百分比的未来路径的预测。关于政府支出、税收和经济增长作出了哪些假设？你认为这些假设是合理的吗？如果美国经历了生产率的减缓，实际情况与这一预测会有什么不同？（提示：可以找到这些预测的一个好地方是 www. cbo. gov。）

答： 国会预算办公室的网站（www. cbo. gov）定期提供对预算的预测。CBO的一份名为《预算和经济展望》（*The Budget and Economic Outlook*）的出版物汇总了这些预测。例如，在 www. cbo. gov/publication/53651 可以获得 2018 年 4 月刊。它预测，在现行法律下，公众持有的联邦债务在2028年将上升到几乎为GDP的100%。它还详细地给出了这一预测背后的假设。

第 18 章

金融系统：机会与危险

复习题

1. 解释债务融资和股票融资之间的差别。

答： 当一个公司通过发行债券来筹集资金时，债务融资就发生了。该公司借入资金购买资本，然后在日后偿还借款。当一个公司通过发行股票来筹集资金时，股票融资就发生了。该公司通过卖出股票获得资金，而股票赋予了股东获得未来股息的资格。

2. 持有股票型共同基金与持有单只股票相比有什么主要优势？

答： 与持有单只股票相比，持有股票型共同基金的主要优势是股票型共同基金的风险更低。共同基金是向储蓄者出售份额然后用储蓄者的资金购买多样化资产池的金融中介。当你购买少量股份的许多不同股票时，它比只购买一个公司的股票的风险更低，原因是资产池里的许多公司在任何给定时点都可能有不同的表现。

3. 什么是逆向选择和道德风险？银行如何减轻这些问题？

答： 当一个借款人拥有不能被资金出借人观察到的关于其自身的信息时，就会存在逆向选择。有时候，那些最急于借入资金的人具有令他们成为最不合意的出借对象的特征。通过筛选潜在的借款人和评估借款人不能偿还贷款本息的风险，银行可以减少逆向选择问题。道德风险是交易的一方将以伤害另一方的方式行事的风险。在金融市场，当一个公司借入资金但不将其用于生产性用途时，就存在道德风险。借款人可能滥用借入的资金，因此赚取更低的利润，而这将减少公司的价值。通过在贷款合同中包括实质上限制借款人行为的条款，银行可以减少道德风险问题。银行的这种形式的监督有助于保证公司借入的资金用于计划用途。

4. 杠杆率如何影响金融机构在应对坏经济消息时的稳定性？

答： 杠杆率是银行资产与银行资本之比。20 倍杠杆率意味着银行资产是银行资本的 20 倍。金融机构的杠杆率越高，它在经济下行期间就越不稳定。例如，假定某银行的资本为 10 美元，资产为 200 美元。如果糟糕的经济消息使该银行的资产价值下降 5%，那么它的资本就下降了 100%。

5. 解释金融危机如何减少产品和服务的总需求。

答：在金融危机期间，消费者和企业变得难以为消费和投资获得融资。这减少了经济中产品和服务的总体需求，导致总需求曲线向左移动。

6. 中央银行扮演最后贷款人的角色是什么意思？

答：通过扮演最后贷款人的角色，中央银行可以帮助减轻流动性危机。当金融机构难以获得资金以满足其债权人的付款要求时，流动性危机就发生了。在这种情况下，中央银行可以贷款给金融机构以恢复流动性和维持公众对金融系统的信心。

7. 在危机中利用公共资金支持金融系统的优点和缺点是什么？

答：在危机中利用公共资金支持金融系统的好处是它有助于恢复人们对金融系统的信心，这对促进经济增长是重要的。利用公共资金救助金融系统的一个问题是它对纳税人是不公平的，因为纳税人在为其他人的错误买单。此外，政府对金融机构的救助可能导致未来的道德风险问题。金融机构可能认为它们可以冒险行事，因为一旦出现危机，政府就会救助它们。

问题与应用

1. 确定以下每种情况中的问题是逆向选择问题还是道德风险问题，并解释你的答案。问题可以如何处理？

a. Rick 得到了写一本教材的一大笔预付款。钱到手后，他就偏好出海扬帆而不是坐在办公室写书。

b. Justin 正在争取写一本教材的预付款。他知道他的 SAT 考试写作部分表现很糟糕，但出版商不知道。

c. Mai 在购买寿险保单。她知道她的家庭成员大都英年早逝。

d. Erich 有一份金额很大的寿险保单，他度假时喜欢做他最感兴趣的活动：滑雪、蹦极和斗牛。

答：a. 这是一个道德风险问题。一旦 Rick 获得了预付款，他就改变了他的行为，不坚守其写书的承诺。通过让 Rick 承诺一系列截止日期，这个问题可以得到解决。

b. 这是一个逆向选择问题。Justin 知道自己的某件事情而出版商不知道。Justin 的 SAT 考试写作部分分数糟糕，这可能影响他写一本教材的能力。通过让出版商在支付预付款之前评估 Justin 的写作能力，这个问题可以得到解决。

c. 这是一个逆向选择问题。Mai 知道自己家庭健康史的某件事情而保险公司不知道。通过让保险公司询问 Mai 的家庭健康史，这个问题可以得到解决。

d. 这是一个道德风险问题。Erich 在获得寿险保单后从事冒险活动。通过限制某些条件下的赔付，这个问题可以得到解决。例如，在寿险保单上就如果 Erich 在从事冒险活动时死亡的赔付额进行限制。

2. A 国的金融系统很发达，资源能流向边际产量最高的资本投资。B 国的金融系统欠发达，这阻止了一些投资者在该国投资。

a. 你预期哪个国家会有更高的全要素生产率水平？请解释。（提示：全要素生产率的定义见第 9 章附录。）

b. 假定这两个国家有相同的储蓄率、折旧率和技术进步率。根据索洛增长模型，比较这两个国家的人均产出、人均资本和资本产出比。

c. 假设生产函数为柯布-道格拉斯形式。比较两国的实际工资和实际资本价格。

d. 谁从更发达的金融系统中获益？

答：a. A 国将有更高的全要素生产率水平。全要素生产率衡量了给定数量的投入的使用效率。更高的全要素生产率水平表明用给定数量的投入可以生产出更多产出。在 A 国，运行良好的金融系统有效地引导储蓄流向最佳的投资项目，导致更高的全要素生产率。在 B 国，在金融系统欠发达的条件下，一些有价值的投资项目可能因为无法筹集到资金而无法开展，从而降低全要素生产率。

b. 如果这两个国家有相同的储蓄率、折旧率、技术进步率和人口增长率，那么两国间唯一的基础性区别就是全要素生产率的区别。由于A国的全要素生产率高于B国，所以，在它们的平衡增长路径上，A国的人均资本、人均产出和资本产出比都总是高于B国。

c. 假设柯布-道格拉斯生产函数为 $Y = AK^{\alpha}L^{1-\alpha}$，其中 Y 为产出，K 为资本，L 为劳动，A 为全要素生产率。我们从第3章知道，实际工资等于劳动的边际产量，资本的实际租赁价格等于资本的边际产量：

$$W/P = MPL = (1-\alpha)AK^{\alpha}L^{-\alpha}$$

$$R/P = MPK = \alpha AK^{\alpha-1}L^{1-\alpha}$$

由于A国的全要素生产率和人均资本都更高，所以该国的实际工资也更高。相对于B国，A国更高的全要素生产率提高了该国资本的实际租赁价格，但其更高的人均资本水平降低了该国资本的实际租赁价格。在索洛增长模型中，在b小问的假设下，这两种效应相互抵消了，因此资本的实际租赁价格相同。

d. A国更高的实际工资表明劳动从更发达的金融系统中获益。在索洛增长模型中，由于这两国的资本回报相同，因此，资本所有者既没有因运行良好的金融系统带来的更高的全要素生产率获益，也没有受损。

3. 一些评论员认为，在金融危机中，当一个金融企业受到政府救助时，该企业的股权持有者应该被弃之不顾，但企业的债权人应该受到保护。这解决了道德风险问题吗？为什么？

答：政府救助存在的道德风险问题是，它们可能鼓励企业过度冒险。对股权持有者弃之不顾但保护债权人并不会消除道德风险问题。对受到救助的企业的股权持有者弃之不顾给股权持有者创造了确保金融企业不过度冒险的激励，这减少了道德风险问题。但是，保护债权人减少了他们评估和监督金融企业承担风险的激励。这将导致过度冒险的企业可以以更低的利率获得更多的信贷，从而增加道德风险问题。

4. 正如本章所描述的，近些年里，美国和希腊都经历了政府债务的增加和一场严重的经济衰退。这两个国家的局面在哪些方面相似？在哪些方面不同？为什么这两个国家可以支配的政策选项不同？

答：尽管美国和希腊都因各自的危机经历了衰退，但这两个案例大不相同。希腊因政府积累了太多债务——超过该国一年的GDP——而出现主权债务危机。许多持有该国国债的金融机构都有破产的风险，这导致了金融系统的混乱。应对债务危机所需的紧缩性财政政策进一步加深了衰退，而且希腊因其是欧盟经济和货币联盟的一部分而无法单方面使用扩张性货币政策。它唯一的选项是请求欧盟通过贷款和债务豁免来帮助其解决危机。美国的金融危机始于住房和抵押贷款市场，涉及金融企业的过度冒险。为了应对这场危机和随后的衰退，美国能够使用扩张性货币政策和财政政策。扩张性财政政策导致了美国政府债务的增加。因此，美国政府债务的增加是对危机的反应而非像希腊那样是危机产生的原因。

第 19 章 消费和投资的微观基础

复习题

1. 凯恩斯关于消费函数的三个猜测是什么？

答： 第一，凯恩斯猜测边际消费倾向——额外一美元收入中用于消费的数额——介于 0 和 1 之间。这意味着，如果某人的收入增加，那么消费和储蓄都增加。

第二，凯恩斯猜测消费和收入之比——平均消费倾向——随收入的增加而下降。这意味着富人储蓄占收入的比例高于穷人。

第三，凯恩斯猜测收入是消费的主要决定因素。特别地，他相信利率对消费没有重要的影响。

一个满足这三个猜测的消费函数是

$$C = \overline{C} + cY$$

式中，$\overline{C} > 0$ 是自主消费，Y 是可支配收入，$0 < c < 1$ 是边际消费倾向。

2. 说明与凯恩斯的猜测一致的证据，以及与凯恩斯的猜测不一致的证据。

答： 与凯恩斯的猜测一致的证据来自家庭数据和短时间序列。研究人员从家庭数据得出两个发现。第一，他们发现收入更高的家庭消费和储蓄都更多，这意味着边际消费倾向介于 0 和 1 之间。第二，他们发现有更高收入的家庭储蓄占收入的比例高于有更低收入的家庭，这意味着平均消费倾向随收入的增加而下降。

有三个来自短时间序列的额外发现。第一，在总收入低的年份，消费和储蓄都低，这意味着边际消费倾向介于 0 和 1 之间。第二，在收入更低的年份，消费与收入之比更高，这意味着平均消费倾向随收入的增加而下降。第三，收入和消费的相关性如此之强以致收入以外的其他变量对解释消费都不重要。

与凯恩斯的猜测不一致的第一个证据是第二次世界大战后并没有出现长期停滞。基于凯恩斯消费函数，一些经济学家预测，当收入随着时间的推移而增加时，收入中用于消费的比例将下降从而储蓄的比例将上升。他们担心，在总需求下降的条件下，可能没有足够的有利可图的投资项目来吸收储蓄的增加，经济可能陷入期限不定的长期萧条。但这并没有发生。

与凯恩斯的猜测不一致的第二个证据来自对消费和收入的长时间序列的研究。西蒙·库兹涅茨发现，从一个十年到另一个十年，消费与收入之比是非常稳定的；也就是说，随着时间的推移，平均消费倾向并没有随收入的增加而下降。

3. 生命周期假说和永久收入假说如何解释有关消费行为看似相互矛盾的证据？

答：生命周期假说和永久收入假说都强调，个体的时间跨度比一年要长，因此消费不只是现期收入的函数。生命周期假说强调人的一生中收入有变动。储蓄和借款使得人们平滑不同时期的消费，将资金从高收入时期转移到低收入时期。生命周期假说预测，消费应该取决于人一生的资源，包括财富和现期收入。在这种情况下，消费函数的形式为

$$C = \alpha W + \beta Y$$

在短期，财富固定，我们有一个标准的凯恩斯消费函数。在长期，财富增加，因此，短期消费函数向上移动，如图 19－1 所示。

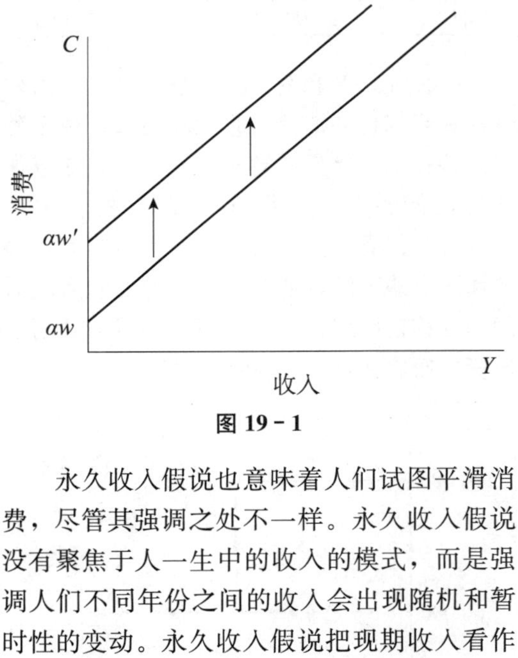

图 19－1

永久收入假说也意味着人们试图平滑消费，尽管其强调之处不一样。永久收入假说没有聚焦于人一生中的收入的模式，而是强调人们不同年份之间的收入会出现随机和暂时性的变动。永久收入假说把现期收入看作永久收入 Y^P 和暂时收入 Y^T 之和。米尔顿·弗里德曼强调，消费主要取决于永久收入：

$$C = \alpha Y^P$$

永久收入假说通过提出标准的凯恩斯消费函数使用了错误的变量——现期收入而非永久收入——而解开了消费之谜。在这种情况下，收入的暂时增加不会对当前消费有多大的影响，因此平均消费倾向将暂时下降。在更长一个时期内，消费的变动将主要是由于永久收入的变动，因此，平均消费倾向将是稳定的。

4. 解释为什么如果消费者遵循永久收入假说和有理性预期，消费的变动就是不可预测的。

答：永久收入假说说的是个人的消费基于其永久收入。在理性预期下，个人的永久收入基于其当前对一生收入的预期。于是，永久收入的变动，从而消费的变动，必定是不可预测的。如果永久收入的变动是可预测的，那么在理性预期下，它们就已经被考虑进去了。

5. 举例说明某人可能显示出时间不一致偏好。

答：本章包括几个时间不一致行为的例子。在这些例子中，消费者仅仅因为时间的流逝而改变计划。例如，考虑一个想减肥的人。他可能计划今晚吃最后一顿大餐，以后晚饭都少吃点。但是到了第二天，他可能再次这么计划：吃一顿大餐并计划以后少吃点。

6. 在新古典投资模型中，在什么条件下企业发现增加自己的资本存量是有利可图的？

答：在企业固定投资的新古典模型中，如果资本的边际产量大于资本的成本，那么企业将发现增加自己的资本存量是有利可图的。资本的成本取决于实际利率、折旧率和资本品的相对价格。

7. 什么是托宾 q 值？它与投资有什么关系？

答：托宾 q 值是已安装资本的市场价值与其重置成本的比率。托宾的推理是，净投资应该取决于 q 大于 1 还是小于 1。如果 q 大于 1，那么股票市场对已安装资本的估价就大于其重置成本。由于经理们可以通过购买更多的资本来提高其企业股票的市场价值，所以这创造了投资的激励。相反，如果

q 小于 1，那么股票市场对已安装资本的估价就小于其重置成本。在这种情况下，当资本损耗时，经理们不会更换资本。

这一理论提供了另一种表达新古典投资模型的方式。例如，如果资本的边际产量大于资本成本，那么已安装资本赚取了利润。这些利润使企业更愿意拥有资本，这就提高了这些企业股票的市场价值，增加了 q 值。因此，托宾 q 值因其既反映了资本的现期获利性又反映了预期的未来获利性而体现了投资的激励。

问题与应用

1. 阿尔伯特和弗朗哥都遵循生命周期假说：他们尽可能平滑消费。他们每人生活 5 个时期，最后 2 个时期为退休状态。他们各期赚取的收入如下，单位为美元：

时期	阿尔伯特	弗朗哥
1	100 000	40 000
2	100 000	100 000
3	100 000	160 000
4	0	0
5	0	0

为了简单起见，假设储蓄和借款的利率都为零，且寿命是完全可预测的。

a. 计算每个个体活着时每期的消费和储蓄。

b. 计算他们每期（包括时期 6）开始时的财富（也就是累积的储蓄）。

c. 以时期为横轴，画出每个个体的消费、收入和财富。将你画的图与教材中的图 19－5 进行比较。

d. 现在假定消费者不能借款，因此其财富不能为负。这会如何改变 c 小问的答案？如果有必要，画一幅新的图形。

答：a. 为了平滑消费，阿尔伯特和弗朗哥计算他们一生的收入然后除以生活的时期数。每人一生的收入为 30 万美元，生活 5 个时期，因此消费为每个时期 6 万美元，如表 19－1 所示。表 19－2 显示了他们的储蓄（收入减去消费）。

表 19－1 单位：美元

	C_1	C_2	C_3	C_4	C_5
阿尔伯特	60 000	60 000	60 000	60 000	60 000
弗朗哥	60 000	60 000	60 000	60 000	60 000

表 19－2 单位：美元

	S_1	S_2	S_3	S_4	S_5
阿尔伯特	40 000	40 000	40 000	－60 000	－60 000
弗朗哥	－20 000	40 000	100 000	－60 000	－60 000

b. 表 19－3 显示了阿尔伯特和弗朗哥在每期开始时的财富（累积的储蓄）。两人在最初的时期 1 都没有财富，在最终的时期 6 也没有财富。

表 19－3 单位：美元

	W_1	W_2	W_3	W_4	W_5	W_6
阿尔伯特	0	40 000	80 000	120 000	60 000	0
弗朗哥	0	－20 000	20 000	120 000	60 000	0

c. 图 19－2 和图 19－3 分别显示了阿尔伯特和弗朗哥的消费、收入和财富。由于阿尔伯特在工作年份储蓄和积累财富、在退休期间负储蓄，所以图 19－2 与教材中的图 19－5 很类似。如图 19－3 所示，弗朗哥的情况有些不同，他在工作年份的收入随时间的推移在增加，因此他起初借钱为其消费融资，然后在收入更高时积累财富。

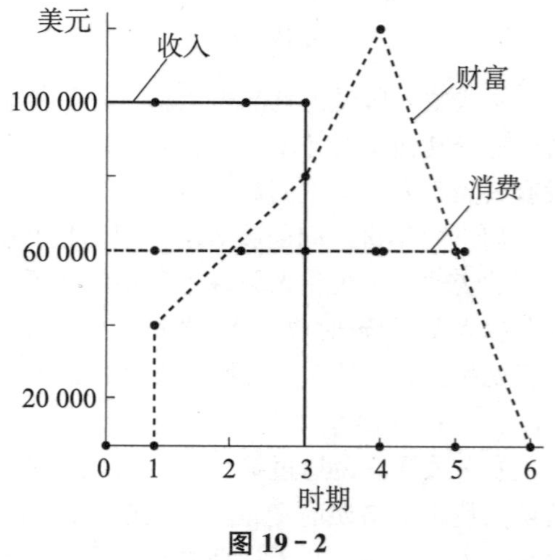

图 19－2

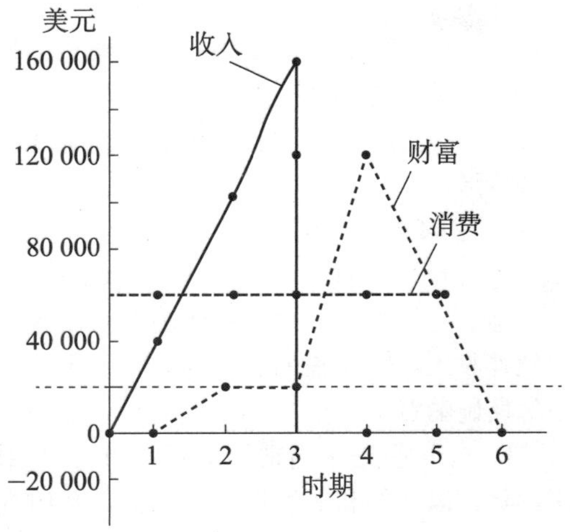

图 19－3

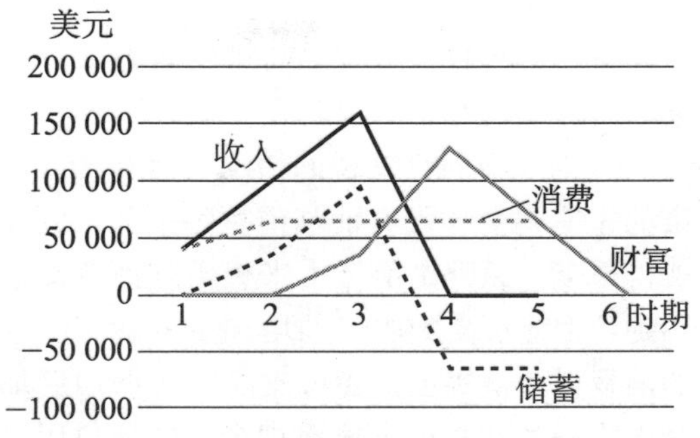

图 19－4

d. 阿尔伯特没有借过钱，因此他不受借款约束的影响。弗朗哥在时期 1 想借钱但借不到，因此他在时期 1 消费掉所有收入 40 000 美元，在后来各期平滑消费，每期消费 65 000 美元，如表 19－4 所示。表 19－5 和表 19－6 分别显示了储蓄和各时期的期初财富。图 19－4 画出了在借款约束下弗朗哥各时期的消费、收入和财富。

表 19－4 单位：美元

	C_1	C_2	C_3	C_4	C_5
阿尔伯特	60 000	60 000	60 000	60 000	60 000
弗朗哥	40 000	65 000	65 000	65 000	65 000

表 19－5 单位：美元

	S_1	S_2	S_3	S_4	S_5
阿尔伯特	60 000	60 000	60 000	60 000	60 000
弗朗哥	0	65 000	65 000	65 000	65 000

表 19－6 单位：美元

	W_1	W_2	W_3	W_4	W_5	W_6
阿尔伯特	0	40 000	80 000	120 000	60 000	0
弗朗哥	0	0	35 000	130 000	65 000	0

2. 人口学家预测老年人在人口中的比例在未来 20 年中将上升。生命周期模型预测这种人口统计上的变化对国民储蓄率会有什么影响？

答：生命周期模型预测，储蓄的一个重要动机是为退休期间的消费融资，因此工人们往往有正储蓄，退休者往往有负储蓄。生命周期模型预测，随着老年人在人口中所占比例在未来 20 年中上升，国民储蓄率将下降。

3. 本章表明，老年人的负储蓄并没有生命周期模型所预测的那么多。

a. 描述对这种现象的两种可能的解释。

b. 一项研究发现，那些没有子女的老年人负储蓄的速率与那些有子女的老年人大体相等。这一发现对这两种解释的正确性可能意味着什么？为什么它可能是模棱两可的？

答：a. 对于为什么老年人的负储蓄并没有生命周期模型所预测的那么多，有如下两种可能的解释。第一，由于可能发生不可预测和成本高昂的事件，如寿命高于预期或者医疗支出高，他们可能想维持一些财富以备不时之需。第二，他们可能想（给子女、亲戚、慈善机构等）留下遗产，从而可能不想在退休期间花光所有的财富。

b. 大概有子女的人比没有子女的人有更强的遗赠动机。如果没有子女的老年人负储蓄的速率与有子女的老年人大致相同，那么这看起来意味着负储蓄低的主要原因是预防性动机而非遗赠动机。另一个解释是，由于在财务紧急的情况下父母可能能够依赖子女，所以有子女的老年人会提高遗赠动机但是降低预防性动机。这两种效应可能会相互抵消。

4. 解释下列两种情况中每一种情况下借款约束增加还是减少了财政政策影响总需求的效力：

a. 暂时减税。

b. 宣布未来减税。

答：财政政策影响总需求的效力取决于它如何影响消费。

a. 对于暂时性减税的情况，面临借款约束的家庭将会比没有面临借款约束的家庭消费得更多，原因是前者本来想借款消费却借不到，因此可支配收入的增加主要就用于增加消费了。事实上，在可支配收入增加后那些面临借款约束的家庭将把全部的减税用于消费。于是，当家庭面临借款约束时，暂时性减税对总需求的影响更大。

b. 宣布未来减税只是增加了未来的可支配收入。没有面临借款约束的家庭可以通过借款为增加现期消费融资，从而平滑它们的消费。面临借款约束的家庭不能这么做，因此它们的现期消费不会变化。于是，当家庭没有面临借款约束时，宣布未来减税对总需求的影响更大。

5. 考虑支付相同利率的两个储蓄账户。第一个账户允许你需要时随时提款。第二个账户要求你提款前提前 30 天通知。

a. 你偏好哪一个账户？

b. 你可以想象有人可能作出相反的选择吗？请解释。

c. 关于本章讨论的消费函数理论，这些选择说明了什么？

答：a. 如果你是一个完全理性和时间一致的消费者，你会偏好允许你需要时随时提款的储蓄账户。你获得的利率相同，但在有意外支出或收入下降的情况下（例如，发生大笔医疗支出或失业一段时间），你可以轻易就得到你的储蓄。

b. 相反，如果你面临即时满足的吸引，那么你可能偏好要求提款前提前 30 天通知的储蓄账户。这是因为它阻止了你利用储蓄去满足因即时满足而产生的、日后可能会后悔的欲望。30 天通知的窗口使得你能够克服这一时间不一致问题。

c. 如果你偏好允许你需要时随时提款的储蓄账户，那么你更可能是费雪、莫迪利亚尼和弗里德曼的模型所描述的那类消费者。如果你偏好要求提款前提前 30 天通知的储蓄账户，那么你更可能是莱布森的模型所描述的那类消费者。

6. 本题运用微积分比较消费者最优化的两种情形。

a. 尼娜的效用函数如下：

$$U = \ln(C_1) + \ln(C_2) + \ln(C_3)$$

她的初始财富为 120 000 美元，没有任何额外收入，所面临的利率为零。三个时期中每期她消费多少？

b. 大卫总是从当前消费得到更多的效用，除此以外他和尼娜没什么不同。从时期 1 的视角来看，他的效用函数为

$$U = 2\ln(C_1) + \ln(C_2) + \ln(C_3)$$

在时期 1，大卫决定每期消费多少？在时期 1 后他剩下多少财富？

c. 当大卫进入时期 2 时，他的效用函数变为

$$U = \ln(C_1) + 2\ln(C_2) + \ln(C_3)$$

在时期 2 和时期 3，他每期消费多少？你此处的答案与 b 小问中大卫的决策有何不同？

d. 如果大卫在时期 1 能够限制他在时期 2 的选择，他会怎么做？把这个例子与本章讨论的某个消费理论联系起来。

答：

a. 消费者将收入分配到各期以使任何两期消费之间的边际替代率等于 $1+r$，其中 r 为实际利率。对尼娜来说，第 1 期和第 2 期之间的边际替代率为 $MRS_{1,2}=C_2/C_1$，第 2 期和第 3 期之间的边际替代率为 $MRS_{2,3}=C_3/C_2$，实际利率为 $r=0$。尼娜的最优消费束满足其预算约束和边际条件：

$$C_1+C_2+C_3=120\ 000\text{（美元）}$$

$$C_1=C_2=C_3$$

这意味着尼娜的消费为 $C_1=C_2=C_3=40\ 000$（美元）。

b. 大卫的收入和尼娜相同，实际利率仍然是 0，但他对当期消费的效用所赋予的重要性两倍于其他时期，因此，其边际替代率为 $MRS_{1,2}=2C_2/C_1$，$MRS_{2,3}=C_3/C_2$。大卫

的最优消费束满足其预算约束和边际条件：

$C_1+C_2+C_3=120\ 000$（美元）

$C_1=2C_2$

$C_2=C_3$

我们可以用边际条件来代替预算约束中的 C_1 和 C_3，得到 $2C_2+C_2+C_2=120\ 000$（美元）。于是，$C_1=60\ 000$（美元），$C_2=C_3=30\ 000$（美元）。在时期 1 后，大卫剩下的财富为 60 000 美元。

c. 在时期 2，大卫对当期消费的效用所赋予的重要性仍两倍于未来消费，因此他在时期 2 的选择满足

$C_2+C_3=60\ 000$（美元）

$C_2=2C_3$

根据与之前相同的步骤，我们得到 $C_2=40\ 000$（美元），$C_3=20\ 000$（美元）。由于大卫对当期消费的看重程度是未来消费的两倍，所以他修改了他在时期 1 的计划。于是，大卫的偏好是时间不一致的。

d. 在时期 1，大卫计划的时期 2 和时期 3 的最优消费水平为 $C_2=C_3=30\ 000$（美元）。但是，在没有约束的情况下，大卫在时期 2 修改其计划，选择 $C_2=40\ 000$（美元），$C_3=20\ 000$（美元）。为了防止这种修改的情形发生，大卫需要在时期 2 受到限制以遵守他原来的消费计划。大卫的消费是莱布森的“即时满足的吸引力”模型的一个例子。由于大卫的偏好是时间不一致的，所以通过限制其未来的选择，他的境况会变得更好。

7. 用新古典投资模型解释下列每个事件对资本的租赁价格、资本成本以及投资的影响：

a. 反通货膨胀的货币政策提高了实际利率。

b. 一次地震摧毁了部分资本存量。

c. 外国移民增加了劳动力规模。

d. 计算机技术的进步提高了生产效率。

答： 为了回答 a～c 小问，回忆新古典投资函数是有用的：

$$I=I_n[MPK-(P_K/P)(r+\delta)]+\delta K$$

该方程告诉我们，企业固定投资取决于资本的边际产量 MPK、资本成本 $(P_K/P)(r+\delta)$ 和资本存量折旧 δK。在均衡时，资本的实际租赁价格等于资本的边际产量。

a. 实际利率的上升增加了资本成本 $(P_K/P)(r+\delta)$，这导致投资减少。由于资本的边际产量不变，所以资本的实际租赁价格不会立即变化。

b. 如果一次地震摧毁了部分资本存量，那么由于资本的边际报酬递减，所以资本的边际产量上升。因此，资本的实际租赁价格提高。由于 MPK 相对于资本成本上升（资本成本不变），所以企业发现增加投资是有利可图的。

c. 如果移民增加了劳动力规模，那么资本的边际产量增加，从而资本的实际租赁价格提高。由于 MPK 相对于资本成本上升（资本成本不变），所以企业发现增加投资是有利可图的。

d. 使生产更有效率的计算机技术进步增加了资本的边际产量。这增加了资本的实际租赁价格和投资。资本成本不变。

8. 假定政府对石油企业征收的税等于企业石油储量价值的一个比例。（政府向企业保证，这一税收是一次性的。）根据新古典模型，这次征税对这些企业的投资有什么影响？如果这些企业面临融资约束呢？

答： 回忆企业固定投资的方程：

$$I=I_n[MPK-(P_K/P)(r+\delta)]+\delta K$$

由于拥有资本的收益 MPK 和成本 $(P_K/P)(r+\delta)$ 都不受对石油储量征收一次性税收的影响，所以投资不会变化。如果企业面临融资约束，那么其投资就会受制于其当前赚取的收入。由于税收减少了当期收入，所以在这种情况下它减少了投资。

9. 在第 11 章与第 12 章中建立的 IS-LM 模型假设投资只取决于利率。然而我们的投资理论提出，投资可能还取决于国民收入：更高的收入可能促使企业投资更多。

a. 解释为什么投资可能取决于国民收入。

b. 假定投资由下式决定：

$$I=\bar{I}+aY$$

式中，a 为介于 0 和 1 之间的常数，它衡量国民收入对投资的影响。在投资如此决定的情况下，凯恩斯交叉模型中的财政政策乘数是多少？请解释。

c. 假定投资既取决于收入又取决于利率。也就是说，投资函数是

$$I=\bar{I}+aY-br$$

式中，a 为介于 0 和 1 之间的常数，它衡量国民收入对投资的影响；b 为一个大于零的常数，它衡量利率对投资的影响。用 $IS-LM$ 模型考虑政府购买的增加对国民收入 Y、利率 r、消费 C 和投资 I 的短期影响。这个投资函数会如何改变基本 $IS-LM$ 模型所蕴含的结论？

答： a. 投资可能取决于国民收入有几个原因。第一，根据企业固定投资的新古典模型，我们知道就业的增加提高了资本的边际产量。因此，如果国民收入和就业都增加，那么 MPK 也增加，企业有激励投资。第二，如果企业面临融资约束，那么当前利润的增加提高了企业能投资的数量。第三，收入的增加提高了住房需求，这提高了住房的相对价格，从而提高了住房投资水平。第四，存货的加速器模型意味着，当产出上升时，企业希望持有更多的存货；这也许是因为存货是一种生产要素或者因为企业想避免脱销。

b. 在第 11 章的凯恩斯交叉模型中，我们把投资视为给定，通过考虑政府支出增加 ΔG，求出了政府购买乘数。直接的影响是收入增加了 ΔG。收入的这一增加导致消费上升 $MPC\times\Delta G$。消费的这一上升再次增加了支出和收入。这个过程无限期持续，因此，对收入的最终影响为

$$\Delta Y=\Delta G[1+MPC+MPC^2+MPC^3+\cdots]=[1/(1-MPC)]\Delta G$$

因此，政府支出乘数为

$$\Delta Y/\Delta G=1/(1-MPC)$$

现在假定投资也取决于收入，因此 $I=\bar{I}+aY$。与之前相同，政府支出增加 ΔG 的初始影响是收入增加了 ΔG。收入的这一初始增加导致消费上升 $MPC\times\Delta G$。现在，它也导致投资上升 $a\times\Delta G$。消费和投资的这一上升再次增加了支出和收入。这个过程无限期持续，因此，

$$\Delta Y=\Delta G[1+(MPC+a)+(MPC+a)^2+(MPC+a)^3+\cdots]=[1/(1-MPC-a)]\Delta G$$

因此，政府支出乘数为

$$\Delta Y/\Delta G=1/(1-MPC-a)$$

用相同的步骤我们可以求出税收乘数

$$\Delta Y/\Delta T=-MPC/(1-MPC-a)$$

注意，当投资取决于收入时，财政政策乘数更大了。

c. 从凯恩斯交叉模型得到的政府购买乘数告诉我们，在给定利率下，产出对政府购买变动作出的反应有多大。因此，它告诉我们，政府购买变动使得 IS 曲线向右移动了多少。如果投资既取决于收入又取决于利率，那么如同我们在 b 小问中所发现的，政府购买乘数更大了，因此，IS 曲线向右移动的距离大于投资函数只取决于利率的情况。政府购买增加的影响用图 19－5 中 IS 曲线的右移来表示。

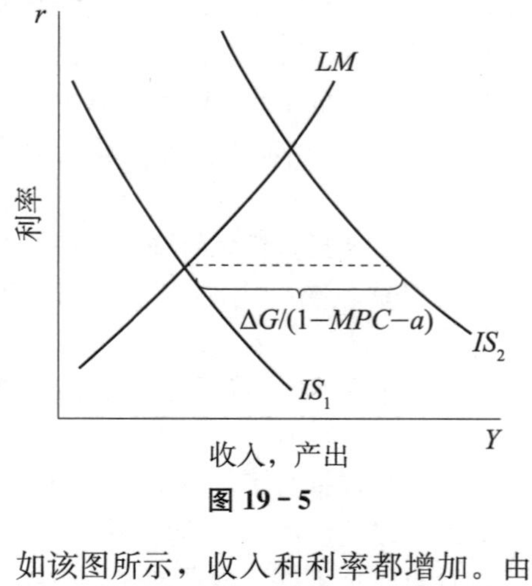

图 19－5

如该图所示，收入和利率都增加。由于收入更高了，所以消费也更高了。对投资的影响是模棱两可的：更高的利率减少了投资，而更高的收入增加了投资。

在投资只取决于利率的标准模型中，政府购买的增加明确地会导致投资下降。也就是说，政府购买挤出了投资。在这个模型中，政府购买的增加可能通过收入的暂时性增加在短期增加了投资。

10. 当股票市场崩盘时，它对投资、消费和总需求有什么影响？为什么？美联储应该如何应对？为什么？

答： 股票市场崩盘意味着，已安装资本的市场价值下降了。托宾 q 值——已安装资本的市场价值与其重置成本的比率——必定也下降了。这导致投资下降，从而总需求下降。

如果美联储追求维持产出不变，那么它可以用扩张性货币政策来抵消这一总需求冲击。

11. 这是一个选举年，经济处于衰退中。反对党总统候选人以通过投资税收抵免作为竞选纲领，投资税收抵免将在她当选的下一年生效。这种竞选承诺对当年的经济状况会有什么影响？

答： 如果经理们认为该反对党候选人可能会赢，那么他们可能推迟正在考虑的一些投资。如果他们等待并且反对党候选人当选，那么投资税收抵免降低了他们的投资成本。因此，下一年实施投资税收抵免的竞选承诺导致当前投资下降。投资的这一下降减少了当前的总需求和总产出，加深了衰退。

更深的衰退可能也会使选民更有可能投票给该反对党候选人而非执政党候选人，使得该反对党候选人更有可能当选。

第2部分

题库

第1章 宏观经济学科学

单项选择题

1. 宏观经济学的研究不涉及以下哪个方面？
   A. 为什么一些国家会经历高速增长
   B. 教育的回报率是多少
   C. 为什么一些国家存在很高的通货膨胀率
   D. 是什么导致了经济衰退和萧条
2. 经济衰退期间的典型趋势是：
   A. 失业率下降
   B. 现任总统的支持率上升
   C. 收入下降
   D. 通货膨胀率上升
3. 宏观经济学研究的是：
   A. 个体经济单位的活动
   B. 家庭和企业的决策
   C. 整体经济
   D. 企业和家庭在市场中的相互作用
4. 对整体经济的研究叫作：
   A. 家庭经济学
   B. 商业经济学
   C. 微观经济学
   D. 宏观经济学
5. 宏观经济学家预测经济事件未来走向的能力：
   A. 并不比气象学家预测下个月天气的能力强多少
   B. 比气象学家预测下个月天气的能力要强很多
   C. 随着时间的推移，情况越来越糟
   D. 没有19世纪20年代那么精确了
6. 下列哪一个组合不是美国总统和他的政府所面临的经济问题？
   A. 卡特总统，通货膨胀
   B. 里根总统，预算赤字
   C. 布什总统，预算赤字
   D. 克林顿总统，通货膨胀
7. 下列除了________都是宏观经济指标。
   A. 电脑的价格
   B. 实际 GDP 增长率
   C. 通货膨胀率
   D. 失业率
8. 下列除了________都是重要的宏观经济变量。
   A. 实际 GDP
   B. 失业率
   C. 边际替代率
   D. 通货膨胀率

9. 根据基年价格水平调整后的经济中所有人的总收入称为：
A. 经济衰退
B. 通货膨胀
C. 实际 GDP
D. 商业波动

10. 衡量物价总水平上升速度的指标叫作：
A. 实际国内生产总值
B. 通货膨胀率
C. 失业率
D. 市场出清率

11. 通货膨胀率是衡量________的速度的指标。
A. 经济总收入的增长
B. 经济中的失业率上升
C. 经济中的物价总水平上升
D. 经济中的工作机会数量增加

12. 随着时间的推移，实际 GDP ________，实际 GDP 的增长率________。
A. 增长；波动
B. 不变；不变
C. 增长；不变
D. 不变；波动

13. 20 世纪美国人均实际 GDP 曲线图的两个显著特征是：
A. 总体保持上升，但是 20 世纪 30 年代的大萧条使这一趋势短暂中断
B. 基本保持不变，只在 20 世纪 30 年代出现过明显下降
C. 20 世纪上半叶呈下降趋势，下半叶呈上升趋势
D. 20 世纪上半叶为稳定水平，下半叶呈上升趋势

14. 在今天的美国经济中，实际人均 GDP 比 1900 年的水平________。
A. 高出 50%
B. 高出一倍
C. 高出两倍
D. 高出七倍

15. 衰退是实际 GDP ________的时期。
A. 缓慢增长
B. 快速增长
C. 温和下降
D. 严重下降

16. 与经济衰退时的实际 GDP 相比，经济萧条时的实际 GDP：
A. 增长更快
B. 增长率大致相同
C. 下降率大致相同
D. 下降更严重

17. 严重的经济衰退被称为：
A. 萧条
B. 通货紧缩
C. 外生事件
D. 市场出清假设

18. 美国的年均通货膨胀率：
A. 1900—1950 年几乎为零
B. 1950—2000 年几乎为零
C. 1900—1950 年约为 10%
D. 1950—2000 年约为 10%

19. 通货紧缩发生时：
A. 实际 GDP 下降
B. 失业率下降
C. 物价下跌
D. 物价上涨，但速度较慢

20. 物价下跌的时期被称为：
A. 通货紧缩
B. 通货膨胀
C. 经济萧条
D. 经济衰退

21. 20 世纪美国通货膨胀率的曲线图显示：
A. 总体保持上升趋势，但 20 世纪 30 年代的大萧条时期曾经中断
B. 1955 年以前通货膨胀率大部分为正，其中偶尔掺杂着通货紧缩时期，1955 年以后的通货膨胀率都为正值
C. 处于相对稳定状态，整个 20 世纪的通货膨胀率保持正值，除了 20 世纪 30 年代的通货紧缩时期
D. 20 世纪上半叶的通货膨胀率不变，下半叶呈上升趋势

22. 20 世纪美国失业率的曲线图显示：

A. 总体上看失业率在上升，20 世纪 30 年代出现了一次强烈的上升
B. 总体上看失业率在下降，20 世纪 30 年代出现了一次大的上升
C. 失业率总是大于零，且每年都有很大的变化
D. 正失业率和负失业率出现反复交替

23. 在 1900—2000 年期间，美国失业率最高的时候是在：
A. 20 世纪 20 年代
B. 20 世纪 30 年代
C. 20 世纪 70 年代
D. 20 世纪 80 年代

24. 失业率：
A. 在美国 20 世纪 90 年代时为零
B. 在美国 1900—1950 年期间平均为零
C. 在美国从未为零
D. 当经济没有衰退或者萧条时通常为零

25. 外生变量：
A. 在模型之外决定
B. 在模型之内决定
C. 为模型分析的结果
D. 由模型所解释

26. 内生变量：
A. 在代入模型时为常数
B. 在模型之内决定
C. 是输入模型的内容
D. 在模型之外决定

27. 在经济模型中：
A. 外生变量和内生变量都是在模型之外决定的
B. 外生变量和内生变量都是在模型之内决定的
C. 内生变量影响外生变量
D. 外生变量影响内生变量

28. 一个模型要解释的变量被称为：
A. 内生变量
B. 外生变量
C. 市场出清
D. 固定量

29. 一个被模型视为给定的变量被称为：
A. 内生变量
B. 外生变量
C. 市场出清
D. 宏观经济

30. 宏观经济模型是用来解释________变量如何影响________变量的。
A. 内生；外生
B. 外生；内生
C. 微观经济；宏观经济
D. 宏观经济；微观经济

31. 宏观经济模型的重要特征包括以下所有选项，除了________。
A. 简化假设
B. 基于随机对照实验的函数关系
C. 内生变量和外生变量
D. 与微观经济基础的隐性或显性一致性

32. 在一个简单的比萨饼供求模型中，内生变量为：
A. 比萨饼价格和奶酪价格
B. 总收入和比萨饼交易量
C. 总收入和奶酪价格
D. 比萨饼价格和比萨饼交易量

33. 在一个简单的比萨饼供求模型中，当消费者的收入增加时，比萨饼的价格________，比萨饼的交易量________。
A. 增加；减少
B. 增加；增加
C. 减少；增加
D. 减少；减少

34. 在一个简单的比萨饼供求模型中，当奶酪的价格上涨时，比萨饼的价格________，比萨饼的交易量________。
A. 增加；增加
B. 减少；增加
C. 减少；减少
D. 增加；减少

35. 下面哪句话最能说明宏观经济学是“艺术”而不是“科学”？
A. 宏观经济数据为新的宏观经济理论提供了动力
B. 宏观经济关系可以用符号和方程来表达

C. 宏观经济学家必须主观确定哪些简化的假设澄清了我们的思想，哪些假设误导了我们

D. 图表可以用来说明宏观经济变量的历史

36. 在函数$Y=G(K, L)$中，若Y代表实际GDP，K代表经济中的资本总量，L代表经济中的劳动力总量，在本例中G ()：

A. 为经济中资本和劳动力总量固定时的实际GDP增长率

B. 表示括号内的变量为模型的内生变量

C. 代表政府对生产过程的投入

D. 为函数，表示括号内的变量如何决定实际GDP

37. 关于经济模型，下列哪个陈述是正确的？

A. 正确的经济模型只有一种

B. 所有经济模型都基于相同的假设

C. 经济模型的作用是表示内生变量如何影响外生变量

D. 经济学家使用不同的模型来解决不同的经济现象

38. 宏观经济模型：

A. 假设所有工资与价格都是有黏性的

B. 假设所有工资和价格都是有弹性的

C. 用不同的假设来解释宏观经济的不同方面

D. 主要研究家庭和企业的最优化行为

39. 连续市场出清的假设意味着：

A. 卖方可以按现行价格出售他们想要卖的所有东西

B. 买方可以按现行价格买到他们想要买的所有东西

C. 在任何特定的月份，买方可以买到他们想要买的所有东西，卖方可以按现行价格出售他们想要卖的所有东西

D. 在任何特定的时刻，买方可以买到他们想要买的所有东西，卖方可以按现行价格出售他们想要卖的所有东西

40. 下列关于黏性价格的表述都是正确的，除了：

A. 在短期内，一些工资和价格是有黏性的

B. 黏性价格模型描述了经济会缓慢地达到均衡

C. 对于研究年与年之间的波动，大多数宏观经济学家认为价格黏性假设优于价格弹性假设

D. 杂志出版商倾向于每三到四年改变一次零售价格

41. 当价格发生________的变化时，价格弹性假设是一个更合理的假设。

A. 每时每刻

B. 年度

C. 长期

D. 短期

42. 对于研究短期经济行为，________是一个更好的假设，而对于研究长期均衡经济行为，________是一个更好的假设。

A. 通货紧缩；通货膨胀

B. 通货膨胀；通货紧缩

C. 价格弹性；价格黏性

D. 价格黏性；价格弹性

43. 对于研究短期经济行为，________是一个更好的假设，而对于研究长期均衡经济行为，________是一个更好的假设。

A. 通货膨胀；失业

B. 失业；通货膨胀

C. 价格弹性；价格黏性

D. 价格黏性；价格弹性

44. 下列哪一项是黏性价格的最好例子？

A. 一桶石油的价格

B. 美元以欧元表示的价格

C. 股票的价格

D. 自动售货机里汽水的价格

45. 下列哪一项是弹性价格的最好例子？

A. 咖啡店中一杯咖啡的价格

B. 加油站的汽油价格

C. 电影院的票价

D. 书店中一本书的价格

46. 宏观经济学家与科学家类似，他们都：

A. 设计数据并进行对照实验来验证理论

B. 依靠于他们在实验室里建立的实验数据分析

C. 不受限制地使用受控实验

D. 收集数据、作出假设并分析结果

47. 利用市场出清模型分析劳动市场是________，因为工资________变动。

A. 现实的；经常

B. 现实的；很少

C. 不现实的；经常

D. 不现实的；很少

问答题

48. 假设一个小面包店所面临的需求方程为 $Q^d=60-10P_b+3Y$，其中 Q^d 是所需的面包数量（单位：个），Y 是城镇的平均收入（单位：千美元）。

a. 如果城镇的平均收入为 10，以方程的形式用 P_b 来表示 Q^d。

b. 绘制需求曲线图，横轴表示 Q^d，纵轴表示 P_b，在图中标记曲线 DD。

49. 假设一个小面包店所面临的需求方程为 $Q^d=60-10P_b+3Y$，其中 Q^d 是所需的面包数量（单位：个），P_b 是面包的价格（单位：美元/个），Y 是城镇的平均收入（单位：千美元）。同时假设面包的供给函数为 $Q^s=30+20P_b-30P_f$，其中 Q^s 是供给量（单位：个），P_f 是面粉价格（单位：美元/磅）。假设市场出清，即 $Q^d=Q^s$。

a. 如果 Y 为 10，P_f 为 1 美元，用数学方法求解均衡时 Q 和 P_b 的值。

b. 如果城镇的平均收入增加到 15，则求解新均衡时 Q 和 P_b 的值。

50. 一个经济的生产函数可以表示为 $Y=F(K,L)$，其中 Y 是实际 GDP，K 是经济中的资本数量，L 是经济中的劳动力数量。

a. 假设 $F()=100+3K+9L$。如果资本数量是 200，劳动力数量是 500，那么实际 GDP 是多少？

b. 该模型中的内生变量是什么？

c. 该模型中的外生变量是什么？

51. 咖啡的需求量 Q^d 取决于咖啡的价格 P_C 和茶叶的价格 P_T。咖啡的供给量 Q^s 取决于咖啡的价格 P_C 和电力的价格 P_E，根据以下等式：

$$Q^d=17-2P_C+10P_T$$

$$Q^s=2+3P_C-5P_E$$

a. 如果茶叶的价格为 1 美元，电力的价格为 0.5 美元，那么咖啡的均衡价格和数量是多少？

b. 该模型中的内生变量是什么？

c. 该模型中的外生变量是什么？

52. 经济衰退和萧条有什么区别？列举一个冲击了全球经济的现实生活中的萧条的例子。

53.

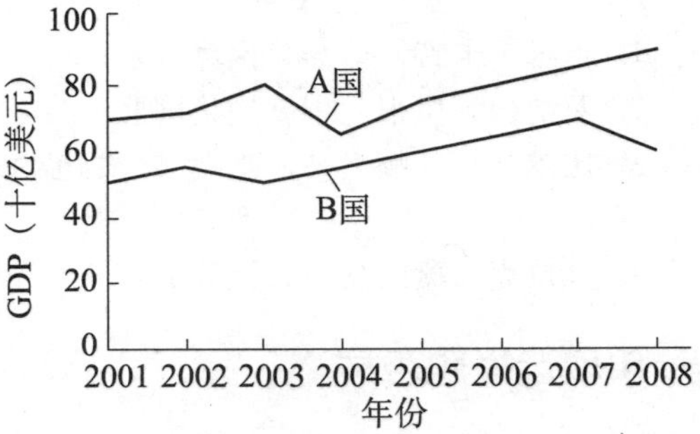

参照上图并指出 A 国和 B 国发生经济衰退的年份。

54. 我们为什么称宏观经济学为不完美的科学？请解释。

55. 名词“市场出清”和“均衡”是一回事吗？请解释。

56. 你同意“宏观经济学的基础是微观经济学”这一说法吗？请解释。

57. 举两个例子来说明宏观经济变量和微观经济变量。

58. 请参阅下表，其中显示了在不同价格下对牙膏的需求数量。试确定该表所代表的市场出清价格。

价格（美元/支）	需求数量（千支）	供给数量（千支）
20	5	20
16	8	16

续表

价格 (美元/支)	需求数量 (千支)	供给数量 (千支)
13	12	12
8	15	8
5	17	5
4	18	3

59. 黏性价格和弹性价格有什么区别？请解释。
60. 什么是外生变量？用图形说明外生变量的变化对供求关系的影响。在图中清晰地标出 x 轴和 y 轴。
61. 下面的 A 栏列出了四位美国总统的名字，B栏列出了在这些美国总统任期内发生的四起经济事件。请把每位总统和发生在他任期内的经济事件连起来。

A 栏	**B 栏**
1. 吉米·卡特	a. 预算盈余
2. 罗纳德·里根	b. 通货膨胀
3. 比尔·克林顿	c. 抵押贷款违约率急剧上升
4. 贝拉克·奥巴马	d. 预算赤字

单项选择题答案

1. 答案 B；难度级别：中
2. 答案 C；难度级别：易
3. 答案 C；难度级别：易
4. 答案 D；难度级别：易
5. 答案 A；难度级别：易
6. 答案 D；难度级别：中
7. 答案 A；难度级别：易
8. 答案 C；难度级别：易
9. 答案 C；难度级别：易
10. 答案 B；难度级别：易
11. 答案 C；难度级别：易
12. 答案 A；难度级别：中
13. 答案 A；难度级别：易
14. 答案 D；难度级别：易
15. 答案 C；难度级别：易
16. 答案 D；难度级别：易
17. 答案 A；难度级别：易
18. 答案 A；难度级别：易
19. 答案 C；难度级别：易
20. 答案 A；难度级别：易
21. 答案 B；难度级别：中
22. 答案 C；难度级别：易
23. 答案 B；难度级别：易
24. 答案 C；难度级别：易
25. 答案 A；难度级别：易
26. 答案 B；难度级别：中
27. 答案 D；难度级别：易
28. 答案 A；难度级别：易
29. 答案 B；难度级别：易
30. 答案 B；难度级别：易
31. 答案 B；难度级别：易
32. 答案 D；难度级别：中
33. 答案 B；难度级别：中
34. 答案 D；难度级别：中
35. 答案 C；难度级别：中
36. 答案 D；难度级别：中
37. 答案 D；难度级别：易
38. 答案 C；难度级别：易
39. 答案 D；难度级别：易
40. 答案 B；难度级别：中
41. 答案 C；难度级别：易
42. 答案 D；难度级别：易
43. 答案 D；难度级别：易
44. 答案 D；难度级别：中
45. 答案 B；难度级别：中
46. 答案 D；难度级别：易
47. 答案 D；难度级别：中

问答题答案

48. a. $Q^d = 90 - 10P_b$。

b.

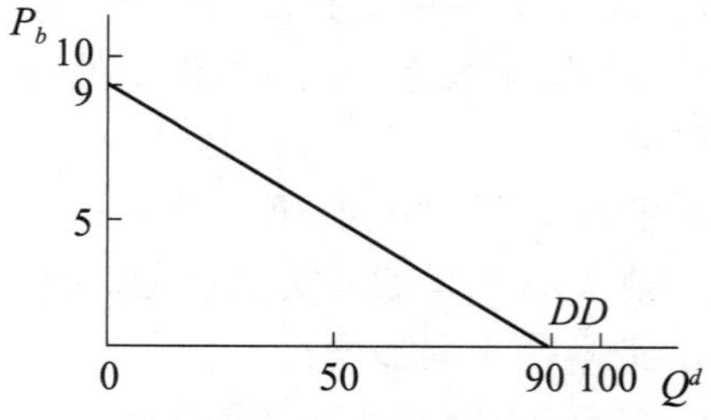

49. a. $Q=60$（个），$P_b=3.00$（美元/个）。

b. $Q=70$（个），$P_b=3.50$（美元/个）。

50. a. $Y=100+3\times200+9\times500=5\ 200$。

b. Y。

c. K，L。

51. a. 均衡价格为 5.5 美元，均衡数量为 16。

b. P_C和Q。

c. P_T和P_E。

52. 当一个经济的国内生产总值（GDP）在一段时间内温和下降时，它会导致经济衰退。如果 GDP 在一段时间内下降的幅度很大，就会变成萧条。衰退本质上是有周期的；也就是说，衰退过一段时间就会重复地出现。一个著名的萧条例子是 20 世纪 30 年代发生在美国的大萧条，它影响了全球经济。甚至发生于 2008—2009 年的美国金融危机也会让人想起大萧条。

53. A 国在 2003 年经历了经济衰退，2004 年开始出现早期复苏。B 国在 2002 年经历了第一次经济衰退，2003 年出现了早期复苏，2007 年经历了第二次衰退。

54. 宏观经济学的研究主要依赖不同经济的历史数据。宏观经济学家们分析这些数据，以解释不同经济参数（收入、价格、失业等）所发生的变化并由此制定对策。此外，宏观经济学的研究无法在受控实验中进行，就像是在生物学或化学的研究中那样。所以，宏观经济学家的工作类似于天气预报专家的工作。

55. 是一回事，这两个名词代表相同的概念：供求平衡。它是一个平衡点，在这个平衡点上，所有生产的东西都被出售并满足整个需求。因此，如果其他条件都保持不变，那么在均衡点上供给和需求数量就不存在改变的趋势。

56. 宏观经济学的研究所涉及的宏观经济变量是与个人决策相关的微观经济变量的总和（考虑个人开支、投资等）。比如说，一个经济的总支出是该经济中所有消费者支出的总和，或一个经济中完成的总投资是所有企业进行私人投资的总和。这说明，宏观经济学的研究所依赖的基础是微观经济学。

57. 你父亲的收入是一个微观经济变量，而你所在国家的国内生产总值（GDP）是一个宏观经济变量。你父亲在银行里的存款是微观经济变量，而你所在国家的所有银行和汇兑机构的总存款则是一个宏观经济变量。

58. 每支牙膏 13 美元。

59. 在弹性价格情况下，根据需求和供给的变化对价格进行瞬时调整，可使市场力量达到均衡。相反，黏性价格会导致供给或需求变化时市场出现短缺或过剩。

60. 外生变量是经济模型假定给出的变量。例如，在下面的供求模型中，消费者的收入（图 a）和材料的成本（图 b）被假定。现在如果消费者的收入有变化，这就影响到市场结果。

在图 a 中，收入的增加将需求曲线从 D_1 向上移动到 D_2，数量从 Q_1增加到 Q_2，价格也从 P_1提高到 P_2。

在图 b 中，外生变量是材料成本。材料成本的增加使供给量从 S_1减少到 S_2。数量从 Q_1下降到 Q_2，价格从 P_1上升到 P_2。

(a) 需求的移动

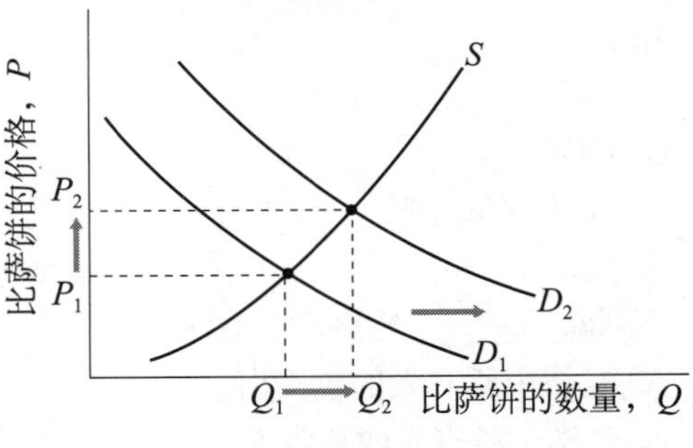

(b) 供给的移动

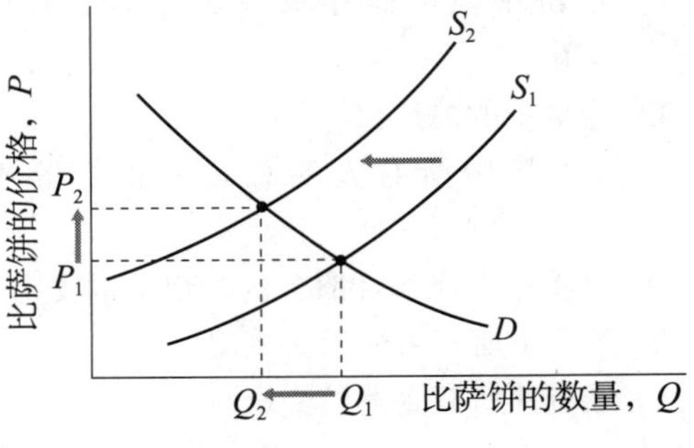

61. 1（b），2（d），3（a），4（c）。

第 2 章 宏观经济学的数据

单项选择题

1. 用来衡量价格水平的统计指标是：

   A. GDP　　B. CPI

   C. GNP　　D. 实际 GDP

2. 经济学家用来衡量经济产出的统计指标是：

   A. CPI

   B. GDP

   C. GDP 平减指数

   D. 失业率

3. 下列除________外都表示 GDP。

   A. 经济中所有人的总支出

   B. 经济中所有人的总收入

   C. 经济中在产品和服务的产出上的总支出

   D. 经济中的总产出

4. 一国经济中所有人的总收入正好等于________之和。

   A. 经济中在产品和服务的产出上的支出

   B. 经济中所有人的消费支出

   C. 经济中所有企业的支出

   D. 政府支出

5. 一个经济的________等于它的________。

   A. 消费；收入

   B. 消费；在产品和服务上的支出

   C. 在产品上的支出；在服务上的支出

   D. 总收入；在产品和服务上的总支出

6. 看待 GDP 的两种相同的方式是：

   A. 付给经济中所有工人的工资总额以及经济中所有公司和企业的总利润

   B. 对经济中所有生产的产品的总支出和从经济中提供的所有服务中获得的总收入

   C. 经济中所有公司和企业的总利润以及经济中所有家庭对产品和服务的总消费

   D. 经济中所有人的总收入以及经济中在产品和服务的产出上的总支出

7. 在循环流动模型中，美元以________的形式从企业流动到家庭，又以________的形式从家庭流动到企业。

   A. 工资、资本收入和利润；产品和服务

   B. 增加值；估算价值

   C. 现期美元；不变美元

   D. 利息和股息；折旧和税收

8. 下列哪一项是流量变量？

   A. 财富

B. 失业人数
C. 政府债务
D. 收入

9. 下列哪一项是存量变量?
A. 财富　　B. 消费
C. 投资　　D. 收入

10. 下列除________外都是存量变量。
A. 一个消费者的财富
B. 政府预算赤字
C. 失业人数
D. 经济中的资本量

11. 下列除________外都是流量变量。
A. 新汽车的购买量
B. 失业人数
C. 企业对工厂及设备的支出
D. 政府债务

12. 经济中的资本量是一个________，投资量则是一个________。
A. 流量；存量
B. 存量；流量
C. 最终产品；中间产品
D. 中间产品；最终产品

13. 在一个给定时期内经济中生产的所有最终产品和服务的市场价值被称为：
A. 工业生产
B. 国内生产总值
C. GDP 平减指数
D. 一般耐用消费品

14. GDP 是在一个给定时期内经济中生产的所有________产品和服务的市场价值。
A. 二手　　B. 中间
C. 消费　　D. 最终

15. 假设总产出包括 4 个苹果和 6 个橘子，每个苹果的价格为 1 美元，每个橘子的价格则为 0.50 美元。在这种情况下，GDP 为：
A. 10 个水果
B. 7 美元
C. 8 美元
D. 10 美元

16. 发生在 2009 年的下列所有交易，除购买________外，都会计入 2009 年的 GDP。
A. 2009 年印刷的名为《3000 年》的书
B. 2001 年的切诺基吉普车
C. 在 2009 年印刷的 2010 年的日历
D.《2001》的电影票

17. 当一个企业出售存货时，GDP：
A. 增加
B. 减少
C. 不变
D. 增加或减少，取决于产品生产的年份

18. 当一个企业出售存货时，投资支出________，消费支出________。
A. 增加；减少
B. 减少；增加
C. 减少；保持不变
D. 保持不变；增加

19. 假设一个面包店雇用了更多的工人并给他们支付工资，这些工人生产了更多的面包。在下列情况下 GDP 都会增加，除了当面包________时。
A. 被出售给家庭
B. 被存放以供以后出售
C. 因过期变质而被扔掉
D. 被出售给其他公司

20. 面包烘烤后被放置以供以后出售，这被称为：
A. 浪费
B. 储蓄
C. 固定投资
D. 存货投资

21. 假设一个牧场主以 1 美元的价格卖给麦当劳四分之一磅的肉，然后麦当劳以 2 美元的价格卖给你一个用这种肉做的汉堡包。在这种情况下，GDP 增加额为：
A. 0.5 美元
B. 1 美元
C. 2 美元
D. 3 美元

22. 假设一个轮胎公司以 400 美元的价格向一个汽车公司出售四个轮胎，另一个公司以 500 美元的价格出售一个 CD 播放器，该汽车公司将以上轮胎和播放器都装在一辆车里，该车售价为 20 000 美元。在这种情况下，这些交易中应计入 GDP 的金额是：
A. 20 000 美元
B. 20 000 美元再减去汽车公司在该汽车上的利润
C. 20 900 美元
D. 20 900 美元再减去所有三个公司在它们所售产品上的利润

23. 产品的附加值是指：
A. 企业销售该产品的利润
B. 在产品的生产上所投入的劳动的价值
C. 企业的产出的价值减去产品所费成本的价值
D. 企业的产出的价值减去企业所购买的中间产品的价值

24. 假设一个汽车企业以 10 000 美元的价格购买了一辆汽车的所有配件，然后付给工人 10 000 美元的工资来制造汽车，并以22 000 美元的价格出售汽车。在这种情况下，该汽车企业所增加的价值是：
A. 10 000 美元
B. 12 000 美元
C. 20 000 美元
D. 22 000 美元

25. 计算 GDP 时：
A. 在二手货上的支出是计算进去的
B. 用于存货的生产是排除在外的
C. 地下经济生产的数量是被估算进去的
D. 中间产品的价值是被算到最终产品的市场价格中的

26. 为了避免在计算 GDP 时重复核算，GDP 只包括________产品的价值。
A. 最终　　B. 二手
C. 中间　　D. 投资

27. GDP 中估算价值的一个例子是：
A. 在家做的饭菜的增加值
B. 房主享有的住房服务
C. 车主享有的汽车租赁服务
D. 销售的非法毒品的价值

28. 原则上，GDP 核算应该——但是却没有——估算：
A. 房主享有的住房服务
B. 车主享有的汽车租赁服务
C. 在餐馆做的饭菜
D. 租赁者享有的住房服务

29. 地下经济：
A. 包括在最新的 GDP 核算中
B. 只包括非法活动
C. 包括未交社会保险税的家庭雇工
D. 不包括非法毒品交易

30. 名义 GDP 是指产品和服务的价值以________价格衡量。
A. 现期　　B. 实际
C. 不变　　D. 平均

31. 实际 GDP 是指产品和服务的价值以________价格衡量。
A. 现期　　B. 实际
C. 不变　　D. 平均

32. 假设苹果在 2002 年的价格为 0.50 美元，在 2009 年为 1 美元，而橘子在 2002 年的价格为 1 美元，在 2009 年为 1.50 美元。如果 2002 年生产了 4 个苹果、3 个橘子，2009 年生产了 5 个苹果、4 个橘子，那么 2009 年的实际 GDP（以 2002 年的价格计算）是：
A. 5 美元
B. 6.50 美元
C. 9.50 美元
D. 11 美元

33. 如果 2009 年的名义 GDP 等于 14 万亿美元，实际 GDP 等于 11 万亿美元，那么 GDP 平减指数的数值是多少？
A. 0.79　　B. 1.03
C. 1.27　　D. 3.2

34. 如果 2009 年的 GDP 平减指数等于 1.25，名义 GDP 等于 15 万亿美元，那么 2009 年的实际 GDP 的价值是多少？
A. 12 万亿美元
B. 12.5 万亿美元
C. 15 万亿美元

D. 18.75 万亿美元

35. GDP 平减指数等于：
A. 名义 GDP 与实际 GDP 的比率
B. 实际 GDP 与名义 GDP 的比率
C. 实际 GDP 减去名义 GDP
D. 名义 GDP 减去实际 GDP

36. 假设苹果在 2002 年的价格为 0.5 美元，在 2009 年为 1 美元，而橘子在 2002 年的价格为 1 美元，在 2009 年为 1.5 美元。如果 2002 年生产了 4 个苹果、3 个橘子，2009 年生产了 5 个苹果、5 个橘子，那么 2009 年的 GDP 平减指数（以 2002 年为基期）大约为：
A. 1.5　　B. 1.7
C. 1.9　　D. 2.0

37. 如果名义 GDP 增长了 5%而实际 GDP 增长了 3%，那么 GDP 平减指数大约增长了________%。
A. 2　　B. 3
C. 5　　D. 8

38. 如果名义 GDP 增长了 5%而 GDP 平减指数增长了 3%，那么实际 GDP ________了________%。
A. 增长；2
B. 下滑；2
C. 增长；8
D. 下滑；8

39. 实际 GDP 比名义 GDP 能更好地衡量经济福利，因为实际 GDP：
A. 不包括出口到国外的产品和服务的价值
B. 包括政府转移支付的价值
C. 以不变的价格衡量了产品和服务数量上的变化
D. 按照外汇汇率的变化调整了所生产的产品和服务的价值

40. 实际 GDP 的链式加权衡量所使用的价格来自：
A. 一个不变的基年
B. 一个不断变动的基年
C. 大约每 5 年变动一次的基年
D. 大约每 10 年变动一次的基年

41. 一个开放经济的国民收入核算恒等式为：
A. $Y=C+I+G-NX$
B. $Y=C+I+G+NX$
C. $Y=C+I+G$
D. $Y=C+I-G$

42. 如果 GDP（以十亿现期美元计算）为 5 465，消费为 3 657，投资为 741，政府购买为 1 098，那么净出口为：
A. 131　　B. −131
C. 31　　D. −31

43. 如果 GDP（以十亿现期美元计算）为 5 465，消费为 3 657，投资为 741，净出口为−1 910，那么政府购买为：
A. 2 977　　B. 1 910
C. −843　　D. 1 067

44. 如果实际 GDP 增长了 6%，人口增长了 2%，那么人均实际 GDP 大约增长了________%。
A. 2　　B. 3
C. 4　　D. 8

45. 在国民收入核算中，消费支出包括以下除________外的所有家庭购买。
A. 耐用品
B. 非耐用品
C. 新建住宅
D. 服务

46. 在国民收入核算中，家庭购买的耐用品、非耐用品和服务被归类为哪种类型的支出？
A. 消费　　B. 投资
C. 政府购买　　D. 净出口

47. 在国民收入核算中，购买产品以备未来之需被归类为哪种类型的支出？
A. 服务　　B. 投资
C. 政府购买　　D. 净出口

48. 如果总投资（以十亿现期美元计算）等于 741，企业固定投资为 524，住房固定投资为 222，那么存货投资为：
A. 5
B. −5

C. 15

D. －15

49. 在国民收入核算中，下列不属于政府购买的是：

A. 社会保障的支付

B. 警察提供的服务

C. 购买军事设备

D. 美国参议员提供的服务

50. 在国民收入核算中，政府购买是指________购买的产品和服务。

A. 联邦政府

B. 联邦和州政府

C. 州和地方政府

D. 联邦、州和地方政府

51. 在国民收入核算中，净出口等于：

A. 出口产品减去进口产品

B. 出口产品和服务减去进口产品和服务

C. 出口产品减去进口服务

D. 出口产品和服务加上进口产品和服务

52. 如果 GDP（以十亿现期美元计算）为 5 465，消费、投资和政府购买的总额为 5 496，出口为 673，则进口为：

A. 673　　B. －673

C. 704　　D. －704

53. 以下所有活动除________外都是宏观经济学家言下之意的投资。

A. 苹果公司建造一个新工厂

B. 一个街角的糖果店购买一台新电脑

C. 约翰·史密斯购买一栋新建的房子

D. 桑德拉购买 100 股苹果公司的股票

54. 在 2013 年，美国的 GDP 大约达到了：

A. 168 亿美元

B. 1 680 亿美元

C. 16.8 万亿美元

D. 168 万亿美元

55. GNP 等于 GDP ________外国人在本国赚到的收入________本国人在国外赚到的收入。

A. 加上；加上

B. 减去；减去

C. 减去；加上

D. 加上；减去

56. 国民净产值等于 GNP：

A. 加上净投资

B. 减去净投资

C. 加上折旧

D. 减去折旧

57. 国民收入与国民净产值之间的差别在于：

A. 折旧

B. 间接营业税

C. 统计误差

D. 国外要素收益净支付

58. 国民收入最大的组成部分是：

A. 公司利润

B. 雇员薪酬

C. 业主收入

D. 净利息

59. 个人可支配收入：

A. 通过从个人收入中减去个人税收来计算

B. 通常要大于个人收入

C. 包括公司利润，但不包括股息

D. 不包括政府对个人的转移支付

60. 根据美国经济有规律的季节性变动模式，GDP 在一年中达到最高时的季度包括：

A. 1 月、2 月和 3 月

B. 4 月、5 月和 6 月

C. 7 月、8 月和 9 月

D. 10 月、11 月和 12 月

61. CPI 是通过计算________来确定的。

A. 所有产品和服务的平均价格

B. 每年变动的一篮子产品和服务的价格相对于同一篮子产品和服务在某个基期的价格的比值

C. 固定的一篮子产品和服务的价格相对于同一篮子产品和服务在某个基期的价格的比值

D. 名义 GDP 相对于实际 GDP 的比值

62. 统计进 CPI 的产品和服务的价格：

A. 按照每一项产品或服务的价格计算其算术平均数

B. 按照 GDP 中这项产品或服务的产量

进行加权

C. 按照典型家庭购买这项产品或服务的数量进行加权

D. 将这项产品或服务的逐年增长率与基年做比较

63. 核心通货膨胀率：

A. 衡量了生产者价格的变化

B. 用帕氏指数衡量

C. 不包括食物和能源的价格

D. 包括出口价格和进口价格

64. 一些分析家倾向于使用一个不包括食物和能源价格的市场篮子来衡量通货膨胀率，该通货膨胀率被称为核心通货膨胀率，因为它：

A. 提供了一个实际的而不是名义的通货膨胀率

B. 对于正在发生的持续的价格变化给出了一个更好的衡量方法

C. 与其他国家使用的通货膨胀衡量方法更为一致

D. 波动幅度大于包括食物和能源价格的通货膨胀衡量方式

65. 企业和政府所购买的产品的价格上涨会：

A. 反映在 CPI 上，但不反映在 GDP 平减指数上

B. 反映在 GDP 平减指数上，但不反映在 CPI 上

C. 同时反映在 CPI 和 GDP 平减指数上

D. 既不反映在 CPI 上，也不反映在 GDP 平减指数上

66. 进口产品价格的上涨将会：

A. 反映在 CPI 上，但不反映在 GDP 平减指数上

B. 反映在 GDP 平减指数上，但不反映在 CPI 上

C. 同时反映在 CPI 和 GDP 平减指数上

D. 既不反映在 CPI 上，也不反映在 GDP 平减指数上

67. 假设平均来看，美国家庭购买的一篮子产品和服务的价格在 2004 年为 14 000 美元，而同一篮子产品和服务在 2009 年值 21 000 美元。然而，2009 年普通家庭实际购买的一篮子产品和服务的价格为 20 000 美元，而同一篮子产品和服务产品和服务按 2004 年的价格核算为 15 000 美元。根据这些数据，以 2004 年为基年，2009 年的拉氏价格指数为：

A. 1.05 B. 约 1.07

C. 约 1.33 D. 1.50

68. 假设美国普通家庭 2004 年购买的一篮子产品和服务的价格在 2004 年为 14 000 美元，而同一篮子产品和服务在 2009 年值 21 000 美元。然而，2009 年普通家庭实际购买的一篮子产品和服务的价格为 20 000 美元，而同一篮子产品和服务按 2004 年的价格核算为 15 000 美元。根据这些数据，以 2004 年为基年，2009 年的帕氏价格指数为：

A. 1.05 B. 约 1.07

C. 约 1.33 D. 1.50

69. CPI 为：

A. 拉氏价格指数

B. 帕氏价格指数

C. 拉氏数量指数

D. 帕氏数量指数

70. GDP 平减指数为：

A. 拉氏价格指数

B. 帕氏价格指数

C. 拉氏数量指数

D. 帕氏数量指数

71. 当不同产品的价格以不同的幅度上涨时，上涨最快的价格指数是：

A. PCE 指数

B. CPI

C. GDP 平减指数

D. 帕氏指数

72. 由参议院财政委员会牵头成立的经济学家小组估计 CPI 每年________了通货膨胀大约________个百分点。

A. 高估；1

B. 高估；10

C. 低估；1

D. 低估；10

73. 根据美国劳工统计局的定义，如果一个人________，则不属于劳动力人口。

A. 正在学校全日制读书

B. 因病而临时缺勤

C. 被暂时解雇

D. 没有工作，但在此前的四个星期中正努力寻找工作

74. 根据美国劳工统计局的定义，如果一个人________，则被认为是处于失业状态。

A. 失去工作，但没有找工作

B. 65 岁之前退休

C. 没有工作，但在此前的四个星期中正努力寻找工作

D. 由于恶劣的天气或疾病而缺勤

75. 劳动力等于：

A. 成年人口数

B. 就业人数

C. 失业人数

D. 就业人数和失业人数

76. 如果有 700 万工人失业，1.43 亿工人就业，成年人口数为 2 亿，那么失业率大约为________%。

A. 3.5　　B. 4.7

C. 4.9　　D. 7

77. 劳动力参与率是________的百分比。

A. 成年人口中的就业人数

B. 成年人口中的劳动力人数

C. 劳动力中的就业人数

D. 劳动力中的失业人数

78. 如果失业率为 6%，就业人数为 1.88 亿，那么劳动力为________亿。

A. 0.112 8

B. 1.767 2

C. 1.88

D. 2.00

79. 如果退休的成年人口比例上升，那么劳动力参与率：

A. 会上升

B. 会下降

C. 保持不变

D. 可能上升、下降或保持不变

80. 如果成年人口数为 2.50 亿，其中就业人数为 1.45 亿，失业人数为 500 万，那么劳动力参与率为________%。

A. 50　　B. 58

C. 60　　D. 67

81. 如果就业人数增加而失业人数不变，那么失业率：

A. 会上升

B. 会下降

C. 不会变

D. 可能上升，也可能下降

82. 自二战结束以来，在美国：

A. 无论是男性还是女性的劳动力参与率都上升了

B. 无论是男性还是女性的劳动力参与率都下降了

C. 男性的劳动力参与率上升，而女性的劳动力参与率下降

D. 男性的劳动力参与率下降，而女性的劳动力参与率上升

83. 美国劳工统计局进行的家庭调查提供了________工人人数的估计，而机构调查则提供了________工人人数的估计。

A. 自雇；失业

B. 失业；自雇

C. 有工作的；在企业工资名单上的

D. 在企业工资名单上的；有工作的

84. 根据机构调查计算的就业统计不包括：

A. 有两份工作的人

B. 自我雇用的人

C. 在企业工资名单上的工人

D. 在企业工资名单上的兼职工人

85. 有两份工作的人：

A. 无论在家庭调查中还是在机构调查中都只被计算一次

B. 在家庭调查中被计算一次，但在机构调查中被计算两次

C. 在机构调查中被计算一次，但在家庭调查中被计算两次

D. 无论在家庭调查中还是在机构调查中

都被计算两次

86. 经济中失业人数的估计值________获得。
   A. 可以通过家庭调查和机构调查
   B. 可以通过家庭调查但不能通过机构调查
   C. 可以通过机构调查但不能通过家庭调查
   D. 通过家庭调查和机构调查均不能

87. 经济学家________计算美国的失业率。
   A. 可以通过家庭调查和机构调查
   B. 可以通过家庭调查但不能通过机构调查
   C. 可以通过机构调查但不能通过家庭调查
   D. 通过家庭调查和机构调查均不能

88. 一个农民种植小麦并以 1 美元的价格卖给面粉厂；面粉厂把小麦磨成面粉并以 3 美元的价格卖给面包房；面包房将之加工成面包并以 6 美元的价格出售面包。其中面粉厂增加的价值是：
   A. 1 美元
   B. 2 美元
   C. 3 美元
   D. 6 美元

89. 一位女士嫁给了她的男管家。在他们结婚之前，她每年给男管家支付 60 000 美元工资。婚后，男管家（以丈夫的身份而不是雇员的身份）继续为该女士提供和以前同样的服务。无论婚前还是婚后，她每年都可以赚到 1 000 000 美元的收入。该婚姻：
   A. 不改变 GDP
   B. 减少了 60 000 美元的 GDP
   C. 增加了 60 000 美元的 GDP
   D. 增加了 60 000 美元以上的 GDP

90. 像 CPI 这样的固定加权价格指数会________生活成本的变化，因为它________考虑到人们可以用较便宜的产品替代已经变得更昂贵的产品。
   A. 低估；没有
   B. 高估；有
   C. 精确估计；有
   D. 高估；没有

问答题

91. 附表：美国的汇总记录

单位：十亿美元

耐用品消费	497
非耐用品消费	1 301
服务消费	2 342
企业固定投资	566
住房固定投资	224
存货投资	7
联邦政府购买	449
州和地方政府购买	683
出口	640
进口	670
超出 GDP 的 GNP	7
折旧	658
间接企业税	551
公司利润（包括支付现款后的应付工资）	387
社会保险费	556
净利息	442
股息（包括企业转移支付）	162
政府对个人的转移支付	837
个人利息收入	694
个人税收和非税收支付	645

注：本表中的数字以及下列问题的答案均与教材中的表 2-1 不同。

表中显示的美国 GDP、消费支出、投资支出、政府购买和净出口各是多少？

92. 附表：美国的汇总记录

单位：十亿美元

耐用品消费	497
非耐用品消费	1 301
服务消费	2 342
企业固定投资	566
住房固定投资	224
存货投资	7
联邦政府购买	449
州和地方政府购买	683
出口	640
进口	670

续表

超出 GDP 的 GNP	7
折旧	658
间接企业税	551
公司利润（包括支付现款后的应付工资）	387
社会保险费	556
净利息	442
股息（包括企业转移支付）	162
政府对个人的转移支付	837
个人利息收入	694
个人税收和非税收支付	645

注：本表中的数字以及下列问题的答案均与教材中的表 2－1 不同。

表中显示的美国国民净产值、国民收入、个人收入和个人可支配收入各是多少？

93. 附表：美国的汇总记录

单位：十亿美元

耐用品消费	497
非耐用品消费	1 301
服务消费	2 342
企业固定投资	566
住房固定投资	224
存货投资	7
联邦政府购买	449
州和地方政府购买	683
出口	640
进口	670
超出 GDP 的 GNP	7
折旧	658
间接企业税	551
公司利润（包括支付现款后的应付工资）	387
社会保险费	556
净利息	442
股息（包括企业转移支付）	162
政府对个人的转移支付	837
个人利息收入	694
个人税收和非税收支付	645

注：本表中的数字以及下列问题的答案均与教材中的表 2－1 不同。

表中显示的消费、投资和政府购买在 GDP 中所占比重大约各是多少？

94. 附表：产品的价格和消费量

	基年	以后年份
产品 A 的价格	100	200
产品 A 的消费量	100	200
产品 B 的价格	100	100
产品 B 的消费量	100	100

如表所示，XYZ 国家的公民更偏爱产品 A。因此该产品的消费量和价格都会上升。

a. 计算基年和以后年份的名义 GDP。

b. 计算基年和以后年份的实际 GDP。

c. 使用你在 a 和 b 小问中所得到的答案，计算以后年份的 GDP 平减指数。

d. 将基年消费量作为权重，计算以后年份的固定加权价格指数。

e. 哪个价格指数上升得更快，GDP 平减指数（帕氏指数）还是固定加权价格指数（拉氏指数）？

95. 假设两个国家有相同的名义 GDP（使用相同的现期通货和相同的计算规则衡量）。请给出至少三个理由来说明为什么这并不意味着两个国家公民的经济福利水平大致相同。

96. 经济统计并不是完美的。请至少用一种方法解释下列当前美国计算的统计数字不能完全准确地衡量相应的经济概念（括号内）：

a. 人均实际 GDP（经济福利）。

b. CPI（生活成本）。

c. 失业率（非自愿失业）。

97. 通过计算一些统计数据来衡量价格水平，如 GDP 平减指数和 CPI。在大多数情况下，这些数据的选择取决于你感兴趣的具体问题。对于以下每一种情况，请指出 CPI 和 GDP 平减指数哪一个是更合适的衡量方法，并解释为什么选择该统计数字。

a. 你想知道进口石油价格的上涨对总体生活成本的影响。

b. 政府想知道国防开支的增加是否影响

价格水平。

c. 一个经济咨询公司正在调查生产中越来越多地使用计算机和电子技术对总体价格水平的影响。

98. 一位参议员抨击政府，说政府没有作出足够的努力来刺激经济，因为劳工统计局的机构调查数据显示，经济中的工作岗位已经减少了。而另一位参议员却反驳了这一观点，因为劳工统计局的家庭调查显示，这一时期经济中的就业工人数量有所增加。请解释两位参议员的说法怎样才能都准确。

99. 总体经济活动有许多衡量指标，如GDP、GNP、国民收入、个人收入和个人可支配收入。根据正在研究的问题，每一个衡量指标都可以成为一个良好的指示器。针对以下每一个问题，请从前面提到的衡量指标中选择一个作为研究这一问题的最佳指示器，并给出理由。

a. 家庭收入中储蓄的比例。

b. 收入中劳动与资本的相对份额。

c. 最终产品和服务的总支出。

100. 人均实际 GDP 并不是一个衡量经济福利的完美指标，因为它不重视家庭生产和地下经济的生产，以及其他一些情况。请至少举出两个例子来说明为什么遗漏这些类型的项目会在评估经济福利方面产生差异。其中，一个例子通过国家之间的横向对比来解释，另一个例子通过对同一国家不同时间的对比来解释。

101. 根据下表中的数据，请说明 2009 年和 2010 年之间经济中的产出和价格发生了什么变化。

	2009 年	2010 年
名义 GDP（十亿美元）	14 700	15 200
实际 GDP（十亿美元，2000 年链式加权）	12 100	11 900

102. 请解释以下各项所描述的交易是否会导致 2012 年 GDP 价值的变化，并解释原因。

a. 2012 年，史密斯一家购买了一栋建于 2012 年的新房子。

b. 2012 年，琼斯一家购买了一栋建于 2001 年的房子。

c. 2012 年，一个建筑公司购买了窗户，将其安装到建于 2012 年的史密斯的房子中。

d. 2012 年，琼斯先生用 2012 年购买的油漆和工具粉刷了琼斯家 2009 年购买的房子的所有房间。

e. 2012 年，史密斯先生利用在线证券服务购买了一个建筑公司的股票。

103. 请解释以下每项所描述的交易会导致 GDP 中的哪一个支出类别发生变化并指出变化的方向。

a. 国内企业购买的在办公室使用的国产电脑。

b. 国内企业生产的一台电脑卖给了一个外企。

c. 联邦政府购买了一台在法院使用的国产电脑。

d. 国内家庭购买了一台在家里使用的国产电脑。

e. 国内家庭购买了一台在家里使用的国外生产的电脑。

104. 在这三个类别——就业者、失业者、不属于劳动力者当中选一个作为下列本次人口调查的对象，并解释原因。

a. 珍妮弗·坦普尔正在担任二年级教师。

b. 弗兰克·皮博迪正在大学接受全日制学习，以获得基础教育学学位。

c. 马丁·汉普顿是一名高中社会科学教师，但目前因患感冒而在家休养。

d. 凯尔·布朗目前没有工作。他想成为一名小学教师。他有合适的学位，但他在过去的一个月中没有去找工作，因为他认为学校目前没有招聘。

e. 布伦达·杜威目前没有工作。她在过去的一周中把她的简历寄到了好几个学校，希望能找到一份教师的工作。

105. 山姆想从迪安那里借一笔钱。在向迪安说出这一想法时，迪安告诉山姆他会给他两个选择。山姆应该选择哪一个？为什么？这两个选择包括：

a. 山姆每年支付 8%的名义利息。

b. 山姆每年支付 4%的实际利息。

106. “GDP 平减指数是比 CPI 更好的价格水平指标。”给出支持或反对这一说法的理由。

107. 甲市总人口为 100 万，其中成年人口占 70%。假设 20%的成年人口没有找工作，剩余的 60%的成年人口就业。请计算：

a. 劳动力参与率。

b. 失业率。

108. 实际 GDP 比名义 GDP 更能衡量一个国家的经济福利吗？给出你的答案和解释。

109. 2015 年，约翰购买了一个建于 2009 年的工厂，并在场地内建造了一个新的储藏室。购买工厂的交易不计入 GDP，但在同一工厂中建造的储藏室计入 GDP，为什么？

110. “我喜欢每天吃芒果，但当它们价格上涨时，我就转向木瓜。”这一说法是否支持 CPI 夸大了通货膨胀这一事实？（假设芒果包含在计算 CPI 的一篮子产品中，但木瓜不包括在内。）

111. 卡斯从政府那里得到了 500 美元的社会保障金。虽然这是政府的支出，但它不包括在 GDP 的 G 部分中。试解释原因。

112. 鲍勃买了价值 5 000 美元的 Adobe Systems 的股票。这笔交易是由约翰促成的，他的佣金收入为 50 美元。我认为这 5 000 美元应计入 GDP，而 50 美元不应计入 GDP。请说明我是对是错，并为你的回答作出解释。

单项选择题答案

1. 答案 B；难度级别：易
2. 答案 B；难度级别：易
3. 答案 A；难度级别：易
4. 答案 A；难度级别：易
5. 答案 D；难度级别：易
6. 答案 D；难度级别：易
7. 答案 A；难度级别：易
8. 答案 D；难度级别：易
9. 答案 A；难度级别：中
10. 答案 B；难度级别：中
11. 答案 D；难度级别：中
12. 答案 B；难度级别：易
13. 答案 B；难度级别：易
14. 答案 D；难度级别：易
15. 答案 B；难度级别：易
16. 答案 B；难度级别：易
17. 答案 C；难度级别：易
18. 答案 B；难度级别：易
19. 答案 C；难度级别：易
20. 答案 D；难度级别：易
21. 答案 C；难度级别：易
22. 答案 A；难度级别：中
23. 答案 D；难度级别：中
24. 答案 B；难度级别：难
25. 答案 D；难度级别：中
26. 答案 A；难度级别：易
27. 答案 B；难度级别：中
28. 答案 B；难度级别：难
29. 答案 C；难度级别：中
30. 答案 A；难度级别：易
31. 答案 C；难度级别：易
32. 答案 B；难度级别：中
33. 答案 C；难度级别：中
34. 答案 A；难度级别：中
35. 答案 A；难度级别：易
36. 答案 B；难度级别：难
37. 答案 A；难度级别：难
38. 答案 A；难度级别：难
39. 答案 C；难度级别：易
40. 答案 B；难度级别：易
41. 答案 B；难度级别：易
42. 答案 D；难度级别：中

43. 答案 A；难度级别：中
44. 答案 C；难度级别：中
45. 答案 C；难度级别：易
46. 答案 A；难度级别：易
47. 答案 B；难度级别：易
48. 答案 B；难度级别：中
49. 答案 A；难度级别：易
50. 答案 D；难度级别：易
51. 答案 B；难度级别：易
52. 答案 C；难度级别：中
53. 答案 D；难度级别：中
54. 答案 C；难度级别：中
55. 答案 C；难度级别：易
56. 答案 D；难度级别：易
57. 答案 C；难度级别：易
58. 答案 B；难度级别：中
59. 答案 A；难度级别：易
60. 答案 D；难度级别：易
61. 答案 C；难度级别：易
62. 答案 C；难度级别：中
63. 答案 C；难度级别：中
64. 答案 B；难度级别：易
65. 答案 B；难度级别：中
66. 答案 A；难度级别：中
67. 答案 D；难度级别：难
68. 答案 B；难度级别：难
69. 答案 A；难度级别：中
70. 答案 B；难度级别：中
71. 答案 B；难度级别：中
72. 答案 A；难度级别：中
73. 答案 A；难度级别：易
74. 答案 C；难度级别：易
75. 答案 D；难度级别：易
76. 答案 B；难度级别：中
77. 答案 B；难度级别：易
78. 答案 D；难度级别：中
79. 答案 B；难度级别：中
80. 答案 C；难度级别：中
81. 答案 B；难度级别：中
82. 答案 D；难度级别：易
83. 答案 C；难度级别：中
84. 答案 B；难度级别：易
85. 答案 B；难度级别：易
86. 答案 B；难度级别：中
87. 答案 A；难度级别：中
88. 答案 B；难度级别：中
89. 答案 B；难度级别：中
90. 答案 D；难度级别：中

问答题答案

91. 6 039；4 140；797；1 132；－30（单位：十亿美元）。

92. 5 388；5 388；5 145；4 500（单位：十亿美元）。

93. 约 69％；约 13％；约 19％。

94. a. 基年名义 GDP＝20 000。
   以后年份名义 GDP＝50 000。
   b. 基年实际 GDP＝20 000。
   以后年份实际 GDP＝30 000。
   c. 以后年份 GDP 平减指数＝1.667。
   d. 固定加权价格指数＝1.50。
   e. 按现期消费量加权的帕氏指数在这种情况下的上升速度快于按基年消费量加权的拉氏指数。

95. 包括但不限于以下原因：
   a. 两个国家的不同价格水平会导致实际 GDP 的值不同，即每个国家可获得的产品和服务的数量不同。
   b. 不同规模的人口可能会导致每个国家每人可获得的产品和服务的数量不同。
   c. 两个国家的非市场生产水平的不同，会导致每个国家可获得的产品和服务的数量不同。
   d. 可用的闲暇时间数量的不同（名义 GDP 不包括闲暇时间），会导致两国经济福利的不同。
   e. 两个国家收入分配的不同，可能会导致每个国家的典型公民可获得的产品和服务的数量不同。
   f. 与生产 GDP 有关的正、负外部性的数量不同，如不以 GDP 衡量的污染和拥堵，会导致两国之间经济福利水平的不同。

96. a. 官方对 GDP 的衡量不包括对可用的闲暇时间、非市场生产、地下经济生产、收入分配和生产外部性（如污染）的衡量。

b. CPI 并没有考虑对涨价产品的替代，同时也很难区分指数内产品的价格变化与质量变化。

c. 官方失业率并没有考虑到丧失信心的工人、希望全职工作的兼职工人以及从事与其技能水平不符的工作的工人（比如有物理学博士学位的出租车司机）。

97. a. CPI 是更合适的统计数字，因为 GDP 平减指数不包括进口品的价格。

b. GDP 平减指数是更合适的统计数字，因为 CPI 不包括政府部门购买的产品和服务的价格。

c. GDP 平减指数是更合适的统计数字，因为 CPI 不包括企业和政府部门购买的产品和服务的价格。

98. 如果自我雇用的工人以及在新建企业工作的工人（这些人包括在家庭调查中而不包括在机构调查中）数量增加的速度比机构调查中工资名单上的工人数量减少的速度更快，那么家庭调查中的就业人数可能会增加，而工资名单上的就业人数则会减少。

99. a. 个人可支配收入可以衡量用于消费或储蓄的家庭税后收入。

b. 国民收入是衡量生产要素的收入的指标。

c. GDP 是对经济中新生产的产品和服务价值的最完整的衡量指标。相比之下，个人收入包括转移支付，这不代表新生产的产品和服务。

100. 答案会有所不同。举一个例子，假设国家 1 的 GDP 比国家 2 的要低很多，但国家 1 的家庭生产量比国家 2 的要大很多。在这种情况下，这两个国家所测量的实际 GDP 在经济福利与实际情况之间会存在较大的出入。

另一个例子可以告诉我们家庭生产量的变化如何导致比较一个国家不同时间内的经济福利水平变得困难。例如，如果大多数人最初都自给自足，过一段时间之后，又逐渐转为在农产品市场购买食物，这时该国人均实际 GDP 的增加就可能会夸大实际的产品和服务数量的增量，因为以前家里自己种的食物并没有计入实际 GDP。

101. 实际 GDP 减少了，这表明 2010 年最终产品和服务的生产量低于 2009 年。名义 GDP 增加了，同时实际 GDP 减少了，这表明 2010 年的平均价格比 2009 年高。

102. a. 因为这是一个新生产的产品，所以该家庭购买这栋房子增加了 2012 年的 GDP。

b. 因为这栋房子是 2001 年建造的，不是新生产的产品，所以 2012 年的 GDP 没有变化。涉及二手货的交易不计入 GDP。

c. 2012 年的 GDP 没有发生直接变化，因为窗户是中间产品，而不是最终产品。为了避免重复计算，中间产品的价值不计入 GDP。窗户的价值已经被隐性地计算进了房价中。

d. 2012 年的 GDP 会因油漆和工具的购买价格而变化，但不因琼斯先生提供的粉刷服务的隐性价值而变化，因为家庭生产不包括在 GDP 中。

e. 2012 年的 GDP 会因使用在线证券服务被收费而增加，而不是按购买股票的数量，因为金融交易不代表最终产品和服务的生产，不包括在 GDP 中。

103. a. 投资支出随着电脑的价格提高而增加。

b. 出口（和净出口）随着电脑的价格提高而增加。

c. 政府支出随着电脑的价格提高而

增加。

d. 消费支出随着电脑的价格提高而增加。

e. 消费支出随着电脑的价格提高而增加，但进口也随着电脑的价格提高而增加，这样净出口就会随着电脑的价格提高而下降，最终 GDP 的值没有变化。

104. a. 就业者。她是一名全职员工。

b. 不属于劳动力者。全日制学生不计入劳动力。

c. 就业者。他虽然生病了，但仍然是学校的职工。

d. 不属于劳动力者。丧失信心的工人不算在劳动力中。

e. 失业者。她正在积极地找工作。

105. 名义利息＝实际利息＋通货膨胀，这实际上取决于通货膨胀率。如果通货膨胀率低于 4%，山姆应该选择选项 b。如果通货膨胀率大于 4%，那么选项 a 对山姆来说是个更好的选择。如果通货膨胀率等于 4%，山姆可以选择其中的任意一种，因为它们的最终结果相同。

106. GDP 平减指数的好处是，它是利用所有生产的产品和服务来计算的，包括那些只由企业、政府以及消费者购买的产品和服务，并允许产品篮子改变。它能考虑到消费者以较便宜的产品代替较昂贵的产品的能力。CPI 是仅利用消费者购买的固定的一篮子产品来计算的，它没有考虑到替代品，所以它倾向于高估消费者的生活成本。然而，GDP 平减指数不包括进口品，这也影响到 CPI。它也不考虑替代品可能导致的消费者福利的任何变化，而且它往往低估了消费者的生活成本。

107. 成年人口＝1 000 000×70/100＝7 000 000。

劳动力＝7 000 000×(100－20)/100＝5 600 000。

劳动力参与率＝5 600 000×100/7 000 000＝80(%)。

失业者＝(100－60)×5 600 000/100＝2 240 000。

失业率＝2 240 000×100/5 600 000＝40(%)。

108. 是的。名义 GDP 是指一国生产的所有产品和服务的当前价格乘以数量。实际 GDP 实际上衡量的是总产出（即数量）而不是价格。名义 GDP 的增长可能是由于数量和价格的增加。实际 GDP 通过利用基年来保持价格不变，因此它提供了更准确的经济福利。

109. 工厂建于 2009 年，所以它已经计入了当年的 GDP 中。储藏室在 2015 年是一个新的增加，所以只将它而不是整个工厂计入当年的 GDP 中。

110. 在计算 CPI 时，使用一篮子固定的产品和服务。但如上所述，当价格上涨时，人们很有可能转向不计入 CPI 的替代品。CPI 的这种不能调整的属性夸大了通货膨胀。

111. 即使政府支付给卡斯，它也没有从卡斯那里得到任何的产品和服务。这是一种转移支付（现有收入的重新分配），因此这笔款项不包括在 GDP 的 G 部分中。

112. 你是错的。购买股票对于经济没有任何新的贡献：它只是将部分所有权从 Adobe Systems 转移给鲍勃，所以它不应计入 GDP 中。约翰所提供的帮助实际上是一种服务，它增加了经济的总产出，所以 50 美元佣金应计入 GDP 中。

第 3 章　国民收入：源自何处？去向何方？

单项选择题

1. 循环流动模型显示家庭将收入用于：
   A. 消费、储蓄和要素支付
   B. 消费、税收和要素支付
   C. 税收、储蓄和要素支付
   D. 消费、税收和储蓄
2. 在循环流程图中，企业从________市场获得收益，又将这笔收益用于在________市场购买投入品。
   A. 产品；金融
   B. 要素；金融
   C. 产品；要素
   D. 要素；产品
3. 在循环流动模型中，家庭从________市场获得收入，并且通过________市场进行储蓄。
   A. 产品；金融
   B. 要素；金融
   C. 产品；要素
   D. 要素；产品
4. 在长期，经济中的国民收入水平是由________决定的。
   A. 生产要素和生产函数
   B. 实际利率和名义利率
   C. 政府预算盈余或赤字
   D. 经济利润率和会计利润率
5. 一个经济的生产要素和生产函数决定了经济的：
   A. 劳动力参与率
   B. 预算盈余或赤字
   C. 人口增长率
   D. 产品和服务的产出
6. 两种最重要的生产要素是：
   A. 产品和服务
   B. 劳动和能源
   C. 资本和劳动
   D. 储蓄和投资
7. 与现实世界不同，具有固定产出的古典模型假定：
   A. 资本和劳动都得到充分利用
   B. 所有资本都被充分利用，但一些劳动没被雇用
   C. 所有劳动都被雇用，但一些资本被闲置
   D. 一些资本被闲置，一些劳动没被雇用
8. 生产函数是________之间的数学关系。
   A. 要素价格和要素的边际产量

B. 生产要素和要素价格
C. 生产要素和产出数量
D. 要素价格和产出数量

9. 被称为“规模报酬不变”的生产函数意味着，如果我们：
A. 用 z_1 乘以资本，用 z_2 乘以劳动，那么产出将会是原来的 z_3 倍
B. 把资本和劳动都增加 10%，那么产出也会增加 10%
C. 把资本和劳动都增加 5%，那么产出会增加 10%
D. 把资本增加 10%，劳动增加 5%，那么产出会增加 7.5%

10. 如果所有生产要素都增加了相同的百分比，结果产出也增加了同样的百分比，那么这个生产函数具有的性质被称为：
A. 劳动的边际产量不变
B. 劳动的边际产量递增
C. 规模报酬不变
D. 规模报酬递增

11. 假设我们使用一个规模报酬不变的生产函数生产面包，那么，如果：
A. 工人数量翻一倍，生产的面包数量也会翻一倍
B. 设备数量翻一倍，生产的面包数量也会翻一倍
C. 设备和工人数量都翻一倍，生产的面包数量也会翻一倍
D. 设备和工人数量都翻一倍，生产的面包数量会翻四倍

12. 新古典分配理论：
A. 是由马克思建立的
B. 今天已被大多数经济学家抛弃
C. 显示一个经济的国民收入与总产出不相等
D. 是一种关于国民收入如何在生产要素之间分配的理论

13. 每种生产要素得到的价格是由________决定的。
A. 产出的需求和要素的供给
B. 要素的需求和产出的供给
C. 产出的需求和供给
D. 要素的需求和供给

14. 假设要素供给是固定的，这意味着该要素的：
A. 供给曲线是水平的
B. 供给曲线是垂直的
C. 供给曲线是向右上方倾斜的
D. 需求曲线是向右上方倾斜的

15. 一个企业的经济利润是：
A. 产出价格减去工资再减去资本的租赁价格
B. 收益减去成本
C. 收益加上资本成本
D. 产出价格减去劳动成本

16. 一个竞争性企业可以选择：
A. 其所生产产品的售价
B. 其所雇用员工的工资
C. 其所使用的劳动和资本的数量
D. 其所支付的资本的租赁价格

17. 劳动的边际产量是指：
A. 产出量除以劳动投入量
B. 额外增加一单位劳动所能增加的额外产出
C. 额外增加一单位劳动和一单位资本所能增加的额外产出
D. 额外增加一美元劳动投入所能额外增加的产出的价值

18. 一个竞争性的、利润最大化的企业会一直增加劳动雇用量，直到：
A. 劳动的边际产量等于工资
B. 产出价格乘以劳动的边际产量等于工资
C. 实际工资等于资本的实际租赁价格
D. 工资等于资本的租赁价格

19. 实际工资是以________衡量的劳动报酬。
A. 美元
B. 产出单位
C. 劳动单位
D. 资本单位

20. 资本的边际产量是指：
A. 产出量除以资本投入量

B. 额外增加一单位资本所能增加的额外产出
C. 额外增加一单位资本和一单位劳动所能增加的额外产出
D. 额外增加一美元资本投入所能额外增加的产出的价值

21. 资本的实际租赁价格是以________衡量的每单位资本的价格。
A. 美元
B. 产出单位
C. 劳动单位
D. 资本单位

22. 如果________，实际工资会增加。
A. 劳动供给增加
B. 劳动生产率提高
C. 产出价格上升
D. 资本供给减少

23. 资本供给增加会导致：
A. 资本的实际租赁价格提高
B. 资本的实际租赁价格下降
C. 资本生产率提高
D. 资本的边际产量增加

24. 在古典模型中，调整________会使经济中的任何失业都得以消除。
A. 平均价格水平
B. 利率
C. 资本的实际租赁价格
D. 实际工资

25. 新古典分配理论解释了________之间的分配。
A. 产出在产品和服务
B. 产出在消费、投资和政府支出
C. 收入在生产要素
D. 收入在储蓄和投资

26. 假设所有企业都实现了利润最大化，如果________，经济利润为零。
A. 所有要素均被支付其边际产量且规模报酬递减
B. 所有要素均被支付其边际产量且规模报酬不变
C. 没有竞争性企业
D. 所有要素均被支付其边际产量

27. 根据欧拉定理，如果竞争性企业向每种要素支付其边际产量，并且生产函数具有规模报酬不变的性质，那么所有要素的报酬总和会等于：
A. 总投资
B. 总储蓄
C. 总利润
D. 总产出

28. 会计利润等于：
A. 经济利润减去资本收益
B. 经济利润
C. 经济利润加上资本收益
D. 资本的经济收益

29. 根据新古典分配理论，如果企业是竞争性的并且服从规模报酬不变规律，经济中的总收入：
A. 仅仅分配给生产用的劳动
B. 部分在生产用的劳动和资本之间分配，剩余部分以利润形式被分配给企业的所有者
C. 在生产用的劳动和资本之间平均分配
D. 在生产用的劳动和资本之间按照各自的边际生产率分配

30. 根据新古典分配理论，总产出在资本和劳动报酬之间的分配取决于它们的：
A. 供给
B. 均衡增长率
C. 相关政治力量
D. 边际生产率

31. 在一个规模报酬不变的、竞争性的、利润最大化的经济中，________决定了工资与资本租赁价格的比率。
A. 企业所有者获得的经济利润
B. 利率
C. 公共储蓄与私人储蓄的比率
D. 相对于资本边际生产率的劳动边际生产率

32. 根据柯布-道格拉斯生产函数，产出中劳动贡献的份额：
A. 随着劳动数量的增加而减少

B. 随着劳动数量的增加而增加
C. 随着资本数量的增加而增加
D. 不取决于经济中的劳动数量

33. 如果产出如生产函数 $Y=AK^{0.2}L^{0.8}$ 所描述，那么这个生产函数具有________的性质。
A. 规模报酬不变
B. 规模报酬递减
C. 规模报酬递增
D. 以上信息无法决定规模报酬程度

34. 如果 $Y=AK^{0.5}L^{0.5}$，A、K 和 L 都是 100，那么资本的边际产量为：
A. 50　　B. 100
C. 200　　D. 1 000

35. 从 1960 年开始，美国劳动收入占总收入的比例：
A. 大约是 2.5 到 1
B. 保持相对稳定
C. 稳定上升
D. 稳定下降

36. 如果描述经济的生产函数为 $Y=100\ K^{0.25}L^{0.75}$，那么产出中由劳动贡献的份额：
A. 为 25%
B. 为 75%
C. 取决于劳动和资本的数量
D. 取决于技术状况

37. 在柯布-道格拉斯生产函数中，如果________，劳动的边际产量会增加。
A. 劳动数量增加
B. 资本数量增加
C. 资本的产出份额增加
D. 平均劳动生产率下降

38. 在柯布-道格拉斯生产函数中，如果________，资本的边际产量会增加。
A. 劳动数量增加
B. 资本数量增加
C. 劳动的产出份额增加
D. 平均资本生产率下降

39. 戈尔丁和卡茨认为，近十年来收入不平等的加剧是由于：
A. 技能偏向型技术进步速度的提高和受教育程度的提高
B. 技能偏向型技术进步速度的下降和受教育程度的下降
C. 技能偏向型技术进步速度的提高和教育进步速度的减慢
D. 技能偏向型技术进步速度的下降和教育进步速度的加快

40. 技能偏向型技术变革________了对高技能工人的需求，而教育进步速度的减慢减少了技能型工人的供给。如果我们观察到这种现象，我们期望支付________工资给技能型工人。
A. 增加；更高的
B. 增加；更低的
C. 减少；更高的
D. 减少；更低的

41. 在 20 世纪的大部分时间里，技能偏向型技术变革________了对高技能工人的需求，而教育进步速度的加快增加了技能型工人的供给。由于教育进步________了技能偏向型技术变革，所以我们期望支付________工资给技能型工人。
A. 增加；加快；更高的
B. 增加；加快；更低的
C. 减少；减缓；更高的
D. 减少；减缓；更低的

42. 戈尔丁和卡茨的估计表明，1980—2005 年在大学学习一年的财务回报率：
A. 提高了　　B. 下降了
C. 不变　　D. 为负数

43. 根据新古典分配理论，在一个由柯布-道格拉斯生产函数描述的经济中，当________时，工人会体验高的实际工资增长率。
A. 实际利率高
B. 实际利率低
C. 劳动生产率迅速增长
D. 资本的收入份额迅速增长

44. 假设经济由柯布-道格拉斯生产函数所描述。如果平均劳动生产率迅速增长，则________。

A. 劳动占总收入的份额会增大
B. 劳动占总收入的份额会减小
C. 工人会体验高的实际工资增长率
D. 经济利润会是正的

45. 在一个封闭经济中，GDP 的组成部分为：
A. 消费、投资、政府购买和出口
B. 消费、投资、政府购买和净出口
C. 消费、投资和政府购买
D. 消费和投资

46. 在一个封闭经济中，产出的需求是________的总和。
A. 公共储蓄和私人储蓄
B. 资本和劳动的数量以及生产技术
C. 消费、投资和政府购买
D. 政府购买加转移支付减税收收入

47. 个人可支配收入的定义是支付了所有________后的收入。
A. 税收
B. 利息
C. 贷款
D. 社会保险费

48. 消费函数显示了消费和________之间的关系。
A. 收入
B. 个人收入
C. 可支配收入
D. 税收

49. 消费________取决于可支配收入，投资________取决于实际利率。
A. 正向地；正向地
B. 正向地；负向地
C. 负向地；负向地
D. 负向地；正向地

50. 边际消费倾向：
A. 被预期在 0 和 1 之间
B. 等于可支配收入除以消费
C. 是财富增加一美元时的消费变化量
D. 通常被假定为随着税收的增加而提高

51. 如果消费函数由 $C=500+0.5(Y-T)$ 给出，$Y=6\ 000$，$T=200+0.2Y$，那么 C 等于：
A. 2 500　　B. 2 800
C. 3 500　　D. 4 200

52. 如果消费函数由 $C=500+0.5Y$ 给出，生产函数为 $Y=50K^{0.5}L^{0.5}$，其中 $K=100$，$L=100$，则 C 等于：
A. 1 000　　B. 2 500
C. 3 000　　D. 5 000

53. 如果消费函数由 $C=150+0.85Y$ 给出，其中 Y 增加了一单位，则 C 增加了：
A. 0.15 单位
B. 0.5 单位
C. 0.85 单位
D. 1 单位

54. 如果消费函数由 $C=150+0.85Y$ 给出，其中 Y 增加了一单位，则储蓄：
A. 减少了 0.85 单位
B. 减少了 0.15 单位
C. 增加了 0.15 单位
D. 增加了 0.85 单位

55. 如果消费函数由 $C=150+0.85(Y-T)$ 给出，其中 T 增加了一单位，则储蓄：
A. 减少了 0.85 单位
B. 减少了 0.15 单位
C. 增加了 0.15 单位
D. 增加了 0.85 单位

56. 假定消费函数由 $C=150+0.85(Y-T)$ 给出，税收函数由 $T=t_0+t_1Y$ 给出。如果 t_0 增加了一单位，则消费：
A. 减少了 0.85 单位
B. 减少了 0.15 单位
C. 增加了 0.15 单位
D. 增加了 0.85 单位

57. 假定消费函数由 $C=150+0.85(Y-T)$ 给出，税收函数由 $T=t_0+t_1Y$ 给出，并且 $Y=5\ 000$。如果 t_1 从 0.3 减少到 0.2，则消费增加：
A. 85　　B. 425
C. 500　　D. 525

58. 假定消费函数由 $C=200+0.7(Y-T)$ 给出，税收函数由 $T=100+t_1Y$ 给出，

而$Y=50K^{0.5}L^{0.5}$，其中$K=100$，$L=100$。如果t_1从0.2增加到0.25，则消费减少：

A. 70　　B. 140
C. 175　　D. 250

59. 假定消费函数由$C=200+0.7(Y-T)$给出，税收函数由$T=100+0.2Y$给出，而$Y=50K^{0.5}L^{0.5}$，其中$K=100$。如果L从100增加到144，则消费增加：

A. 560　　B. 840
C. 1 120　　D. 2 120

60. GDP中的私人投资________购买。

A. 仅被商业企业
B. 仅被家庭
C. 被商业企业和家庭
D. 被商业企业、家庭和政府

61. 美国的总投资平均约占GDP的________%。

A. 10　　B. 15
C. 20　　D. 25

62. 在其他条件相同的情况下，利率上升导致：

A. 投资品的需求量下降
B. 投资品的需求量不变
C. 投资品的需求量增加
D. 投资品的数量有时增加有时下降

63. 当经济学家谈到“利率”时，他们是指：

A. 90天期国债的利率
B. 联邦基金利率
C. 抵押贷款的基本利率
D. 并非特指的利率；这通常是一个无害化假设，因为实际利率往往会同时上升和下降

64. 假设一个企业想建造一个耗资500万美元的厂房。该企业相信新厂房建成后可以在此后每年内获得60万美元的回报，若干年后该企业以初始成本把厂房卖掉。这项投资的回报率会是：

A. 6%　　B. 12%
C. 18%　　D. 30%

65. 假设一个企业正考虑建造一个耗资500万美元的厂房。该企业相信新厂房建成后可以在以后的很多年内每年获得60万美元的利润。该企业的借款利率是15%。在评估完是否应建该厂房后，该企业会决定应该：

A. 不建，因为该厂房的回报率只有6%
B. 不建，因为该厂房的回报率只有12%
C. 建，因为该厂房的回报率是30%
D. 建，因为该厂房的回报率是35%

66. 名义利率：

A. 是指投资者为借入资金而支付的利率
B. 与实际利率是一样的
C. 等于通货膨胀率减去实际利率
D. 等于实际利率减去通货膨胀率

67. 实际利率：

A. 是指消费者实际支付的利率
B. 是指银行实际支付的利率
C. 等于通货膨胀率减去名义利率
D. 等于名义利率减去通货膨胀率

68. 假设投资函数由$I=1\,000-30r$给出，其中r是实际利率（用百分比表示）。进一步假设名义利率为10%，通货膨胀率为2%。根据投资函数，投资为：

A. 240　　B. 700
C. 760　　D. 970

69. 投资函数是向________倾斜的，因为随着利率的下降，会有________的投资项目可以盈利。

A. 上；更少
B. 上；更多
C. 下；更少
D. 下；更多

70. GDP中政府支出部分包括下列所有项目，除了：

A. 联邦政府在产品上的支出
B. 州和地方政府在产品上的支出
C. 联邦政府的转移支付
D. 联邦政府在服务上的支出

71. 如果政府购买超过税收减去转移支付的额度，那么政府预算是：

A. 平衡的

B. 赤字的
C. 盈余的
D. 内生的

72. 下列所有行为都增加了政府对产品和服务的购买，除了：
A. 联邦政府送出一张社会保障金的支票给贝蒂·琼斯
B. 联邦政府支付工资给美国总统
C. 联邦政府购买爱国者导弹
D. 波士顿市购买了一本书放入该市图书馆

73. 政府转移支付：
A. 属于政府购买 G 的一部分
B. 可以看作是负税收 T
C. 在要素市场上被作为对投入的支付而被接受
D. 不影响公共或私人储蓄水平

74. 在考察财政政策的影响时，假定：
A. 消费、投资和利率是内生变量
B. 消费、投资和利率是外生变量
C. 政府购买、税收和利率是内生变量
D. 政府购买、税收和利率是外生变量

75. 在生产要素固定且价格具有弹性的古典模型中，消费支出的数量取决于________，投资支出的数量取决于________，政府支出的数量________。
A. 利率；可支配收入；由税收收入决定
B. 实际工资；资本的实际租赁价格；由要素价格决定
C. 产出中的劳动份额；产出中的资本份额；由利率决定
D. 可支配收入；利率；是外生的

76. 在固定产出的古典模型中，________使得产品和服务的供给与需求达到均衡。
A. 政府支出
B. 税收
C. 财政政策
D. 利率

77. 在封闭环境中，对经济产出的需求：
A. 不管利率如何都一直等于供给
B. 只要我们知道可支配收入就可以计算出来
C. 等于消费、投资和政府购买
D. 由政府购买和税收决定

78. 在固定收入的古典模型中，如果对产品和服务的需求小于供给，利率将：
A. 上升
B. 下降
C. 保持不变
D. 上升或下降，取决于消费是大于还是小于投资

79. 在固定收入的古典模型中，如果对产品和服务的需求大于供给，利率将：
A. 上升
B. 下降
C. 保持不变
D. 上升或下降，取决于消费是大于还是小于投资

80. 在固定收入的古典模型中，如果利率过低，那么投资就会过________，并且对产出的需求会________供给。
A. 多；超过
B. 多；小于
C. 少；超过
D. 少；小于

81. 在固定收入的古典模型中，如果利率过高，那么投资就会过________，并且对产出的需求会________供给。
A. 多；超过
B. 多；小于
C. 少；超过
D. 少；小于

82. 国民储蓄是指：
A. 可支配收入减去消费
B. 税收减去政府支出
C. 收入减去消费再减去政府购买
D. 收入减去投资

83. 公共储蓄：
A. 总是正的
B. 是以政府债券形式所持有的家庭财富的整体水平
C. 由美联储决定

D. 取决于政府的税收与其支出的关系

84. 在一个封闭经济中，$Y-C-G$ 等于：

A. 国民储蓄

B. 私人储蓄

C. 公共储蓄

D. 金融储蓄

85. 在一个封闭经济中，私人储蓄等于：

A. $Y-C-G$

B. $Y-T-C$

C. $Y-I-C$

D. $Y-T$

86. 在均衡时，使国民储蓄等于投资的要素是：

A. 利率

B. 私人储蓄

C. 公共储蓄

D. 财政政策

87. 私人储蓄等于：

A. 收入减去消费再减去政府支出

B. 可支配收入减去消费

C. 可支配收入减去政府支出

D. 税收减去政府支出

88. 公共储蓄等于：

A. 收入减去消费再减去政府支出

B. 可支配收入减去消费

C. 可支配收入减去政府支出

D. 政府收入减去政府支出

89. 国民储蓄等于：

A. 私人储蓄

B. 公共储蓄

C. 私人储蓄加上公共储蓄

D. 私人储蓄减去公共储蓄

90. 如果可支配收入为 4 000，消费为 3 500，政府购买为 1 000，税收减去转移支付为 800，那么国民储蓄等于：

A. 300　　B. 500

C. 700　　D. 1 000

91. 如果收入为 4 800，消费为 3 500，政府支出为 1 000，税收减去转移支付为 800，那么私人储蓄等于：

A. 300　　B. 500

C. 1 000　　D. 1 300

92. 如果收入为 4 800，消费为 3 500，政府购买为 1 000，税收减去转移支付为 800，那么公共储蓄等于：

A. −200　　B. 200

C. 500　　D. 1 800

93. 均衡时，总投资等于：

A. 私人储蓄

B. 公共储蓄

C. 国民储蓄

D. 家庭储蓄

94. 对可贷资金的需求与________是等价的。

A. 国民储蓄

B. 私人储蓄

C. 公共储蓄

D. 投资

95. 对可贷资金的供给与________是等价的。

A. 国民储蓄

B. 私人储蓄

C. 公共储蓄

D. 投资

96. 对可贷资金的供给和需求决定了：

A. 实际工资

B. 资本的实际租赁价格

C. 实际利率

D. 名义利率

97. 如果储蓄大于投资需求，并且消费不是利率的函数，那么：

A. 贷款需求大于贷款供给

B. 利率会下降

C. 利率会上升

D. 储蓄会下降

98. 在固定收入的古典模型中，如果家庭的储蓄意愿超过企业的投资意愿，那么：

A. 利率会上升

B. 利率会下降

C. 产出会上升

D. 产出会下降

99. 当可贷资金的需求大于可贷资金的供给时，家庭的储蓄意愿________企业的投资意愿，并且利率________。

A. 大于；上升

B. 大于；下降

C. 小于；上升

D. 小于；下降

100. 假设均衡 GDP（Y）为 5 000，消费（C）由方程 $C=500+0.6Y$ 给出。此外，假设 $G=0$。在这种情况下，均衡投资为：

A. 1 500　　B. 2 000

C. 2 500　　D. 3 000

101. 假设均衡 GDP（Y）为 5 000，消费（C）由方程 $C=500+0.6(Y-T)$ 给出。税收（T）为 1 000，政府支出为 600。在这种情况下，均衡投资为：

A. 600　　B. 1 100

C. 1 500　　D. 2 200

102. 假设均衡 GDP（Y）为 5 000，消费（C）由方程 $C=500+0.6Y$ 给出，投资（I）由方程 $I=2\ 000-100r$ 给出，其中 r 是实际利率（用百分数表示）。此外，假设 $G=0$。在这种情况下，均衡实际利率为：

A. 2%　　B. 5%

C. 10%　　D. 20%

103. 假设均衡 GDP（Y）为 5 000，消费（C）由方程 $C=500+0.6(Y-T)$ 给出，税收（T）为 600，政府支出为 1 000，投资（I）由方程 $I=2\ 160-100r$ 给出，其中 r 是实际利率（用百分数表示）。在这种情况下，均衡实际利率为：

A. 5%　　B. 8%

C. 10%　　D. 13%

104. 根据教材第 3 章构建的模型，当政府支出增加而税收不变时：

A. 消费增加

B. 消费减少

C. 投资增加

D. 投资减少

105. 根据教材第 3 章构建的模型，当税收减少而政府支出不变时：

A. 消费和投资都增加

B. 消费和投资都减少

C. 消费增加，投资减少

D. 消费减少，投资增加

106. 根据教材第 3 章构建的模型，当政府支出增加且税收等额增加时：

A. 消费和投资都增加

B. 消费和投资都减少

C. 消费增加，投资减少

D. 消费减少，投资增加

107. 根据教材第 3 章构建的模型，当政府支出增加但税收保持不变时，利率：

A. 上升

B. 不变

C. 下降

D. 可能会变动

108. 根据教材第 3 章构建的模型，当税收增加但政府支出不变时，利率：

A. 上升

B. 不变

C. 下降

D. 可能会剧烈变动

109. 在一个固定产出的封闭经济中，当政府支出增加时：

A. 私人储蓄减少

B. 私人储蓄增加

C. 公共储蓄减少

D. 公共储蓄增加

110. 在固定收入的新古典模型中，如果政府支出下降但税收不变，那么公共储蓄________，私人储蓄________。

A. 增加；增加

B. 增加；不变

C. 减少；增加

D. 减少；不变

111. 当政府支出增加引起了利率的________和投资的________时，就发生了挤出效应。

A. 上升；增加　　B. 上升；减少

C. 下降；增加　　D. 下降；减少

112. 政府支出增加导致利率上升，进而导致投资的减少。这种减少被称为：

A. 预算赤字

B. 财政政策

C. 识别问题

D. 挤出效应

113. 在固定收入的古典模型中，实际利率的上升可能是由于：

A. 政府支出的增加

B. 政府支出的减少

C. 期望投资的减少

D. 税收的增加

114. 在固定收入的古典模型中，实际利率的下降可能是由于：

A. 政府支出的增加

B. 期望投资的增加

C. 税收的增加

D. 税收的减少

115. 在固定收入的古典模型中，政府预算赤字的减少会导致：

A. 更高的实际利率

B. 更低的实际利率

C. 更高的产出水平

D. 更低的产出水平

116. 当政府支出增加且税收等额增加时，利率：

A. 上升

B. 保持不变

C. 下降

D. 可能会剧烈变动

117. 在固定收入的新古典模型中，如果税收减少但政府支出不变，那么公共储蓄________，私人储蓄________。

A. 增加；增加

B. 增加；减少

C. 减少；增加

D. 减少；不变

118. 储蓄、投资和利率 1 图

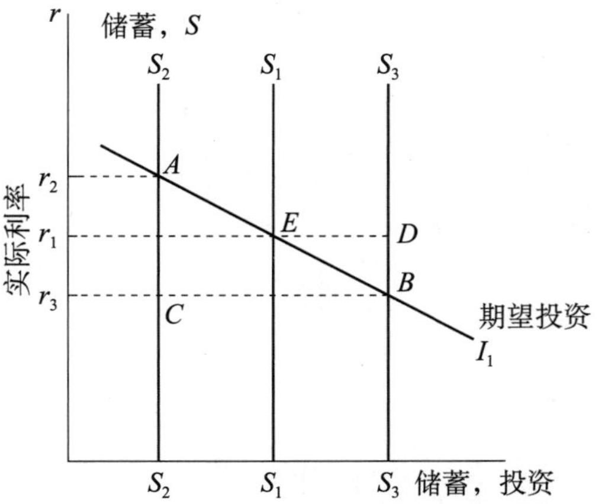

最初经济在 E 点实现均衡，对应着实际利率 r_1，其中储蓄 S_1 等于期望投资 I_1。如果政府削减支出，其他要素保持不变，________会是实际利率、储蓄和投资的新均衡组合点。

A. A 点　　B. B 点

C. C 点　　D. D 点

119. 储蓄、投资和利率 1 图

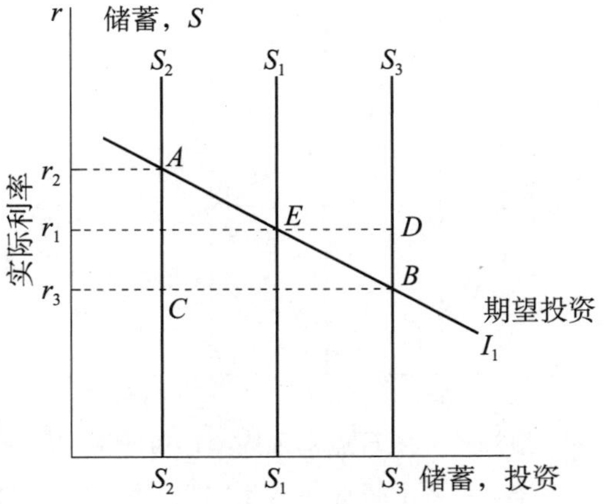

最初经济在 E 点实现均衡，对应着实际利率 r_1，其中储蓄 S_1 等于期望投资 I_1。如果政府削减税收，其他要素保持不变，________会是实际利率、储蓄和投资的新均衡组合点。

A. A 点　　B. B 点

C. C 点　　D. D 点

120. 储蓄、投资和利率 1 图

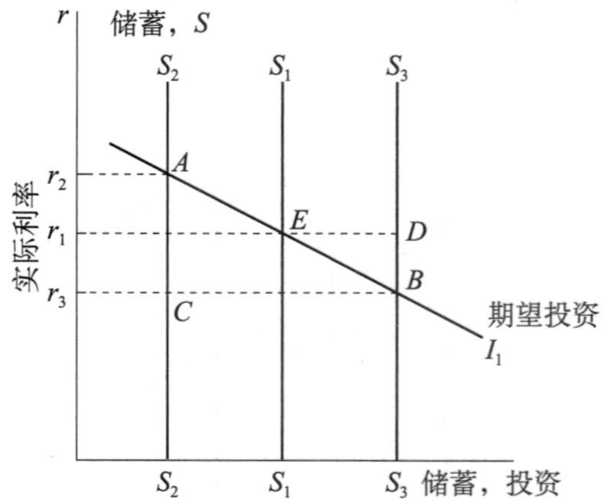

最初经济在 E 点实现均衡，对应着实际利率 r_1，其中储蓄 S_1 等于期望投资 I_1。如果政府增加支出，其他要素保持不变，________会是实际利率、储蓄和投资的新均衡组合点。

A. A 点　　B. B 点

C. C 点　　D. D 点

121. 储蓄、投资和利率 1 图

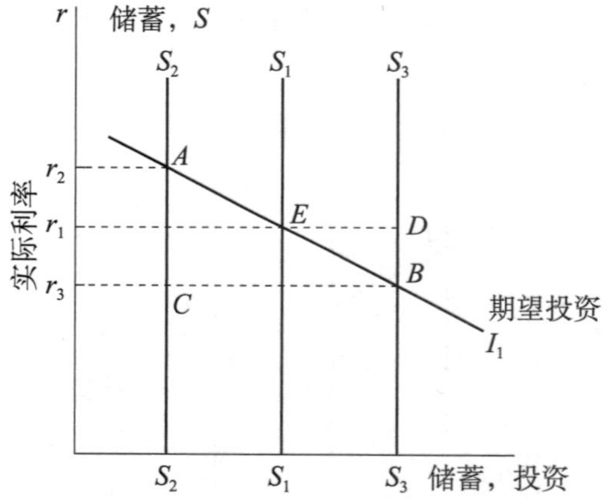

最初经济在 E 点实现均衡，对应着实际利率 r_1，其中储蓄 S_1 等于期望投资 I_1。如果政府提高税收，其他要素保持不变，________会是实际利率、储蓄和投资的新均衡组合点。

A. A 点　　B. B 点

C. C 点　　D. D 点

122. 根据教材第 3 章构建的模型，假设消费不取决于利率。保持其他要素不变，若政府减少企业投资税收导致了投资需求增加，则投资的数量：

A. 增加且利率上升

B. 不变但利率上升

C. 和利率都不变

D. 减少但利率上升

123. 当有固定的可贷资金供给时，投资需求的增加导致：

A. 更高的利率

B. 更低的利率

C. 投资的增加

D. 投资的减少

124. 当储蓄（可贷资金的供给）随着利率的增加而增加时，投资需求的增加导致________利率，导致投资数量________。

A. 更高的；不变

B. 更高的；增加

C. 更低的；不变

D. 更低的；增加

125. 假设 GDP（Y）为 5 000，消费（C）由方程 $C=500+0.5(Y-T)$ 给出。投资（I）由方程 $I=2\ 000-100r$ 给出，其中 r 是实际利率（用百分数表示）。政府支出（G）为 1 000，税收（T）也是 1 000。当技术创新把税收函数变成 $I=3\ 000-100r$ 时：

A. I 增加 1 000，r 上升 10 个百分点

B. I 增加 1 000，r 不变

C. I 不变，r 上升 10 个百分点

D. I 不变，r 上升 15 个百分点

126. 储蓄、投资和利率 2 图

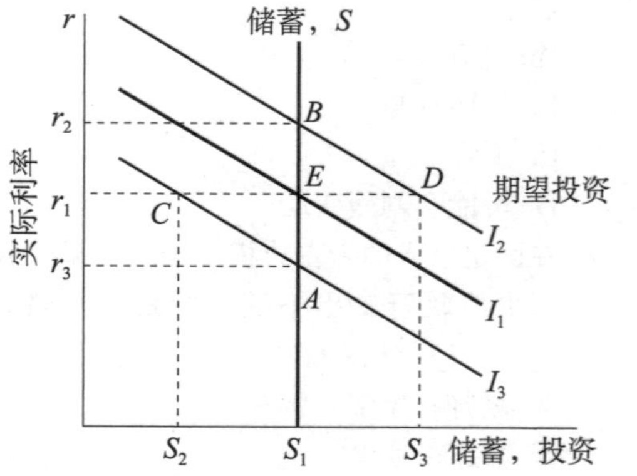

最初经济在 E 点实现均衡，对应着实际利率 r_1，其中储蓄 S_1 等于期望投资 I_1。

如果发生了一次技术创新并增加了对投资品的需求，________会是实际利率、储蓄和投资的新均衡组合点。

A. A 点　　B. B 点

C. C 点　　D. D 点

127. 储蓄、投资和利率 2 图

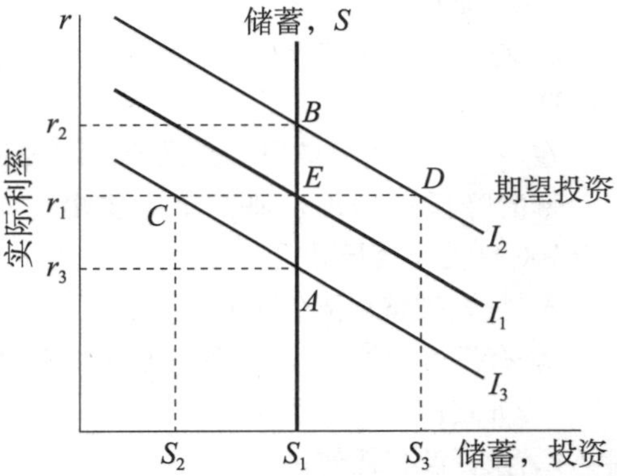

最初经济在 E 点实现均衡，对应着实际利率 r_1，其中储蓄 S_1 等于期望投资 I_1。如果税法发生变化，使投资项目变得不能盈利且减少了对投资品的需求（但不改变经济中征收的税额），________会是实际利率、储蓄和投资的新均衡组合点。

A. A 点　　B. B 点

C. C 点　　D. D 点

128. 如果新增的移民增加了劳动力，则新古典分配理论预测：

A. 实际工资会上涨，资本的实际租赁价格会下降

B. 实际工资和资本的实际租赁价格都会下降

C. 实际工资和资本的实际租赁价格都会上涨

D. 实际工资会下降，资本的实际租赁价格会上涨

129. 如果一次地震摧毁了一些资本存量，则新古典分配理论预测：

A. 实际工资会上涨，资本的实际租赁价格会下降

B. 实际工资和资本的实际租赁价格都会下降

C. 实际工资和资本的实际租赁价格都会上涨

D. 实际工资会下降，资本的实际租赁价格会上涨

130. 如果一次技术进步提高了生产率，则新古典分配理论预测：

A. 实际工资会上涨，资本的实际租赁价格会下降

B. 实际工资和资本的实际租赁价格都会下降

C. 实际工资和资本的实际租赁价格都会上涨

D. 实际工资会下降，资本的实际租赁价格会上涨

131. 规模报酬递减的一个例子是，当资本和劳动投入：

A. 都增加 10%时，产出增加了 5%

B. 都增加 10%时，产出增加了 10%

C. 都增加 5%时，产出增加了 10%

D. 都不改变时，产出增加了 5%

132. 规模报酬递增的一个例子是，当资本和劳动投入：

A. 都增加 10%时，产出增加了 5%

B. 都增加 10%时，产出增加了 10%

C. 都增加 5%时，产出增加了 10%

D. 都不改变时，产出减少了 5%

133. 由于技术的进步，农业的生产率随着时间的推移大大提高，劳动者可以在农业工人和理发师的角色之间自由转换，新古典分配理论预测：

A. 理发师和农业工人的实际工资随着时间的推移都保持不变

B. 理发师和农业工人的实际工资随着时间的推移都会提高

C. 农业工人的实际工资会提高，而理发师的实际工资保持不变

D. 理发师的实际工资会提高，而农业工人的实际工资保持不变

134. 政府增加了一笔 1 000 亿美元的一次性收入税后，新古典经济作出调整从而使产出不发生变化。如果边际消费倾向为

0.6，则私人储蓄：

A. 增加 400 亿美元

B. 增加 600 亿美元

C. 减少 600 亿美元

D. 减少 400 亿美元

135. 政府增加了一笔 1 000 亿美元的一次性收入税后，新古典经济作出调整从而使产出不发生变化。如果边际消费倾向为 0.6，则公共储蓄：

A. 增加 1 000 亿美元

B. 增加 600 亿美元

C. 减少 600 亿美元

D. 减少 1 000 亿美元

136. 政府增加了一笔 1 000 亿美元的一次性收入税后，新古典经济作出调整从而使产出不发生变化。如果边际消费倾向为 0.6，则国民储蓄：

A. 增加 1 000 亿美元

B. 增加 600 亿美元

C. 减少 600 亿美元

D. 减少 1 000 亿美元

137. 政府增加了一笔 1 000 亿美元的一次性收入税后，新古典经济作出调整从而使产出不发生变化。如果边际消费倾向为 0.6，则投资：

A. 增加 1 000 亿美元

B. 增加 600 亿美元

C. 减少 600 亿美元

D. 减少 1 000 亿美元

138. 假设消费者信心的提高增加了消费者对未来收入的预期，从而增加了他们现在在任何可支配收入下希望消费的数量。这种新古典经济的移动会使得：

A. 投资减少和利率上升

B. 投资增加和利率下降

C. 投资减少和利率下降

D. 投资增加和利率上升

139. 在一个新古典经济中，假设政府等额削减了政府支出和税收。这会导致：

A. 投资减少和利率上升

B. 投资增加和利率下降

C. 投资减少和利率下降

D. 投资增加和利率上升

140. 在一个新古典经济中，假设政府同时削减政府支出和税收各 1 000 亿美元。如果边际消费倾向是 0.6，投资会：

A. 增加 1 000 亿美元

B. 增加 600 亿美元

C. 增加 400 亿美元

D. 不变

141. 在一个新古典经济中，如果消费随着利率的降低而增加，那么政府支出增加 100 亿美元会导致：

A. 投资被挤出刚好 100 亿美元

B. 有投资被挤出，但在 0 至 100 亿美元之间

C. 投资没有任何挤出

D. 投资被挤出 100 亿美元以上

142. 假设柯布-道格拉斯生产函数的参数 $\alpha=0.3$。如果要素报酬为其边际产量，则资本与劳动各自获得收入份额的：

A. 0.3 和 0.3

B. 0.7 和 0.7

C. 0.3 和 0.7

D. 0.7 和 0.3

143. 假设柯布-道格拉斯生产函数的参数 $\alpha=0.3$。在这个新古典模型中，如果劳动力数量增加了 10%，则产出：

A. 增加约 10%

B. 增加约 7%

C. 增加约 3%

D. 不会增加，因为新增的工人找不到工作

问答题

144. 在一个具有弹性价格、竞争性要素市场且生产要素供给固定的经济中，当其他条件不变时，用图形的方式说明该经济允许大量外国工人涌入劳动市场的移民政策变化的影响。一定要标记轴、曲线、初始均衡值、曲线移动方向和终点均衡值。用文字解释劳动、实际工资、

储蓄、投资和实际利率的均衡值是如何变化的。

145. 假设生产函数由 $Y=AK^{0.5}L^{0.5}$ 给出，其中 Y 是 GDP，K 是资本存量，L 是劳动。参数 $A=10$。再假设资本是 100，劳动是 400，资本和劳动都以其边际产量得到支付。
   a. Y 是多少？
   b. 劳动的实际工资是多少？
   c. 资本的实际租赁价格是多少（按每单位资本支付的产出额）？

146. 假设 GDP（Y）是 6 000。消费（C）由方程 $C=600+0.6(Y-T)$ 给出。投资（I）由方程 $I=2\ 000-100r$ 给出，其中 r 是实际利率（用百分数表示）。税收（T）是 500，政府支出（G）也是 500。
   a. C、I 和 r 的均衡值是多少？
   b. 私人储蓄、公共储蓄和国民储蓄的值是多少？
   c. 如果政府支出增加到 1 000，那么 C、I 和 r 的新均衡值是多少？
   d. 私人储蓄、公共储蓄和国民储蓄的新均衡值是多少？

147. 假设 GDP（Y）是 5 000。消费（C）由方程 $C=1\ 000+0.3(Y-T)$ 给出。投资（I）由方程 $I=1\ 500-50r$ 给出，其中 r 是实际利率（用百分数表示）。税收（T）是 1 000，政府支出（G）是 1 500。
   a. C、I 和 r 的均衡值是多少？
   b. 私人储蓄、公共储蓄和国民储蓄的值是多少？
   c. 现在假设有一次技术创新使企业想要做更多的投资。它将投资方程提高到 $I=2\ 000-50r$。那么 C、I 和 r 的新均衡值是多少？
   d. 私人储蓄、公共储蓄和国民储蓄的新均衡值是多少？

148. 假设 GDP（Y）是 5 000。消费（C）由方程 $C=1\ 200+0.3(Y-T)-50r$ 给出，其中 r 是实际利率（用百分数表示）。投资（I）由方程 $I=1\ 500-50r$ 给出。税收（T）是 1 000，政府支出（G）是 1 500。
   a. C、I 和 r 的均衡值是多少？
   b. 私人储蓄、公共储蓄和国民储蓄的值是多少？
   c. 现在假设有一次技术创新使企业想要做更多的投资。它将投资方程提高到 $I=2\ 000-50r$。那么 C、I 和 r 的新均衡值是多少？
   d. 私人储蓄、公共储蓄和国民储蓄的新均衡值是多少？

149. a. 假设政府打算减少预算赤字。请使用教材第 3 章构建的经济的长期模型，作图说明通过减少政府购买而减少政府预算赤字的影响。请标出坐标轴、曲线、初始均衡值、曲线移动方向和最终均衡值。
   b. 用文字说明以下各项如何变化：(i) 实际利率；(ii) 国民储蓄；(iii) 投资；(iv) 消费；(v) 产出。

150. a. 假设政府打算减少预算赤字。请使用教材第 3 章构建的经济的长期模型，作图说明通过（一次性）增加家庭收入税而减少政府预算赤字的影响。请标出坐标轴、曲线、初始均衡值、曲线移动方向和最终均衡值。
   b. 用文字说明以下各项如何变化：(i) 实际利率；(ii) 国民储蓄；(iii) 投资；(iv) 消费；(v) 产出。

151. a. 假设政府的教育工程成功地让家庭储蓄增多（你可以把这理解为消费函数的向下移动）。请使用教材第 3 章构建的经济的长期模型，作图说明较高的家庭储蓄率的影响。请标出坐标轴、曲线、初始均衡值、曲线移动方向和最终均衡值。
   b. 用文字说明以下各项如何变化：(i) 实际利率；(ii) 国民储蓄；(iii) 投资；(iv) 消费；(v) 产出。

152. a. 假设有一次技术突破提高了所有资本的生产率，从而增加了投资需求。假设生产要素是固定的，请使用教材第3章构建的经济的长期模型，作图说明投资需求增加的影响。请标出坐标轴、曲线、初始均衡值、曲线移动方向和最终均衡值。

b. 用文字说明以下各项如何变化：(i) 实际利率；(ii) 国民储蓄；(iii) 投资；(iv) 消费；(v) 产出。

153. a. 假设政府决定减少支出，并等额（一次性）减少收入税。请使用教材第3章构建的经济的长期模型，作图说明支出和税收等额削减的影响。请标出坐标轴、曲线、初始均衡值、曲线移动方向和最终均衡值。

b. 用文字说明以下各项如何变化：(i) 实际利率；(ii) 国民储蓄；(iii) 投资；(iv) 消费；(v) 产出。

154. 考虑两个具有相同数量劳动（$L=400$）、资本（$K=400$）和技术（$A=100$）的竞争性经济。这两个经济由以下柯布-道格拉斯生产函数描述：

北部经济：$Y=AL^{0.3}K^{0.7}$

南部经济：$Y=AL^{0.7}K^{0.3}$

a. 哪个经济的总产量更大？试解释。

b. 哪个经济的劳动边际产量更大？试解释。

c. 哪个经济的实际工资更高？试解释。

d. 哪个经济的劳动占收入的份额更大？试解释。

155. 假设一个竞争性经济可以用一个规模报酬不变的（柯布-道格拉斯）生产函数来描述，并且所有生产要素都得到充分利用。保持其他要素不变，包括资本和技术的数量。请详细解释劳动数量一次性增加10%（可能是特殊移民政策的结果）将如何改变以下各项：

a. 产出水平。

b. 劳动的实际工资。

c. 资本的实际租赁价格。

d. 总收入中的劳动份额。

156. 假设一个竞争性经济可以用一个规模报酬不变的（柯布-道格拉斯）生产函数来描述，并且所有生产要素都得到充分利用。保持其他要素不变，包括资本和技术的数量。请详细解释资本数量一次性减少50%（可能是战争破坏的结果）将如何改变以下各项：

a. 产出水平。

b. 劳动的实际工资。

c. 资本的实际租赁价格。

d. 总收入中的资本份额。

157. 考虑一个竞争性经济，其中要素价格可以调整以保持生产要素的充分利用。此外，利率也可以调整以保持产品和服务的供求平衡。该经济可以用以下方程组来描述：

$$Y=AK^{\alpha}L^{(1-\alpha)}$$
$$Y=C+I+G$$
$$C=C(Y-T)$$
$$I=I(r)$$

请提出至少两条政府可以用来提高经济中均衡投资量的建议，并详细解释这些政策是如何产生这种结果的。

158. 考虑一个竞争性经济，其中要素价格可以调整以保持生产要素的充分利用，利率也可以调整以保持产品和服务的供求平衡。该经济可以用以下方程组来描述：

$$Y=AK^{\alpha}L^{(1-\alpha)}$$
$$Y=C+I+G$$
$$C=C(Y-T)$$
$$I=I(r)$$

保持其他要素不变，解释政府支出增加如何影响以下各项的水平：

a. 公共储蓄。

b. 私人储蓄。

c. 国民储蓄。

d. 均衡利率。

e. 均衡投资量。

159. 价格弹性在古典模型中起着关键作用，

以确保市场达到均衡。

a. 解释哪种价格的调整能带来劳动市场的均衡。描述当这个市场的需求大于供给时，价格是如何调整的。

b. 解释哪种价格的调整能带来可贷资金市场的均衡。描述当这个市场的需求大于供给时，价格是如何调整的。

160. 考虑一个经济的生产函数：

$$Y = 20(L^{0.5}K^{0.4}N^{0.1})$$

式中，L 是劳动，K 是资本，N 是土地。在这个经济中，生产要素有着固定的供给，$L=100$，$K=100$，$N=100$。

a. 该经济的产出水平是多少？

b. 这个生产函数是否表现出规模报酬不变？举例说明。

c. 如果该经济是竞争性的，因此要素报酬是支付给它们的边际产量，那么总收入中土地的份额将是多少？

161. 某经济的产量由函数 $Y=20\ (L^{0.5}K^{0.5})$ 给出，其中 L 是劳动，K 是资本且 $L=400$，$K=400$。这个经济是否表现出规模报酬不变？

162. 在研究了美元在经济中的循环流动后，用一个例子解释家庭储蓄是如何回到循环流动中的。事实上，所有的家庭储蓄都是用来投资的吗？

163. 假设资本供给是固定的，技术进步对均衡的实际租赁价格和资本有什么影响？

164. 一个经济的政府增加了相同数量的政府支出和税收，这对投资有什么影响？

单项选择题答案

1. 答案 D；难度级别：易
2. 答案 C；难度级别：易
3. 答案 B；难度级别：易
4. 答案 A；难度级别：易
5. 答案 D；难度级别：易
6. 答案 C；难度级别：易
7. 答案 A；难度级别：中
8. 答案 C；难度级别：易
9. 答案 B；难度级别：易
10. 答案 C；难度级别：易
11. 答案 C；难度级别：中
12. 答案 D；难度级别：易
13. 答案 D；难度级别：易
14. 答案 B；难度级别：中
15. 答案 B；难度级别：易
16. 答案 C；难度级别：易
17. 答案 B；难度级别：易
18. 答案 B；难度级别：中
19. 答案 B；难度级别：易
20. 答案 B；难度级别：易
21. 答案 B；难度级别：易
22. 答案 B；难度级别：中
23. 答案 B；难度级别：中
24. 答案 D；难度级别：中
25. 答案 C；难度级别：易
26. 答案 B；难度级别：中
27. 答案 D；难度级别：易
28. 答案 C；难度级别：易
29. 答案 D；难度级别：中
30. 答案 D；难度级别：易
31. 答案 D；难度级别：易
32. 答案 D；难度级别：中
33. 答案 A；难度级别：中
34. 答案 A；难度级别：中
35. 答案 B；难度级别：易
36. 答案 B；难度级别：中
37. 答案 B；难度级别：中
38. 答案 A；难度级别：中
39. 答案 C；难度级别：易
40. 答案 A；难度级别：易
41. 答案 B；难度级别：易
42. 答案 A；难度级别：易
43. 答案 C；难度级别：中
44. 答案 C；难度级别：中
45. 答案 C；难度级别：易
46. 答案 C；难度级别：易
47. 答案 A；难度级别：易
48. 答案 C；难度级别：易
49. 答案 B；难度级别：易

50. 答案 A；难度级别：中
51. 答案 B；难度级别：中
52. 答案 C；难度级别：中
53. 答案 C；难度级别：中
54. 答案 C；难度级别：中
55. 答案 B；难度级别：中
56. 答案 A；难度级别：难
57. 答案 B；难度级别：难
58. 答案 C；难度级别：中
59. 答案 A；难度级别：难
60. 答案 C；难度级别：易
61. 答案 B；难度级别：易
62. 答案 A；难度级别：易
63. 答案 D；难度级别：中
64. 答案 B；难度级别：易
65. 答案 B；难度级别：中
66. 答案 A；难度级别：易
67. 答案 D；难度级别：易
68. 答案 C；难度级别：中
69. 答案 D；难度级别：易
70. 答案 C；难度级别：易
71. 答案 B；难度级别：易
72. 答案 A；难度级别：中
73. 答案 B；难度级别：中
74. 答案 A；难度级别：中
75. 答案 D；难度级别：易
76. 答案 D；难度级别：易
77. 答案 C；难度级别：易
78. 答案 B；难度级别：中
79. 答案 A；难度级别：中
80. 答案 A；难度级别：中
81. 答案 D；难度级别：中
82. 答案 C；难度级别：易
83. 答案 D；难度级别：易
84. 答案 A；难度级别：易
85. 答案 B；难度级别：中
86. 答案 A；难度级别：中
87. 答案 B；难度级别：易
88. 答案 D；难度级别：易
89. 答案 C；难度级别：易
90. 答案 A；难度级别：中
91. 答案 B；难度级别：中
92. 答案 A；难度级别：中
93. 答案 C；难度级别：中
94. 答案 D；难度级别：易
95. 答案 A；难度级别：易
96. 答案 C；难度级别：易
97. 答案 B；难度级别：中
98. 答案 B；难度级别：中
99. 答案 C；难度级别：中
100. 答案 A；难度级别：难
101. 答案 C；难度级别：难
102. 答案 B；难度级别：难
103. 答案 D；难度级别：难
104. 答案 D；难度级别：中
105. 答案 C；难度级别：中
106. 答案 B；难度级别：中
107. 答案 A；难度级别：中
108. 答案 C；难度级别：中
109. 答案 C；难度级别：中
110. 答案 B；难度级别：中
111. 答案 B；难度级别：易
112. 答案 D；难度级别：易
113. 答案 A；难度级别：中
114. 答案 C；难度级别：中
115. 答案 B；难度级别：中
116. 答案 A；难度级别：中
117. 答案 C；难度级别：中
118. 答案 B；难度级别：中
119. 答案 A；难度级别：中
120. 答案 A；难度级别：中
121. 答案 B；难度级别：中
122. 答案 D；难度级别：中
123. 答案 A；难度级别：易
124. 答案 B；难度级别：易
125. 答案 C；难度级别：难
126. 答案 B；难度级别：中
127. 答案 A；难度级别：中
128. 答案 D；难度级别：中
129. 答案 D；难度级别：中
130. 答案 C；难度级别：中
131. 答案 A；难度级别：中

132. 答案 C；难度级别：中
133. 答案 B；难度级别：中
134. 答案 D；难度级别：难
135. 答案 A；难度级别：难
136. 答案 B；难度级别：难
137. 答案 B；难度级别：难
138. 答案 A；难度级别：中
139. 答案 B；难度级别：中
140. 答案 C；难度级别：中
141. 答案 B；难度级别：难
142. 答案 C；难度级别：中
143. 答案 B；难度级别：难

问答题答案

144.

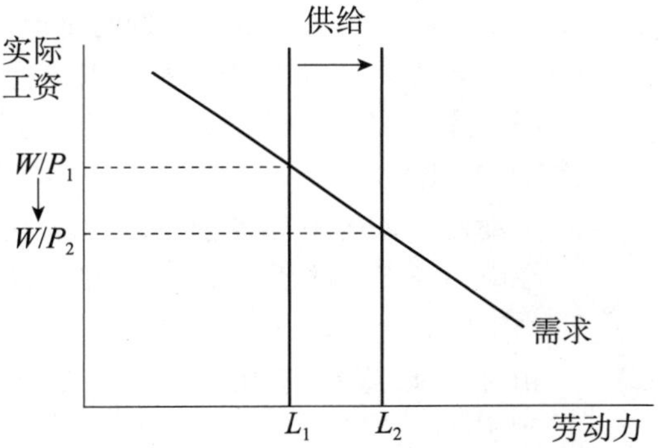

劳动力的供给增加，这使得实际工资降低并增加了就业的劳动数量，因为在这个模型中没有失业。产出（Y）随着劳动的增加而增加，国民储蓄（$Y-C-G$）增加，导致均衡利率下降，从而国民储蓄和投资达到均衡状态。

145. a. 2 000。
   b. 2.5。
   c. 10。
146. a. 3 900；1 600；4%。
   b. 1 600；0；1 600。
   c. 3 900；1 100；9%。
   d. 1 600；−500；1 100。
147. a. 2 200；1 300；4%。
   b. 1 800；−500；1 300。
   c. 2 200；1 300；14%。
   d. 1 800；−500；1 300。
148. a. 2 200；1 300；4%。
   b. 1 800；−500；1 300。
   c. 1 950；1 550；9%。
   d. 2 050；−500；1 550。
149. a.

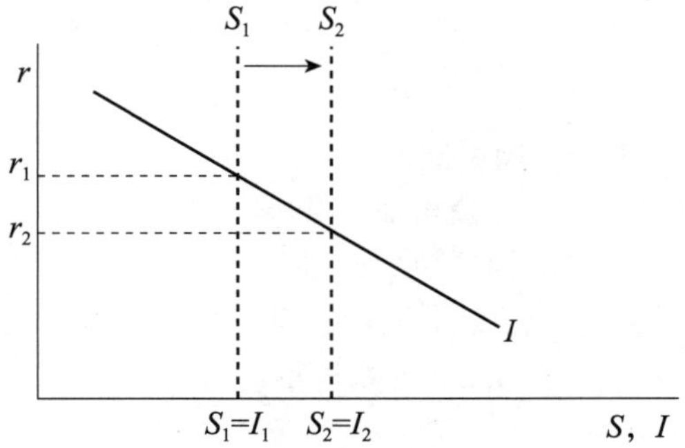

   b. i. 实际利率下降。
      ii. 国民储蓄增加。
      iii. 投资增加。
      iv. 消费不变。
      v. 产出不变；它是固定的，因为它由生产要素决定。
150. a.

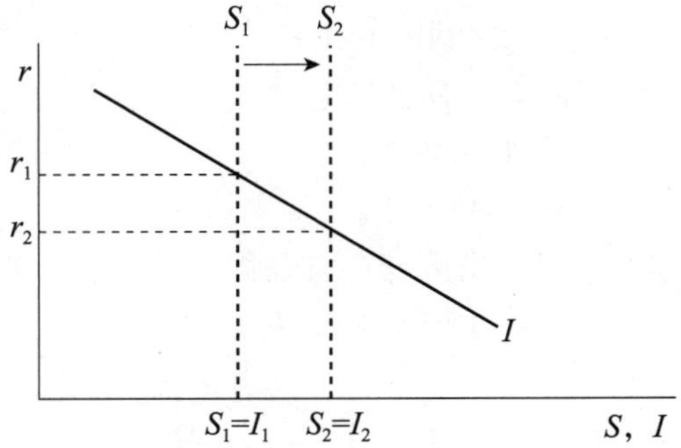

   b. i. 实际利率下降。
      ii. 国民储蓄增加。
      iii. 投资增加。
      iv. 消费减少。
      v. 产出不变；它是固定的，因为它由生产要素决定。

151. a.

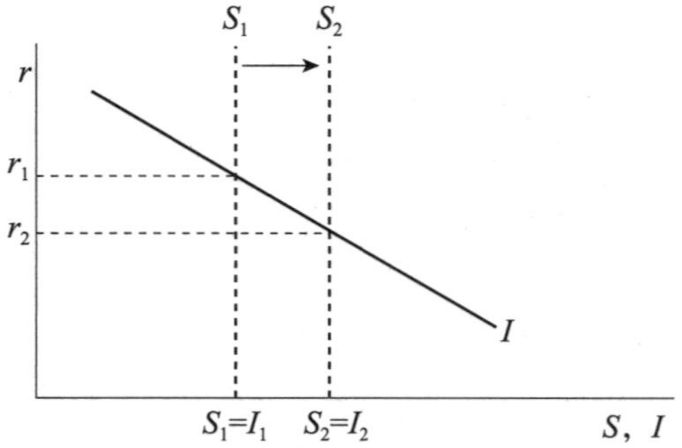

b. i. 实际利率下降。
ii. 国民储蓄增加。
iii. 投资增加。
iv. 消费减少。
v. 产出不变；它是固定的，因为它由生产要素决定。

152. a.

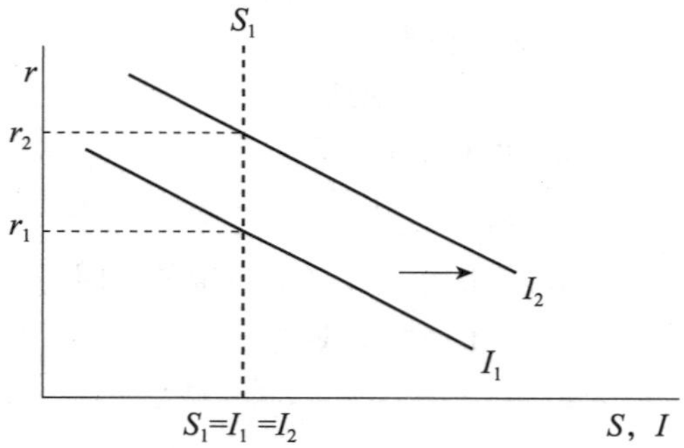

b. i. 实际利率上升。
ii. 国民储蓄不变。
iii. 投资不变。
iv. 消费不变。
v. 产出不变；它是固定的，因为它由生产要素决定。

153. a.

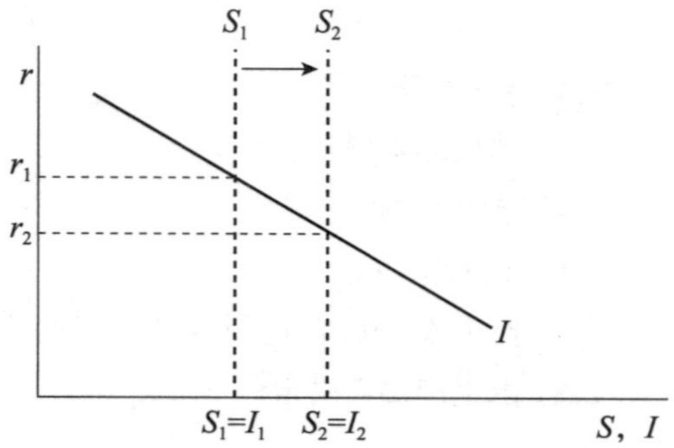

b. i. 实际利率下降。
ii. 国民储蓄增加。
iii. 投资增加。
iv. 消费增加。
v. 产出不变；它是固定的，因为它由生产要素决定。

154. a. 两个经济的产出相同，因为生产函数的参数是对称的，且劳动和资本的数量均等。

b. 南部经济的 *MPL* 更大。*MPL* 取决于 $(1-\alpha)$ 的值和劳动的平均生产率 (Y/L)。由于两个经济劳动的平均生产率相同，因此 *MPL* 的差异就取决于 $(1-\alpha)$ 的值，它在南部经济中的值（0.7）比在北部经济中的（0.3）大。

c. 由于要素报酬是其边际产量的价值，南部经济的实际工资更高，因为南部经济的 *MPL* 比北部经济的大（从 b 中得出）。

d. 劳动占收入的份额等于 $(1-\alpha)$，它在南部经济中的值（0.7）比在北部经济中的（0.3）大。

155. a. 由于劳动报酬递减，产出增加不到 10%。

b. 实际工资减少，因为平均劳动生产率下降（Y/L 降低，因为 Y 的增幅小于 L 的增幅），所以等于 $(1-\alpha)Y/L$ 的 *MPL* 下降。

c. 资本的实际租赁价格上升，因为平均资本生产率升高（Y/K 增加，因为 Y 增加，K 不变），所以等于 $\alpha Y/K$ 的 *MPK* 增加。

d. 劳动在收入中的份额不变，因为它只取决于生产函数的参数 $(1-\alpha)$，而这个参数不会改变。

156. a. 由于资本报酬递减，产出减少不到 50%。

b. 实际工资减少，因为平均劳动生产率下降（Y/L 降低，因为 Y 减少而 L 不变），所以等于 $(1-\alpha)Y/L$ 的

MPL 下降。

c. 资本的实际租赁价格上升，因为平均资本生产率升高（Y/K 增加，因为 Y 的降幅小于 K 的降幅），所以等于 $\alpha Y/K$ 的 MPK 增加。

d. 资本在收入中的份额不变，因为它只取决于生产函数的参数 α，而这个参数不会改变。

157. 政府可以减少支出（G），这样可以增加国民储蓄（$Y-C-G$），降低均衡利率，提高均衡投资量。政府也可以增加税收（T），这样可以通过遏制消费来增加国民储蓄（$Y-C-G$），降低均衡利率，提高均衡投资量。

158. a. 公共储蓄等于 $T-G$。政府支出增加，减少了公共储蓄。

b. 私人储蓄等于 $Y-T-C$。政府支出增加不影响私人储蓄。

c. 国民储蓄等于 $Y-C-G$。政府支出增加使国民储蓄的减少量相当于政府支出的增加量。

d. 均衡利率的提高使期望投资量与被减少的国民储蓄量保持均衡。

e. 均衡投资量因利率的上升而减少，其减少额相当于政府支出的增加额。

159. a. 实际工资的调整使劳动的需求等于供给。如果劳动的需求大于劳动的供给，实际工资就会增加，此时减少所需的劳动数量直到所需的数量等于劳动的固定供给。

b. 实际利率的调整使可贷资金的供给等于可贷资金的需求。如果可贷资金的供给大于可贷资金的需求，利率就会下降，此时增加预期的投资支出量，即对可贷资金的需求，直到需求与供给达到均衡。

160. a. 2 000。

b. 是的，生产函数表现出规模报酬不变。每个生产要素增加一倍到 200，产出将增加一倍到 4 000。

c. 10%。

161. 当产出增加的百分比等于生产要素增加的百分比时，生产函数表现出规模报酬不变。这里的产出是 8 000 单位，所以如果我们把生产要素增加一倍（即 $L=800$，$K=800$），我们可以看到产量变成 16 000 单位，从而表现出规模报酬不变。

162. 根据循环流程图，家庭在金融市场上存款，然后金融市场将这笔存款借给产品与服务市场的参与者进行投资。事实上，并不是所有的储蓄都是在金融市场上完成的。有些存款由人们以现金方式持有，不会被转化为投资。

163. 只要资本供给是固定的，技术进步就会增加对资本的需求。但由于资本供给是固定的，实际租赁价格将上升。因此，新的均衡是相同的资本供给量和上升的实际租赁价格。

164. 随着税收的增加，人们的消费和储蓄会减少，因此私人储蓄就会减少。随着政府支出的增加，公共储蓄也将减少。私人储蓄和公共储蓄的减少将会导致国民储蓄的减少，而且由于国民储蓄等于投资，这意味着投资的减少。

第 4 章 货币系统：它是什么？如何起作用？

单项选择题

1. 经济学家用“货币”这个词来指：
   A. 收入
   B. 利润
   C. 用于交易的资产
   D. 劳动收入
2. 宏观经济学家把用于交易的资产称作：
   A. 实际收入
   B. 名义收入
   C. 货币
   D. 消费
3. 下列各项都属于货币的主要职能，除了：
   A. 交换媒介
   B. 炫富之道
   C. 计价单位
   D. 价值储藏手段
4. 人们把货币作为一种价值储藏手段，当他们：
   A. 持有货币以将其转换为未来的购买力
   B. 把货币作为经济交易的衡量标准
   C. 用货币购买产品与服务
   D. 持有货币以获得权力和尊重
5. 人们把货币作为一种计价单位，当他们：
   A. 持有货币以将其转换为未来的购买力
   B. 把货币作为经济交易的衡量标准
   C. 用货币购买产品与服务
   D. 持有货币以获得权力和尊重
6. 人们把货币作为一种交换媒介，当他们：
   A. 持有货币以将其转换为未来的购买力
   B. 把货币作为经济交易的衡量标准
   C. 用货币购买产品与服务
   D. 持有货币以获得权力和尊重
7. 当一个比萨饼店在价格单里把比萨饼的价格定为 10 美元时，这是一个利用了货币作为________的例子。
   A. 价值储藏手段
   B. 计价单位
   C. 交换媒介
   D. 价值流动
8. 货币的流动性是指________的容易程度。
   A. 硬币可以熔化
   B. 非法所得的货币可以洗白
   C. 贷款可以浮动
   D. 货币可以转换为产品和服务
9. 在一个物物交换的经济中，交易需要：
   A. 通货
   B. 支票

C. 便条
D. 需求的双向一致性
10. 一个实行金本位制的国家使用：
A. 商品货币
B. 法定货币
C. 信用货币
D. 物物交换体系
11. 商品货币向法定货币演变的一个重要因素是：
A. 减少交易成本的愿望
B. 增加交易成本的愿望
C. 黄金不再具有高价值的事实
D. 用黄金做珠宝的愿望
12. 在一个实行金本位制的国家，货币的数量由________决定。
A. 政府
B. 中央银行
C. 黄金的数量
D. 政府证券的购买与销售
13. 美国的中央银行是：
A. 美国银行
B. 美国财政部
C. 美国国民银行
D. 联邦储备委员会
14. 在美国，货币政策是由________控制的。
A. 总统
B. 国会
C. 联邦储备委员会
D. 财政部
15. 为了增加货币供给，美联储会：
A. 购买政府债券
B. 出售政府债券
C. 购买公司股票
D. 出售公司股票
16. 为了减少货币供给，美联储会：
A. 购买政府债券
B. 出售政府债券
C. 创造活期存款
D. 注销活期存款
17. 公开市场操作是指：
A. 美国商务部为了国际贸易努力开放国外市场
B. 美联储购买和出售政府债券
C. 美国证券交易委员会要求公开披露市场交易的规定
D. 美国财政部购买和出售美国的黄金储备
18. 通货等于：
A. M1
B. 支票账户中的资金总和
C. 支票账户和纸币的总和
D. 硬币和纸币的总和
19. 活期存款是在________上持有的资金。
A. 通货
B. 定期存单
C. 支票账户
D. 货币市场
20. 下列所有资产都被包括在 M1 中，除了：
A. 通货
B. 活期存款
C. 旅行支票
D. 货币市场存款账户
21. 货币市场共同基金：
A. 只包括在 M1 中
B. 只包括在 M2 中
C. 同时包括在 M1 和 M2 中
D. 既不包括在 M1 中，也不包括在 M2 中
22. 信用卡余额：
A. 只包括在 M1 中
B. 只包括在 M2 中
C. 同时包括在 M1 和 M2 中
D. 既不包括在 M1 中，也不包括在 M2 中
23. 与借记卡绑定的支票账户余额：
A. 只包括在 M1 中
B. 只包括在 M2 中
C. 同时包括在 M1 和 M2 中
D. 既不包括在 M1 中，也不包括在 M2 中
24. 使用________延期付款，而使用________时立即获得资金。
A. 货币；活期存款
B. 信用卡；借记卡
C. 活期存款；储蓄存款

D. 借记卡；信用卡

25. 在美国，货币供给：
A. 仅由美联储决定
B. 仅由持有货币的个人和存放货币的银行的行为决定
C. 由美联储、持有货币的个人和存放货币的银行的行为共同决定
D. 根据恒定增长率法则决定

26. 货币供给包括：
A. 通货加准备金
B. 通货加基础货币
C. 通货加活期存款
D. 基础货币加活期存款

27. 银行准备金等于：
A. 存放在银行金库中的黄金
B. 存放在中央银行的黄金
C. 通货加活期存款
D. 银行收到的但还没有贷放出去的存款

28. 在美国，银行准备金包括：
A. 通货和活期存款
B. 美联储的现金和存款
C. 美联储的黄金存款
D. 货币供给

29. 银行的资产包括：
A. 货币市场共同基金
B. 公众手中的通货
C. 给客户的贷款
D. 活期存款

30. 银行的负债包括：
A. 准备金
B. 公众手中的通货
C. 给客户的贷款
D. 活期存款

31. 在一个百分之百准备金银行制度中：
A. 所有银行都必须持有相当于其贷款100%的准备金
B. 任何银行都不能使用其机构存款进行贷款
C. 银行系统完全控制货币供给的大小
D. 任何银行都不能接受存款

32. 在一个百分之百准备金银行制度中，如果客户将100美元的通货存入银行，那么货币供给：
A. 增加100美元
B. 减少100美元
C. 增加100美元以上
D. 保持不变

33. 在一个百分之百准备金银行制度中，银行：
A. 可以增加货币供给
B. 可以减少货币供给
C. 可以增加或减少货币供给
D. 不会影响货币供给

34. 在一个部分准备金银行制度中：
A. 所有银行都必须持有相当于其贷款一小部分的准备金
B. 任何银行都不能贷款
C. 银行系统完全控制货币供给的大小
D. 所有银行都必须持有相当于其存款一小部分的准备金

35. 银行创造货币：
A. 在一个百分之百准备金银行制度中，而不是在一个部分准备金银行制度中
B. 在一个部分准备金银行制度中，而不是在一个百分之百准备金银行制度中
C. 既在一个百分之百准备金银行制度中，也在一个部分准备金银行制度中
D. 既不在一个百分之百准备金银行制度中，也不在一个部分准备金银行制度中

36. 在一个部分准备金银行制度中，银行创造了货币，当它们：
A. 接受存款
B. 提供贷款
C. 持有准备金
D. 用货币兑换存款

37. 在一个部分准备金银行制度中，银行创造了货币，因为：
A. 每一美元的准备金产生了许多美元的活期存款
B. 银行有发行新通货的合法权力
C. 资金从希望储蓄的家庭转移到希望借

款的企业

D. 当借款人承担新的债务时，经济的财富就会扩大

38. 金融中介化是指________的过程。

A. 解决借款人和贷款人之间的纠纷

B. 建议公司如何投资

C. 从储蓄者向借款者转移资金

D. 从物物交换的经济转变为货币经济

39. 银行所有者权益的价值被称为银行的：

A. 存款

B. 准备金

C. 资本

D. 流动性

40. 一个银行的资产负债表包括下列项目：

存款	1 000 美元
准备金	100 美元
证券	400 美元
已发行债券	500 美元
贷款	2 000 美元

该银行资本的价值是多少？

A. −1 000 美元

B. 500 美元

C. 1 000 美元

D. 1 500 美元

41. 监管机构规定的银行所有者权益的最低数额被称为________需求。

A. 准备金

B. 保证金

C. 流动性

D. 资本

42. 出于投资目的，使用借来的钱补充现有资金被称作：

A. 套利　　B. 杠杆

C. 融合　　D. 中介

43. 银行资产负债表

银行资产负债表　　单位：美元

资产		负债 & 资本净值	
准备金	10 000	存款	100 000
贷款	100 000	债务	20 000
证券	40 000	股本	30 000

根据表格，该银行的杠杆率是多少？

A. 3　　B. 4.67

C. 5　　D. 10

44. 银行资产负债表

银行资产负债表　　单位：美元

资产		负债 & 资本净值	
准备金	10 000	存款	100 000
贷款	100 000	债务	20 000
证券	40 000	股本	30 000

根据表格，该银行的存款准备金率是多少？

A. 3%　　B. 5%

C. 10%　　D. 15%

45. 银行资产负债表

银行资产负债表　　单位：美元

资产		负债 & 资本净值	
准备金	10 000	存款	100 000
贷款	100 000	债务	20 000
证券	40 000	股本	30 000

根据表格，如果贷款违约将总资产的价值降低________%，则所有者权益将降至零。

A. 10　　B. 20

C. 30　　D. 40

46. 银行要求持有的资本数量取决于：

A. 银行持有的存款数量

B. 银行资产的风险

C. 美联储设定的法定准备金率

D. 存款保险的保障水平

47. 基础货币的大小由________决定。

A. 美联储

B. 美联储和银行

C. 家庭对其希望持有的货币形式的偏好

D. 银行的经营政策和监管银行的法律

48. 如果公众持有的通货等于 1 000 亿美元，银行持有的准备金等于 500 亿美元，银行存款等于 5 000 亿美元，那么基础货币等于：

A. 500 亿美元

B. 1 000 亿美元

C. 1 500 亿美元

D. 6 000 亿美元

49. 如果公众持有的通货等于 1 000 亿美元，银行持有的准备金等于 500 亿美元，银行存款等于 5 000 亿美元，那么货币供给等于：

A. 1 000 亿美元

B. 1 500 亿美元

C. 6 000 亿美元

D. 6 500 亿美元

50. 存款准备金率由________决定。

A. 美联储

B. 银行的经营政策和监管银行的法律

C. 家庭对其希望持有的货币形式的偏好

D. 联邦存款保险公司

51. 通货存款比由________决定。

A. 美联储

B. 银行的经营政策和监管银行的法律

C. 家庭对其希望持有的货币形式的偏好

D. 联邦存款保险公司

52. 家庭的偏好决定了：

A. 存款准备金率

B. 通货存款比

C. 基础货币的大小

D. 存贷款比率

53. 如果基础货币用 B 表示，rr 是存款准备金率，cr 是通货存款比，那么货币供给等于________乘以 B。

A. $(rr+1)/(rr+cr)$

B. $(cr+1)/(cr+rr)$

C. $(rr+cr)/(rr+1)$

D. $(rr+cr)/(cr+1)$

54. 货币供给占通货的比例被称为：

A. 通货存款比

B. 存款准备金率

C. 高能货币

D. 货币乘数

55. 高能货币的另一个名字是：

A. 通货

B. 活期存款

C. 基础货币

D. M2

56. 如果存款准备金率（rr）提高，而通货存款比（cr）不变，基础货币（B）不变，则：

A. 不能确定货币供给是增加还是减少

B. 货币供给增加

C. 货币供给减少

D. 货币供给不变

57. 如果________，货币供给将增加。

A. 通货存款比升高

B. 存款准备金率升高

C. 基础货币增加

D. 贴现率升高

58. 如果________，货币供给将减少。

A. 基础货币增加

B. 通货存款比升高

C. 贴现率下降

D. 存款准备金率下降

59. 如果存款准备金率低于 1，基础货币增加 100 万美元，则货币供给将：

A. 增加 100 万美元

B. 减少 100 万美元

C. 增加 100 多万美元

D. 减少 100 多万美元

60. 如果通货存款比等于 0.5，存款准备金率等于 0.1，那么货币乘数等于：

A. 0.6　　B. 1.67

C. 2.0　　D. 2.5

61. 如果基础货币等于 4 000 亿美元，货币乘数等于 2，则货币供给等于：

A. 2 000 亿美元

B. 4 000 亿美元

C. 8 000 亿美元

D. 10 000 亿美元

62. 当美联储在公开市场卖出债券时，它：

A. 增大了货币乘数（m）

B. 升高了通货存款比（cr）

C. 增加了基础货币（B）

D. 减少了基础货币（B）

63. 如果你在新闻中听到美联储进行了公开市场购买，那么你应该预期________将升高。

A. 法定准备金率
B. 贴现率
C. 货币供给
D. 存款准备金率

64. 当美联储进行公开市场购买时，它从________购买债券。
A. 公众手中
B. 美国财政部
C. 国家税务局
D. 国际货币基金组织

65. 对于贴现窗口借款，美联储设定借款的________，相比之下，美联储通过短期标售工具设定借款的________。
A. 最大数量；最小数量
B. 最低价格；最高价格
C. 数量；价格
D. 价格；数量

66. 当银行通过短期标售工具借款时，借款价格取决于：
A. 美联储
B. 竞标过程
C. 3 个月期国库券贴现率和利率之间的差额
D. 公开市场操作

67. 在短期标售工具下，美联储设定它要贷给银行的资金数量越多，基础货币就________，货币供给________。
A. 越少；越少
B. 越少；越多
C. 越多；越多
D. 越多；越少

68. 银行从美联储借入准备金的两种方式是通过：
A. 贴现窗口和短期标售工具
B. 公开市场操作和超额准备金互换
C. 降低存款准备金率和降低通货存款比
D. 部分准备金银行制度和金融中介

69. 当美联储降低了准备金利率时，它：
A. 提高了存款准备金率（rr）
B. 降低了存款准备金率（rr）
C. 增加了基础货币（B）
D. 减少了基础货币（B）

70. 当美联储提高了贴现率时，它：
A. 提高了存款准备金率（rr）
B. 降低了存款准备金率（rr）
C. 可能增加了基础货币（B）
D. 可能减少了基础货币（B）

71. 当美联储提高了准备金利率时，它：
A. 提高了存款准备金率（rr）
B. 降低了存款准备金率（rr）
C. 增加了基础货币（B）
D. 减少了基础货币（B）

72. 如果美联储希望增加货币供给，它应该：
A. 降低贴现率
B. 提高准备金利息
C. 出售政府债券
D. 减少基础货币

73. 最常用的货币政策工具是：
A. 公开市场操作
B. 贴现率的变化
C. 法定准备金率的变化
D. 准备金利率的变化

74. 为了增加基础货币，美联储可以：
A. 进行公开市场购买
B. 进行公开市场销售
C. 提高准备金利率
D. 降低法定准备金率

75. 为了增大货币乘数，美联储可以：
A. 进行公开市场购买
B. 进行公开市场销售
C. 提高准备金利率
D. 降低准备金利率

76. 如果美联储提高准备金利率，银行将倾向于持有________超额准备金，这将________货币乘数。
A. 更多；增大
B. 更多；减小
C. 更少；增大
D. 更少；减小

77. 公开市场操作改变________；准备金利率的变化改变________；贴现率的变化改变________。

A. 基础货币；基础货币；基础货币
B. 货币乘数；货币乘数；货币乘数
C. 基础货币；货币乘数；基础货币
D. 货币乘数；基础货币；货币乘数

78. 超额准备金是指银行持有的________的准备金。
A. 存放在它们的金库里
B. 存放在中央银行中
C. 用于满足法定准备金率
D. 高于法定要求的数量

79. 与典型的公开市场操作相比，美联储在2007—2011年间进行量化宽松操作时，其购买倾向于________的证券。
A. 更安全和更短期
B. 税收优惠和外国
C. 较小面额和较高等级
D. 风险更高和更长期

80. 美联储在2007—2011年间进行的量化宽松操作导致基础货币________增加，货币供给________增加。
A. 不；不
B. 大幅；大幅
C. 大幅；小幅
D. 小幅；小幅

81. 美联储在2007—2011年间实施的量化宽松政策导致基础货币大幅增加，它由下列________部分抵消。
A. 存款准备金率显著提高
B. 存款准备金率显著下降
C. 公开市场购买
D. 公开市场销售

82. 从1929年8月到1933年3月，货币供给下降了28%。当时的基础货币________，通货存款比和存款准备金率都________。
A. 减少；下降
B. 减少；上升
C. 增加；下降
D. 增加；上升

83. 如果许多银行倒闭，这很可能：
A. 提高通货存款比
B. 降低通货存款比
C. 对通货存款比没有影响
D. 如果美联储不采取行动，会减少流通的通货量

84. 根据历史观察，如果许多银行倒闭，这很可能：
A. 导致幸存的银行降低其存款准备金率
B. 导致幸存的银行提高其存款准备金率
C. 对幸存的银行的存款准备金率没有影响
D. 导致幸存的银行持有较少的通货

85. 1932年，美国政府对银行存款账户上的支票征收2美分的税。预计这一行动将________通货存款比和________货币供给。
A. 提高；增加
B. 提高；减少
C. 降低；增加
D. 降低；减少

问答题

86. 假设基础货币（B）为1 000亿美元，存款准备金率（rr）为0.1，通货存款比（cr）为0.1。
a. 货币供给是多少？
b. 如果rr变为0.2，cr为0.1，B不变，则货币供给是多少？
c. 如果rr为0.1，cr变为0.2，B不变，则货币供给是多少？

87. 随着2000年1月1日美国经济进入千禧年，许多人开始谨慎地持有超过正常数量的通货，以防止可能发生的由计算机故障导致的银行服务中断。
a. 这种对通货的更大偏好如何影响货币供给？
b. 美联储如何抵消通货偏好的增大？

88. 美联储控制货币供给的工具包括公开市场操作、贴现率和准备金利息。
a. 如果美联储希望减少货币供给，那么每个工具应该如何变化？
b. 这种变化会影响基础货币或货币乘

数吗？

89. 为什么美联储不能完全控制货币供给的规模？至少给出两个理由。

90. 构建具有下列项目的银行资产负债表：准备金、存款、贷款、证券、资本和债务。选择数值，使存款准备金率为10%，杠杆率为10。举一个资产价值变化使得银行资本降为零的例子。当银行资本耗尽时会发生什么？

91. 随着2008—2009年金融危机的蔓延，一家美国主要银行的杠杆率为50。加拿大监管机构将银行杠杆率的上限设为20。比较使得美国银行资本降为零的资产价值的变化与在杠杆率上限的情况下需要消除加拿大银行资本的变化。最大杠杆率的差异对银行系统的稳定性有什么影响？

92. 经济学家偶尔会用“直升机撒钱”作为解释货币供给增加的形象描述。假设美联储主席乘坐直升机在全国上空飞行，抛洒1 000万张100美元面额的新印刷的钞票(总计10亿美元)。在以下情况下，保持其他条件不变，货币供给将增加多少？

a. 所有新钞票都由公众作为通货持有。

b. 所有新钞票都存放在银行中，这些银行选择持有10%的存款作为准备金(而经济中没有人持有任何通货)。

c. 所有新钞票都存放在实行百分之百准备金银行制度的银行中。

d. 经济中的人持有一半的货币作为通货，将另一半作为存款，而银行选择持有10%的存款作为准备金。

93. 至少给出三个影响银行希望持有的准备金数量的因素。

94. 法定货币的演变是相当令人困惑的，尤其是当人们开始使用某些本身无实际价值的东西充当货币时。解释为什么要使用法定货币。

95. 约翰从他的支票账户中取出100美元并存入他的储蓄账户中。这笔交易将对不同的货币指标产生什么影响，如C、M1和M2？

96. Moneyland（一个互联网金融公司）的基础货币为5亿美元。通货存款比（*cr*）为0.2，存款准备金率（*rr*）为0.2，计算货币乘数和货币供给。

97. 通过公开市场操作买卖债券对货币供给有什么影响？

98. “一些经济学家认为，货币供给的大幅下降是20世纪30年代大萧条的主要原因。”解释这是怎么回事。

99. 以下对货币供给有什么影响？

a. 保持其他条件不变，提高通货存款比。

b. 保持其他条件不变，降低存款准备金率。

100. 下表是银行的资产负债表。银行的杠杆率是多少？这意味着什么？

资产		负债和所有者权益	
准备金	500	存款	1 400
贷款	1 000	债务	400
证券	500	所有者权益	200

101. 美联储想通过印刷和分配100万美元来增加货币供给。如果公众持有1/4的通货作为现金，并将剩余的钱存入持有5%存款作为准备金的银行，那么货币供给的实际增加将是多少？

单项选择题答案

1. 答案C；难度级别：易
2. 答案C；难度级别：易
3. 答案B；难度级别：易
4. 答案A；难度级别：易
5. 答案B；难度级别：易
6. 答案C；难度级别：易
7. 答案B；难度级别：易
8. 答案D；难度级别：易
9. 答案D；难度级别：易
10. 答案A；难度级别：易
11. 答案A；难度级别：易
12. 答案C；难度级别：中
13. 答案D；难度级别：易

14. 答案 C；难度级别：易
15. 答案 A；难度级别：易
16. 答案 B；难度级别：易
17. 答案 B；难度级别：易
18. 答案 D；难度级别：易
19. 答案 C；难度级别：易
20. 答案 D；难度级别：中
21. 答案 B；难度级别：中
22. 答案 D；难度级别：中
23. 答案 C；难度级别：中
24. 答案 B；难度级别：易
25. 答案 C；难度级别：易
26. 答案 C；难度级别：中
27. 答案 D；难度级别：易
28. 答案 B；难度级别：易
29. 答案 C；难度级别：中
30. 答案 D；难度级别：中
31. 答案 B；难度级别：易
32. 答案 D；难度级别：中
33. 答案 D；难度级别：易
34. 答案 D；难度级别：易
35. 答案 B；难度级别：易
36. 答案 B；难度级别：易
37. 答案 A；难度级别：中
38. 答案 C；难度级别：易
39. 答案 C；难度级别：易
40. 答案 C；难度级别：难
41. 答案 D；难度级别：易
42. 答案 B；难度级别：易
43. 答案 C；难度级别：中
44. 答案 C；难度级别：中
45. 答案 B；难度级别：难
46. 答案 B；难度级别：中
47. 答案 A；难度级别：中
48. 答案 C；难度级别：中
49. 答案 C；难度级别：中
50. 答案 B；难度级别：中
51. 答案 C；难度级别：中
52. 答案 B；难度级别：中
53. 答案 B；难度级别：中
54. 答案 D；难度级别：易
55. 答案 C；难度级别：易
56. 答案 C；难度级别：难
57. 答案 C；难度级别：中
58. 答案 B；难度级别：中
59. 答案 C；难度级别：中
60. 答案 D；难度级别：难
61. 答案 C；难度级别：中
62. 答案 D；难度级别：易
63. 答案 C；难度级别：易
64. 答案 A；难度级别：易
65. 答案 D；难度级别：易
66. 答案 B；难度级别：易
67. 答案 C；难度级别：中
68. 答案 A；难度级别：易
69. 答案 B；难度级别：易
70. 答案 D；难度级别：易
71. 答案 A；难度级别：中
72. 答案 A；难度级别：中
73. 答案 A；难度级别：易
74. 答案 A；难度级别：易
75. 答案 D；难度级别：中
76. 答案 B；难度级别：中
77. 答案 C；难度级别：中
78. 答案 D；难度级别：易
79. 答案 D；难度级别：中
80. 答案 C；难度级别：中
81. 答案 A；难度级别：中
82. 答案 D；难度级别：易
83. 答案 A；难度级别：易
84. 答案 B；难度级别：易
85. 答案 B；难度级别：中

问答题答案

86. a. 货币供给为 5 500 亿美元。
    b. 货币供给为 3 666.7 亿美元。
    c. 货币供给为 4 000 亿美元。
87. a. 对通货的更大偏好提高了通货存款比，从而降低了货币乘数，减少了给定基础货币的货币供给。
    b. 美联储可以参与公开市场购买以增加基础货币，从而抵消货币乘数的降低。（降低贴现率和降低法定准备金率在理论上可以达到同样的结果，但并不那么实际。）

88. a. 美联储将进行公开市场销售，提高贴现率并提高准备金利息。

b. 公开市场操作和贴现率的变化影响基础货币。准备金利息的变化会改变货币乘数。

89. 对于美联储控制的特定基础货币，货币供给还取决于（1）公众选择持有的通货相对于存款的数量和（2）银行选择持有的准备金相对于存款的数量。因此，除了美联储的行动外，公众和银行的行动也影响着货币供给的大小。

90. 资产负债表中可能有很多数值，但(1）资产应等于负债和资本净值，(2）项目应正确归类为资产或负债，(3）存款准备金率应为10%，且（4）资产与资本之比应为10，如下表中的例子所示。如果资产价值下降了总资产的10%（比如，在下表中如果贷款从100 000美元减少到85 000美元），那么资本等于零。当资本用尽时，如果资产价值进一步减少，银行将没有足够的资源来偿还给存款者或债务持有者。

银行资产负债表 单位：美元

资产		负债 & 资本净值	
准备金	10 000	存款	100 000
贷款	100 000	债务	35 000
证券	40 000	资本	15 000

91. 在杠杆率为50的情况下，资产价值下降2%会耗尽资本，而在杠杆率为20的情况下，资产价值下降5%会耗尽资本。美国银行的杠杆率越高，它越容易失去资本且无法偿还存款者。更高的杠杆率使得美国银行系统面临更高的挤兑风险、倒闭风险和更大的不稳定性。

92. a. 10亿美元。

b. 100亿美元。

c. 10亿美元。

d. 55亿美元。

93. 银行对准备金的需求将受到以下因素的影响：(1）法定准备金率，(2）客户存款和取款的多少及规律，(3）相对于其他银行投资的准备金利率，(4）由贷款违约和银行破产的风险增加所反映的经济的不确定性。

94. 法定货币实现了货币的所有三个用途，并允许政府在适应日益增长的经济和更大的货币政策效应时具有灵活性。商品货币取决于特定资源的可利用性，如黄金。随着经济对货币需求的增加，将稀缺资源用作货币将限制政府增加货币供应的能力，也可能会阻碍货币政策的实施。

95. 支票账户包括在M1和M2中，但不包括在*C*中。储蓄账户只包括在M2中。所以这个交易不会对*C*和M2产生影响，但M1将减少100美元。

96. 货币乘数 $=(1+cr)/(rr+cr)=1.2/0.4=3$。

货币供给＝货币乘数×基础货币＝3×5＝15(亿美元)。

97. 当美联储通过公开市场操作购买债券时，它增加了基础货币和货币供给，而向公众出售债券则减少了基础货币和货币供给。

98. 银行拖欠存款。这导致了通货存款比下降，因此货币乘数下降。所以，尽管基础货币有所增加，但货币供给仍在进一步减少，使大萧条变得更加严重。

99. a. 这将减小货币乘数，因此货币供给也会减少。

b. 这将增大货币乘数，因此货币供给也会增加。

100. 杠杆率＝总资产/资本（所有者权益）＝2 000/200＝10。

这意味着对于银行所有者所投入的每1美元资本，均会有9美元通过存款和债务被贡献出来。

101. 货币乘数＝1/存款准备金率＝1/0.05＝20。由于25万美元将作为通货持有，75万美元将存入银行，因此存入银行的货币使货币供给增加了75×20＝1 500（万美元）。货币供给的净增加为25＋1 500 ＝1 525(万美元)。

第5章 通货膨胀：起因、影响和社会成本

单项选择题

1. 通货膨胀率是指：
   A. 价格的中间水平
   B. 价格的平均水平
   C. 价格水平的百分比变动
   D. 衡量价格的总体水平
2. 货币的交易流通速度的定义是：
   A. 货币乘以价格除以交易量
   B. 交易量除以价格乘以货币
   C. 货币除以价格乘以交易量
   D. 价格乘以交易量除以货币
3. 如果一年有100笔交易，平均每笔交易的价值为10美元，那么如果经济中有200美元的货币，则交易流通速度为________次/年。
   A. 0.2　　B. 2
   C. 5　　D. 10
4. 如果货币的交易流通速度保持不变而货币数量翻番，则：
   A. 平均交易价格一定翻番
   B. 交易次数一定保持不变
   C. 平均交易价格乘以交易次数一定保持不变
   D. 平均交易价格乘以交易次数一定翻番
5. 实际货币余额等于：
   A. 硬币、通货和支票账户余额的总和
   B. 以其能够购买的产品与服务的数量表示的货币量
   C. 用作交换媒介的美元数量
   D. 美联储创造的货币数量
6. 如果经济中产品与服务的平均价格等于10美元，经济中的货币量等于20万美元，那么这个经济的实际余额等于：
   A. 10　　B. 20 000
   C. 200 000　　D. 2 000 000
7. 对实际货币余额的需求一般被假定为：
   A. 外生的
   B. 不变的
   C. 随着实际收入的增加而增加
   D. 随着实际收入的增加而减少
8. 如果实际货币余额的数量为 kY，其中 k 是一个常数，那么货币流通速度为：
   A. k　　B. $1/k$
   C. kP　　D. P/k
9. 如果对实际货币余额的需求与实际收入成正比，那么货币流通速度会：
   A. 随着收入的增加而增加

B. 随着收入的减少而增加

C. 直接随着利率变化

D. 保持不变

10. 已知 $M/P=kY$，当货币需求参数 k 较大时，货币的流通速度就________，并且货币的转手________。

A. 大；频繁

B. 大；不频繁

C. 小；频繁

D. 小；不频繁

11. 考虑选取形式为 $M/P=kY$ 的货币需求函数，其中 M 是货币量，P 是价格水平，k 是常数，Y 是实际产出。如果货币供给以 10%的速度增长，实际产出以 3%的速度增长，而 k 是恒定的，这个经济的平均通货膨胀率是多少？

A. 3%　　B. 7%

C. 10%　　D. 13%

12. 当人们想要持有________货币时，货币的收入流通速度增加，货币需求参数 k ________。

A. 更多；变大

B. 更少；变大

C. 更多；变小

D. 更少；变小

13. 货币数量论假定：

A. 收入不变

B. 货币流通速度不变

C. 价格不变

D. 货币供给不变

14. 如果假定收入流通速度不变，但没有作出其他假设，则________水平由 M 决定。

A. 价格

B. 实际 GDP

C. 交易

D. 名义 GDP

15. 如果流通速度不变，而且生产要素和生产函数决定实际 GDP，那么：

A. 价格水平与货币供给成正比

B. 实际 GDP 与货币供给成正比

C. 价格水平是固定的

D. 名义 GDP 是固定的

16. 从长期来看，根据货币数量论和古典宏观经济理论，如果流通速度不变，那么________决定实际 GDP，________决定名义 GDP。

A. 经济的生产能力；货币供给

B. 货币供给；经济的生产能力

C. 流通速度；货币供给

D. 货币供给；流通速度

17. 根据货币数量论，在美国最终控制通货膨胀率的是：

A. 石油输出国组织

B. 美国财政部

C. 美联储

D. 公民个人

18. 根据货币数量论，如果货币以 10%的速度增长，实际产出以 3%的速度增长，但随着时间的推移，由于金融创新，流通速度以更快的速度增长，则通货膨胀率一定：

A. 上升　　B. 下降

C. 为 7%　　D. 为常数

19. 如果货币供给增加 12%，流通速度下降 4%，价格水平上升 5%，那么实际 GDP 的变化一定是________%。

A. 3　　B. 4

C. 9　　D. 11

20. P 的百分比变化大约等于：

A. M 的百分比变化

B. M 的百分比变化减去 Y 的百分比变化

C. M 的百分比变化减去 Y 的百分比变化加上流通速度的百分比变化

D. M 的百分比变化减去 Y 的百分比变化减去流通速度的百分比变化

21. 使用美国最近数十年的平均货币增长率和平均通货膨胀率数据，弗里德曼和施瓦茨发现数十年的高货币增长往往有________通货膨胀率，数十年的低货币增长往往有________通货膨胀率。

A. 高；高

B. 高；低

C. 低；低

D. 低；高

22. 货币铸造税的权力就是________的权力。

A. 对公众征税

B. 向公众借款

C. 征召公民加入武装部队

D. 发行货币

23. “通货膨胀税”意味着：

A. 随着价格水平的上升，纳税人被推入更高的税收等级

B. 随着价格水平的上升，公众持有的货币的实际价值在下降

C. 随着税收的增加，通货膨胀率也上升

D. 在恶性通货膨胀中，税收收益的主要来源往往是货币的发行

24. 通货膨胀税________支付。

A. 只由中央银行

B. 由持有货币的所有人

C. 只由政府债券持有人

D. 由每户平等

25. 实际利率等于：

A. 债权人发放一笔贷款时通常能收到的利息额

B. 名义利率加上通货膨胀率

C. 名义利率减去通货膨胀率

D. 名义利率

26. 如果名义利率为 1%，通货膨胀率为 5%，则实际利率为：

A. 1%　　B. 6%

C. −4%　　D. −5%

27. 如果实际利率下降了 1%，通货膨胀率上升了 2%，则费雪方程中的名义利率：

A. 上升了 2%

B. 上升了 1%

C. 保持不变

D. 下降了 1%

28. 如果实际利率和实际国民收入不变，根据货币数量论和费雪效应，货币增长率提高 1%会导致：

A. 通货膨胀率提高 1%，名义利率提高不到 1%

B. 通货膨胀率提高 1%，名义利率提高 1%

C. 通货膨胀率提高 1%，名义利率提高超过 1%

D. 通货膨胀率和名义利率都提高不到 1%

29. 根据货币数量论，5%的货币增长将使通货膨胀增加________%。根据费雪方程，通货膨胀率提高 5%将使名义利率提高________%。

A. 1；5　　B. 5；1

C. 1；1　　D. 5；5

30. 根据货币数量论和费雪方程，如果货币增长率提高了 3%，实际利率等于 2%，则名义利率将提高：

A. 2%　　B. 3%

C. 5%　　D. 6%

31. 在古典模型中，根据货币数量论和费雪方程，货币增长率的提高会增加：

A. 产出

B. 流通速度

C. 名义利率

D. 实际利率

32. 美国过去 40 年的迹象支持了费雪效应，并显示，当通货膨胀率高时，________利率往往也________。

A. 名义；高

B. 名义；低

C. 实际；高

D. 实际；低

33. 事前实际利率等于名义利率：

A. 减去通货膨胀率

B. 加上通货膨胀率

C. 减去预期通货膨胀率

D. 加上预期通货膨胀率

34. 当一个人购买了一只 90 天期的国债时，他或她并不知道：

A. 事后实际利率

B. 事前实际利率

C. 名义利率

D. 预期通货膨胀率

35. 产品与服务市场的均衡决定了________利率，预期通货膨胀率决定了________利率。

A. 事前实际；事前名义

B. 事后实际；事后名义

C. 事前名义；事后实际

D. 事后名义；事后实际

36. 事前实际利率是以________通货膨胀为基础的，而事后实际利率是以________通货膨胀为基础的。

A. 预期；实际

B. 核心；实际

C. 实际；预期

D. 预期；核心

37. 当________时，事后实际利率会比事前实际利率更高。

A. 通货膨胀率在上升

B. 通货膨胀率在下降

C. 实际通货膨胀率高于预期通货膨胀率

D. 实际通货膨胀率低于预期通货膨胀率

38. 持有货币的机会成本是指：

A. 名义利率

B. 实际利率

C. 联邦基金利率

D. 现行国库券利率

39. 持有货币的实际回报是指：

A. 实际利率

B. 负的实际利率

C. 通货膨胀率

D. 负的通货膨胀率

40. 如果政府债券的实际回报率为 3%，预期通货膨胀率为 4%，则持有货币的机会成本为________%。

A. 1　　B. 3

C. 4　　D. 7

41. 在最一般的情况下，实际货币余额的货币需求函数取决于收入水平和：

A. 实际利率

B. 名义利率

C. 通货膨胀率

D. 价格水平

42. 如果名义利率上升，则：

A. 货币供给增加

B. 货币供给减少

C. 货币需求增加

D. 货币需求减少

43. 考虑选取形式为 $(M/P)^d=Y/(4i)$ 的货币需求函数，其中 M 是货币量，P 是价格水平，Y 是实际产出，i 是名义利率。在这种经济中，货币的平均流通速度是多少？

A. i　　B. 4

C. $1/(4i)$　　D. 0.25

44. 如果美联储宣布它将增加未来的货币供给但不改变现在的货币供给，则：

A. 名义利率与当前价格水平都将下降

B. 名义利率将上升，当前价格水平将下降

C. 名义利率将下降，当前价格水平将上升

D. 名义利率与当前价格水平都将上升

45. 如果货币供给保持不变，那么名义利率的上升会引起货币需求的________和价格水平的________。

A. 增加；上升

B. 增加；下降

C. 减少；上升

D. 减少；下降

46. 如果货币需求取决于名义利率，那么通过货币数量论和费雪方程，价格水平：

A. 只取决于当前的货币供给

B. 只取决于预期的未来货币供给

C. 取决于当前的货币供给和预期的未来货币供给

D. 既不取决于当前的货币供给，也不取决于预期的未来货币供给

47. 根据古典货币理论，降低通货膨胀将不会使工人更富裕，因为每年企业产品价格的提高________，给工人的工资增加________。

A. 更多；更多

B. 更多；更少

C. 更少；更多

D. 更少；更少

48. 根据古典货币理论，通货膨胀不会使工人更贫穷，因为工资增长：

A. 比整体价格水平更快

B. 比整体价格水平更慢

C. 与整体价格水平的提高成比例

D. 在通货膨胀期间是实际量

49. 减少货币持有量以避免征收通货膨胀税带来的不便被称为：

A. 菜单成本

B. 鞋底成本

C. 可变标尺成本

D. 固定成本

50. 由于通货膨胀而重印产品目录和价格单的成本被称为：

A. 菜单成本

B. 鞋底成本

C. 可变标尺成本

D. 固定成本

51. 通货膨胀________了相对价格的变动，________了资源配置的效率。

A. 增大；提高

B. 增大；降低

C. 减小；降低

D. 减小；提高

52. 在未预期到的通货膨胀的情况下：

A. 没有指数化的合约的债权人受损，因为他们的所得比预期的实际量要少

B. 已经指数化的合约的债权人获益，因为他们的所得比按名义量约定的要多

C. 没有指数化的合约的债务人不获益，因为他们支付的和他们按名义量约定的一样多

D. 已经指数化的合约的债务人受损，因为他们支付的比他们按名义量约定的要多

53. 未预期到的通货膨胀而不是预期到的通货膨胀的成本是：

A. 菜单成本

B. 债务人和债权人之间的财富任意再分配

C. 个人税收负债的意外扭曲

D. 相对价格变动的成本

54. 如果去年的通货膨胀是6%，去年一名工人的名义工资增长了4%，则这名工人的实际工资：

A. 增长了4%

B. 增长了2%

C. 下降了2%

D. 下降了6%

55. 如果名义工资不能削减，那么减少实际工资的唯一办法是通过：

A. 通货膨胀进行调整

B. 工会

C. 立法

D. 提高生产率

56. 一个每个月超过50%的通货膨胀率通常被认为是：

A. 火灾

B. 恶性通货膨胀

C. 通货紧缩

D. 反通货膨胀

57. 恶性通货膨胀最终是货币供给过度增长的结果；货币供给过度增长背后的动机往往是政府：

A. 希望通过经济提升价格

B. 需要征收税赋来支付其支出

C. 负有通过提升预期通货膨胀率来提高名义利率的责任

D. 没有进行公开市场操作购买政府证券的能力

58. 下列哪一项最有可能被称为恶性通货膨胀？

A. 价格平均每年上涨300%

B. 通货膨胀率为每年10%

C. 实际GDP一年内以12%的速度增长

D. 一个股票市场指数在一年内上涨了1 000点

59. 在恶性通货膨胀期间，政府的实际税收往往大幅度下降，因为：

A. 在征税的时间和纳税的时间之间存在

延迟
B. 印刷税务表的菜单成本要高得多
C. 为增加鞋底成本而采取的额外扣减
D. 与极端通货膨胀率相关的更大的不确定性

60. 经历恶性通货膨胀时大多数国家的政府的主要收入来源是：
A. 关税
B. 所得税
C. 货币铸造税
D. 借款

61. 为了结束一场恶性通货膨胀，试图减少对货币铸造税的依赖的政府会：
A. 发行更多的货币
B. 提高税收和削减支出
C. 降低税收和增加支出
D. 降低利率

62. 大多数恶性通货膨胀以________改革结束，这种改革消除了对________的需求。
A. 货币；税收
B. 货币；通货
C. 财政；货币铸造税
D. 财政；通货

63. 下列哪一项是相对价格的例子？
A. 实际利率
B. 资本存量
C. 每小时美元工资
D. 价格水平

64. 用实物单位或数量表示的变量被称为________变量。
A. 实际　　B. 名义
C. 内生　　D. 外生

65. 用货币表示的变量被称为________变量。
A. 实际　　B. 名义
C. 内生　　D. 外生

66. 一个实际变量的例子是：
A. 一个人赚取的美元工资
B. 一年内生产的产品数量
C. 价格水平
D. 名义利率

67. 一个名义变量的例子是：
A. 货币供给
B. 一年内生产的产品数量
C. 面包的相对价格
D. 实际工资

68. 古典二分法：
A. 不能成立，如果货币是“中性的”
B. 成立，当实际变量的价值可以不参照名义变量或货币而被确定时
C. 充分描述了我们生活的世界，特别是在短期内
D. 因为货币取决于名义利率而产生

69. 根据古典二分法，当货币供给减少时，________会下降。
A. 实际 GDP
B. 消费支出
C. 价格水平
D. 投资支出

70. 古典模型中货币中性的概念意味着货币供给的增加会引起________的提高。
A. 实际 GDP
B. 实际利率
C. 名义利率
D. 储蓄和投资同等额度

71. 货币供给不影响实际变量的古典模型的特点被称为：
A. 货币基础
B. 货币政策
C. 货币数量论
D. 货币中性

72. 实际变量和名义变量在理论上的分离被称为：
A. 古典二分法
B. 货币中性
C. 费雪效应
D. 货币数量论

73. 如果小国________，它将更愿意使用大国的货币，而非发行自己的货币。
A. 容易不稳定而大国比较稳定
B. 比较稳定而大国容易不稳定
C. 需要货币铸造税的收入
D. 想控制它自己的通货膨胀率

74. 如果消费正向取决于实际货币余额水平，而实际货币余额负向取决于名义利率，那么：
   A. 古典二分法仍然成立
   B. 货币增长率的升高导致消费减少和投资增加
   C. 货币增长率的升高导致消费增加和投资减少
   D. 货币增长率的升高导致消费和投资都增加
75. 如果消费正向取决于实际货币余额水平，而实际货币余额负向取决于名义利率，那么名义利率：
   A. 在货币增长率升高时下降
   B. 在货币增长率升高时不变
   C. 在货币增长率每升高 1%时增长 1%
   D. 在货币增长率每升高 1%时增长不到 1%

问答题

76. 假设一系列通货膨胀率为 1%、2%和 4%，而同期的名义利率分别为 5%、5%和 6%。
   a. 同期的事后实际利率分别是多少？
   b. 如果每一期的预期通货膨胀率是前一期的实际通货膨胀率，那么第 2 期和第 3 期的事前实际利率是多少？
   c. 如果某人在第 2 期贷款，基于 b 小问的事前通货膨胀预期，他或她在第 3 期收到还款时感到愉快还是不愉快？
77. 玛丽·蔡尔每 30 天获得 3 000 美元的薪水。她将薪水直接存入她的银行账户。在 30 天里，她会以固定的速度花光她的全部薪水，并且都以现金支付。她可以：(1) 一次取出所有存款；(2) 一次取出一半，15 天后取出其余部分；(3) 一次取出三分之一，10 天后取出三分之一，第 20 天再取三分之一；或 (4) 确保每次取款数量固定但取款次数不限。每次取款消耗的时间和不变成本是 2 美元。玛丽在银行每存 1 美元，她就能得到 0.03 美分（0.000 3 美元）的利息。因此，如果她立即取出一半的存款，另一半在 15 天后取出，她有 1 500 美元在银行里存 15 天，会获得 6.75 美元的利息。
   a. 创建一个表格，说明交易成本、利息收入，以及每月取款 1、2、3 或 4 次的总净收益（+）或总净成本（−）。
   b. 每月取款多少次净收益最大？
78. 假设对实际货币余额（M/P）的需求为 $M/P=0.6Y-100i$，其中 Y 是国民收入，i 是名义利率（用百分数表示），实际利率 r 通过投资和储蓄函数固定在 3%。预期通货膨胀率等于名义货币增长率。
   a. 如果 Y 是 1 000，M 是 100，名义货币增长率是 1%，那么 i 和 P 的值是多少？
   b. 如果 Y 是 1 000，M 是 100，名义货币增长率是 2%，那么 i 和 P 的值是多少？
79. Econoland（一个金融机构）利用通货膨胀税为政府开支筹资。
   a. 请解释谁会支付这笔税收，如何支付。
   b. 通货膨胀税的相关成本是什么？
80. 如果货币需求正向取决于实际收入，反向取决于名义利率，那么如果中央银行宣布（且人们相信）它在未来会降低货币增长率但今天暂不改变货币供给，今天的价格水平会发生什么变化？
81. 尽管“通货膨胀在任何时间、任何地点都是一种货币现象”，请解释以下情况：
   a. 恶性通货膨胀的开始通常与财政政策的状况有关。
   b. 恶性通货膨胀的结束通常与财政政策的变化有关。
82. 考虑两个国家，高科技国（Hitech）和低科技国（Lotech）。在高科技国，新的支付渠道例如信用卡和 ATM 已经被大众普遍接受，因而以实际货币余额所持有的收入比例降低了。在此期间，低科技国没有发生此类变化。如果在这一时期内两国货币增长率和实际 GDP 的增长率相同，那么两国的通货膨胀率会有什么不同？详细解释你的答案。

83. 在1984年的美国总统辩论中关于利率出现了争议。一些政治家声称在1981—1983年间利率持续增长，而另一些则声称利率下降了。下表显示了1981—1983年的利率和年通货膨胀率。

年份	年利率	当年的通货膨胀率
1981	14.03%	10.3%
1982	10.69%	6.2%
1983	8.63%	3.2%

请协调这一矛盾的争论。

84. 预期的通货膨胀成本导致经济中的生产资源被调整，以适应不断变化的价格。解释以下每一种预期的通货膨胀成本如何扭曲生产资源的配置。

a. 鞋底成本。

b. 菜单成本。

85. 假设一个只有汉堡包被交易的经济。在一年内，100个汉堡包以每个汉堡包5美元的价格被交易。假设两种情况：

a. 经济中有100美元，以20张5美元钞票的形式存在。

b. 经济中有100美元，以100张1美元钞票的形式存在。

计算两种情况下的货币流通速度。

86. 对于国家A，其GDP的增长率为8%，通货膨胀率为4%。如果货币的流通速度保持不变，则实际货币余额变化多少？

87. 假设一个政府出现税收短缺。如果政府不削减财政支出，恶性通货膨胀会必然发生吗？

88. 如果一个经济的货币供给没有未预期的变化，那么经济中还会出现未预期的通货膨胀吗？

单项选择题答案

1. 答案：C；难度级别：易
2. 答案：D；难度级别：易
3. 答案：C；难度级别：易
4. 答案：D；难度级别：中
5. 答案：B；难度级别：易
6. 答案：B；难度级别：易
7. 答案：C；难度级别：易
8. 答案：B；难度级别：中
9. 答案：D；难度级别：中
10. 答案：D；难度级别：易
11. 答案：B；难度级别：难
12. 答案：D；难度级别：易
13. 答案：B；难度级别：易
14. 答案：D；难度级别：易
15. 答案：A；难度级别：易
16. 答案：A；难度级别：易
17. 答案：C；难度级别：易
18. 答案：A；难度级别：难
19. 答案：A；难度级别：易
20. 答案：C；难度级别：中
21. 答案：B；难度级别：易
22. 答案：D；难度级别：易
23. 答案：B；难度级别：易
24. 答案：B；难度级别：易
25. 答案：C；难度级别：易
26. 答案：C；难度级别：易
27. 答案：B；难度级别：易
28. 答案：B；难度级别：中
29. 答案：D；难度级别：中
30. 答案：C；难度级别：中
31. 答案：C；难度级别：中
32. 答案：A；难度级别：易
33. 答案：C；难度级别：易
34. 答案：A；难度级别：易
35. 答案：A；难度级别：中
36. 答案：A；难度级别：易
37. 答案：D；难度级别：易
38. 答案：A；难度级别：易
39. 答案：D；难度级别：易
40. 答案：D；难度级别：难
41. 答案：B；难度级别：易
42. 答案：D；难度级别：中

43. 答案：B；难度级别：难
44. 答案：D；难度级别：易
45. 答案：C；难度级别：中
46. 答案：C；难度级别：中
47. 答案：D；难度级别：易
48. 答案：C；难度级别：易
49. 答案：B；难度级别：易
50. 答案：A；难度级别：易
51. 答案：B；难度级别：中
52. 答案：A；难度级别：中
53. 答案：B；难度级别：中
54. 答案：C；难度级别：中
55. 答案：A；难度级别：易
56. 答案：B；难度级别：易
57. 答案：B；难度级别：易
58. 答案：A；难度级别：中
59. 答案：A；难度级别：易
60. 答案：C；难度级别：易
61. 答案：B；难度级别：易
62. 答案：C；难度级别：易
63. 答案：A；难度级别：易
64. 答案：A；难度级别：易
65. 答案：B；难度级别：易
66. 答案：B；难度级别：易
67. 答案：A；难度级别：易
68. 答案：B；难度级别：易
69. 答案：C；难度级别：易
70. 答案：C；难度级别：易
71. 答案：D；难度级别：易
72. 答案：A；难度级别：易
73. 答案：A；难度级别：易
74. 答案：B；难度级别：难
75. 答案：D；难度级别：难

问答题答案

76. a. 4%；3%；2%。
    b. 4%；4%。
    c. 他或她会感到不愉快，因为事后实际利率低于事前利率。

77. a.

取款次数（次）	交易成本（美元）	利息收入（美元）	净收益（+）或净成本（－）（美元）
1	2	0.00	－2.00
2	4	6.75	2.75
3	6	9.00	3.00
4	8	10.125	2.125

    b. 玛丽应该选择每 30 天内取款 3 次。

78. a. $i=4\%$，$P=1/2$。
    b. $i=5\%$，$P=1$。

79. a. 当政府发行更多货币而引起通货膨胀时，货币持有者因其持有的货币的购买力下降而被动支付通货膨胀税。
    b. 通货膨胀税就是通货膨胀率。如果通货膨胀（税）率被预期到，那么预期的通货膨胀成本包括鞋底成本、菜单成本、相对价格变动的成本、税收扭曲以及进行通货膨胀校正的不便。未预期的通货膨胀成本包括相对价格的不确定性和收入的任意再分配。

80. 人们会在未来接受更低的通货膨胀，名义利率会下降，货币需求会增加。由于央行不立即减少货币供给，价格必然下降以保持新增的货币需求等于恒定的货币供给。这样，由于预期的未来货币增长率下降，现期价格下跌。

81. a. 恶性通货膨胀往往开始于政府需要通过货币铸造税获得额外的收入，因为税收收入及（或）政府借贷不足以支付政府支出。额外的货币铸造税通过发行货币获得，而发行货币会引起恶性通货膨胀。
    b. 恶性通货膨胀通常结束于财政政策的改变，包括增加税收和政府削减支出，这些政策的执行消除了对货币铸造税的依赖，停止了过多的货币增加。

82. 高科技国的通货膨胀率会更高。根据货币数量论，如果货币增长率和实际 GDP

增长率相同，通货膨胀率的差异在于货币流通速度。保持其他条件不变，货币流通速度提高得越快，所引起的通货膨胀率就会越高。在高科技国，人们以实际货币余额持有的收入比例降低（k 更小）与货币流通速度的加速是等价的，因此，高科技国的通货膨胀率比低科技国的要高。

83\. 利用费雪效应，名义利率在这一时期从14%下降到 8.6%，但事后实际利率从3.73%上升到 5.43%。

84\. a. 劳动被用于从事往返银行和其他可减少现金持有量的活动，而非用于生产产品和服务。

  b. 资源被用于更新菜单、产品目录和其他价格清单中的价格，而不是用于消费或投资。

85\. 货币的流通速度不取决于通货面额，它度量的是每一单位货币，而不是通货的单位。在这个例子中，两种情况下的货币流通速度 $V=(PT)/M=5\times100/100=5$。

86\. M 的百分比变化＋V 的百分比变化＝P 的百分比变化＋Y 的百分比变化。在这里，V 的百分比变化＝0。M 的百分比变化－P 的百分比变化＝Y 的百分比变化。GDP 的增长率 8%已给出，则实际货币余额的变化也为 8%。

87\. 不会。一个政府有像任何其他经济实体一样借入货币的权利。只有当政府被认为是贫穷的借款人且贷款人拒绝向其贷款时，政府才会被迫通过印刷货币来支付其开支，这可能会引发恶性通货膨胀。

88\. 会。如果实体经济中存在影响生产要素和生产函数的冲击，那么对于给定的货币供给 M 和固定的货币流通速度 V，总产出 Y 就会受到影响（如下降），P 将上升从而导致未预期的通货膨胀水平。

第 6 章 开放的经济

单项选择题

1. 净出口等于 GDP 减去________。
   A. 在所有产品和服务上的国内花费
   B. 在所有产品和服务上的国内花费加上国外对本国产品和服务的花费
   C. 在产品和服务上的国内花费
   D. 在产品和服务上的国内花费减去国外对本国产品和服务的花费
2. 净出口的值也是________的值。
   A. 净投资
   B. 净储蓄
   C. 国民储蓄
   D. 国民储蓄和国内投资之间的差额
3. 如果资本净流出是正的，那么：
   A. 进口一定是正的
   B. 出口一定是负的
   C. 贸易余额一定是正的
   D. 贸易余额一定是负的
4. 资本净流出等于：
   A. 国外投资者向国内贷款的量
   B. 国内投资者向国外贷款的量
   C. 国外投资者向国内贷款的量减去国内投资者向国外贷款的量
   D. 国内投资者向国外贷款的量减去国外投资者向国内贷款的量
5. 如果国内储蓄超过了国内投资，那么净出口是________，资本净流出是________。
   A. 正的；正的
   B. 正的；负的
   C. 负的；负的
   D. 负的；正的
6. 在一个小型开放经济中，如果净出口是负的，那么：
   A. 国内支出大于产出
   B. 储蓄大于投资
   C. 资本净流出是正的
   D. 进口小于出口
7. 当出口大于进口时，下列各项都是正确的，除了：
   A. 资本净流出是正的
   B. 净出口是正的
   C. 国内投资大于国内储蓄
   D. 国内产出大于国内支出
8. 在一个小型开放经济中，如果出口等于 200 亿美元，进口等于 300 亿美元，并且国内国民储蓄等于 250 亿美元，那么资本净流出等于：

A. −250 亿美元
B. −100 亿美元
C. 100 亿美元
D. 250 亿美元

9. 在一个小型开放经济中，如果出口等于 50 亿美元，进口等于 70 亿美元，那么存在贸易________和________资本净流出。
A. 赤字；负的
B. 盈余；负的
C. 赤字；正的
D. 盈余；正的

10. 在一个小型开放经济中，如果国内储蓄等于 500 亿美元且国内投资等于 500 亿美元，那么有________且资本净流出等于________。
A. 贸易赤字；1 000 亿美元
B. 贸易平衡；0 美元
C. 贸易盈余；1 000 亿美元
D. 贸易平衡；1 000 亿美元

11. 在一个小型开放经济中，如果国内投资超过了国内储蓄，那么额外的投资将通过________来融资。
A. 从国外借款
B. 从国内银行借款
C. 国内政府
D. 世界银行

12. 在一个小型开放经济中，如果国内储蓄超过了国内投资，那么额外的储蓄将被用于：
A. 向国内政府提供贷款
B. 向外国人提供贷款
C. 偿还国家债务
D. 向美联储偿还贷款

13. 如果一个美国公司在欧洲销售一种产品，并将所得收益用于购买一个欧洲公司的股份，那么美国的净出口________，资本净流出________。
A. 增加；增加
B. 增加；减少
C. 减少；增加
D. 减少；减少

14. 如果一个美国公司购买一种欧洲制造的产品，且该欧洲生产商将所得收益用于购买美国政府债券，那么美国的净出口________，资本净流出________。
A. 增加；增加
B. 增加；减少
C. 减少；增加
D. 减少；减少

15. 如果一个美国公司向加拿大出售一种产品，并将所得收益用于购买加拿大制造的产品，那么美国的净出口________，资本净流出________。
A. 增加；增加
B. 减少；减少
C. 不变；不变
D. 不变；增加

16. 一个“封闭”经济是指：
A. 产出水平固定的经济
B. 价格水平固定的经济
C. 国内利率等于世界利率的经济
D. 国内储蓄小于国内投资的经济

17. 世界利率：
A. 等于国内利率
B. 使国内储蓄等于国内投资
C. 是由世界银行控制的借款利率
D. 是世界金融市场上通行的利率

18. 下列除哪项外，均是具有完全资本流动性的小型开放经济的特征？
A. 它的国内利率通常超过了世界利率
B. 它参与国际贸易
C. 它的资本净流出通常等于贸易余额
D. 它的政府不干预国际借贷

19. 在一个小型开放经济中，如果世界实际利率高于使国民储蓄等于国内投资的利率，那么将会有贸易________和________资本净流出。
A. 盈余；负的
B. 赤字；正的
C. 盈余；正的
D. 赤字；负的

20. 小型开放经济的储蓄与投资图

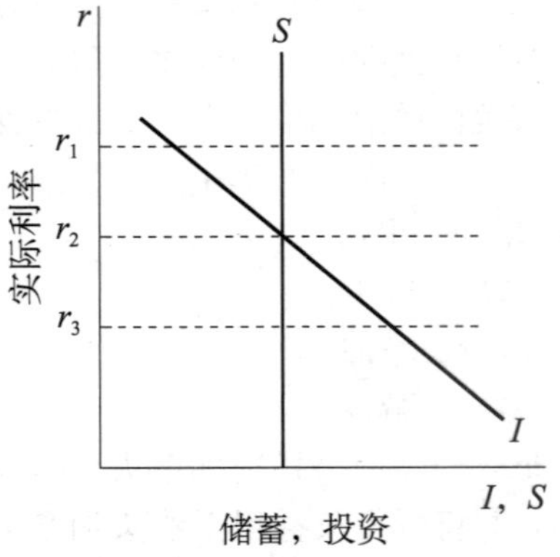

在一个小型开放经济中，如果世界利率是 r_1，那么该经济有：

A. 贸易盈余

B. 贸易平衡

C. 贸易赤字

D. 负的资本净流出

21. 小型开放经济的储蓄与投资图

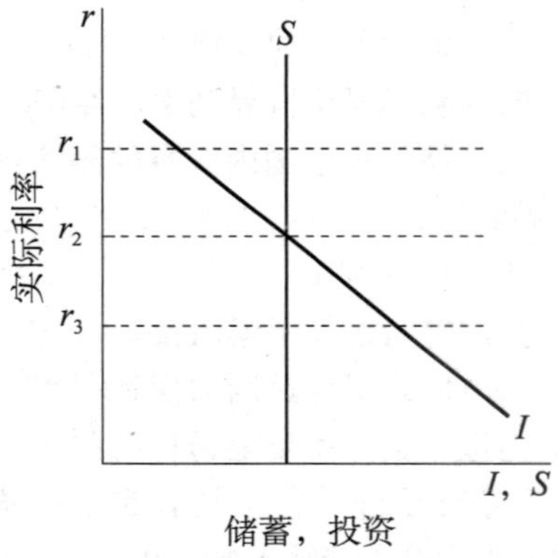

在一个小型开放经济中，如果世界利率是 r_3，那么该经济有：

A. 贸易盈余

B. 贸易平衡

C. 贸易赤字

D. 正的资本净流出

22. 假设小型开放经济开始时处于贸易平衡的位置，如果政府增加了国内政府购买，这将会产生贸易________和________资本净流出的趋势。

A. 赤字；负的

B. 盈余；正的

C. 赤字；正的

D. 盈余；负的

23. 假设小型开放经济开始时处于贸易平衡的位置，如果政府提高了所得税，这将会产生贸易________和________资本净流出的趋势。

A. 赤字；负的

B. 盈余；正的

C. 赤字；正的

D. 盈余；负的

24. 保持其他因素不变，在某一开放经济中实施减税将会：

A. 增加国民储蓄并导致贸易盈余

B. 增加国民储蓄并导致贸易赤字

C. 减少国民储蓄并导致贸易盈余

D. 减少国民储蓄并导致贸易赤字

25. 假设某一小型开放经济开始时处于贸易平衡的位置，如果某一大型外国经济的政府增加其政府购买，这一政策将倾向于增加：

A. 小型开放经济的投资

B. 小型开放经济的储蓄

C. 小型开放经济的出口

D. 小型开放经济的进口

26. 假设某一小型开放经济开始时处于贸易平衡的位置，当保持其他因素不变时，如果世界利率降低，小型开放经济的国内投资数量将会________，净出口将会________。

A. 增加；增加

B. 增加；减少

C. 增加；不变

D. 减少；增加

27. 如果一个小型开放经济的政府希望减少贸易赤字，下列哪项政策行为可以成功地实现这一目标？

A. 增加税收

B. 增加政府支出

C. 增加投资税收抵免

D. 实施贸易保护政策

28. 在一个小型开放经济中，投资税收抵免的实施可能会导致：
A. 国内投资和国内储蓄都不改变
B. 国内投资和国内储蓄都增加
C. 国内储蓄增加，但国内投资不改变
D. 国内投资增加，但国内储蓄不改变

29. 在一个小型开放经济中：
A. 增加投资的政策往往会造成贸易盈余
B. 增加投资的政策往往会造成贸易赤字
C. 增加储蓄的政策不会影响贸易平衡
D. 增加储蓄的政策往往会造成贸易赤字

30. 在柯布-道格拉斯生产函数和资本完全流动的假设下，资本将流向：
A. 资本相对稀缺的经济
B. 资本相对丰富的经济
C. 技术生产能力较低的经济
D. 劳动力相对稀缺的经济

31. 美元与日元之间的名义汇率（以美元/日元计算）是指：
A. 在日本借出 1 美元，1 年内所能获得的日元的数量
B. 1 美元所能获得的日元的数量
C. 美国产品的价格除以日本产品的价格
D. 日本产品的价格除以美国产品的价格

32. 实际汇率：
A. 衡量了 1 美元可以换得的日元数量
B. 等于名义汇率（以外币单位除以本币单位衡量）乘以国内价格水平除以国外价格水平
C. 等于名义汇率（以外币单位除以本币单位衡量）乘以国外价格水平除以国内价格水平
D. 是指国内汽车的价格除以国外汽车的价格

33. 如果 1 日元可兑换的美元数量增加，这被称为：
A. 美元升值
B. 日元升值
C. 贸易条件提高
D. 贸易条件降低

34. 如果 1 美元可以兑换 5 瑞士法郎，美国一单位产品的价格等于 1 美元，并且瑞士一单位产品的价格等于 2 瑞士法郎，那么瑞士产品和美国产品间的实际汇率是一单位的美国产品等于________单位的瑞士产品。
A. 0.4　　B. 2.5
C. 5　　D. 10

35. 当实际汇率上升时：
A. 出口会减少，但进口不受影响
B. 进口会减少，但出口不受影响
C. 出口会增加，进口会减少
D. 出口会减少，进口会增加

36. 如果实际汇率即一单位美国产品对应的日本产品的数量从 1 降到 0.5，那么美国出口________，美国进口________。
A. 增加；增加
B. 减少；减少
C. 增加；减少
D. 减少；增加

37. 实际汇率越低，国内产品相对于国外产品就越________，并且净出口需求就________。
A. 昂贵；越大
B. 昂贵；越小
C. 便宜；越大
D. 便宜；越小

38. 在一个小型开放经济的均衡中：
A. 储蓄是固定的，并且投资是由投资函数和世界利率决定的
B. 投资是固定的，并且储蓄是由储蓄函数和世界利率决定的
C. 储蓄是固定的，并且投资是由贸易余额决定的
D. 投资是固定的，并且储蓄是由贸易余额决定的

39. 在一个图形中，如果横轴代表净出口，纵轴代表实际汇率，那么实际汇率将由________净出口曲线和代表储蓄减去投资的________线的交点决定。
A. 向下倾斜的；垂直的
B. 向上倾斜的；垂直的
C. 向下倾斜的；向上倾斜的

D. 向上倾斜的；向下倾斜的

40. 实际汇率由________的等式决定。

A. 储蓄和净出口需求

B. 投资和净出口需求

C. 资本净流出和净出口需求

D. 资本净流出的负值和净出口需求

41. 在一个资本完全流动的小型开放经济中，政府预算赤字的减少会________净出口，并且实际汇率会________。

A. 增加；升值

B. 增加；贬值

C. 减少；升值

D. 减少；贬值

42. 在一个小型开放经济中，当外国政府减少它们国家的国民储蓄时，均衡的实际汇率（以本币单位除以外币单位衡量）：

A. 上升，并且本国净出口减少

B. 上升，并且本国净出口增加

C. 下降，并且本国净出口减少

D. 下降，并且本国净出口增加

43. 在一个小型开放经济中，保持其他条件不变，如果世界利率下降，那么国内投资会________，实际汇率会________。

A. 减少；下降

B. 减少；上升

C. 增加；下降

D. 增加；上升

44. 如果信息技术的繁荣增加了小型开放经济的投资需求，那么净出口会________，实际汇率会________。

A. 增加；升值

B. 增加；贬值

C. 减少；升值

D. 减少；贬值

45. 小型开放经济的实际汇率升值可能是由于：

A. 政府支出的增加

B. 税收的增加

C. 世界利率的下降

D. 投资税收抵免政策的取消

46. 小型开放经济的实际汇率贬值可能是由于：

A. 国内税收的减少

B. 政府支出的增加

C. 世界利率的下降

D. 投资税收抵免政策的取消

47. 在一个小型开放经济中，如果政府采取了一项减少进口的政策，那么该政策：

A. 会提高实际汇率，并且会增加净出口

B. 会提高实际汇率，但不会改变净出口

C. 会提高实际汇率，并且会减少净出口

D. 会降低实际汇率

48. 在一个小型开放经济中，减少贸易赤字的一项有效政策可能是：

A. 增加进口关税

B. 对进口产品实行更严格的配额

C. 增加政府支出

D. 增加税收

49. 在某一有贸易赤字的小型开放经济中，实行贸易保护政策会产生________贸易赤字并且________进口量和出口量的影响。

A. 降低；减少

B. 不改变；减少

C. 降低；不改变

D. 不改变；不改变

50. 下列哪种政策会降低某一小型开放经济的实际汇率？

A. 削减个人所得税

B. 减少政府支出

C. 征收进口关税

D. 增加投资

51. 政策影响实际汇率图

下列哪幅图说明了国内紧缩性财政政策对实际汇率的影响？

A. (a)

B. (b)

C. (c)

D. (d)

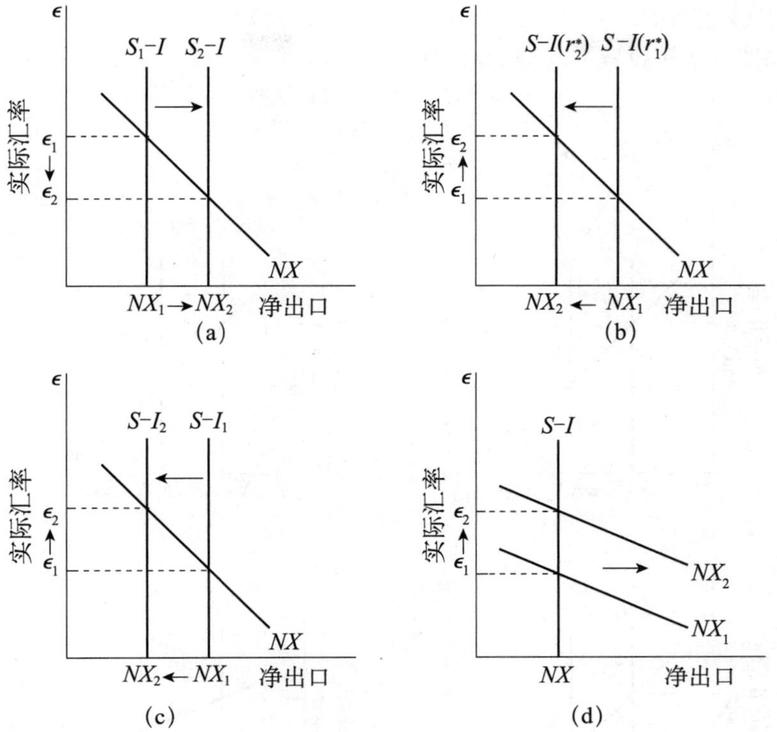

52. 政策影响实际汇率图

下列哪幅图说明了国外紧缩性财政政策对实际汇率的影响？

A. (a)

B. (b)

C. (c)

D. (d)

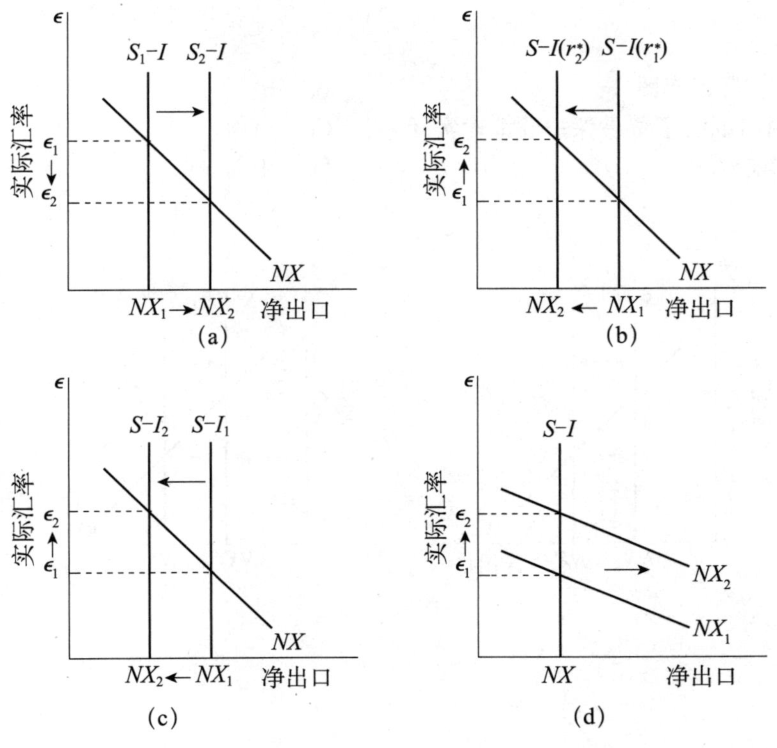

53. 政策影响实际汇率图

下列哪幅图说明了投资需求增加对实际汇率的影响？

A. (a)

B. (b)

C. (c)

D. (d)

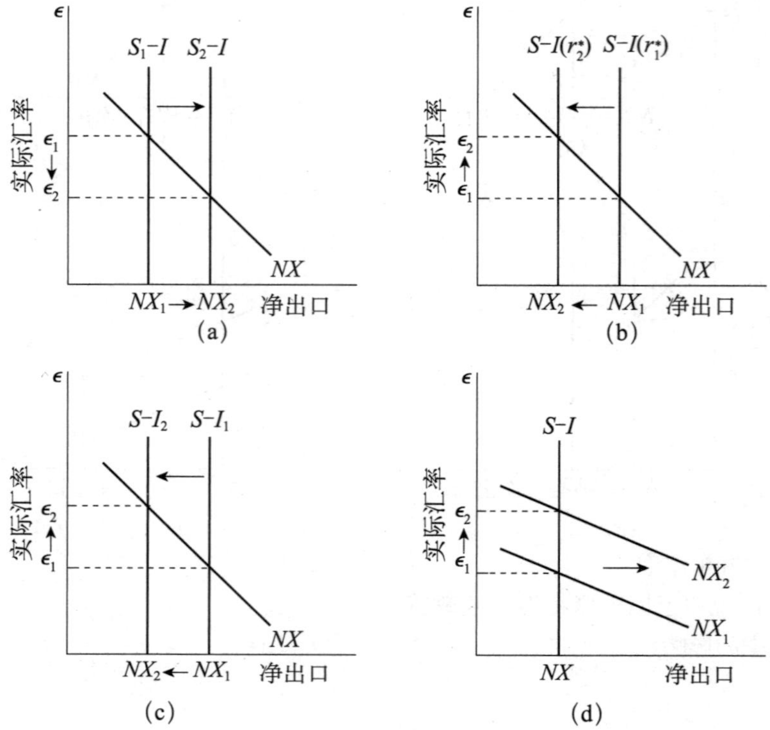

54. 政策影响实际汇率图

下列哪幅图说明了贸易保护政策对实际汇率的影响？

A. (a)

B. (b)

C. (c)

D. (d)

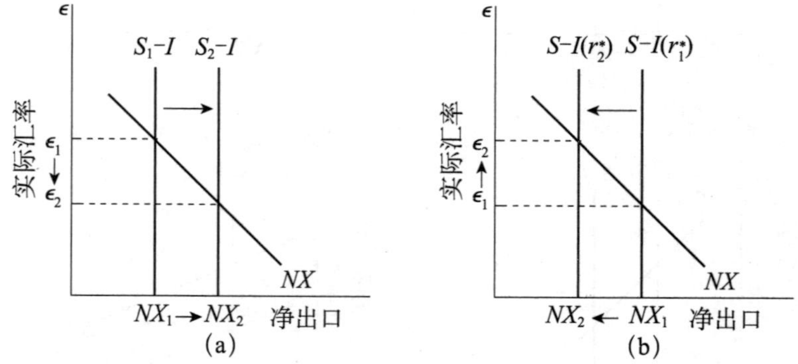

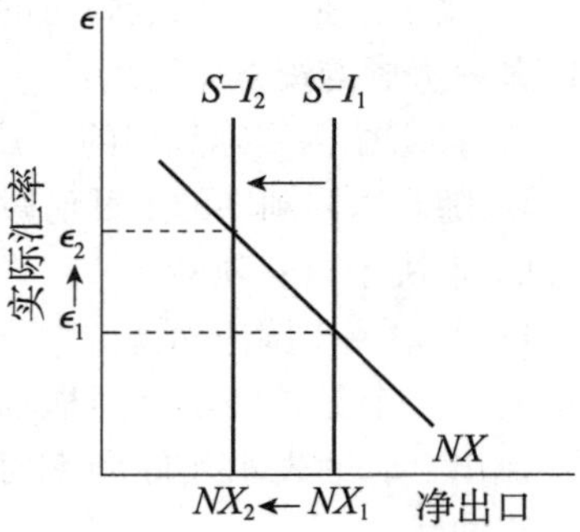

(c)

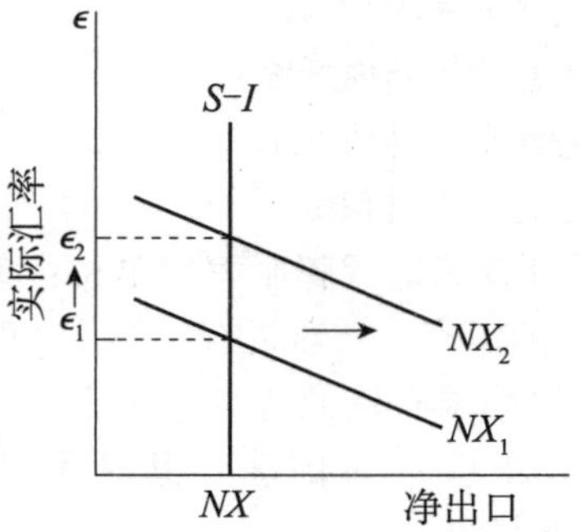

(d)

55. 政策影响实际汇率图

下列哪幅图说明了家庭储蓄增加对实际汇率的影响？

A. (a)

B. (b)

C. (c)

D. (d)

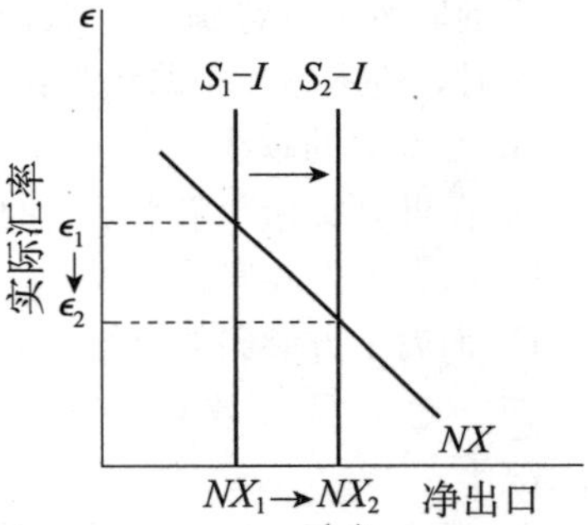

(a)

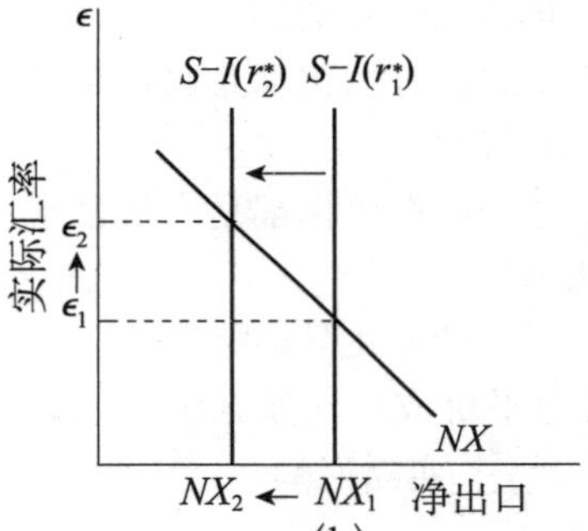

(b)

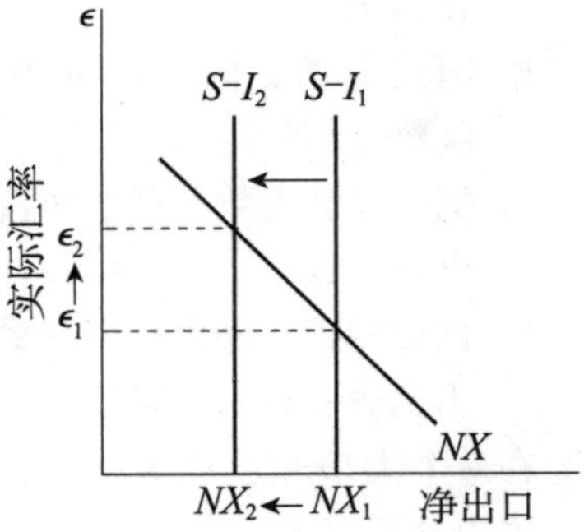

(c)

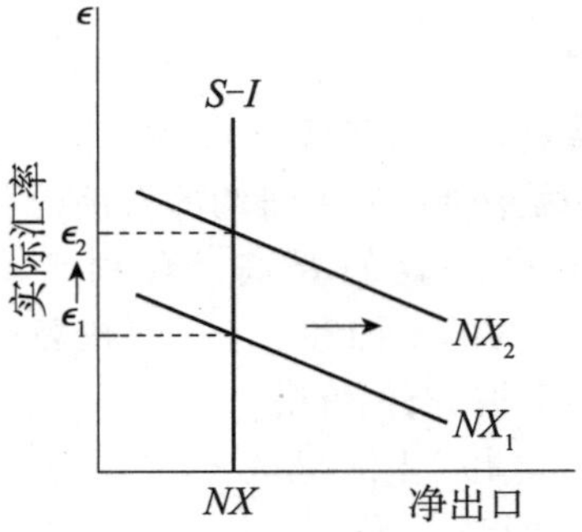

(d)

56. 名义汇率的百分比变化等于实际汇率的百分比变化加上：

A. 国外通货膨胀率减去国内通货膨胀率

B. 国内通货膨胀率减去国外通货膨胀率

C. 国外汇率减去国内汇率

D. 国内利率减去国外利率

57. 如果一个国家相对于美国有较高的通货膨胀率，假设实际汇率不变，那么随着时间的推移，1 美元能购买

A. 更少的外币

B. 更多的外币

C. 等量的外币

D. 的外币量取决于实际汇率

58. 如果美元对日元的实际汇率保持不变，美国的通货膨胀率为 6%，日本的通货膨胀率为 3%，那么：

A. 美元兑日元将升值 3%
B. 日元兑美元将升值 3%
C. 日元兑美元将升值 6%
D. 日元兑美元将升值 9%

59. 相比美国有较高通货膨胀率（单位：美元/外币）的国家，其通货有________的趋势，相比美国有较低通货膨胀率（单位：美元/外币）的国家，其通货有________的趋势。
A. 升值；升值
B. 升值；贬值
C. 贬值；贬值
D. 贬值；升值

60. 如果购买力平价理论是正确的，那么：
A. 净出口曲线会非常陡峭
B. 实际汇率的所有变化都是由价格水平的变化引起的
C. 名义汇率的所有变化都是由价格水平的变化引起的
D. 储蓄或投资的变化只影响实际汇率

61. 如果购买力平价成立，那么国内储蓄的变化会________实际汇率。
A. 提高
B. 降低
C. 不改变
D. 要么提高，要么降低

62. 根据购买力平价，如果纽约的石油的美元价格相比伦敦的要高，套利者会________纽约的石油和________伦敦的石油以使纽约的石油价格________。
A. 买入；卖出；上涨
B. 买入；卖出；下降
C. 卖出；买入；上涨
D. 卖出；买入；下降

63. 购买力平价理论：
A. 是对现实世界的一个完美且准确的描述
B. 是完全准确的，如果只有产品被交易
C. 是完全准确的，如果所有消费者都有相同的偏好
D. 提供了一个让我们预期实际汇率的波动一般是很小的或暂时的理由

64. 某一大国的资本净流出：
A. 随着国内实际利率的上升而增加
B. 随着国内利率的上升而减少
C. 取决于国外利率
D. 只取决于国内储蓄

65. 对于一个封闭经济，当横轴表示资本净流出、纵轴表示实际利率时，资本净流出曲线为：
A. 在 0 处的垂线
B. 在世界实际利率水平处的水平线
C. 向右上方倾斜的直线
D. 向右下方倾斜的直线

66. 对于一个资本完全流动的开放经济，当横轴表示资本净流出、纵轴表示实际利率时，资本净流出曲线为：
A. 在 0 处的垂线
B. 在世界实际利率水平处的水平线
C. 向右上方倾斜的直线
D. 向右下方倾斜的直线

67. 在一个大型开放经济中，实际利率取决于：
A. 国民储蓄、国内投资函数和资本净流出函数
B. 国民储蓄、国内投资函数和净出口函数
C. 国内投资函数、资本净流出函数和净出口函数
D. 国民储蓄、国内投资函数、资本净流出函数和净出口函数

68. 在一个大型开放经济中，利率调整以使国内储蓄等于：
A. 国内投资
B. 净出口
C. 资本净流出
D. 国内投资加上资本净流出

69. 在一个大型开放经济中，汇率调整以使净出口等于：
A. 国内储蓄
B. 国内投资
C. 资本净流出

D. 国内投资加上资本净流出

70. 在一个大型开放经济中实施扩张性财政政策会________实际利率并且会________实际汇率。

A. 不改变；提高

B. 提高；提高

C. 提高；降低

D. 降低；提高

71. 在一个大型开放经济中，投资税收抵免提高了实际利率，贸易余额________并且资本净流出________。

A. 减少；减少

B. 增加；增加

C. 减少；增加

D. 增加；减少

72. 在一个大型开放经济中，如果实施了进口配额，那么：

A. 净出口保持不变，因为进出口减少的数量相同，而实际汇率上升

B. 净出口保持不变，因为进出口减少的数量相同，而实际汇率下降

C. 净出口增加并且实际汇率上升

D. 净出口增加并且实际汇率下降

73. 在一个大型开放经济中，如果国外的政治不稳定降低了资本净流出函数，那么实际利率：

A. 上升，而实际汇率上升、净出口下降

B. 上升，而实际汇率下降、净出口上升

C. 下降，而实际汇率上升、净出口上升

D. 下降，而实际汇率上升、净出口下降

74. 在一个小型开放经济中，如果消费者对未来经济的信心下降且消费者决定增加储蓄，那么实际汇率：

A. 上升，净出口下降

B. 和净出口都上升

C. 下降，净出口上升

D. 和净出口都下降

75. 在一个小型开放经济中，如果消费者将他们的偏好转向了日本汽车，那么净出口：

A. 下降，且实际汇率下降

B. 下降，但实际汇率保持不变

C. 保持不变，但实际汇率下降

D. 上升，且实际汇率保持不变

76. 在一个小型开放经济中，如果自动取款机的引入减少了对货币的需求，那么净出口：

A. 下降，且实际汇率下降

B. 下降，但实际汇率保持不变

C. 保持不变，但实际汇率下降

D. 上升，且实际汇率保持不变

77. 假设一些国外的大国决定通过税收抵免来补贴投资，那么一个小国的实际汇率：

A. 将会下降，且它的净出口将会增加

B. 将会上升，且它的净出口将会减少

C. 和净出口都会下降

D. 和净出口都会上升

78. 如果美国和加拿大的名义利率分别为8%和12%，实际利率相同，且实际汇率是固定的，那么一年后，加拿大元兑美元数量的市场预期将会：

A. 下降8%

B. 下降4%

C. 上升4%

D. 上升5%

79. 假设外国爆发了一场战争，该国的投资者选择在一个安全的大国即在美国增加投资。那么美国的实际利率：

A. 和净出口都会下降

B. 会下降，净出口会上升

C. 会上升，净出口会下降

D. 和净出口都会上升

问答题

80. 假设在一个充分就业的小型开放经济中，国民储蓄是300。

a. 如果国内投资由 $I=400-20r$ 给出，其中 r 是用百分数表示的实际利率，且如果该经济是封闭的，那么均衡利率是多少？

b. 如果该经济是开放的，且世界利率为10%，那么投资是多少？

c. 当前的账户是盈余还是赤字？资本净流出是多少？

81. 假设在一个充分就业的小型开放经济中，消费只取决于可支配收入。国民储蓄是300，投资由 $I=400-20r$ 给出，其中 r 是用百分数表示的实际利率，世界利率是10%。

a. 如果政府支出增加100，投资会改变吗？改变后的投资水平是多少？

b. 如果政府支出增加100，贸易余额会改变吗？如果改变，它是增加了还是减少了？增加了或减少了多少？

c. 如果政府支出增加100，资本净流出会改变吗？如果改变，它是增加了还是减少了？增加了或减少了多少？

d. 实际汇率因政府支出的变化而上升、下降还是保持不变？

82. 假设下列方程描述了一个大型开放经济：

(1) $Y=5\ 000$

(2) $Y=C+I+G+NX$

(3) $C=1/2\ (Y-T)$

(4) $I=2\ 000-100r$

(5) $NX=500-500\varepsilon$

(6) $CF=-100r$

(7) $CF=NX$

(8) $G=1\ 500$

(9) $T=1\ 000$

式中，NX 是净出口，CF 是资本净流出，ε 是实际汇率。求解这些方程中 C、I、NX、CF、r 和 ε 的均衡值。

83. a. 1995 年 4 月，国际货币基金组织（IMF）的总裁米歇尔·康德苏（Michel Camdessus）批评了美国的经济政策使美元汇率下跌得过低。他建议，为了提高汇率，美国应减少预算赤字。请使用小型开放经济的长期模型来画图说明减少政府预算赤字对汇率和贸易平衡的影响。请标注：i. 坐标轴；ii. 曲线；iii. 初始均衡值；iv. 曲线移动的方向；v. 新的长期均衡值。

b. 根据你的图形分析，解释康德苏的政策建议是否有效。具体说明由于政府预算赤字的减少，汇率和贸易余额会发生什么变化。

84. a. 1995 年 9 月，共和党总统候选人帕特里克·布坎南（Patrick Buchanan）建议对日本输美商品征收10%的关税，对中国输美商品征收20%的关税，以及对从发展中国家进口的商品加征所谓的“社会”关税。请使用小型开放经济的长期模型来画图说明这些贸易政策对美国汇率和贸易平衡的影响。假设美国从贸易平衡的位置开始。请标注：i. 坐标轴；ii. 曲线；iii. 初始均衡值；iv. 曲线移动的方向；v. 新的长期均衡值。

b. 根据你的图形分析，解释布坎南提出的政策的预期影响。具体说明汇率、贸易余额、进口量和出口量会发生什么变化。

85. a. 假设世界各国政府开始采取扩张性财政政策（即出现巨额预算赤字）以刺激本国的经济活动。请使用小型开放经济的长期模型来画图说明外国的扩张性财政政策对美国汇率和贸易平衡的影响。假设美国从贸易平衡的位置开始（即出口等于进口）。请标注：i. 坐标轴；ii. 曲线；iii. 初始均衡值；iv. 曲线移动的方向；v. 新的长期均衡值。

b. 根据你的图形分析，解释外国的扩张性财政政策对美国汇率和美国贸易平衡的预期影响。

86. a. 如果本国消费者由于缺乏工作保障导致消费更少、储蓄更多，这对汇率和贸易平衡会有什么影响？请使用小型开放经济的长期模型来画图说明消费者信心的下降对汇率和贸易平衡的影响。假设该国从贸易平衡的位置开始（即出口等于进口）。请标注：i. 坐标轴；ii. 曲线；iii. 初始均衡值；iv. 曲线移动的方向；v. 新的长期均衡值。

b. 根据你的图形分析，解释消费者信心的下降对汇率和美国贸易平衡的预期影响。

87. 假设世界上的工业大国担心一些小型开放经济的货币贬值。

a. 为了促进小型开放经济的货币升值，工业大国必须采取何种财政政策？

b. 画图表示工业大国的政策对小型开放经济的汇率的影响。

c. 假设从贸易平衡的位置开始，典型的小型开放经济的贸易余额会发生什么变化？

88. 假设国际货币基金组织担心一个小型开放经济的通货贬值。

a. 国际货币基金组织应该向小型开放经济的政府提出什么样的财政政策来使其通货升值？

b. 画图说明国际货币基金组织的提案对小型开放经济的汇率的影响。

c. 假设小型开放经济的贸易余额是从贸易平衡的位置开始的，那么贸易余额会发生什么变化？

89. 一个小型开放经济的政府希望改善贸易政策以使通货升值。

a. 保护主义政策（更高的关税和更多的配额）或更自由的贸易政策（削减关税和取消配额）是否会更有效地使通货升值？

b. 画图说明贸易政策对小型开放经济的汇率的影响。

c. 假设该国从自由贸易的位置开始，由于贸易政策，小型开放经济的贸易余额会发生什么变化？

d. 由于贸易政策，出口和进口的数量会发生什么变化？

90. 比较政府预算赤字增加对投资支出的影响在小型开放经济和封闭经济之间的差异。假设价格是弹性的，生产要素在这两个经济中都得到充分利用。假设小型开放经济存在完全的资本流动。

91. 请解释为什么政府预算赤字在封闭经济中挤出私人投资支出，而在小型开放经济中挤出净出口。假设价格是弹性的，并且生产要素在这两个经济中都得到充分利用。假设小型开放经济存在完全的资本流动。

92. 假设一种新技术的开发增加了投资需求。保持其他条件不变，在封闭的经济和相对开放的小型经济中，投资支出的数量会更多地增加吗？请解释。假设价格是弹性的，并且生产要素在这两个经济中都得到充分利用。假设小型开放经济存在完全的资本流动。

93. 假设北部国家和南部国家的实际利率和实际汇率是恒定且相等的。费雪方程和购买力平价在两国都成立。如果名义利率在北部国家是 8%，在南部国家是 10%，你认为北部国家的名义汇率会升值、贬值还是保持不变？请解释。

94. 在 2008 年的全球金融危机中，许多投资者认为美国是转移资产的安全场所。保持其他要素不变，这笔金融资产流入美国对美国利率和美国汇率的预期影响是什么？画图说明你的答案，并用文字解释。

95. 在较大的经济不稳定和潜在失业增加的情况下，许多消费者可能会将增加储蓄作为预防措施。保持其他条件不变，在一个大型开放经济中，国民储蓄的增加对国内利率和汇率的预期影响是什么？画图说明你的答案，并用文字解释。

96. 美国是一个大型开放经济，20 世纪 90 年代末，计算机信息技术和通信的重大改进使美国投资需求增加。保持其他要素不变，美国这次投资需求的增加对美国利率、美国汇率和美国净出口有什么预期影响？画图说明你的答案，并用文字解释。

97. 如果墨西哥的货币供给增长比美国的货币供给增长要快得多，保持其他要素不变，如果购买力平价成立，你预测墨西哥比索和美元之间的名义汇率会发生什么变化？请解释。

98. 比较在小型开放经济和大型开放经济中投资需求增加的影响。假设价格是弹性的，生产要素在两国都得到充分利用，且在小型开放经济中存在完全的资本流动。

99. 为什么一个开放经济中的国内产出不等于国内支出？请解释。

100. 填空：根据国民收入核算恒等式，一个经济的________一定总是等于________和________之间的差额。

101. 贸易盈余和贸易赤字之间有什么区别？请解释。

102. 从下图来看，该小型开放经济的资本市场达到均衡时的世界利率是多少？

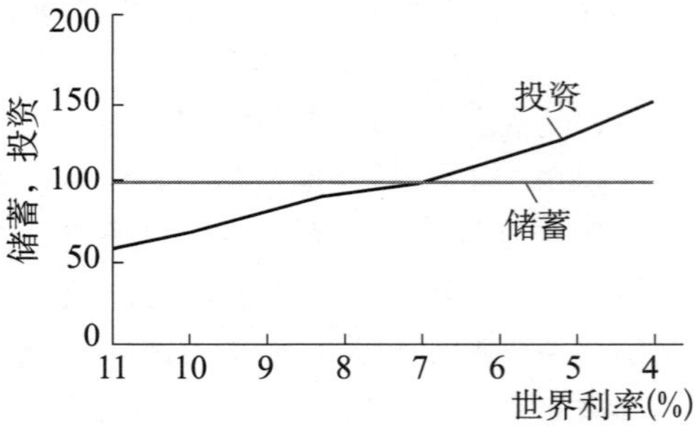

103. 一个大型经济加大对外财政扩张的力度对一个小型开放经济的贸易余额有什么影响？

104. 通货的坚挺和疲软有什么区别？请解释。

105. 画图说明实际汇率与净出口之间的关系。

106. 为什么购买力平价也叫"一价定律"？请解释。

107. 促进投资的措施对一个小型开放经济的贸易余额有什么影响？

单项选择题答案

1. 答案：A；难度级别：易
2. 答案：D；难度级别：易
3. 答案：C；难度级别：易
4. 答案：D；难度级别：易
5. 答案：A；难度级别：易
6. 答案：A；难度级别：易
7. 答案：C；难度级别：易
8. 答案：B；难度级别：易
9. 答案：A；难度级别：易
10. 答案：B；难度级别：易
11. 答案：A；难度级别：易
12. 答案：B；难度级别：易
13. 答案：A；难度级别：中
14. 答案：D；难度级别：中
15. 答案：C；难度级别：中
16. 答案：C；难度级别：易
17. 答案：D；难度级别：易
18. 答案：A；难度级别：易
19. 答案：C；难度级别：中
20. 答案：A；难度级别：中
21. 答案：C；难度级别：中
22. 答案：A；难度级别：中
23. 答案：B；难度级别：中
24. 答案：D；难度级别：中
25. 答案：C；难度级别：中
26. 答案：B；难度级别：中
27. 答案：A；难度级别：中
28. 答案：D；难度级别：中
29. 答案：B；难度级别：中
30. 答案：A；难度级别：中
31. 答案：B；难度级别：易
32. 答案：B；难度级别：易
33. 答案：B；难度级别：易
34. 答案：B；难度级别：难
35. 答案：D；难度级别：易
36. 答案：C；难度级别：中
37. 答案：C；难度级别：易
38. 答案：A；难度级别：易
39. 答案：A；难度级别：易
40. 答案：C；难度级别：易
41. 答案：B；难度级别：中
42. 答案：D；难度级别：中
43. 答案：D；难度级别：中
44. 答案：C；难度级别：中
45. 答案：A；难度级别：中

46. 答案：D；难度级别：中
47. 答案：B；难度级别：中
48. 答案：D；难度级别：中
49. 答案：B；难度级别：易
50. 答案：B；难度级别：中
51. 答案：A；难度级别：难
52. 答案：B；难度级别：难
53. 答案：C；难度级别：难
54. 答案：D；难度级别：难
55. 答案：A；难度级别：难
56. 答案：A；难度级别：易
57. 答案：B；难度级别：易
58. 答案：B；难度级别：中
59. 答案：D；难度级别：中
60. 答案：C；难度级别：易
61. 答案：C；难度级别：易
62. 答案：D；难度级别：中
63. 答案：D；难度级别：易
64. 答案：B；难度级别：易
65. 答案：A；难度级别：易
66. 答案：B；难度级别：易
67. 答案：A；难度级别：易
68. 答案：D；难度级别：易
69. 答案：C；难度级别：易
70. 答案：B；难度级别：中
71. 答案：A；难度级别：中
72. 答案：A；难度级别：中
73. 答案：D；难度级别：中
74. 答案：C；难度级别：难
75. 答案：C；难度级别：难
76. 答案：D；难度级别：难
77. 答案：A；难度级别：难
78. 答案：C；难度级别：难
79. 答案：A；难度级别：难

问答题答案

80. a. $300=400-20r \rightarrow r=5\%$。

   b. 200。

   c. 贸易盈余是 100。

81. a. 不会。$400-20\times10=I=200$。

   b. 会。它减少了 100。

   c. 会。它减少了 100。

   d. 它将上升。

82. $C=2\ 000$；$I=1\ 750$；$NX=-250$；$CF=-250$；$r=2.5\%$；$\varepsilon=1.5$。

83. a.

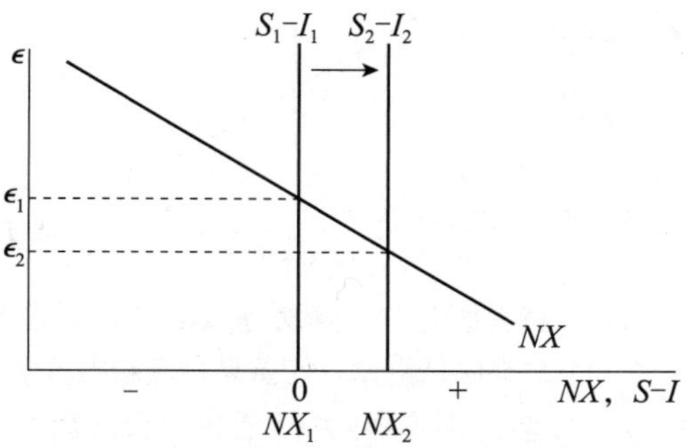

   b. 康德苏的政策不会产生预期的效果。美元汇率会下降，贸易余额会趋向盈余。

84. a.

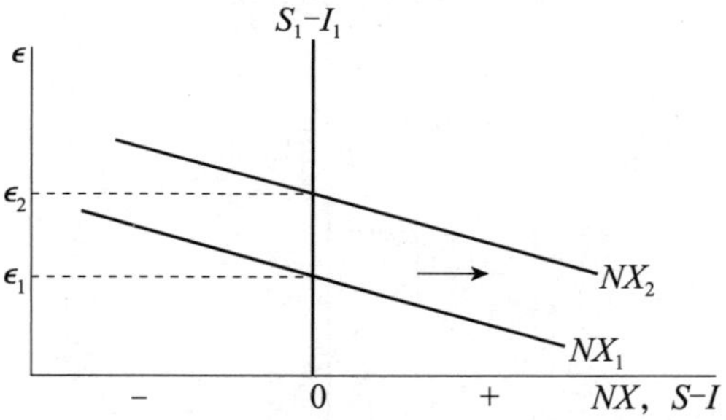

   b. 根据布坎南的建议，美元汇率会升值，但贸易余额会保持不变。然而，进口量会减少（因为关税），且出口量会减少相同的数额（因为汇率升值）。

85. a.

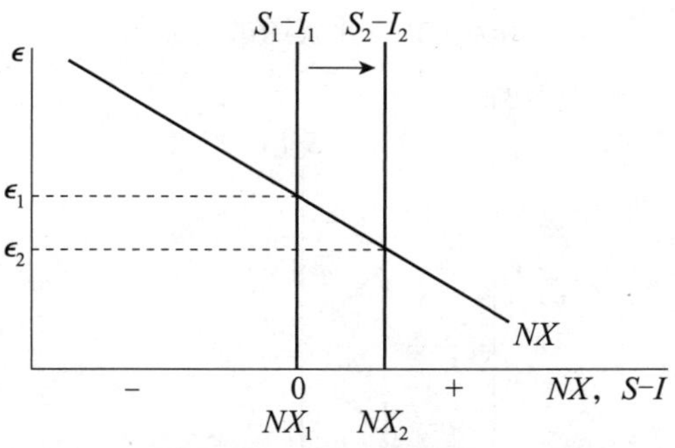

   b. 世界其他地区的财政扩张会提高世界利率，降低国内投资。因此，美国汇

率会贬值，贸易余额会趋向盈余。

86. a.

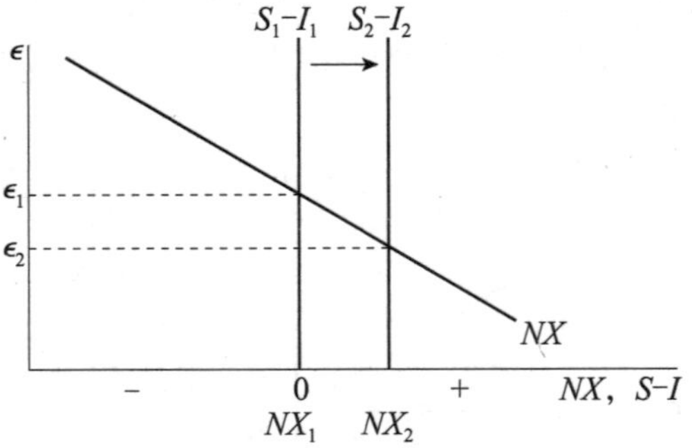

b. 消费者信心的下降所导致的私人储蓄的增加会降低汇率，使贸易余额趋向盈余。

87. a. 工业大国必须实行紧缩性财政政策（减少政府支出和/或增加税收）以产生较低的世界利率。

b. 较低的世界利率增加了对小型开放经济的投资，从而减少了进入外汇市场的通货供给，提高了小型开放经济的汇率。

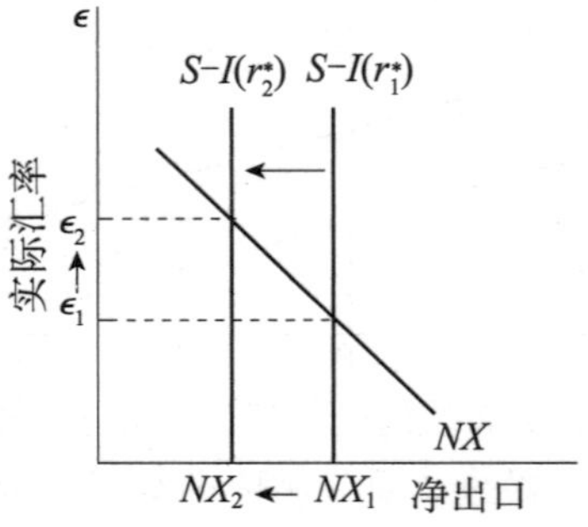

c. 小型开放经济的贸易余额会转变为赤字。

88. a. 国际货币基金组织必须提出扩张性财政政策（即增加政府支出和/或减税）。这会减少小型开放经济的储蓄。

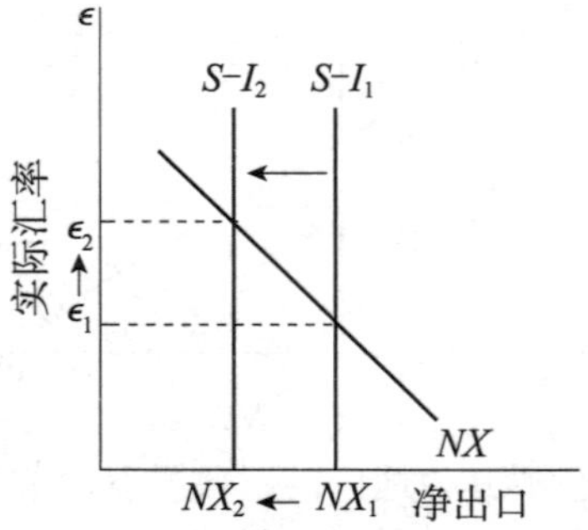

b. 国内储蓄的减少会降低外汇市场的通货供给，导致通货升值。

c. 小型开放经济的贸易余额会转变为赤字。

89. a. 保护主义政策会导致通货升值。

b. 保护主义政策增加了对净出口的需求。

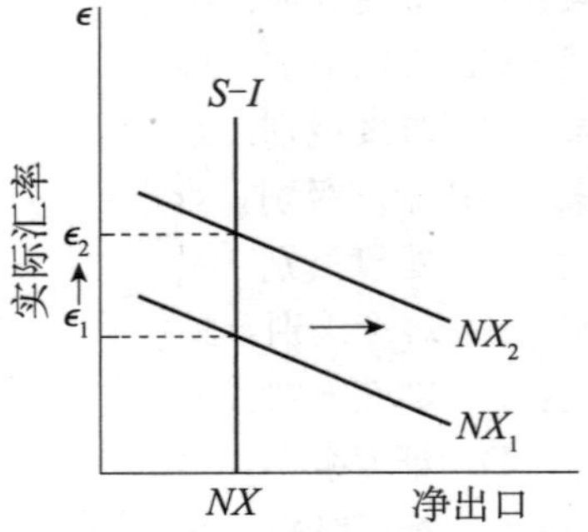

c. 贸易余额会保持不变——仍然是平衡的。

d. 出口量会减少（由于通货升值），进口量会减少（由于保护主义政策和通货升值）。

90. 投资支出在封闭经济中会减少，但在小型开放经济中没有变化。在封闭经济中，预算赤字的增加减少了国民储蓄，提高了利率，从而减少了私人投资支出。在小型开放经济中，国内利率在世界利率的水平上保持不变。虽然小型开放经济中的国民储蓄也在下降，但资本流入弥补了国内储蓄的减少，从而为国内投资融资。

91. 在封闭经济中，预算赤字的增加减少了国民储蓄，提高了利率，从而挤出（减少）了私人投资支出。在小型开放经济中，预算赤字减少了国民储蓄，这提高了实际汇率，因为投资保持不变，它是由世界利率决定的。实际汇率的提高挤出（减少）了净出口。

92. 投资支出在封闭经济中不会改变，但在小型开放经济中将会增加。在封闭经济中，国内储蓄没有变化，所以国内利率必须上升以保持投资支出等于不变的国内储蓄。在小型开放经济中，投资需求的增加是由资本净流入（资本净流出的减少）以不变的世界利率来融资的。资本净流出的减少提高了实际汇率，减少了小型开放经济中的净出口。

93. 根据费雪方程，预计南部国家的通货膨胀率会高于北部国家，因为名义利率等于实际利率加上预期通货膨胀率，两国的实际利率相同，但南部国家的名义利率较高。根据购买力平价，北部国家名义汇率的变化等于实际汇率的变化（这是恒定的）加上通货膨胀率的差额（国外通货膨胀率减去国内通货膨胀率）。因为南部国家的预期通货膨胀率较高，所以北部国家的名义汇率应该升值；也就是说，北部国家的每单位通货在未来都应该能够兑换更多的南部国家的通货。

94.

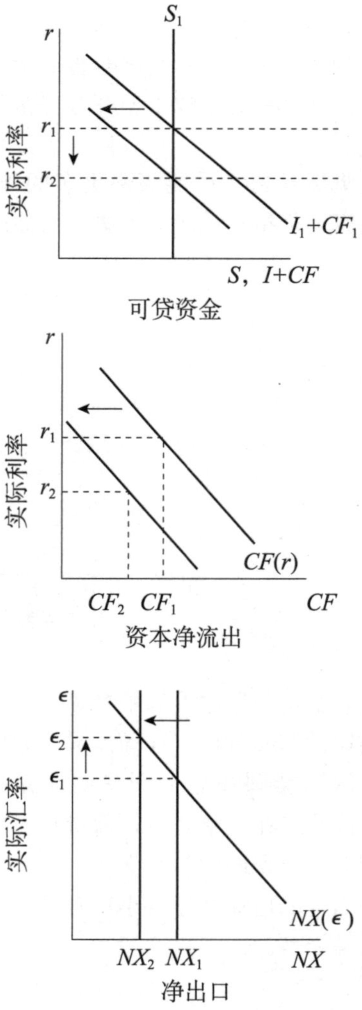

资本净流出的减少降低了对可贷资金的需求，从而降低了国内利率。较低的国内利率部分抵消了美国资本净流出的减少，但资本净流出总体上有所减少。减少的资本净流出降低了外汇市场上的美元供给并提高了实际汇率。

95.

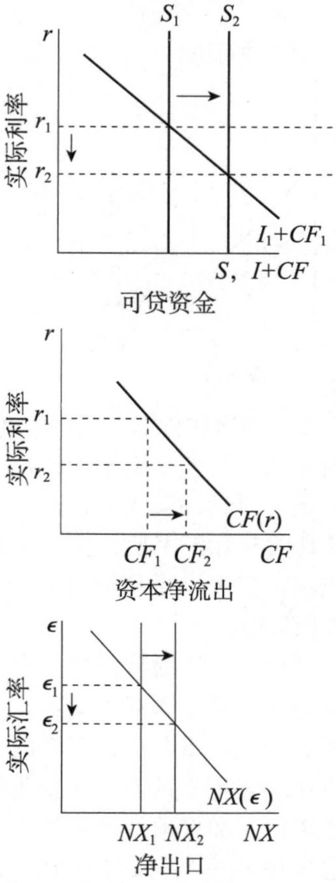

国民储蓄的增加会降低国内利率。较低的利率会增加资本净流出的数量，这将会降低国内汇率，因为国内通货在外汇市场上的供给增加了。

96.

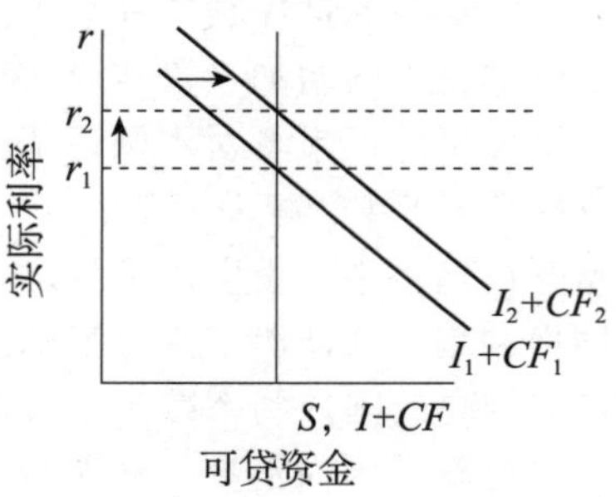

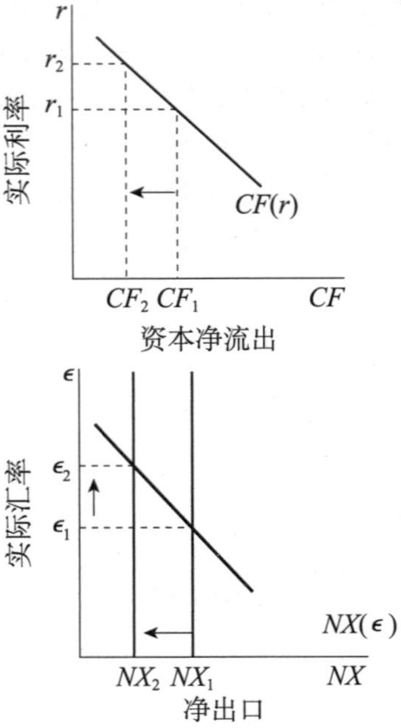

国内投资需求的增加会提高美国的利率。较高的国内利率会减少资本净流出。外汇市场上美元供给的减少会使美国汇率上升。较高的实际汇率使得美国出口的竞争力更小，使进口更具吸引力，从而减少了美国的净出口。

97. 根据数量理论，更快的货币增长率会导致墨西哥的通货膨胀率高于美国。如果购买力平价成立，那么名义汇率的百分比变化等于实际汇率的百分比变化加上通货膨胀率的差额（国外通货膨胀率减去国内通货膨胀率）。保持其他要素不变，较高的墨西哥通货膨胀率会提高名义汇率（美元/比索），比索会贬值。

98. 在小型开放经济中，投资需求的增加给利率带来了上行压力，这吸引了资本流入，从而以较低的世界利率补充了融资需求。资本流入的增加（资本净流出的减少）增加了外汇市场对本国通货的需求，这提高了汇率，减少了净出口。

在大型开放经济中，投资需求的增加提高了国内利率，这抵消了部分投资需求的增加。较高的国内利率减少了资本净流出，并提高了国内汇率，从而减少了净出口。

总之，在小型开放经济中，国内投资需求的充分增加是以减少净出口为代价的。相反，在大型开放经济中，并不是所有由国内投资增加所引起的融资需求都可以用国际融资来满足。

投资需求的增加也导致净出口的减少。

99. 在开放经济中，国内产出可以出口，而国外产出可以通过国际贸易进口。这导致了国内支出与国内产出之间的差异。

100. 净出口；储蓄；投资。

101. 当一个国家是产品（包括服务）和资本的净出口国时，它就有贸易盈余。如果它是产品的净进口国和资本的借款国，它就有贸易赤字。

102. 7%。

103. 加大对外财政扩张的力度会提高世界利率，这反过来会导致小型开放经济的贸易盈余。

104. 通货坚挺是指本币能买到更多的外币。通货疲软是指本币能买到更少的外币。

105.

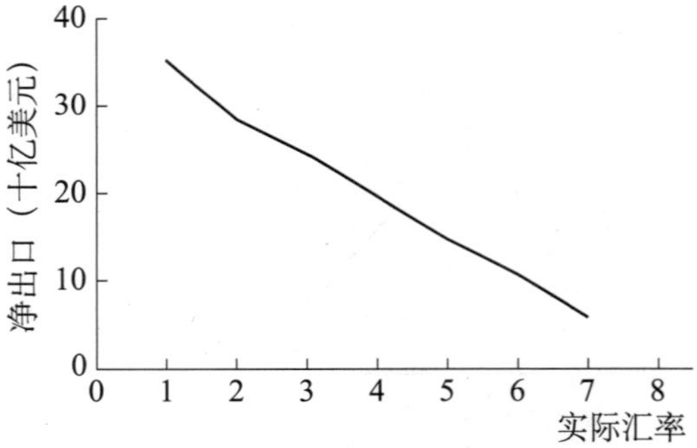

106. 购买力平价的概念可以解释为：如果不同国家的产品价格有任何差异，它将会通过国际套利和名义利率的变化来平衡。因此，在调整之后，通货在不同国家同时具有相同的购买力。

107. 投资需求的增加会导致小型开放经济出现贸易赤字。

第 7 章 失　业

单项选择题

1. 最直接而又最严重地影响个人的宏观经济问题是：

   A. 通货膨胀

   B. 失业

   C. 低储蓄

   D. 低投资

2. 自然失业率：

   A. 是围绕经济波动的平均失业率

   B. 约占劳动力的 10%

   C. 是一个永不改变的比率

   D. 是个人在就业与失业之间的过渡

3. 如果就业工人人数为 2 亿，失业工人人数为 2 000 万，那么失业率等于________%（四舍五入到最接近的百分比）。

   A. 0　　B. 9

   C. 11　　D. 20

4. 当失业率处于稳定状态时：

   A. 没有雇佣或解雇发生

   B. 找到工作的人数等于失去工作的人数

   C. 找到工作的人数超过失去工作的人数

   D. 失去工作的人数超过找到工作的人数

5. 在一个劳动力总量固定的稳态失业率模型中，入职率等于每月找到工作的________比例，而离职率等于每月失去工作的________比例。

   A. 劳动力；劳动力

   B. 劳动力；失业者

   C. 就业者；劳动力

   D. 失业者；就业者

6. 提高入职率的政策会________自然失业率。

   A. 提高

   B. 降低

   C. 不改变

   D. 要么提高，要么降低

7. 降低离职率的政策会________自然失业率。

   A. 提高

   B. 降低

   C. 不改变

   D. 要么提高，要么降低

8. 如果 s 是离职率，f 是入职率，两个比率都不变，那么稳态的失业率大约是：

   A. $f/(f+s)$

   B. $(f+s)/f$

   C. $s/(s+f)$

D. $(s+f)/s$

9. 如果每月失去工作的就业工人比例（离职率）是0.01，每月找到工作的失业工人比例（入职率）是0.09，那么自然失业率是：

A. 1%　　B. 9%

C. 10%　　D. 大约11%

10. 如果稳态失业率等于0.10，每月失去工作的就业工人比例（离职率）是0.02，那么每月找到工作的失业工人比例（入职率）一定是：

A. 0.02　　B. 0.08

C. 0.10　　D. 0.18

11. 如果稳态失业率等于0.125，每月找到工作的失业工人比例（入职率）是0.56，那么每月失去工作的就业工人比例（离职率）一定是：

A. 0.08　　B. 0.125

C. 0.22　　D. 0.435

12. 任何旨在降低自然失业率的政策均必须要么________离职率，要么________入职率。

A. 降低；降低

B. 提高；提高

C. 降低；提高

D. 提高；降低

13. 失业的一个原因是：

A. 使工人与工作岗位相匹配需要花时间

B. 所有工作都是相同的

C. 劳动市场总是均衡的

D. 下岗工人可以立即在市场工资水平上找到一份新工作

14. 下列除了________外都是摩擦性失业的原因。

A. 工人有不同的偏好与能力

B. 失业工人接受他们得到的第一份工作

C. 信息流动是不完全的

D. 地理流动需要时间

15. 摩擦性失业是指________导致的失业。

A. 工资刚性

B. 最低工资法

C. 工人找工作需要花费时间

D. 局内人与局外人动机的冲突

16. 下列哪一项是摩擦性失业的例子？

A. 戴夫自愿搬到圣迭戈后找到了一份新工作

B. 伊莱恩愿意以低于最低工资的工资水平工作，但雇主不能以低于最低工资的工资水平雇用她

C. 比尔有资格并且想成为一名航空公司的飞行员，但航空公司认为按飞行员工会制定的工资水平雇用他，公司无法盈利

D. 琼愿意以低于现行工资的工资水平工作，但没有可获得的工作

17. 部门转移：

A. 导致工资刚性

B. 解释了效率工资的支付

C. 取决于最低工资水平

D. 使摩擦性失业不可避免

18. 经济学家把市场的需求构成在不同行业和地区之间的变动称为：

A. 局内人-局外人冲突

B. 部门转移

C. 道德风险

D. 逆向选择

19. 摩擦性失业是不可避免的，因为：

A. 不同部门之间不会发生转移

B. 经济需要润滑

C. 工人们从来没有为了改变职业而辞职

D. 对不同产品的需求总是发生变动

20. 失业保障通过________方式来增加摩擦性失业的数量。

A. 使工人在搜寻新工作时更加疯狂

B. 引导工人接受他们收到的第一份工作

C. 使雇主更不愿意解雇工人

D. 减轻失业造成的经济困难

21. 下列哪一项政策不是政府为了降低自然失业率而采取的？

A. 失业保障

B. 政府就业机构

C. 公共培训项目

D. 伊利诺伊州为失业保障索赔人在快速找到工作后提供奖金的计划

22. 用于减少摩擦性失业的政府政策包括：
    A. 废除最低工资法
    B. 实行失业保障百分之百经历定率
    C. 增加收入抵免
    D. 使政府参与到工会-企业的工资议价过程中

23. 提高入职率的公共政策包括________，降低离职率的公共政策包括________。
    A. 政府就业机构；更高的失业保障津贴
    B. 政府就业机构；百分之百经历定率的失业保障
    C. 提高最低工资；支付较长时期的失业津贴
    D. 提高效率工资；部分经历定率的失业保障

24. 根据对失业工人个人的调查，这些工人最有可能________找到工作。
    A. 大约在他们的失业保障耗尽的三个月前
    B. 在他们的失业保障耗尽后的几周内
    C. 大约在他们的失业保障耗尽后的三个月
    D. 在不受剩余失业保障周数影响的时候

25. 由于持有的实际工资高于均衡水平而导致的失业被称为________失业，而工人搜寻最适合其技能的工作时所产生的失业被称为________失业。
    A. 效率；低效率
    B. 效率；结构性
    C. 摩擦性；效率
    D. 结构性；摩擦性

26. 工资刚性：
    A. 迫使劳动需求等于劳动供给
    B. 由部门转移导致
    C. 能够阻止劳动需求和劳动供给达到均衡水平
    D. 能够提高入职率

27. 当实际工资高于均衡的供给和需求水平时：
    A. 劳动供给的数量超过需求的数量
    B. 劳动需求的数量超过供给的数量
    C. 没有失业
    D. 劳动市场出清

28. 由于工资刚性而失业的工人：
    A. 积极搜寻与他们的技能相匹配的工作
    B. 没有资格领取失业保障津贴
    C. 等待着一份可得的工作
    D. 由于部门转移而迁往该国另一地区

29. 下列哪一项是结构性失业最好的例子？
    A. 蒂姆正在找一份有弹性时间的工作，但目前还没有找到
    B. 薇姬在电影制片厂失去了一份平面设计师的工作，因为她没有接受过电脑制作动画的培训
    C. 柯比正在寻找一份航空公司飞行员的工作，但该行业的工会规定的工资高，限制了可获得的工作的数量
    D. 法蒂玛在一个包装厂失去了工作，但她没有非常努力地寻找一份新工作，因为她还有两个月的失业保障津贴

30. 下列除了________外都是结构性失业的原因。
    A. 最低工资法
    B. 工会的垄断力量
    C. 失业保障
    D. 效率工资

31. 如果工资刚性使实际工资高于均衡水平，那么劳动供给的增加将________失业数量。
    A. 增加
    B. 减少
    C. 不改变
    D. 可能增加、减少或不改变

32. 允许降低青少年的最低工资可能会：
    A. 增加青少年失业
    B. 提高青少年整体工资
    C. 阻止青少年获得工作经验
    D. 增加非技能型成年人的失业

33. 所得税抵免：
    A. 增加了政府税收收入

B. 减少了贫困家庭的工作收入
C. 不会提高劳动成本
D. 不是提高最低工资的替代办法

34. 下列哪一个关于领取美国最低工资的工人的说法是不正确的?
A. 领取最低工资的工人更有可能是男性
B. 领取最低工资的工人更有可能从事兼职工作
C. 领取最低工资的工人的受教育程度更有可能较低
D. 领取最低工资的工人更有可能是年轻人

35. 工会导致结构性失业,因为集体议价导致工资:
A. 高于均衡水平
B. 低于最低工资
C. 低于均衡水平
D. 高于失业补偿水平

36. 在存在工会的情况下,不同群体的工人之间的利益冲突导致局内人想要________,而局外人想要________。
A. 多雇用;高工资
B. 高工资;多雇用
C. 高工资;少雇用
D. 少雇用;高工资

37. 当局内人对工资议价过程的影响比局外人大得多时,商谈的工资有可能________均衡工资。
A. 远高于
B. 远低于
C. 几乎等于
D. 大约为50%的

38. 在瑞典政府的干预下,工会的集体工资议价对________的影响相对较大,而在美国,相比之下企业的工会工资议价对________的影响较大。
A. 效率工资;部门转移
B. 部门转移;效率工资
C. 局内人;局外人
D. 局外人;局内人

39. 效率工资理论意味着企业支付高工资,因为:
A. 这种做法增加了道德风险问题
B. 在富国,向工人支付高工资以改善他们的健康是重要的
C. 企业给工人支付的工资越高,工人留在企业的激励就越大
D. 支付高工资会促进逆向选择

40. 效率工资理论认为,下列除了________外都是企业的工资可能高于市场出清工资的原因。
A. 减少劳动周转
B. 提高企业劳动力的质量
C. 增加工人的努力程度
D. 减少企业的工资账单

41. 根据效率工资理论,企业通过支付高于均衡水平的工资而受益,因为工人的________增加了。
A. 生产力
B. 周转
C. 工会化率
D. 惰性

42. 通过________,支付效率工资有助于企业减少逆向选择问题。
A. 产生额外的利润,从而可以用来支付给更熟练的经理
B. 阻止工会在企业组织工人
C. 鼓励不受监督的工人保持高水平的生产力
D. 为最合格的工人提供激励,使他们留在企业

43. 通过________,支付效率工资有助于企业减少道德风险问题。
A. 产生额外的利润,从而可以用来改善工作条件
B. 将每个工人的工资与每个工人生产的产出单位数相匹配
C. 鼓励不受监督的工人保持高水平的生产力
D. 为最合格的工人提供激励,使他们留在企业

44. 通过支付效率工资,企业导致更高的失

业，因为它们：

A. 增加了工资账单

B. 使工人更有生产力

C. 保持工资低于均衡水平

D. 保持工资高于均衡水平

45. 假设在一年内有100人失业且每人长达4周（短期失业者），而有10人失业且每人长达52周（长期失业者）。那么在失业总期限中大约有多少百分比可归因于长期失业者？

A. 9%　　B. 10%

C. 43.5%　　D. 56.5%

46. 假设在一年内有100人失业且每人长达4周（短期失业者），而有10人失业且每人长达52周（长期失业者）。那么在失业总周数中大约有多少百分比可归因于长期失业者？

A. 9%　　B. 10%

C. 43.5%　　D. 56.5%

47. 大幅降低自然失业率的政策应针对：

A. 短期失业者

B. 长期失业者

C. 丧失信心的工人

D. 局内人和局外人

48. 短期失业最有可能是________失业，而长期失业最有可能是________失业。

A. 结构性；摩擦性

B. 结构性；自然率

C. 自然率；摩擦性

D. 摩擦性；结构性

49. 大多数失业期限是________期，大多数失业周数归因于________期失业。

A. 短；短

B. 短；长

C. 长；长

D. 长；短

50. 美国的失业数据显示：

A. 大多数失业期限很长

B. 大多数失业周数归因于长期失业

C. 超过55岁的劳动力的失业率最高

D. 在衰退期间，失业的持续时间会下降

51. 下列哪一个特征使得2008—2009年的衰退与以前的衰退差别最大？

A. 失业的持续时间大幅上升

B. 青少年失业大幅增加

C. 女性失业率高于男性失业率

D. 离职率上升，入职率下降

52. 各人群的失业率差异与________的差异最为密切相关。

A. 入职率

B. 离职率

C. 工会化率

D. 效率工资率

53. 进入与退出劳动力对于失业率的确定很重要，因为：

A. 超过一半的失业者最近才进入劳动力

B. 大多数失业者是仍在寻找第一份工作的年轻工人

C. 丧失信心的工人被算为劳动力的一部分

D. 几乎有一半失业最终以失业者离开劳动市场而结束

54. 失业最终以失业者找到工作或________而结束。

A. 退出劳动力

B. 进入劳动力

C. 用光失业保障补偿金

D. 拒绝回答失业调查问题

55. 进出劳动力市场的过渡：

A. 很少发生

B. 不影响失业统计量

C. 使失业统计量的解释变得复杂

D. 减少了摩擦性失业的数量

56. 丧失信心的工人被算入：

A. 劳动力的一部分

B. 劳动力之外

C. 就业者

D. 失业者

57. 丧失信心的工人是________的人。

A. 有与自己的技能不匹配的工作（如博士驾驶出租车）

B. 已经失业超过了26周

C. 自称失业但不认真找工作

D. 想要工作但放弃了找工作

58. 随着对非技能工人的相对需求下降，非技能工人的工资________，失业补偿成为有________吸引力的选择。

A. 下降；更多

B. 下降；更少

C. 上升；更多

D. 上升；更少

59. 欧洲的内部失业率的差异大多可归因于________的差异。

A. 短期失业

B. 长期失业

C. 摩擦性失业

D. 自然失业率

60. 下列哪一种说法最贴切地描述了欧洲各国失业率的变化？

A. 工会化率较高的国家往往失业率较高，但如果与雇主之间的工资谈判得到协调，这种情况就会得到部分改善

B. 工会化率较高的国家往往失业率较高，但如果与雇主之间的工资谈判得到协调，这一趋势就会加剧

C. 失业保障津贴较慷慨的国家往往失业率较高，但如果提供较长时间的津贴，这种情况就会得到部分改善

D. 失业保障较慷慨的国家往往失业率较低，但如果提供较长时间的津贴，这一影响会被完全抵消

61. 在欧洲各国，更多的失业保障支出往往________失业，更“积极”的鼓励就业的劳动市场政策往往________失业。

A. 增加；增加

B. 增加；减少

C. 减少；减少

D. 减少；增加

62. 下列除了________外都是“积极”劳动市场政策的例子。

A. 求职援助

B. 就业补贴

C. 失业保障

D. 就业培训计划

63. 衡量失业保障津贴慷慨程度的方法是：

A. 替代率和津贴期限

B. 中位工资和失业率

C. 失业的价格水平和持续时间

D. 入职率和离职率

64. 在欧洲比在美国退休提前是由于：

A. 欧洲的就业人口比率比美国高

B. 欧洲的就业人口比率比美国低

C. 欧洲的平均就业人员每年工作的时间比美国的长

D. 欧洲的平均就业人员每年工作的时间比美国的短

65. 欧洲工人的假期比美国更频繁是由于：

A. 欧洲的就业人口比率比美国高

B. 欧洲的就业人口比率比美国低

C. 欧洲的平均就业人员每年工作的时间比美国的长

D. 欧洲的平均就业人员每年工作的时间比美国的短

66. 下列哪一个假设与欧洲每年的工作时间低于美国是一致的？

A. 欧洲的法定节假日比美国少

B. 欧洲的就业人口比率比美国高

C. 欧洲的税率比美国高

D. 欧洲的地下经济比美国小

67. 如果欧洲的地下经济比美国大，那么欧洲和美国之间________工作小时数之差可能小于________工作小时数之差。

A. 测量的；实际的

B. 实际的；测量的

C. 每年的；每月的

D. 每月的；每年的

68. 根据奥利维尔·布兰查德的研究，欧洲人更有可能利用技术进步导致的实际工资增长来增加________，美国人更有可能利用这些实际工资的增长来增加________。

A. 工作小时数；闲暇小时数

B. 产品和服务的消费；闲暇小时数

C. 闲暇小时数；产品和服务的消费

D. 失业保障津贴；效率工资

69. 如果离职率是 0.02，入职率是 0.08，但当前失业率是 0.10，那么当前失业率会________均衡比率，并且下一时期它的移动会________均衡比率。
    A. 高于；趋近
    B. 高于；远离
    C. 低于；趋近
    D. 低于；远离

70. 假设一个国家经历了生产力的下降，这降低了任何给定的劳动水平的边际劳动产量。在这种情况下：
    A. 劳动供给曲线向右移动
    B. 劳动供给曲线向左移动
    C. 劳动需求曲线向右上方移动
    D. 劳动需求曲线向左下方移动

71. 假设一个国家的生产力下降，劳动需求曲线向左下方移动。如果劳动市场总是处于均衡，这将会导致：
    A. 实际工资较低，失业增加
    B. 实际工资较低，失业不变
    C. 实际工资较低，失业减少
    D. 实际工资和失业不变

72. 假设一个国家经历了生产力的下降，劳动需求曲线向左下方移动。如果实际工资是刚性的，这将会导致：
    A. 实际工资不变，失业增加
    B. 实际工资和失业均不变
    C. 实际工资不变，失业减少
    D. 实际工资减少

问答题

73. 如果每月离职率为 0.02，每月入职率为 0.10，那么自然失业率是多少？

74. 如果经济处于稳态失业率，每月离职率为 0.02，每月入职率为 0.10，劳动力为 1 亿，那么每月有多少人会失去工作？

75. 假设一个社会由两种类型的工人组成，A 和 B。对于 A 型，每年有 300 万名工人失去工作，且每个人需要一年的时间才能找到新的工作。对于 B 型，每年有 3 600万名工人失去工作（每月 300 万名），每个人需要一个月的时间才能找到新的工作。因此，在任何时间，这个社会中有 600 万人失业。
    a. 在这个社会中，每年发生的失业“期间”是多少？
    b. 失业“期间”只有一个月长的百分比是多少？
    c. 如果你把每年失业的所有工人都算在内，再乘以他或她的失业“期间”，那么这个社会中每年会有多少个失业的“月份”？
    d. 在所有失业的“月份”中，有多少比重可归于那些一次失业一年的工人？

76. 经济政策的变化往往会对失业率产生影响。请解释以下所描述的每一项政策变化是否可能（1）影响摩擦性或结构性失业和（2）增加或减少测量的失业率。
    a. 政府减少失业工人可以获得的失业保障周数。
    b. 政府提高最低工资。
    c. 政府增加了就业培训项目的支出。

77. 欧洲的平均失业率高于美国。
    a. 相对于美国，为什么欧洲有着更多的结构性失业？
    b. 相对于美国，为什么欧洲有着更多的摩擦性失业？

78. 假设一个经济的实际工资高于均衡水平。
    a. 画图说明提高劳动需求的技术进步将会如何改变失业工人的数量。请标注技术进步前后的轴线和雇用的劳动数量。
    b. 用文字解释这种变化对失业人数的影响。

79. 假设一个经济的实际工资高于均衡水平。
    a. 画图说明劳动供给的增加将会如何改变失业工人的数量。请标注劳动供给增加前后的轴线和雇用的劳动数量。
    b. 用文字解释这种变化对失业人数的影响。

80. 降低自然失业率需要降低离职率并提高

入职率。请至少对影响自然失业率的这些方面的一项政策作出解释。

81. 考虑两个国家：Flexiland 和 Stuckland。每个国家的劳动力由 10 万名工人组成。在 Flexiland，每月有 500 名工人失业。在 Stuckland，有 500 名工人全年失业。比较和对比两国的失业情况，并解释：
   a. 失业率。
   b. 失业的期间数。
   c. 每个失业期间的平均持续时间。
   d. 失业更有可能是摩擦性的还是结构性的。
82. 什么类型的工资刚性最有可能影响以下类型工人的失业率？
   a. 边际劳动生产率低的工人。
   b. 汽车行业的工人。
   c. 从事不容易被监视的创造性工作的工人。
83. 请解释支付效率工资会如何帮助雇主克服就业中的道德风险和逆向选择问题。
84. 请解释降低对低技能工人需求的技术变化如何在这一群体存在刚性工资的情况下改变自然失业率。
85. 在一个经济中，如果 5%的雇员每月失去工作（$s=0.05$），15%的失业者每月找到工作（$f=0.15$），那么经济中的稳态失业率是多少？
86. 当一个经济进入扩张时，失业率首先上升，然后下降。为什么会发生这种情况？
87. 如果一个国家有更高的工会化率，这也会导致更高的失业率吗？
88. 如果 250 名工人失业 1 个月，150 名工人失业 6 个月，100 名工人在一年中失业 12 个月，那么一年中有多少个失业期间和失业月份？
89. 通过降低离职率和提高入职率可以降低失业率。政府可以采取什么措施来帮助控制这些比率？每个分别举一个例子。
90. 自 1960 年以来，主要欧洲国家的失业率大幅上升。请给出欧洲发生这种情况的两个原因。
91. 国家已经改变了劳动法并将最低工作年龄从 18 岁降低到 16 岁。这种变化对均衡工资的影响是什么？
92. 据说一些摩擦性失业是不可避免的。这些摩擦性失业不可避免的原因是什么？
93. 什么是积极的劳动市场政策？请给出一些有助于降低失业率的积极劳动市场政策的例子。

单项选择题答案

1. 答案：B；难度级别：易
2. 答案：A；难度级别：易
3. 答案：B；难度级别：易
4. 答案：B；难度级别：易
5. 答案：D；难度级别：易
6. 答案：B；难度级别：易
7. 答案：B；难度级别：易
8. 答案：C；难度级别：易
9. 答案：C；难度级别：中
10. 答案：D；难度级别：中
11. 答案：A；难度级别：中
12. 答案：C；难度级别：易
13. 答案：A；难度级别：易
14. 答案：B；难度级别：易
15. 答案：C；难度级别：易
16. 答案：A；难度级别：易
17. 答案：D；难度级别：易
18. 答案：B；难度级别：易
19. 答案：D；难度级别：易
20. 答案：D；难度级别：易
21. 答案：A；难度级别：易
22. 答案：B；难度级别：易
23. 答案：B；难度级别：易
24. 答案：B；难度级别：易
25. 答案：D；难度级别：易
26. 答案：C；难度级别：易
27. 答案：A；难度级别：易
28. 答案：C；难度级别：易
29. 答案：C；难度级别：中
30. 答案：C；难度级别：中
31. 答案：A；难度级别：中

32. 答案：D；难度级别：易
33. 答案：C；难度级别：易
34. 答案：A；难度级别：易
35. 答案：A；难度级别：易
36. 答案：B；难度级别：易
37. 答案：A；难度级别：易
38. 答案：D；难度级别：中
39. 答案：C；难度级别：易
40. 答案：D；难度级别：易
41. 答案：A；难度级别：易
42. 答案：D；难度级别：中
43. 答案：C；难度级别：中
44. 答案：D；难度级别：易
45. 答案：A；难度级别：难
46. 答案：D；难度级别：难
47. 答案：B；难度级别：易
48. 答案：D；难度级别：易
49. 答案：B；难度级别：易
50. 答案：B；难度级别：中
51. 答案：A；难度级别：中
52. 答案：B；难度级别：易
53. 答案：D；难度级别：中
54. 答案：A；难度级别：易
55. 答案：C；难度级别：易
56. 答案：B；难度级别：易
57. 答案：D；难度级别：易
58. 答案：A；难度级别：易
59. 答案：B；难度级别：易
60. 答案：A；难度级别：中
61. 答案：B；难度级别：易
62. 答案：C；难度级别：易
63. 答案：A；难度级别：易
64. 答案：B；难度级别：易
65. 答案：D；难度级别：易
66. 答案：C；难度级别：易
67. 答案：B；难度级别：易
68. 答案：C；难度级别：易
69. 答案：C；难度级别：难
70. 答案：D；难度级别：中
71. 答案：B；难度级别：中
72. 答案：A；难度级别：中

问答题答案

73. $\frac{U}{L}=\frac{1}{1+f/s}=1/(1+0.1/0.02)=16.67\%$。

74. $U=L/(1+f/s)=100/(1+0.1/0.02)=$ 1.67（百万）。

75. a. 300＋3 600＝3 900（万）。

b. 3 600/3 900＝92.3%。

c. 3 600＋300×12＝7 200（万）。

d. 3 600/7 200＝50%。

76. a. 摩擦性失业可能会减少，因为由于福利的减少，失业工人用于搜寻新工作的时间就会减少。这一过程可能会降低失业率。

b. 对于那些边际产量价值低于较高的最低工资的工人而言，结构性失业可能会增加。这一政策变化可能会提高测量的失业率。

c. 如果拥有过时技能的工人接受培训，从而使他们能够胜任现有的工作，摩擦性失业就会减少。这一政策变化的目的是降低失业率。

77. a. 在欧洲，工会化的程度更高，因此，由于工资刚性，失业会更多。

b. 欧洲的失业救济金更慷慨，因此，摩擦性失业比美国多。

78. a.

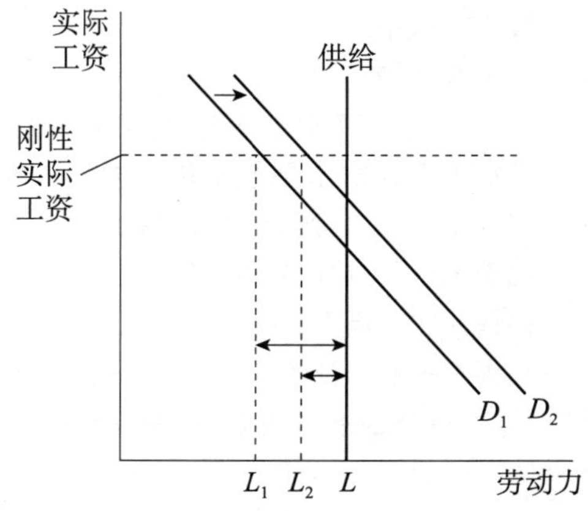

b. 失业人数从（$L-L_1$）下降到（$L-L_2$）。

第7章 失业

79. a.

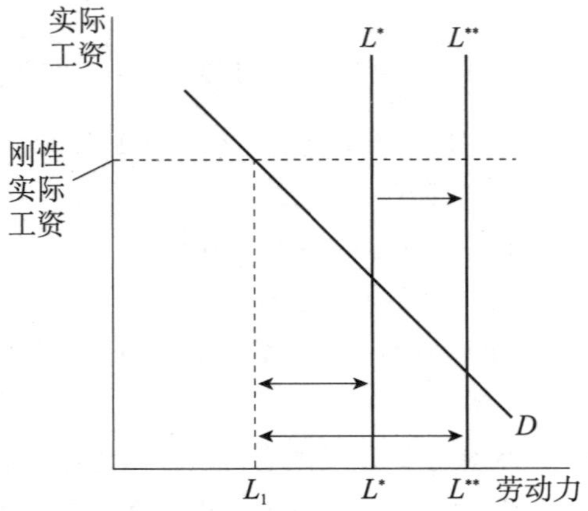

b. 失业人数从（L^*-L_1）增加到（$L^{**}-L_2$）。

80. 可以提高就业的政策包括政府就业机构、工作培训计划以及减少失业救济金的数额和期限。降低离职率的政策可以是实行百分之百经历定率的失业保障。这增加了临时解雇员工的成本并可能降低离职率。

81. a. 这两个国家的失业率是 5%。
b. Flexiland 的失业期间数是 Stuckland 的 12 倍。
c. 在 Stuckland，每个失业期间的平均持续时间是原来的 12 倍。
d. 在 Flexiland，失业更有可能是摩擦性的；在 Stuckland，失业更有可能是结构性的。

82. a. 最低工资。
b. 工会工资。
c. 效率工资。

83. 效率工资是高于市场出清水平的工资。工资高于均衡水平使最优秀的工人有更多的动力留在企业，从而减少雇主不能明确区分优秀工人和低质量工人的逆向选择问题。当工人不容易被监视时，高于均衡水平的工资使工人有更大的激励避免偷懒。若工人被发现偷懒，则会遭到解雇，从而避免了道德风险问题。

84. 对低技能工人需求的减少将会降低均衡的实际工资。刚性工资（最低工资、工会工资或效率工资的结果）与均衡工资之间的差距越大，劳动供给的过剩就越大，失业率就越高。

85. 稳态失业率＝$s/(s+f)=0.05/0.2=0.25$。所以经济中的失业率是 25%。

86. 丧失信心的工人被算在劳动力之外。当经济进入扩张阶段时，这些丧失信心的工人开始积极寻找工作，并被作为失业工人算入劳动力。因此，即使经济扩张，这一现象也首先提高了失业率。

87. 工会确保大多数雇员能够保住工作并获得更高的工资，但由于这一点，可获得的工作数量减少，因为雇主不愿意增加雇员的数量，所以失业率会更高。

88. 一年内的失业期间＝250＋150＋100＝500。一年内的失业总月数＝250×1＋150×6＋100×1＝2 350。

89. 政府可以通过利用百分之百经历定率失业保障计划来控制工作离职率。通过缩短失业保障期限可以提高入职率。

90. 支持这一增长的一个原因是为那些没有工作的人提供了慷慨的失业计划。支持这一增长的另一个原因是更多的欧洲人在寻求闲暇。

91. 降低最低工作年龄将会增加劳动供给。劳动供给会增加，而对劳动的需求将保持不变。这也导致了均衡工资的下降。

92. 对任何产品的需求都在经济中不断变化。例如，随着数码相机的发明，对胶片相机的需求减少了，因此对胶片开发人员的劳动需求也减少了。由于这样的变化，经济中总会有一些摩擦性失业。

93. 这些政策是帮助失业工人找到工作的政府计划。一些积极的劳动市场政策是就业培训、协助搜寻工作和就业补贴。

第 8 章 经济增长 I：资本积累与人口增长

单项选择题

1. 索洛增长模型描述了：
   A. 在一个固定的时点上产出是如何确定的
   B. 产出是如何用固定数量的资本和劳动确定的
   C. 随着时间的推移，储蓄、人口增长和技术进步如何影响一个经济的产出水平
   D. 经济产出的静态分配、生产和再分配
2. 在索洛增长模型中，规模报酬不变的假设意味着：
   A. 所有经济均有着相同的人均资本量
   B. 不论工人的数量如何，产出的稳态水平均是恒定的
   C. 储蓄率等于恒定的折旧率
   D. 经济中工人人数不影响人均产出和人均资本量之间的关系
3. 生产函数 $y=f(k)$ 意味着：
   A. 劳动不是生产要素
   B. 人均产出是劳动生产率的函数
   C. 人均产出是人均资本量的函数
   D. 生产函数显示规模报酬递增
4. 当 $f(k)$ 被绘制在一幅 k 沿着横轴增加的图上时，曲线的斜率表示：
   A. 人均产出
   B. 每单位资本的产出
   C. 劳动的边际产量
   D. 资本的边际产量
5. 两个经济是相同的，只是高地国的人均资本水平高于低地国。两个经济的生产函数都显示资本的边际产量递减。那么额外的人均资本单位增加的人均产出：
   A. 高地国更多
   B. 低地国更多
   C. 高地国和低地国的数量相同
   D. 发生在高地国，但不发生在低地国
6. 索洛增长模型中的消费函数假定社会储蓄：
   A. 在国民收入中有固定的比重
   B. 当一国更富裕时占收入的比重更小
   C. 当一国更富裕时占收入的比重更大
   D. 当一国利率更高时占收入的比重更大
7. 在索洛增长模型中，产品的需求等于投资：
   A. 减去折旧
   B. 加上储蓄

C. 加上消费

D. 加上折旧

8. 在索洛增长模型中，其中 s 是储蓄率，y 是人均产出，i 是人均投资，那么人均消费（c）等于：

A. sy

B. $(1-s)y$

C. $(1+s)y$

D. $(1-s)y-i$

9. 在索洛增长模型中，投资等于：

A. 产出

B. 消费

C. 资本的边际产量

D. 储蓄

10. 在索洛增长模型中，对于任何给定的资本存量，________决定了经济生产了多少产出，________决定了消费和投资之间的产出分配。

A. 储蓄率；生产函数

B. 折旧率；人口增长率

C. 生产函数；储蓄率

D. 人口增长率；储蓄率

11. ________引起资本存量增加，而________引起资本存量减少。

A. 通货膨胀；通货紧缩

B. 利率；贴现率

C. 投资；折旧

D. 国际贸易；衰退

12. 人均投资（i）的函数用储蓄率（s）和人均产出［$f(k)$］可表示为：

A. $s+f(k)$

B. $s-f(k)$

C. $sf(k)$

D. $s/f(k)$

13. 产出、消费和投资图

在这个图形中，当人均资本存量为 OA 时，则 AB 代表：

A. 人均投资，且 AC 代表人均消费

B. 人均消费，且 AC 代表人均投资

C. 人均投资，且 BC 代表人均消费

D. 人均消费，且 BC 代表人均投资

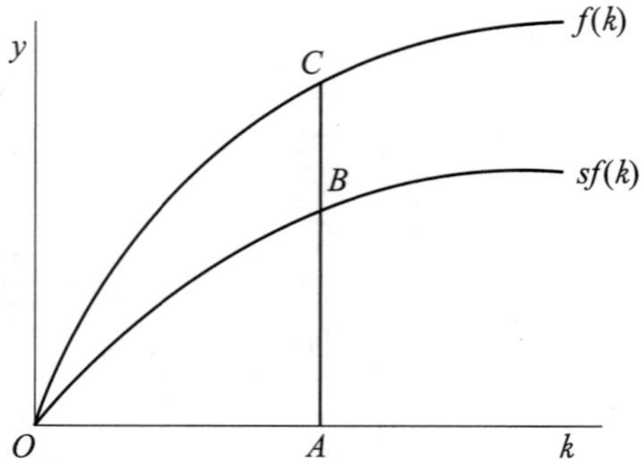

14. 如果资本存量在第一年等于 200 单位，折旧率为每年 5%，那么在第二年，假设没有新的或可替代的投资，则资本存量等于________单位。

A. 210　　B. 200

C. 195　　D. 190

15. 在索洛增长模型中，假设随着资本-劳动比率的提高，________资本比例会损耗。

A. 较小的

B. 较大的

C. 恒定的

D. 增长的

16. 当人均资本存量的变化（Δk）等于________时，稳态资本水平发生。

A. 0

B. 储蓄率

C. 折旧率

D. 人口增长率

17. 在第 8 章的索洛增长模型中，经济最终达到稳态资本水平：

A. 只是在初始资本水平低于稳态水平的时候

B. 只是在初始资本水平高于稳态水平的时候

C. 只是在初始资本水平为稳态水平的时候

D. 无论初始资本水平如何

18. 在索洛增长模型中，当________时，稳态发生。

A. 人均资本不变

B. 储蓄率等于折旧率

C. 人均产出等于人均消费

D. 人均消费最大化

19. 人均资本和稳态图

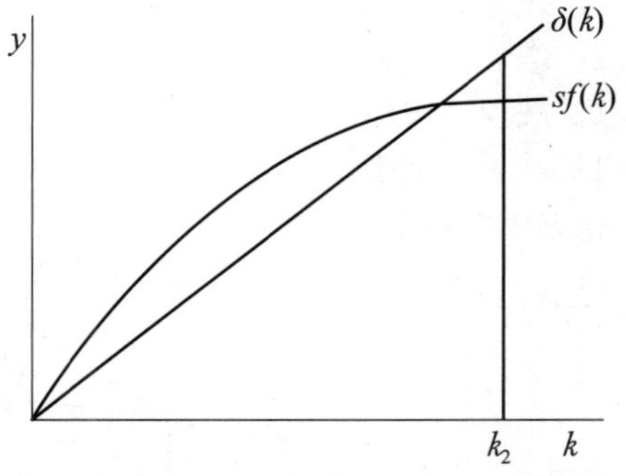

在这个图形中，资本劳动比 k_2 不是稳态，因为：

A. 储蓄率太高

B. 投资比例太高

C. 总投资大于折旧

D. 折旧大于总投资

20. 稳态资本劳动比图

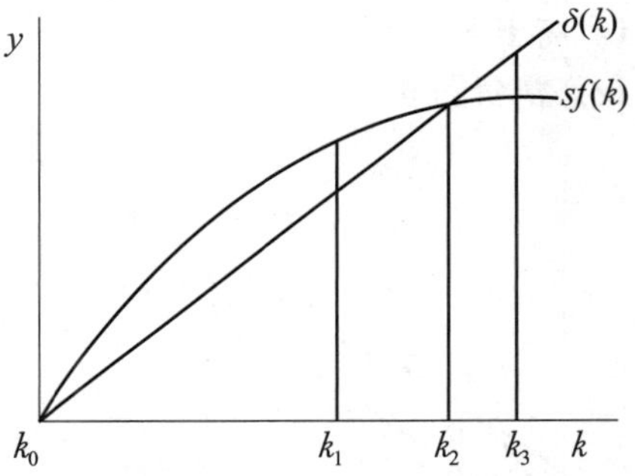

在这个图形中，稳态资本劳动比是：

A. k_0　　B. k_1

C. k_2　　D. k_3

21. 资本劳动比图

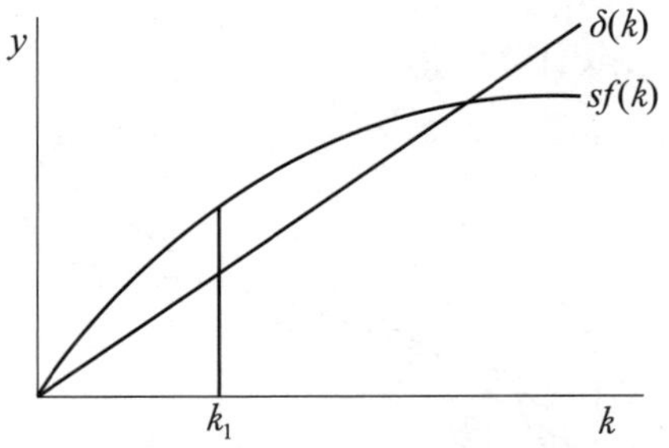

在这个图形中，从资本劳动比 k_1 开始，资本劳动比将会：

A. 减小

B. 保持不变

C. 增加

D. 先减小后保持不变

22. 在索洛增长模型中，如果投资超过了折旧，资本存量将会________，产出将会________直到达到稳态为止。

A. 增加；增加

B. 增加；减少

C. 减少；减少

D. 减少；增加

23. 如果人均生产函数由 $y=k^{1/2}$ 给出，储蓄率为 0.2，折旧率为 0.1，那么稳态资本劳动比为：

A. 1　　B. 2

C. 4　　D. 9

24. 如果人均生产函数由 $y=k^{1/2}$ 给出，储蓄率为 0.3，折旧率为 0.1，那么稳态资本劳动比为：

A. 1　　B. 2

C. 4　　D. 9

25. 如果战争摧毁了一个国家大部分的资本存量，但储蓄率不变，索洛增长模型预测产出将会增长且新的稳态将会接近：

A. 比之前更高的人均产出水平

B. 和之前一致的人均产出水平

C. 比之前更低的人均产出水平

D. 人均产出的黄金律水平

26. 如果储蓄率提高，那么：

A. 经济将永远以更快的速率增长

B. 资本劳动比将永远增加

C. 经济将以更快的速率增长，直到达到一个新的、更高的、稳态的资本劳动比

D. 资本劳动比最终会下降

27. 从一个稳态开始，如果储蓄率提高，人均资本将：

A. 增加并保持不减速的增长

B. 增加直到达到新的稳态

C. 减少直到达到新的稳态

D. 减少并保持不减速的减少

28. 索洛增长模型表明，稳态资本劳动比的一个关键决定因素是：

A. 产出水平

B. 劳动力

C. 储蓄率

D. 生产函数中的资本弹性

29. 较高的储蓄率会导致：

A. 短期和长期的经济增长率都较高

B. 只有长期的经济增长率较高

C. 短期的经济增长率会较高，但长期的会下降

D. 长期较大的资本存量和较高的产出水平

30. 假设两个经济在其他各方面都相同，但其中一个有较高的储蓄率。根据索洛增长模型，在稳态下，与储蓄率较低的国家相比，储蓄率较高的国家会有________人均产出水平和________人均产出增长率。

A. 相同的；相同的

B. 相同的；更高的

C. 更高的；相同的

D. 更高的；更高的

31. 对许多国家最近的数据调查表明，储蓄率高的国家往往人均产出水平高，因为：

A. 高储蓄率意味着永久的产出高增长率

B. 高储蓄率导致人均资本水平高

C. 人均产出水平高的国家能负担得起大量储蓄

D. 拥有大量自然资源的国家有高产出水平和高储蓄率

32. 资本积累的黄金律水平是有着最高水平________的稳态。

A. 人均产出

B. 人均资本

C. 人均储蓄

D. 人均消费

33. 稳态的人均消费（c^*）公式可用人均产出函数和人均投资表示为：

A. $c^*=f(k^*)-\delta k^*$

B. $c^*=f(k^*)+\delta k^*$

C. $c^*=f(k^*)\div\delta k^*$

D. $c^*=k^*-\delta f(k)^*$

34. 在索洛增长模型中，增加的资本会________产出并________被用于替换损耗的资本的产出量。

A. 增加；增加

B. 增加；减少

C. 减少；增加

D. 减少；减少

35. 稳态消费图Ⅰ

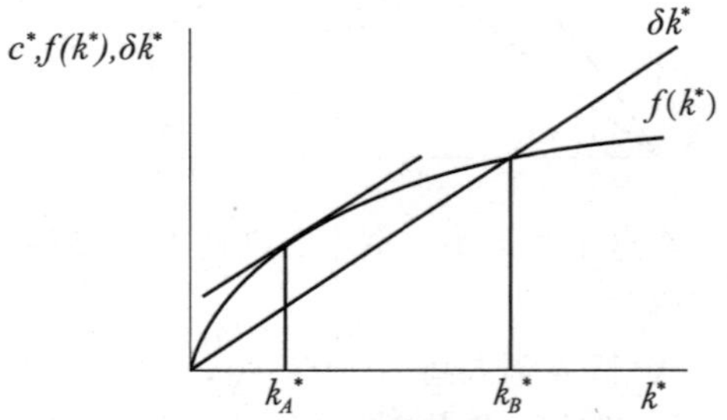

资本劳动比的黄金律水平为：

A. k_A^*

B. 高于 k_A^*但低于 k_B^*

C. k_B^*

D. 高于 k_B^*

36. 稳态消费图Ⅱ

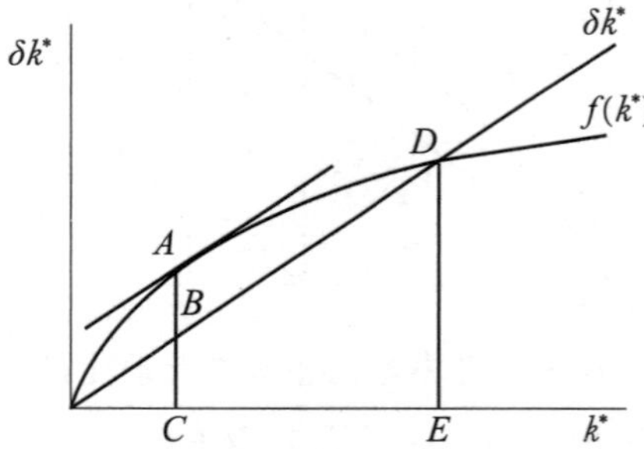

人均稳态消费的黄金律水平为：

A. AC　　B. AB

C. BC　　D. DE

37. 稳态消费图Ⅱ

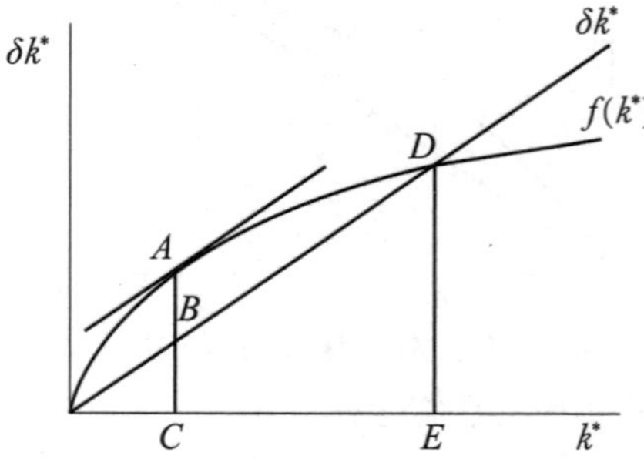

人均稳态投资的黄金律水平为：

A. AC　　B. AB
C. BC　　D. DE

38. 在一个没有人口增长和技术变化的经济中，当________时，稳态消费处于最大的可能水平。
A. 劳动的边际产量等于资本的边际产量
B. 劳动的边际产量等于折旧率
C. 资本的边际产量等于折旧率
D. 资本的边际产量等于零

39. 如果经济处在没有人口增长和技术变化的稳态，且资本的边际产量低于折旧率，则：
A. 经济遵循黄金律
B. 人均稳态消费可能高于低储蓄率的稳态
C. 人均稳态消费可能高于高储蓄率的稳态
D. 为了实现人均消费的黄金律水平，折旧率应该被降低

40. 如果一个没有人口增长和技术变化的经济的稳态的资本边际产量为0.125，折旧率为0.1，储蓄率为0.225，那么稳态的资本存量：
A. 大于黄金律水平
B. 小于黄金律水平
C. 等于黄金律水平
D. 可能大于、也可能小于黄金律水平

41. 人均生产函数为 $y=k^{1/2}$，用储蓄率（s）的函数表示的人均稳态资本存量（k^*）为：
A. $k^*=(s/\delta)^2$
B. $k^*=(\delta/s)^2$
C. $k^*=s/\delta$
D. $k^*=\delta/s$

42. 为了确定经济是否在其资本存量的黄金律水平上运作，政策制定者必须确定稳态的投资率能够产生：
A. 最大资本边际产量
B. 最低折旧率
C. 最大人均消费
D. 最大人均产出

43. 假定经济处于稳态且资本存量高于黄金律水平。假设没有人口增长和技术变化，如果储蓄率下降：
A. 产出、消费、投资和折旧都会减少
B. 产出和投资会减少，消费和折旧会增加
C. 产出和投资会减少，消费和折旧会增加然后减少，但最终接近高于其初始状态的水平
D. 产出、投资和折旧会减少，消费会增加然后减少，但最终接近高于其初始状态的水平

44. 假定经济最初处于人均资本超过黄金律水平的稳态。如果储蓄率下降到与黄金律一致，那么在向新的稳态过渡时，人均消费会：
A. 总是超过初始水平
B. 先下降到低于初始水平，然后上升到高于初始水平
C. 先上升到高于初始水平，然后下降到低于初始水平
D. 总是低于初始水平

45. 储蓄率的下降始于一个资本高于黄金律水平的稳态，导致投资在向新的稳态过渡时会________。
A. 增加
B. 减少
C. 先增加后减少
D. 先减少后增加

46. 若经济一开始时高于黄金律水平，则达到黄金律水平将：
A. 导致在未来任何时刻更低的消费
B. 导致在未来任何时刻更高的消费
C. 要求最初减少消费来增加未来的消费
D. 要求最初增加消费来减少未来的消费

47. 如果经济处于储蓄率低于黄金律水平的稳态，那么努力提高储蓄率会导致：
A. 更高的人均产出和更高的人均折旧，但人均产出的增加会更大
B. 更高的人均产出和更高的人均折旧，但人均折旧的增加会更大

C. 更高的人均产出和更低的人均折旧

D. 更低的人均产出和更高的人均折旧

48. 假定经济最初处于人均资本低于稳态的黄金律水平，如果储蓄率增加到与黄金律一致，那么在向新的稳态过渡时，人均消费会：

A. 总是超过初始水平

B. 先下降到低于初始水平，然后上升到高于初始水平

C. 先上升到高于初始水平，然后下降到低于初始水平

D. 总是低于初始水平

49. 当经济的资本量低于黄金律水平时，达到黄金律水平：

A. 在未来任何时刻都会产生更低的消费

B. 在任何时刻都需要更高的消费

C. 需要最初减少消费来增加未来的消费

D. 需要最初增加消费来减少未来的消费

50. 储蓄率的增加始于一个比黄金律水平低的资本的稳态，导致投资在向新的稳态过渡时会________。

A. 增加

B. 减少

C. 先增加后减少

D. 先减少后增加

51. 在人口增长率为 n 的经济中，人均资本存量的变化由等式________给出。

A. $\Delta k = sf(k) + \delta k$

B. $\Delta k = sf(k) - \delta k$

C. $\Delta k = sf(k) + (\delta + n)k$

D. $\Delta k = sf(k) - (\delta + n)k$

52. 假设无技术水平变化，人口增长率为 n，储蓄率为 s，则稳态的资本劳动比 k^* 等于 s：

A. 除以折旧率加上 n 的总和

B. 乘以折旧率加上 n 的总和

C. 除以 $f(k^*)$ 的乘积和折旧率加上 n 的总和

D. 乘以 $f(k^*)$ 再除以折旧率加上 n 的总和

53. 在人口增长但没有技术变化的经济中，根据索洛增长模型，要达到稳态的投资水平所需的条件包含除了________之外的所有方面。

A. 抵消现有资本的折旧

B. 为新工人提供资本量

C. 等于资本的边际生产率（MPK）

D. 保持人均资本水平不变

54. 在人口增长但没有技术变化的经济中，根据索洛增长模型，如果人口增长率为 n，那么稳态的资本增长率为________，稳态的产出增长率为________。

A. n；n　　B. n；0

C. 0；0　　D. 0；n

55. 在人口增长但没有技术变化的经济中，根据索洛增长模型，如果人口增长率为 n，那么稳态的总产出增长率为________，稳态的人均产出增长率为________。

A. n；n　　B. n；0

C. 0；0　　D. 0；n

56. 假设两个经济在其他方面都相同，除了其中一个有较高的人口增长率外。根据索洛增长模型，在稳态下，与人口增长率较低的国家相比，人口增长率较高的国家会有________人均产出水平和________人均产出增长率。

A. 更高的；相同的

B. 更高的；更高的

C. 更低的；相同的

D. 更低的；更低的

57. 在索洛增长模型中，人口增长率为 n 但没有技术增长的稳态经济会呈现的人均产出增长率为：

A. 0　　B. n

C. δ　　D. $n+\delta$

58. 在索洛增长模型中，人口增长率为 n 但没有技术增长的稳态经济会呈现的总产出增长率为：

A. 0　　B. n

C. δ　　D. $n+\delta$

59. 在索洛增长模型中，如果两个国家除了大国有 10 亿人口的工人和小国有 1 000

万人口的工人外，在其他方面都相同（具有相同的生产函数、相同的储蓄率、相同的折旧率和相同的人口增长率），则稳态的人均产出水平________，稳态的人均产出增长率________。

A. 两国相同；两国相同

B. 大国更高；大国更高

C. 小国更高；小国更高

D. 大国更高；小国更高

60. 在人口增长但没有技术进步的索洛增长模型中，投资的稳态量可以被认为是一种收支相抵的投资量，因为投资的数量等于：

A. 达到人均消费水平最大化所需的产出量

B. 替代折旧资本和装备新工人所需的资本量

C. 达到人均产出水平最大化所需的储蓄量

D. 使人均资本比率等于资本的边际产量所需的产出量

61. 在索洛增长模型中，如果________升高或________降低，人均产出的稳态水平会更高。

A. 储蓄率；折旧率

B. 人口增长率；折旧率

C. 折旧率；人口增长率

D. 人口增长率；储蓄率

62. 在人口增长但没有技术变化的索洛增长模型中，下列哪一项将会产生更高的总产出稳态增长率？

A. 更高的储蓄率

B. 更低的折旧率

C. 更高的人口增长率

D. 更高的人均资本比率

63. 在一个给定了生产函数、折旧率、储蓄率且没有技术变化的索洛增长模型中，更高的人口增长率会产生：

A. 更高的稳态人均资本比率

B. 更高的稳态人均产出增长率

C. 更高的稳态总产出增长率

D. 更高的稳态人均产出水平

64. 在人口增长但没有技术进步的索洛增长模型中，当经济处于稳态的黄金律时，资本的边际产量减去折旧率等于：

A. 0

B. 人口增长率

C. 储蓄率

D. 人均产出

65. 在人口增长但没有技术进步的索洛增长模型中，如果处于稳态的资本边际产量等于 0.10，折旧率等于 0.05，人口增长率等于 0.03，那么人均资本比率________黄金律水平。

A. 高于

B. 低于

C. 等于

D. 将移向

66. 在储蓄率不变的情况下提高人口增长率将：

A. 提高稳态人均资本

B. 降低稳态人均资本

C. 不影响稳态人均资本

D. 在短期内降低产出增长率

67. 通过对世界各地人口增长的分析得出结论，人口增长率高的国家往往：

A. 有高的人均收入

B. 与人口增长率低的国家相比，有更低的人均收入水平

C. 与世界其他地区有相同的生活水平

D. 倾向于世界高收入生产国

68. 根据迈克尔·克莱默的研究，大量人口：

A. 要求资本存量稀疏地分布，从而降低生活水平

B. 给一个经济的生产资源带来了巨大压力，导致永久的贫困

C. 是技术进步和提高生活水平的先决条件

D. 不是决定生活水平的因素

69. 根据托马斯·马尔萨斯的研究，大量人口：

A. 要求资本存量稀疏地分布，从而降低

生活水平

B. 给一个经济的生产资源带来了巨大压力，导致永久的贫困

C. 是技术进步和提高生活水平的先决条件

D. 不是决定生活水平的因素

70. 根据克莱默模型，大量人口提高了生活水平，因为：

A. 拥挤的条件给人们带来了更大的压力，让他们努力工作

B. 有更多的人能够进行发明并为创新做贡献

C. 更多的人有机会享受闲暇和娱乐

D. 大多数人喜欢和许多其他人住在一起

71. 如果 $Y=K^{0.3}L^{0.7}$，那么人均生产函数为：

A. $Y=F(K/L)$

B. $Y/L=(K/L)^{0.3}$

C. $Y/L=(K/L)^{0.5}$

D. $Y/L=(K/L)^{0.7}$

72. 如果 $y=k^{1/2}$，没有人口增长或技术进步，每年有 5%的资本折旧，国家每年储蓄 20%的产出，那么稳态人均资本水平为：

A. 2　　B. 4

C. 8　　D. 16

73. 如果 $y=k^{1/2}$，国家每年储蓄 10%的产出，稳态人均资本水平为 4，那么稳态人均产出水平和人均消费分别为：

A. 2 和 1.6

B. 2 和 1.8

C. 4 和 3.2

D. 4 和 3.6

74. 假设两个国家的人均生产函数都为 $y=k^{1/2}$，都没有人口增长和技术进步，两个国家的折旧都是资本的 5%，A 国储蓄了 10%的产出，而 B 国储蓄了 20%。如果 A 国以 4 的资本劳动比开始，B 国以 2 的资本劳动比开始，从长期看：

A. A 国和 B 国都将会有 4 的资本劳动比

B. A 国和 B 国都将会有 16 的资本劳动比

C. A 国的资本劳动比会是 4，而 B 国的会是 16

D. A 国的资本劳动比会是 16，而 B 国的会是 4

75. 假设战争减少了国家的劳动力但没有直接影响它的资本存量。那么直接影响是：

A. 总产出会减少，但人均产出会增加

B. 总产出会增加，但人均产出会减少

C. 总产出和人均产出都会减少

D. 总产出和人均产出都会增加

76. 假设战争减少了国家的劳动力但没有直接影响它的资本存量。如果在战争之前经济处于稳态，在战争之后储蓄率没有改变，那么随着时间的推移，当它回到稳态时，人均资本会________，人均产出会________。

A. 减少；增加

B. 增加；增加

C. 减少；减少

D. 增加；减少

77. 如果美国的生产函数是资本份额为 0.3 的柯布-道格拉斯生产函数，产出每年增长 3%，折旧每年增长 4%，黄金律稳态的资本产出比为 4.29，为了达到黄金律稳态，储蓄率一定为：

A. 17.5%　　B. 25%

C. 30%　　D. 42.9%

78. 如果经济从人口正增长的稳态转变为人口增长率为零，那么在新的稳态，总产出的增长会________，人均产出的增长会________。

A. 更低；更低

B. 更低；和之前一样

C. 更高；比之前高

D. 更高；更低

79. 如果生产函数在稳态下显示出规模报酬递增，那么人口增长率的提高会导致：

A. 总产出的增长和人均产出的增长

B. 总产出的增长但人均产出没有增长

C. 总产出的增长但人均产出减少

D. 总产出和人均产出都没有增长

问答题

80. 假设一个国家的生产函数为 $Y=K^{1/2}L^{1/2}$，且没有人口增长和技术变化。

a. 人均生产函数 $y=f(k)$ 是多少？

b. 假设国家拥有 40 000 单位的资本和 10 000 单位的劳动，那么 Y 是多少？由人均生产函数计算的劳动生产率是多少？这个值和最初生产函数计算的劳动生产率是一致的吗？

c. 假设每年有 10%的资本折旧。为了使给定的资本劳动比为稳态的资本劳动比，总储蓄率为多少是必要的？（提示：在一个没有人口增长和技术变化的稳态中，储蓄率乘以人均产出一定等于折旧率乘以资本劳动比。）

d. 如果储蓄率等于稳态水平，那么人均消费是多少？

81. 假设一个国家的人均产量为 $y=k^{1/2}$，其中 y 是人均产出，k 是人均资本。还假设每年有 10%的资本折旧（$=0.10^2$）且没有人口增长和技术变化。

a. 如果储蓄率（s）为 0.4，那么稳态人均资本、人均产量和人均消费是多少？

b. 解出 $s=0.6$ 时的稳态人均资本、人均产量和人均消费。

c. 解出 $s=0.8$ 时的稳态人均资本、人均产量和人均消费。

d. 该国是否已经储蓄过多？为什么？

82. 假定两个国家在各方面都完全相似，除了 A 国的公民比 B 国的公民有更高的储蓄率外。

a. 哪个国家在稳态下会有更高的人均产出水平？请画图说明。

b. 哪个国家在稳态下会有更高的人均产出增长率？

83. 假定两个国家在各方面都完全相似，除了 A 国比 B 国的人口增长速度更快外。

a. 哪个国家在稳态下会有更高的人均产出水平？请画图说明。

b. 哪个国家在稳态下会有更高的人均产出增长率？

84. 热带国家的雨水很多，以至资本设备生锈（折旧）的速度比在撒哈拉以南非洲国家要快得多。如果这两类国家在其他方面都相同，那么哪类国家的人均资本的黄金律水平会更高？请画图说明。

85. 假设某经济——阿尔法——可用索洛增长模型描述。下面是阿尔法的一些特征：

储蓄率（s）	0.20
折旧率（δ）	0.12
稳态人均资本（k）	4
人口增长率（n）	0.02
稳态人均产出	20 000

a. 阿尔法的稳态人均产出增长率是多少？

b. 阿尔法的稳态总产出增长率是多少？

c. 阿尔法的稳态人均消费水平是多少？

d. 阿尔法的稳态人均投资水平是多少？

86. 假设 Macroland 的人均资本的初始稳态水平是 5，人均资本的黄金律水平是 8。

a. 为了实现黄金律稳态，Macroland 必须改变什么？

b. 为什么黄金律稳态可能优先于初始稳态？

c. 为什么 Macroland 的一些现有工人可能更喜欢初始稳态而不是黄金律稳态？

87. 东部和南部两个国家的经济有相同的生产函数、折旧率和储蓄率。每个国家的经济可以用索洛增长模型来描述。南部的人口增长比东部快。

a. 哪个国家的稳态人均产出水平更高？请解释。

b. 哪个国家的稳态人均产出增长率更高？

c. 哪个国家的稳态总产出增长率更高？

88. 在分析索洛增长模型时，一个关键的区别是"水平"的变化和"增长率"的变化。在没有技术变化的索洛增长模型中，人口增长率的上升是如何改变稳态水平、产出增长率和人均产出的？

89. 在人口增长但没有技术进步的稳态索洛增长模型中，请解释储蓄的两个用处。

90. 比较和对比索洛增长模型、马尔萨斯模型和克莱默模型中更快的人口增长率对生活水平（人均产出）的影响。

91. 考虑在其他方面相同的两个国家（它们有相同的储蓄率和折旧率），但大国的人口为 1 亿，而小国的人口为 1 000 万。利用没有技术变化的索洛增长模型来比较稳态人均产出水平，如果：

a. 两个国家的人口增长率是一致的。

b. 大国的人口增长率更高。

92. 较大数量的稳态资本在索洛增长模型中对人均消费既有积极影响，又有消极影响（假设没有人口增长和技术进步）。请解释。

93. 如索洛增长模型所示，什么是资本的边际产量（MPK）？

94. 稳态什么时候发生？

95. 定义资本的黄金律水平。

96. 当经济达到黄金律以外的稳态时，政策制定者应该采取什么行动来实现黄金律稳态，当：

a. 经济始于资本高于黄金律水平的稳态？

b. 经济始于资本低于黄金律水平的稳态？

97. 人口增长是如何影响稳态的？

98. 同样是人口增长，如何解释为什么一些国家贫困而另一些国家富有？

99. 马尔萨斯模型预测的人口增长及其影响是什么？克莱默模型是如何反驳马尔萨斯模型的？

单项选择题答案

1. 答案：C；难度级别：易
2. 答案：D；难度级别：易
3. 答案：C；难度级别：易
4. 答案：D；难度级别：易
5. 答案：B；难度级别：易
6. 答案：A；难度级别：易
7. 答案：C；难度级别：易
8. 答案：B；难度级别：易
9. 答案：D；难度级别：易
10. 答案：C；难度级别：易
11. 答案：C；难度级别：易
12. 答案：C；难度级别：易
13. 答案：C；难度级别：中
14. 答案：D；难度级别：易
15. 答案：C；难度级别：易
16. 答案：A；难度级别：易
17. 答案：D；难度级别：易
18. 答案：A；难度级别：易
19. 答案：D；难度级别：中
20. 答案：C；难度级别：中
21. 答案：C；难度级别：易
22. 答案：A；难度级别：易
23. 答案：C；难度级别：中
24. 答案：D；难度级别：中
25. 答案：B；难度级别：易
26. 答案：C；难度级别：易
27. 答案：B；难度级别：中
28. 答案：C；难度级别：易
29. 答案：D；难度级别：易
30. 答案：C；难度级别：中
31. 答案：B；难度级别：易
32. 答案：D；难度级别：易
33. 答案：A；难度级别：易
34. 答案：A；难度级别：易
35. 答案：A；难度级别：中
36. 答案：B；难度级别：中
37. 答案：C；难度级别：中
38. 答案：C；难度级别：易
39. 答案：B；难度级别：中
40. 答案：B；难度级别：中
41. 答案：A；难度级别：中
42. 答案：C；难度级别：易
43. 答案：D；难度级别：中
44. 答案：A；难度级别：易
45. 答案：B；难度级别：易
46. 答案：B；难度级别：易

47. 答案：A；难度级别：中
48. 答案：B；难度级别：易
49. 答案：C；难度级别：易
50. 答案：A；难度级别：易
51. 答案：D；难度级别：易
52. 答案：D；难度级别：中
53. 答案：C；难度级别：中
54. 答案：A；难度级别：中
55. 答案：B；难度级别：中
56. 答案：C；难度级别：中
57. 答案：A；难度级别：中
58. 答案：B；难度级别：中
59. 答案：A；难度级别：中
60. 答案：B；难度级别：中
61. 答案：A；难度级别：易
62. 答案：C；难度级别：中
63. 答案：C；难度级别：中
64. 答案：B；难度级别：易
65. 答案：B；难度级别：中
66. 答案：B；难度级别：易
67. 答案：B；难度级别：易
68. 答案：C；难度级别：易
69. 答案：B；难度级别：易
70. 答案：B；难度级别：易
71. 答案：B；难度级别：难
72. 答案：D；难度级别：中
73. 答案：B；难度级别：难
74. 答案：C；难度级别：难
75. 答案：A；难度级别：中
76. 答案：C；难度级别：中
77. 答案：C；难度级别：难
78. 答案：B；难度级别：难
79. 答案：A；难度级别：难

问答题答案

80. a. $y=k^{1/2}$。

    b. $Y=20\ 000$；$Y/L=2$；$y=2$；是。

    c. $s=0.2$。

    d. 人均消费是 1.6。

81. a. $k=16$；$y=4$；人均消费为 2.4。

    b. $k=36$；$y=6$；人均消费为 2.4。

    c. $k=64$；$y=8$；人均消费为 1.6。

    d. 是的。如果资本存量过大以至更多的资本产生的额外产出低于维持资本所需的额外储蓄，那么额外资本就减少了人均消费。储蓄率超过了黄金律水平。

82. a. A 国会有更高的人均产出水平。

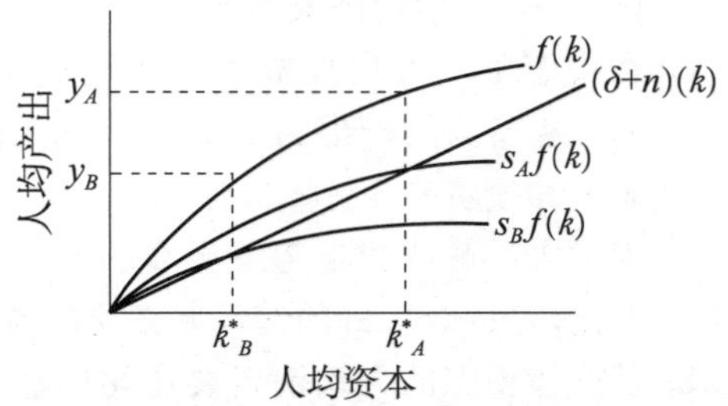

    b. 在稳态下，A 国和 B 国的人均产出增长率都会是零。

83. a. B 国会有更高的人均产出水平。

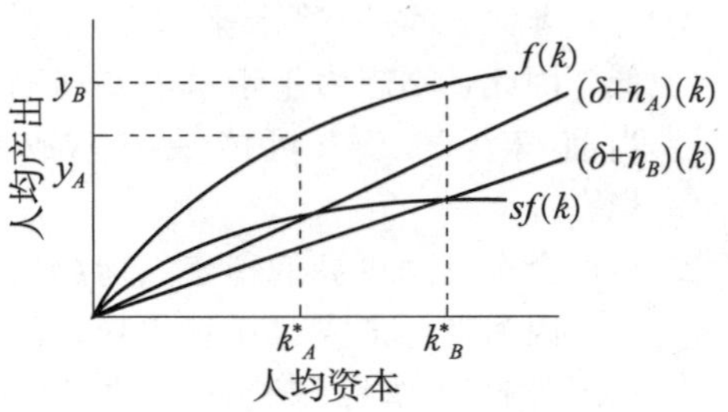

    b. 在稳态下，A 国和 B 国的人均产出增长率都会是零。

84. 撒哈拉以南非洲国家的人均资本的黄金律水平会更高。

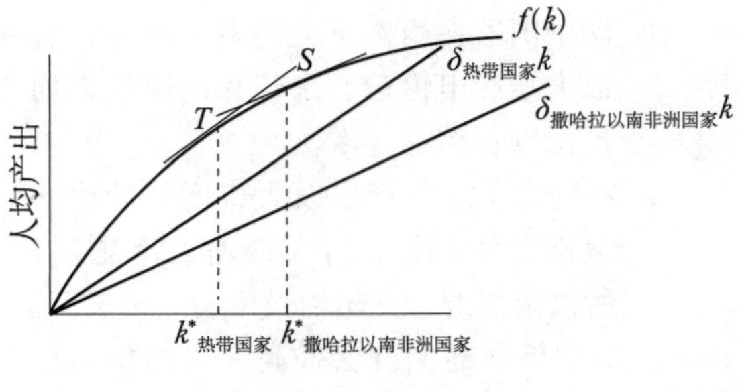

85. a. 在稳态下，人均资本不变，所以人均产出不变。因此，稳态人均产出增长率为 0。

    b. 在稳态下，人口增长率为 2%

(0.02)。为了保持稳态下不变的人均资本比率，资本必须以2%的速率增长；因此，给定规模报酬不变的生产函数，总产出一定是以2%的速率增长。

c. 如果储蓄率是20%，那么消费率就是80%（=1−0.2）。稳态人均消费是16 000，其中稳态人均产出为80%。

d. 在稳态下，人均投资等于人均储蓄，其中稳态人均产出为20%。因此，稳态人均投资是4 000。

86. a. 为了实现黄金律稳态下更高的人均资本比，Macroland的储蓄率必须提高。

b. 黄金律稳态的人均消费要比初始稳态的更高。

c. 在从初始稳态向黄金律稳态过渡的过程中，为了积累黄金律稳态所需的额外资本，人均消费水平起初必须降低。因此，不想为了未来消费而牺牲当前消费的工人可能更喜欢初始稳态。

87. a. 东部会有一个更高的稳态人均产出水平，因为南部的人口增长更快。两国相同的储蓄率意味着两国的投资相同。然而，在人口增长更快的南部，资本的人均分布会更稀疏。给定相同的生产函数，东部的人均产出会更高，因为它比南部有着更高的人均资本比。

b. 两个国家在稳态下人均资本不变，所以人均产出恒定。东部和南部的人均产出增长率都为零。

c. 在稳态下，总产出以人口增长的速率增长。由于南部的人口增长率更高，所以南部的总产出增长率会高于东部。

88. 人口增长率的上升会提高产出的稳态水平和产出的稳态增长率（它会增长到与新的更高的人口增长率相等的速率）。人口增长率的上升会降低人均产出的稳态水平，不会改变人均产出的稳态增长率，从长期看，它为零。

89. 储蓄提供了两类投资：（1）用于替代折旧资本的投资；（2）用于为新工人配备与经济中现有工人相同数量的资本，从而使得稳态的资本工人比不变的投资。

90. 在索洛增长模型中，更快的人口增长率降低了人均产出水平，因为资本必须在工人中稀疏地分布。在马尔萨斯模型中，更快的人口增长耗尽了粮食的供给并导致饥饿和人口数量的下降。在克莱默模型中，更快的人口增长增加了可以汲取新思想和创新的渠道，从而提高了生活水平。

91. a. 两个国家的稳态人均产出水平会是一致的，因为规模报酬不变的假设意味着以工人的人数衡量的经济绝对规模不影响人均产出。

b. 大国的稳态人均产出水平会更低，因为在储蓄率相同而人口增长较快的情况下，大国不能够保持人均资本率和小国一样高。

92. 较大数量的稳态资本提高了人均资本比，也增加了产出数量，因此，人均可消费更多数量的产出。大量的稳态资本产生更多的折旧，为了保持稳态，必须将它从产出中抵扣，从而减少可供人均消费的产出数量。

93. 生产函数的斜率显示了额外一单位资本生产的额外人均产出。这个额外的产出量被称作资本的边际产量。

94. 当经济发现它自己处于投资量等于折旧量的资本存量水平时，资本存量不会改变。因此，随着时间的推移，资本存量和产出是稳定的，而不是增长或减少。这被称作稳态的资本水平。

95. 使消费最大化的k的稳态值被称作资本的黄金律水平。

96. a. 当经济始于资本多于黄金律的稳态时，政策制定者应该提供旨在降低储蓄率的政策，以减少资本存量。储蓄率的下降导致消费的上升和投资的下降。消费必须高于储蓄率变化之前的水平才能实现黄金律稳态，即使产出和投资都较低。

b. 当经济始于资本少于黄金律的稳态时，政策制定者必须集中于提高储蓄率，以增加资本存量并达到黄金律水平。储蓄率的提高导致投资的上升和消费的下降。最终，这会导致资本存量升高。

97. 人口增长以及投资和折旧影响人均资本的积累。人均资本存量的变化是

$$\Delta k = i - (\delta + n)k$$

式中，n是人口增长率，δ是折旧率，$(\delta + n)k$是收支相抵的投资。该等式表明，人口增长大大减少了人均资本积累，这与折旧类似。折旧通过磨损使资本存量减少k，而人口增长通过把资本存量更稀疏地分配给更多的工人而使资本存量减少k。

98. 人口增长率的提高降低了稳态人均资本水平。索洛增长模型假定有更高人口增长率的国家会有更低的人均 GDP 水平，因此，收入较低；反之亦然。

99. 马尔萨斯认为不断增长的人口将持续地限制社会供养自己的能力，这样社会将永远生活在贫困中。

根据克莱默的研究，世界人口增长是促进经济繁荣的关键驱动力，因为社会上大量的人口意味着大量的发明家、科学家和工程师，从而为国家的发展贡献技术进步和创新。

第 9 章 经济增长Ⅱ：技术、经验和政策

单项选择题

1. 劳动效率：
   A. 是劳动的边际产量
   B. 是劳动力的增长率
   C. 取决于劳动力的教育、健康和技能
   D. 等于人均产出
2. 工人的有效数量考虑了工人的数量和
   A. 每个工人可获得的资本数量
   B. 工人数量的增长率
   C. 每个工人的效率
   D. 每个工人的储蓄率
3. 劳动改善型技术进步率（g）是________的增长率。
   A. 劳动
   B. 劳动效率
   C. 资本
   D. 产出
4. 技术进步提高了劳动效率的假设被称作：
   A. 内生技术进步
   B. 经济增长的效率工资模型
   C. 劳动改善型技术进步
   D. 经济增长的黄金律模型
5. 如果劳动力按 3%的速率增长，每单位劳动的效率按 2%的速率增长，那么有效工人的数量大约按________的速率增长。
   A. 2%　　B. 3%
   C. 5%　　D. 6%
6. 在一个储蓄率为 s、人口增长率为 n、折旧率为 δ 且劳动改善型技术进步率为 g 的稳态经济中，由有效工人的人均产出［$f(k^*)$］计算的稳态有效工人的人均资本比（k^*）的公式为：
   A. $sf(k)/(\delta+n+g)$
   B. $s/[f(k)(\delta+n+g)]$
   C. $f(k)/[s(\delta+n+g)]$
   D. $[s-f(k)]/(\delta+n+g)$
7. 在人口增长和劳动改善型技术变化的索洛增长模型中，收支相抵的投资一定包括：
   A. 折旧的资本
   B. 折旧的资本和提供给新工人的资本
   C. 折旧的资本和提供给新的有效工人的资本
   D. 折旧的资本、提供给新工人的资本和提供给新的有效工人的资本
8. 在索洛增长模型中，有效工人的人均产出的稳态增长率为________，实际工人的人均产出的稳态增长率为________。

A. 技术进步率与人口增长率之和；零

B. 零；技术进步率

C. 零；零

D. 技术进步率；人口增长率

9. 根据索洛增长模型，生活水平的持续上升只有________才能解释。

A. 人口增长

B. 资本积累

C. 储蓄率

D. 技术进步

10. 在技术变化的索洛增长模型中，资本的黄金率水平是________最大化的稳态。

A. 人均产出

B. 有效工人人均产出

C. 人均消费

D. 有效工人人均消费

11. 人口增长率为 n，劳动改善型技术进步率为 g，黄金率稳态要求资本的边际产量（MPK）：

A. 减去折旧等于 $n+g$

B. 减去折旧等于折旧率加上 $n+g$

C. 加上 n 等于折旧率加上 g

D. 加上 g 等于折旧率加上 n

12. 在技术进步的索洛增长模型中，有效工人人均资本的稳态增长率为：

A. 0　　B. g

C. n　　D. $n+g$

13. 在技术进步的索洛增长模型中，有效工人人均产出的稳态增长率为：

A. 0　　B. g

C. n　　D. $n+g$

14. 在技术进步的索洛增长模型中，人均产出的稳态增长率为：

A. 0　　B. g

C. n　　D. $n+g$

15. 在技术进步的索洛增长模型中，总产出的稳态增长率为：

A. 0　　B. g

C. n　　D. $n+g$

16. 在美国过去的 50 年间：

A. 人均产出、人均资本存量、实际工资和资本的实际租赁价格每年都增长约 2%

B. 人均产出、实际工资和资本的实际租赁价格每年都增长约 2%，而人均资本存量增长得更快

C. 人均产出和实际工资每年都增长约 2%，而人均资本存量增长得更快，资本的实际租赁价格大致保持不变

D. 人均产出、实际工资和人均资本存量每年都增长约 2%，而资本的实际租赁价格大致保持不变

17. 在技术进步的索洛增长模型中，沿着平衡的增长路径，通过提高劳动效率的速率 g：

A. 实际工资和资本的实际租赁价格都增长了速率 g

B. 实际工资增长了速率 g，但资本的实际租赁价格不变

C. 实际工资不变，但资本的实际租赁价格增长了速率 g

D. 实际工资和资本的实际租赁价格都不变

18. 随着人口增长和技术进步，索洛增长模型的平衡增长性质预测下列哪一组变量在稳态下将以相同的速率增长？

A. 有效工人的人均产出、有效工人的人均资本、实际工资

B. 人均产出、人均资本、实际工资

C. 资本的实际租赁价格、实际工资、人均产出

D. 资本产出比、人均产出、人均资本

19. 索洛增长模型预测如果两个经济有着相同的________，这两个经济将趋同。

A. 资本存量

B. 人口

C. 稳态

D. 生产函数

20. 有条件的趋同发生在经济趋同于：

A. 和其他经济一样的稳态

B. 黄金律稳态

C. 平衡增长的稳态

D. 它们各自的稳态

21. 如果两个经济其他方面都相同（包括有相同的储蓄率、人口增长率和劳动效率），但一个经济的资本存量较小，那么有着较小资本存量的经济的人均收入稳态水平：
A. 将处于低于资本存量较大经济的稳态水平
B. 将处于高于资本存量较大经济的稳态水平
C. 将处于与资本存量较大经济的稳态一致的水平
D. 将与两个经济的资本存量的比率成正比

22. 如果两个经济其他方面都相同（有相同的人口增长率和技术进步率），但一个经济有较低的储蓄率，那么有着较低储蓄率的经济的人均收入稳态水平：
A. 将处于低于高储蓄率经济的稳态的水平
B. 将处于高于高储蓄率经济的稳态的水平
C. 将处于与高储蓄率经济的稳态一致的水平
D. 将以慢于高储蓄率经济的速率增长

23. 关于人均资本的差异是否可由生产要素数量或者生产要素的使用效率来进行解释的问题，通过实证调查可以发现：
A. 要素数量与使用效率之间负相关
B. 要素数量与使用效率之间正相关
C. 要素数量与使用效率之间没有相关性
D. 要素积累数量与使用效率之间有较大差距

24. 解释要素积累和生产效率之间正相关的假说包括下列除________外的每一项。
A. 一国制度的质量既影响要素积累，又影响生产效率
B. 资本积累导致更高的生产效率
C. 高效的经济使资本积累变得不必要
D. 一个有效率的经济鼓励资本（包括人力资本）积累

25. 按相同国民收入核算体系计算的人均收入的国际差异必须归因于________和/或________的差异。
A. 要素积累；生产效率
B. 规模报酬不变；资本的边际产量
C. 失业率；折旧率
D. 消费；利率

26. 要素积累的差异和/或生产效率的差异必须考虑在________上的所有国际差异。
A. 人力资本和实物资本
B. 储蓄率和人口增长率
C. 人均收入
D. 劳动效率

27. 大多数经验证据支持这样的假设，即开放贸易的经济较相对封闭的经济________。
A. 增长更快
B. 由于国外竞争使得人均收入的稳态水平较低
C. 有更快的人口增长率和技术进步率
D. 更缓慢地趋同于稳态均衡

28. 如果减去折旧后的资本的边际产量等于8%，人口增长率等于2%，劳动改善型技术进步率等于2%，为了达到资本存量的黄金律水平，这个经济的________率必须________。
A. 储蓄；提高
B. 人口增长；降低
C. 储蓄；降低
D. 人口增长；提高

29. 如果减去折旧后的资本的边际产量等于10%，人口增长率等于2%，那么如果技术进步率等于________%，这个经济将会达到黄金律稳态。
A. 0　　B. 2
C. 8　　D. 10

30. 下列哪一项变化将使目前低于黄金律水平的美国资本存量更接近稳态、消费最大化水平？
A. 提高人口增长率
B. 提高资本折旧率
C. 提高技术进步率

D. 提高储蓄率

31. 其他条件保持不变，下列所有政府政策除了________外都可能增加国民储蓄。
    A. 减少储蓄账户的税收
    B. 保持预算赤字
    C. 保持预算盈余
    D. 清偿部分国债

32. 经济研究表明，在解释生活水平的国际差别上：
    A. 实物资本比人力资本更重要
    B. 人力资本至少与实物资本同样重要
    C. 人力资本比实物资本重要得多
    D. 基础设施是最重要的要素

33. 在新资本积累的过程中，与之相联系的可能的外部性是：
    A. 劳动生产率可能降低
    B. 可能产生新的生产工艺
    C. 旧资本可能产生更多的生产力
    D. 政府可能需要采取产业政策

34. 一国的法律制度类型和腐败程度：
    A. 与一国的经济增长率无关
    B. 是一国经济增长率的重要决定因素
    C. 是政治讨论的重要主题，但不是对经济增长的解释
    D. 是解释资本的黄金律水平的重要变量

35. 对在温和气候下和在热带气候下更大的经济发展的一种解释是，殖民者在温和气候下建立的制度________，而殖民者在热带气候下建立的制度________。
    A. 是基于英国的普通法；是基于《拿破仑法典》
    B. 是基于《拿破仑法典》；是基于英国的普通法
    C. 是保护产权的；是掠夺性和独裁主义的
    D. 是掠夺性和独裁主义的；是保护产权的

36. 最近的全球性的经济增长减缓始于________早期。
    A. 20 世纪 60 年代
    B. 20 世纪 70 年代
    C. 20 世纪 80 年代
    D. 20 世纪 90 年代

37. 如果美国的生产率增长保持在最近的生产率减缓之前的水平，那么今天的实际收入将会高出________%以上。
    A. 10　　B. 20
    C. 30　　D. 40

38. 从 20 世纪 70 年代开始的生产率减缓至少部分归因于下列除了________外的每一项。
    A. 关于如何生产的新思想开始枯竭
    B. 教育质量恶化
    C. 劳动力中工人的数量下降
    D. 工人的平均经验水平较低

39. 20 世纪 90 年代中期美国人均收入增长率的提高可能主要是由于：
    A. 人力资本的增加
    B. 实物资本的增加
    C. 信息技术的进步
    D. 储蓄率的提高

40. 内生增长理论抛弃了外生________的假设。
    A. 生产函数
    B. 折旧率
    C. 人口增长率
    D. 技术变革

41. 在索洛增长模型中，资本表现出报酬________。在基本的内生增长模型中，资本表现出报酬________。
    A. 不变；递减
    B. 不变；不变
    C. 递减；不变
    D. 递减；递减

42. 在基本的内生增长模型中，即使没有外生技术进步，收入也能永远增长，因为：
    A. 储蓄率等于折旧率
    B. 储蓄率大于折旧率
    C. 资本不表现出报酬递减
    D. 资本表现出报酬递减

43. 如果资本被定义为包括________，资本报酬不变的内生增长模型的假设就更

合理。

A. 工厂和设备

B. 知识

C. 折旧

D. 技术

44. 如果 Y 为产出，K 为资本，u 为大学的劳动力比例，L 为劳动，E 为知识存量，且产量 $Y=F[K,(1-u)EL]$ 表现出规模报酬不变，那么如果________，产出（Y）将翻倍。

A. K 翻倍

B. K 和 u 翻倍

C. K 和 E 翻倍

D. L 翻倍

45. 在两部门的内生增长模型中，储蓄率（s）影响稳态的：

A. 收入水平

B. 收入增长率

C. 收入水平和收入增长率

D. 知识存量的增长率

46. 在两部门的内生增长模型中，大学的劳动力比例（u）影响稳态的：

A. 收入水平

B. 收入增长率

C. 收入水平和收入增长率

D. 收入水平、收入增长率和知识存量的增长率

47. 在两部门的内生增长模型中，收入持续增长，因为：

A. 生产函数的转变是外生性的

B. 储蓄率大于折旧率

C. 大学里的知识创造永远不会放慢

D. 大学的劳动力比例大

48. 在两部门的内生增长模型中，稳态的实物资本存量取决于________，知识存量的增长取决于________。

A. 大学中劳动力的比例；储蓄率

B. 劳动效率；储蓄率

C. 生产函数；劳动效率

D. 储蓄率；大学中劳动力的比例

49. 实证结果证明，政府对研究给予大量补贴是合理的，因为：

A. 研究的私人收益大于研究的社会收益

B. 研究的私人收益大致等于研究的社会收益

C. 研究的私人收益小于研究的社会收益

D. 研究的私人收益是正的，但研究的社会收益是负的

50. 熊彼特的“创造性毁灭”理论通过________解释了经济进步的原因。

A. 利用稀缺的自然资源来创造新产品

B. 打破贸易和发展壁垒

C. 新产品生产者将现存生产者逐出行业

D. 创造新方法来破坏环境

51. 当资本增加 ΔK 单位时，产出就增加：

A. ΔL 单位

B. $MPL\times\Delta L$ 单位

C. ΔK 单位

D. $MPK\times\Delta K$ 单位

52. 当资本增加 ΔK 单位且劳动增加 ΔL 单位时，产出（ΔY）就增加：

A. $\Delta K+\Delta L$ 单位

B. $MPL+MPK$ 单位

C. $MPK\times\Delta K+MPL\times\Delta L$ 单位

D. $MPL\times\Delta K+MPK\times\Delta K$ 单位

53. 全要素生产率的衡量可以通过：

A. 从产出增长率中减去资本投入增长率和劳动投入增长率

B. 从产出增长率中减去资本投入增长率乘以产出中的资本份额再加上劳动投入增长率乘以产出中的劳动份额

C. 将资本投入增长率与劳动投入增长率相加

D. 将资本投入增长率乘以产出中的资本份额与劳动投入增长率乘以产出中的劳动份额相加

54. 索洛余量衡量了产出增长中不能用________的增长来解释的部分。

A. 资本和劳动

B. 技术

C. 货币供给

D. 储蓄率

55. 普雷斯科特解释了索洛余量的波动，其证据为：
A. 技术冲击是经济短期波动的一个重要源泉
B. 索洛增长模型不趋同于稳态均衡
C. 内生增长模型对增长的解释比索洛增长模型更好
D. 劳动的边际产量比资本的边际产量波动更大

56. 普雷斯科特对索洛余量周期性特征的可能解释是：
A. 衰退期间的劳动储备和产出周期性的统计误差
B. 坏天气、严格的环保法规和石油危机
C. 资本利用率和劳动力参与率下降
D. 技术冲击

57. 劳动储备是指：
A. 让工人从事低工资工作以减少劳动成本
B. 减少生产中使用的资本将使得更多的工人拥有工作
C. 在衰退期间继续雇用工人以确保经济复苏时他们可以为之所用
D. 通过合同阻止工人从竞争性企业中获得工作

58. 索洛余量等于产出的百分比变化：
A. 加上要素投入的百分比变化乘以产出中各要素的份额
B. 减去要素投入价格的百分比变化
C. 减去要素投入的百分比变化乘以产出中各要素的份额
D. 加上产出中各要素份额的百分比变化

59. 如果有________，即使技术没有变动，索洛余量也会下降。
A. 人口增长
B. 内生增长
C. 劳动储备
D. 平衡增长

60. 如果生产函数为 $y=k^{1/2}$，那么 y 的稳态值是：
A. $y=[(s+g)/(\delta+n)]^{1/2}$
B. $y=(s+g)/(\delta+n)$
C. $y=[2/(\delta+n+g)]^{1/2}$
D. $y=s/(\delta+n+g)$

61. 如果日本的生产函数是资本份额为 0.3 的柯布-道格拉斯生产函数，产出增长为每年 3%，折旧为每年 4%，资本产出比为 2.5，那么和稳态增长一致的储蓄率为：
A. 12.5%　　B. 14%
C. 17.5%　　D. 20%

62. 在人口增长和技术进步的稳态中：
A. 收入的资本份额会增加
B. 收入的劳动份额会增加
C. 收入的资本份额在某些情况下会增加，有时劳动份额会增加
D. 收入的资本份额和收入的劳动份额不变

63. 在人口增长和技术进步的稳态中：
A. 资本的实际租赁价格不变，实际工资以技术进步的速率增长
B. 资本的实际租赁价格以技术进步的速率增长，实际工资不变
C. 资本的实际租赁价格和实际工资都以技术进步的速率增长
D. 资本的实际租赁价格和实际工资都不变

64. 在比较两个受教育程度不同而储蓄率、人口增长率和技术进步率相同的国家时，人们会期望受教育程度较高的国家拥有：
A. 较高的总收入增长率和较高的实际工资
B. 较高的总收入增长率和相同的实际工资
C. 相同的总收入增长率和较高的实际工资
D. 相同的总收入增长率和相同的实际工资

65. 如果人均生产函数是 $y=Ak$，其中 A 总是正的，那么资本的边际产量：
A. 随着 k 的增加而增加

B. 随着 k 的增加保持不变

C. 随着 k 的增加而减少

D. 在这种情况下不能被衡量

66. 如果 Antegria 土地的生产函数为 $Y=AK^{2/3}L^{1/3}$，劳动力增加了 5%而资本不变，则用 Y/L 衡量的劳动生产率将会：

A. 提高 3.33%

B. 提高 1.67%

C. 降低 1.67%

D. 降低 3.33%

67. 劳动生产率（Y/L）的增长率可以表示为全要素生产率的增长率：

A. 加上资本份额乘以资本劳动比的增长率

B. 减去资本份额乘以资本劳动比的增长率

C. 加上资本生产率的增长率

D. 减去资本生产率的增长率

68. 假设一个经济被处于产出和资本增长为 3%、劳动增长为 1%的稳态下的索洛增长模型所描述。资本份额为 0.3。那么增长核算方程表明，资本、劳动和全要素生产率对生产的贡献分别是：

A. 0、1%和 2%

B. 0.3%、0.7%和 2%

C. 0.9%、0.7%和 1.4%

D. 1.8%、0.3%和 0.9%

问答题

69. 假设一个国家的生产函数为 $Y=AK^{0.3}L^{0.7}$。资本产出比为 3，产出的增长率为 3%，折旧率为 4%。资本是以它的边际产量支付的。

a. 在这种情况下资本的边际产量是多少？

b. 如果经济处于稳态，储蓄率一定是多少？

c. 如果经济达到了资本的黄金律水平，资本的边际产量是多少？

d. 为了实现资本的黄金律水平，储蓄率一定是多少？

70. 利用表格中的数据来完成以下两项任务。

生产要素数据表

时期	Y	K	L	产出中的劳动份额
1	100	200	100	0.5
2	106	205	102	0.5
3	111	210	104	0.5
4	110.5	215	104	0.5
5	110	220	104	0.5

a. 计算和报告从时期 2 到时期 5 每一时期的全要素生产率 $[(A_t-A_{t-1})/A_{t-1}]$ 的增长值。假设在时期 1，A 的值为 1.000。报告每一时期 A 的值。

b. 在每一时期 A 的值都升高吗？如果它下降，你认为这种下降是因为技术进步落后吗？如果是，请解释你的答案。如果不是，请提供其他解释。

71. 假设一个政府能够永久地减少它的预算赤字。请利用第 9 章的索洛增长模型来画图说明在稳态的资本劳动比和稳态的人均产出水平下永久的政府赤字减少的影响。请标记：a. 坐标轴；b. 曲线；c. 最初的稳态水平；d. 最终的稳态水平；e. 曲线的移动方向。

72. 假定一个政府能够实施控制以限制人们拥有的孩子的数量。请利用第 9 章的索洛增长模型来画图说明在稳态的资本劳动比和稳态的人均产出水平下缓慢的人口增长率的影响。请标记：a. 坐标轴；b. 曲线；c. 最初的稳态水平；d. 最终的稳态水平；e. 曲线的移动方向。

73. 假设高地国和低地国两个国家可用索洛增长模型来描述。这两个国家是相同的，只是高地国的劳动改善型技术进步率比低地国高。

a. 哪个国家的有效工人人均产出的稳态增长率更高？

b. 哪个国家的总产出的稳态增长率更高？

c. 索洛增长模型预测这两个国家会趋同

于相同的稳态吗？

74. 基于人口增长和劳动改善型技术进步的索洛增长模型，请解释下列每一项政策将如何影响稳态水平和人均总产出的稳态增长率。
   a. 政府减少预算赤字。
   b. 资助研发。
   c. 增加对私人储蓄的税收优惠。
   d. 加强对私有财产权的保护。
75. 请解释索洛增长模型与内生增长模型在下列方面的区别：
   a. 技术进步的来源。
   b. 资本报酬。
76. 在一些国家，人均收入超过 25 000 美元，而在其他一些国家，人均收入低于 1 000 美元。基于索洛增长模型，请给出至少四种对生活水平差距的解释。
77. Glovania 的经济能用索洛增长模型来描述。在稳态下，Glovania 的劳动力每年增长 3%，劳动改善型技术进步每年增长 2%，储蓄率为每年 15%且资本折旧率为每年 10%。从下列变量中选择——有效工人的人均产出、人均产出、总产出、劳动力、人均资本和有效工人的人均资本——哪个变量将以下述速率增长。
   a. 2%。
   b. 3%。
   c. 5%。
   d. 0。
78. 关于索洛增长模型的预测，趋同和有条件的趋同之间有什么区别？请解释。
79. 请解释在人口增长和技术变化的索洛增长模型中，为什么较高的储蓄率对稳态人均消费有积极和消极的影响。
80. 请对 1972 年以来的生产率减缓给出三种解释。
81. a. 什么是索洛余量？
   b. 对比普雷斯科特对索洛余量在经济周期波动中的解释和这些波动的更标准的解释。
82. 什么是劳动效率？技术进步是如何影响劳动效率的？
83. 在稳态经济中，生活水平的持续提高是可能的吗？
84. 随着技术的进步，稳态的资本黄金律水平是如何定义的？
85. 什么是平衡的增长？请给出一个例子。
86. 索洛增长模型关于趋同的预测是什么？为什么有条件的趋同会发生？
87. 假定两个经济是相同的，即拥有相同的储蓄率、人口增长率和劳动增长率。那么经济中人均收入的稳态水平是多少，当：
   a. 一个国家比另一个国家有更小的资本存量时？
   b. 一个国家比另一个国家有更低的储蓄率时？
88. 什么是内生增长模型？在两部门内生增长模型中，技术变化是如何决定的？
89. 谁提出了“创造性毁灭”理论？这个理论有什么含义？

单项选择题答案

1. 答案：C；难度级别：易
2. 答案：C；难度级别：易
3. 答案：B；难度级别：易
4. 答案：C；难度级别：易
5. 答案：C；难度级别：中
6. 答案：A；难度级别：难
7. 答案：D；难度级别：易
8. 答案：B；难度级别：易
9. 答案：D；难度级别：易
10. 答案：D；难度级别：易
11. 答案：A；难度级别：易
12. 答案：A；难度级别：易
13. 答案：A；难度级别：易
14. 答案：B；难度级别：易
15. 答案：D；难度级别：易
16. 答案：D；难度级别：易
17. 答案：B；难度级别：中
18. 答案：B；难度级别：易
19. 答案：C；难度级别：易

20. 答案：D；难度级别：易
21. 答案：C；难度级别：中
22. 答案：A；难度级别：中
23. 答案：B；难度级别：易
24. 答案：C；难度级别：易
25. 答案：A；难度级别：易
26. 答案：C；难度级别：易
27. 答案：A；难度级别：易
28. 答案：A；难度级别：难
29. 答案：C；难度级别：难
30. 答案：D；难度级别：中
31. 答案：B；难度级别：易
32. 答案：B；难度级别：易
33. 答案：B；难度级别：易
34. 答案：B；难度级别：易
35. 答案：C；难度级别：易
36. 答案：B；难度级别：易
37. 答案：B；难度级别：易
38. 答案：C；难度级别：中
39. 答案：C；难度级别：易
40. 答案：D；难度级别：易
41. 答案：C；难度级别：易
42. 答案：C；难度级别：易
43. 答案：B；难度级别：易
44. 答案：C；难度级别：中
45. 答案：A；难度级别：易
46. 答案：D；难度级别：易
47. 答案：C；难度级别：易
48. 答案：D；难度级别：易
49. 答案：C；难度级别：中
50. 答案：C；难度级别：易
51. 答案：D；难度级别：易
52. 答案：C；难度级别：中
53. 答案：B；难度级别：难
54. 答案：A；难度级别：易
55. 答案：A；难度级别：易
56. 答案：A；难度级别：易
57. 答案：C；难度级别：易
58. 答案：C；难度级别：易
59. 答案：C；难度级别：易
60. 答案：D；难度级别：难
61. 答案：C；难度级别：难
62. 答案：D；难度级别：中
63. 答案：A；难度级别：难
64. 答案：C；难度级别：难
65. 答案：B；难度级别：易
66. 答案：D；难度级别：难
67. 答案：A；难度级别：中
68. 答案：C；难度级别：难

问答题答案

69. a. $MPK=0.10$。
 b. $s=0.21$。
 c. $MPK=0.07$。
 d. $s=0.30$。

70. a. 从时期 2 到时期 5，A 的增长率分别为 3.75%、2.52%、−1.64%和−1.62%。在五个时期中 A 的值分别为 1.000 0、1.037 5、1.063 6、1.046 和 1.029 3。
 b. A 在每一时期都不会上升。许多解释都是可能的，但一种解释是经济进入衰退（在时期 4 和时期 5 产出下降），管理层“储备”劳动而不是解雇工人。

71.

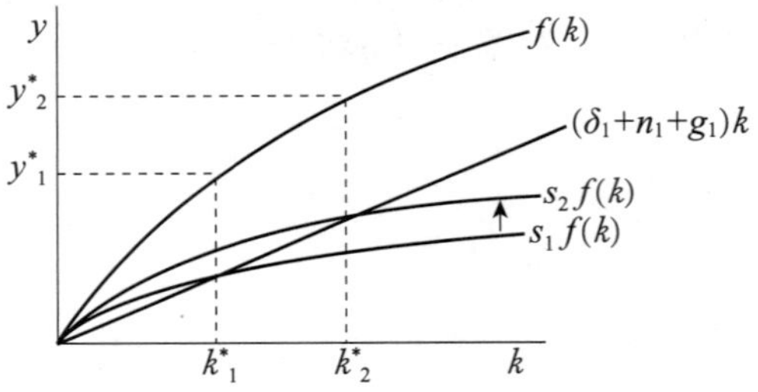

72.

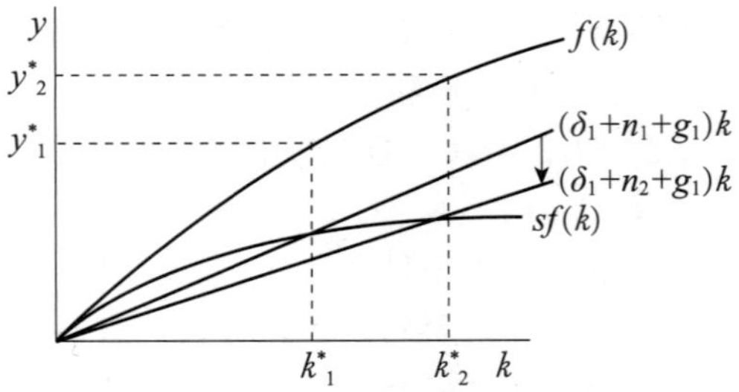

73. a. 两个国家的有效工人人均产出的稳态增长率都是零。

b. 由于有更高的技术进步率，高地国的总产出的稳态增长率更高。

c. 不，索洛增长模型预测经济会趋同于不同的稳态，因为它们有不同的技术进步率。

74. a. 预算赤字的减少提高了储蓄率，这将增加人均产出的稳态水平但不改变人均产出的稳态增长率。

b. 资助研发会提高技术进步率，这将增加人均产出的稳态水平和人均产出的稳态增长率。

c. 增加私人储蓄提高了储蓄率，这将增加人均产出的稳态水平但不改变人均产出的稳态增长率。

d. 加强对私有财产权的保护可能是一种提高技术进步率的制度改进，这将增加人均产出的稳态水平和人均产出的稳态增长率。

75. a. 索洛增长模型假设存在技术增长，而内生增长模型尽力解释技术进步从哪里来。

b. 索洛增长模型假设资本报酬递减，而内生增长模型假设资本报酬不变。

76. 可能的解释包括：较富裕的国家有较高的储蓄率、较富裕的国家有较低的人口增长率、较富裕的国家有较低的资本折旧率、较富裕的国家有较高的技术进步率、较富裕的国家有较好的促进经济增长的制度。

77. a. 人均产出、人均资本。

b. 劳动力。

c. 总产出。

d. 有效工人的人均产出、有效工人的人均资本。

78. 趋同适用于有相同的储蓄率、人口增长率、折旧率、技术进步率和生产函数的经济。根据索洛增长模型，这些经济将趋同于相同的稳态，并有相同的人均产出水平、人均资本和增长率（即使初始水平不同）。有条件的趋同适用于有不同的储蓄率、人口增长率、折旧率、技术进步率和/或生产函数的经济。这些经济将移动到不同的稳态均衡，并有着不同的人均产出水平、人均资本和由关键变量决定的增长率。

79. 提高有效工人人均资本的比率增加了用于消费的产出——对人均消费有积极的影响。提高有效工人人均资本的比率要求将更多的额外产出用于投资，以取代较大的折旧资本存量，并为不断增长的有效工人配备较高的有效工人人均资本比——对人均消费有消极的影响。

80. 可能的解释包括：现有指标无法准确衡量产品质量的提高、石油价格的上升、工人素质的下降和思想的枯竭。

81. a. 索洛余量是总产出的百分比变化减去投入的百分比变化。它是对全要素生产率的衡量。

b. 普雷斯科特解释了索洛余量的周期变动——衰退减少和扩张增加——这证明了经济周期是技术冲击的结果。批评家对这种解释提出，在没有技术变化的衰退期间，如果有劳动储备和不同类型的产出（它更难以衡量），索洛余量将会降低。

82. 劳动效率描述了当可获得的技术得以改善时，每小时工作如何生产更多的产品和服务。它反映了健康、教育和可用的劳动技能。它用 E 标记。

它假设了技术进步引起的劳动效率（E）以某种不变的速率（g）增长。这种形式的技术进步被称为劳动改善型技术进步，g 被称为劳动改善型技术进步率。

83. 在人口增长（n）和劳动改善型技术进步（g）的稳态经济中，生活水平的持续上升是可能的，因为随着人口的增长和技术进步，资本存量比劳动力增长得更快。

84. 随着技术的进步，资本的黄金律水平被定义为使有效工人人均消费最大化的稳态。如果 $MPK-\delta=n+g$，那么稳态消费最大化。这就是说，在资本的黄金律水平，资本的净边际产量（$MPK-\delta$）

等于总产出增长率（$n+g$）。

85. 索洛增长模型预测技术进步会引起许多变量的数值在稳态时一起上升（它们的增长率不变，即使它们以不同的速率增长）。这一性质被称为平衡的增长。这其中的一个例子是在过去 50 年间的美国，人均产出、实际工资和人均资本存量每年都增长了 2%，而资本的实际租赁价格仍然保持不变。

86. 索洛增长模型预测，如果两个国家有相同的稳态，它们将经历"趋同"。当经济趋同于它们各自可能的不同稳态时，有条件的趋同会发生。

87. a. 当一个国家比另一个国家有更小的资本存量时，有较小资本存量的经济的人均收入稳态水平会与有较大资本存量的经济的稳态水平保持一致。

    b. 当一个国家比另一个国家有更低的储蓄率时，有较低储蓄率的经济的人均收入稳态水平会比高储蓄率经济的稳态水平更低。

88. 内生增长理论是否定了索洛的内生技术变化和解释技术进步的假设的理论。在两部门内生增长模型中，收入持续增长，因为根据这一模型，知识随着时间的推移而积累，思想成为社会知识库的一部分。因为知识可以被多个人使用而不会降低它的有用性，所以知识创造了刺激经济增长的技术外部性。

    在这个模型中有两个关键的决定变量。用于储蓄和投资（s）的产出比例决定了实物资本的稳态存量。另外，大学的劳动力比例（u）决定了知识存量的增长。s 和 u 都影响收入水平，但只有 u 影响收入的稳态增长率。

89. 熊彼特提出了创造性毁灭理论，该理论阐述了经济进步是由新产品生产者将现存生产者逐出市场导致的。

第 10 章

经济波动导论

单项选择题

1. 经济周期是：

   A. 定期且可以预测的

   B. 不定期但可以预测的

   C. 定期但不可以预测的

   D. 不定期且不可以预测的

2. 产出与就业的短期波动被称为：

   A. 部门转移

   B. 古典二分法

   C. 经济周期

   D. 生产率减缓

3. 衰退通常但不总是包括至少连续________季度实际 GDP 的下降。

   A. 两个　　B. 四个

   C. 六个　　D. 八个

4. 在经济周期中，投资支出：

   A. 与消费支出负相关

   B. 比消费支出的波动要大

   C. 和消费支出有相同的波动

   D. 比消费支出的波动要小

5. 当 GDP 的增长下降时，投资支出通常________，消费支出通常________。

   A. 增加；增加

   B. 增加；减少

   C. 减少；减少

   D. 减少；增加

6. 奥肯定律是实际 GDP 与________之间的________关系。

   A. 失业率；负相关

   B. 通货膨胀率；负相关

   C. 失业率；正相关

   D. 通货膨胀率；正相关

7. 在第 10 章学习的奥肯定律假定失业率不变，实际 GDP 一年内通常增长 3%。如果失业率一年内上升 2%，那么奥肯定律预测实际 GDP 将会：

   A. 下降 1%

   B. 下降 2%

   C. 下降 3%

   D. 升高 1%

8. 实际 GDP 的长期增长主要由________决定，而实际 GDP 的短期变动与________相关。

   A. 劳动市场使用的变化；技术进步

   B. 技术进步；劳动市场使用的变化

   C. 货币供给增长率；速率变化

   D. 速率变化；货币供给增长率

9. 领先指标是指：

A. 最受欢迎的经济统计数字

B. 用于构造消费者价格指数和失业率的数字

C. 在整体经济变动之前先发生波动的变量

D. 美国国家经济研究局编制的标准化统计数据

10. 供应商交货指数的下降通常是未来经济生产________的一个指标，10 年期美国国债和 3 个月期美国国债之间利息差的缩小通常是未来经济生产________的一个指标。

A. 增加；减缓

B. 增加；增加

C. 减缓；增加

D. 减缓；减缓

11. 由美国经济咨商局编制的领先指标指数包括预测未来________经济活动的变化所常用的 10 个数据序列。

A. 1 个月

B. 6～9 个月

C. 1～2 年

D. 5～10 年

12. 平均工作周数和供应商交货量（供应商绩效）的衡量包括在领先指数指标中，因为较少的工作周数往往预示着________未来经济活动，较慢的交货速度往往预示着________未来经济活动。

A. 较强的；较强的

B. 较强的；较弱的

C. 较弱的；较强的

D. 较弱的；较弱的

13. 大多数经济学家认为价格：

A. 在短期是弹性的，但在长期主要是黏性的

B. 在长期是弹性的，但在短期主要是黏性的

C. 在短期和长期都是黏性的

D. 在短期和长期都是弹性的

14. 根据大多数经济学家的观点，货币供给减少 5%将会使价格下降 5%：

A. 在短期和在长期都会发生

B. 既不在短期发生又不在长期发生

C. 发生在短期但在长期导致失业

D. 发生在长期但在短期导致失业

15. 货币中性即货币供给对________变量决定的无关性，在长期中通常被认为是经济的主要特性。

A. 实际

B. 名义

C. 实际和名义

D. 既不是实际又不是名义

16. 经济长期和短期之间的区别是：

A. 古典二分法在短期而不在长期成立

B. 货币和财政政策只在长期影响产出

C. 需求在短期能影响产出和就业，而供给在长期是主导力量

D. 价格和工资只在长期是黏性的

17. 总需求曲线是产出的需求量和________之间的________关系。

A. 货币供给；正相关

B. 货币供给；负相关

C. 价格水平；正相关

D. 价格水平；负相关

18. 如果总需求曲线由沿着横轴的实际 GDP（Y）和沿着纵轴的价格水平（P）所绘制，利用货币数量论作为总需求理论，这条曲线向右________倾斜，当它向右移动时，会变得________。

A. 下；更陡峭

B. 下；更平坦

C. 上；更陡峭

D. 上；更平坦

19. 流通速度不变的假设等价于________不变的假设。

A. 短期总供给曲线

B. 长期总供给曲线

C. 短期价格水平

D. 每单位产出对实际货币余额的需求

20. 沿着总需求曲线，下列哪一项是保持不变的？

A. 实际产出和价格
B. 名义产出和流通速度
C. 货币供给和实际产出
D. 货币供给和流通速度

21. 根据货币数量论，当流通速度不变时，如果产出较高，那么需要的实际货币余额就________，对于这里固定的 M 就意味着________的 P。
A. 较高；较低
B. 较低；较高
C. 较高；较高
D. 较低；较低

22. 根据数量方程，如果货币流通速度和货币供给是固定的，且价格水平上升，那么购买的产品与服务的数量会：
A. 增加
B. 减少
C. 不变
D. 可能增加，也可能减少

23. 对于固定的货币供给，总需求曲线向下倾斜是因为，在一个较低的价格水平下，实际货币余额________，产生了________的产出需求量。
A. 较高；较大
B. 较高；较小
C. 较低；较大
D. 较低；较小

24. 假设流通速度不变，总需求曲线告诉我们：
A. 对于给定的 P 值条件下的 M 和 Y 的可能组合
B. 对于给定的 Y 值条件下的 M 和 P 的可能组合
C. 对于给定的 M 值条件下的 P 和 Y 的可能组合
D. 美联储减少货币供给的可能结果

25. 当总需求曲线由沿着横轴的实际 GDP（Y）和沿着纵轴的价格水平（P）所绘制时，如果货币供给减少，那么总需求曲线会移向：
A. 左下
B. 右下
C. 左上
D. 右上

26. 当美联储减少货币供给时，在一个给定的价格水平下，产出的需求量________，总需求曲线移向________。
A. 较大；里
B. 较大；外
C. 较小；里
D. 较小；外

27. 产品与服务的供给量和价格水平之间的关系被称为：
A. 总需求
B. 总供给
C. 总投资
D. 总生产

28. 短期总供给曲线显示固定的________，长期总供给曲线显示固定的________。
A. 产出；产出
B. 价格；价格
C. 价格；产出
D. 产出；价格

29. 在长期，产出的水平取决于：
A. 供给和需求的相互作用
B. 货币供给和政府支出以及税收水平
C. 资本和劳动的数量以及可获得的技术
D. 公众的偏好

30. 当长期总供给曲线由沿着横轴的实际 GDP（Y）和沿着纵轴的价格水平（P）所绘制时，这条曲线：
A. 向右上倾斜
B. 向右下倾斜
C. 是水平的
D. 是垂直的

31. 垂直的长期总供给曲线满足古典二分法，因为产出的自然率不取决于：
A. 劳动供给
B. 资本供给
C. 货币供给
D. 技术

32. 如果长期总供给曲线是垂直的，那么总需求的变化：

A. 既不影响价格也不影响产出水平

B. 既影响价格也影响产出水平

C. 影响产出水平但不影响价格

D. 影响价格但不影响产出水平

33. 产出的自然率：

A. 被总需求影响

B. 是失业率为零时的产出水平

C. 是失业率处于自然水平时的产出水平

D. 是永久且不可变化的

34. 如果所有价格都被固定在此前的水平上，那么当短期总供给曲线由沿着横轴的实际 GDP（Y）和沿着纵轴的价格水平（P）所绘制时，这条曲线：

A. 是水平的

B. 是垂直的

C. 向右上倾斜

D. 向右下倾斜

35. 如果短期总供给曲线是水平的，那么总需求的变化：

A. 影响产出水平但不影响价格

B. 影响价格但不影响产出水平

C. 既影响价格又影响产出水平

D. 既不影响价格又不影响产出水平

36. 在总需求-总供给模型中，产出和价格组合中的短期均衡发生在：

A. 总需求等于长期总供给的位置

B. 总需求等于短期总供给的位置

C. 总需求等于短期和长期总供给的位置

D. 短期总供给等于长期总供给的位置

37. 短期总供给曲线在________上是水平的。

A. 一个由总需求决定的产出水平

B. 产出的自然水平

C. 经济资源处于充分就业的产出水平

D. 一个固定的价格水平

38. 短期是指一个________的时期。

A. 持续几天

B. 价格是黏性的且周期性失业可能发生

C. 资本和劳动被充分雇用

D. 没有波动

39. 如果短期总供给曲线是水平的且长期总供给曲线是垂直的，那么货币供给的变化在短期会________，在长期会________。

A. 只改变价格；只改变产出

B. 只改变产出；只改变价格

C. 既改变价格又改变产出；只改变价格

D. 既改变价格又改变产出；既改变价格又改变产出

40. 在总需求-总供给模型中，产出和价格组合中的长期均衡发生在：

A. 总需求大于长期总供给的位置

B. 总需求等于短期总供给的位置

C. 总需求等于短期和长期总供给的位置

D. 短期总供给等于长期总供给的位置

41. 如果短期均衡发生在高于自然率时的产出水平，那么向长期过渡的价格将会________，产出将会________。

A. 增加；增加

B. 减少；减少

C. 增加；减少

D. 减少；增加

42. 如果短期总供给曲线是水平的且美联储增加货币供给，那么：

A. 产出和就业在短期内会增加

B. 产出和就业在短期内会减少

C. 价格在短期内会提高

D. 价格在短期内会降低

43. 假设经济从长期均衡开始。如果美联储增加货币供给，那么在短期，________增加，在长期，________增加。

A. 价格；产出

B. 产出；价格

C. 产出；产出

D. 价格；价格

44. 货币中性是总需求-总供给模型________的一个特性。

A. 在短期和长期

B. 既不在短期，又不在长期

C. 在短期，但不在长期

D. 在长期，但不在短期

45. 经济对 1724 年法国的货币供给在一夜之间减少了 20%的反应：

A. 证实了货币中性，因为没有实际变量被这种名义变化影响

B. 通过导致价格水平立即减少 20%证实了数量论

C. 证实了货币在短期不是中性的，因为产出和价格都下降

D. 反驳了奥肯定律，因为产出的减少与失业的增加无关

46. 当 1724 年法国的货币供给在 7 个月内减少了 45%时，经济中唯一能立即充分调整的值是：

A. 粮食市场的价格

B. 实际工资

C. 外汇汇率

D. 利率

47. 稳定化政策指的是政策行动旨在：

A. 减少短期经济波动的严重性

B. 平衡经济中的家庭收入

C. 保持劳动和资本的产出份额恒定

D. 防止贫困率上升

48. 下列哪一项是需求冲击的一个例子？

A. 油价的大幅上涨

B. 信用卡的引入和较大范围的普及

C. 一场摧毁了农作物的干旱

D. 工会得到大幅加薪

49. 如果短期总供给曲线是水平的，公众中的每一个成员都选择持有他或她收入中的较大比例作为现金余额，那么：

A. 产出和就业在短期内会增加

B. 产出和就业在短期内会减少

C. 价格在短期内会提高

D. 价格在短期内会降低

50. 保持产出 Y 固定，货币需求的减少等价于流通速度的________和总需求曲线的向________移动。

A. 提高；右

B. 提高；左

C. 降低；右

D. 降低；左

51. 从长期均衡开始，如果货币流通速度提高（例如，由于自动取款机的发明），美联储可能会通过________稳定产出。

A. 减少货币供给

B. 增加货币供给

C. 降低价格水平

D. 提高价格水平

52. 总需求的移动图

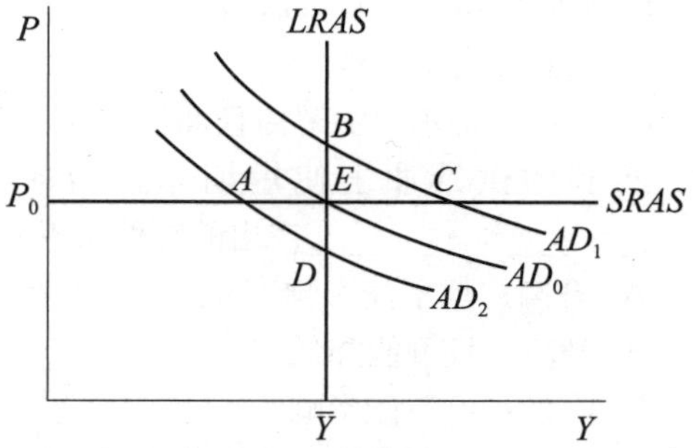

在这个图形中，经济起初位于点 E，价格 P_0 和产出 $\overline{Y}$ 的总需求由曲线 AD_0 给出，$SRAS$ 和 $LRAS$ 分别代表短期和长期的总供给。现在假设总需求曲线发生移动，从而由 AD_1 表示。那么经济首先移到点________，然后，在长期，经济移到点________。

A. A；D　　B. D；A

C. C；B　　D. B；C

53. 总需求的移动图

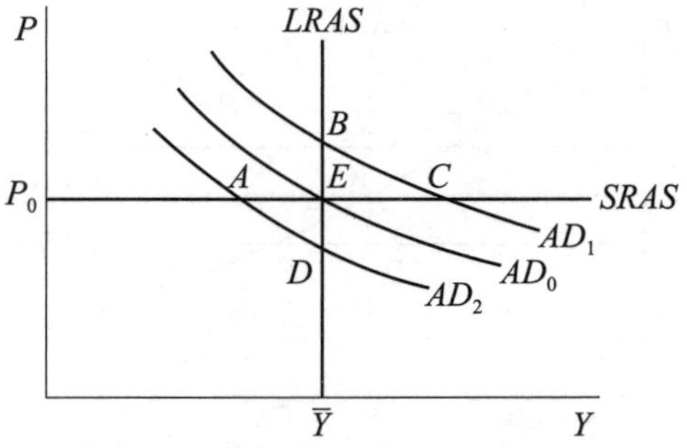

假设经济起初位于点 A，总需求由 AD_2 给出。总需求曲线向 AD_0 的移动可能要么是货币供给________的结果，要么是流通速度________的结果。

A. 增加；增加

B. 增加；减少

C. 减少；增加

D. 减少；减少

54. 当________时，供给冲击不会发生。

A. 一场干旱摧毁了农作物

B. 工会推高了工资

C. 美联储增加了货币供给

D. 石油卡特尔组织提高了世界石油价格

55. 当________时，有利的供给冲击会发生。

A. 环境保护法提高了生产成本

B. 美联储增加了货币供给

C. 工会推高了工资

D. 石油卡特尔组织解体且油价下降

56. 不利的供给冲击使短期总供给曲线________，________产出的自然水平。

A. 升高；但不能影响

B. 升高；且可能降低

C. 降低；但不能影响

D. 降低；且可能降低

57. 如果短期总供给曲线是水平的，那么推高了工资和价格的工会激进程度的增强会导致短期内________的价格和________的产出。

A. 较高；较低

B. 较低；较高

C. 较高；较高

D. 较低；较低

58. 供给冲击图

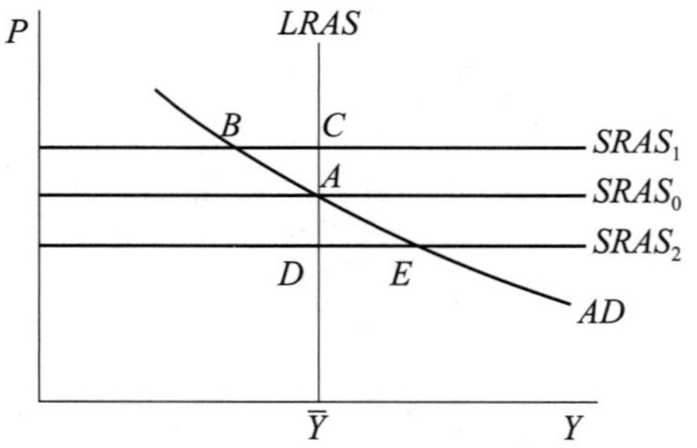

在这个图形中，假设经济起初位于点 A，且有一个不会永久持续的有利供给冲击。在这种情况下，点________代表短期均衡，点________代表长期均衡。

A. B；C　　B. B；A

C. E；D　　D. E；A

59. 供给冲击图

假设经济位于点 B。如果没有进一步的冲击或政策变动，经济在长期将会位

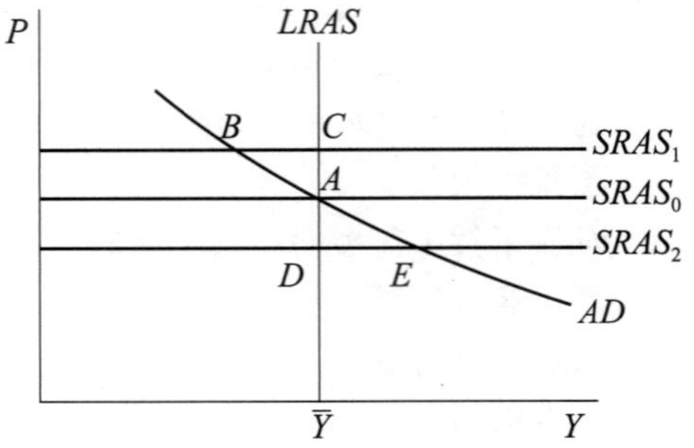

于点：

A. A　　B. B

C. C　　D. D

60. 供给冲击图

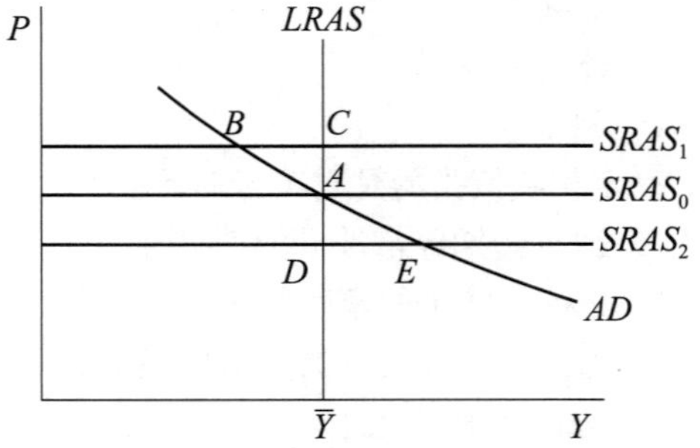

假设经济位于点 E。如果没有进一步的冲击或政策变动，经济在长期将会位于点：

A. A　　B. B

C. C　　D. D

61. 供给冲击图

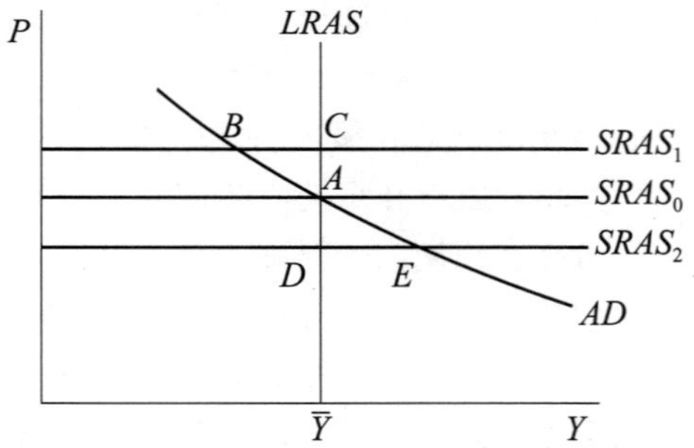

假设经济起初位于点 A，发生的干旱使农业仅仅减产一年。在这种情况下，点________代表干旱后即刻的短期均衡，点________代表最终的长期均衡。

A. B；C　　B. B；A

C. E；D　　D. D；A

62. 在短期，有利的供给冲击会导致：

A. 价格和产出都升高

B. 价格升高，产出下降

C. 价格下降，产出升高

D. 价格和产出都下降

63. 当价格________和产出________时，滞胀发生。

A. 下降；下降

B. 下降；上升

C. 上升；下降

D. 上升；上升

64. 不利的供给冲击使得经济远离产出的自然率，货币政策可以使产出恢复到自然水平，但具有________的价格水平，也可以使价格水平恢复到其原来的水平，但在短期内产出水平________。美联储在这一事件中的两个选项之间作出困难的选择。

A. 较高；较高

B. 较高；较低

C. 较低；较低

D. 较低；较高

65. 如果美联储能够应对不利的供给冲击，那么产出会下降________，价格会上升________。

A. 更少；更多

B. 更少；更少

C. 更多；更少

D. 更多；更多

66. 从长期均衡开始，没有政策干预，暂时不利的供给冲击的长期影响是价格会：

A. 永久较高，产出会恢复到自然率

B. 回到初始水平，产出会恢复到自然率

C. 永久较高，产出会永久较低

D. 回到初始水平，但产出会永久较低

67. 从长期均衡开始，如果干旱推高了整个经济中的食物价格，那么美联储可以通过________更迅速地使经济恢复到充分就业的产出。

A. 增加货币供给，但价格成本永久地较高

B. 减少货币供给，但价格成本永久地较低

C. 增加货币供给，从而使价格恢复到初始水平

D. 减少货币供给，从而使价格恢复到初始水平

68. 如果政府改变法规，允许银行向支票账户支付利息，这会：

A. 增加货币需求

B. 减少货币需求

C. 对货币需求没有影响

D. 增加通货需求但减少对支票账户的需求

69. 如果货币需求增加，但美联储保持货币供给不变，那么在短期产出会：

A. 下降，在长期价格会保持不变

B. 保持不变，在长期价格会下降

C. 保持不变，在长期价格会保持不变

D. 下降，在长期价格会下降

70. 如果美联储减少5%的货币供给且货币数量论成立，那么在短期产出会下降5%，且：

A. 在长期价格会保持不变

B. 在长期产出会下降5%

C. 在长期价格会下降5%

D. 在长期产出会保持不变

71. 根据奥肯定律和货币数量论，如果美联储减少5%的货币供给，那么失业率：

A. 在短期和长期都大约上升5%

B. 在短期和长期都大约上升2.5%

C. 在短期大约上升5%，但在长期将回到它的自然率

D. 在短期大约上升2.5%，但在长期将回到它的自然率

72. 如果美联储减少5%的货币供给，那么实际利率：

A. 在短期和长期都会上升

B. 在短期会上升，但在长期会回到它的初始均衡水平

C. 在短期会上升，但在长期会低于它的初始均衡水平

D. 在短期和长期都没有影响

73. 如果中央银行 A 只关心保持价格水平的稳定，中央银行 B 只关心保持产出处于其自然水平，那么为了应对货币流通速度的外生性下降：

A. 中央银行 A 和中央银行 B 都应该增加货币量

B. 中央银行 A 应该增加货币量，而中央银行 B 应该保持货币量稳定

C. 中央银行 A 应该保持货币量稳定，而中央银行 B 应该增加货币量

D. 中央银行 A 和中央银行 B 都应该保持货币量稳定

74. 如果中央银行 A 只关心保持价格水平的稳定，中央银行 B 只关心保持产出处于其自然水平，那么为了应对油价的外生性上升：

A. 中央银行 A 和中央银行 B 都应该增加货币量

B. 中央银行 A 应该增加货币量，而中央银行 B 应该保持货币量稳定

C. 中央银行 A 应该减少货币量，而中央银行 B 应该增加货币量

D. 中央银行 A 和中央银行 B 都应该保持货币量稳定

问答题

75. 假设长期总供给曲线垂直于 $Y=3\ 000$，而短期总供给曲线平行于 $P=1.0$。总需求曲线为 $Y=2\times M/P$ 且 $M=1\ 500$。

a. 如果经济最初处于长期均衡，那么 P 和 Y 的值是多少？

b. 在这种情况下货币的流通速度是多少？

c. 假定由于银行开始向支票账户支付利息，总需求函数移动到 $Y=1.5\times M/P$。那么 P 和 Y 的短期值是多少？

d. 在这种情况下货币的流通速度是多少？

e. 对于新的总需求函数，一旦经济调整到长期均衡，P 和 Y 的值是多少？

f. 现在的流通速度是多少？

76. 假设长期总供给曲线垂直于 $Y=3\ 000$，而短期总供给曲线平行于 $P=1.0$。总需求曲线为 $Y=3\times M/P$ 且 $M=1\ 000$。

a. 如果经济最初处于长期均衡，那么 P 和 Y 的值是多少？

b. 现在假定供给冲击使短期总供给曲线移动到 $P=1.5$。那么 P 和 Y 的新的短期值是多少？

c. 如果总需求曲线和长期总供给曲线不变，那么在供给冲击之后，P 和 Y 的长期均衡值是多少？

d. 假定在供给冲击之后美联储想要保持产出处于它的长期水平。那么需要 M 维持的水平是多少？如果 M 维持在这一水平，那么 P 和 Y 的长期均衡值是多少？

77. 美联储使用的改变货币供给的主要方法是公开市场操作。请利用总需求-总供给模型来画图说明美联储增加公开市场购买的决定对短期和长期的影响。请标记：i. 坐标轴；ii. 曲线；iii. 初始均衡值；iv. 曲线移动的方向；v. 短期均衡值；vi. 长期均衡值。请用文字陈述价格和产出在短期和长期会发生什么变化。

78. 在 20 世纪 80 年代早期，利息-收入支票账户的出现导致许多家庭在支票账户上保留了较大比例的财富。请利用总需求-总供给模型来画图说明需求的这一变化对短期和长期的影响。请标记：i. 坐标轴；ii. 曲线；iii. 初始均衡值；iv. 曲线移动的方向；v. 短期均衡值；vi. 长期均衡值。请用文字陈述价格和产出在短期和长期会发生什么变化。

79. 假设东南部的干旱和中西部的洪水大幅减少了美国的粮食产量。请利用总需求-总供给模型来画图说明这一不利冲击对短期和长期的影响。请标记：i. 坐标轴；ii. 曲线；iii. 初始均衡值；iv. 曲线移动的方向；v. 短期均衡值；vi. 长期均衡值。请用文字陈述价格和产出在短期和长期会发生什么变化。

80. 假设通过了禁止劳动工会的法律，由此导致较低的劳动成本以较低的产品价格传递给消费者。请利用总需求-总供给模型来画图说明这一政策对短期和长期的影响。请标记：i. 坐标轴；ii. 曲线；iii. 初始均衡值；iv. 曲线移动的方向；v. 短期均衡值；vi. 长期均衡值。请用文字陈述价格和产出在短期和长期会发生什么变化。

81. 假设东南部的干旱和中西部的洪水大幅减少了美国的粮食产量。假设你是在美联储工作的经济学家，你的首要任务是维持经济的充分就业水平。为了适应这次不利的供给冲击，请利用总需求-总供给模型来画图说明你的政策建议。请标记：i. 坐标轴；ii. 曲线；iii. 初始均衡值；iv. 曲线移动的方向；v. 最终均衡值。请用文字陈述美联储建议的政策会使价格和产出发生什么变化。

82. 长期和短期总供给曲线反映了长期和短期宏观经济分析的根本区别。
  a. 请画图表示长期和短期总供给曲线。请标记坐标轴。
  b. 什么决定了长期与短期的产出水平？
  c. 从长期和短期来看，价格体现了怎样的不同？

83. Macroland 的经济最初处于长期均衡。一次严重的干旱导致了不利的供给冲击。
  a. 在短期，价格和产出会发生什么变化？
  b. 如果没有适应性政策，那么在长期，价格和产出会发生什么变化？
  c. 如果 Macroland 的中央银行想要防止价格和产出的短期变化，那么可以实施什么政策行动？这一政策行动的结果与长期没有政策行动导致的价格和产出有何不同？

84. 在经济处于最初的长期均衡时，中央银行减少了货币供给。
  a. 在短期，产出和价格会发生什么变化？
  b. 在短期，失业会发生什么变化？
  c. 在长期，产出和价格会发生什么变化？

85. 一个石油卡特尔组织实际上把石油价格提高了 100%，给 A 国和 B 国带来了不利的供给冲击。两国在遭受冲击时的长期均衡有着相同的产出和价格水平。A 国的中央银行不实施稳定化政策行动。在不利的供给冲击的短期影响变得明显之后，B 国的中央银行为使经济回到充分就业水平增加了货币供给。
  a. 描述在每一个国家不利的供给冲击对价格和产出的短期影响。
  b. 比较在每一个国家不利的供给冲击对价格和产出的长期影响。

86. 解释货币中性的含义并画图说明在长期的总需求-总供给模型中存在货币中性。请标记：i. 坐标轴；ii. 曲线；iii. 初始均衡值；iv. 曲线移动的方向；v. 短期均衡值；vi. 长期均衡值。请用文字解释你的图形说明了什么。

87. 你将获得以下关于领先指标的信息。对于每一个指标，请解释该信息是否表明未来衰退或扩张应该被预期到。
  a. 平均每周初次申请失业保障的人数上升。
  b. 新建筑开工许可证增加。
  c. 10 年期国债和 3 个月期国债之间的利率差缩小。
  d. 供应商交货指数下降。

88. 货币政策对经济可以产生稳定的影响，也可以是不稳定的根源。请给出两种可能的解释。

89. 衰退的定义是什么？

90. 失业和实际 GDP 之间的关系是怎样的？

91. 短期和长期有什么不同？

92. 什么是总需求？为什么总需求曲线向下倾斜？

93. 为什么总供给曲线在长期是垂直的而在短期是水平的？

94. 请解释总需求和总供给中的冲击的概念。

95. 什么是稳定化政策？

单项选择题答案

1. 答案：D；难度级别：易

2. 答案：C；难度级别：易
3. 答案：A；难度级别：易
4. 答案：B；难度级别：易
5. 答案：C；难度级别：易
6. 答案：A；难度级别：易
7. 答案：A；难度级别：中
8. 答案：B；难度级别：易
9. 答案：C；难度级别：易
10. 答案：D；难度级别：易
11. 答案：B；难度级别：易
12. 答案：C*；难度级别：易
13. 答案：B；难度级别：易
14. 答案：D；难度级别：易
15. 答案：A；难度级别：易
16. 答案：C；难度级别：易
17. 答案：D；难度级别：易
18. 答案：B；难度级别：中
19. 答案：D；难度级别：易
20. 答案：D；难度级别：易
21. 答案：A；难度级别：中
22. 答案：B；难度级别：易
23. 答案：A；难度级别：中
24. 答案：C；难度级别：易
25. 答案：A；难度级别：易
26. 答案：C；难度级别：中
27. 答案：B；难度级别：易
28. 答案：C；难度级别：易
29. 答案：C；难度级别：易
30. 答案：D；难度级别：易
31. 答案：C；难度级别：易
32. 答案：D；难度级别：易
33. 答案：C；难度级别：易
34. 答案：A；难度级别：易
35. 答案：A；难度级别：易
36. 答案：B；难度级别：易
37. 答案：D；难度级别：易
38. 答案：B；难度级别：易
39. 答案：B；难度级别：中
40. 答案：C；难度级别：易
41. 答案：C；难度级别：易
42. 答案：A；难度级别：中
43. 答案：B；难度级别：中
44. 答案：D；难度级别：易
45. 答案：C；难度级别：中
46. 答案：C；难度级别：易
47. 答案：A；难度级别：易
48. 答案：B；难度级别：易
49. 答案：B；难度级别：中
50. 答案：A；难度级别：中
51. 答案：A；难度级别：中
52. 答案：C；难度级别：中
53. 答案：A；难度级别：中
54. 答案：C；难度级别：易
55. 答案：D；难度级别：易
56. 答案：B；难度级别：中
57. 答案：A；难度级别：中
58. 答案：D；难度级别：中
59. 答案：A；难度级别：中
60. 答案：A；难度级别：中
61. 答案：B；难度级别：中
62. 答案：C；难度级别：易
63. 答案：C；难度级别：易
64. 答案：B；难度级别：易
65. 答案：A；难度级别：易
66. 答案：B；难度级别：中
67. 答案：A；难度级别：中
68. 答案：A；难度级别：中
69. 答案：D；难度级别：中
70. 答案：C；难度级别：难
71. 答案：D；难度级别：难
72. 答案：B；难度级别：难
73. 答案：A；难度级别：难
74. 答案：C；难度级别：难

问答题答案

75. a. $P=1.0$；$Y=3\ 000$。

* 原书该题答案为C，现照译出，但译者认为答案应为D。——译者注

b. 流通速度=2。

c. $P=1.0$；$Y=2\ 250$。

d. 流通速度=1.5。

e. $P=0.75$；$Y=3\ 000$。

f. 流通速度=1.5。

76. a. $P=1.0$；$Y=3\ 000$。

b. $P=1.5$；$Y=2\ 000$。

c. $P=1.0$；$Y=3\ 000$。

d. $M=1\ 500$；$P=1.5$；$Y=3\ 000$。

77.

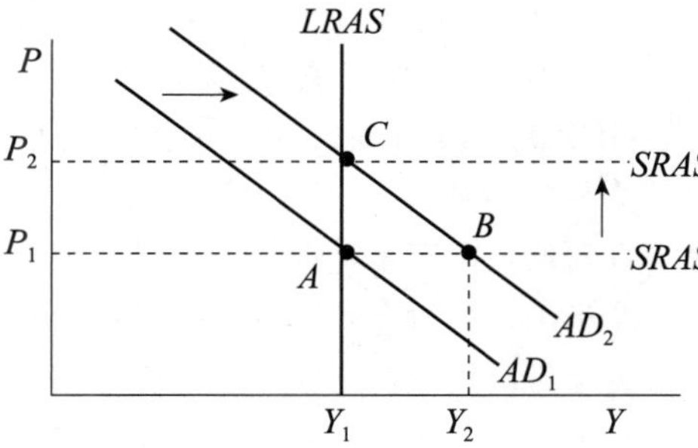

在短期，产出增加，而价格水平保持不变（点 B）。在长期，价格提高，产出回到充分就业水平（点 C）。

78.

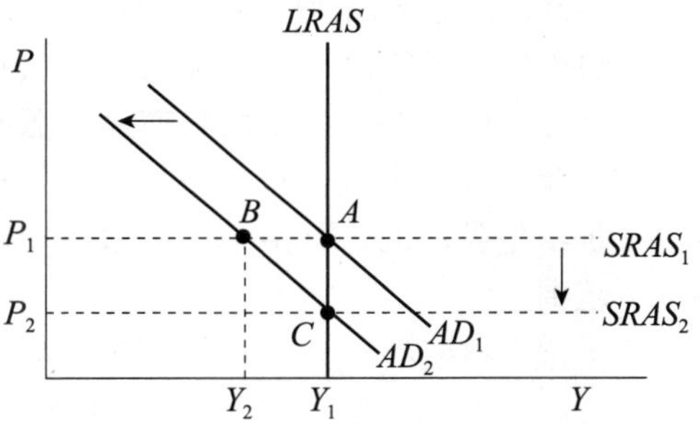

在短期，产出下降，而价格水平保持不变（点 B）。在长期，价格下降，产出回到充分就业水平（点 C）。

79.

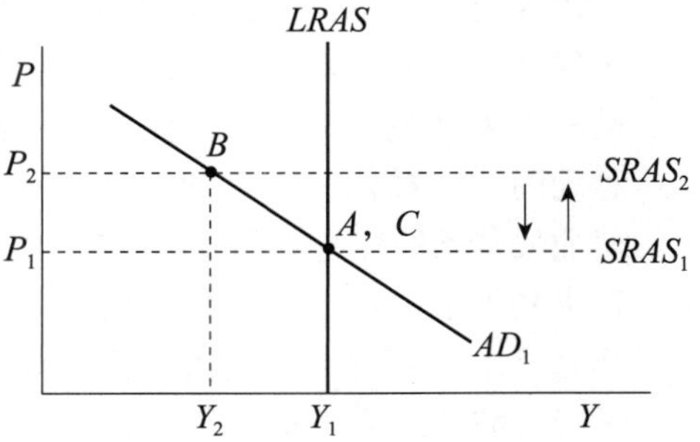

在短期，产出下降，而价格水平上升（点 B）。在长期，价格下降，产出回到充分就业水平（点 C=点 A）。

80.

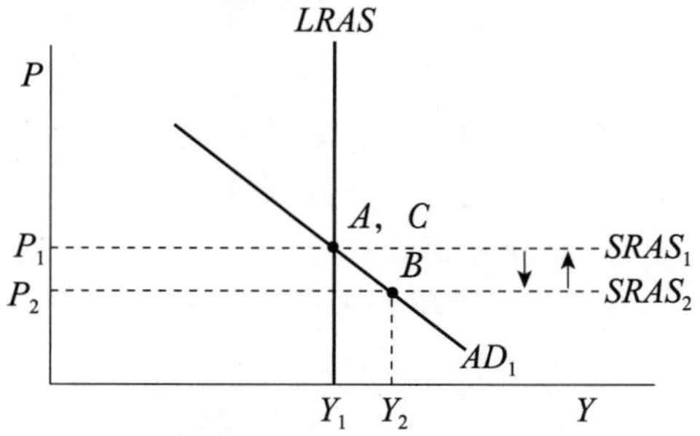

在短期，产出增加，而价格水平下降（点 B）。在长期，价格上升，产出回到充分就业水平（点 A=点 C）。

81.

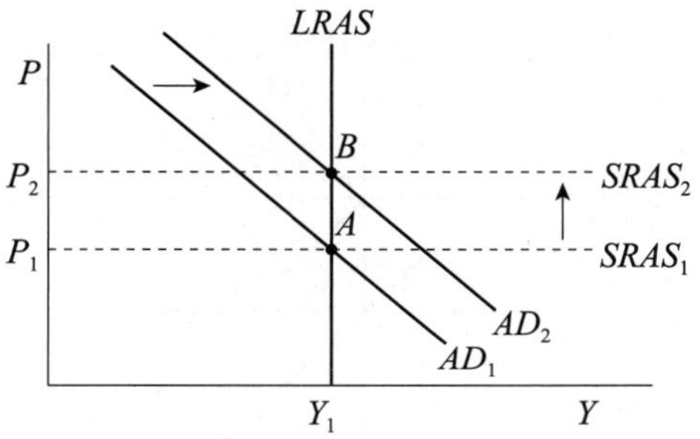

适应性政策意味着价格水平永久较高，但产出处于充分就业水平。

82. a.

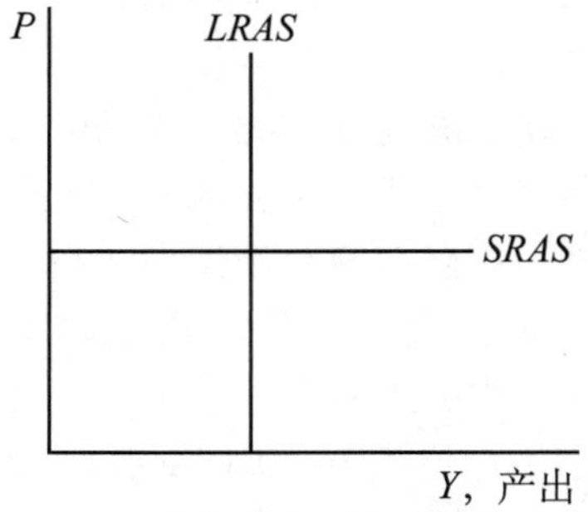

b. 在长期，产出由生产和技术要素决定，但在短期，产出由需求决定。

c. 在长期，价格是弹性的，但在短期，价格是黏性的。

83. a. 在短期，价格上升，产出下降。

b. 没有适应性政策，产出和价格都会回到它们最初的长期均衡水平。

c. 为了回到产出的充分就业水平，中央银行可以增加货币供给，但这将导致长期均衡比最初的长期均衡处于更高的价格水平。

84. a. 在短期，产出会下降，且价格不会有什么么变化。

 b. 在短期，失业会增加。

 c. 在长期，产出会以较低的价格水平回到充分就业水平。

85. a. 在A国和B国，产出都会下降，价格水平都会上升。

 b. 在长期，产出在A国和B国都会回到充分就业水平，但由于适应性政策，价格水平在B国比在A国更高。

86.

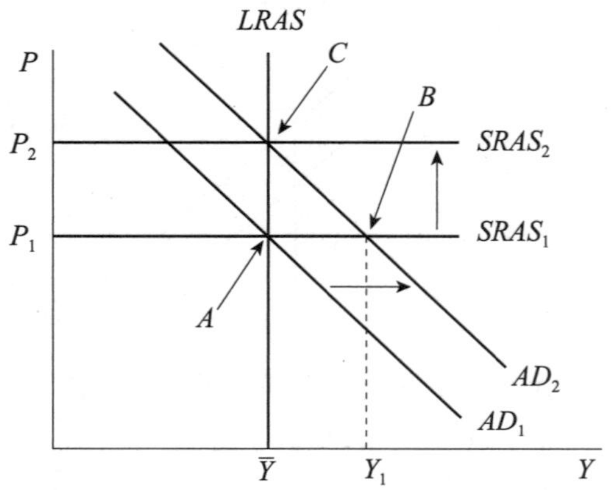

货币中性是货币的变动不改变实际变量的特性。

从长期均衡点 A 开始。货币供给的增加使得 AD 曲线向右移动。在有更高的实际产出的点 B 有一个短期均衡，但在长期，价格上升，$SRAS$ 向上移动直到新的长期均衡达到点 C，点 C 有更高的价格水平，但实际 GDP 没有改变。这说明，在长期，货币供给的变动不改变实际变量（实际 GDP）。

87. a. 衰退。更多的工人有资格申请失业保障福利表明企业在解雇工人和削减生产。

 b. 扩张。计划投资在增加。

 c. 衰退。未来的利率预计不会上升，这通常发生在衰退期。

 d. 衰退。很少有企业交货缓慢，这表明产出和生产缓慢。

88. 如果货币政策被用来抵消使经济远离自然率的总需求变化，那么货币政策是稳定的。如果当经济处于长期均衡时，通过增加或减少货币供给的货币政策能使经济远离自然率，那么货币政策是不稳定的。

89. 当经济经历产出下降和失业上升的时期时，我们称经济处于衰退。

90. GDP 和失业有着负相关关系，因为雇用的工人帮助生产产品和服务，失业工人则不生产。所以失业率的上升与实际 GDP 的下降有关。这种负相关关系被称为奥肯定律。

91. 在短期，价格是黏性的，固定在某个前定水平上，因为许多价格不能对货币政策的变动作出反应；而在长期，价格是弹性的且能够对供给或需求的变动作出反应。

92. 总需求是价格总体水平和产出需求量之间的关系。总需求曲线向下倾斜是因为，价格水平（P）越高，实际货币余额水平（M/P）越低，因此产品和服务的需求量（Y）越低。

93. 总供给是价格水平和产品及服务的供给量之间的关系。由于供给产品及服务的企业在长期中有弹性价格，但在短期中价格是黏性的，总供给关系取决于时间范围。

 根据古典模型，产出不取决于价格水平。所以绘制的垂直的总供给曲线意味着，总需求曲线和这条垂直的总供给曲线的交点决定了长期的价格水平。这意味着产出水平不取决于货币供给。

94. 总需求曲线和总供给曲线的变化导致整个经济发生波动。使这些曲线发生移动的外生事件被称为冲击。使总需求曲线移动的冲击被称为需求冲击，而使总供给曲线移动的冲击被称为供给冲击。

95. 需求和供给的冲击通过把产出与就业推离自然水平而扰乱了经济。旨在减轻短期经济波动严重性的政策行动被称为稳定化政策。

第 11 章 总需求Ⅰ：建立 *IS*-*LM* 模型

单项选择题

1. 约翰·梅纳德·凯恩斯认为，经济衰退中的低收入和高失业应归咎于：
   A. 资本的低水平
   B. 未经培训的劳动力
   C. 技术短缺
   D. 总需求低迷
2. 根据古典理论，国民收入取决于________，而凯恩斯认为________决定了国民收入水平。
   A. 总需求；总供给
   B. 总供给；总需求
   C. 货币政策；财政政策
   D. 财政政策；货币政策
3. *IS*-*LM* 模型把________作为外生变量。
   A. 价格水平和国民收入
   B. 价格水平
   C. 国民收入
   D. 利率
4. 对 *IS*-*LM* 模型有两种解释，即模型解释了：
   A. 短期价格水平固定时收入的决定或什么导致总需求曲线移动
   B. 短期收入数量论或短期费雪效应
   C. 投资和储蓄的决定或什么改变了流动性偏好
   D. 政府购买和税收的变化或实际货币余额供给的决定
5. *IS* 曲线描绘了利率和________之间的关系，它产生于________市场。
   A. 国民收入；产品与服务
   B. 价格水平；产品与服务
   C. 国民收入；货币
   D. 价格水平；货币
6. 在凯恩斯交叉模型中，实际支出等于：
   A. GDP
   B. 货币供给
   C. 实际余额供给
   D. 计划外的存货投资
7. 在凯恩斯交叉模型中，实际支出与计划支出的差异是________的数量。
   A. 流动性偏好
   B. 政府购买乘数
   C. 计划外的存货投资
   D. 实际货币余额
8. 计划支出是________的函数。
   A. 计划投资

B. 计划政府支出和税收

C. 计划投资、计划政府支出和税收

D. 国民收入、计划投资、计划政府支出和税收

9. 当将计划支出作为收入的函数绘制在图形上时，直线的斜率：

A. 在−1和0之间　　B. 在0和1之间

C. 等于1　　D. 大于1

10. 在封闭经济中，凯恩斯交叉分析的均衡条件是：

A. 收入等于消费加上投资再加上政府支出

B. 计划支出等于消费加上计划投资再加上政府支出

C. 实际支出等于计划支出

D. 实际储蓄等于实际投资

11. 当企业经历了计划外的存货积累时，它们通常会：

A. 建造新工厂

B. 解雇工人和减少生产

C. 雇用更多工人和增加生产

D. 要求更多的政府购买

12. 凯恩斯交叉的均衡显示：

A. 在短期，均衡收入和利率的决定

B. 在长期，均衡收入和利率的决定

C. 在短期，计划支出和收入相等

D. 在长期，计划支出和收入相等

13. 凯恩斯交叉图

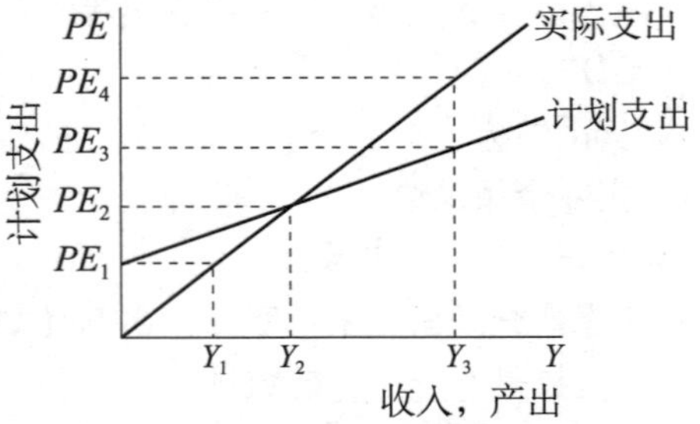

在这个图形中，均衡的收入和支出水平是：

A. Y_1和PE_1　　B. Y_2和PE_2

C. Y_3和PE_3　　D. Y_3和PE_4

14. 凯恩斯交叉图

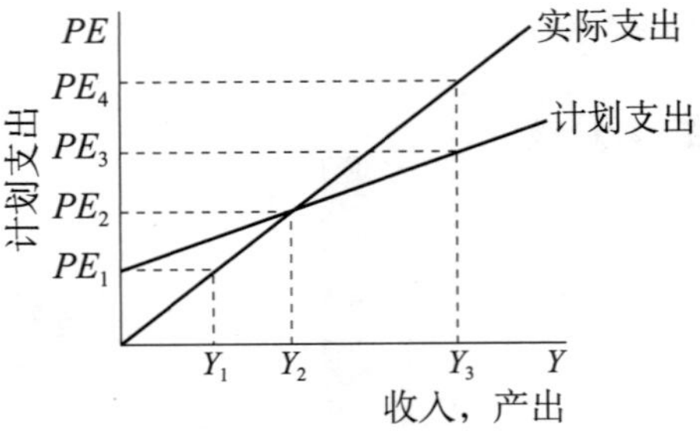

在这个图形中，如果企业在Y_1的产量水平上生产，那么存货将________，导致企业________生产。

A. 增加；增加　　B. 增加；减少

C. 减少；增加　　D. 减少；减少

15. 凯恩斯交叉图

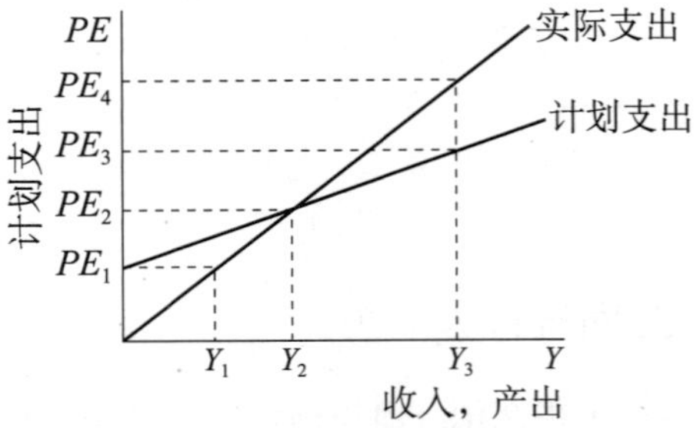

在这个图形中，如果企业在Y_3的产量水平上生产，那么存货将________，导致企业________生产。

A. 增加；增加　　B. 增加；减少

C. 减少；增加　　D. 减少；减少

16. 政府购买乘数表示政府购买变化1美元所引起的________变化量。

A. 预算赤字　　B. 消费

C. 收入　　D. 实际货币余额

17. 在凯恩斯交叉模型中，如果MPC等于0.75，那么政府购买所增加的20亿美元使计划支出增加________，收入的均衡水平增加________。

A. 20亿美元；40亿美元

B. 7.5亿美元；10亿美元

C. 7.5亿美元；7.5亿美元

D. 10亿美元；40亿美元

18. 根据凯恩斯交叉分析，当有政府购买的项目向上移动ΔG的数量时，均衡收入会增加：

A. 一单位

B. ΔG

C. ΔG除以（$1-MPC$）

D. ΔG乘以（$1+MPC$）

19. 在$MPC>0$的凯恩斯交叉模型中，如果政府购买增加250，那么均衡的收入水平会：

A. 增加250

B. 增加，并且增加的量超过250

C. 减少250

D. 增加，但增加的量少于250

20. 在凯恩斯交叉模型中，财政政策对收入有乘数效应是因为财政政策：

A. 增加了经济中的货币数量

B. 改变了收入，进而改变了消费，这进一步使得收入发生变化

C. 是政府支出，因此比私人支出更有效

D. 改变了利率

21. 根据凯恩斯交叉分析，如果MPC代表边际消费倾向，那么税收增加ΔT将：

A. 使得均衡收入减少ΔT

B. 使得均衡收入减少$\Delta T/(1-MPC)$

C. 使得均衡收入减少ΔT（MPC）/（$1-MPC$）

D. 一点也不影响均衡收入

22. 在凯恩斯交叉模型中，如果税收减少100，那么对于给定的收入水平，计划支出会________。

A. 增加100

B. 增加，并且增加的量超过100

C. 减少100

D. 增加，但增加的量少于100

23. 在凯恩斯交叉模型中，如果税收减少250，那么均衡的收入水平会：

A. 增加250

B. 增加，并且增加的量超过250

C. 减少250

D. 增加，但增加的量少于250

24. 税收乘数表示税收变化1美元所引起的________变化量。

A. 预算赤字　　B. 消费

C. 收入　　D. 实际余额

25. 在$MPC>0$的凯恩斯交叉模型中，政府支出乘数________税收乘数。

A. 大于　　B. 等于

C. 小于　　D. 互为倒数

26. 在凯恩斯交叉模型中，如果MPC等于0.75，那么税收减少30亿美元将使计划支出增加________，均衡收入水平增加________。

A. 30亿美元；90亿美元

B. 22.5亿美元；67.5亿美元

C. 22.5亿美元；22.5亿美元

D. 30亿美元；30亿美元

27. 凯恩斯主义者和供给学派都认为减税将导致增长：

A. 且都认为它通过激励效应起作用

B. 但凯恩斯主义者认为它通过激励效应起作用，而供给学派认为它通过总需求起作用

C. 但凯恩斯主义者认为它通过总需求起作用，而供给学派认为它通过激励效应起作用

D. 且都认为它通过总需求起作用

28. 凯恩斯交叉分析假设计划投资：

A. 是固定的，IS分析也是如此

B. 取决于利率，IS分析也是如此

C. 是固定的，而IS分析假设它取决于利率

D. 取决于支出，IS分析也是如此

29. 简化投资函数表明投资随着________的上升而________。

A. 利率；减少

B. 利率；增加

C. 政府支出；减少

D. 政府支出；增加

30. 利率的上升：

A. 会减少计划投资，因为利率是为投资项目融资而借贷的成本

B. 会增加计划投资，因为靠利率谋生的人有更多钱去投资

C. 对投资没有影响

D. 可能是投资需求的减少导致的

31. 对于IS曲线的斜率的解释是，随着利率

的上升，投资量________，这使得支出函数向________移动，从而减少了收入。

A. 增加；下　　B. 增加；上

C. 减少；上　　D. 减少；下

32. 在凯恩斯交叉模型中，利率的下降使得计划投资支出________，并且________均衡的收入水平。

A. 增加；增加　　B. 增加；减少

C. 减少；减少　　D. 减少；增加

33. 以收入为横轴，以利率为纵轴画出的 *IS* 曲线通常是：

A. 垂直的

B. 水平的

C. 向右上方倾斜的

D. 向右下方倾斜的

34. 沿着任意给定的 *IS* 曲线：

A. 税率是固定的，但政府支出是变化的

B. 政府支出是固定的，但税率是变化的

C. 政府支出和税率都是变化的

D. 政府支出和税率都是固定的

35. 当下列除了________之外的任何经济变量变化时，*IS* 曲线会移动。

A. 利率　　B. 政府支出

C. 税收　　D. 边际消费倾向

36. 政府支出的增加使 *IS* 曲线向________移动。

A. 左下方　　B. 右上方

C. 左上方　　D. 右下方

37. 税收的增加使 *IS* 曲线向________移动。

A. 左下方　　B. 右上方

C. 左上方　　D. 右下方

38. 基于凯恩斯模型，为了提高产量，增加政府支出比减税更有效的一个理由是：

A. 增加政府支出比减税更能提高 *MPC*

B. 政府支出乘数大于税收乘数

C. 政府支出的增加不会导致存货计划外的变动，但减税会

D. 增加政府支出可以增加计划支出，但减税会减少计划支出

39. 加里·贝克之所以批评奥巴马总统的经济刺激计划中政府对基础设施的支出，是因为：

A. 基础设施支出将不会增加经济产量

B. 用基础设施支出来促进就业与得到最具必要性的基础设施之间存在冲突

C. 政府基础设施支出在增加产量方面的效率低于相同数量的私人基础设施支出

D. 政府基础设施支出只增加需求，但减税可以增加需求和供给

40. 比起政府对基础设施的支出，一些人支持减税，因为：

A. 比起政府对基础设施的支出，减税可以使 *MPC* 提高更多

B. 减税暂时地增加了计划支出，但政府支出永久地增加了私人支出

C. 理论上，税收乘数大于政府支出乘数

D. 从历史上看，减税比政府对基础设施的支出更成功

41. 财政政策的变化会使________移动。

A. *LM* 曲线

B. 货币需求曲线

C. 货币供给曲线

D. *IS* 曲线

42. 沿着一条 *IS* 曲线，下列各项除了________外都是正确的。

A. 计划支出等于实际支出

B. 计划支出等于收入

C. 实际货币余额的需求等于实际货币余额的供给

D. 没有计划外的存货变动

43. 一条 *IS* 曲线表示________的组合。

A. 税收和政府支出

B. 名义货币余额和价格水平

C. 使得实际货币余额市场均衡的利率和收入

D. 使得产品与服务市场均衡的利率和收入

44. 根据流动性偏好理论，实际货币余额的供给：

A. 随着利率上升而减少

B. 随着利率上升而增加

C. 随着收入增加而增加

D. 由中央银行固定

45. 如果利率高于均衡值，那么：

A. 实际货币余额的需求超过供给

B. 实际货币余额的供给超过需求

C. 实际货币余额市场出清

D. 实际货币余额的需求将增加

46. 实际货币余额市场图

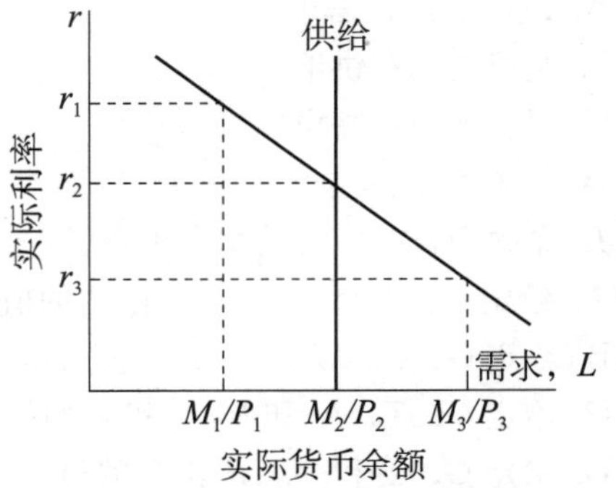

基于图形，均衡的利率和实际货币余额水平是：

A. r_1 和 M_1/P_1　　B. r_2 和 M_2/P_2

C. r_3 和 M_2/P_2　　D. r_3 和 M_3/P_3

47. 实际货币余额市场图

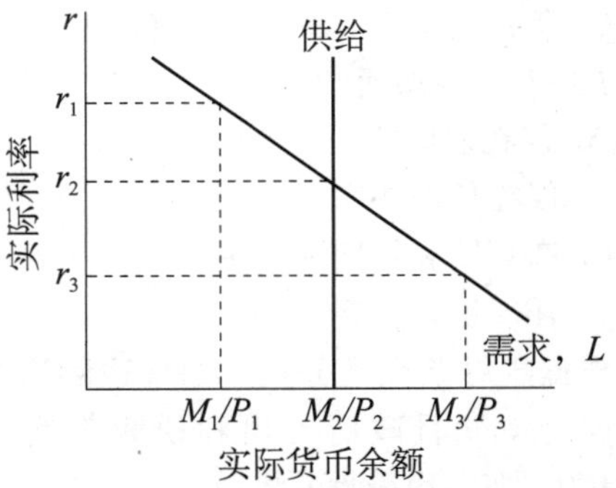

基于图形，如果利率是 r_1，那么人们将________债券，利率将________。

A. 卖出；上升　　B. 卖出；下降

C. 买入；上升　　D. 买入；下降

48. 实际货币余额市场图

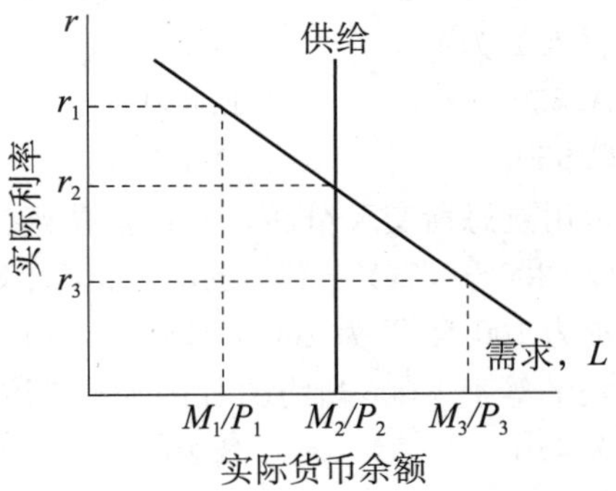

基于图形，如果利率是 r_3，那么人们将________债券，利率将________。

A. 卖出；上升　　B. 卖出；下降

C. 买入；上升　　D. 买入；下降

49. 流动性偏好理论说明，在其他条件相同时，实际货币供给的增加将：

A. 降低利率

B. 提高利率

C. 对利率没有影响

D. 先降低后提高利率

50. 根据流动性偏好理论，在短期减少货币供给将________名义利率，根据费雪效应，在长期减少货币供给将________名义利率。

A. 提高；提高

B. 提高；降低

C. 降低；降低

D. 降低；提高

51. 在流动性偏好模型中，如果货币供给发生变化，________将调整货币市场至均衡状态。

A. 计划支出　　B. 利率

C. 产出　　D. 价格水平

52. 流动性偏好理论说明了实际货币余额的需求量：

A. 与利率和收入都负相关

B. 与利率和收入都正相关

C. 与利率正相关，与收入负相关

D. 与利率负相关，与收入正相关

53. 实际货币供给保持不变，流动性偏好理论意味着较高的收入水平伴随着______。

A. 固定的利率

B. 较低的利率

C. 较高的利率

D. 起初较低的利率，随后较高的利率

54. *LM* 曲线在通常情况下是：

A. 垂直的

B. 水平的

C. 向右下方倾斜的

D. 向右上方倾斜的

55. 一条 *LM* 曲线表示________的组合。

A. 税收和政府支出

B. 名义货币余额和价格水平

C. 使得实际货币余额市场均衡的利率和收入

D. 使得产品与服务市场均衡的利率和收入

56. 在其他条件不变的情况下，实际货币供给的减少将使得 *LM* 曲线移向：

A. 左下方 B. 左上方

C. 右下方 D. 右上方

57. 在其他条件不变的情况下，名义货币供给的减少将使得 *LM* 曲线移向：

A. 右上方 B. 右下方

C. 左下方 D. 左上方

58. 收入的增加将增加货币________并且________均衡利率。

A. 需求；提高 B. 需求；降低

C. 供给；提高 D. 供给；降低

59. 货币政策的改变使________移动。

A. *LM* 曲线

B. 计划支出曲线

C. 货币需求曲线

D. *IS* 曲线

60. *LM* 曲线表示与实际货币余额市场的均衡一致的________的组合。

A. 通货膨胀和失业

B. 价格水平和实际产出

C. 利率和收入水平

D. 利率和实际货币余额

61. 在货币市场，货币供给的增加将：

A. 降低收入

B. 提高收入

C. 对收入没有影响

D. 降低货币流通速度

62. *LM* 曲线通常：

A. 能决定收入

B. 能决定利率

C. 能决定收入和利率

D. 既不能决定收入，也不能决定利率

63. *IS* 曲线和 *LM* 曲线通常一起决定：

A. 收入

B. 利率

C. 收入和利率

D. 收入、利率和价格水平

64. 利率决定了产品市场中的________和货币市场中的货币________。

A. 政府支出；需求

B. 政府支出；供给

C. 投资支出；需求

D. 投资支出；供给

65. *IS* 曲线和 *LM* 曲线的交点决定了：

A. 给定 G、T 和 M，r、Y 和 P 的值

B. 给定 G、T 和 P，r、Y 和 M 的值

C. 给定 G、T、M 和 P，r 和 Y 的值

D. 给定 G、T 和 M，P 和 Y 的值

66. 在产品与服务市场中，均衡的收入与利率水平________相关，在实际货币余额市场中，均衡的收入与利率水平________相关。

A. 正；正 B. 正；负

C. 负；负 D. 负；正

67. *IS*-*LM* 模型通常：

A. 仅在短期使用

B. 仅在长期使用

C. 在短期和长期都使用

D. 用于决定价格水平

68. 根据凯恩斯交叉分析，如果边际消费倾向为 0.6 且政府支出和税收都增加了 100，那么均衡收入将增加：

A. 0 B. 100

C. 150 D. 250

69. 在凯恩斯交叉分析中，如果消费函数由 $C=20+0.7(Y-T)$ 给出，且计划投资为 100，G 为 100，T 为 100，那么均衡收入 Y 为：

A. 350 B. 600

C. 950 D. 1 100

70. 运用凯恩斯交叉分析，假设消费函数由 $C=200+0.7(Y-T)$ 给出。如果计划投资为 100 且 T 为 100，那么使得均衡收入 Y 等于 1 000 所需的 G 的水平应该是：

A. 170 B. 200

C. 250　　　　D. 350

71. 在凯恩斯交叉分析中，假设对税收的分析改变了，从而使税收 T 变为如 $T=\overline{T}+tY$ 一样的收入函数，其中 $\overline{T}$ 和 t 是税收的参数，t 是正数但小于 1。与 t 为零的情况相比，在这种情况下政府购买乘数将：

A. 不变　　　　B. 更小

C. 更大　　　　D. 等于 1

72. 假设货币需求函数为 $(M/P)^d=2\ 200-200r$，其中 r 为利率（用百分数表示）。货币供给 M 为 2 000，且价格水平为 2。那么均衡的利率为________%。

A. 2　　　　B. 4

C. 6　　　　D. 8

73. 假设货币需求函数为 $(M/P)^d=2\ 200-200r$，其中 r 为利率（用百分数表示）。货币供给 M 为 2 000，且价格水平为 2。如果价格水平是固定的且货币供给增加到 2 800，那么均衡的利率将：

A. 下降 4%　　　　B. 下降 2%

C. 下降 1%　　　　D. 保持不变

74. 假设货币需求函数为 $(M/P)^d=2\ 200-200r$，其中 r 为利率（用百分数表示）。如果价格水平固定在 $P=2$，且美联储想把利率固定在 7%，那么货币供给应该为：

A. 2 000　　　　B. 1 800

C. 1 600　　　　D. 1 400

问答题

75. 考虑一个适用凯恩斯交叉分析的封闭经济。消费函数由方程 $C=200+2/3(Y-T)$ 给出。计划投资、政府支出和税收都是 300。

a. 如果 Y 为 1 500，计划支出是多少？存货积累或者存货负积累是多少？均衡收入 Y 应该高于还是低于 1 500？

b. 均衡收入 Y 是多少？

c. 均衡的消费、私人储蓄、公共储蓄和国民储蓄是多少？

d. 当政府支出 G 减少至 200 时，均衡收入减少了多少？政府支出乘数是多少？

76. 假设消费函数由 $C=200+0.5(Y-T)$ 给出，且投资函数为 $I=1\ 000-200r$，其中 r 用百分数衡量，G 等于 300，T 等于 200。

a. IS 曲线的数学公式是多少？（提示：将 C、I 和 G 代入方程 $Y=C+I+G$ 中，然后写出以 r 表示的 Y 的函数或者以 Y 表示的 r 的函数。）用两种方式表达该等式：（1）以 r 表示的 Y 的函数；（2）以 Y 表示的 r 的函数。

b. IS 曲线的斜率是多少？

c. 如果 r 为 1%，那么 I 是多少？Y 是多少？如果 r 为 3%，那么 I 是多少？Y 是多少？如果 r 为 5%，那么 I 是多少？Y 是多少？

d. 如果 G 增加，IS 曲线移向右上方还是左下方？

77. 假设货币需求由 $(M/P)^d=0.5Y-100r$ 给出，且 $(M/P)^s=800$。

a. 用两种方式写出 LM 曲线：以 r 表示的 Y 的函数和以 Y 表示的 r 的函数。（提示：利用实际货币余额市场的均衡条件，写出只与 Y 和 r 有关的 LM 曲线。）

b. LM 曲线的斜率是多少（其中 r 在纵轴上，Y 在横轴上）？

c. 如果 r 为 1%，沿着 LM 曲线的 Y 是多少？如果 r 为 3%，沿着 LM 曲线的 Y 是多少？如果 r 为 5%，沿着 LM 曲线的 Y 是多少？

d. 如果 M/P 增加，LM 曲线移向左上方还是右下方？

e. 如果 M 增加且 P 不变，LM 曲线移向左上方还是右下方？

f. 如果 P 增加且 M 不变，LM 曲线移向左上方还是右下方？

78. a. 假设国会决定通过削减政府支出来减少预算赤字。运用凯恩斯交叉模型来画图说明政府购买的减少对均衡收入水平的影响。请标出：i. 坐标轴；ii. 曲线；iii. 初始均衡值；iv. 曲线移动的方向；v. 最终均衡值。

b. 用文字解释政府支出的减少如何影响均衡收入以及适合于这一分析的时间范围。

79. a. 假设国会通过了大幅减税的法案。运用凯恩斯交叉模型来画图说明税收的减少对均衡收入水平的影响。请标出：i. 坐标轴；ii. 曲线；iii. 初始均衡值；iv. 曲线移动的方向；v. 最终均衡值。

b. 用文字解释减税如何影响均衡收入以及适合于这一分析的时间范围。

80. a. 利用凯恩斯交叉模型来画图说明利率的提高对均衡收入水平的影响。请标出：i. 坐标轴；ii. 曲线；iii. 初始均衡值；iv. 曲线移动的方向；v. 最终均衡值。

b. 用文字解释利率提高如何影响均衡收入。

81. a. 画图说明在实际货币余额市场上美联储的公开市场购买对均衡利率的影响。请标出：i. 坐标轴；ii. 曲线；iii. 初始均衡值；iv. 曲线移动的方向；v. 最终均衡值。

b. 用文字解释公开市场购买如何影响均衡利率。

82. a. 当经济进入衰退时，收入减少。画图说明在实际货币余额市场上收入的减少对均衡利率的影响。请标出：i. 坐标轴；ii. 曲线；iii. 初始均衡值；iv. 曲线移动的方向；v. 最终均衡值。

b. 用文字解释收入的减少如何影响均衡利率。

83. 在解释 2003 年的减税法案时，人们引用布什总统的话："当人们有更多的钱时，他们可以把更多的钱花在产品与服务上。"

a. 在 *IS*-*LM* 模型中，减税会改变经济中的货币供给吗？货币供给的改变会使 *IS* 曲线或 *LM* 曲线移动吗？

b. 在 *IS*-*LM* 模型中，减税会使 *IS* 曲线或 *LM* 曲线移动吗？

c. 基于你在 a 和 b 小问中的回答，你如何把总统的观点与经济学联系起来？你建议如何修改他的陈述，使其与 *IS*-*LM* 模型一致？

84. 两个相同的国家，A 国和 B 国，均可用凯恩斯交叉模型来描述。每个国家的边际消费倾向都为 0.7。A 国决定增加 20 亿美元的支出，而 B 国决定减少 20 亿美元的税收。哪个国家的新的均衡收入水平将更高？

85. a. 利率影响（1）产品与服务市场和（2）实际货币余额市场中的哪个变量？

b. 收入水平影响（1）产品与服务市场和（2）实际货币余额市场中的哪个变量？

86. 比较流动性偏好模型中增加货币供给所预期的影响与货币数量论及费雪效应所预期的影响。你能解释这种差异吗？

87. *IS*-*LM* 模型同时决定两个市场的均衡。

a. 是哪两个市场？

b. 哪两个变量的调整能给市场带来均衡？

88. a. 画图说明在可贷资金模型中，收入增加如何影响均衡的储蓄、投资和利率水平。请标出：i. 坐标轴；ii. 曲线；iii. 初始均衡值；iv. 曲线移动的方向；v. 最终均衡值。

b. 用文字解释收入增加如何影响均衡的储蓄、投资和利率水平。

89. 如何从边际储蓄倾向 $MPS=1-MPC$ 的角度来重新解释政府支出乘数？

90. 下页图说明了政府支出的增加如何使 *IS* 曲线从 IS_1 移向 IS_2。对于一个固定的 r，Y_1 和 Y_2 中的投资水平是多少？

91. 向下倾斜的投资曲线产生下降的 *IS* 曲线，但向下倾斜的实际货币余额的需求曲线产生上升的 *LM* 曲线。为什么？

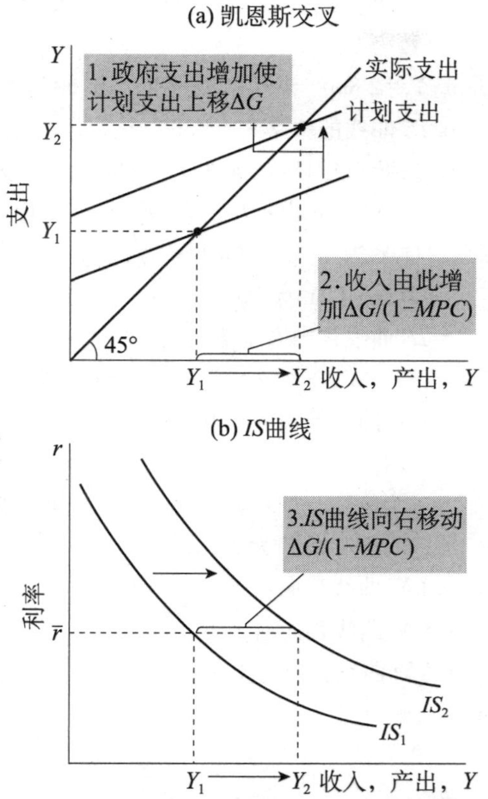

92. 即使持有货币不能赚取任何利息收入，货币需求也有助于确定均衡的利率水平。为什么？
93. 假设计划支出只由消费、投资和政府支出组成且投资和政府支出固定。而且，假设消费 $C=c(Y-tY)$，其中 tY 是用收入表示的税收函数。计算 Y 的均衡水平和政府支出乘数。
94. 假设政府决定维持货币市场中恒定的利率并调整相应的货币供给。这种政策对 LM 曲线和 IS 曲线将有什么影响？
95. 假设一个经济的消费函数由 $C=CC+cY$ 定义，投资函数由 $I=mr$ 定义，其中 Y 是总收入，r 是利率。那么 IS 曲线的斜率取决于什么？

单项选择题答案

1. 答案：D；难度级别：易
2. 答案：B；难度级别：易
3. 答案：B；难度级别：易
4. 答案：A；难度级别：中
5. 答案：A；难度级别：易
6. 答案：A；难度级别：易
7. 答案：C；难度级别：易
8. 答案：D；难度级别：易
9. 答案：B；难度级别：易
10. 答案：C；难度级别：易
11. 答案：B；难度级别：易
12. 答案：C；难度级别：中
13. 答案：B；难度级别：中
14. 答案：C；难度级别：中
15. 答案：B；难度级别：中
16. 答案：C；难度级别：易
17. 答案：A；难度级别：中
18. 答案：C；难度级别：易
19. 答案：B；难度级别：易
20. 答案：B；难度级别：易
21. 答案：C；难度级别：易
22. 答案：D；难度级别：中
23. 答案：B；难度级别：中
24. 答案：C；难度级别：易
25. 答案：A；难度级别：易
26. 答案：B；难度级别：中
27. 答案：C；难度级别：易
28. 答案：C；难度级别：中
29. 答案：A；难度级别：易
30. 答案：A；难度级别：易
31. 答案：D；难度级别：易
32. 答案：A；难度级别：中
33. 答案：D；难度级别：易
34. 答案：D；难度级别：易
35. 答案：A；难度级别：易
36. 答案：B；难度级别：易
37. 答案：A；难度级别：易
38. 答案：B；难度级别：中
39. 答案：B；难度级别：易
40. 答案：D；难度级别：中
41. 答案：D；难度级别：易
42. 答案：C；难度级别：中

43. 答案：D；难度级别：易
44. 答案：D；难度级别：易
45. 答案：B；难度级别：中
46. 答案：B；难度级别：中
47. 答案：D；难度级别：中
48. 答案：A；难度级别：中
49. 答案：A；难度级别：中
50. 答案：B；难度级别：中
51. 答案：B；难度级别：易
52. 答案：D；难度级别：易
53. 答案：C；难度级别：中
54. 答案：D；难度级别：易
55. 答案：C；难度级别：易
56. 答案：B；难度级别：易
57. 答案：D；难度级别：中
58. 答案：A；难度级别：中
59. 答案：A；难度级别：易
60. 答案：C；难度级别：易
61. 答案：B；难度级别：易
62. 答案：D；难度级别：易
63. 答案：C；难度级别：易
64. 答案：C；难度级别：易
65. 答案：C；难度级别：中
66. 答案：D；难度级别：中
67. 答案：A；难度级别：易
68. 答案：B；难度级别：难
69. 答案：D；难度级别：难
70. 答案：A；难度级别：难
71. 答案：B；难度级别：难
72. 答案：C；难度级别：难
73. 答案：B；难度级别：难
74. 答案：C；难度级别：难

问答题答案

75. a. 计划支出为 1 600。存货负积累为 100。均衡收入 Y 应该高于 1 500。
   b. 均衡收入 Y 为 1 800。
   c. 消费为 1 200，私人储蓄为 300，公共储蓄为 0，国民储蓄为 300。
   d. 均衡收入 Y 减少了 300。政府支出乘数为 3。

76. a. $Y=2\,800-400r$，或 $r=7-0.002\,5Y$。
   b. IS 曲线的斜率为 $-0.002\,5$。
   c. 如果 r 为 1%，那么 I 为 800，且 Y 为 2 400。如果 r 为 3%，那么 I 为 400，且 Y 为 1 600。如果 r 为 5%，那么 I 为 0，且 Y 为 800。
   d. IS 曲线移向右上方。

77. a. $Y=1\,600+200r$，或 $r=-8+0.005Y$。
   b. LM 曲线的斜率为 0.005。
   c. 如果 r 为 1%，那么 Y 为 1 800。如果 r 为 3%，那么 Y 为 2 200。如果 r 为 5%，那么 Y 为 2 600。
   d. LM 曲线移向右下方。
   e. LM 曲线移向右下方。
   f. LM 曲线移向左上方。

78. a.

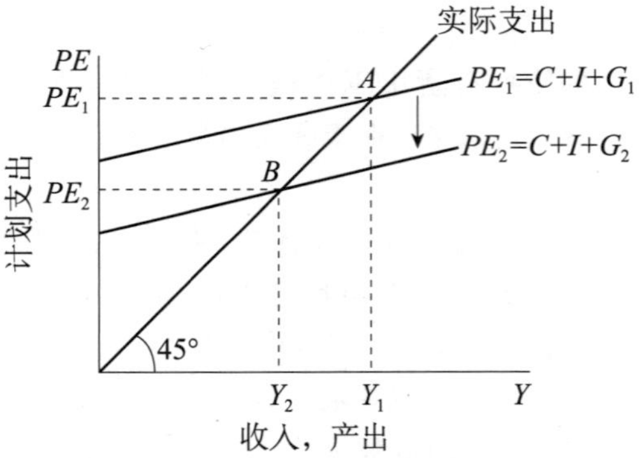

   b. 均衡的收入水平下降。当价格和利率不变时，这一分析适用于短期。

79. a.

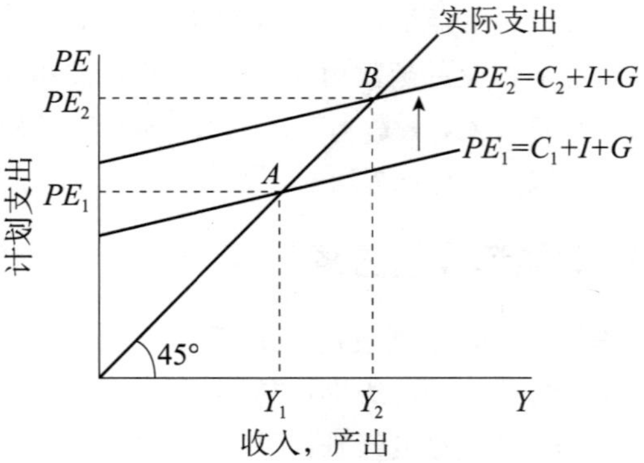

b. 均衡的收入水平提高。当价格和利率不变时，这一分析适用于短期。

80. a.

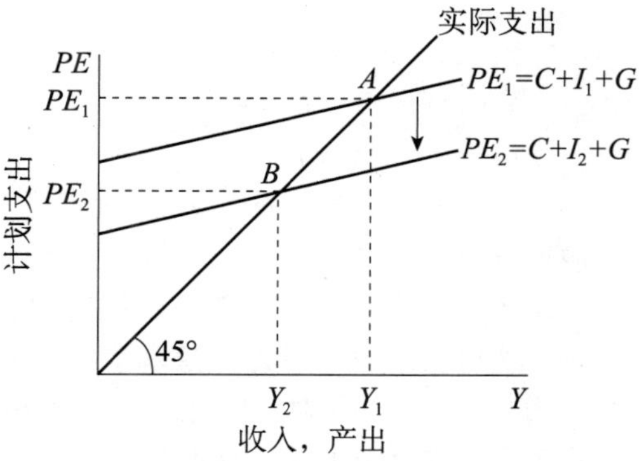

b. 均衡的收入水平下降。

81. a.

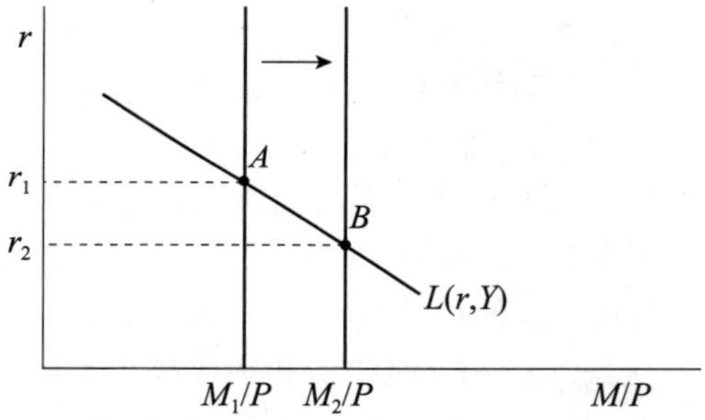

b. 均衡利率下降。

82. a.

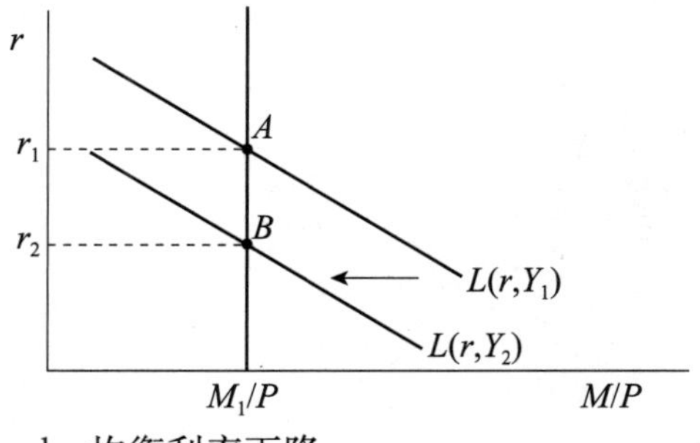

b. 均衡利率下降。

83. a. 减税不改变货币供给，因为它由中央银行（美联储）所控制。货币供给的改变会使 LM 曲线移动。

b. 减税使 IS 曲线移动。

c. 总统使用“钱”这个词是大众所能理解的，但没有根据它的宏观经济学含义来解释。将陈述改为“当人们由于减税而拥有更多的可支配收入时，他们可以在产品与服务上支出更多”将使得陈述与经济模型一致。

84. A 国的收入将增加更多。A 国的政府支出乘数等于 3.3，所以 A 国的收入将增加 66 亿美元。B 国的税收乘数等于 2.3，所以 B 国的收入将仅增加 46 亿美元。

85. a. 利率影响（1）产品与服务市场中的投资以及（2）实际货币余额市场中的货币需求。

b. 收入水平影响（1）产品与服务市场中的消费以及（2）实际货币余额市场中的货币需求。

86. 流动性偏好模型预示着增加货币供给将降低利率。货币数量论预示着增加货币供给将提高通货膨胀，这样通过费雪效应将提高名义利率。流动性偏好模型强调价格固定时的短期效应，而货币数量论和费雪效应强调价格有弹性时的长期效应。

87. a. IS-LM 模型同时决定产品市场和货币市场的均衡。

b. 利率（r）和实际产出（Y）这两个变量的调整能给两个市场带来均衡。

88. a.

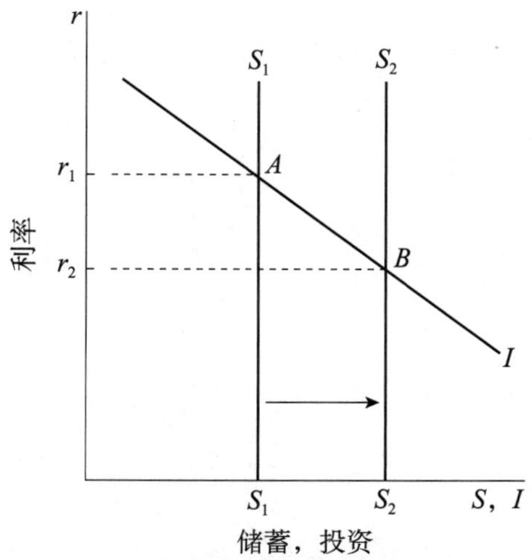

b. 均衡的储蓄和投资水平提高。利率下降。

89. 我们知道 $\Delta Y/\Delta G=1/(1-MPC)$。重新

排列方程，我们有 $\Delta Y = \Delta G/MPS$。MPS 表示有多少人愿意将赚得的每一美元储蓄起来。因此，对于政府支出的每一次增加，收入的增加与储蓄倾向负相关；储蓄倾向越低，总收入的增加就越大。

90. 投资水平在两种情况下保持一致。IS 曲线的移动表示，对于相同的投资和消费水平，由于政府支出 G 的升高，经济目前处于更高的产出水平 Y。

91. IS 曲线和 LM 曲线分别在产品与服务市场以及货币市场中描绘了产出水平 Y 和利率 r 之间的关系。两者在逻辑上分别来源于投资函数和实际货币需求曲线。

    在产品与服务市场，较高的利率将降低投资水平从而减少总产出 Y，因此 IS 曲线向下倾斜。在货币市场，较高的收入增加了实际货币余额需求，这反过来转化为较高的均衡利率，因此 LM 曲线向上倾斜。

92. 货币只是我们持有的金融资产的一种形式，利率是从其他资产因持有货币而损失的收益来看的机会成本。所以利率的变化会影响持有现金的成本，从而影响对资产的需求。

93. 均衡的条件是：实际支出＝计划支出。

$$Y=c(Y-tY)+I+G$$
$$Y=cY-ctY+I+G$$
$$Y+ctY-cY=I+G$$
$$(1+ct-c)Y=I+G$$
$$Y=(I+G)/(1+ct-c)$$

政府支出乘数将为 $1/(1+ct-c)$。

94. 如果政府的政策决定维持一个恒定的利率，货币供给曲线将是一条水平线而不是垂直线。此外，对于所有的产出水平，由于利率是固定的，LM 曲线也将是一条平坦的水平线。

    IS 曲线将没有变化。IS 曲线描绘了产品与服务市场中利率和产出水平之间的关系。利率和投资之间的关系不改变，因此 IS 曲线保持着它的特征形状。

95. IS 曲线描绘了产品与服务市场中均衡的利率和产出水平。这里，c 表示边际消费倾向，这使得消费与产出水平有关且与利率无关。IS 曲线的斜率取决于 m，它是支出方面与利率唯一有关的要素。

第 12 章　总需求Ⅱ：应用 *IS-LM* 模型

单项选择题

1. *IS* 曲线和 *LM* 曲线的交点决定了：
   A. 价格水平和通货膨胀率
   B. 产出水平和价格水平
   C. 投资和货币供给
   D. 均衡的利率和产出水平

2. *IS-LM* 财政政策图

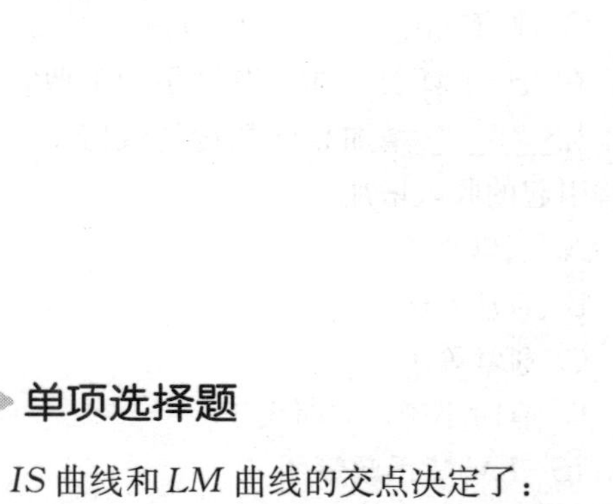

   基于该图形，最初均衡点的利率和收入分别是 r_1 和 Y_1。如果减少政府支出，那么新的均衡利率和收入组合为：
   A. r_2，Y_2　　B. r_3，Y_2
   C. r_2，Y_3　　D. r_1，Y_2

3. *IS-LM* 财政政策图

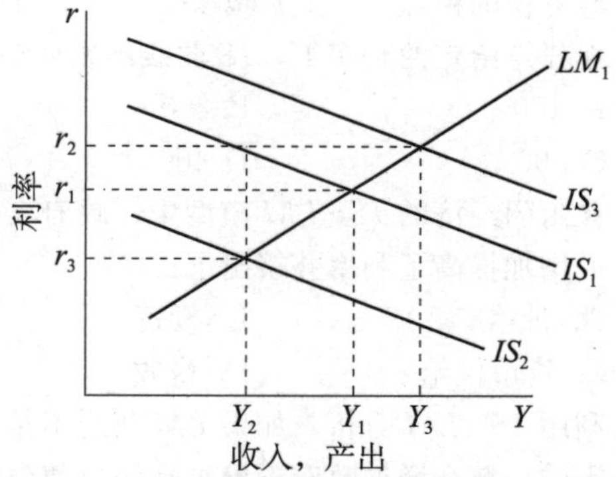

   基于该图形，最初均衡点的利率和收入分别是 r_1 和 Y_1。如果增加政府支出，那么新的均衡利率和收入组合为：
   A. r_2，Y_2　　B. r_3，Y_2
   C. r_2，Y_3　　D. r_3，Y_3

4. *IS-LM* 财政政策图

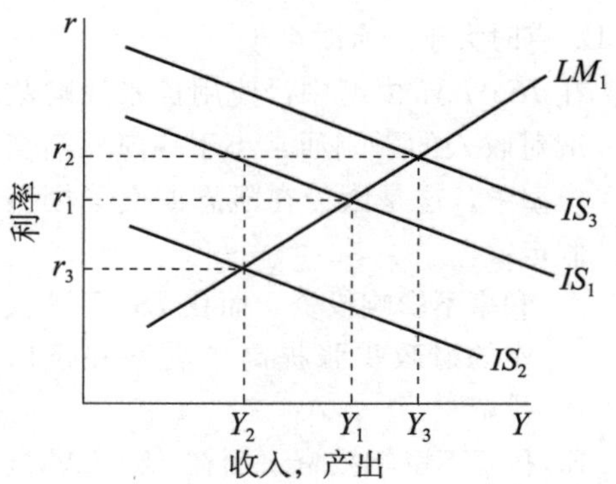

基于该图形，最初均衡点的利率和收入分别是 r_1 和 Y_1。如果减少税收，那么新的均衡利率和收入组合为：

A. r_2，Y_2　　B. r_3，Y_2

C. r_2，Y_3　　D. r_3，Y_3

5. 如果 LM 曲线是垂直的且政府支出增加了 G，在 IS－LM 分析中，均衡收入增加了：

A. $G/(1-MPC)$

B. 大于 0 且小于 $G/(1-MPC)$

C. G

D. 0

6. 如果 $MPC=0.6$（且没有所得税），当 G 增加 200 时，那么在任意给定的利率下，IS 曲线向右移动：

A. 200　　B. 300

C. 400　　D. 500

7. 如果 $MPC=0.6$（没有所得税而只有一次性支付的税款），当 T 减少 200 时，那么在任意给定的利率下，IS 曲线向右移动：

A. 100　　B. 200

C. 300　　D. 400

8. 在封闭经济的 IS－LM 模型中，政府支出的增加提高了利率并挤出了：

A. 价格　　B. 投资

C. 货币供给　　D. 税收

9. 利用 IS－LM 分析，如果 LM 曲线不是水平的，那么增加政府支出带来的乘数效应________在凯恩斯交叉分析中增加政府支出带来的乘数效应。

A. 大于

B. 等于

C. 小于

D. 有时大于，有时小于

10. 在 IS－LM 模型中，使用扩张性财政政策对收入的影响通常小于在凯恩斯交叉模型中，这是因为在凯恩斯交叉模型中假定：

A. 利率不影响投资，而在 IS－LM 模型中的财政扩张提高了利率并挤出了投资

B. 利率不影响投资，而在 IS－LM 模型中的财政扩张降低了利率并挤出了投资

C. 投资是自发的，而在 IS－LM 模型中的财政扩张鼓励更高的投资，这提高了利率

D. 价格水平是固定的，而在 IS－LM 模型中允许其变化

11. 在 IS－LM 模型中，税收的改变最初是通过________来影响计划支出的。

A. 消费　　B. 投资

C. 政府支出　　D. 利率

12. 在 IS－LM 分析中，减税引起的收入增加________增加相同数量的政府支出所引起的收入增加。

A. 通常小于

B. 通常大于

C. 通常等于

D. 有时小于，有时大于

13. IS－LM 货币政策图

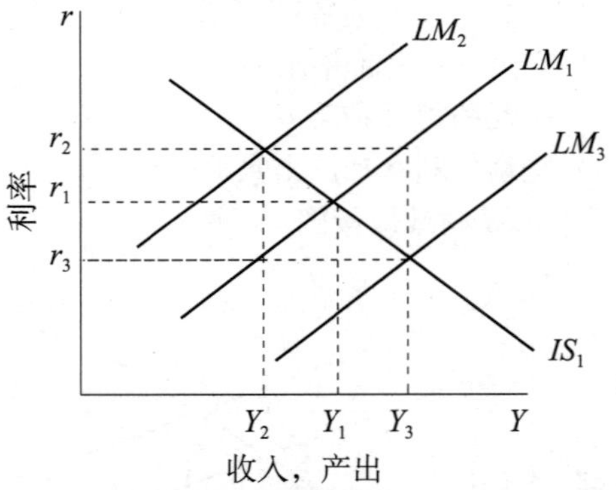

基于该图形，最初均衡点的利率和收入分别是 r_1 和 Y_1。如果货币供给减少，那么新的均衡利率和收入组合为：

A. r_2，Y_2　　B. r_3，Y_2

C. r_2，Y_3　　D. r_3，Y_3

14. IS－LM 货币政策图

基于该图形，最初均衡点的利率和收入分别是 r_1 和 Y_1。如果货币供给增加，那么新的均衡利率和收入组合为：

A. r_2，Y_2　　B. r_3，Y_2

C. r_2，Y_3　　D. r_3，Y_3

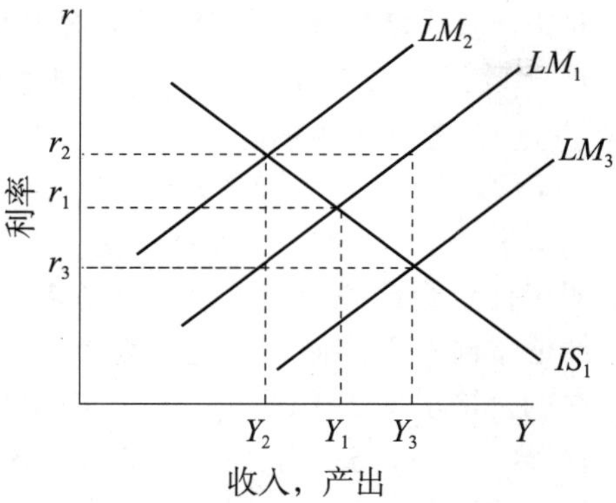

15. 在 $IS-LM$ 模型中，当 M/P 上升时，在短期均衡中，通常情况下利率将________且产出将________。

A. 上升；减少　　　　B. 上升；增加

C. 下降；增加　　　　D. 下降；减少

16. 在 $IS-LM$ 模型中，当 M 保持不变但 P 上升时，在短期均衡中，通常情况下利率将________且产出将________。

A. 上升；减少　　　　B. 上升；增加

C. 下降；增加　　　　D. 下降；减少

17. 在 $IS-LM$ 模型中，当美联储减少货币供给时，公众将________债券，利率将________，导致投资和收入________。这被称为货币传导机制。

A. 买入；上升；增加

B. 卖出；下降；减少

C. 卖出；上升；减少

D. 买入；上升；减少

18. 政策之间的相互作用图

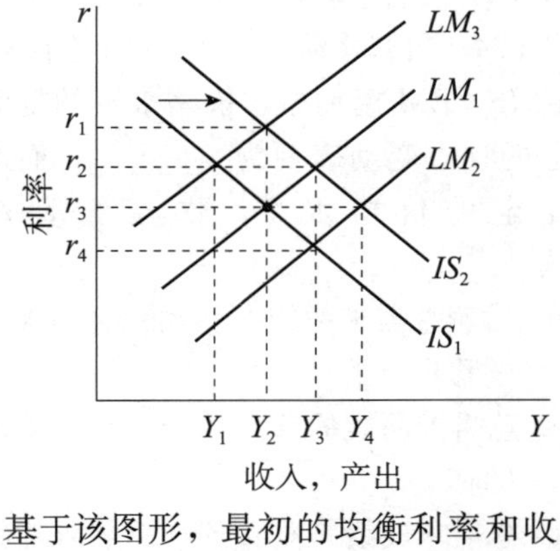

基于该图形，最初的均衡利率和收入分别是 r_3 和 Y_2，曲线是 IS_1 和 LM_1。如果存在政府支出的增加使 IS 曲线移向 IS_2，那么为了保持利率不变，美联储应该________货币供给，使 LM 曲线移向________。

A. 增加；LM_2　　　　B. 减少；LM_2

C. 增加；LM_3　　　　D. 减少；LM_3

19. 政策之间的相互作用图

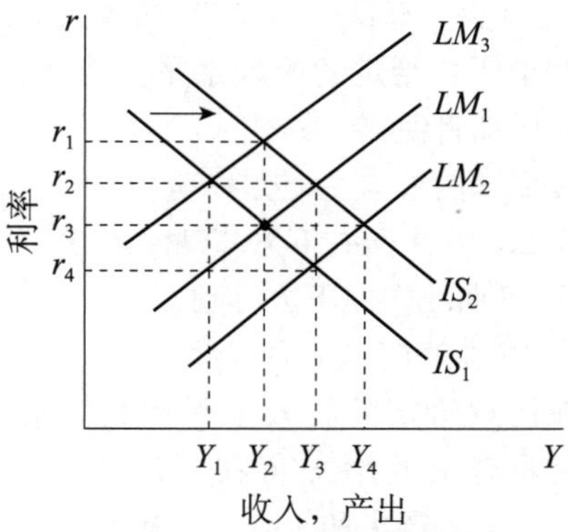

基于该图形，最初的均衡利率和收入分别是 r_3 和 Y_2，曲线是 IS_1 和 LM_1。如果存在政府支出的增加使 IS 曲线移向 IS_2，那么为了保持产出不变，美联储应该________货币供给，使 LM 曲线移向________。

A. 增加；LM_2　　　　B. 减少；LM_2

C. 增加；LM_3　　　　D. 减少；LM_3

20. 政策之间的相互作用图

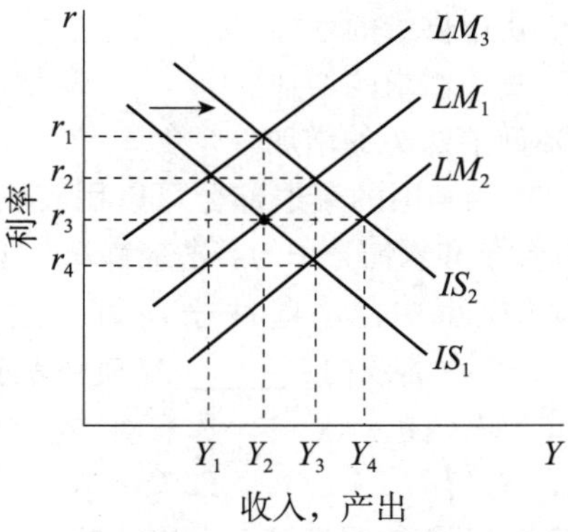

基于该图形，最初的均衡利率和收入分别是 r_3 和 Y_2，曲线是 IS_1 和 LM_1。如果存在政府支出的增加使 IS 曲线移向 IS_2 且美联储不改变货币供给，则新的均衡利率和收入组合为：

A. r_1，Y_2　　　　B. r_2，Y_3

C. r_3，Y_3　　D. r_3，Y_4

21. 对于任意给定的收入和利率水平，投资需求增加——例如，由于更乐观的“动物精神”——将在 IS - LM 框架内________产出和________利率。

A. 增加；降低　　B. 增加；提高
C. 减少；降低　　D. 减少；提高

22. 对于任意给定的收入水平，消费者储蓄的增加将使：

A. LM 曲线向左上方移动
B. LM 曲线向右下方移动
C. IS 曲线向左下方移动
D. IS 曲线向右上方移动

23. 在任意给定的收入水平和利率水平下，货币需求的增加将在 IS - LM 框架内________产出和________利率。

A. 增加；降低　　B. 增加；提高
C. 减少；降低　　D. 减少；提高

24. 在 IS-LM 模型中，利率的下降是由于：

A. 货币供给的增加
B. 政府购买的增加
C. 税收的减少
D. 货币需求的增加

25. 在 IS-LM 模型中，产出的减少是由于：

A. 税收的减少
B. 货币供给的增加
C. 货币需求的增加
D. 政府购买的增加

26. 2001 年美国的衰退部分可以用股票市场的萧条和恐怖分子的袭击来解释。在 IS-LM 模型中，这些冲击均可以通过将________曲线向________移动来表示。

A. LM；右　　B. LM；左
C. IS；右　　D. IS；左

27. 对 2001 年美国经济衰退实施的一个政策是减税。在 IS - LM 模型中，这个政策可以通过将________曲线向________移动来表示。

A. LM；右　　B. LM；左
C. IS；右　　D. IS；左

28. 对 2001 年美国经济衰退实施的一个政策是提高货币增长率。在 IS - LM 模型中，这个政策可以通过将________曲线向________移动来表示。

A. LM；右　　B. LM；左
C. IS；右　　D. IS；左

29. 对于任意给定的货币供给 M，总需求曲线通常向右下方倾斜，这是因为一个较高的价格水平 P 导致________实际货币供给 M/P，进而________利率并________支出。

A. 较低的；提高；减少
B. 较高的；降低；增加
C. 较低的；降低；增加
D. 较高的；提高；减少

30. ________发生变化不会引起总需求曲线移动。

A. 货币供给　　B. 投资函数
C. 价格水平　　D. 税收

31. 货币供给的增加使________曲线向右移动，总需求曲线________。

A. IS；向右移动　　B. IS；不移动
C. LM；向右移动　　D. LM；不移动

32. 减税使________曲线向右移动，总需求曲线________。

A. IS；向右移动　　B. IS；不移动
C. LM；向右移动　　D. LM；不移动

33. 价格水平的降低使________曲线向右移动，总需求曲线________。

A. IS；向右移动　　B. IS；不移动
C. LM；向右移动　　D. LM；不移动

34. 在 IS - LM 模型中，价格水平的变动引起的收入变动表现为________，而对于给定的价格水平，收入变动表现为______。

A. 沿着总需求曲线的移动；总需求曲线的移动
B. 总需求曲线的移动；沿着总需求曲线的移动
C. 总需求曲线是垂直的；总需求曲线是水平的
D. 总需求曲线是水平的；总需求曲线是

垂直的

35. IS-LM 曲线到总需求曲线图

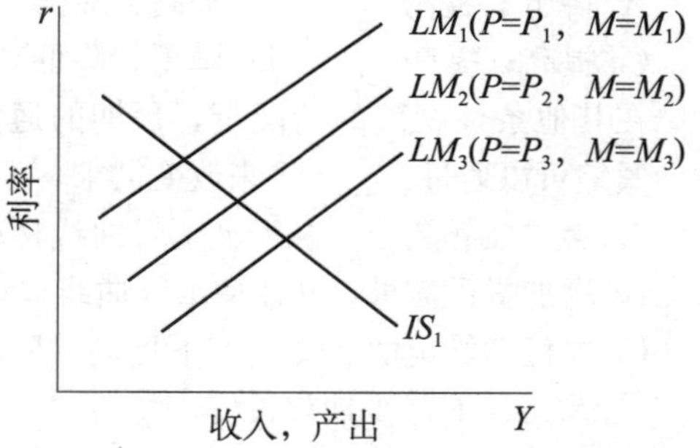

基于该图形，下列哪个是价格水平和货币供给的正确排序？

A. $P_1>P_2$ 和 $M_1>M_2$

B. $P_1>P_2$ 和 $M_1<M_2$

C. $P_1<P_2$ 和 $M_1>M_2$

D. $P_1<P_2$ 和 $M_1<M_2$

36. 沿着总需求曲线的移动与 IS-LM 模型中________的收入变动有关，而总需求曲线的移动与 IS-LM 模型中________的收入变动有关。

A. 由货币政策变动引起；由财政政策变动引起

B. 由财政政策变动引起；由货币政策变动引起

C. 在给定的价格水平下；由价格水平变动引起

D. 由价格水平变动引起；在给定的价格水平下

37. 若短期均衡水平高于产出的自然率水平，当经济回到长期均衡时：

A. 产出和价格水平都将上升

B. 产出将下降，但价格水平将上升

C. 产出将上升，但价格水平将下降

D. 产出和价格水平都将下降

38. 如果短期 IS-LM 均衡发生在收入水平低于自然产出水平以下，那么在长期中，价格水平将________，________曲线将向右移动并回到产出的自然水平。

A. 上升；IS　　B. 下降；IS

C. 上升；LM　　D. 下降；LM

39. 短期到长期图

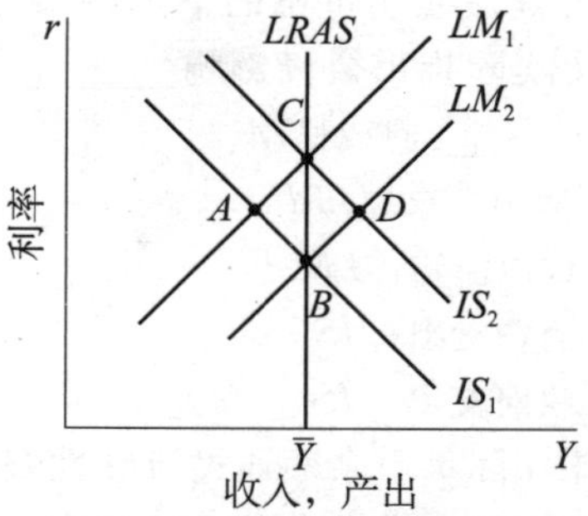

基于该图形，如果经济最初处于短期均衡点 A，那么长期均衡将处于点________，并有着________价格水平。

A. B；更高的　　B. B；更低的

C. C；更高的　　D. C；更低的

40. 短期到长期图

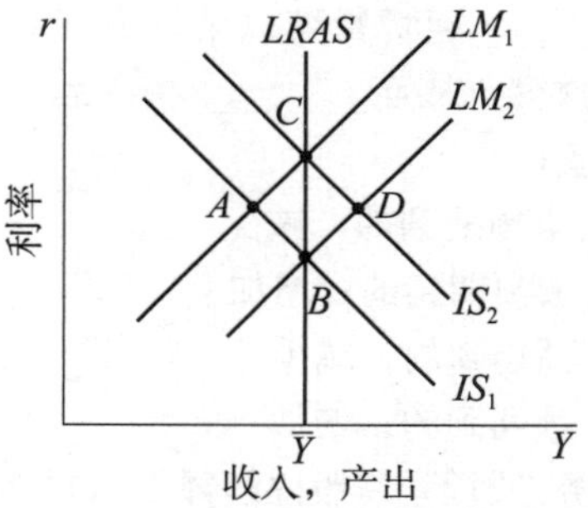

基于该图形，如果经济最初处于短期均衡点 D，那么长期均衡将处于点________，并有着________价格水平。

A. B；更高的　　B. B；更低的

C. C；更高的　　D. C；更低的

41. 短期和长期的分析表明________假设大多适用于________。

A. 古典；短期和长期

B. 凯恩斯主义；短期和长期

C. 古典；短期，而凯恩斯主义假设大多适用于长期

D. 凯恩斯主义；短期，而古典假设大多适用于长期

42. 货币假说表明大萧条由________造成。

A. IS 曲线向左移动

B. IS 曲线向右移动

C. LM 曲线向左移动

D. LM 曲线向右移动

43. 庇古效应表明价格的下降将增加收入，因为实际货币余额影响________，并且使________曲线移动。

A. 货币需求；*LM*

B. 货币供给；*LM*

C. 消费支出；*IS*

D. 政府支出；*IS*

44. 如果实际货币余额通过流动性偏好理论和庇古效应进入 *IS*－*LM* 模型，那么价格水平的下降将使________移动。

A. *LM* 曲线

B. *IS* 曲线

C. *IS* 曲线和 *LM* 曲线都

D. *IS* 曲线和 *LM* 曲线都不

45. 大萧条中的债务－通货紧缩理论表明________通货紧缩以某种方式重新分配了财富，从而________在产品与服务上的支出。

A. 未预期到的；减少

B. 未预期到的；增加

C. 预期到的；减少

D. 预期到的；增加

46. 债务－通货紧缩假说解释了未预期到的通货紧缩是收入减少的原因，因为财富会从________，且债权人比债务人有着________消费倾向。

A. 债务人转移到债权人；更小的

B. 债务人转移到债权人；更大的

C. 债权人转移到债务人；更小的

D. 债权人转移到债务人；更大的

47. 投资取决于________利率，而货币需求取决于________利率。

A. 实际；实际　　B. 名义；名义

C. 实际；名义　　D. 名义；实际

48. 在 *IS*－*LM* 模型中，起初没有预期的通货膨胀，如果现在预期的通货膨胀变为负数，那么：

A. *IS* 曲线左移　　B. *IS* 曲线右移

C. *LM* 曲线左移　　D. *LM* 曲线右移

49. 预期的价格变动对产出水平有影响的一个解释是：预期通货紧缩的加剧会________名义利率且________实际利率，从而投资支出下降。

A. 降低；提高　　B. 提高；降低

C. 提高；提高　　D. 降低；降低

50. 在其他条件相同的情况下，预期的通货紧缩可以通过________来改变需求。

A. 减少货币需求，从而使 *LM* 曲线移动

B. 增加货币需求，从而使 *LM* 曲线移动

C. 在任意给定的名义利率下提高实际利率，从而减少期望投资

D. 在任意给定的名义利率下降低实际利率，从而增加期望投资

51. 在 2008—2009 年金融危机期间，许多金融机构停止提供贷款，即使对方是信誉良好的客户，这在 *IS*－*LM* 模型中可以表示为：

A. *IS* 曲线的扩张性移动

B. *IS* 曲线的紧缩性移动

C. *LM* 曲线的扩张性移动

D. *LM* 曲线的紧缩性移动

52. 当________时，流动性陷阱发生。

A. 银行有过多的货币且不对新客户发放

B. 中央银行错误地印刷过多的货币，从而引发恶性通货膨胀

C. 利率下降到很低的水平以至货币政策不再有效

D. 建造水坝和水闸来防止洪水

53. *IS* 曲线的斜率取决于：

A. 投资对利率的敏感程度和政府支出数量

B. 投资对利率的敏感程度和边际消费倾向

C. 投资对利率的敏感程度和税率

D. 税率和政府支出

54. 给定税收的增加量，________，*IS* 曲线向左移动得就越多。

A. 边际消费倾向越大

B. 边际消费倾向越小

C. 政府支出越大

D. 政府支出越小

55. 货币需求对利率的敏感程度________且

收入对货币需求的影响________，LM 曲线就越陡峭。

A. 越大；越大　　B. 越大；越小

C. 越小；越小　　D. 越小；越大

56. 如果货币需求函数为 $M/P=0.5Y-100r$，那么 LM 曲线的斜率为：

A. 0.001　　B. 0.005

C. 0.01　　D. 0.05

57. 如果货币需求函数为 $M/P=0.2Y-200r$，并且 M/P 增加了 100，那么对于任意给定的利率水平，LM 曲线：

A. 向左移动 100　　B. 向左移动 500

C. 向右移动 100　　D. 向右移动 500

58. 在其他条件相同的情况下，给定政府支出的变化量，________，其对需求的影响就越大。

A. LM 曲线越平坦

B. LM 曲线越陡峭

C. 货币需求对利率的敏感程度越小

D. 货币需求对收入的敏感程度越大

59. 在其他条件相同的情况下，给定政府支出的变化量，________，其对需求的影响就越大。

A. IS 曲线越平坦

B. IS 曲线越陡峭

C. 支出需求对利率的敏感程度越大

D. 货币需求对利率的敏感程度越小

60. 如果货币需求不取决于利率，那么 LM 曲线是________，且________政策对产出没有影响。

A. 水平的；财政　　B. 垂直的；财政

C. 水平的；货币　　D. 垂直的；货币

61. 如果投资和消费都不取决于利率，那么 IS 曲线是________，且________政策对产出没有影响。

A. 垂直的；货币　　B. 水平的；货币

C. 垂直的；财政　　D. 水平的；财政

62. 那些相信财政政策比货币政策更有力的经济学家认为：

A. 投资对利率的反应小

B. 投资对利率的反应大

C. IS 曲线几乎是水平的

D. LM 曲线几乎是垂直的

63. 那些相信货币政策比财政政策更有力的经济学家认为：

A. 货币需求对利率的反应大

B. 货币需求对利率的反应小

C. IS 曲线几乎是垂直的

D. LM 曲线几乎是水平的

64. 根据 IS-LM 模型，当政府增加相同数量的税收和政府购买时：

A. 收入、利率、消费和投资都不变

B. 收入和利率上升，而消费和投资下降

C. 收入和利率下降，而消费和利率上升

D. 收入、利率、消费和投资都上升

65. 如果消费由 $C=200+0.75(Y-T)$ 给出，且投资由 $I=200-25r$ 给出，那么 IS 曲线的公式为：

A. $Y=400-0.75T-25r+G$

B. $Y=1\ 600-3T-100r+4G$

C. $Y=400+0.75T-25r-G$

D. $Y=1\ 600+3T-100r-4G$

66. 如果 IS 曲线由 $Y=1\ 700-100r$ 给出，且 LM 曲线由 $Y=500+100r$ 给出，那么均衡的收入和利率由________给出。

A. $Y=1\ 100$，$r=6\%$

B. $Y=1\ 200$，$r=5\%$

C. $Y=1\ 000$，$r=5\%$

D. $Y=1\ 100$，$r=5\%$

67. 如果 IS 曲线由 $Y=1\ 700-100r$ 给出，货币需求函数由 $(M/P)^d=Y-100r$ 给出，货币供给为 1 000，价格水平为 2，那么如果货币供给提高到 1 200，均衡收入水平将上升：

A. 200 且利率下降 2%

B. 100 且利率下降 1%

C. 50 且利率下降 0.5%

D. 200 且利率保持不变

68. 货币供给的增加：

A. 在短期和长期中都将提高收入并降低利率

B. 在短期和长期中都将提高收入，但在

长期中利率保持不变

C. 在短期和长期中都将降低利率，但在长期中收入保持不变

D. 在短期中将降低利率并提高收入，但在长期中二者都保持不变

69. 政府支出的增加：

A. 在短期中将提高收入和利率，但在长期中二者都保持不变

B. 在短期中将提高收入，但当减少投资时，在长期中收入保持不变

C. 在短期中将提高收入，但当减少消费时，在长期中收入保持不变

D. 在短期和长期中都将提高收入和利率

70. 税收的增加：

A. 在短期中将降低收入和利率，但在长期中二者都保持不变

B. 在短期中将降低收入，但当增加消费和减少投资时，在长期中收入保持不变

C. 在短期中将降低收入，但当减少消费和增加投资时，在长期中收入保持不变

D. 在短期和长期中都将降低收入和利率

问答题

71. 假设有如下经济模型，价格水平固定在1.0：

$C=0.8(Y-T)$

$T=1\ 000$

$I=800-20r$

$G=1\ 000$

$Y=C+I+G$

$M^s/P=M^d/P=0.4Y-40r$

$M^s=1\ 200$

a. 写出 IS 曲线的数学公式，其中 Y 是仅关于 r 的函数。（提示：代入 C、I、G 和 T。）

b. 写出 LM 曲线的数学公式，其中 Y 是仅关于 r 的函数。（提示：代入 M/P。）

c. Y、r、$Y-T$、C、I、私人储蓄、公共储蓄和国民储蓄的短期均衡值是多少？请用 $C+I+G=Y$ 及国民储蓄 $=I$ 来验证你的计算结果。

d. 假设 G 增加了 200。在短期均衡中 Y 将增加多少？政府购买乘数是多少（Y 的变化量除以 G 的变化量）？

e. 假设 G 回到它的初始水平 1 000，同时 M^s（货币供给）增加了 200。在短期均衡中 Y 将增加多少？货币供给乘数是多少（Y 的变化量除以 M^s 的变化量）？

72. 假设一个经济的特征由下列方程描述：

$C=100+(2/3)(Y-T)$

$T=600$

$G=500$

$I=800-(50/3)r$

$M^s/P=M^d/P=0.5Y-50r$

a. 写出这个经济中用数字表示的 IS 曲线，用 G、T 和 r 来表示 Y。

b. 写出这个经济中用数字表示的 LM 曲线，用 Y 和 M/P 来表示 r。

c. 假设 $P=1.0$ 且 $M=1\ 200$，求出 Y 和 r 的均衡值。当 $P=2.0$ 时，它们如何变化？通过计算 C、I 和 G 来检验。

d. 写出这个经济中用数字表示的总需求曲线，用 G、T 和 M/P 来表示 Y。

73. 假设经济由 IS 曲线 $Y=3\ 600+3G-2T-150r$ 和 LM 曲线 $Y=2\ M/P+100r$ [或 $r=0.01Y-0.02(M/P)$] 描述。这个经济的投资函数为 $1\ 000-50r$，消费函数为 $C=200+(2/3)(Y-T)$。这个经济的长期均衡产出为 4 000，价格水平为 1.0。

a. 假设政府支出固定在 1 200。政府想要实现投资水平等于 900，同时实现 $Y=4\ 000$。那么 $I=900$ 所需要的 r 的水平是多少？为了实现这两个目标，T 和 M 的水平必须设置为多少？私人储蓄、公共储蓄和国民储蓄的水平将是多少？（提示：用 $C+I+G=Y$ 来验证你的计算结果。）

b. 现在假设政府想要减税至 1 000。将 G

设置在 1 200，那么 $Y=4\ 000$ 时的利率将为多少？M 的值必须是多少？I 将是多少？私人储蓄、公共储蓄和国民储蓄的水平将为多少？（提示：用 $C+I+G=Y$ 来验证你的计算结果。）

c. 哪一组政策可以被称为紧缩的财政政策和宽松的货币政策？哪一组政策可以被称为宽松的财政政策和紧缩的货币政策？哪一个“政策组合”更能鼓励投资？

74. 如果预算赤字减少，美联储将如何防止经济陷入衰退？运用 *IS*－*LM* 模型来画图说明减少赤字这一财政政策和避免产出下降的货币政策带来的影响。请标出：i. 坐标轴；ii. 曲线；iii. 初始均衡值；iv. 曲线移动的方向；v. 最终均衡值。

75. 运用 *IS*－*LM* 模型来画图说明由于石油价格的大幅上涨导致的价格水平一次性上涨对产出和利率的影响。请标出：i. 坐标轴；ii. 曲线；iii. 初始均衡值；iv. 曲线移动的方向；v. 最终均衡值。

76. 假设人们最终意识到他们必须为了退休而储蓄更大比例的收入，同时他们开始使用新技术，该技术可以让他们降低持有的实际现金余额占其收入的比例。运用 *IS*－*LM* 模型来画图说明家庭行为的这两种变化对产出和利率的影响。请标出：i. 坐标轴；ii. 曲线；iii. 初始均衡值；iv. 曲线移动的方向；v. 最终均衡值。

77. 运用 *IS*－*LM* 模型来画图说明在大萧条期间，当价格下降时，庇古效应对均衡的收入和利率水平的影响。

78. 假设最初人们预期价格水平会保持不变。如今美联储宣布它将在一年内提高货币增长率。现在人们预期会发生通货膨胀。运用 *IS*－*LM* 模型来画图说明预期的通货膨胀对产出水平以及实际利率和名义利率的影响。

79. 假设经济最初处于产出水平高于自然率的短期均衡。运用 *IS*－*LM* 模型来画图说明在长期中当经济回到产出的自然率时，收入和利率水平是如何变化的。

80. 有两个完全相同的国家，阿尔法和贝塔，二者在短期中都能由 *IS*－*LM* 模型描述。两个国家的政府都削减了相同数量的税收。阿尔法的中央银行遵循保持货币供给不变的政策。贝塔的中央银行遵循保持利率不变的政策。比较两个国家的减税对收入和利率的影响。

81. 政策制定者正在考虑是增加政府支出还是增加货币供给。在短期内，预期两种政策对收入有相同的影响。运用 *IS*－*LM* 模型来比较两种政策选择对消费和投资的影响。

82. 在凯恩斯交叉模型中政府支出的减少所导致的产出减少量比在 *IS*－*LM* 模型中更多。请解释为什么这是正确的。

83. 比较第 3 章的古典模型与 *IS*－*LM* 模型中的减税对消费、投资、产出和利率的影响。

84. 货币供给的增加使 *LM* 曲线向右移动，但货币需求的增加使 *LM* 曲线向左移动。请解释产生这种差异的原因。

85. 假设经济最初处于产出水平低于自然率的短期均衡。

a. 运用 *IS*－*LM* 模型来画图说明：(1) 如果没有实施政策行动，经济在长期将如何调整；(2) 如果采取财政政策让经济回到产出的自然率，长期均衡会是多少。

b. 解释在这两种情况下，投资、利率和价格水平在新的长期均衡中是如何变化的。

86. 如果通货膨胀是坏的，为什么通货紧缩不是好的呢？运用 *IS*－*LM* 模型来解释通货紧缩是如何引起产出减少的。

87. 如果有货币供给的增加或价格水平的下降，*LM* 曲线会向右移动。在哪种情况下这是沿着总需求曲线的移动，在哪种情况下这是总需求曲线的移动？请解释。

88. 什么是冲击？冲击如何影响 *IS* 曲线和 *LM* 曲线？

89. 当经济实施扩张性货币政策和财政政策时，总需求曲线是如何受到影响的？

90. 什么是支出假说和货币假说？请举例说明你的答案。

91. 为了稳定 1930 年下降的价格，庇古提出了什么建议？

92. 在什么条件下流动性陷阱会发生？

单项选择题答案

1. 答案：D；难度级别：易
2. 答案：B；难度级别：中
3. 答案：C；难度级别：中
4. 答案：C；难度级别：中
5. 答案：D；难度级别：中
6. 答案：D；难度级别：难
7. 答案：C；难度级别：难
8. 答案：B；难度级别：易
9. 答案：C；难度级别：中
10. 答案：A；难度级别：中
11. 答案：A；难度级别：中
12. 答案：A；难度级别：难
13. 答案：A；难度级别：中
14. 答案：D；难度级别：中
15. 答案：C；难度级别：中
16. 答案：A；难度级别：中
17. 答案：C；难度级别：中
18. 答案：A；难度级别：中
19. 答案：D；难度级别：中
20. 答案：B；难度级别：中
21. 答案：B；难度级别：中
22. 答案：C；难度级别：中
23. 答案：D；难度级别：中
24. 答案：A；难度级别：易
25. 答案：C；难度级别：易
26. 答案：D；难度级别：易
27. 答案：C；难度级别：易
28. 答案：A；难度级别：易
29. 答案：A；难度级别：中
30. 答案：C；难度级别：易
31. 答案：C；难度级别：易
32. 答案：A；难度级别：易
33. 答案：D；难度级别：中
34. 答案：A；难度级别：中
35. 答案：B；难度级别：难
36. 答案：D；难度级别：中
37. 答案：B；难度级别：中
38. 答案：D；难度级别：中
39. 答案：B；难度级别：中
40. 答案：C；难度级别：中
41. 答案：D；难度级别：易
42. 答案：C；难度级别：易
43. 答案：C；难度级别：易
44. 答案：C；难度级别：中
45. 答案：A；难度级别：易
46. 答案：A；难度级别：易
47. 答案：C；难度级别：易
48. 答案：A；难度级别：中
49. 答案：A；难度级别：易
50. 答案：C；难度级别：易
51. 答案：B；难度级别：易
52. 答案：C；难度级别：易
53. 答案：B；难度级别：难
54. 答案：A；难度级别：中
55. 答案：D；难度级别：难
56. 答案：B；难度级别：难
57. 答案：D；难度级别：难
58. 答案：A；难度级别：中
59. 答案：B；难度级别：中
60. 答案：B；难度级别：难
61. 答案：A；难度级别：难
62. 答案：A；难度级别：难
63. 答案：B；难度级别：难
64. 答案：B；难度级别：难
65. 答案：B；难度级别：难
66. 答案：A；难度级别：中
67. 答案：C；难度级别：中
68. 答案：D；难度级别：中
69. 答案：B；难度级别：中
70. 答案：C；难度级别：中

问答题答案

71. a. $Y=5\ 000-100r$。

b. $Y=3\ 000+100r$。

c. 在短期均衡中，$Y=4\ 000$；$r=10$；$Y-T=3\ 000$；$C=2\ 400$；$I=600$；私人储蓄为 600；公共储蓄为 0；国民储蓄为 600。

d. Y 增加了 500。政府购买乘数为 2.5。

e. Y 增加了 250。货币供给乘数为 1.25。

72. a. $Y=2\ 700+3G-2T-50r$。

b. $r=0.01Y-0.02\ (M/P)$。

c. 对于 $P=1.0$，$Y=2\ 800$，$r=4$；$C=1\ 566.67$，$I=733.33$。对于 $P=2.0$，$Y=2\ 400$，$r=12$；$C=1\ 300$，$I=600$。

d. $Y=1\ 800+2G-(4/3)T+(2/3)M/P$。

73. a. $r=2$；$T=1\ 450$；$M=1\ 900$；私人储蓄$=650$；公共储蓄$=250$；国民储蓄$=900$。

b. $r=8$；$M=1\ 600$；$I=600$；私人储蓄$=800$；公共储蓄$=-200$；国民储蓄$=600$。

c. a 部分的政策是紧缩的财政政策、宽松的货币政策。b 部分的政策是宽松的财政政策、紧缩的货币政策。a 部分的政策更能鼓励投资。

74.

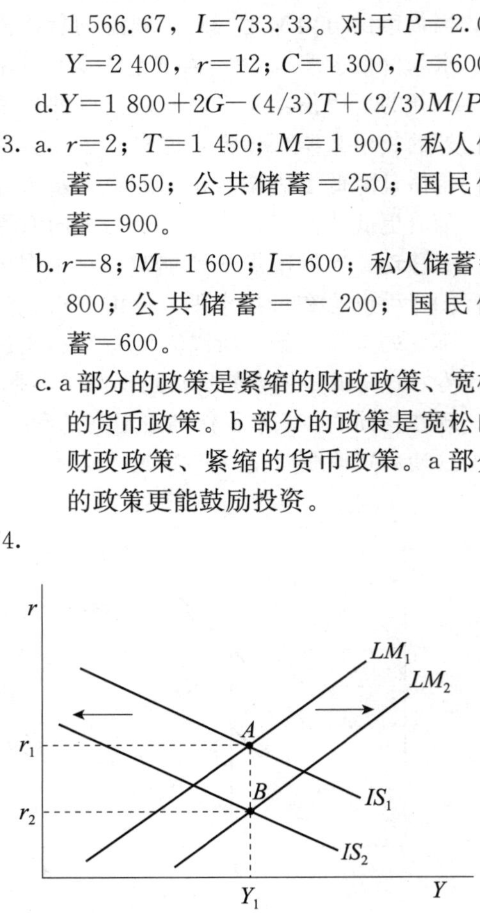

75.

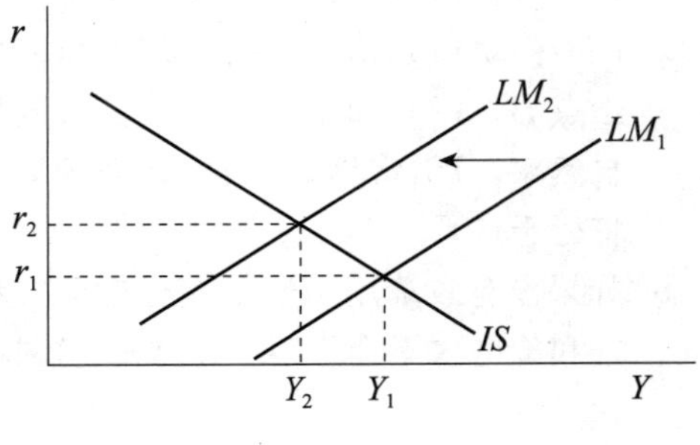

76.

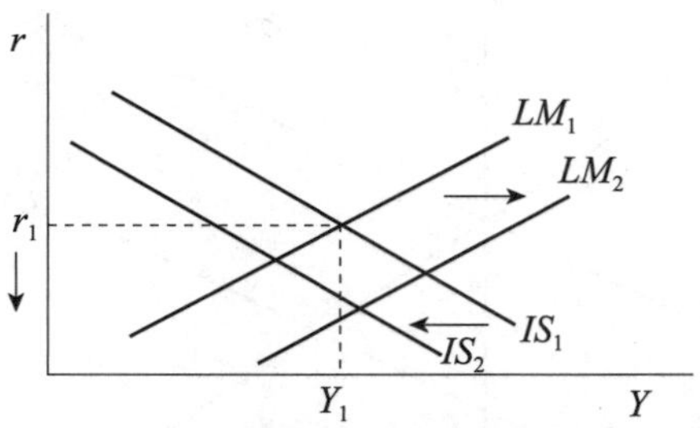

利率降低，但对产出的影响是不确定的，取决于 IS 曲线和 LM 曲线移动的相对幅度。

77.

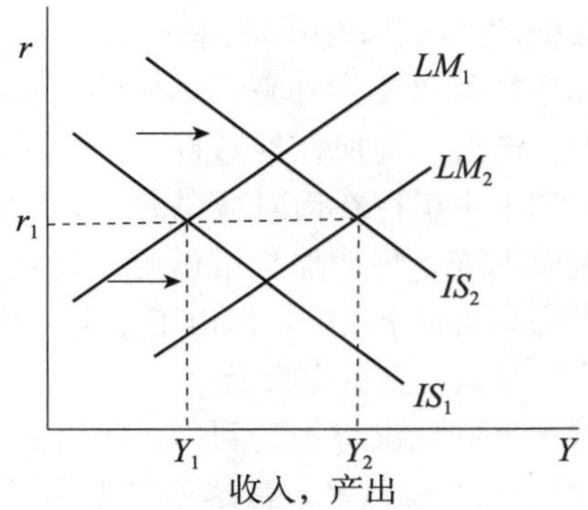

由于价格的下降增加了货币余额，因此收入增加，使得消费者感到更富有。财富的增加导致消费者消费更多，因此使 IS 曲线向右移动。价格的下降增加了实际货币余额，使 LM 曲线向右移动。对利率的影响是不确定的。

78.

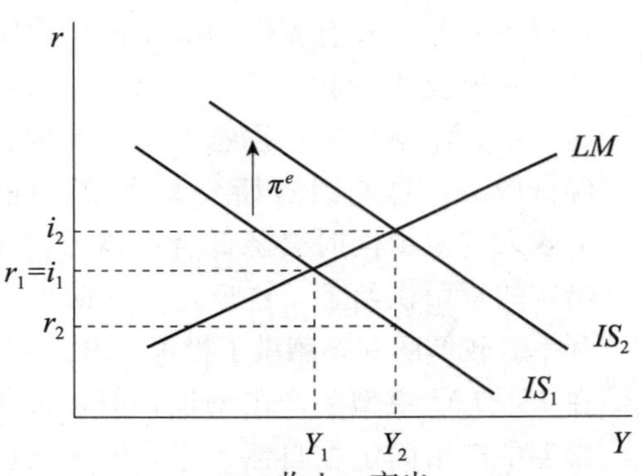

预期通货膨胀的上升提高了产出和名义利率，降低了实际利率。

79.

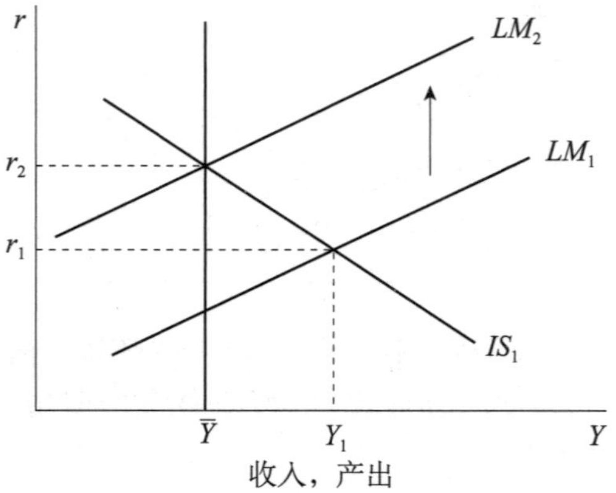

价格提高，减少了实际货币余额，导致较低的产出和较高的利率。

80. 利率在阿尔法将升高，但在贝塔保持不变。产出的增加在贝塔将更大，因为贝塔的中央银行在面对减税时，为了保持利率不变，将增加货币供给。因此，在贝塔不会挤出投资，但由于更高的利率，在阿尔法将会挤出投资。

81. 增加政府支出将提高利率，但增加货币供给将降低利率。在这两种政策之下，消费的数量都将增加。如果增加政府支出的政策被选择，将会有更少的投资，因为为了适应更高的政府支出水平，一些投资将被挤出。如果货币供给的扩张被选择，将会有更多的投资，因为利率将更低。

82. 在凯恩斯交叉模型中，价格水平和利率都保持不变。政府支出的减少使产出降低了政府支出变化的 $1/(1-MPC)$ 倍。在 $IS-LM$ 模型中，政府支出的减少会降低收入，这与凯恩斯交叉模型相同，但收入的减少同时会降低货币需求，在给定的货币供给下，这反过来又降低了利率。较低的利率刺激了投资支出。

83. 在 $IS-LM$ 模型中产出增加，但在古典模型中产出固定在自然水平，因为它由要素投入和技术要素决定。在两个模型中消费都增加，因为减税增加了可支配收入。在两个模型中利率都提高了。在古典模型中，减税降低了储蓄，这提高了利率且减少了投资的均衡数量。在封闭的古典经济中，由于收入是固定的，因此消费的增加恰好能抵消投资的减少。在 $IS-LM$ 模型中，增加收入会增加货币需求，在货币供给不变的情况下，这导致了较高的利率，从而使货币需求趋于均衡。在 $IS-LM$ 模型中，在投资和货币需求对利率的敏感度正常的情况下，较高的利率会挤出部分投资。

84. 当货币供给增加时（对于固定的货币需求和价格水平），货币需求小于现有利率下新的货币供给水平，所以家庭使用额外的货币来购买债券，这提高了债券的价格且降低了利率。相同的收入水平伴随着更低的利率，这使 LM 曲线向右下方移动。当货币需求增加时，对于固定的货币供给和价格水平，货币需求超过不变的货币供给，所以人们开始卖出债券，这降低了债券的价格且提高了利率。现在相同的收入水平伴随着更高的利率，这使 LM 曲线向左上方移动。

85.

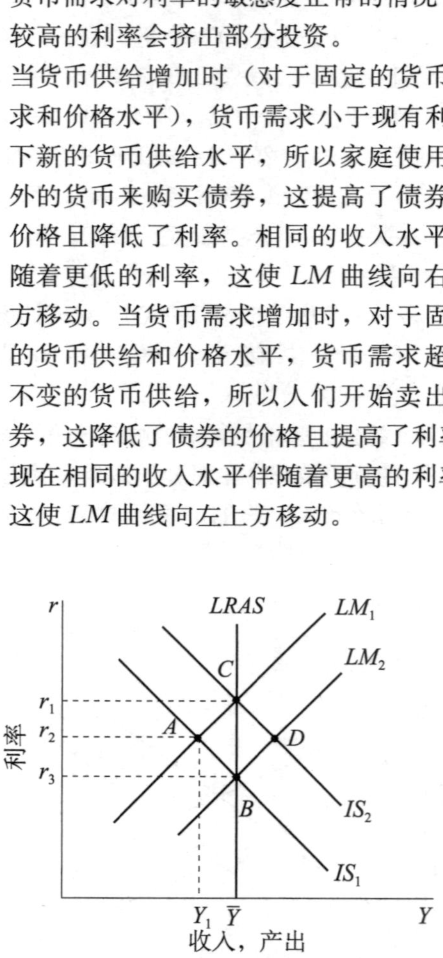

a. 经济从点 A 开始处于均衡。(1) 没有政策变化，价格水平最终将下降，使 LM_1 移动到 LM_2。新的长期均衡将处于点 B。(2) 如果用财政政策来恢复自然率，IS_1 将移动到 IS_2 且新的均衡将处于点 C。

b. 如果没有政策用于恢复充分就业，利率和价格水平会下降。由于长期利率将降低，因此投资将更大。如果使用财政政策，*IS* 曲线将向右移动。价格水平将不改变，但长期利率将提高。这将减少新的均衡点 *C* 中的私人投资数量。

86. 未预期到的通货紧缩通过将财富从债务人手中转移到债权人手中而减少了产出。如果债权人比债务人有更低的消费倾向，那么债务人支出的减少量将比债权人支出的增加量更大。这种消费的减少将使 *IS* 曲线向左移动，导致更低的均衡产出水平。如果有预期到的通货紧缩，这会提高名义利率水平下的实际利率且减少投资支出。投资支出的减少将使 *IS* 曲线向左移动，从而导致更低的均衡收入水平。

87. 保持其他条件不变，包括货币供给，总需求曲线表示收入和价格水平之间的关系。货币供给的增加，使 *LM* 曲线向右移动，总需求曲线也向右移动，因为货币供给不是固定的，这是由于它是沿着任何给定的总需求曲线移动的。价格水平的下降使 *LM* 曲线向右移动，即总需求曲线向下移动，这是因为货币供给沿着总需求曲线保持不变，而总需求曲线展示了收入如何随着价格水平的变化而变化。

88. 冲击是除了货币政策和财政政策之外导致 *IS* 曲线和 *LM* 曲线移动的外部干扰因素。对 *IS* 曲线的冲击是产品与服务需求的外生变动。投资的减少降低了计划支出并使 *IS* 曲线向左移动，从而降低了收入和就业。消费函数的上升提高了计划支出并使 *IS* 曲线向右移动，这提高了收入。

    对 *LM* 曲线的冲击是货币供给的外生变动。货币需求的增加使 *LM* 曲线向上移动，这往往会提高利率并降低收入。

89. 如果实施扩张性货币政策，对于给定的价格水平，货币供给的增加进一步增加了实际货币余额。这使 *LM* 曲线向下移动且提高了收入。因此，通过货币供给的增加，总需求曲线向右移动。同时，对于任何给定的价格，财政扩张（像政府购买的增加和税收的减少）使 *IS* 曲线向右移动且提高了收入。因此，总需求曲线向右移动。

90. 一些经济学家认为，收入下降的原因可能是 *IS* 曲线的紧缩性移动。这被称为支出假说，因为它将大萧条的主要责任归咎于产品与服务支出的外生性下降。例如，在 1930 年的大萧条中，收入的下降与利率的下降同时发生，利率的下降是以 *IS* 曲线的移动为标志的。

    当将大萧条的主要责任归咎于美联储允许货币供给大幅减少时，这会使 *LM* 曲线移动，货币假说将起作用。为了支持这个观点，货币供给从 1929 年到 1933 年下降了 25%，在此期间，失业率从 3.2%上升到 25.2%。

91. 庇古指出，实际货币余额是家庭财富的一部分。随着价格的下降和实际货币余额的增加，消费者应当感到更加富有和支出更多。消费者支出的增加应该引起 *IS* 曲线的扩张性移动，也会导致更高的收入。

92. 根据 *IS*－*LM* 模型，扩张性货币政策通过降低利率和刺激投资支出来发生作用。但是，如果利率已经下降到几乎为零，那么也许货币政策就不再有效了。这种情况被称为流动性陷阱。

第 13 章 重访开放经济：蒙代尔-弗莱明模型与汇率制度

单项选择题

1. 与封闭经济相比，开放经济：
   A. 允许汇率浮动
   B. 汇率固定不变
   C. 可以与其他国家进行贸易
   D. 不与其他国家进行贸易
2. 蒙代尔-弗莱明模型假设：
   A. 价格是弹性的，而 $IS-LM$ 模型假设价格是固定的
   B. 价格是固定的，而 $IS-LM$ 模型假设价格是弹性的
   C. 与 $IS-LM$ 模型一样，价格是固定的
   D. 与 $IS-LM$ 模型一样，价格是弹性的
3. 蒙代尔-弗莱明模型是一个________开放经济的________模型。
   A. 小型；短期　　B. 大型；短期
   C. 大型；长期　　D. 小型；长期
4. 在蒙代尔-弗莱明模型中：
   A. 汇率制度必须是浮动汇率
   B. 汇率制度必须是固定汇率
   C. 汇率制度是浮动汇率还是固定汇率没有区别
   D. 经济的行为取决于汇率制度是浮动汇率还是固定汇率
5. 在蒙代尔-弗莱明模型中，国内利率由________决定。
   A. LM 曲线与 IS 曲线的交点
   B. 国内通货膨胀率
   C. 世界通货膨胀率
   D. 世界利率
6. 在一个资本完全流动的小型开放经济中，如果国内利率高于世界利率，那么________就会将国内利率拉回至世界利率水平。
   A. 资本流入
   B. 资本流出
   C. 中央银行
   D. 国内储蓄的下降
7. 在一个小型开放经济中，汇率的下降将________净出口，使得________曲线移动。
   A. 增加；IS　　B. 减少；IS
   C. 增加；LM　　D. 减少；LM
8. 如果蒙代尔-弗莱明模型中的短期均衡用横轴代表 Y、纵轴代表汇率的图形来表示，那么 IS^* 曲线：
   A. 向右下倾斜，因为汇率越高，净出口水平就越低，因此，产品市场的短期均衡收入水平也就越低

B. 是垂直的，因为只有一个特定的投资水平与世界利率一致

C. 是垂直的，因为汇率没有被纳入 IS^* 方程

D. 向右下倾斜，因为汇率越高，净出口水平就越高，因此，产品市场的短期均衡收入水平也就越高

9. 如果蒙代尔-弗莱明模型中的短期均衡用横轴代表 Y、纵轴代表汇率的图形来表示，那么 LM^* 曲线：

A. 向右上倾斜，因为在较高的收入水平处，需要较高的利率来提高货币流通速度

B. 是垂直的，因为货币流通速度与利率无关

C. 是垂直的，因为汇率没有被纳入 LM^* 方程

D. 向右上倾斜，因为较高的汇率导致较高的收入

10. 在蒙代尔-弗莱明模型中，外生变量为：

A. 世界利率、价格水平和汇率

B. 政府支出、税收和收入水平

C. 汇率和收入水平

D. 价格水平、世界利率、货币政策和财政政策

11. IS^* 曲线和 LM^* 曲线的交点表示产品市场和货币市场都处于均衡状态时的________和________。

A. 利率；价格水平

B. 价格水平；汇率

C. 产出水平；汇率

D. 产出水平；价格水平

12. 在浮动汇率制度下，汇率：

A. 随着经济条件的变化而波动

B. 由中央银行维持在预定的水平

C. 由中央银行定期改变

D. 随着黄金价格的变化而波动

13. 在浮动汇率下的小型开放经济中，能够增加均衡产出的有效政策是：

A. 增加政府支出

B. 增加税收

C. 增加货币供给

D. 减少货币供给

14. 在浮动汇率下的小型开放经济中，如果________，汇率会上升。

A. 增加货币供给

B. 减少货币供给

C. 减少政府支出

D. 增加税收

15. 在浮动汇率下的小型开放经济中，如果政府采取扩张性财政政策，在新的短期均衡中：

A. 收入和汇率都会上升

B. 汇率会上升，但收入会保持不变

C. 收入会增加，但汇率会保持不变

D. 收入和利率都会上升

16. 在浮动汇率下的小型开放经济中，政府支出增加，在新的短期均衡中，将：

A. 挤出投资，但没有新的政府支出那么多

B. 挤出投资，挤出的量和新的政府支出一样多

C. 吸引国外资本，从而提高汇率，减少净出口，但减少净出口的量没有新的政府支出那么多

D. 吸引国外资本，从而提高汇率，减少净出口，减少净出口的量和新的政府支出一样多

17. 在浮动汇率下的小型开放经济中，实际货币余额的供给是固定的，政府支出的增加：

A. 会提高利率，因此收入必须增加，以维持货币市场的均衡

B. 会提高利率，因此净出口必须减少，以维持产品市场的均衡

C. 不能改变利率，因此净出口必须减少，以维持产品市场的均衡

D. 不能改变利率，因此收入必须增加，以维持货币市场的均衡

18. IS^*-LM^* 图

一个采用浮动汇率的小型开放经济最初处于均衡点 A（IS_1^* 和 LM_1^* 的交点），均

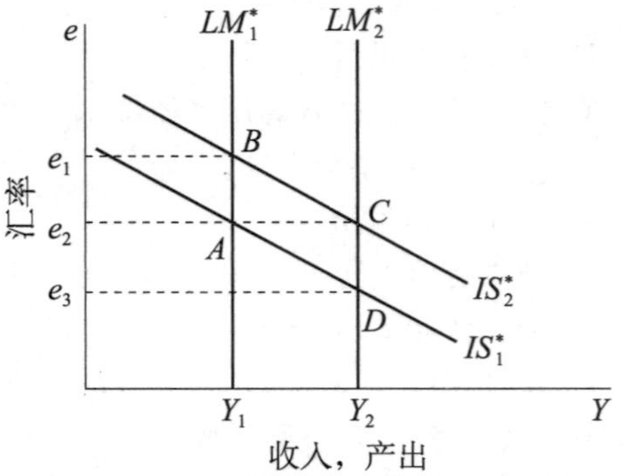

衡汇率为 e_2，均衡产出为 Y_1。如果政府支出增加使 IS_1^* 移动到 IS_2^*，其他条件保持不变，那么新的均衡将位于：

A. A 点　　B. B 点

C. C 点　　D. D 点

19. IS^*-LM^* 图

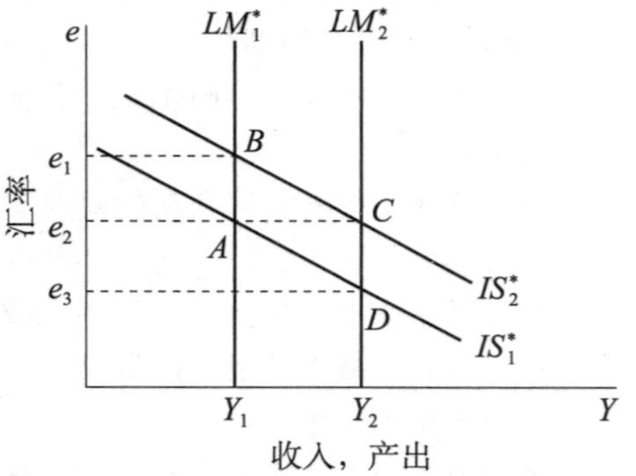

一个采用浮动汇率的小型开放经济最初处于均衡点 A（IS_1^* 和 LM_1^* 的交点），均衡汇率为 e_2，均衡产出为 Y_1。如果有扩张性货币政策使 LM_1^* 移动到 LM_2^*，其他条件保持不变，那么新的均衡将位于：

A. A 点　　B. B 点

C. C 点　　D. D 点

20. 在浮动汇率下的小型开放经济中，如果政府增加了货币供给，那么在新的短期均衡中：

A. 利率下降，投资水平上升

B. 汇率下降，净出口增加

C. 利率下降，但投资水平没有上升

D. 汇率下降，但净出口没有增加

21. 根据蒙代尔-弗莱明模型，对于一个采用浮动汇率的小型开放经济，如果美联储不能改变国内利率，那么货币供给的变化仍然可以通过改变________进而影响总收入。

A. 汇率　　B. 价格水平

C. 政府支出水平　　D. 税率

22. 在浮动汇率下的小型开放经济中，如果政府设置进口配额，那么在新的短期均衡中，IS^* 曲线将向右移动，从而提高了汇率：

A. 但没有增加净出口或收入

B. 和净出口，但不包括收入

C. 和收入，但不包括净出口

D. 和净出口、收入

23. 在浮动汇率下的小型开放经济中，如果政府对外国产品征收关税，那么在新的短期均衡中：

A. 进口将减少而出口保持不变，导致净出口增加

B. 进口将减少，出口将增加，导致净出口增加

C. 进口和出口将减少相同的数量

D. 进口和出口都将保持不变

24. IS^* 曲线、LM^* 曲线的移动图

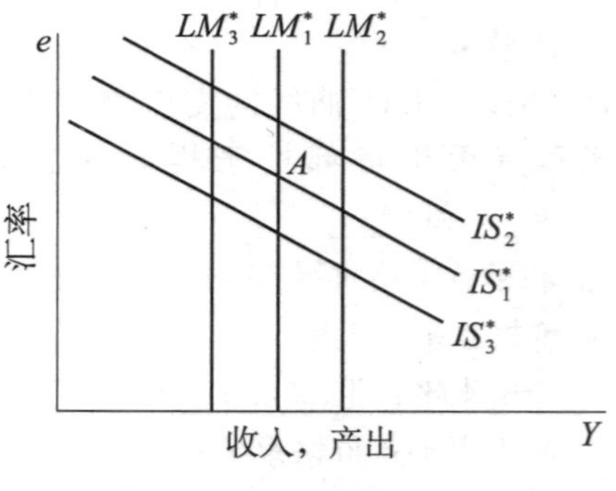

一个采用浮动汇率的小型开放经济最初处于均衡点 A（IS_1^* 和 LM_1^* 的交点），在保持其他条件不变的情况下，如果政府为保护国内就业而对进口产品征收关税，那么________曲线将移动到________曲线。

A. LM_1^*；LM_2^*　　B. LM_1^*；LM_3^*

C. IS_1^*；IS_2^*　　D. IS_1^*；IS_3^*

25. IS^* 曲线、LM^* 曲线的移动图

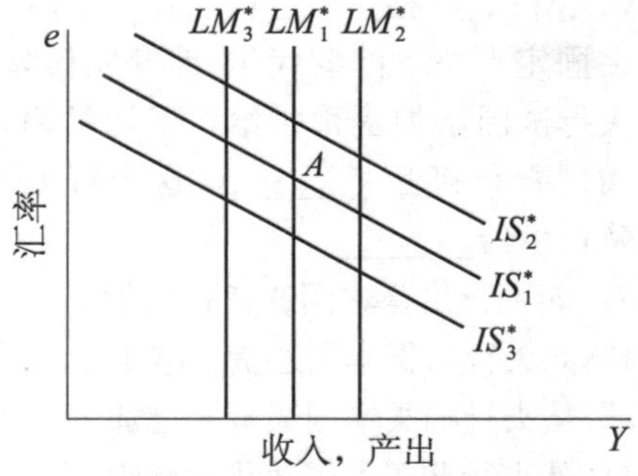

一个采用浮动汇率的小型开放经济最初处于均衡点 A（IS_1^*和 LM_1^*的交点），在保持其他条件不变的情况下，如果国内消费者对进口产品产生了更浓厚的偏好，那么 ________ 曲线将移动到 ________ 曲线。

A. LM_1^*；LM_2^*　　B. LM_1^*；LM_3^*
C. IS_1^*；IS_2^*　　D. IS_1^*；IS_3^*

26. 在固定汇率制度下，汇率：
A. 随着经济条件的变化而波动
B. 由中央银行维持在预定的水平
C. 由中央银行定期改变
D. 随着黄金价格的变化而波动

27. 为了维持固定汇率制度，如果汇率（外币/本币）低于固定汇率水平，那么中央银行必须：
A. 购买外国通货
B. 从储备中出售外国通货
C. 增加税收
D. 减少政府支出

28. 如果美联储宣布它将把汇率固定在 1 美元兑 100 日元的水平上，但在当前的货币供给下，均衡汇率是 1 美元兑 150 日元，那么：
A. 套利者将在市场上出售日元
B. 套利者将从美联储购买日元
C. 货币供给将减少，直到市场汇率为 1 美元兑 100 日元
D. 货币供给将增加，直到市场汇率为 1 美元兑 100 日元

29. 在固定汇率制度下，小型开放经济的中央银行必须：
A. 对本国货币有一定的储备，这些储备是它在过去的交易中积累起来的
B. 对外国货币有一定的储备，且央行可以印刷这种外国货币
C. 允许货币供给调整到任何能保证均衡汇率等于已宣称的汇率的水平
D. 遵循保持货币供给增长率不变的政策

30. 如果实行固定汇率制度，那么在蒙代尔-弗莱明模型所描述的短期中：
A. 名义汇率是固定的，但实际汇率可以自由变动
B. 实际汇率是固定的，但名义汇率可以自由变动
C. 名义汇率和实际汇率都是固定的
D. 名义汇率是固定的，但实际汇率是否固定取决于央行是否遵循货币供给增长不变的政策

31. 如果实行固定汇率制度，那么在长期中：
A. 名义汇率是固定的，但实际汇率可以自由变动
B. 实际汇率是固定的，但名义汇率可以自由变动
C. 名义汇率和实际汇率都是固定的
D. 名义汇率和实际汇率变动固定的数量

32. 在固定汇率下的小型开放经济中，如果政府增加购买，那么在新的短期均衡中：
A. 汇率上升，但收入没有增加
B. 收入增加，但汇率没有上升
C. 收入和汇率都上升
D. 收入和汇率都不会上升，货币供给收缩

33. 在固定汇率下的小型开放经济中，如果政府增加购买，那么在调整到新的短期均衡的过程中，货币供给：
A. 增加，以使汇率保持不变，从而放大了政府支出对收入的影响
B. 减少，以使汇率保持不变，从而抵消了政府支出对收入的影响
C. 保持不变，政府支出对收入也没有影响
D. 保持不变，以使利率保持在世界利率

的水平，因此政府支出减少了收入

34. IS^*-LM^*图

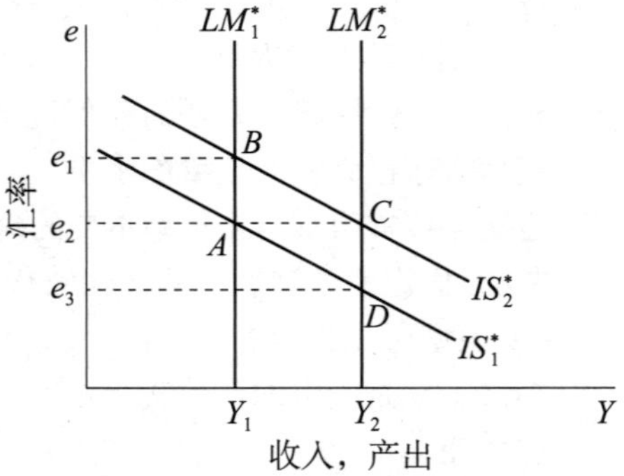

一个采用固定汇率 e_2 的小型开放经济初始时在 A 点（IS_1^*和 LM_1^*的交点）处于均衡状态，均衡产出为 Y_1。如果政府支出增加使得 IS_1^*移动到 IS_2^*，那么在保持其他条件不变的情况下，新的均衡将位于：

A. A 点　　B. B 点

C. C 点　　D. D 点

35. IS^*-LM^*图

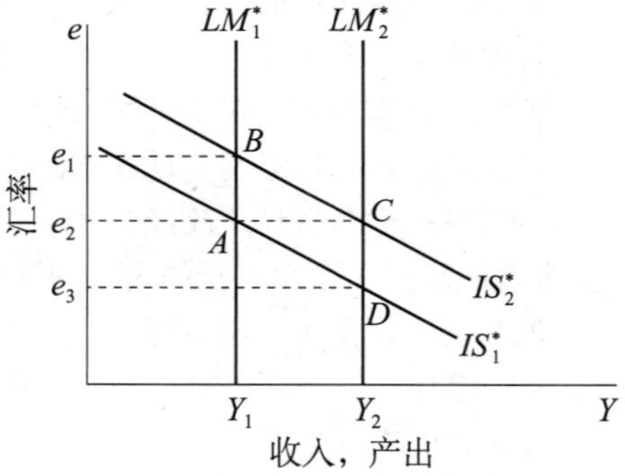

一个采用固定汇率 e_2 的小型开放经济初始时在 A 点（IS_1^*和 LM_1^*的交点）处于均衡状态，均衡产出为 Y_1。如果一项扩张性货币政策使得 LM_1^*移动到 LM_2^*，那么在保持其他条件不变的情况下，新的均衡将位于：

A. A 点　　B. B 点

C. C 点　　D. D 点

36. 在固定汇率下的小型开放经济中，如果一国货币贬值，那么在新的短期均衡中，汇率将______，LM^*曲线将______。

A. 下降；左移　　B. 上升；左移

C. 下降；右移　　D. 上升；右移

37. 在固定汇率下的蒙代尔-弗莱明模型中，央行试图增加货币供给，下调汇率，从而刺激套利者________，这个行为导致货币供给________。

A. 向央行出售本国通货；增加

B. 向央行出售本国通货；减少

C. 从央行购买本国通货；增加

D. 从央行购买本国通货；减少

38. 在固定汇率下，当某一通货的固定汇率水平________时，该通货将贬值。

A. 上升

B. 下降

C. 允许浮动

D. 在一定范围内保持不变

39. 在大萧条期间，使本国货币贬值的国家普遍________，而保持原有汇率的国家________。

A. 遭受经济萧条的时间更长；没有经历经济萧条

B. 相对较快地从大萧条中复苏；没有经历经济萧条

C. 遭受经济萧条的时间更长；相对较快地从大萧条中复苏

D. 相对较快地从大萧条中复苏；遭受经济萧条的时间更长

40. 在固定汇率下的小型开放经济中，如果政府设置进口配额，那么净出口：

A. 减少，同时货币供给减少，收入减少

B. 增加，同时货币供给增加，收入增加

C. 不变，同时货币供给减少，收入减少

D. 不变，同时货币供给不变，收入不变

41. 在固定汇率下的蒙代尔-弗莱明模型中，实施贸易限制会导致净出口增加，因为：

A. 投资增加　　B. 投资减少

C. 储蓄增加　　D. 储蓄减少

42. 根据蒙代尔-弗莱明模型：

A. 在浮动汇率下，扩张性货币政策增加收入，而扩张性财政政策不增加收入，但在固定汇率下，扩张性财政政策增加收入，而扩张性货币政策不增

加收入

B. 无论是在浮动汇率下还是在固定汇率下，扩张性货币政策都能增加收入，但扩张性财政政策却不能

C. 无论是在浮动汇率下还是在固定汇率下，扩张性财政政策都能增加收入，而扩张性货币政策却不能

D. 在浮动汇率下，扩张性财政政策能增加收入，而扩张性货币政策不能；但在固定汇率下，扩张性货币政策能增加收入，而扩张性财政政策却不能

43. 根据蒙代尔-弗莱明模型，在固定汇率下，扩张性财政政策导致收入________，在浮动汇率下，扩张性财政政策导致收入________。

A. 增加；增加

B. 增加；保持不变

C. 保持不变；保持不变

D. 保持不变；增加

44. 根据蒙代尔-弗莱明模型，在实行浮动汇率的经济中，扩张性财政政策导致汇率________，扩张性货币政策导致汇率________。

A. 上升；上升　　B. 上升；下降

C. 下降；下降　　D. 下降；上升

45. 根据蒙代尔-弗莱明模型，在实行浮动汇率的经济中，进口限制会导致净出口________，而在实行固定汇率的经济中，进口限制会导致净出口________。

A. 增加；增加

B. 增加；保持不变

C. 保持不变；保持不变

D. 保持不变；增加

46. 根据蒙代尔-弗莱明模型，在浮动汇率下，扩张性货币政策________增加收入，在固定汇率下，扩张性货币政策______增加收入。

A. 会；会　　B. 会；不会

C. 不会；会　　D. 不会；不会

47. 包含在小型开放经济的利率中的风险溢价涵盖了：

A. 国家风险和对未来汇率变化的预期

B. 一价定律

C. 套利者的无效行为

D. 资本流动

48. 包含在利率的风险溢价中的国家风险指的是：

A. 当贷款是非本国货币时发生的额外成本

B. 由于政治动乱，贷款不能被归还的可能性

C. 汇率在将来变动的预期

D. 两国间贸易条款的潜在变动

49. 风险溢价图

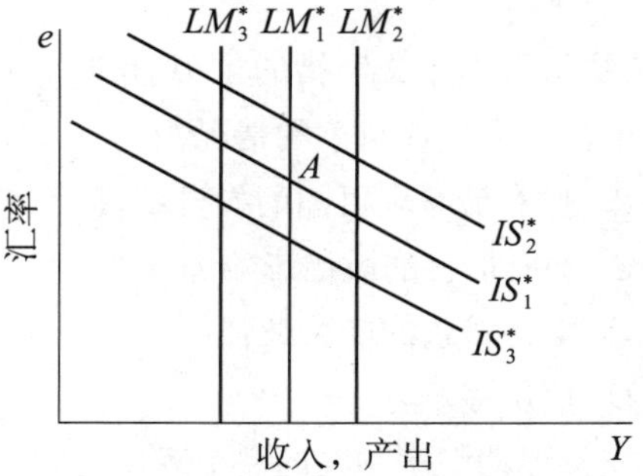

一个采用浮动汇率的小型开放经济初始时在 A 点（IS_1^*和 LM_1^*的交点）处于均衡状态，如果风险溢价增加，则 LM_1^*会移动至________，IS_1^*会移动至________：

A. LM_2^*；IS_2^*　　B. LM_2^*；IS_3^*

C. LM_3^*；IS_2^*　　D. LM_3^*；IS_3^*

50. 为了弥补未来日元兑美元汇率的预期下跌，日本的利率应该：

A. 高于美国的利率

B. 低于美国的利率

C. 等于美国的利率

D. 相对于美国的利率固定

51. 在蒙代尔-弗莱明模型中，预期未来通货将贬值会使得汇率：

A. 现在就上升　　B. 现在就下降

C. 现在保持不变　　D. 仅在未来下降

52. 如果________得足够多，进而抵消了由较高的风险溢价引起的货币需求的下降，那么国家风险溢价的上升就不会引起收

入增加。

A. 货币供给减少　B. 货币供给增加

C. 政府支出减少　D. 价格水平下降

53. 如果________得足够多，进而抵消了由较高的风险溢价引起的货币需求的下降，那么国家风险溢价的上升就不会引起收入增加。

A. 货币供给增加

B. 政府支出减少

C. 更昂贵的进口物品引起的价格水平的上升

D. 更便宜的进口物品引起的价格水平的下降

54. “裙带资本主义”指的是银行向________的借款人发放贷款的情况。

A. 拥有最有利可图的投资项目

B. 拥有最大的政治影响力

C. 偿还贷款的能力最强

D. 信用最卓著

55. 支持浮动汇率制度的一个理由是它：

A. 使国际贸易不那么困难

B. 最小化国际投资者的不稳定投机

C. 允许货币政策被用于其他目的

D. 有助于防止货币供给的过度增长

56. 支持固定汇率制度的一个理由是它：

A. 使得货币政策能被用来稳定产出和价格

B. 能够降低汇率的不确定性，从而促进更多的国际贸易

C. 导致过高的货币供给增长

D. 不需要央行实施政策

57. 一个拥有相同通货的货币联盟就是一个________的例子。

A. 固定汇率制度　B. 浮动汇率制度

C. 小型开放经济　D. 大型开放经济

58. 一些经济学家认为，欧洲的货币联盟不会像美国的那样运行良好，下列哪项不是其原因？

A. 美国劳动力的流动大于欧洲

B. 在欧洲没有能实施财政政策的强大的中央政府，但是美国有

C. 在欧洲没有共同的语言，但是美国有

D. 在欧洲没有中央银行，但是美国有

59. 如果A货币对B货币的汇率固定在1∶1，那么负责A货币的中央银行所面临的潜在问题是：

A. 用完A货币

B. 用完B货币

C. 由于货币铸造税而产生过多的收入

D. 无效的财政政策

60. 当________时，对货币的投机性攻击会发生。

A. 中央银行把浮动汇率改为固定汇率

B. 投资者观念改变，使得固定汇率无法维持

C. 一个国家接受美元化

D. 中央银行采用货币局制度，从而持有足够的外国通货来支持本国通货

61. 当一个国家放弃本国通货而采用美国通货时，这被称为：

A. 浮动汇率制度

B. 美元化

C. 对美国的投机性攻击

D. 货币局制度

62. 当一个国家进行美元化时，主要的经济损失是：

A. 铸币税收入　B. 所得税收入

C. 货币稳定　D. 美元的固定汇率

63. “不可能三角形”指的是一个国家不可能同时拥有：

A. 低通货膨胀率、低失业率和高GDP增长率

B. 资本自由流动、固定汇率和独立的货币政策

C. 高利率、预算赤字和贸易赤字

D. 扩张性财政政策、紧缩性货币政策和

浮动汇率

64. 如果一个国家选择资本自由流动，实行独立的货币政策，那么它必须：
A. 让汇率浮动
B. 限制其公民参与世界金融市场
C. 放弃为了国内稳定而使用的货币政策
D. 实行固定的汇率

65. 如果一个国家选择资本自由流动并维持固定的汇率，那么它必须：
A. 让汇率浮动
B. 限制其公民参与世界金融市场
C. 放弃为了国内稳定而使用的货币政策
D. 放弃为了国内稳定而使用的财政政策

66. 如果一个国家选择限制国际资本流动并维持固定的汇率，那么它必须：
A. 让汇率浮动
B. 限制其公民参与世界金融市场
C. 放弃为了国内稳定而使用的货币政策
D. 放弃为了国内稳定而使用的财政政策

67. 下列哪一项可以证明，一个实行固定汇率的国家的通货是被低估的？
A. 政府存在预算盈余
B. 政府存在预算赤字
C. 中央银行的外汇储备在增加
D. 中央银行的外汇储备在减少

68. 在蒙代尔-弗莱明模型中，如果价格水平下降，那么均衡收入将会________，实际汇率将会________。
A. 增加；升值　　B. 增加；贬值
C. 减少；升值　　D. 减少；贬值

69. 在蒙代尔-弗莱明模型中，如果经济在短期中处于或低于自然水平，那么在长期，价格水平将下降，汇率将________，同时净出口将________至经济恢复到其自然水平。
A. 升值；增加　　B. 升值；减少
C. 贬值；增加　　D. 贬值；减少

70. 在实行浮动汇率的蒙代尔-弗莱明模型中，价格水平的提高将导致实际汇率的________和净出口的________。
A. 上升；增加　　B. 上升；减少
C. 下降；减少　　D. 下降；增加

71. IS^*-LM^*图

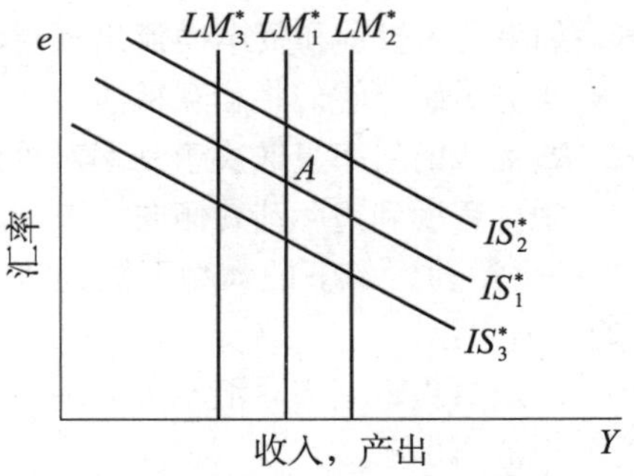

一个采用浮动汇率的小型开放经济初始时在 A 点（IS_1^*和 LM_1^*的交点）处于均衡状态。在其他条件不变的情况下，如果国内物价水平上升，那么________曲线将移动至________曲线。
A. LM_1^*；LM_2^*　　B. LM_1^*；LM_3^*
C. IS_1^*；IS_2^*　　D. IS_1^*；IS_3^*

72. 在一个浮动汇率下的大型开放经济中，比如美国，在短期中，紧缩性货币政策将：
A. 提高利率，降低投资和收入，但不影响汇率
B. 提高汇率，降低净出口和收入，但不影响利率
C. 最初提高汇率，使得套利者卖出美元，进而使得货币供给恢复到初始水平
D. 提高利率、降低投资和收入，但也会提高汇率和减少净出口

73. 在一个浮动汇率下的大型开放经济的短期模型中，当国内利率上升时，资本净流出将_______，且与_______的净出口相等。
A. 减少；增加　　B. 减少；减少
C. 增加；增加　　D. 增加；减少

74. 在大型开放经济的短期模型中，在 *IS* 曲线中，资本净流出代替净出口后：
A. 资本净流出的绝对值对利率越敏感，*IS* 曲线越平坦
B. 资本净流出的绝对值对利率越敏感，*IS* 曲线越陡峭
C. 如果国内投资和资本净流出都对利率十分敏感，它们将相互抵消
D. *IS* 曲线的斜率只取决于利率对投资的敏感程度和边际消费倾向

75. 在一个浮动汇率下的大型开放经济的短期模型中：
A. 净出口决定汇率，汇率进而决定资本净流出
B. 净出口决定资本净流出，资本净流出进而决定利率
C. 利率由 *IS*-*LM* 框架决定，利率决定资本净流出；然后汇率调整到使净出口等于资本净流出
D. 利率决定投资和资本净流出，这与在 *IS*-*LM* 框架中相同；汇率决定净出口

76. 在一个浮动汇率下的大型开放经济的短期模型中，扩张性财政政策会导致：
A. 汇率上升和净出口下降，但对收入没有影响
B. 货币供给和收入都增加，但对汇率没有影响
C. 收入、利率和净出口都增加，但投资和汇率下降
D. 收入、利率和汇率都增加，但投资和净出口下降

77. 在一个浮动汇率下的大型开放经济的短期模型中，扩张性货币政策会导致利率下降，同时：
A. 汇率下降，但对收入没有影响
B. 汇率下降，收入、资本净流出和净出口都增加
C. 汇率、资本净流出下降，收入和净出口增加
D. 净出口和资本净流出减少，投资和收入增加

78. 根据浮动汇率下的蒙代尔-弗莱明模型，消费者对未来消费信心的下降使得消费者消费更少、储蓄更多，这：
A. 会导致消费和收入下降
B. 不会改变消费和收入
C. 不会改变收入，但净出口会上升
D. 不会改变收入和净出口

79. 根据固定汇率下的蒙代尔-弗莱明模型，消费者对未来消费信心的下降使得消费者消费更少、储蓄更多，这：
A. 会导致消费和收入下降
B. 不会改变消费和收入
C. 不会改变收入，但净出口会上升
D. 会导致收入下降，但净出口会上升

80. 根据浮动汇率下的蒙代尔-弗莱明模型，在日本，由于丰田新生产线的使用使得日本的汽车相对于美国的汽车更舒适，美国消费者会更偏好日本的汽车，这：
A. 会导致收入和净出口下降
B. 不会改变收入和净出口
C. 会导致收入下降，但不会改变净出口
D. 不会改变收入，但会引起净出口下降

81. 根据固定汇率下的蒙代尔-弗莱明模型，在日本，由于丰田新生产线的使用使得日本的汽车相对于美国的汽车更舒适，美国消费者会更偏好日本的汽车，这：
A. 会导致收入和净出口下降
B. 不会改变收入和净出口
C. 会导致收入下降，但不会改变净出口
D. 不会改变收入，但会引起净出口下降

82. 根据浮动汇率下的蒙代尔-弗莱明模型，自动取款机的引入会减少对货币的需求，这：
A. 不会改变收入和净出口
B. 不会改变收入，但会引起净出口增加
C. 会导致收入增加，但不会改变净出口
D. 会导致收入和净出口都增加

83. 根据固定汇率下的蒙代尔-弗莱明模型，自动取款机的引入会减少对货币的需求，这：

A. 会导致收入和净出口都增加

B. 不会改变收入和净出口

C. 不会改变收入，但会引起净出口增加

D. 会导致收入增加，但不会改变净出口

84. 在浮动汇率下的蒙代尔-弗莱明模型中，世界利率的上升将导致收入：

A. 和净出口都减少

B. 增加，而净出口会减少

C. 减少，而净出口会增加

D. 和净出口都增加

85. 在固定汇率下的蒙代尔-弗莱明模型中，世界利率的上升将导致收入：

A. 和净出口都减少

B. 减少，而净出口保持不变

C. 不变，而净出口减少

D. 和净出口都保持不变

86. 在世界市场中，通过________，可能使由美国企业生产的产品更有竞争力。

A. 让美国通货升值

B. 让美国通货贬值

C. 保持汇率固定不变

D. 增加货币供给

87. 如果一个大型开放经济中的投资者更愿意用国外资产代替本国资产，那么这将使资本净流出函数：

A. 更陡峭，*IS* 曲线更陡峭

B. 更陡峭，*IS* 曲线更平坦

C. 更平坦，*IS* 曲线更陡峭

D. 更平坦，*IS* 曲线更平坦

问答题

88. 假设浮动汇率下的小型开放经济的 *LM* 曲线为：$Y=200r-200+2(M/P)$，*IS* 曲线为：$Y=400+3G-2T+3NX-200r$。净出口函数为：$NX=200-100e$，其中 e 表示汇率。价格水平 P 固定在 1.0，世界利率 $r^*=2.5\%$。

a. 如果 $M=100$，运用 *LM* 曲线，找到这个小型开放经济中 Y 的均衡水平。

b. 给定 Y 等于上述均衡值，假设 $G=100$，$T=100$，NX 的均衡值是多少？

c. 如果 NX 已经达到了上述均衡值，均衡汇率 e 是多少？

89. 假设固定汇率下的小型开放经济的 *LM* 曲线为：$Y=200r-200+2(M/P)$，*IS* 曲线为：$Y=400+3G-2T+3NX-200r$。净出口函数为：$NX=200-100e$，其中 e 表示汇率。价格水平固定在 1.0，世界利率 $r^*=2.0\%$，汇率最初为 1.0。

a. 假设 $M=100$，$G=100$，$T=100$，Y 和 NX 的短期均衡值是多少？最初给定的汇率是否等于均衡汇率？

b. 如果美联储购买债券以增加货币供给，Y 的均衡值会增大吗？

90. 假设浮动汇率下的大型开放经济在短期内可以用下列等式描述：

$C=0.5(Y-T)$

$T=1\ 000$

$I=1\ 500-250r$

$G=1\ 500$

$NX=1\ 000-250e$

$C+I+G+NX=Y$

$M/P=0.5Y-500r$

$M=1\ 000$

$CF=500-250r$

$NX=CF$

最后两个等式说明 CF（资本净流出）与 r（利率）负相关，NX（净出口）等于资本净流出。NX 也与汇率 e 相关，会随着 e 的上升而下降。价格水平 P 固定在 1.0。

请计算 Y、r、C、I、CF、NX、e、私人储蓄、公共储蓄、国外储蓄的值。在这里，国外储蓄被定义为负的 NX。计算完成后可以检验一下你的答案是否满足 $C+I+G=Y$，同时私人储蓄加上公共储蓄加上国外储蓄等于国内投资。（提示：像第 13 章附录那样，从 $C+I+G+NX=Y$ 推导出 *IS* 曲线，然后用 CF 替代 NX，得到 $C+I+G+CF=Y$。将其与 *LM* 曲线联合可解出 Y、r 和 CF，然后通过 $NX=CF$ 可以得到 NX，进而通

过 NX 和 e 的关系式得到 e。）

91. 假设国会为了平衡预算而削减政府开支。用浮动汇率下的蒙代尔-弗莱明模型来画图说明美国政府削减开支对美国汇率和产出的短期影响。请标出：i. 坐标轴；ii. 曲线；iii. 初始均衡值；iv. 曲线移动的方向；v. 新的短期均衡值。

92. 假设一个采用浮动汇率的小型开放经济对所有进口商品征收 50%的关税。用蒙代尔-弗莱明模型来画图说明关税对该国汇率和产出的短期影响。请标出：i. 坐标轴；ii. 曲线；iii. 初始均衡值；iv. 曲线移动的方向；v. 新的短期均衡值。

93. 1994 年初，墨西哥坚持采用固定汇率。运用蒙代尔-弗莱明模型来画图说明恰帕斯农民起义和总统候选人科洛西莫遇刺事件所增加的国家风险对汇率和产出水平的短期影响。请标出：i. 坐标轴；ii. 曲线；iii. 初始均衡值；iv. 曲线移动的方向；v. 新的短期均衡值。

94. a. 假设你是一个采用浮动汇率的小型开放经济的首席经济顾问。你的老板——该国的总统，希望在短期内提高产量以赢得连任。你是否建议使用扩张性或紧缩性货币或财政政策？
    b. 运用蒙代尔-弗莱明模型来画图说明你的政策建议。请标出：i. 坐标轴；ii. 曲线；iii. 初始均衡值；iv. 曲线移动的方向；v. 新的短期均衡值。

95. 世界其他地区的经济扩张提高了世界利率。运用蒙代尔-弗莱明模型来画图说明在采用浮动汇率的小型开放经济中，世界利率上升对汇率和产出水平的影响。请标出：i. 坐标轴；ii. 曲线；iii. 初始均衡值；iv. 曲线移动的方向；v. 新的短期均衡值。

96. 两个小型开放经济——Fixed 和 Flex，均可以用蒙代尔-弗莱明模型描述。除了 Fixed 保持固定汇率，而 Flex 保持浮动汇率外，这两个国家在其他方面都是相同的。两国政府增加了相同数额的开支。比较一下这两个国家在下列各方面会发生什么变化：
    a. 汇率。
    b. 均衡产出。
    c. 净出口。

97. Macroland 是一个资本完全流动且实行浮动汇率的小型开放经济。Macroland 最初处于均衡的自然产出水平，而且贸易平衡。比较减税在短期（价格水平是固定的）和长期（价格水平是变动的）对（a）产出、（b）消费、（c）投资、（d）净出口和（e）汇率的影响。

98. 一个资本完全流动的小型开放经济希望通过提高汇率来建立一个"更强"的通货。假定适度的货币政策调整和适度的财政政策调整都可以使经济调整到更高的汇率水平。这些调整对国内产出和净出口有什么影响？

99. 一位美国国会议员希望通过对进口商品征收关税来减少美国的贸易赤字。使用一个实行浮动汇率的大型开放经济模型来预测关税对美国进口、出口、净出口、汇率和利率的影响。

100. 解释在一个大型开放经济中，当出现下列情况时，资本净流出是如何变化的：
    a. 货币紧缩。
    b. 财政紧缩。

101. 在其他条件不变的情况下，比较采用浮动汇率的小型开放经济和采用浮动汇率的大型开放经济中扩张性货币政策对下列项目的影响：
    a. 国内投资。
    b. 国内产出。

102. 在经济衰退期间，人们常常面临保护国内生产免受外国竞争的压力，因为他们相信，贸易保护主义政策将挽救国内就业。在一个采用浮动汇率的大型开放经济中，贸易保护主义政策会增加还是减少国内生产？（假设其他条件保持不变。）画图说明你的答案，并用文字解释。

103. 在实行浮动汇率的大型开放经济中，哪种货币政策或财政政策能够同时带来“更强”的经济（Y 增加）和“更强”的货币（e 提高）？请解释一下。

104. 画图说明和解释在浮动汇率下的大型开放经济中，股票市场价值和房价的急剧下跌将如何影响国内生产总值、利率和汇率水平。

105. “不可能三角形”指的是一个国家同时只能实行以下三种政策中的两种：国际资本自由流动、国内稳定的货币政策和固定汇率。对于下列每一种组合，说明经济选择下列组合时所放弃的另一项政策，并解释另一项政策不能被实现的原因。
   a. 固定汇率和国际资本自由流动。
   b. 国内稳定的货币政策和固定汇率。
   c. 国内稳定的货币政策和国际资本自由流动。

106. 将 A 列中的函数公式与 B 列中的名称对应起来。

A	B
a. $C=5+0.8Y$	1. LM 函数
b. $I=60-6i$	2. IS 函数
c. $0.3y-20i-160=0$	3. 消费函数
d. $0.3y+20i-160=0$	4. 投资函数

107. 填空：
   a. 在封闭经济的 IS-LM 模型中，财政扩张导致________增长，而在浮动汇率下的小型开放经济的 IS-LM 模型中，财政扩张导致________不变。
   b. 在蒙代尔-弗莱明模型中，货币政策和财政政策取决于________制度。

108. 谁来确定封闭经济和开放经济中实际货币余额的数量？在小型开放经济中，利率 R 是由什么利率决定的？

单项选择题答案

1. 答案：C；难度级别：易
2. 答案：C；难度级别：易
3. 答案：A；难度级别：易
4. 答案：D；难度级别：易
5. 答案：D；难度级别：易
6. 答案：A；难度级别：易
7. 答案：A；难度级别：中
8. 答案：A；难度级别：易
9. 答案：C；难度级别：易
10. 答案：D；难度级别：易
11. 答案：C；难度级别：易
12. 答案：A；难度级别：易
13. 答案：C；难度级别：中
14. 答案：B；难度级别：中
15. 答案：B；难度级别：中
16. 答案：D；难度级别：中
17. 答案：C；难度级别：中
18. 答案：B；难度级别：中
19. 答案：D；难度级别：中
20. 答案：B；难度级别：中
21. 答案：A；难度级别：易
22. 答案：A；难度级别：中
23. 答案：C；难度级别：中
24. 答案：C；难度级别：中
25. 答案：D；难度级别：中
26. 答案：B；难度级别：易
27. 答案：B；难度级别：易
28. 答案：D；难度级别：易
29. 答案：C；难度级别：易
30. 答案：C；难度级别：易
31. 答案：A；难度级别：易
32. 答案：B；难度级别：中
33. 答案：A；难度级别：中
34. 答案：C；难度级别：难
35. 答案：A；难度级别：难
36. 答案：C；难度级别：中
37. 答案：B；难度级别：中
38. 答案：A；难度级别：易
39. 答案：D；难度级别：易
40. 答案：B；难度级别：中
41. 答案：C；难度级别：中
42. 答案：A；难度级别：中
43. 答案：B；难度级别：中
44. 答案：B；难度级别：中
45. 答案：D；难度级别：中
46. 答案：B；难度级别：中

47. 答案：A；难度级别：易
48. 答案：B；难度级别：易
49. 答案：B；难度级别：难
50. 答案：A；难度级别：中
51. 答案：B；难度级别：中
52. 答案：A；难度级别：中
53. 答案：C；难度级别：中
54. 答案：B；难度级别：易
55. 答案：C；难度级别：易
56. 答案：B；难度级别：易
57. 答案：A；难度级别：易
58. 答案：D；难度级别：易
59. 答案：B；难度级别：易
60. 答案：B；难度级别：易
61. 答案：B；难度级别：易
62. 答案：A；难度级别：易
63. 答案：B；难度级别：易
64. 答案：A；难度级别：易
65. 答案：C；难度级别：易
66. 答案：B；难度级别：易
67. 答案：C；难度级别：易
68. 答案：B；难度级别：中
69. 答案：C；难度级别：中
70. 答案：B；难度级别：中
71. 答案：B；难度级别：难
72. 答案：D；难度级别：中
73. 答案：B；难度级别：易
74. 答案：A；难度级别：中
75. 答案：C；难度级别：中
76. 答案：D；难度级别：中
77. 答案：B；难度级别：中
78. 答案：C；难度级别：难
79. 答案：A；难度级别：难
80. 答案：B；难度级别：难
81. 答案：A；难度级别：难
82. 答案：D；难度级别：难
83. 答案：B；难度级别：难
84. 答案：D；难度级别：难
85. 答案：B；难度级别：难
86. 答案：B；难度级别：中
87. 答案：D；难度级别：难

问答题答案

88. a. $Y=500$。

b. $NX=166.67$。

c. $e=1/3$。

89. a. $Y=400$，$NX=100$。最初给定的汇率等于均衡汇率。

b. Y 的均衡值不会增大。

90. $Y=4\ 000$；$r=2\%$；$C=1\ 500$；$I=1\ 000$；$CF=0$；$NX=0$；$e=4$；$S^p=1\ 500$；$S^g=-500$；$S^f=0$；$1\ 500+1\ 000+1\ 500+0=4\ 000$；$1\ 500-500+0=1\ 000$。在这里，$S^p$ 指的是私人储蓄，S^g 指的是政府储蓄或公共储蓄（$T-G$），S^f 指的是国外储蓄（$-NX$）。

91.

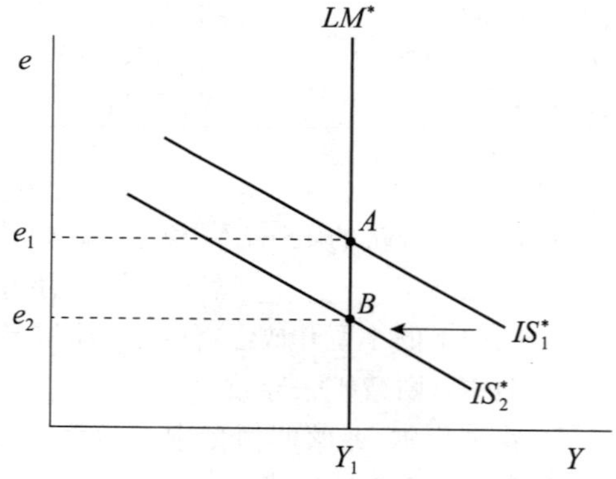

92.

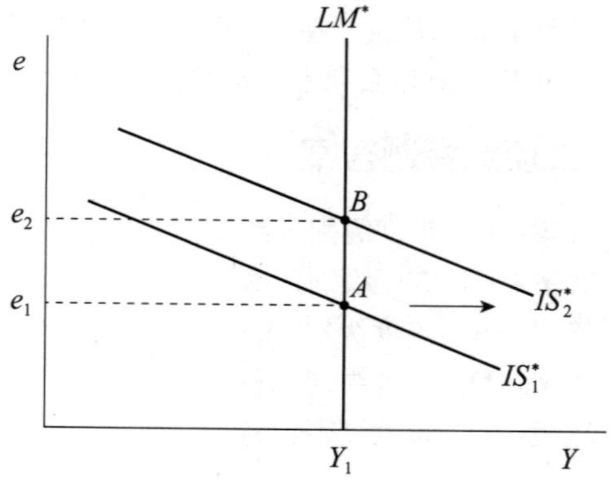

93.

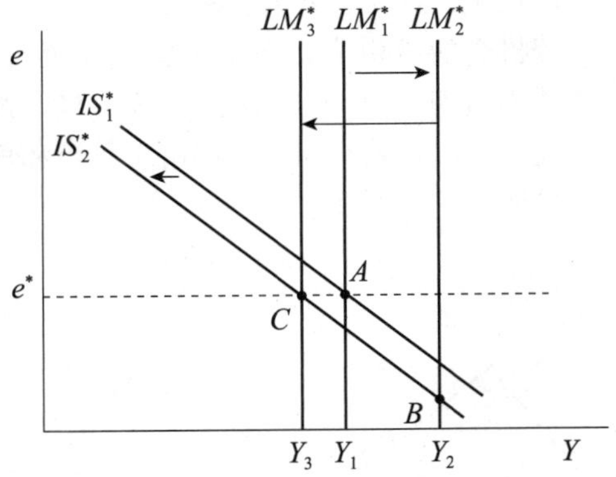

风险溢价的上升使得 IS_1^*移动到 IS_2^*，LM_1^*移动到 LM_2^*。为了维持固定汇率，LM_2^*必须移动到 LM_3^*。

94. a. 建议使用扩张性货币政策。

b.

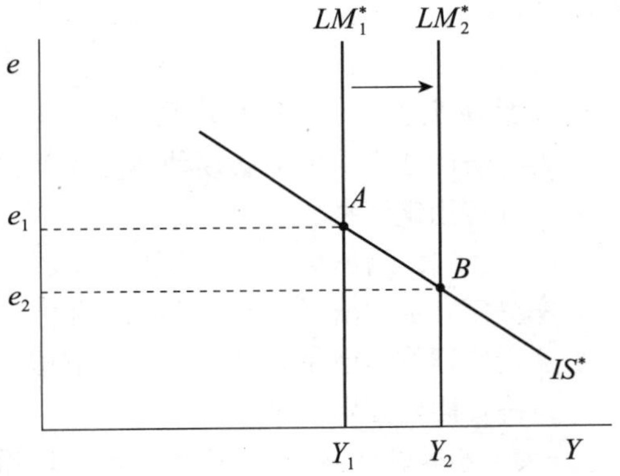

95.

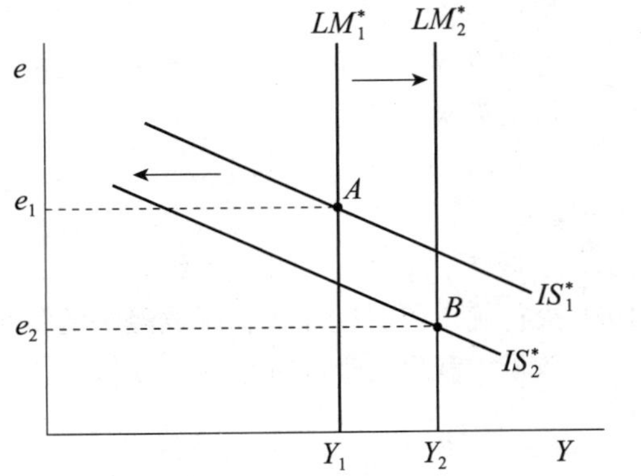

96. a. Fixed的中央银行实行固定汇率，保持汇率不变，而 Flex 的汇率将会上升。

b. Fixed 的产出将增加，但 Flex 的产出将保持不变。

c. Fixed 的净出口将保持不变（因为汇率不变），但 Flex 的净出口会减少（因为汇率上升）。

97. a. 无论是短期还是长期，产出都保持不变。

b. 消费在短期和长期都更高，因为减税增加了可支配收入。

c. 投资在短期和长期都没有变化，因为世界利率没有变化。

d. 从短期和长期来看，净出口减少的数量与消费增加的数量相同，因为汇率上升了。从贸易平衡角度出发，无论短期还是长期，Macroland 都将出现贸易逆差。

e. 从短期和长期来看，汇率都会更高，原因是减税会给国内利率带来上行压力，从而吸引资本流入，推动汇率上升。

98. 紧缩性货币政策会提高汇率。国内产出将因货币供给的减少而减少，而汇率上升将减少净出口。

扩张性财政政策也会提高汇率。国内的产出水平不会改变，但产出的构成会改变。由较低的税收引起的较高的消费支出或由较高的政府支出导致的较高的汇率水平会挤出净出口。

99. 关税降低了进口需求，增加了对净出口的需求，导致汇率上升。较高的汇率使出口减少的数额等于进口减少的数额，因此净出口或贸易赤字没有变化。由于储蓄和投资没有变化，因此利率也没有变化。

100. a. 货币紧缩会提高国内利率，这将使国内投资机会更具吸引力，从而减少资本净流出。

b. 财政紧缩会降低国内利率，这将使国内投资机会的吸引力下降，从而增加资本净流出。

101. a. 由于世界利率不变，在小型开放经济中国内投资不会发生变化，而在大型开放经济中，国内利率会下降，这将增加国内投资。

b. 货币扩张增加了两个经济的国内产出，但途径不同。在小型开放经济中，货币扩张会降低汇率，通过增加净出口来增加国内产出（通过增加收入来诱导消费支出）。在大型开放经济中，产出增加不仅是因为净出口的增加，而且是因为货币扩张也降低了国内利率，增加了国内投资。

102.

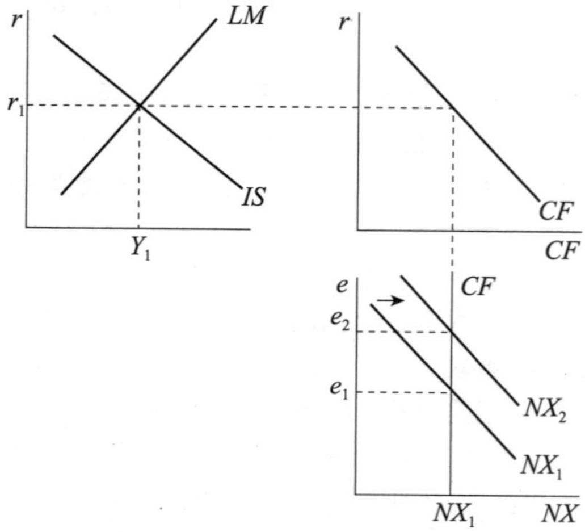

贸易保护主义政策不会改变国内产出。资本净流出没有变化，因此 $IS-LM$ 模型中的 IS 没有变化。贸易保护主义政策使 NX 移动，从而导致更高的汇率。贸易保护主义政策在减少进口的同时，由于汇率上升，出口也相应减少，因此净出口和国内产出没有变化。

103. 扩张性财政政策提高了国内产出和国内利率。更高的国内利率将减少资本净流出，并提高汇率，从而带来“更强”的产出和“更强”的货币。

104. 股市和房价下跌减少了消费支出，使得 IS 曲线向左移动，导致产出下降，国内利率下降。较低的利率降低了国内投资机会的吸引力，增加了资本净流出，从而降低了汇率，增加了净出口。因此，产出、利率和汇率都由于股市和房价的下跌而下降。

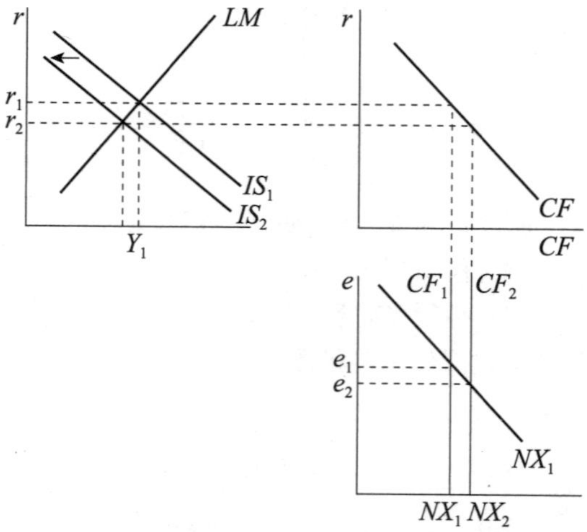

105. a. 经济失去了使用货币政策来稳定国内经济的能力，因为必须使用货币政策来维持固定汇率。

b. 经济为了使国内利率不再由世界利率决定，必须限制国际资本的自由流动，这样货币政策就可以用来影响国内经济，同时固定汇率。

c. 经济不能实现固定汇率，因为货币政策是用于国内稳定而不是用于固定汇率的。资本的自由流动确保了国内利率是由世界利率决定的，而不是由国内货币政策决定的。

106. a. 3。 b. 4。

c. 1。 d. 2。

107. a. 收入；收入。 b. 汇率。

108. 央行确定了封闭经济和开放经济的货币数量。利率由世界利率 R^* 决定。

第 14 章 总供给与通货膨胀和失业之间的短期权衡

单项选择题

1. 基本的总供给方程表明，当价格水平________时，产出高于自然产出水平。
   A. 较低
   B. 较高
   C. 低于预期的价格水平
   D. 高于预期的价格水平
2. 有些企业不会根据需求的变化立即调整价格，因为：
   A. 改变价格是高成本的
   B. 它们不想惹恼它们的老顾客
   C. 当存在完全竞争时，不调整价格
   D. 有些价格是由企业和客户之间的长期合同确定的
3. 根据黏性价格模型：
   A. 所有企业都提前公布价格
   B. 所有企业都根据观察到的价格和产出来定价
   C. 一些企业根据总供给方程来定价
   D. 有些企业提前公布价格，有些企业根据观察到的价格和产出定价
4. 根据黏性价格模型，在其他条件相同的情况下，s（具有黏性价格的企业所占的比例）越高，对于未预期到的价格上升，产出________的数量就越________。
   A. 增加；多　　B. 增加；少
   C. 减少；多　　D. 减少；少
5. 两种短期总供给模型都建立在市场不完善的基础上。在黏性价格模型中，不完善的地方是：
   A. 有些企业不会根据需求的变化立即调整价格
   B. 预期的形成是适应性的，而不是理性的
   C. 企业混淆了总体价格水平的变化和相对价格的变化
   D. 实际工资的调整使得劳动供给和劳动需求达到均衡
6. 根据黏性价格模型，________越高，短期总供给曲线就越陡峭。
   A. 目标名义工资率
   B. 目标实际工资率
   C. 具有弹性价格的企业比例
   D. 具有黏性价格的企业比例
7. 根据黏性价格模型，如果________，产出将会等于自然水平。
   A. 企业预期的价格水平高，对产品的需

求也高

B. 具有弹性价格的企业比例等于具有黏性价格的企业比例

C. 价格水平等于预期的价格水平

D. 预期的形成是适应性的，而不是理性的

8. 根据黏性价格模型，产出偏离自然水平的偏差与价格水平偏离预期价格水平的偏差：

A. 正相关　　B. 负相关

C. 无关　　D. 相等

9. 不完备信息模型假设生产者很难区分________之间的变化。

A. 实际工资和名义工资

B. 价格总体水平和相对价格

C. 价格总体水平和预期价格水平

D. 成本推动型通货膨胀和需求拉动型通货膨胀

10. 根据不完备信息模型，当价格水平上涨且生产者预期到价格水平会上涨时，生产者将会：

A. 增加生产　　B. 不改变生产

C. 减少生产　　D. 雇用更多的工人

11. 根据不完备信息模型，当价格水平下降而生产者没有预期到价格会下降时，生产者将会：

A. 增加生产　　B. 不改变生产

C. 减少生产　　D. 雇用更多的工人

12. 在研究了国际数据后，经济学家罗伯特·卢卡斯发现，在那些总需求______的国家里，总需求变动对产出产生的效应最大。

A. 和价格最稳定

B. 和价格最易变

C. 最稳定，但价格最易变

D. 最易变，但价格最稳定

13. 根据不完备信息模型，在价格变动幅度较大的国家里：

A. 产出对未预期到的价格变化的反应相对较大

B. 产出对未预期到的价格变化的反应相对较小

C. 未预期到的价格上涨会使产出减少

D. 产出不会对未预期到的价格变化作出反应

14. 在黏性价格模型中，平均通货膨胀率越高，企业调整价格的频率就越高，这意味着高通货膨胀率：

A. 对短期总供给曲线的斜率没有影响

B. 使短期总供给曲线变得更平缓

C. 使短期总供给曲线变得更陡峭

D. 导致价格黏性

15. 短期总供给曲线是在一个给定的________的基础上绘制的。

A. 产出水平　　B. 价格水平

C. 预期价格水平　　D. 总需求水平

16. 第 14 章讨论的两种总供给模型都表明，如果价格水平高于预期，那么产出会________其自然水平。

A. 超过　　B. 低于

C. 等于　　D. 不相关

17. 从自然产出水平出发，未预期到的货币紧缩在短期内将导致产出和价格水平________；而在长期内预期的价格水平将会________，从而使产出回归自然产出水平。

A. 上升；上升　　B. 上升；下降

C. 下降；下降　　D. 下降；上升

18. 在总需求和总供给模型中，短期货币________和长期货币________都适用。

A. 中性；中性　　B. 非中性；非中性

C. 中性；非中性　　D. 非中性；中性

19. 沿着总供给曲线，如果产出水平低于自然产出水平，那么价格水平：

A. 高于预期价格水平

B. 低于预期价格水平

C. 等于自然价格水平

D. 在现在的价格水平上黏住

20. 下列哪项会使总供给曲线左移？

A. 价格水平的提高

B. 产出水平的下降

C. 预期价格水平的提高

D. 价格水平的下降

21. 在短期内，如果价格水平大于预期价格水平，那么在长期内，总
A. 需求曲线将左移
B. 需求曲线将右移
C. 供给曲线将上移
D. 供给曲线将下移

22. *AD-AS* 曲线的移动图

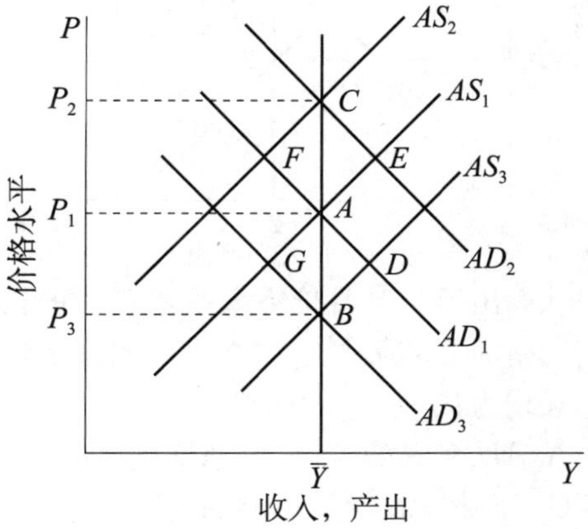

从产出等于 $\bar{Y}$ 且价格水平等于 P_1 的长期均衡的 A 点出发，如果出现了将总需求从 AD_1 移动到 AD_3 的未预期到的货币紧缩，则短期的货币非中性表现为________的移动。
A. 从 A 到 B　　B. 从 A 到 G
C. 从 A 到 C　　D. 从 A 到 D

23. *AD-AS* 曲线的移动图

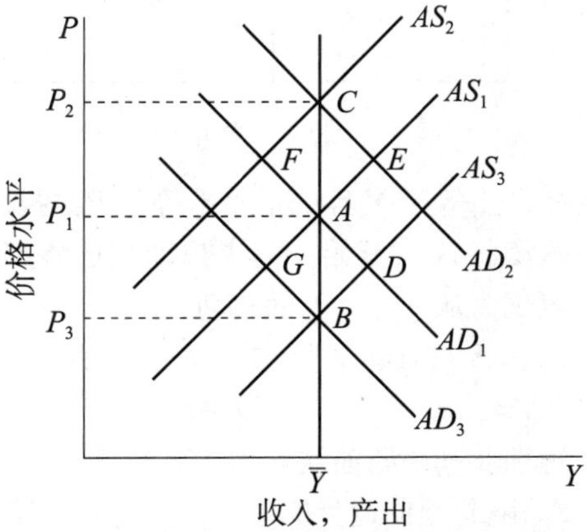

从产出等于 $\bar{Y}$ 且价格水平等于 P_1 的长期均衡的 A 点出发，如果出现了将总需求从 AD_1 移动到 AD_3 的未预期到的货币紧缩，则长期的货币中性表现为________的移动。
A. 从 A 到 B　　B. 从 A 到 G
C. 从 A 到 C　　D. 从 A 到 D

24. 菲利普斯曲线反映出通货膨胀与失业之间的________关系，而短期总供给曲线则反映出价格水平与产出之间的________关系。
A. 正相关；正相关
B. 正相关；负相关
C. 负相关；负相关
D. 负相关；正相关

25. 根据菲利普斯曲线，在其他条件相同的情况下，通货膨胀与________正相关。
A. 预期通货膨胀
B. 失业率
C. 技术变化率
D. 资本和劳动的数量

26. 如果短期总供给曲线陡峭，则菲利普斯曲线会：
A. 平坦
B. 陡峭
C. 向后弯曲
D. 与短期总供给曲线的斜率无关

27. 沿着短期总供给曲线，产出与未预期到的________变动有关。沿着菲利普斯曲线，失业与未预期到的________变动有关。
A. 价格水平；通货膨胀率
B. 通货膨胀率；价格水平
C. 失业率；价格水平
D. 价格水平；产出水平

28. 下列各项都是现代菲利普斯曲线与 1958 年菲利普斯观察到的关系的不同之处，除了现代菲利普斯曲线：
A. 将失业替换成产出的缺口
B. 包括供给冲击
C. 包括预期的通货膨胀
D. 将工资通胀替换成价格通胀

29. NAIRU 是指：
A. 北美机构失业率
B. 自然的总投资利用回报率

C. 非加速通货膨胀的失业率

D. 正常的美国非弹性失业率

30. 如果一个国家的菲利普斯曲线是 $\pi=0.02-0.8(u-0.05)$，π 是通货膨胀率，u 是失业率，当失业率等于4%时，短期通货膨胀率：

A. 高于2%　　B. 低于2%

C. 等于2%　　D. 等于−2%

31. 对通货膨胀的适应性预期假设意味着人们将通过________形成他们对通货膨胀的预期。

A. 用可用的最好的经济模型将所有信息纳入考虑

B. 询问专家的意见

C. 近期观察到的通货膨胀

D. 抛硬币

32. 通货膨胀惯性在总供给-总需求模型中表现为________的持续上移。

A. 总需求曲线

B. 短期总供给曲线

C. 长期总供给曲线

D. 总需求曲线和短期总供给曲线

33. 通货膨胀惯性在总需求-总供给模型中表现为，短期总供给曲线因________的提高而向上移动，而总需求曲线因________的提高而向上移动。

A. 预期价格水平；货币供给

B. 货币供给；预期价格水平

C. 产出；价格水平

D. 价格水平；产出

34. 在需求拉动型通货膨胀的情况下，假设其他条件相同，那么：

A. 通货膨胀率和失业率同时上升

B. 失业率上升，但通货膨胀率下降

C. 通货膨胀率上升，但失业率下降

D. 通货膨胀率和失业率同时下降

35. 在成本推动型通货膨胀的情况下，假设其他条件相同，那么：

A. 通货膨胀率和失业率同时上升

B. 失业率上升，但通货膨胀率下降

C. 通货膨胀率上升，但失业率下降

D. 通货膨胀率和失业率同时下降

36. *AD-AS* 曲线的移动图

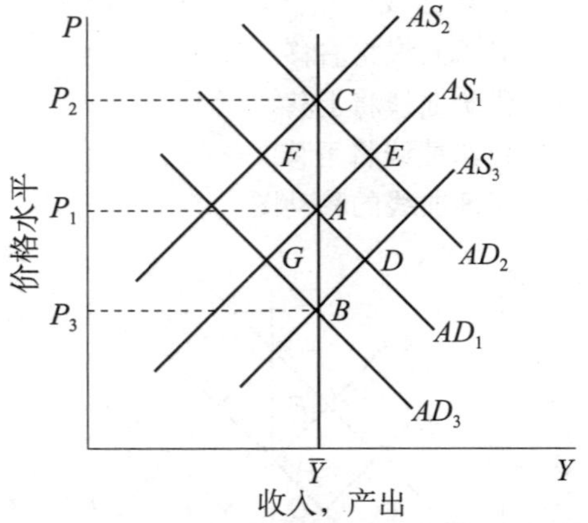

从产出等于 $\bar{Y}$ 且价格水平等于 P_1 的长期均衡的 A 点开始，成本推动型通货膨胀表现为从________的移动。

A. AD_1 到 AD_2　　B. AD_1 到 AD_3

C. AS_1 到 AS_2　　D. AS_1 到 AS_3

37. *AD-AS* 曲线的移动图

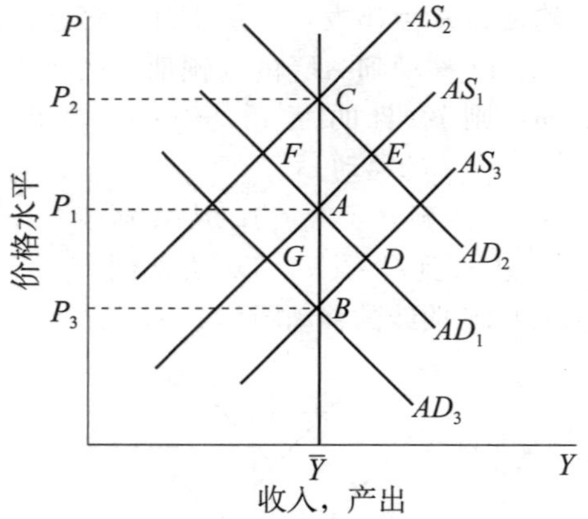

从产出等于 $\bar{Y}$ 且价格水平等于 P_1 的长期均衡的 A 点开始，需求拉动型通货膨胀表现为从________的移动。

A. AD_1 到 AD_2　　B. AD_1 到 AD_3

C. AS_1 到 AS_2　　D. AS_1 到 AS_3

38. 短期菲利普斯曲线：

A. 随着预期通货膨胀率的上升而上移

B. 随着预期通货膨胀率的下降而上移

C. 随着预期通货膨胀率的上升而下移

D. 是垂直的

39. 第14章所述的菲利普斯曲线分析表明，

通货膨胀和失业________存在负相关关系。

A. 在短期和长期都

B. 在短期

C. 在长期

D. 在短期和长期都不

40. 从长远来看，通货膨胀率和失业之间的权衡是不存在的，因为人们会调整他们的预期从而使得预期的通货膨胀率：

A. 超过通货膨胀率

B. 等于通货膨胀率

C. 低于通货膨胀率

D. 等于上一年的通货膨胀率

41. 对短期菲利普斯曲线的分析表明，如果政策制定者想要在短期内使失业率降低，就应该以________通货膨胀率为代价来________总需求。

A. 更高的；增加　　B. 更低的；增加

C. 更高的；减少　　D. 更低的；减少

42. 短期菲利普斯曲线图

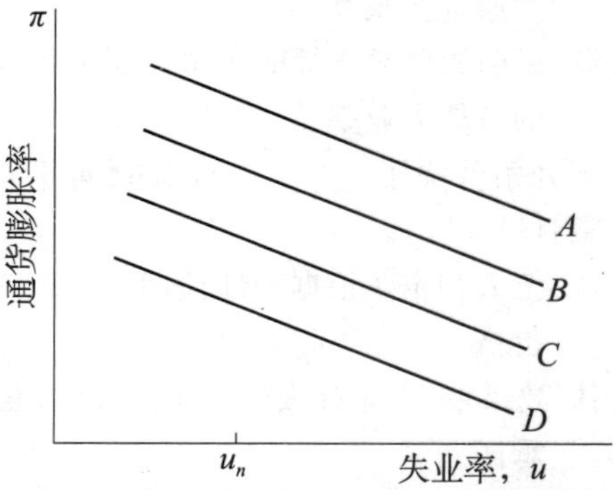

随着短期菲利普斯曲线从 A 移动到 B，从 B 移动到 C，再从 C 移动到 D，政策制定者面临着：

A. 相同的通货膨胀和失业之间的权衡

B. 在任意失业率水平上均有较低的通货膨胀率

C. 在任意失业率水平上均有较高的通货膨胀率

D. 比预期通货膨胀率高的通货膨胀率和更低的失业率

43. 短期菲利普斯曲线图

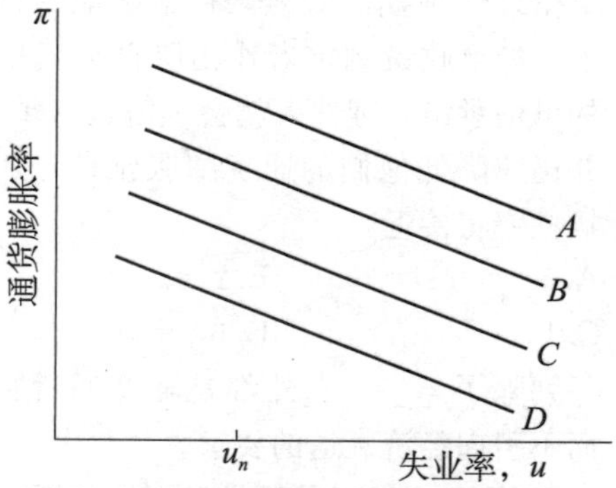

当短期菲利普斯曲线从 A 移动到 B，从 B 移动到 C，再从 C 移动到 D 时，政策制定者面临着：

A. 在任意失业率水平上预期通货膨胀率均没有变化

B. 在任意失业率水平上均有较低的通货膨胀率

C. 在任意失业率水平上均有较高的通货膨胀率

D. 自然失业率上升

44. 牺牲率衡量的是：

A. 为了减少通货膨胀一个百分点所必须减少的货币供给的百分点

B. 为了平衡预算所必须支付的额外税收

C. 为了使通货膨胀率降低一个百分点所必须放弃的实际国内生产总值（GDP）的月份数

D. 为了使通货膨胀率降低一个百分点所必须放弃的一年实际国内生产总值（GDP）的百分比

45. 为了使通货膨胀降低一个百分点所必须放弃的一年实际 GDP 的百分比被称为：

A. 非加速通货膨胀的失业率

B. 短期菲利普斯曲线

C. 牺牲率

D. 奥肯定律

46. 假设一个经济的牺牲率是 4。如果中央银行希望把通货膨胀率从 10%降低到 5%，这将会减少该经济一年 GDP 的________%。

A. 4　　B. 5
C. 20　　D. 40

47. 根据理性预期的观点，在最极端的情况下，如果政策制定者作出降低通货膨胀的可信承诺，理性人就会理解这一承诺，并迅速降低他们的通货膨胀预期，那么牺牲率将接近：
A. 5　　B. 2.8
C. 1　　D. 0

48. 下列除了________外都是降低通货膨胀而不引起经济衰退的要求。
A. 工人和企业必须理性地形成预期
B. 计划必须在形成预期之前宣布
C. 计划必须得到工人和企业的信任
D. 政府的预算必须平衡

49. 理性预期方法的支持者预测，一个旨在降低通货膨胀的可信政策将会降低产出，所降低的产出将会________牺牲率的预期。
A. 大于
B. 小于
C. 等于
D. 有时大于，有时小于

50. 沃尔克反通货膨胀的牺牲率的估计值为：
A. 5～6　　B. 2.5～3
C. 1～1.5　　D. 0～0.5

51. 滞后作用可能在宏观经济学中发挥重要作用，这个假设意味着：
A. 经济思想史对宏观经济学很重要
B. 工人在长期衰退中变得情绪异常
C. 滞后作用降低了牺牲率
D. 如果失业率长期处于高位，自然失业率可能会上升

52. 根据自然率假说，总需求的波动在________影响产出。
A. 短期和长期都　　B. 短期
C. 长期　　D. 短期和长期都不

53. 根据自然率假说，________，产出将会在自然水平上。
A. 如果通货膨胀率超过预期的通货膨胀率
B. 如果通货膨胀率低于预期的通货膨胀率
C. 如果通货膨胀率在短期内达到预期水平
D. 如果总需求在长期影响产出

54. 下列除了________外都是经济衰退改变一个经济的自然失业率的方式。
A. 改变失业者对工作的态度
B. 降低失业工人的工作技能
C. 永久性地减少货币供给
D. 改变工资的设定制度

55. 长期失业之后自然失业率会上升，这个观点叫作：
A. 奥肯定律　　B. 菲利普斯曲线
C. 自然率假说　　D. 滞后作用

56. 如果关于滞后作用的假设是正确的，并且在反通货膨胀时期结束以后产出还有损失，那么一个经济的牺牲率将：
A. 上升　　B. 下降
C. 保持不变　　D. 为零

57. 根据自然率假说，产出和失业率取决于：
A. 短期的总需求，而不是长期的总需求
B. 长期的总需求，而不是短期的总需求
C. 短期的自然失业率，而不是长期的自然通货膨胀率
D. 短期的自然通货膨胀率，而不是长期的自然失业率

58. 下列条件除了________外都倾向于降低牺牲率。
A. 工人和企业根据理性预期设定工资和价格
B. 政策制定者对政策变化作出可信的承诺
C. 政策变化的宣布是在工人和企业形成预期之前
D. 滞后作用的概念准确地描述了历史对自然失业率的影响

59. 第14章附录中的“所有模型之母”的内生变量包括产出水平、自然产出率、价格水平以及
A. 实际利率和名义利率
B. 货币供给
C. 世界价格水平

D. 政府购买

60. 下列除了________外都是第 14 章附录中的“所有模型之母”中的外生变量。

A. 世界利率　　B. 劳动力

C. 世界实际利率　　D. 价格水平

61. 如果假定价格预期是正确的，货币需求与收入成比例，并且不存在国际资本流动，那么第 14 章附录中的“所有模型之母”对应下列哪一种特殊情况？

A. 古典封闭经济

B. 古典开放经济

C. *IS*－*LM* 模型

D. 浮动汇率下的蒙代尔-弗莱明模型

62. 如果假定价格预期是正确的，货币需求与收入成比例，净资本流动是无限弹性的，那么第 14 章附录中的“所有模型之母”对应下列哪一种特殊情况？

A. 古典封闭经济

B. 古典开放经济

C. *IS*－*LM* 模型

D. 浮动汇率下的蒙代尔-弗莱明模型

63. 如果假定短期总供给曲线是水平的，货币需求与收入成比例，那么第 14 章附录中的“所有模型之母”对应下列哪一种特殊情况？

A. 古典封闭经济

B. 总需求-总供给模型

C. *IS*－*LM* 模型

D. 浮动汇率下的蒙代尔-弗莱明模型

64. 如果假定短期总供给曲线是水平的，并且没有国际资本流动，那么第 14 章附录中的“所有模型之母”对应下列哪一种特殊情况？

A. 古典封闭经济

B. 总需求-总供给模型

C. *IS*－*LM* 模型

D. 浮动汇率下的蒙代尔-弗莱明模型

65. 如果假设短期总供给曲线是水平的，国际资本流动是无限弹性的，那么第 14 章附录中的“所有模型之母”对应下列哪一种特殊情况？

A. 古典封闭经济

B. 总需求-总供给模型

C. *IS*－*LM* 模型

D. 浮动汇率下的蒙代尔-弗莱明模型

66. 假设短期总供给曲线是水平的，国际资本流动是无限弹性的，名义汇率是固定的，那么第 14 章附录中的“所有模型之母”对应下列哪一种特殊情况？

A. 古典开放经济

B. *IS*－*LM* 模型

C. 浮动汇率下的蒙代尔-弗莱明模型

D. 固定汇率下的蒙代尔-弗莱明模型

67. 在黏性价格模型中，如果没有任何一个企业有弹性价格，则短期总供给曲线将会：

A. 是垂直的

B. 比一些企业实行弹性价格时的情形要更陡峭

C. 向右上倾斜

D. 是水平的

68. 假设经济中的菲利普斯曲线为 $\pi=\pi_{-1}-0.5(u-0.06)$，那么自然失业率为：

A. 0.5　　B. 0.12

C. 0.06　　D. 0.03

69. 假设经济中的菲利普斯曲线为 $\pi=\pi_{-1}-0.5(u-0.06)$。要使通货膨胀率降低 5 个百分点，需要有________%的周期性失业。

A. 20　　B. 10

C. 5　　D. 2.5

70. 如果________，政府会降低通货膨胀并保持低牺牲率。

A. 货币供给缓慢减少

B. 公众有适应性预期

C. 短期总供给曲线相对平稳

D. 公众理性地相信政策制定者致力于降低通货膨胀

71. 如果只有未预期到的货币供给变化影响实际 GDP，公众有理性预期，每个人对经济状况掌握相同的信息，那么：

A. 货币政策可以用来系统地稳定产出

B. 货币政策不能用来系统地稳定产出
C. 保持货币供给不变的政策是最优的
D. 根据经济状况调整货币供给的政策是最优的

问答题

72. 假设经济的菲利普斯曲线是 $\pi=\pi^e-0.5(u-0.06)$，其中 $\pi=(P-P_{-1})/P_{-1}$，$\pi^e=\pi_{-1}$，0.06 是自然失业率。假设在时期 0，$\pi=0.03$，$\pi^e=0.03$，这意味着经济正在经历 3%的稳态通货膨胀。
   a. 现在假设政府决定施加任何必要的需求来将失业率降低到 0.04。假设政府在时期 1 到时期 5 遵循此策略。请列表说明这五个时期的 π 和 π^e 值是多少。
   b. 假设在时期 6 到时期 10 之间，政府决定将失业率保持在 0.06。请列表说明这五个时期的 π 和 π^e 值。是否有理由预期通货膨胀率将回到 0.03？
   c. 如果政府坚持 a 小问中的行为，你认为公众会继续长时间根据 $\pi^e=\pi_{-1}$ 形成预期吗？为什么？
73. 假设一个经济最初以自然产出水平运行。使用总需求和总供给模型（使用向上倾斜的短期总供给曲线）来画图说明削减政府开支从而产生预算盈余对价格和产出的短期和长期影响。
74. 假设一个经济最初处于自然失业率状态。
   a. 用菲利普斯曲线图说明通货膨胀率和失业率在短期和长期对未预期到的扩张性货币政策的反应。
   b. 当人们有理性预期时，用菲利普斯曲线图说明通货膨胀率和失业率在短期和长期如何对一个可信的扩张性货币政策计划的宣布作出反应。
75. Alpha 的企业和员工会形成适应性预期。Omega 的企业和员工会形成理性预期。两国其他的经济条件都相同，初始均衡位于产出的自然水平，通货膨胀率等于 10%。Alpha 和 Omega 的中央银行作出可信的承诺：降低货币增长率，直到达到 2%的通胀率。对比分析两国在较低通货膨胀率下的调整过程和新均衡状态。
76. 对于两种短期总供给模型（黏性价格模型和不完备信息模型），比较下列特征：
   a. 市场不完备性导致与未预期到的价格水平变动相关的产出的短期变动。
   b. 价格是弹性的还是固定的。
77. a. 什么是牺牲率？
   b. 什么因素可能会降低一个经济的牺牲率？
   c. 什么因素可能会提高一个经济的牺牲率？
78. 使用总需求和总供给模型来画图说明需求拉动型通货膨胀和成本推动型通货膨胀之间的区别。用文字解释你的图形。
79. 用总需求和总供给模型以及菲利普斯曲线说明未预期到的货币紧缩的短期和长期影响。假设经济从充分就业状态开始。
80. 不利的供给冲击将如何改变通货膨胀与失业之间的短期权衡？用菲利普斯曲线来画图说明你的答案。
81. 假设人们理性地形成预期，黏性价格模型描述了经济中的总供给曲线。针对下列每一种情况，解释货币政策是否会对经济产生实际影响。
   a. 中央银行制定货币政策时使用的是所有企业都能获得的相同信息，而企业在同一时间制定价格，因此企业和政策制定者都拥有相同的信息。
   b. 在企业定价之后，中央银行才开始制定货币政策，使用的信息是定价时无法获取的信息。
82. 一个经济最初在自然水平上处于均衡状态。中央银行增加货币供给。用总需求和总供给模型画图说明短期货币非中性和长期货币中性，并用文字解释。
83. 短期供给曲线具有什么形状？请解释。
84. 解释经济学家罗伯特·卢卡斯赞成不完备信息模型的理由。
85. 菲利普斯曲线如何解释失业和通货膨胀之间的权衡？画图说明。

86. 在长期，失业和通货膨胀之间的菲利普斯曲线关系是否成立？请解释。
87. 需求拉动型通货膨胀与成本推动型通货膨胀有何不同？
88. 什么是自然率假说？解释 NAIRU 这个术语。
89. 牺牲率是降低通货膨胀率的成本吗？请解释。

单项选择题答案

1. 答案：D；难度级别：易
2. 答案：C；难度级别：易
3. 答案：D；难度级别：易
4. 答案：A；难度级别：中
5. 答案：A；难度级别：易
6. 答案：C；难度级别：中
7. 答案：C；难度级别：易
8. 答案：A；难度级别：易
9. 答案：B；难度级别：易
10. 答案：B；难度级别：中
11. 答案：C；难度级别：中
12. 答案：A；难度级别：易
13. 答案：B；难度级别：易
14. 答案：C；难度级别：易
15. 答案：C；难度级别：易
16. 答案：A；难度级别：易
17. 答案：C；难度级别：中
18. 答案：D；难度级别：易
19. 答案：B；难度级别：中
20. 答案：C；难度级别：中
21. 答案：C；难度级别：中
22. 答案：B；难度级别：难
23. 答案：A；难度级别：难
24. 答案：D；难度级别：易
25. 答案：A；难度级别：易
26. 答案：B；难度级别：中
27. 答案：A；难度级别：易
28. 答案：A；难度级别：易
29. 答案：C；难度级别：易
30. 答案：A；难度级别：中
31. 答案：C；难度级别：易
32. 答案：D；难度级别：中
33. 答案：A；难度级别：中
34. 答案：C；难度级别：中
35. 答案：C；难度级别：中
36. 答案：C；难度级别：难
37. 答案：A；难度级别：难
38. 答案：A；难度级别：易
39. 答案：B；难度级别：易
40. 答案：B；难度级别：易
41. 答案：A；难度级别：中
42. 答案：B；难度级别：中
43. 答案：B；难度级别：中
44. 答案：D；难度级别：易
45. 答案：C；难度级别：易
46. 答案：C；难度级别：中
47. 答案：D；难度级别：易
48. 答案：D；难度级别：易
49. 答案：B；难度级别：易
50. 答案：B；难度级别：易
51. 答案：D；难度级别：易
52. 答案：B；难度级别：易
53. 答案：C；难度级别：易
54. 答案：C；难度级别：易
55. 答案：D；难度级别：易
56. 答案：A；难度级别：易
57. 答案：A；难度级别：易
58. 答案：D；难度级别：中
59. 答案：A；难度级别：易
60. 答案：D；难度级别：易
61. 答案：A；难度级别：中
62. 答案：B；难度级别：中
63. 答案：B；难度级别：中
64. 答案：C；难度级别：中
65. 答案：D；难度级别：中
66. 答案：D；难度级别：中

67. 答案：D；难度级别：难

68. 答案：C；难度级别：中

69. 答案：B；难度级别：难

70. 答案：D；难度级别：中

71. 答案：B；难度级别：难

问答题答案

72. a.

时期	π^e	π
1	0.03	0.04
2	0.04	0.05
3	0.05	0.06
4	0.06	0.07
5	0.07	0.08

b.

时期	π^e	π
6	0.08	0.08
7	0.08	0.08
8	0.08	0.08
9	0.08	0.08
10	0.08	0.08

只要 $u=u_n$，就没有任何理由使预期通货膨胀率回到 0.03。

c. 一段时间之后，人们不会被稳定的加速通货膨胀所欺骗。

73.

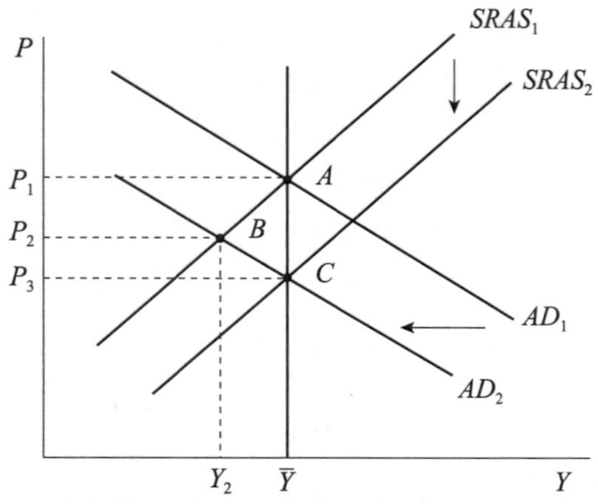

在短期，产出和价格都会下降。在长期，产出增加可以使经济恢复到充分就业水平，但价格水平会降低。

74. a.

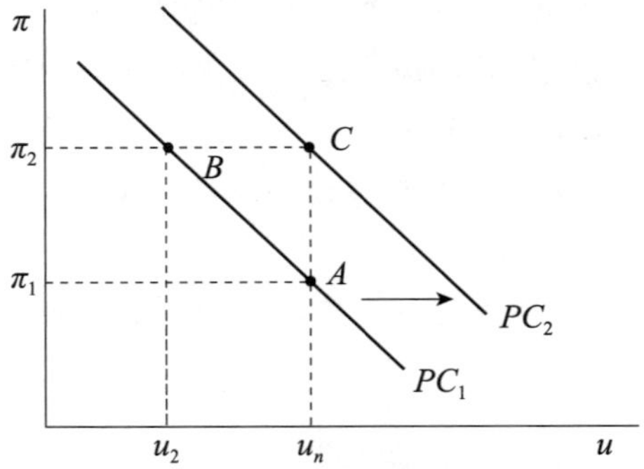

在短期，通货膨胀率上升到 π_2，失业率下降到 u_2。但是在长期，菲利普斯曲线会向右上方移动。失业率恢复到自然水平，但通货膨胀率比最初要高。在通货膨胀和失业之间有一个短期的权衡。

b.

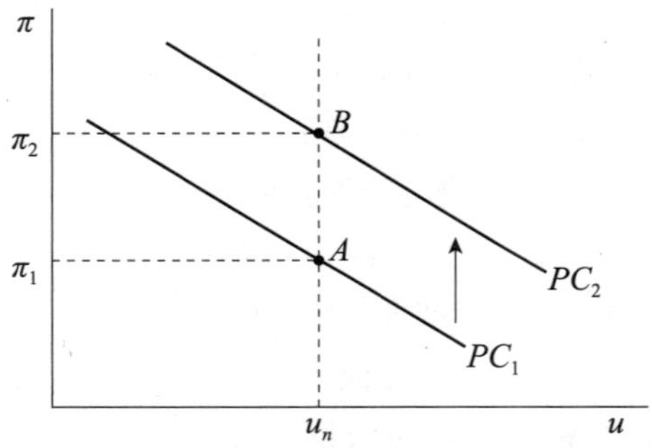

由于预期的形成是理性的且政策是可信的，菲利普斯曲线将立即向右上方移动。在短期和长期内，通货膨胀率会上升至 π_2，但失业率仍然保持在 u_n。通货膨胀和失业之间不存在短期或长期的权衡。

75. 在 Alpha，总需求的减少会导致衰退。短期总供给曲线不会有太大变化，因为预期是基于过去的 10% 的通货膨胀率。总需求的减少将导致实际价格水平低于预期价格水平，从而导致产出下降。只有随着通货膨胀预期逐渐调整，短期总供给曲线才会向下移动，从而使经济恢复到自然的充分就业水平。

相反，如果 Omega 的员工和企业能够根据可信的政策声明立即调整他们的预期，那么短期总供给曲线将立即调整。预期价格水平与实际价格水平将相等，经济将以较低的通货膨胀率走向新的均衡，而不会经历衰退。

76. a. 在黏性价格模型中，市场不完备性的存在是因为不是所有企业都会根据需求的变化来调整价格。在不完备信息模型中，市场不完备性的存在源于对价格的暂时误解。

b. 在黏性价格模型中，有一部分企业的价格是固定（黏性）的。在不完备信息模型中，所有的价格都是弹性的。

77. a. 牺牲率是指为了使通货膨胀率降低1%所必须放弃的年实际 GDP 的百分比。

b. 政策变化前的理性预期和可信的公告可以降低牺牲率。

c. 如果一个经济存在滞后作用，导致在反通货膨胀结束后产出继续遭受损失，则会提高牺牲率。

78.

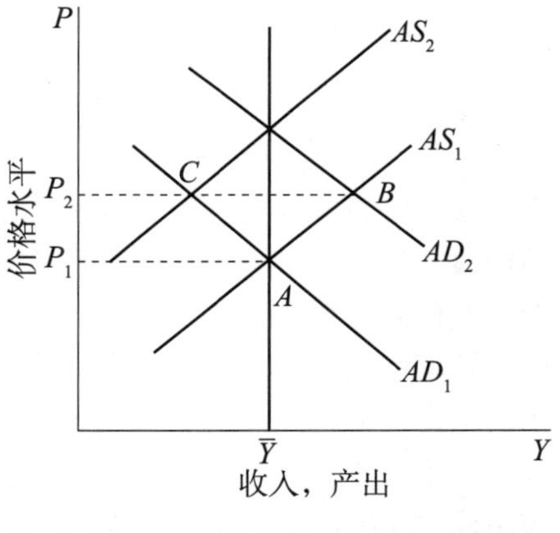

从 A 点的长期均衡开始，需求拉动型通货膨胀将表现为总需求曲线从 AD_1 移动到 AD_2。B 点处新的短期均衡表示价格水平从 P_1 上升到 P_2，因此需求增加导致通货膨胀。成本推动型通货膨胀将由总供给曲线从 AS_1 移动到 AS_2 来表示。C 点处新的短期均衡表示价格水平从 P_1 上升到 P_2，因此，供给的增加导致通货膨胀。

79.

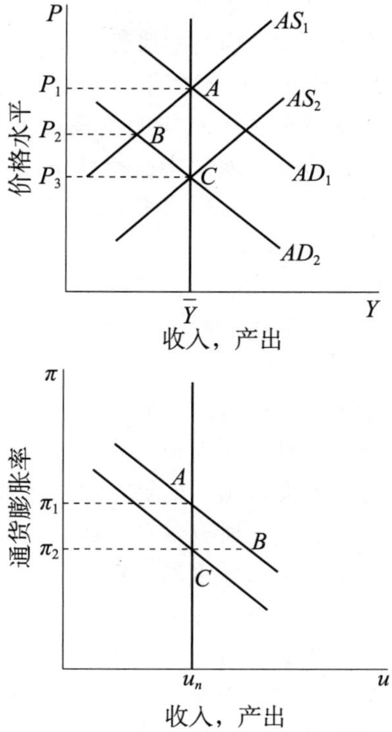

在 AD-AS 模型中，未预期到的货币紧缩将使总需求从 AD_1 移到 AD_2。B 点处新的短期均衡具有较低的价格水平和较低的产出水平。在长期预期更低的价格水平（更低的通货膨胀）下，总供给曲线从 AS_1 移到 AS_2，长期均衡处于自然产出水平，即 C 点。根据菲利普斯曲线，未预期到的货币紧缩在短期内降低了通货膨胀率。通货膨胀率越低，失业率就会越高，就像在同一条菲利普斯曲线上的 B 点一样。在长期，当预期通货膨胀率较低时，菲利普斯曲线会向下移动，失业率会回到 C 点的自然率水平。

80.

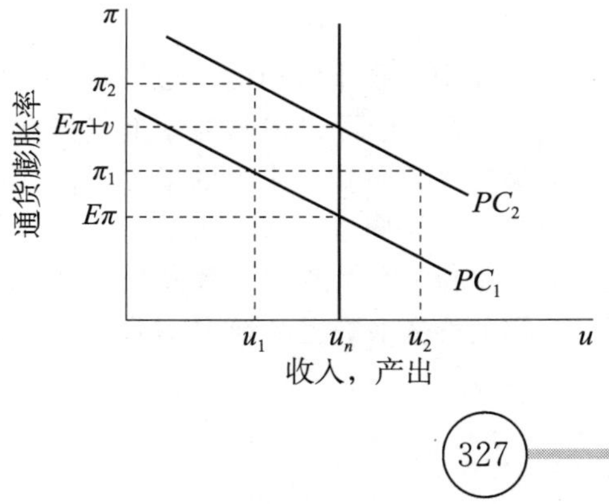

一次不利的供给冲击（v）将使菲利普斯曲线从 PC_1 移至 PC_2。自然失业率下的通货膨胀率随通货膨胀冲击量的增加而上升。现在，政策制定者将面临与每一个失业率水平相对应的更高的通胀率。例如在 u_1 处，通货膨胀率从 π_1 变成 π_2。每一个通货膨胀率水平对应着更高的失业率。例如，同样是在通货膨胀率等于 π_1 的情况下，现在失业率从 u_1 变成了 u_2。

81. a. 总供给曲线意味着，央行如果可以改变（$P-EP$），则只能使产出偏离自然水平，并对实际变量产生影响。因此，只有未预期到的货币政策的变化才能改变产出。如果企业在形成预期时能够获得所有信息，那么它们已经考虑了货币政策的预期效果，预期的货币政策不会对经济产生实际影响。

    b. 如果中央银行在所有企业都形成预期后再制定货币政策，那么货币政策可以通过改变价格水平对经济产生实际影响。结果是，实际价格水平将偏离已经设定的预期价格水平，产出水平将偏离自然水平，这是经济中的一个实际变化。

82.

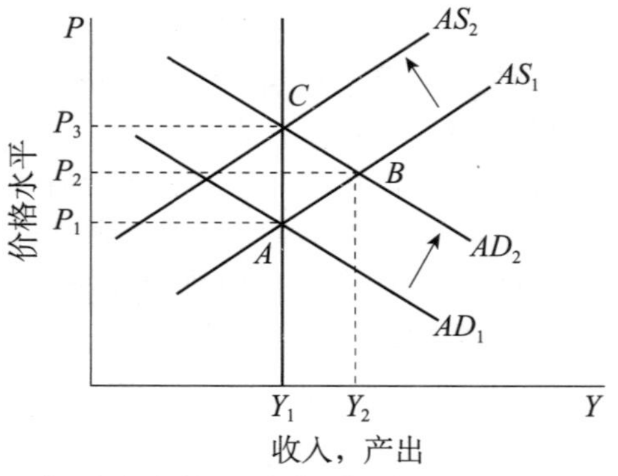

货币非中性是指货币的变化影响到实际变量。在图中可以表示为短期经济从 A 点移向 B 点。货币供给的增加提高了产出这一实际变量。这一情形会发生是因为企业和工人预期的价格水平是 P_1，而实际上价格水平上升到 P_2。最终，工人对价格水平的预期上升，使得 AS 曲线上移。

货币中性是指货币的变化只影响名义变量，而不影响实际变量。我们从图中可以看出，这是随着经济最终从 A 点移向 C 点时的长期情况。货币供给的增加只影响了价格。

83. 短期供给曲线是向上倾斜的。它反映出：如果产出偏离自然水平，价格就偏离了预期价格水平。

84. 卢卡斯指出，正是人们吸收和处理广泛可用的信息的能力有限，才导致价格设定者对宏观经济形势的变化反应缓慢。

85. 菲利普斯曲线用于分析一个经济的失业率和通货膨胀率。它显示了它们之间的负相关关系。人们可以选择更高的通胀率和更低的失业率，反之亦然。

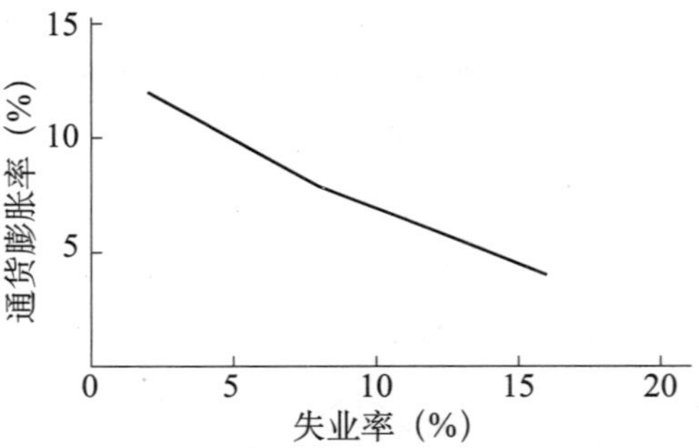

86. 在长期，失业和通货膨胀之间的菲利普斯曲线权衡并不成立，因为人们在长期会调整他们对通货膨胀的预期。

87. 需求拉动型通货膨胀是由经济对产品需求的增加引起的，而这实际上是高就业率的一个体现。成本推动型通货膨胀是供给变化使生产成本增加的结果。

88. 自然率假说认为，需求波动只会对产出和就业产生短期影响。术语 NAIRU 是 nonaccelerating inflation rate of unemployment（非加速通货膨胀的失业率）的首字母缩写。

89. 是的，牺牲率反映了降低通货膨胀率的成本。它是指为了使通货膨胀率下降1%所必须放弃的产出的百分比。

第 15 章 一个经济波动的动态模型

单项选择题

1. 在动态模型中，对产品和服务的需求随着自然产出水平的提高而________，随着实际利率的提高而________。
   A. 增加；增加　　B. 增加；减少
   C. 减少；减少　　D. 减少；增加
2. 在动态模型中，________的变化刻画了财政政策的变化。
   A. 自然利率
   B. 预期通货膨胀率
   C. 需求冲击
   D. 自然产出水平
3. 较高的实际利率会通过________减少对产品和服务的需求。
   A. 改变动态总供给曲线
   B. 降低自然产出水平
   C. 提高预期通货膨胀率
   D. 减少投资和消费支出
4. 对于任意水平的通货膨胀，长期增长________对产品和服务的需求。
   A. 增加
   B. 减少
   C. 不改变
   D. 可能增加也可能减少
5. 下列哪项可用正的需求冲击 ε_t 表示？
   A. 投资者非理性的乐观主义
   B. 政府支出的减少
   C. 卡特尔组织的石油价格大幅提高
   D. 中央银行通货膨胀率目标的提高
6. 下列哪项可用负的需求冲击 ε_t 表示？
   A. 投资者非理性的乐观主义
   B. 政府支出的减少
   C. 卡特尔组织的石油价格大幅提高
   D. 中央银行通货膨胀率目标的降低
7. 在没有任何冲击的情况下，使得对产品和服务的需求等于自然产出水平的实际利率被称为________利率。
   A. 事前　　B. 事后
   C. 自然　　D. 名义
8. 根据费雪方程，实际利率等于名义利率减去________。
   A. 自然利率
   B. 预期通货膨胀率
   C. 预期利率
   D. 事前利率
9. t 时刻的事前实际利率为：
   A. $i_t - E_t\pi_t$　　B. $i_t - E_t\pi_{t+1}$

C. $i_t-\pi_t$　　D. $i_t-\pi_{t+1}$

10. t 时刻的事后实际利率为：

A. $i_t-E_t\pi_t$　　B. $i_t-E_t\pi_{t+1}$

C. $i_t-\pi_t$　　D. $i_t-\pi_{t+1}$

11. 名义利率 i_t 是________时期之间的名义回报率。

A. $t-1$ 和 t　　B. t 和 $t+1$

C. $t-1$ 和 $t+1$　　D. t 和 $t+2$

12. 根据菲利普斯曲线，通货膨胀率取决于下列除________之外的所有变量。

A. 事先预期的通货膨胀

B. 外生供给冲击

C. 实际利率

D. 产出与自然水平的偏离

13. 根据菲利普斯曲线，通货膨胀取决于对通货膨胀的预期，因为：

A. 实际利率取决于预期通货膨胀率

B. 中央银行根据预期通货膨胀率设定目标通货膨胀率

C. 产出水平取决于预期通货膨胀率

D. 当一些企业提前定价时，预期通货膨胀率会影响未来的产品价格

14. 根据菲利普斯曲线，当产出________自然产出水平时，或者当失业率________自然失业率时，企业就会提高产品价格。

A. 高于；高于　　B. 高于；低于

C. 低于；低于　　D. 低于；高于

15. 在动态模型中，供给冲击变量 v_t 出现在下列哪个模型的方程中？

A. 费雪方程　　B. 菲利普斯曲线

C. 货币政策规则　　D. 适应性预期

16. 下列哪项可用正的随机供给冲击 v_t 表示？

A. 投资者非理性的乐观主义

B. 政府支出的增加

C. 大面积干旱导致食品价格大幅上涨

D. 中央银行目标通货膨胀率的提高

17. 动态总需求和总供给模型假设人们对通货膨胀率的预期是基于：

A. 最优地使用所有可得的信息

B. 最近观察到的通货膨胀

C. 中央银行的通货膨胀率目标

D. 名义利率和实际利率之间的差异

18. 根据最近观察到的通货膨胀而产生的通货膨胀预期被称为________预期假设。

A. 自然　　B. 理性

C. 动态　　D. 适应性

19. 根据货币政策规则，当通货膨胀率处于目标水平、产出处于自然水平时，实际利率等于：

A. 名义利率

B. 目标通货膨胀率

C. 自然利率

D. 当前通货膨胀率

20. 根据货币政策规则，当通货膨胀________其目标水平或者产出________其自然水平时，央行设定名义利率后实际利率会上升。

A. 高于；高于　　B. 高于；低于

C. 低于；低于　　D. 低于；高于

21. 为了遵循货币政策规则，中央银行通过________提高名义利率。

A. 提高目标通货膨胀率

B. 减少货币供给

C. 扩大 GDP 缺口

D. 降低预期通货膨胀率

22. 央行通过调整________以达到货币政策规则规定的名义利率目标。

A. 通货膨胀率

B. 自然利率

C. 货币供给

D. 通货膨胀目标

23. 根据动态总需求和总供给模型蕴含的货币政策规则，央行调整利率以应对________的波动。

A. 通货膨胀预期

B. 货币供给和货币需求

C. 通货膨胀和产出

D. 名义汇率和实际汇率

24. 对于联邦基金利率，当通货膨胀________和 GDP 缺口________时，泰勒规则建议提高名义联邦基金利率。

A. 上升；扩大　　B. 上升；缩小

C. 下降；扩大　　D. 下降；缩小

25. 根据泰勒规则，当实际 GDP 低于自然水平时，名义联邦基金利率应该________，当通货膨胀率超过 2%时，名义联邦基金利率应该________。

A. 提高；提高　　B. 提高；降低

C. 降低；提高　　D. 降低；降低

26. 下列变量除了________外都是动态总需求和总供给模型中的内生变量。

A. Y_t，产出

B. π_t^*，央行的通货膨胀目标

C. r_t，实际利率

D. $E_t\pi_{t+1}$，通货膨胀预期

27. 下列哪个是动态总需求和总供给模型中的外生变量？

A. $E_t\pi_{t+1}$，通货膨胀预期

B. r_t，实际利率

C. π_t，通货膨胀

D. v_t，供给冲击

28. 下列哪个是动态总需求和总供给模型中的内生变量？

A. π_t，通货膨胀

B. π_t^*，中央银行的通货膨胀目标

C. ρ，自然利率

D. π_{t-1}，前期的通货膨胀

29. 动态总需求和总供给模型中的长期均衡发生在________时。

A. 动态总需求等于动态总供给

B. 没有冲击且通货膨胀稳定

C. 需求冲击等于供给冲击

D. 名义利率等于实际利率

30. 在动态总需求和总供给模型的长期均衡中，下列变量除了________外都等于名义利率 i_t。

A. $\rho+\pi_t$　　B. $r_t+\pi_t$

C. $\rho+E_t\pi_{t+1}$　　D. $\rho+r_t$

31. 在动态总需求和总供给模型的长期均衡中，需求冲击 ε_t 和供给冲击 v_t 等于________，当前通货膨胀率 π_t 等于________。

A. 0；0　　B. 0；π_{t-1}

C. π_t；0　　D. π_t^*；ρ

32. 在动态总需求和总供给模型的长期均衡中，产出 Y_t 和实际利率 r_t 不依赖于央行的通货膨胀目标，这证明了：

A. 货币中性

B. 一个脉冲响应函数

C. 适应性预期

D. 泰勒原理

33. 在动态总需求和总供给模型的五个内生变量中，哪两个实际变量在长期均衡中不依赖于货币政策？

A. Y_t 和 π_t　　B. i_t 和 r_t

C. $E_t\pi_{t+1}$ 和 π_t　　D. Y_t 和 r_t

34. 在动态总需求和总供给模型的五个内生变量中，哪些是在长期均衡中会随着中央银行通货膨胀目标的变化而变化的名义变量？

A. Y_t，r_t，i_t　　B. Y_t，i_t，$E_t\pi_{t+1}$

C. π_t，i_t，$E_t\pi_{t+1}$　　D. r_t，π_t，i_t

35. 在动态总需求和总供给模型的长期均衡中，哪些变量会等于中央银行的通货膨胀目标？

A. 当前的通货膨胀率，而不是预期的通货膨胀率

B. 预期的通货膨胀率，而不是当前的通货膨胀率

C. 当前和预期的通货膨胀率

D. 既不是当前的通货膨胀率，也不是预期的通货膨胀率

36. 动态总供给曲线反映了短期内________之间的关系：

A. 自然产出水平和通货膨胀

B. 自然产出水平和预期通货膨胀率

C. 产出和通货膨胀

D. 产出和自然利率水平

37. 动态总供给曲线是由________推导出的。

A. 费雪方程和适应性预期

B. 菲利普斯曲线和适应性预期

C. 货币政策规则和费雪方程

D. 菲利普斯曲线和货币政策规则

38. 动态总供给曲线说明了产出和________之间的短期________关系。

A. 通货膨胀；正相关

B. 价格水平；正相关

C. 通货膨胀；负相关

D. 价格水平；负相关

39. 向上倾斜的动态总供给曲线表明，在其他因素不变的情况下，经济活动水平高与________有关。

A. 自然产出水平　B. 通货膨胀目标

C. 正向供给冲击　D. 高通货膨胀

40. 下列除________之外，其他因素的变动都会引起总供给曲线的移动。

A. 当前的通货膨胀率

B. 过去的通货膨胀率

C. 自然产出水平

D. 供给冲击

41. 动态总需求曲线是从下列除________之外的总需求和总供给模型方程中推导出来的。

A. 费雪方程　B. 菲利普斯曲线

C. 适应性预期　D. 货币政策规则

42. 动态总需求曲线说明了短期内产出数量与________之间的________关系。

A. 通货膨胀；正相关

B. 价格水平；正相关

C. 通货膨胀；负相关

D. 价格水平；负相关

43. 下列除________之外，其他因素的变动都会引起总需求曲线的移动。

A. 当前的通货膨胀率

B. 通货膨胀目标

C. 自然产出水平

D. 需求冲击

44. 下列哪个因素不是沿着动态总需求曲线保持固定的？

A. 通货膨胀目标　B. 自然产出水平

C. 需求冲击　D. 货币供给

45. 动态总需求曲线向下倾斜是因为随着通货膨胀率的下降，中央银行会降低名义利率，且名义利率降低的幅度大于通货膨胀率下降的幅度，这会________实际利率并________产品和服务的需求。

A. 降低；减少　B. 降低；增加

C. 提高；增加　D. 提高；减少

46. 根据货币政策规则（假设 $\theta_\pi > 0$），当通货膨胀率上升时，中央银行会提高名义利率，且名义利率提高的幅度________通货膨胀率上升的幅度，这会________实际利率。

A. 大于；提高　B. 小于；降低

C. 等于；不改变　D. 小于；提高

47. 如果________，动态总需求曲线将向右移动。

A. 减税

B. 削减政府开支

C. 减少货币供给

D. 卡特尔组织的瓦解导致石油价格降低

48. 当央行降低其目标通货膨胀率时，它会________名义利率和实际利率，从而使动态总需求曲线向________移动。

A. 降低；右　B. 降低；左

C. 提高；右　D. 提高；左

49. 为了减少对产品和服务的需求，央行会________其目标通货膨胀率，并________名义利率和实际利率。

A. 降低；降低　B. 降低；提高

C. 提高；降低　D. 提高；提高

50. 动态总需求和总供给模型中的短期均衡由________的交点决定。

A. DAD_t 和 DAS_{t-1}

B. DAD_t 和 DAS_t

C. Y_t 和 DAS_t

D. DAD_{t-1} 和 Y_t

51. 动态总需求和总供给模型中的短期均衡决定了：

A. 通货膨胀率和通货膨胀目标

B. 实际利率和自然产出水平

C. 产出水平和通货膨胀率

D. 自然产出水平和产出水平

52. 在动态总需求和总供给模型中，一个时期通过________与下一个时期相连。

A. 货币政策规则　B. 需求冲击

C. 通货膨胀预期　D. 自然产出水平

53. 在动态总需求和总供给模型中，自然产出水平的变化：

A. 会改变 DAD 曲线，但不改变 DAS 曲线

B. 会改变 DAS 曲线，但不改变 DAD 曲线

C. 既会改变 DAD 曲线，又会改变 DAS 曲线

D. 既不会改变 DAD 曲线，又不会改变 DAS 曲线

54. 在动态总需求和总供给模型中，自然产出水平的提高会________产出，________通货膨胀。

A. 增加；提高　　B. 增加；不改变

C. 不改变；提高　　D. 不改变；不改变

55. 自然产出水平的提高使经济能够生产出________产品和服务，并且会使人们想要购买________产品和服务。

A. 更少的；更少的

B. 更少的；更多的

C. 更多的；更多的

D. 更多的；更少的

56. 从动态总需求和总供给模型的长期均衡开始，正向的供给冲击导致在这一冲击发生的时期 DAS 曲线________，DAD 曲线________。

A. 上移；右移

B. 上移；不移动

C. 不移动；不移动

D. 下移；左移

57. 从动态总需求和总供给模型的长期均衡开始，一个时期的正向供给冲击会导致产出：

A. 保持在自然产出水平之上仅一个时期

B. 保持在自然产出水平之上超过一个时期

C. 保持在自然产出水平之下仅一个时期

D. 保持在自然产出水平之下超过一个时期

58. 从动态总需求和总供给模型的长期均衡开始，产出由于一个时期的正向供给冲击而立即下降是因为：

A. 中央银行会提高名义利率和实际利率以应对通货膨胀的上升

B. 更高的价格会产生反向的需求冲击，从而减少产出

C. 由于通货膨胀的上升，自然产出水平下降

D. 由于通货膨胀的上升，中央银行提高了目标通货膨胀率

59. 描述当经济受到冲击时，内生变量时间路径的图形被称为：

A. 货币政策路径

B. 动态冲击图形

C. 脉冲响应函数

D. 内生增长模型

60. 从动态总需求和总供给模型的长期均衡开始，在一个持续 4 个时期的正向需求冲击的第 1 期，DAS 曲线会________，DAD 曲线会________。

A. 上移；右移

B. 不移动；右移

C. 不移动；不移动

D. 下移；左移

61. 从动态总需求和总供给模型的长期均衡开始，在一个持续多个时期的正向需求冲击的第 1 期，产出会________，通货膨胀会________。

A. 增加；上升　　B. 增加；下降

C. 减少；下降　　D. 减少；上升

62. 从动态总需求和总供给模型的长期均衡开始，在持续多个时期的正向需求冲击以后的时期里，DAS 曲线向上移动的原因是：

A. 由于更高的通货膨胀率，中央银行提高了通货膨胀目标

B. 由于更高的通货膨胀率，产出与自然产出水平的偏差增大

C. 更高的通货膨胀率会产生正向的供给冲击

D. 由于前期更高的通货膨胀，通货膨胀的预期上升

63. 从动态总需求和总供给模型的长期均衡开始，一个持续 5 个时期的正向需求冲击会导致产出________自然产出水平，直到最后回归长期自然产出水平。

A. 一直高于　　B. 先高于后低于

C. 一直低于　　D. 先低于后高于

64. 从动态总需求和总供给模型的长期均衡开始，一个持续 5 个时期的临时增税会导致产出________自然产出水平，直到最后回归长期自然产出水平。

A. 一直高于　　B. 先高于后低于

C. 一直低于　　D. 先低于后高于

65. 从动态总需求和总供给模型的长期均衡开始，如果中央银行永久性地降低其通货膨胀目标，那么在政策改变后的第一个时期，*DAS* 曲线会________，*DAD* 曲线会________。

A. 上移；右移

B. 不移动；左移

C. 不移动；不移动

D. 下移；左移

66. 从动态总需求和总供给模型的长期均衡开始，如果中央银行永久性地降低其通货膨胀目标，那么在政策改变后的初始时期，产出会________，通货膨胀会________。

A. 增加；上升　　B. 增加；下降

C. 减少；下降　　D. 减少；上升

67. 从动态总需求和总供给模型的长期均衡开始，在央行永久性地降低通货膨胀目标之后的时期，*DAS* 向下移动的原因是：

A. 由于更低的通货膨胀率，自然产出水平上升

B. 由于更低的通货膨胀率，产出与自然产出水平的偏差增大

C. 更低的通货膨胀率产生了反向的供给冲击

D. 由于前期更低的通货膨胀，通货膨胀的预期下降

68. 从动态总需求和总供给模型的长期均衡开始，央行通货膨胀目标的永久性降低导致名义利率：

A. 持续下降，直至达到一个更低的长期水平

B. 最初上升，然后下降，直到达到一个更低的长期水平

C. 立即下降到一个更低的长期水平

D. 先下降然后一直上升，最后达到一个低于初始水平的长期水平

69. 在动态总需求和总供给模型中，如果央行选择一个较大的 θ_π 值和一个较小的 θ_Y 值，那么 *DAD* 曲线就会相对________，供给冲击对通货膨胀率的影响相对________对产出的影响。

A. 平缓；大于　　B. 平缓；小于

C. 陡峭；大于　　D. 陡峭；小于

70. 如果央行选择一个较小的 θ_π 值和一个较大的 θ_Y 值，这相当于选择以更高的________为代价获得更低的________。

A. 产出；通货膨胀

B. 通货膨胀；产出

C. 产出可变性；通货膨胀可变性

D. 通货膨胀可变性；产出可变性

71. 如果央行选择一个较大的 θ_π 值和一个较小的 θ_Y 值，这相当于选择以更高的________为代价获得更低的________。

A. 产出；通货膨胀

B. 通货膨胀；产出

C. 产出可变性；通货膨胀可变性

D. 通货膨胀可变性；产出可变性

72. 货币政策规则方程

$$i_t=\pi_t+\rho+\theta_\pi(\pi_t-\pi_t^*)+\theta_Y(Y_t-\bar{Y}_t)$$

给定动态总需求和总供给模型中的货币政策规则，如果通货膨胀率上升 1 个百分点，则名义利率上升多少个百分点？

A. 1　　B. $1+\rho$

C. $1+\theta_\pi$　　D. $1+\theta_\pi(1-\pi_t^*)$

73. 根据泰勒原理，当通货膨胀上升时，中央银行为了使通货膨胀稳定，必须使用________增幅的名义利率来应对通货膨

胀加剧。

A. 没有　　B. 相同

C. 更大　　D. 更小

问答题

74. 使用动态总需求和总供给模型来画图说明：当经济最初处于长期均衡状态时，4个时期的临时增税（4个时期的负向需求冲击）对产出和通货膨胀的影响。并用文字解释产出和通货膨胀的时间路径。

75. 使用动态总需求和总供给模型来画图说明：当经济最初处于长期均衡状态时，一种特殊的天气模式导致的一个时期的全球粮食供过于求进而导致的粮食价格下降（一个时期的负向供给冲击）对产出和通货膨胀产生的影响。并用文字解释产出和通货膨胀的时间路径。

76. 使用动态总需求和总供给模型来画图说明：当经济最初处于长期均衡状态时，央行通货膨胀目标的永久性增长所带来的影响。并用文字解释产出和通货膨胀的时间路径。

77. A国央行根据下列货币政策规则实施货币政策：

$$i=\pi+2.0+0.90(\pi-2.0)+0.10(Y-100)$$

B国央行根据下列货币政策规则实施货币政策：

$$i=\pi+2.0+0.10(\pi-2.0)+0.90(Y-100)$$

i 是用百分比表示的名义利率，π 是用百分比表示的通货膨胀率，Y 是用百分比表示的自然产出水平。这两个国家的经济在其他方面都相同，并且按照动态总需求和总供给模型运行。

a. 哪个国家的动态总需求曲线更陡峭？为什么？

b. 如果两国都受到相同规模的正向供给冲击，哪个国家的产出变化更大？为什么？

78. 利用动态总需求和总供给模型，比较产出和通货膨胀的时间路径对一个时期的正向需求冲击和一个时期的正向供给冲击的反应。

79. *AD-AS* 模型是如何用一种新颖的方法来解释货币供给对经济波动的影响的？

80. 事前实际利率和实际利率的区别是什么？根据这种区别，解释 *AD-AS* 模型所使用的费雪方程。

81. 根据货币政策规则，在什么情况下实际利率等于自然利率？泰勒规则对货币政策的设计有何建议？

82. 画出动态总需求（*DAD*）曲线和动态总供给（*DAS*）曲线。

83. 填空：作为对短期内正向供给冲击的动态响应，*DAS* 曲线（比如在 t 时期）会________，而 *DAD* 曲线会________，从而使得通货膨胀_______和产出_______。

84. 什么是滞胀？它是如何作为总供给曲线受到冲击的结果而出现的？

单项选择题答案

1. 答案：B；难度级别：中
2. 答案：C；难度级别：易
3. 答案：D；难度级别：易
4. 答案：A；难度级别：易
5. 答案：A；难度级别：中
6. 答案：B；难度级别：中
7. 答案：C；难度级别：易
8. 答案：B；难度级别：易
9. 答案：B；难度级别：易
10. 答案：D；难度级别：易
11. 答案：B；难度级别：易
12. 答案：C；难度级别：易
13. 答案：D；难度级别：中
14. 答案：B；难度级别：中
15. 答案：B；难度级别：易
16. 答案：C；难度级别：中
17. 答案：B；难度级别：易
18. 答案：D；难度级别：易
19. 答案：C；难度级别：中
20. 答案：A；难度级别：中

21. 答案：B；难度级别：中
22. 答案：C；难度级别：易
23. 答案：C；难度级别：易
24. 答案：A；难度级别：易
25. 答案：C；难度级别：中
26. 答案：B；难度级别：易
27. 答案：D；难度级别：易
28. 答案：A；难度级别：易
29. 答案：B；难度级别：易
30. 答案：D；难度级别：难
31. 答案：B；难度级别：易
32. 答案：A；难度级别：易
33. 答案：D；难度级别：中
34. 答案：C；难度级别：中
35. 答案：C；难度级别：中
36. 答案：C；难度级别：易
37. 答案：B；难度级别：易
38. 答案：A；难度级别：易
39. 答案：D；难度级别：易
40. 答案：A；难度级别：易
41. 答案：B；难度级别：中
42. 答案：C；难度级别：易
43. 答案：A；难度级别：易
44. 答案：D；难度级别：中
45. 答案：B；难度级别：难
46. 答案：A；难度级别：中
47. 答案：A；难度级别：中
48. 答案：D；难度级别：中
49. 答案：B；难度级别：难
50. 答案：B；难度级别：易
51. 答案：C；难度级别：易
52. 答案：C；难度级别：易
53. 答案：C；难度级别：中
54. 答案：B；难度级别：中
55. 答案：C；难度级别：易
56. 答案：B；难度级别：中
57. 答案：D；难度级别：中
58. 答案：A；难度级别：难
59. 答案：C；难度级别：易
60. 答案：B；难度级别：易
61. 答案：A；难度级别：中
62. 答案：D；难度级别：中
63. 答案：B；难度级别：中
64. 答案：D；难度级别：中
65. 答案：B；难度级别：中
66. 答案：C；难度级别：中
67. 答案：D；难度级别：中
68. 答案：B；难度级别：难
69. 答案：B；难度级别：中
70. 答案：D；难度级别：中
71. 答案：C；难度级别：中
72. 答案：C；难度级别：易
73. 答案：C；难度级别：易

问答题答案

74.

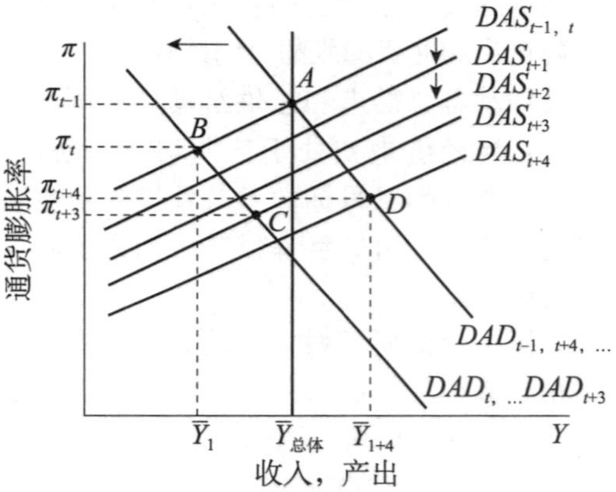

从 $t-1$ 时期的 A 点开始，产出下降到低于 t 时期的自然产出水平（到 B 点），然后逐渐回升，在 $t+1$、$t+2$ 和 $t+3$ 时期移动到自然水平，在 $t+3$ 时期到达 C 点。在 $t+4$ 时期需求冲击结束，DAD 曲线回到原来的位置，产出移动到 D 点，超过自然水平，由于前一时期较低的通货膨胀导致预期通货膨胀下降，在 $t+4$ 时期 DAS 继续下移。然后，随着 DAS 曲线的上移，产出逐渐恢复到自然水平（A 点）。

从 $t-1$ 时期的 A 点开始，通货膨胀在 t 时期下降，并在 $t+3$ 时期继续下降。在 $t+4$ 时期，当 DAD 曲线回到初始位置时，通货膨胀上升，并逐渐恢复到初始水平（A 点）。

75.

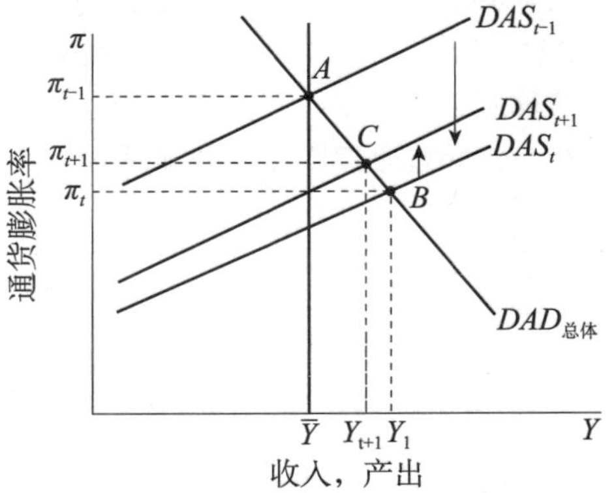

由于供给冲击，生产从 A 点的自然水平上升到 B 点的自然水平。在 $t+1$ 时期，负向冲击消失了，因此产出增加（达到 C 点），但并没有完全回到自然水平，因为预期通货膨胀率低于初始水平，从而使产出高于自然水平。随着预期通货膨胀率的上升，产出缓慢下降，并使 DAS 恢复到初始位置，产出恢复到自然水平。通货膨胀率在负向供给冲击期间下降，然后逐渐恢复到初始水平。

76.

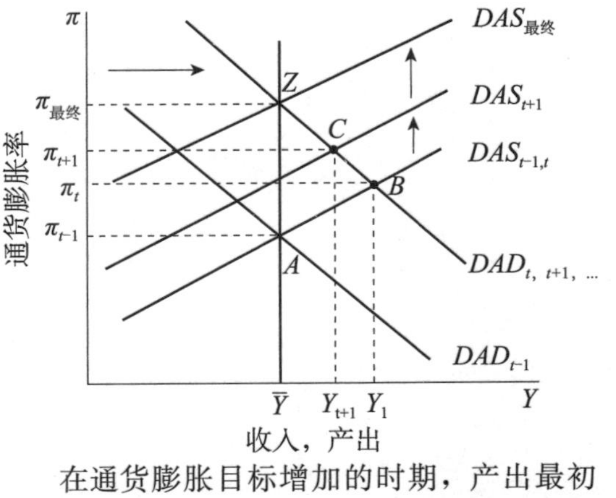

在通货膨胀目标增加的时期，产出最初会高于自然水平，但随后会逐渐回归到自然产出水平。通货膨胀率将持续上升，直至新的更高的通货膨胀目标。

77. a. B 国的 DAD 曲线会更陡峭，因为 B 国央行对产出变化的反应比 A 国央行更强烈。所以通货膨胀的大幅变化对产出的影响很小，B 国的 DAD 曲线会比 A 国的更陡峭。

b. A 国的产出由于供给冲击而产生的变化更大。A 国央行对通货膨胀的变化反应更强烈，所以相比 B 国，A 国的 DAD 曲线更平坦。当供给冲击引发通货膨胀时，A 国央行提高利率的幅度比 B 国更大，因此，相对于 B 国来说，A 国的产出减少更多。

78. 在一个时期的正向供给冲击影响下，产出在冲击期间下降到自然水平以下，然后逐渐恢复到自然产出水平。产出总是小于或等于自然产出水平。在一个时期的正向需求冲击影响下，产出在第一个时期高于自然水平，在下一个时期低于自然水平，然后逐渐恢复到自然水平。在面临需求冲击时，产出既有超过又有低于自然产出水平的情况，但在面临供给冲击时，产出持续低于自然水平。

在面临一个时期的正向供给冲击时，通货膨胀率在冲击期间上升，然后逐渐回归到初始水平。在面临一个时期的正向需求冲击时，通货膨胀率在冲击期间上升，然后逐渐回归到初始通货膨胀率（这与应对供给冲击的方式类似）。

79. AD-AS 模型使用利率作为政策工具替代货币供给。该模型在利率的基础上运作，而让货币供给自行调整。

80. 事前实际利率是基于预期通货膨胀率而预期的实际利率。费雪方程将实际利率定义为名义利率减去预期通货膨胀率。

81. 根据货币政策规则，如果通货膨胀率等于目标通货膨胀率，产出处于自然产出水平，那么实际利率将等于自然利率。泰勒规则指出，为了使通货膨胀率保持稳定，中央银行必须通过更大幅度地提高名义利率来应对通货膨胀率的上升（以防止通货膨胀率失控）。

82. 动态总需求曲线图

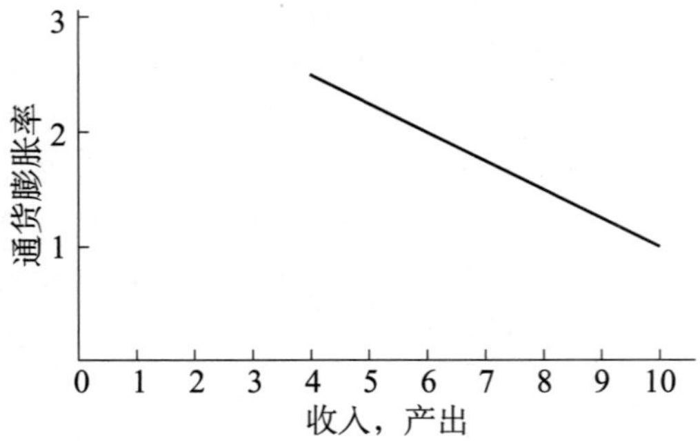

动态总供给曲线图

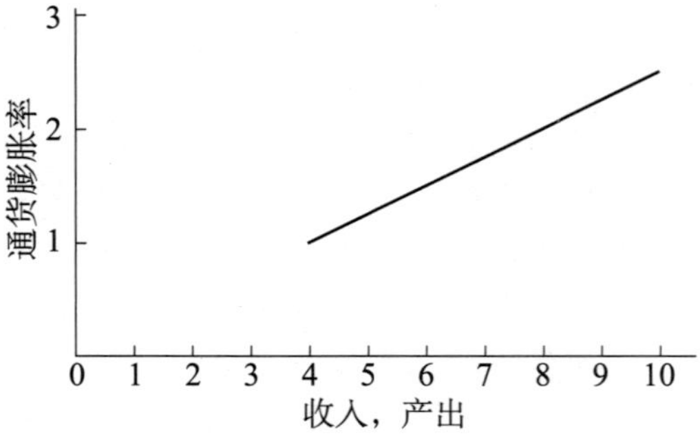

83. 上移；保持不变；上升；减少。
84. 滞胀是指一个经济在一段时间内在经历高通胀的同时伴随着低产出的情况。在 *AD-AS* 模型中，当正向的供给冲击使通货膨胀率提高时，央行会以加息作为回应，这导致通货膨胀率逐渐下降，产出下降。

第 16 章

关于稳定化政策的不同观点

单项选择题

1. 认为经济天生不稳定的经济学家通常持________观点。
   A. 稳定化政策太危险，不能使用
   B. 经济萧条时应刺激经济，经济过热时应给经济降温
   C. 经济萧条时应给经济降温，经济过热时应刺激经济
   D. 货币政策和财政政策应遵循稳定增长的固定政策规则
2. 认为经济天生是稳定的经济学家通常持________观点。
   A. 货币政策和财政政策不应该用来干预经济
   B. 经济萧条时应刺激经济，经济过热时应给经济降温
   C. 经济萧条时应给经济降温，经济过热时应刺激经济
   D. 经济学家应在预测的基础上采取行动来刺激经济或给经济降温，以确保政策行动及时
3. 下列选项除了________外都是积极的经济政策试图达到的功能。
   A. 抵消实际 GDP 的波动
   B. 使用货币政策和财政政策改变总需求
   C. 对变化的经济形势作出反应
   D. 对宏观经济政策采取无为而治的方法
4. 下列选项除了________外都是支持消极的经济政策的论据。
   A. 货币政策和财政政策面临长且变动的时滞，这会产生不稳定的结果
   B. 经济预测的误差太大，以至不能用于制定稳定政策
   C. 衰退不会减少经济福利，因此使用货币政策和财政政策来稳定是不必要的
   D. 如果美联储奉行稳定的货币增长政策，那么大萧条本来是可以避免的
5. 下列选项除了________外都是支持积极的经济政策的论据。
   A. 货币政策和财政政策的错误使用导致产出和就业的无效率波动
   B. 如果美联储奉行稳定的货币增长政策，那么大萧条本来是可以避免的
   C. 二战后的实际 GDP 波动比一战前要缓和
   D. 政策制定者对私人支出大的紧缩性冲击的错误反应导致了大萧条

6. 在经济衰退时增加政府开支属于________的一个例子。
A. 积极的货币政策 B. 积极的财政政策
C. 消极的货币政策 D. 消极的财政政策

7. 实施货币政策和财政政策的时滞是：
A. 短且可预测的 B. 长且可预测的
C. 短且变动的 D. 长且变动的

8. 从经济冲击到应对该冲击的政策行动之间的时间被称为：
A. 自动稳定器
B. 政策的时间不一致性
C. 内在时滞
D. 外在时滞

9. 政策行动与其对经济产生影响之间的时间被称为：
A. 自动稳定器
B. 政策的时间不一致性
C. 内在时滞
D. 外在时滞

10. 财政政策有时间相对长的________时滞，货币政策有时间相对长的________时滞。
A. 内在；外在 B. 外在；内在
C. 内在；内在 D. 外在；外在

11. 经济有刺激的需要和减税政策在国会得以通过之间的时间差属于________的一个例子。
A. 财政政策的内在时滞
B. 财政政策的外在时滞
C. 货币政策的内在时滞
D. 货币政策的外在时滞

12. 货币供给增加与投资支出增加之间的时间差属于________的一个例子。
A. 财政政策的内在时滞
B. 财政政策的外在时滞
C. 货币政策的内在时滞
D. 货币政策的外在时滞

13. 衰退开始和央行降低利率以刺激总需求之间的时间差属于________的一个例子。
A. 货币政策的内在时滞
B. 货币政策的外在时滞
C. 财政政策的内在时滞
D. 财政政策的外在时滞

14. 政府支出增加与总需求开始增加之间的时间差属于________的一个例子。
A. 货币政策的内在时滞
B. 货币政策的外在时滞
C. 财政政策的内在时滞
D. 财政政策的外在时滞

15. 消极政策的支持者认为，货币政策和财政政策的时滞是：
A. 短且固定的，因此这些政策不应该用来抵消冲击
B. 长且可变的，因此这些政策不应该用来抵消冲击
C. 短且固定的，因此这些政策应该用来抵消冲击
D. 长且可变的，因此这些政策应该用来抵消冲击

16. 下列选项除了________外都可以被看作自动稳定器。
A. 在经济衰退期间增加的转移支付
B. 税收的主动调整
C. 失业保障体系
D. 联邦所得税

17. 自动稳定器：
A. 每次在生效之前都需要国会采取行动
B. 无外在时滞
C. 无内在时滞
D. 有长且可变的内在时滞

18. 不采取任何有意的政策变动就能够刺激或抑制经济的政策被称作：
A. 领先指标
B. 时间不一致政策
C. 理性预期政策
D. 自动稳定器

19. 下列哪项属于没有内在时滞的财政政策？
A. 降低所得税税率
B. 持续的失业保障计划
C. 增加政府对职业培训的支出
D. 降低人们享受退休福利的年龄

20. 关于经济的宏观计量经济模型：
A. 通常只由一些方程组成

B. 不需要对货币政策和财政政策作出假设
C. 要求对货币政策和财政政策作出假设
D. 不论是对货币政策还是对财政政策作出假设，都可以给出准确的预测

21. 经济学家对未来经济发展作出前瞻的两种工具类型是什么？
A. 领先指标和宏观计量经济模型
B. 直接归因和间接归因
C. 视觉评估和全球定位
D. 货币工具和财政工具

22. 卢卡斯批判认为，因为人们形成预期的方式________建立在政府政策上，因此经济学家如果不考虑预期的变化，________预测政策变化的效果。
A. 部分；就不能
B. 只有部分；也可以
C. 完全不；也可以
D. 完全不；就不能

23. 如果人们对通货膨胀的预期是理性地形成的而非建立在适应性预期上，如果政策制定者制定了可信的逐步降低通货膨胀的政策，那么降低通货膨胀的成本会________。
A. 比对牺牲率的传统估计大很多
B. 比对牺牲率的传统估计小很多
C. 与对牺牲率的传统估计恰好相等
D. 比对牺牲率的传统估计大大约 2%

24. 理性预期的拥护者认为，牺牲率的传统估计是不可信的，因为它们：
A. 忽视了内在时滞
B. 高估了外在时滞
C. 建立在适应性预期上
D. 是时间不一致的

25. 根据卢卡斯批判，当经济学家评估可选择的政策时，他们必须考虑：
A. 政策将如何影响预期和行为
B. 政策是否会抵消自动稳定器的影响
C. 政策是在政治性经济周期的哪一步实施的
D. 与政策相关的内在时滞的长度

26. 如果过去所有的经济波动都是由不合理的经济政策造成的，那么历史证据会：
A. 只支持采取积极的宏观经济政策
B. 只支持采取消极的宏观经济政策
C. 支持采取积极或消极的宏观经济政策
D. 既不支持采取积极的宏观经济政策，又不支持采取消极的宏观经济政策

27. 对大萧条的历史记录的不同解释：
A. 只支持采取积极的宏观经济政策
B. 只支持采取消极的宏观经济政策
C. 支持采取积极或消极的宏观经济政策
D. 既不支持采取积极的宏观经济政策，又不支持采取消极的宏观经济政策

28. 克里斯蒂娜·罗默（Christina Romer）认为，与一战前相比，二战后实际经济波动的减弱是经济________改善的结果。
A. 政策　　B. 绩效
C. 数据　　D. 预测

29. 如果政策制定者________，政策就会被顺利执行。
A. 提前宣布政策怎样对各种经济形势作出反应并且承诺始终遵守其承诺
B. 在事件发生时自由地作出判断并选择当时看来合适的政策
C. 根据选举结果制定政策，例如用投票的方式制定政策
D. 为了保证在竞选日的低通货膨胀和低失业而操纵政策

30. 如果政策制定者________，政策就会被政策制定者斟酌处置。
A. 提前宣布政策怎样对各种经济形势作出反应并且承诺始终遵守其承诺
B. 在事件发生时自由地作出判断并选择当时看来合适的政策
C. 宣布并且保持一个稳定的货币供给增长率
D. 宣布并实现政府预算平衡

31. 政策规则：
A. 必须规定货币以一个恒定的速度增长
B. 必须是积极的政策
C. 必须是消极的政策

D. 既可以是积极的政策，又可以是消极的政策

32. 实施财政政策要求 $G=T$，其中 G 为政府支出，T 为税收收入，这属于________的一个例子。
A. 积极的政策
B. 消极的政策
C. 斟酌处置的政策
D. 自动稳定器

33. 实施财政政策要求 $G=T+\beta(u-u_n)$，G 是政府支出，T 是税收收入，u 是失业率，u_n 是自然失业率，β 是一个正数，这属于________的一个例子。
A. 积极的政策
B. 消极的政策
C. 斟酌处置的政策
D. 自动稳定器

34. 实施货币政策要求联邦基金利率 $=\pi+0.5(\pi-2)+0.5$(GDP 缺口)，联邦基金利率是名义联邦基金利率，π 是年通货膨胀率，GDP 缺口是实际 GDP 与其自然水平的百分比差额，这属于________的一个例子。
A. 积极的政策
B. 消极的政策
C. 斟酌处置的政策
D. 自动稳定器

35. 实施货币政策要求联邦基金利率 $=0.05$，其中联邦基金利率是名义联邦基金利率，这属于________的一个例子。
A. 积极的政策
B. 消极的政策
C. 斟酌处置的政策
D. 自动稳定器

36. 支持实行斟酌处置宏观经济政策的一个说法是：
A. 对于变化的政治形势，政策制定者可能对政策作出反复无常的调整
B. 不知情的政策制定者可能会作出错误的政策决策
C. 政策制定者的目标可能与公众福利相冲突
D. 给予政策制定者灵活性将使他们根据形势变化而改变政策

37. 政治性经济周期指的是：
A. 每四年举行预选、政党会议、大选的模式
B. 每两年选举一次美国众议院议员，每四年选举一次美国总统，每六年选举一次美国参议院议员
C. 为赢得选举而操纵经济
D. 每次选举所带来的衰退和扩张模式

38. 当政策制定者________时，就会产生宏观经济政策的时间不一致性问题。
A. 要遵循一个严格而不灵活的规则
B. 在短期内有斟酌处置权，但在长期内按规则制定政策
C. 为了适应当前的环境而改变既定的政策进而失去了公众的信任
D. 没有斟酌处置权

39. 如果美联储制定政策时有斟酌处置权并宣布了一项低通胀率政策，那么：
A. 政策制定者需要把货币供给增长维持在低水平上
B. 私营经济机构肯定会相信这个声明，因为它是可信的
C. 私人经济参与者可能会对该政策有所怀疑，因为一旦预期形成，美联储就会有违背政策的动机
D. 一旦预期形成，美联储肯定会违背它的政策，因为这样它就可以在最低通胀率的情况下降低失业率

40. 如果政策制定者面临________，他们更可能使用固定的政策规则来实现其目标，而不是使用斟酌处置的政策。
A. 短期并且可预测的内在时滞
B. 有时间不一致性的政策
C. 短期并且可预测的外在时滞
D. 弱自动稳定器

41. 当一个政府履行其债务义务时，这属于________的一个例子。
A. 斟酌处置的财政政策

B. 斟酌处置的货币政策
C. 财政政策规则
D. 货币政策规则

42. 一旦经济中的其他因素发生了变化，政策制定者就会有偏离最初行动方向的动机，这种情况被称为：
A. 理性预期
B. 外在时滞
C. 时间不一致性
D. 积极的政策规则

43. 作为财政部部长，亚历山大·汉密尔顿反对________的时间不一致性政策。
A. 偿还债务　　B. 增加税收
C. 拒付债务　　D. 减少税收

44. 下列各项除了________外，均为货币主义者所支持的观点。
A. 货币供给的波动是经济波动的主要原因
B. 美联储应该保持货币供给以一个稳定的速度增长
C. 货币供给缓慢而稳定的增长会带来稳定的产出、就业和物价
D. 美联储应该调整货币供给以适应经济中的各种冲击

45. 下列各项除了________外都是货币政策规定的目标名义变量。
A. 价格水平　　B. 货币供给
C. 失业率　　D. 名义 GDP 水平

46. 如果货币流通速度变动很快，那么以稳定的增长率增加货币供给是：
A. 稳定总需求的无效方法
B. 斟酌处置货币政策的例子
C. 自动稳定器
D. 积极的政策规则

47. 以名义 GDP 为目标的货币政策规则在名义 GDP 高于目标时会________货币增速，在名义 GDP 低于目标时会________货币增速。
A. 降低；提高　　B. 提高；降低
C. 降低；降低　　D. 提高；提高

48. 不像货币主义者的政策规则，通货膨胀目标的优势在于：
A. 不需要宣布政策目标
B. 提供实际上的而不是名义上的目标
C. 允许中央银行有无限的斟酌处置权
D. 使经济不受货币流通速度变化的影响

49. 通货膨胀目标制是一种货币政策规则，要求中央银行调整________以达到预期的通货膨胀率。
A. 物价指数　　B. 货币流通速度
C. 名义 GDP　　D. 货币供给

50. 尽管失业率和实际 GDP 等实际变量是衡量经济表现的最佳指标，但大多数经济学家并不主张通过直接操纵货币供给来实现目标，因为：
A. 他们认为恒定的货币供给增长率是稳定实际 GDP 或失业的最佳途径
B. 如果美联储选择的目标不是自然产出或自然失业率，其结果将是加速通货膨胀或通货紧缩
C. 如果美联储选择一个高于自然失业率的目标，其结果将是加速通货膨胀
D. 如果美联储选择一个低于自然失业率的目标，其结果将是加速通货紧缩

51. 实际上，通货膨胀目标制在有约束的斟酌处置的情况下而不是在政策规则的情况下会实施得更好，因为有了通货膨胀目标：
A. 即使有冲击，中央银行也不能调整目标
B. 中央银行不是将通货膨胀目标设定成一个数，而是设定成一个范围
C. 中央银行实现其目标的概率是不可测的
D. 无论经济状况如何，中央银行都会达到其目标

52. 经济研究发现，中央银行更强的独立性与更低、更加稳定的通货膨胀________相关，与实际 GDP 的平均增长率和实际 GDP 的波动性________相关。
A. 高度；高度　　B. 高度；不
C. 不；高度　　D. 不；不

53. 中央银行的独立性是指：
A. 中央银行是通过规则还是通过斟酌处置权来执行货币政策
B. 货币政策的内在时滞与外在时滞无关的情形
C. 自动稳定器缓和经济波动的程度
D. 中央银行的决策制定与政治影响的分离程度

54. 中央银行独立性较强的国家能________实现较低的通胀率。
A. 以更高的失业率为代价
B. 以实际 GDP 增速放缓为代价
C. 以实际 GDP 波动性加大为代价
D. 在没有明显的实际经济损失的情况下

55. 经济学提供了令人信服的证据以支持：
A. 有利于货币供给量稳定增长的规则
B. 有利于使用货币供给量来达到名义 GDP 目标的规则
C. 要求联邦政府保持稳定的预算平衡的规则
D. 事实上，对于任何特定的宏观经济政策观点，都没有简单而令人信服的论据

56. 存在一个用菲利普斯曲线 $u=u^n-\alpha(\pi-E\pi)$ 描述的经济。中央银行直接将通货膨胀率设置为使以下函数损失最小化：$L(u,\pi)=u+\gamma\pi^2$。其中，u 是失业率，u^n是自然失业率，π 是通货膨胀率，$E\pi$ 是预期通货膨胀率，α 和 γ 是经济中的行为反应参数。在中央银行设定通货膨胀率之前，私人主体就已形成理性预期。当中央银行使用固定的规则进行操作时，最优通货膨胀率是________；当中央银行使用斟酌处置的规则进行操作时，最优通货膨胀率是________。
A. u^n；0　　B. 0；u^n
C. 0；$\alpha/(2\gamma)$　　D. $\alpha/(2\gamma)$；0

57. 菲利普斯曲线描述一个满足 $u=u^n-\alpha(\pi-E\pi)$ 的经济。中央银行直接将通货膨胀率设置为使以下函数损失最小化：$L(u,\pi)=u+\gamma\pi^2$。其中，u 是失业率，u^n是自然失业率，π 是通货膨胀率，$E\pi$ 是预期通货膨胀率，α 和 γ 是经济中的行为反应参数。在中央银行设定通货膨胀率之前，私人主体就已形成理性预期。在一个中央银行对通货膨胀的厌恶程度大于对失业的厌恶程度的经济中：
A. α 会非常大　　B. α 会非常小
C. γ 会非常大　　D. γ 会非常小

58. 菲利普斯曲线描述一个满足 $u=u^n-\alpha(\pi-E\pi)$ 的经济。中央银行直接将通货膨胀率设置为使以下函数损失最小化：$L(u,\pi)=u+\gamma\pi^2$。其中，u 是失业率，u^n是自然失业率，π 是通货膨胀率，$E\pi$ 是预期通货膨胀率，α 和 γ 是经济中的行为反应参数。在中央银行设定通货膨胀率之前，私人主体就已形成理性预期。与斟酌处置的货币政策相比，在固定的规则下确定的最优通货膨胀率________，而确定的失业率________。
A. 较高；较低　　B. 较高；相等
C. 较低；较低　　D. 较低；相等

59. 当________时，可以有效避免失业与通货膨胀的斟酌处置决策的时间不一致性问题。
A. 政策制定者对极低的通货膨胀有着极强的偏好，并为人所知
B. 政策制定者不关心通货膨胀率，制定政策的唯一目的是避免失业
C. 经济中的私人部门不是“理性的”
D. 政策制定者比经济中的私人部门拥有更多的信息

60. 如果________，拥有斟酌处置权的中央银行可以达到与遵从零通货膨胀的固定规则的中央银行相同的结果。
A. 没有内在时滞
B. 没有外在时滞
C. 比起通货膨胀中央银行更不喜欢失业
D. 比起失业中央银行更不喜欢通货膨胀

61. 假设民主党一直遵循高货币供给增长率的政策，而共和党一直遵循低货币供给增长率的政策，且经济有一条标准的非

利普斯曲线。那么如果这两个党轮流执政，则：

A. 没有政治性经济周期，但在民主党执政期间通货膨胀率会更高

B. 没有政治性经济周期，但在共和党执政期间通货膨胀率会更高

C. 在民主党执政期间失业率会更低，但通货膨胀率会更高

D. 在民主党执政期间失业率和通货膨胀率都会更高

62. 如果一个城市通过了限制公寓租金的法律，但承诺豁免尚未建成的建筑，那么：

A. 新建筑的建设不会停止

B. 新建筑的建设将会停止

C. 建造者不会预期市政府将违背它的诺言

D. 市政府没有违背诺言的激励

问答题

63. 假设在一个经济中，LM 曲线是 $Y=2\,000r-2\,000+2(M/P)$，IS 曲线是$Y=8\,000-2\,000r+u$，u 是一个冲击，它一半的时间为 $+200$，另一半的时间为 -200。价格水平（P）固定在 1.0。产出的自然水平是 4 000。政府希望使产出尽量保持在 4 000，且并不关心其他变量。考虑以下两个政策规则：i. 将货币供给 M 设为 1 000 并保持不变。ii. 每天操纵货币供给以使利率保持在 2%不变。

a. 根据规则 i，当 $u=+200$ 时，Y 等于多少？当 $u=-200$ 时，Y 等于多少？

b. 根据规则 ii，当 $u=+200$ 时，Y 等于多少？当 $u=-200$ 时，Y 等于多少？

c. 哪个规则会使产出接近 4 000？

64. 假设在一个经济中，LM 曲线是 $Y=2\,000r-2\,000+2(M/P)+u$，$u$ 是一个冲击，它一半的时间为$+200$，另一半的时间为 -200。IS 曲线是 $Y=8\,000-2\,000r$。价格水平（P）固定在 1.0。产出的自然水平是 4 000。政府希望使产出尽量保持在 4 000，且并不关心其他变量。考虑以下两个政策规则：i. 将货币供给 M 设为 1 000 并保持不变。ii. 每天操纵货币供给以使利率保持在 2%不变。

a. 根据规则 i，当 $u=+200$ 时，Y 等于多少？当 $u=-200$ 时，Y 等于多少？

b. 根据规则 ii，当 $u=+200$ 时，Y 等于多少？当 $u=-200$ 时，Y 等于多少？

c. 哪个规则会使产出接近 4 000？

65. π 代表通货膨胀率，$E\pi$ 代表预期的通货膨胀率，二者都是用百分比衡量的。u 是失业率，u^n 是失业率的自然水平。假设在特定的经济中，短期菲利普斯曲线是 $u=u^n-\alpha(\pi-E\pi)$，美联储的损失函数是 $L(u,\pi)=u+\gamma\pi^2$。教材第 16 章中的附录表明：如果美联储在 $E\pi$ 是固定的并且理性的私人部门在知道这些的情况下会使得损失函数最小化，则预期通货膨胀率 $E\pi=\alpha/2\gamma$，这也是政府选择的通货膨胀率。

a. 假设 $\alpha=0.5$、$\gamma=0.05$，预期和实际的通货膨胀率分别是多少？

b. 假设 $\alpha=0.5$、$\gamma=0.5$，在这种情况下，与 a 小问相比，美联储对通货膨胀的厌恶程度是高还是低？当 $\gamma=0.5$ 时，预期和实际的通货膨胀率是多少？为什么它们与 a 小问中的不同？

66. 假设你被一个新建成的国家雇用为成立中央银行的顾问。请你提出至少两种可能的方式来构建中央银行，从而使得通货膨胀率维持在低水平。

67. 对于下列每项政策，请说明该政策是：i. 货币政策还是财政政策；ii. 积极政策还是消极政策；iii. 按规则实施的政策还是斟酌处置的政策。

a. 中央银行遵循的一项政策是使货币供给以每年 4%的速度稳定增长。

b. 政府遵循的一项政策是使历年的政府支出等于政府收入。

c. 中央银行根据对未来五年产出和通货膨胀的预期来调整货币供给的增长。

d. 政府保持税法不变，同时允许政府支

出根据立法机构通过的支出法案而改变。

e. 中央银行遵循的一项政策是以失业率对自然失业率的偏离程度为基础来调整货币供给。

68. 两个几乎相同的国家——Fixland 和 Flexland 的中央银行都希望实现低通货膨胀和低失业率。这两个国家在失业和未预期到的通货膨胀之间存在类似的短期权衡。Fixland 和 Flexland 的私人主体都拥有理性的预期，且明白央行有在低通货膨胀政策上失信的激励。起初，这两个国家的通货膨胀率和失业率是一样的。Fixland 的中央银行发布了一份可信的声明，称它将按照低通货膨胀的规则行动。Flexland 的中央银行也打算遵从低通货膨胀政策，但央行保留斟酌处置权。

a. 你认为哪个国家的通货膨胀率会比较低？

b. 你认为哪个国家的失业率会比较低？

69. 2009 年 2 月 9 日，《华尔街日报》刊登了下面这则通知。

> 毫无异议地，我们需要依靠政府出台经济复苏计划来重启经济。
>
> ——总统当选人贝拉克·奥巴马，2009 年 1 月 9 日
>
> 虽然对总统充满敬意，但他的这一说法是不对的。尽管有报道称，所有经济学家目前都是凯恩斯主义者，而且我们都支持增加政府的负担，但是我们这些签名的经济学家不认为更多的政府支出能使经济形势变得更好。在 20 世纪 30 年代，胡佛和罗斯福虽然花费了那么多的政府支出，但并没有使美国走出大萧条。更多的政府支出也没有使日本在 20 世纪 90 年代走出衰退。同样地，认为更多的政府支出能使今日的美国走出衰退也仅仅是美好的愿望而已，政策制定者应该关注旨在增加工作岗位、储蓄、投资和产出的改革。减税和减轻政府负担是用财政政策来促进经济增长的最好方法。

超过 200 名经济学家在这份声明上签了名，其中包括三名诺贝尔经济学奖获得者。

a. 请评价总统和经济学家意见不统一的程度，包括在政策是消极的还是积极的这一问题上的意见不统一。

b. 对支持经济学家立场的理论根据加以解释。

70. 比较两种实施货币政策的方案：

方案 1：保持每年稳定的 6%的货币供给增长率。

方案 2：保持每年稳定的 3%的通货膨胀率。

考虑两种方案是否涉及（1）积极或消极的货币政策，以及（2）按规则实施的政策或斟酌处置的政策。讨论为什么一种方案可能优于另一种方案。

71. 解释为什么下列说法是实施积极或消极政策的理由：

a. 在经济衰退开始与政策对经济产生效果之间的这段时间，经济形势可能发生很大的变化。

b. 经济学家不是很准确的预测者。

c. 政府支出的增加带来经济产出的增加。

d. 二战之后经济产出的波动已经不那么剧烈了。

72. 货币政策对经济的影响往往达不到监管机构的预期。为什么会这样？

73. 财政政策是政府用来引导国家经济的工具。积极的财政政策相对于消极的财政政策的优势是什么？

74. 一旦经济偏离正常轨道，自动稳定器就开始发挥稳定经济的作用。举例说明自动稳定器在经济衰退时是如何运作的。

75. 公众对政策的预期是否会影响政策的有效性？

76. 举例说明，政府在宣布经济政策后有激励违背其诺言。

77. 一个经济的菲利普斯曲线为 $u=6-0.4(\pi-E\pi)$，其中，u 是失业率，π 是通货膨胀率。损失函数显示失业率和通货膨胀的社会成本为 $L=u+0.05\pi^2$，在给定预期通货膨胀率的情况下，计算出最优通货膨胀率。

78. A 国人民认为他们的监管机构致力于零通货膨胀政策，而 B 国人民认为他们的监管机构不致力于零通货膨胀政策。如果两国的监管机构都宣布一项降低通货膨胀的政策，这将会有什么不同？

单项选择题答案

1. 答案：B；难度级别：易
2. 答案：A；难度级别：易
3. 答案：D；难度级别：易
4. 答案：C；难度级别：易
5. 答案：B；难度级别：易
6. 答案：B；难度级别：易
7. 答案：D；难度级别：易
8. 答案：C；难度级别：易
9. 答案：D；难度级别：易
10. 答案：A；难度级别：易
11. 答案：A；难度级别：中
12. 答案：D；难度级别：中
13. 答案：A；难度级别：中
14. 答案：D；难度级别：中
15. 答案：B；难度级别：易
16. 答案：B；难度级别：中
17. 答案：C；难度级别：易
18. 答案：D；难度级别：易
19. 答案：B；难度级别：中
20. 答案：C；难度级别：易
21. 答案：A；难度级别：易
22. 答案：A；难度级别：易
23. 答案：B；难度级别：中
24. 答案：C；难度级别：易
25. 答案：A；难度级别：易
26. 答案：B；难度级别：易
27. 答案：C；难度级别：易
28. 答案：C；难度级别：易
29. 答案：A；难度级别：易
30. 答案：B；难度级别：易
31. 答案：D；难度级别：易
32. 答案：B；难度级别：难
33. 答案：A；难度级别：难
34. 答案：A；难度级别：难
35. 答案：B；难度级别：难
36. 答案：D；难度级别：易
37. 答案：C；难度级别：易
38. 答案：C；难度级别：易
39. 答案：C；难度级别：易
40. 答案：B；难度级别：易
41. 答案：C；难度级别：中
42. 答案：C；难度级别：易
43. 答案：C；难度级别：易
44. 答案：D；难度级别：易
45. 答案：C；难度级别：易
46. 答案：A；难度级别：易
47. 答案：A；难度级别：易
48. 答案：D；难度级别：易
49. 答案：D；难度级别：易
50. 答案：B；难度级别：易
51. 答案：B；难度级别：易
52. 答案：B；难度级别：易
53. 答案：D；难度级别：易
54. 答案：D；难度级别：易
55. 答案：D；难度级别：易
56. 答案：C；难度级别：难
57. 答案：C；难度级别：难
58. 答案：D；难度级别：难
59. 答案：A；难度级别：易
60. 答案：D；难度级别：易
61. 答案：A；难度级别：难
62. 答案：B；难度级别：中

问答题答案

63. a. 当 $u=+200$ 时，$Y=4\ 100$；当 $u=-200$ 时，$Y=3\ 900$。
    b. 当 $u=+200$ 时，$Y=4\ 200$；当 $u=-200$ 时，$Y=3\ 800$。
    c. 规则 i 会使 Y 接近 4 000。

64. a. 当 $u=+200$ 时，$Y=4\ 100$；当 $u=-200$ 时，$Y=3\ 900$。

b. 当 $u=+200$ 时，$Y=4\ 000$；当 $u=-200$ 时，$Y=4\ 000$。

c. 规则 ii 会使 Y 接近 4 000。

65. a. $E\pi=5\%$，$\pi=5\%$。

b. 美联储对通货膨胀的厌恶程度更高。$E\pi=0.5\%$，$\pi=0.5\%$。因为公众知道，美联储对通货膨胀的厌恶程度相对较高，所以会降低预期。

66. 可能的方式包括：（1）建立一个独立的中央银行，（2）要求中央银行按规则而不是斟酌处置决策行动，（3）建立一个拥有斟酌处置权的中央银行，并选择相比失业而言更厌恶通货膨胀的央行行长。

67. a. 货币政策；消极政策；按规则实施的政策。

b. 财政政策；消极政策；按规则实施的政策。

c. 货币政策；积极政策；斟酌处置的政策。

d. 财政政策；消极政策；斟酌处置的政策。

e. 货币政策；积极政策；按规则实施的政策。

68. a. Fixland 的通货膨胀率应该较低，因为其央行奉行可信的低通货膨胀政策。Flexland 的私人主体知道其中央银行有违背低通货膨胀政策的激励，并相应地调整他们的预期，从而导致 Flexland 的通货膨胀水平更高。

b. 这两个国家的失业率会趋于相同，因为这两个国家都没有出现未预期到的通货膨胀。

69. a. 总统的声明表明他要使用积极的政策即增加政府支出来应对衰退。经济学家也要求出台财政政策，但却是减税和削减政府支出（减轻政府负担）。我们也可以把这个政策看成是不积极的政策，它不是为了抵消产出缺口，而是一种更常见的主张政府更少干预经济的政策。这意味着不管处在经济周期的哪个阶段，都要减少政府对经济的干预。一些人可能觉得总统的政策是调整总需求的，而经济学家的政策却是调整总供给的。

b. 经济学家可以用历史记录来说明政府支出的增加并不能使衰退好转。他们参考了美国在大萧条和日本在 20 世纪 90 年代的经历。

70. 方案 1 和方案 2 都是按规则实施的货币政策而不是斟酌处置的政策。方案 1 是消极的货币政策，因为它不依赖于经济状态。方案 2 是一个积极的政策，因为这个方案可以抵消除货币政策之外的任何可能改变通货膨胀率的力量。方案 2 可能更受欢迎，因为它使经济不受货币流通速度变化的影响，而这种变化可能影响方案 1 的效果。此外，公众对通货膨胀概念的理解可能比对货币概念的理解更准确，因为公众经常把货币与收入及财富的概念混淆在一起。

71. a. 这个说法支持消极的政策。这句话的含义是，伴随经济政策而来的长期和可变的时滞，可能会改变政策的预期影响，使积极的政策不仅没有稳定经济，反而使经济不稳定。

b. 这个说法支持消极的政策。这句话的含义是，经济学家没有足够的信息来分析一个问题，也不能够判断什么样的积极政策才是合适的。

c. 这个说法支持积极的政策。这句话的含义是，经济学家拥有强有力的工具，可以采取积极的政策来抵消经济衰退，稳定经济。

d. 这个说法支持积极的政策。这句话的含义是，自二战之后，人们对经济运行方式的认识已经有所提高，政府应能够采取积极的政策来减少产出的波动。

72. 以经济衰退为例，一旦美联储意识到它必须帮助稳定经济，它就会制定并实施一项政策，但货币政策的外在时滞很大。到政策生效时，经济往往已经发生了改变。

73. 与消极的财政政策相比，积极的财政政策使政府能够对经济中发生的变化作出最优的反应（取决于决策者的能力）。

74. 自动稳定器的一个例子是所得税政策。一旦经济开始衰退，家庭和企业的收入就会下降，所得税也会相应下降，从而给人们一些帮助，起到了稳定经济的作用。

75. 根据卢卡斯的观点，任何政策的实施都会在很大程度上受到人们对政策的预期的影响。这个概念被广泛地称为卢卡斯批判，这是一个与反通货膨胀政策相关的例子。

76. 假设人们认为政策制定者可信，政府可能会宣布一个低通货膨胀的政策，而当家庭和企业形成预期，认为工资和物价会因此降低时，政府会发现，违背其声明而实行有利于降低失业率的政策（例如扩张性货币政策）很有吸引力。

77. 从菲利普斯曲线和损失函数我们得到$\alpha=0.4$，$\gamma=0.05$。最优通货膨胀率是$\pi=\frac{\alpha}{2\gamma}$。因此，从等式中我们可以得出，这个经济的最优通货膨胀率是8%。

78. 在A国，人们预期这个公告会降低工资和价格，这将有助于实现政策预期的结果。在B国，人们预期这个公告不会降低工资和价格，因为他们预期监管机构会食言，这将降低政策的有效性。

第 17 章

政府债务和预算赤字

单项选择题

1. 当政府支出多于税收收入时，意味着一国正在经历：________。
   A. 贸易赤字　　B. 贸易盈余
   C. 预算盈余　　D. 预算赤字
2. 政府债务等于：
   A. 当前政府支出和税收的差值
   B. 储蓄和投资的差值
   C. 过去的预算赤字和盈余的总和
   D. 货币供给 M1
3. 政府支出超过政府收入的数额被称为________，而政府过去借款额的积累被称为________。
   A. 赤字；债务
   B. 债务；赤字
   C. 货币贬值；通货紧缩
   D. 通货紧缩；货币贬值
4. 如果美国联邦政府 2016 年的债务在美国公民之间平均分配，那么人均债务大约等于：
   A. 4 400 美元　　B. 44 000 美元
   C. 53 000 美元　　D. 153 000 美元
5. 与其他主要工业国家的政府债务规模占 GDP 的比例相比，美国联邦政府：
   A. 是负债最重的政府之一
   B. 累积的债务相对较少
   C. 累积的债务略高于平均水平
   D. 是负债最少的政府之一
6. 历史上，政府债务增加的主要原因是：
   A. 发行了太多的货币
   B. 削减了税收
   C. 提高了利率
   D. 为战争融资
7. 1980—1995 年间美国政府债务的大幅增加是不寻常的，因为它发生时：
   A. 处于和平时期
   B. 处于长期的衰退
   C. 没有增加政府支出
   D. 没有减税
8. 在其他因素不变的情况下，下列各项除了________外都将会降低政府债务占 GDP 的比例。
   A. 政府支出的减少
   B. GDP 的增加
   C. 税收收入的减少
   D. 转移支付的减少
9. 如果政府债务不变，那么：
   A. 经济处于长期均衡状态

B. 政府的预算一定平衡

C. GDP一定等于自然产出率

D. 人均资本是常数

10. 下列________因素最能预测美国政府债务在接下来的半个世纪将会失控。

A. 技术变化率和人力资本增长率的下降

B. 高技术国内工人的减少和低技术工人向美国移民的增加

C. 美国人口的老龄化和医疗成本的增加

D. 国际竞争的加剧和美国工作的外包

11. 一个国家老龄化人口的增加影响财政政策的最直接原因是：

A. 老年人一般不需要纳税

B. 政府为老年人提供养老金和医疗保健

C. 老年人期望他们的储蓄有高利率

D. 随着老年人所占比例的增大，政府在教育上的投入也会增加

12. 在通货膨胀时期，当政府预算处于传统意义上的平衡时，政府债务（缩水后）的实际价值：

A. 按通货膨胀率增长

B. 增长，但速度低于通货膨胀率

C. 为常数

D. 按通货膨胀率减少

13. 在通货膨胀时期，政府债务（缩水后）的实际价值是常数，那么传统意义上：

A. 公布的政府预算将显示赤字等于通货膨胀率乘以未偿还债务

B. 公布的政府预算将显示赤字小于通货膨胀率乘以未偿还债务

C. 公布的政府预算将是平衡的

D. 公布的政府预算将显示盈余等于通货膨胀率乘以未偿还债务

14. 假设名义利率为11%，通货膨胀率为8%，年初政府债务为4万亿美元。那么由于通货膨胀，有________政府预算赤字被高估了。

A. 0.12万亿美元　　B. 0.32万亿美元

C. 0.44万亿美元　　D. 0.8万亿美元

15. 赤字对通货膨胀的调整应该只包括政府支付中用于________利息的支出。

A. 实际　　B. 名义

C. 国外　　D. 国内

16. 如果政府债务等于5万亿美元，名义利率为7%，实际利率为3%，那么名义预算赤字就比实际赤字多出________万亿美元。

A. 0.35　　B. 0.20

C. 0.15　　D. 0.07

17. 下列除了________外都可以用美国联邦政府预算赤字的现行衡量方式加以解释。

A. 政府支出

B. 政府收入

C. 政府债务的变化

D. 政府资本资产的变化

18. 如果采用资本预算编制程序，则用________衡量预算赤字。

A. 政府债务总额

B. 政府债务的变化

C. 政府债务的变化减去政府资本资产的变化

D. 政府资本资产的变化

19. 当联邦政府为获得一项资产而产生额外债务时，在现行预算程序下，赤字________，而在资本预算程序下，赤字________。

A. 不变；增加　　B. 增加；不变

C. 不变；减少　　D. 减少；不变

20. 下列符合资本预算程序的是：

A. 调整通货膨胀导致的赤字

B. 估计如果经济处在自然产出率水平，赤字将会是多少

C. 同时解释资产和负债

D. 衡量财政政策对不同年龄个体的终身收入的影响

21. 在采用资本预算的情况下，下列联邦政府的交易除了________外都能影响联邦预算赤字。

A. 寄支票给福利接受者

B. 寄支票给马萨诸塞州

C. 出售给纽约州一条高速公路，并用所得资金偿还联邦债务

D. 出售办公楼

22. 政府对借款者进行担保，借款者违约后

政府将会有一笔负债，这属于________的一个例子。

A. 资本预算
B. 或有负债
C. 周期调整性负债
D. 李嘉图等价

23. 许多经济学家认为美国政府的债务被低估了，因为下列除________以外的债务都被排除在政府债务之外。

A. 政府雇员未来的养老金
B. 欠外国人的债务
C. 未来的社会保障福利
D. 政府担保的助学贷款

24. 周期调整性预算赤字：

A. 调整通货膨胀导致的赤字
B. 估计如果经济处在自然产出率水平，赤字将会是多少
C. 同时解释资产和负债
D. 衡量财政政策对不同年龄个体的终身收入的影响

25. 周期调整性预算是有用的，因为它们：

A. 系统地解释了政府资产和负债的变化
B. 反映了政策的变化，但不反映当前的经济状况
C. 解释了不同代际的纳税人的税收负担
D. 正确解释了通货膨胀对政府债务的影响

26. 假设当经济处于充分就业状态时，政府预算平衡。如果经济随后进入衰退，税收和支出法则没有改变，那么政府预算最有可能：

A. 保持平衡
B. 处于赤字
C. 处于盈余
D. 处于赤字还是盈余，取决于衰退的严重程度

27. 下列所有变化除了________外都允许预算赤字描述一个更真实的财政政策。

A. 修正通货膨胀的影响
B. 抵消政府债务的变化和政府资产的变化
C. 排除一些负债
D. 修正经济周期的影响

28. 根据传统的政府债务观点，如果在不削减政府开支的情况下减税，那么长期影响将是________稳态资本和________消费。

A. 更高的；更高的
B. 更低的；更低的
C. 更高的；更低的
D. 更低的；更高的

29. 根据传统的政府债务观点，如果在不削减政府开支的情况下减税，那么短期影响将是：

A. 更高的产出和更低的失业
B. 更高的产出和更高的失业
C. 产出和失业都没有变化
D. 产出没有变化，有了更高的失业

30. 根据传统的政府债务观点，如果在不削减政府开支的情况下减税，那么最初的国际影响将是资本________和贸易________。

A. 流入；赤字　　B. 流入；盈余
C. 流出；赤字　　D. 流出；盈余

31. 根据传统的政府债务观点，如果在不削减政府开支的情况下减税，那么在美国，这种情况将会导致相对于其他国家而言________净债务和________净出口。

A. 更多的；更多的
B. 更多的；更少的
C. 更少的；更少的
D. 更少的；更多的

32. 根据传统的政府债务观点，在不削减政府开支的情况下减税会：

A. 在短期内刺激消费者支出和减少国民储蓄
B. 在短期内刺激消费者支出和减少私人储蓄
C. 对消费者支出没有影响但会减少国民储蓄
D. 对消费者支出没有影响但会减少私人储蓄

33. 根据传统的政府债务观点（如蒙代尔-弗莱明模型），如果在不削减政府支出的情况下减税，那么短期的影响是美元

________和净出口________。

A. 升值；增加　　B. 升值；减少

C. 贬值；增加　　D. 贬值；减少

34. 根据传统的政府债务观点（如 $IS-LM$ 模型），如果在不削减政府支出的情况下减税，那么在短期，利率将会________，投资将会________。

A. 上升；增加　　B. 上升；减少

C. 下降；减少　　D. 下降；增加

35. 根据供给学派，如果减税产生了足够大的________，那么减税能够增加总的税收收入。

A. 总供给减少

B. 总供给增加

C. 货币供给减少

D. 货币供给增加

36. 政府的税收政策会影响总供给和总需求，因为税收的变化会改变：

A. 经济中的货币供给

B. 财政政策内在时滞的长度

C. 对工作和投资的激励

D. 通货膨胀和失业之间的权衡

37. 李嘉图等价是指________对政府融资的影响相同。

A. 印发货币和增加税收

B. 在长期和在短期

C. 通过债务和通过税收

D. 在开放的经济中和在封闭的经济中

38. 李嘉图等价的逻辑意味着：

A. 减税不会影响消费者支出，但政府支出的变化会影响

B. 减税和政府支出的变化都不会影响消费者支出

C. 减税和未来政府支出减少的结合将会减少消费者支出

D. 如果政府减税并增加当前的政府支出，消费者支出将会增加

39. 根据李嘉图等价理论，如果消费者具有前瞻性，他们将会把在不减少政府开支情况下的减税视为________，因此他们的消费________。

A. 额外的可支配收入；增加

B. 额外的可支配收入；保持不变

C. 重新安排到未来的税收；增加

D. 重新安排到未来的税收；保持不变

40. 根据李嘉图等价理论，在不减少政府开支情况下减税会________公共储蓄并且________私人储蓄。

A. 减少；减少　　B. 减少；增加

C. 增加；增加　　D. 增加；减少

41. 政府通过债务融资，而不是通过税收融资，在传统的政府债务观看来这将会________储蓄，在李嘉图等价的观点看来这将会________储蓄。

A. 增加；增加　　B. 减少；减少

C. 减少；增加　　D. 减少；不改变

42. 政府通过债务融资，而不是通过税收融资，在传统的政府债务观看来这将会________当前消费，在李嘉图等价的观点看来这将会________当前消费。

A. 增加；增加

B. 增加；减少

C. 增加；不改变

D. 减少；减少

43. 下列除了消费者________外，都是反对李嘉图等价的论证。

A. 目光短浅地做消费决策

B. 在做消费决策时是理性的并且具有前瞻性

C. 面临借款约束

D. 预期未来税收不会降到自己身上

44. 假设一个家庭在做消费决策时只考虑当前收入，这属于________的一个例子。

A. 李嘉图等价

B. 永久收入假说

C. 目光短浅

D. 生命周期模型

45. 作为对减税的回应，一个面临借款约束的消费者的消费会________，而对于一个前瞻性的、无借款约束且符合李嘉图等价的消费者，他的消费会________。

A. 增加；增加

B. 增加；保持不变
C. 保持不变；保持不变
D. 保持不变；增加

46. 1992 年，布什总统在没有降低所得税额的情况下降低了预扣税，调查显示：
A. 几乎每个人都将更高的实得工资用于消费
B. 几乎每个人都将更高的实得工资用于储蓄
C. 大多数受访者表示，他们会将更高的实得工资用于消费，但有少数人表示，他们会将其用于储蓄
D. 大多数受访者表示，他们会将更高的实得工资用于储蓄，但有少数人表示，他们会将其用于消费

47. 假设收入预扣的所得税减少，但所需缴纳的所得税没有变化，那么按照李嘉图等价理论行事的家庭将额外的实得工资用于________，而那些面临借款约束的家庭将额外的实得工资用于________。
A. 消费；消费　　B. 消费；储蓄
C. 储蓄；储蓄　　D. 储蓄；消费

48. 假设没有人关心未来几代人的经济福利。那么李嘉图等价关于债务融资减税的影响的观点：
A. 完全无效
B. 仍然完全有效，因为政府可以选择在几年后通过征税来偿还全部债务
C. 仍然完全有效，只要政府也削减支出
D. 仍然部分有效，因为在减税后大部分纳税人将会活着并持续多年地交税

49. 在美国，对于________，平衡预算通常是强制性的。
A. 联邦政府
B. 没有州政府
C. 所有州政府
D. 许多州政府

50. 并不是在所有时间都要求平衡联邦预算的一个理由是，在平衡预算的准则下：
A. 支出是不受限制的，因为如果政府想要增加支出，它只需要增加税收
B. 在经济衰退中，税收和财政转移的自动稳定器不起作用
C. 税收系统的扭曲特点是最小化的
D. 把目前的战争负担转移给后代是可能的

51. 税收平滑是一个可取的政策，因为它：
A. 降低了税收导致的激励扭曲
B. 减少了前期衰退造成的预算赤字
C. 消除了自动稳定器的影响
D. 与平衡预算是一致的

52. 将税收负担从当代人转移到下一代人的一个方法是通过________来为战争融资。
A. 增加税收　　B. 发行货币
C. 预算盈余　　D. 预算赤字

53. 为了尽量减少高额税收的不利影响，税收平滑政策要求在政府收入异常低的年份实行预算________，在政府支出异常高的年份实行预算________。
A. 盈余；赤字　　B. 赤字；盈余
C. 盈余；盈余　　D. 赤字；赤字

54. 在一个经济周期内利用包括自动稳定器在内的财政政策来稳定产出和________不一致。
A. 理性预期
B. 通货膨胀目标
C. 自然率假说
D. 严格的平衡预算规则

55. 当政府支出通过________来融资时，货币政策和财政政策相关。
A. 税收　　B. 从银行借款
C. 从国外借款　　D. 发行货币

56. 通过________为预算赤字融资会导致通货膨胀，而通货膨胀会________政府债务的实际价值。
A. 发行债券；增加
B. 发行债券；减少
C. 发行货币；增加
D. 发行货币；减少

57. 当政府________时，恶性通货膨胀通常会发生。
A. 试图保持失业率低于自然失业率

B. 用通货膨胀税为支出融资
C. 设定过高的通货膨胀目标
D. 用可自由支配的货币政策来稳定产出

58. 为了迫使政治家判断政府支出是否值得其所付出的成本，一些经济学家主张：
A. 符合平衡预算规则的财政政策
B. 符合恒定的货币增长规则的货币政策
C. 避免任何或有负债的假设
D. 应用李嘉图等价

59. 在较高的政府债务水平下，资本外逃的可能性会更大，这是因为________更大。
A. 拖欠债务的动力
B. 政府开始发行指数化债券的可能性
C. 政府采用平衡预算政策的可能性
D. 税收平滑政策被消除的可能性

60. 高水平的政府债务增加了投资者对政府拖欠债务的恐惧，这将导致资本________和国家汇率________。
A. 外流；贬值　　B. 外流；升值
C. 流入；贬值　　D. 流入；升值

问答题

61. 请比较传统的政府债务观点和李嘉图等价观点，并分析债务融资的减税对下列各项的影响。
a. 国民储蓄。
b. 目前的消费。
c. 实际利率。

62. 许多人关心美国联邦政府的预算赤字。请提出至少三个预算赤字可能产生的负面经济影响和三个预算赤字可能产生的经济效益。

63. 美国财政部公布了联邦政府的预算赤字或盈余。请给出至少一个理由来说明为什么所衡量的预算赤字可能高估了“真正”的赤字，并给出至少一个理由来说明为什么也可能低估了“真正”的赤字。

64. 请对减税如何既影响总需求又影响总供给加以解释。

65. 什么是李嘉图等价？请给出至少三个理由来说明为什么李嘉图等价可能不能正确地描述一个经济。

66. 用图形说明债务融资减税对下列各项的短期影响的传统观点。
a. 用 *IS*-*LM* 模型说明在一个封闭的经济中，在短期债务融资减税对利率和产出的影响。
b. 用蒙代尔-弗莱明模型说明在一个汇率浮动的小型开放经济中，在短期债务融资减税对汇率和产出的影响。

67. 用图形说明债务融资减税对下列各项的长期影响的传统观点。
a. 用古典模型（第 3 章）说明债务融资减税对储蓄、投资、实际利率的长期影响。
b. 用索洛增长模型说明债务融资减税对稳态人均资本和稳态人均产出的长期影响。

68. 用总需求和总供给模型说明传统的政府债务观点，用图形比较债务融资减税对下列两项的长期和短期影响。
a. 产出。
b. 价格。

69. 战争是国家债务负担的罪魁祸首。战争是如何给一个国家带来债务的？

70. 一个债务总额为 5 亿美元的国家，其名义利率为 10%，实际利率为 6%。这个国家的预算赤字是被低估了还是被高估了？被低估或者高估了多少？

71. Moneyland 的政府决定不改变它的支出，但是会减少税收。根据李嘉图等价理论，政府的这一行为对国民储蓄有什么影响？

72. “婴儿潮一代是使美国经济负担更多债务的罪魁祸首。”这种说法是对还是错？请给出合理解释。

73. 支出大于收入总是会导致预算赤字，而且总是被认为是一件坏事。在任何经济中，预算赤字也有可能带来一些好处吗？如果有的话，请举两个这样的例子。

74. 2014 年，美国的预算赤字为 4 830 亿美元。一些经济学家说，这个赤字被低估了。他们为什么这么说？

75. 发行货币会加剧通货膨胀。通货膨胀率越高，债务的实际价值就越低。为什么这种方式不能用于偿还债务？

单项选择题答案

1. 答案：D；难度级别：易
2. 答案：C；难度级别：易
3. 答案：A；难度级别：易
4. 答案：B；难度级别：易
5. 答案：C；难度级别：易
6. 答案：D；难度级别：易
7. 答案：A；难度级别：易
8. 答案：C；难度级别：易
9. 答案：B；难度级别：中
10. 答案：C；难度级别：易
11. 答案：B；难度级别：易
12. 答案：D；难度级别：易
13. 答案：A；难度级别：易
14. 答案：B；难度级别：中
15. 答案：A；难度级别：易
16. 答案：B；难度级别：中
17. 答案：D；难度级别：易
18. 答案：C；难度级别：易
19. 答案：B；难度级别：中
20. 答案：C；难度级别：易
21. 答案：C；难度级别：中
22. 答案：B；难度级别：易
23. 答案：B；难度级别：易
24. 答案：B；难度级别：易
25. 答案：B；难度级别：易
26. 答案：B；难度级别：中
27. 答案：C；难度级别：易
28. 答案：B；难度级别：中
29. 答案：A；难度级别：中
30. 答案：A；难度级别：中
31. 答案：B；难度级别：中
32. 答案：A；难度级别：中
33. 答案：B；难度级别：中
34. 答案：B；难度级别：中
35. 答案：B；难度级别：易
36. 答案：C；难度级别：易
37. 答案：C；难度级别：易
38. 答案：A；难度级别：易
39. 答案：D；难度级别：易
40. 答案：B；难度级别：易
41. 答案：D；难度级别：中
42. 答案：C；难度级别：中
43. 答案：B；难度级别：中
44. 答案：C；难度级别：易
45. 答案：B；难度级别：中
46. 答案：D；难度级别：易
47. 答案：D；难度级别：中
48. 答案：D；难度级别：中
49. 答案：D；难度级别：易
50. 答案：B；难度级别：易
51. 答案：A；难度级别：易
52. 答案：D；难度级别：易
53. 答案：D；难度级别：易
54. 答案：D；难度级别：易
55. 答案：D；难度级别：易
56. 答案：D；难度级别：易
57. 答案：B；难度级别：易
58. 答案：A；难度级别：易
59. 答案：A；难度级别：易
60. 答案：A；难度级别：易

问答题答案

61. a. 传统观点：国民储蓄减少；李嘉图等价观点：国民储蓄不变。
    b. 传统观点：目前的消费增加；李嘉图等价观点：目前的消费不变。
    c. 传统观点：实际利率提高；李嘉图等价观点：实际利率不变。
62. 赤字可能产生的负面影响包括较少的投资、较低的长期实际增长率、较大的国外债务以及由货币升值导致的国际竞争力的丧失。还有其他的可能性。
    赤字可能带来的经济效益包括稳定经济活动、在代际重新分配战争的成本、减少由税收系统导致的激励扭曲以及更多的当前消费。还有其他的可能性。
63. 数字可能被高估，因为由通货膨胀引起的债务的实际价值减少没有被加以调整，或者因为经济周期对赤字的影响没有被加以调整。数字也可能被低估，因为一些负债被排除在外了，比如政府工作人员的养老金。还有其他的可能性。

64. 减税增加了可支配收入，从而增加了消费支出和总需求。减税也增加了对工作和储蓄的激励，从而增加了总供给。

65. 李嘉图等价是一个关于政府债务等于未来税收的命题，即通过债务为政府支出融资与通过税收为政府支出融资是等价的。李嘉图等价假设消费者具有前瞻性，但如果消费者目光短浅，那么李嘉图等价就不再成立。

李嘉图等价假设支出基于目前和未来的收入，但如果一些消费者无法借钱以达到他们期望的消费水平，那么减税将会允许消费者花费更多，从而李嘉图等价就不成立。最后，如果消费者认为未来的税收将由下一代支付，而不是由他们自己支付，那么目前的债务融资和未来税收之间的等价关系可能会被打破。

66.

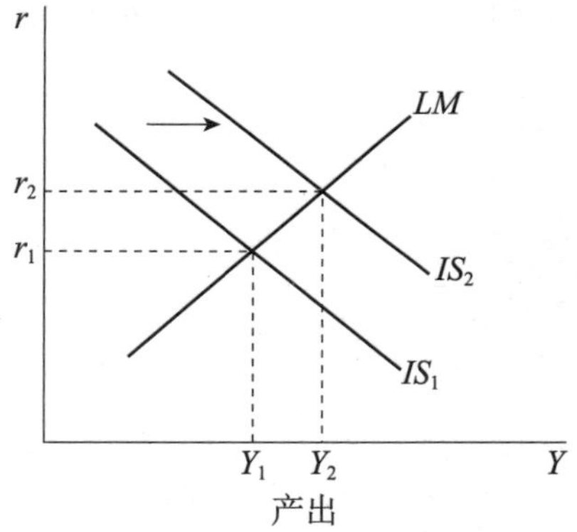

(a)

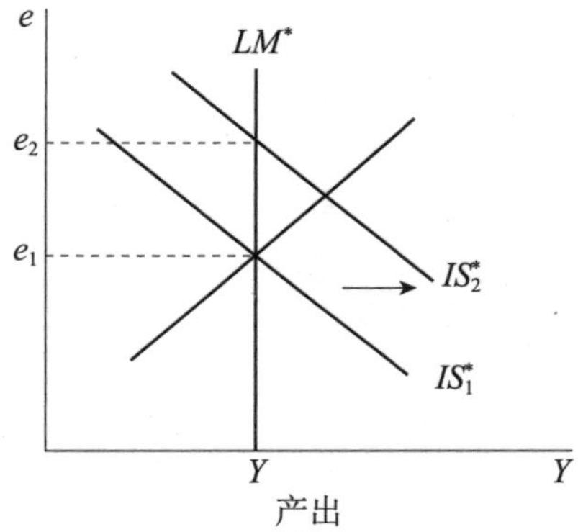

(b)

图 (a) 显示了在一个短期的封闭经济中，债务融资减税会使 IS 曲线右移，从而导致了更大的产出和更高的利率。图 (b) 显示了在一个实行浮动汇率的小型开放经济中，债务融资减税不会改变产出，反而会导致汇率升高。更高的汇率减少了净出口，这抵消了减税对产出的扩张性影响。

67.

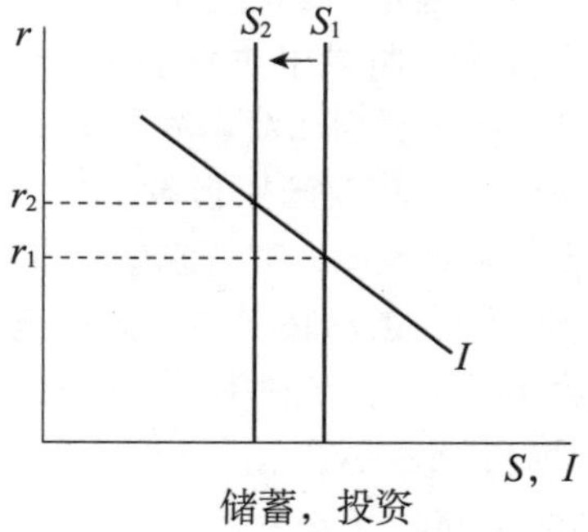

(a)

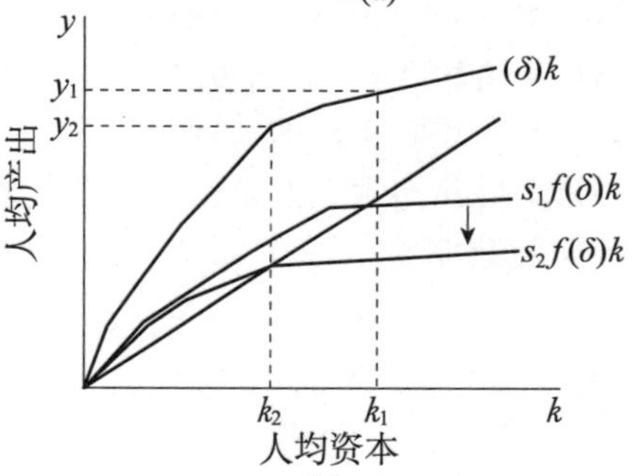

(b)

图 (a) 显示了在长期债务融资减税会减少国民储蓄，这导致了更高的利率并挤出了投资支出。在图 (b) 中，较低的储蓄率导致了一个较低的稳态人均资本水平和较低的稳态人均产出水平。

68.

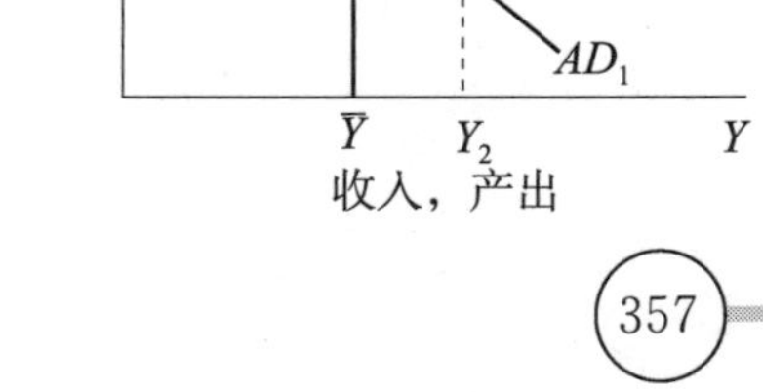

在短期，债务融资减税增加了总需求并导致了更多的产出和一个更高的价格水平，使经济从长期均衡点 A 移动到短期均衡点 B。在长期，由于产出超过自然产出水平，预期的价格水平会提高。短期的总供给曲线向上移动，将经济从 B 点移动到 C 点。在长期，经济有一个高的价格水平，但产出回到自然产出水平。

69. 当一个国家面临战争时，需要支出的款项很多。如果中央银行开始发行货币，就会导致货币崩溃，为了防止货币崩溃，该国会从其他国家借款。当一个经济的支出超过其收入时，它就会承担债务。

70. 预算赤字被高估了。该国的通货膨胀率为 4%（=名义利率－实际利率=10%－6%）。赤字被高估了 5×0.04=0.2 亿美元=2 000 万美元。

71. 根据李嘉图等价理论，减税会导致家庭和企业储蓄更多，因此私人储蓄会增加。在不改变政府支出的情况下，这种减税将减少公共储蓄。但是私人储蓄的增加将被公共储蓄的减少完全抵消。因此，国民储蓄将保持不变。

72. 这种说法是对的。婴儿潮一代人口众多，随着他们年龄的增长，大部分人将变得没有生产力，依靠政府来支付社会保障金和医疗费用。这使得美国政府背负了更多的债务。

73. 任何存在预算赤字的经济都有一些优势。首先，战争、地震等突发事件给国家带来的负担是由几代人分担的。此外，在经济衰退过程中，税收会减少，政府转移支付会增加，这将导致预算赤字，但这是有益的，因为它有助于稳定经济。

74. 在计算预算赤字时，许多政府负债都没有被包括在内，比如政府雇员的养老金、社会保障金等。这些未被包括在内的债务使得美国政府的预算赤字被低估。

75. 事实证明：如果政府发行了很多货币，债务的实际价值就会由于通货膨胀而降低。如果政府用新货币偿还债务，这种情况可能还会加剧。然而，这种通货膨胀会导致恶性通货膨胀，这将使货币严重贬值，并导致更严重的经济问题。

第 18 章 金融系统：机会与危险

单项选择题

1. 金融系统是：
   A. 将财富从消费者处转移到企业的管道
   B. 促进储蓄者和投资者之间资金流动的机构
   C. 使得货币在经济中流通的手段
   D. 管理借贷条款的政府规章
2. 储蓄者与借贷者之间的资源分配是通过________实现的。
   A. 货币流通速度　　B. 财政政策
   C. 金融系统　　D. 对外贸易
3. 资金通过金融________直接在储蓄者和投资者之间流动，通过金融________间接在储蓄者和投资者之间流动。
   A. 股票；债券　　B. 中介机构；市场
   C. 债券；股票　　D. 市场；中介机构
4. 代表发行人（通常是企业或政府）的有息债务的文件被称为：
   A. 股本　　B. 股票
   C. 债券　　D. 资本
5. 债券（或债务工具）是：
   A. 企业股东的所有权要求
   B. 企业的贷款
   C. 客户和企业之间持续的关系
   D. 对企业可能生产的产品的法律限制
6. 股票是：
   A. 对企业的贷款
   B. 企业的资产加上负债
   C. 企业的杠杆
   D. 企业的所有权份额
7. 企业发行的债券的购买者是企业的________，而企业发行的股票的购买者是企业的________。
   A. 债权人；债务人
   B. 债务人；债权人
   C. 债权人；部分的所有者
   D. 部分的所有者；债务人
8. 发行债券被称为________融资，而发行股票被称为________融资。
   A. 债务；股本　　B. 股本；债务
   C. 资本；投资　　D. 私人；公共
9. 通过从债券市场借款为企业融资被称为________融资。
   A. 货币　　B. 贷款
   C. 债券　　D. 股权
10. 通过在股票市场上发行所有权股票来为企业融资被称为________融资。

A. 货币　　　　B. 债务
C. 债券　　　　D. 股权

11. 在储蓄者和投资者之间帮助引导金融资源发挥最大作用的机构被称为：
A. 金融市场　　B. 金融中介机构
C. 金融监管机构　D. 金融资本

12. 下列哪项不是金融中介机构的例子？
A. 商业银行　　B. 证券交易所
C. 养老基金　　D. 保险公司

13. 对经济环境中的随机性的厌恶被称为：
A. 理性预期　　B. 风险规避
C. 逆向选择　　D. 道德风险

14. 通过持有许多不完全相关的资产来降低风险被称为：
A. 多元化
B. 道德风险
C. 风险规避
D. 杠杆（举债经营）

15. 同时影响许多企业的风险是________风险，而与个别企业相关的风险是________风险。
A. 不对称；对称　B. 对称；不对称
C. 系统；特质　　D. 特质；系统

16. 多样化可以让储蓄者在很大程度上消除：
A. 风险规避　　B. 特质风险
C. 系统性风险　D. 风险溢价

17. 向储蓄者出售股票并利用其资金购买多元化资产的金融中介被称为：
A. 养老基金　　B. 保险公司
C. 共同基金　　D. 商业银行

18. 由于信息不对称而产生的两类问题是：
A. 系统性风险和特质风险
B. 风险规避和风险分散
C. 流动性不足和资不抵债
D. 道德风险和逆向选择

19. 经济交易的一方比另一方更了解交易的情况被称为：
A. 风险规避　　B. 信息不对称
C. 系统性风险　D. 干中学

20. 逆向选择关注的是关于________的隐性知识，而道德风险关注的是关于________的隐性知识。
A. 系统性风险；特质风险
B. 属性；行动
C. 股权融资；债务融资
D. 金融市场；金融中介机构

21. 逆向选择可能导致贷款人只能被动地向________提供融资机会。
A. 最理想的商业企业
B. 不太理想的商业企业
C. 无风险的商业企业
D. 多元化经营的商业企业

22. 未被完全监控的代理人以不诚实或其他不恰当的方式行事的风险被称为：
A. 逆向选择　　B. 道德风险
C. 系统性风险　D. 风险规避

23. 当借款人利用借来的资金从事不利于企业盈利的活动时，存在________问题。
A. 逆向选择　　B. 道德风险
C. 系统性风险　D. 风险规避

24. 下列哪项是道德风险的例子？
A. 最健康的人购买人寿保险
B. 病情最严重的人购买健康保险
C. 有健康保险的人骑摩托车不戴头盔
D. 有人寿保险的人每天锻炼，吃健康的食物

25. 下列哪项是逆向选择的例子？
A. 一个谨慎的司机在租车时购买保险
B. 病情最严重的人购买健康保险
C. 有健康保险的人骑摩托车不戴头盔
D. 有人寿保险的人每天坚持锻炼，吃健康的食物

26. 银行通过下列哪种方式应对贷款中的道德风险问题？
A. 贷款前需要冗长的贷款申请
B. 向不同类型的借款人发放贷款
C. 根据借款人的要求调整贷款金额
D. 贷款给企业后，对企业进行监控

27. 银行通过下列哪种方式应对贷款中的逆向选择问题？
A. 培养工作人员，使其具有评估贷款申请人商业前景的专业技能

B. 向不同类型的借款人发放贷款

C. 根据借款人的要求调整贷款金额

D. 贷款给企业后，对企业进行监控

28. 一个运转良好的金融体系无法做到下列哪点？

A. 通过把储蓄引导到最有效率的地方来促进经济增长

B. 在市场参与者之间分配风险

C. 通过多元化消除系统性风险

D. 将储蓄者的资金直接提供给借款人

29. 政府可以通过下列哪种方式减少道德风险？

A. 要求企业在创业前获得许可证

B. 起诉欺诈和其他违法行为

C. 保持低利率

D. 降低企业所得税税率

30. 政府可以通过下列哪种方式减少逆向选择问题？

A. 要求企业披露投资项目和财务状况

B. 用公共资金提供贷款

C. 保持低利率

D. 降低企业所得税税率

31. 金融系统的重大混乱阻碍了经济连接借贷双方的中介能力，这种混乱被称为：

A. 道德风险　　B. 投机泡沫

C. 金融危机　　D. 滞胀

32. 资产价格上升并超过其基本价值被称为：

A. 金融恐慌　　B. 破产

C. 流动性危机　　D. 投机性泡沫

33. 下列哪种情况会使资产价格泡沫破裂？

A. 资产出售和资产价格下跌的恐慌周期

B. 中央银行声明泡沫已经结束

C. 对资产的过度需求导致资产价格上涨

D. 利率的急剧下降刺破了资产价格泡沫

34. 在 2008—2009 年经济衰退之前，资产价格较高的是：

A. 石油　　B. 住宅房地产

C. 科技股　　D. 食物

35. 在 2008—2009 年经济衰退之前的房价上涨不是由下列哪项因素推动的？

A. 建筑材料成本异常大幅增长

B. 宽松的贷款标准

C. 政府促进自有住房的政策

D. 购房者对房价永不下跌的预期

36. 次级借款人是：

A. 以低于基本利率的利率获得贷款的人

B. 最有可能按时偿还贷款的人

C. 信用状况有风险的人

D. 借钱买更小的房子的人

37. 房价下跌导致金融机构普遍资不抵债，原因是：

A. 担保资产的价值降低

B. 负债的价值降低

C. 资产的价值上升

D. 资本增加

38. 当金融机构必须在危机中迅速出售资产时，资产价格会急剧下跌，这种情况被称为：

A. 破产　　B. 次级出售

C. 投机泡沫　　D. 降价抛售

39. 在 2008—2009 年金融危机期间，抵押贷款违约严重减少了下列哪类公司的资本？

A. 主要的投资银行

B. 参与抵押贷款市场的政府资助企业

C. 大型保险公司（如美国国际集团）

D. 以上都是

40. 对一家金融机构丧失信心蔓延至另一家金融机构的途径之一是：

A. 为了恢复流动性而低价出售资产，资产价格急剧下跌

B. 利率急剧下降以补偿增加的风险

C. 扩大政府存款保险的覆盖范围

D. 存款提取的快速放缓

41. TED 利差是一个关于________的指标。

A. 抵押贷款市场的预期违约

B. 预期通货膨胀

C. 对银行体系偿付能力的担忧程度

D. 货币政策的宽松或紧缩

42. TED 利差是________利率和________利率之间的差额。

A. 3 个月期美国大额存单；3 个月期欧洲美元贷款

B. 伦敦银行间隔夜拆借；美国银行间隔夜拆借

C. 4 周期国库券；隔夜联邦基金

D. 3 个月期欧洲美元银行间贷款；3 个月期国债

43. 如果银行害怕破产，在发放贷款时变得更加保守，那么银行贷款的急剧下降就被称为信贷________。

A. 危机　　B. 风险

C. 泡沫　　D. 互换

44. 信贷紧缩通过下列哪种方式减少总需求？

A. 提高汇率

B. 提高利率

C. 减少消费和投资支出

D. 减少货币供应

45. 2008—2009 年金融危机对美国实体经济的影响是：总需求________，产出________，失业率________。

A. 增加；增加；上升

B. 减少；减少；下降

C. 减少；增加；上升

D. 减少；减少；上升

46. 在某种程度上，低利率导致了 2008—2009 年的金融危机，这一政策的责任在于：

A. 美联储　　B. 投资银行

C. 评级机构　　D. 抵押贷款经纪人

47. 在某种程度上，抵押贷款违约导致了 2008—2009 年的金融危机，这种行为的责任在于：

A. 房屋购买者的借款超过了他们的偿还能力

B. 鼓励家庭过度借贷的抵押贷款经纪人

C. 采取鼓励住房政策的政府

D. 以上都是

48. 在某种程度上，高风险的抵押贷款支持证券被出售给那些没有充分意识到风险的买家，导致了 2008—2009 年的金融危机，这种行为的责任在于：

A. 购房者　　B. 抵押贷款经纪人

C. 投资银行　　D. 美联储

49. 在某种程度上，对抵押贷款支持证券风险的低估导致了 2008—2009 年的金融危机，这种行为的责任在于：

A. 抵押贷款经纪人

B. 投资银行

C. 评级机构

D. 政府政策制定者

50. 衰退时使用的常规货币政策和财政政策的目标是：

A. 增加总供给　　B. 增加总需求

C. 减少总供给　　D. 减少总需求

51. 在 2008—2009 年期间，传统的货币政策措施是________联邦基金目标利率，而传统的财政政策措施是________税收和________政府支出。

A. 提高；增加；增加

B. 降低；减少；减少

C. 提高；增加；减少

D. 降低；减少；增加

52. 在 2008—2009 年金融危机期间，传统的货币政策受到了限制，因为央行不能：

A. 通过公开市场操作卖出足够的债券

B. 发行足够的货币

C. 将目标利率降至零以下

D. 尽快调整贴现率

53. 在 2008—2009 年金融危机期间，传统的财政政策受到了限制，原因是：

A. 政府担心增加预算赤字和债务

B. 政府难以支付退税

C. 政府无法将支出降至零以下

D. 政府无法将税收提高到收入的 100% 以上

54. 在金融危机期间，传统的货币政策和财政政策的目标是________，而在金融危机期间政府充当最后贷款人或向金融系统注入政府资金的目的是________。

A. 增加产量；降低通货膨胀

B. 扩大总需求；恢复人们对金融体系的信心

C. 增加企业财富；增加家庭财富

D. 扩大总供给；减少国家债务

55. 资产小于负债的银行被称为________银行，而没有足够的资金来立即支付承诺的款项的银行被称为________银行。
A. 膨胀；倒置
B. 倒置；膨胀
C. 破产；流动性不足
D. 流动性不足；破产

56. 一家缺乏流动性的银行________会导致破产。
A. 拒绝支付承诺的款项
B. 出售额外的股票以获得资金
C. 以极低价出售资产以满足流动性需求
D. 延长其负债的到期日

57. 当央行作为最后贷款人时，它：
A. 要求借款人提供担保
B. 能够没收借款人的部分资产
C. 要求在借款人的董事会拥有投票权
D. 接管借款人的所有权

58. 中央银行作为最后贷款人的主要目的是：
A. 防止资不抵债的金融机构破产
B. 保持金融系统的流动性
C. 为政府的支出提供充足的资金
D. 保持尽可能低的利率

59. 在 2008—2009 年金融危机期间，美联储作为最后贷款人向________提供流动性。
A. 有可靠抵押品的银行和影子银行
B. 经济中任何资不抵债的国内借款人
C. 州和地方政府
D. 资不抵债的家庭

60. 在理想情况下，向资不抵债的银行提供超出其所需要的保险支出的资金是为了：
A. 将纳税人的资金转移到金融机构
B. 让纳税人拥有商业银行的所有权
C. 奖励政治忠诚
D. 防止银行破产成倍增加

61. ________描述的是：对于一个对金融系统很重要的企业，政策制定者不允许它破产。
A. “一个也不少”
B. “大而不能倒”
C. “不要失败，不要放弃”
D. “自由放任的银行”

62. 存款保险是支撑金融系统的________的一个典型例子。
A. 公共资金提供
B. 风险贷款
C. 注资
D. 常规货币政策

63. 政府用价值不确定的抵押物担保的贷款来支撑金融系统是一个________的例子。
A. 公共资金提供
B. 风险贷款
C. 注资
D. 常规货币政策

64. 政府收购一个即将倒闭的金融机构的股权以支持金融体系是一个________的例子。
A. 公共资金提供
B. 风险贷款
C. 注资
D. 常规货币政策

65. 对影子银行实施更严格的资本要求的好处是________，而代价是________。
A. 避免冒险行为；开发更多有利可图的机会
B. 加强对冒险行为的监控；提高高管薪酬
C. 增强金融体系的稳定性；阻碍其发挥金融中介功能
D. 降低通货膨胀率；更高的失业率

66. 下列哪项不是影子银行的例子？
A. 贝尔斯登
B. 美国国际集团
C. 美国银行
D. 雷曼兄弟

67. 支持限制金融机构规模的人认为这项政策会________，而反对者则认为这项政策会________。
A. 允许企业利用规模经济；增加金融体系的不稳定性
B. 减少金融机构数量；鼓励金融机构承担过度的风险

C. 消除对存款保险的需要；鼓励鲁莽冒险

D. 使金融系统更加稳定；导致更高的成本

68. 下列哪项政策旨在通过限制金融机构的规模，使金融体系更加稳定？

A. 向大型金融机构提供更优惠的贷款，并为大型银行提供更多的注资

B. 降低大型银行的存款保险成本，鼓励大型银行进行投机性投资

C. 限制大型银行之间的合并，并对大型银行提出更高的资本要求

D. 允许大型银行提高杠杆率，并为大型银行的储户增加存款保险

69. 沃尔克规则通过下列哪种方式限制商业银行过度冒险？

A. 禁止银行的投机行为

B. 增加银行必须持有的资本数额

C. 降低商业银行存款保险覆盖率

D. 限制银行高管的薪酬

70. 在2008—2009年金融危机之前，美国的金融监管体系由________监管机构组成，《多德-弗兰克法案》(Dodd-Frank Act)试图通过________监管机构的数量来改善这一体系。

A. 协调的；增加　　B. 协调的；减少

C. 分散的；增加　　D. 分散的；减少

71. 下列哪项政策旨在降低未来发生金融危机的可能性？

A. 限制金融企业的规模

B. 限制过度冒险

C. 改革监管机构

D. 以上都是

72. 由《多德-弗兰克法案》创立的金融服务监管委员会（Financial Services Oversight Council）的宗旨是：

A. 用一个机构取代现有的众多监管机构来执行所有的金融法规

B. 监督私人信用评级机构

C. 为金融系统中的企业高管确定适当的薪酬

D. 协调各监管机构的活动

73. 主权债务是指________的债务。

A. 无担保发行

B. 没有信用评级机构的评级就发行

C. 由政府发行

D. 承诺用外币偿还而发行

74. 如果希腊债务违约，欧洲其他国家面临的潜在问题是：

A. 欧洲央行无法进行公开市场操作

B. 持有希腊债务的银行有破产的风险

C. 外汇市场上美元兑换欧元的数量增加

D. 欧洲银行系统承担压力，而世界其他地区的银行将不受影响

问答题

75. 简要回答：

a. 流动性差的银行和资不抵债的银行有什么区别？

b. 美联储的最后贷款人功能是否为对流动性差的银行或资不抵债的银行最合适的补救措施？请作出解释。

c. 对于缺乏流动性的银行或资不抵债的银行来说，美国联邦存款保险公司(FDIC)的处置权是最合适的补救办法吗？请作出解释。

76. 以下哪种情况属于逆向选择或道德风险？请作出解释。

a. 当贾斯帕在威斯康星州的暴风雪期间租车时，他知道但租车公司却不知道他是在热带气候下长大的，并没有在暴风雪天气中开车的经验。

b. 琼以给她的被褥店铺购买存货为由从银行得到了一笔贷款。而实际上她是想以此作为去非洲旅游的资金，而她并没有告诉银行实情。

c. 一些企业出售年金，这是一种只要购买者活着就会进行定期支付的金融产品。简想要购买一份。她知道但年金的发行人并不知道简的家人大部分活到了100岁以上。

77. 存款保险制度和“大而不能倒”政策是

如何增加道德风险的？

78. 以 2008—2009 年金融危机为例，说明如何使用下列政策或措施来应对危机：
    a. 常规货币政策和财政政策。
    b. 最后贷款人。
    c. 注资。

79. 分别提供一个支持和反对下列防范金融危机的建议的论据。
    a. 要求影子银行持有更多资本。
    b. 赋予联邦存款保险公司监管影子银行的权力。
    c. 对大型银行实施更高的资本要求。
    d. 禁止银行进行投机性投资。

80. 分别提供 2008—2009 年金融危机五个阶段中每个阶段的具体例子：
    a. 资产价格的大涨和大跌。
    b. 金融机构破产。
    c. 信心下降。
    d. 信贷紧缩。
    e. 衰退。

81. 系统性风险和特质风险有什么区别？哪一种风险几乎可以通过多元化来完全消除？

82. 假设 A 银行的杠杆率是 20，B 银行的杠杆率是 10。请解释这些比率的含义，以及如果这两家银行的资产价值下降 6%，它们会发生什么。

83. 使用总需求-总供给模型来形象地说明金融危机对一个经济短期内的产出和价格的影响。解释从初始均衡变化到新的短期均衡的原因。

84. 一个运转良好的金融体系有哪些好处？金融危机的代价是什么？

85. “低价出售资产可能会让流动性差的机构资不抵债。”解释这种情况发生的原因。

86. 风险有系统性风险和特质风险之分。两种风险分别能被哪类群体降低？如何被降低？

87. 根据定义，影子银行是一类功能类似于银行但游离于针对传统银行业的监管系统之外的形形色色的金融机构。在 2008 年的经济衰退中，政府通过财务支持拯救了许多影子银行。这是一种道德风险吗？如果是，那么为什么政府会这样做？

88. 下列群体的哪些错误最终导致了 2008—2009 年的经济衰退？
    a. 购房者。
    b. 政府决策者。
    c. 投资银行。

89. 为什么 2008—2009 年的经济衰退有时也被称为“次贷危机”？

90. “一个人的健康状况越差，他或她就越有可能购买保险。”这是一个健康保险公司的雇员陈述的事实。这个问题与逆向选择有关吗？如果有关，有什么关系？

91. 什么问题阻碍了贷款人和借款人之间的直接交易？银行在解决这些问题方面发挥了什么作用？

92. TED 利差是如何表明人们对一个经济中银行系统的信心水平的？

93. 2008—2009 年的经济衰退对产出和价格有什么影响？举例说明政府为解决这一问题所采用的传统货币政策和财政政策。

单项选择题答案

1. 答案：B；难度级别：易
2. 答案：C；难度级别：易
3. 答案：D；难度级别：易
4. 答案：C；难度级别：易
5. 答案：B；难度级别：易
6. 答案：D；难度级别：易
7. 答案：C；难度级别：易
8. 答案：A；难度级别：易
9. 答案：C；难度级别：易
10. 答案：D；难度级别：易
11. 答案：B；难度级别：易
12. 答案：B；难度级别：中
13. 答案：B；难度级别：易
14. 答案：A；难度级别：易
15. 答案：C；难度级别：中
16. 答案：B；难度级别：易
17. 答案：C；难度级别：中

18. 答案：D；难度级别：易
19. 答案：B；难度级别：易
20. 答案：B；难度级别：易
21. 答案：B；难度级别：易
22. 答案：B；难度级别：易
23. 答案：B；难度级别：易
24. 答案：C；难度级别：中
25. 答案：B；难度级别：中
26. 答案：D；难度级别：易
27. 答案：A；难度级别：易
28. 答案：C；难度级别：易
29. 答案：B；难度级别：易
30. 答案：A；难度级别：易
31. 答案：C；难度级别：易
32. 答案：D；难度级别：易
33. 答案：A；难度级别：易
34. 答案：B；难度级别：易
35. 答案：A；难度级别：易
36. 答案：C；难度级别：易
37. 答案：A；难度级别：易
38. 答案：D；难度级别：易
39. 答案：D；难度级别：易
40. 答案：A；难度级别：易
41. 答案：C；难度级别：易
42. 答案：D；难度级别：易
43. 答案：A；难度级别：易
44. 答案：C；难度级别：中
45. 答案：D；难度级别：中
46. 答案：A；难度级别：易
47. 答案：D；难度级别：中
48. 答案：C；难度级别：易
49. 答案：C；难度级别：易
50. 答案：B；难度级别：易
51. 答案：D；难度级别：中
52. 答案：C；难度级别：易
53. 答案：A；难度级别：易
54. 答案：B；难度级别：易
55. 答案：C；难度级别：易
56. 答案：C；难度级别：易
57. 答案：A；难度级别：易
58. 答案：B；难度级别：易
59. 答案：A；难度级别：易
60. 答案：D；难度级别：易
61. 答案：B；难度级别：易
62. 答案：A；难度级别：易
63. 答案：B；难度级别：易
64. 答案：C；难度级别：易
65. 答案：C；难度级别：易
66. 答案：C；难度级别：易
67. 答案：D；难度级别：中
68. 答案：C；难度级别：中
69. 答案：A；难度级别：易
70. 答案：C；难度级别：易
71. 答案：D；难度级别：易
72. 答案：D；难度级别：易
73. 答案：C；难度级别：易
74. 答案：B；难度级别：易

问答题答案

75.

a. 流动性差的银行是一家有偿付能力但没有足够的现金来满足客户提款要求的银行。它虽然缺乏流动性，但拥有的资产价值大于其负债，只是无法迅速将足够多的资产转换成现金。而资不抵债的银行是资产价值低于负债的银行。

b. 流动性差的银行可以从作为最后贷款人的美联储（FED）借款而获益，它可以将其非流动资产作为贷款的抵押品。借来的资金将增加银行的流动性，满足客户的提款要求，并由此修复市场对金融体系的信心。

c. 美国联邦存款保险公司的处置权，即接管、关闭或出售任何剩余资产的能力，将是对资不抵债的银行最合适的补救措施。破产银行没有足够的资产来履行所有债务，美国联邦存款保险公司可以介入，以有序的方式将其关闭，并试图阻止银行倒闭的蔓延。

76.

a. 逆向选择：有隐藏的信息——租车人

缺乏冬季的驾驶技能。

b. 道德风险：未被完全监控的借款人计划以不恰当的方式行事。

c. 逆向选择：有关于年金购买家庭长寿属性的隐藏信息。

77. 银行知道政府会弥补由它们的错误所造成的任何损失，用公共资金来救助它们，所以银行就有了承担过度风险的动机。如果过度的风险得到回报，利润就归银行所有。然而，如果过度的风险导致损失，银行家会因为政府的救助而规避损失。

78. 合理的答案有很多。

a. 传统货币政策的一个例子是美联储下调联邦基金的目标利率。传统的财政政策包括批准退税和增加政府开支。

b. 美联储通过贴现窗口向商业银行提供贷款，并通过其他工具向包括货币市场共同基金在内的多种影子银行提供贷款。

c. TARP 基金被用来购买陷入困境的银行的股票。扩大存款保险的覆盖面。美联储用价值不确定的抵押品提供贷款。

79. 合理的答案有很多。

a. 支持者认为提高资本金要求会限制影子银行使用杠杆的能力，从而提高金融稳定性。反对者认为这一要求将限制影子银行作为金融中介的能力。

b. 支持者认为这将使过程更加有序，并在影子银行倒闭时避免系统性风险的产生。反对者认为这将使利用公共资金救助影子银行变得更加普遍，并增加道德风险。

c. 支持者认为这将激励银行缩小规模，而且银行系统与较小的机构相比将更加稳定。反对者认为这将限制金融机构利用规模经济的能力，并导致被转嫁给消费者的成本增加。

d. 支持者认为这将使银行变得更安全。反对者认为这将降低投机性投资市场的流动性。

80. 合理的答案有很多。下面是一些例子。

a. 住宅价格是一种资产价格，它先是暴涨，然后暴跌，促成了 2008—2009 年的金融危机。

b. 在 2008—2009 年的金融危机中，抵押贷款支持证券的持有者发现这些资产价值大幅缩水，导致雷曼兄弟和贝尔斯登等投资银行以及美国国际集团等保险公司资不抵债。

c. 在 2008—2009 年的金融危机中，TED 利差（用以衡量银行贷款和美国政府贷款利率差异的指标）急剧上升，这表明银行健康状况的不确定性增加和银行借款利率的提高，从而弥补向银行贷款时风险的增加。

d. 在 2008—2009 年的金融危机中，贷款机构开始要求提高抵押贷款的首付，从而企业和消费者都很难获得贷款。

e. 2008—2009 年的经济衰退是自大萧条以来最严重的一次衰退，失业率超过了 10%。

81. 同时影响所有商业活动的风险被称为系统性风险。与特定商业活动相关的风险被称为特质风险。持有一组收益率不完全相关的资产，可以大幅降低特质风险。

82. 杠杆率给出了每 1 美元资本的资产价值。对于 A 银行来说，这意味着所有者所投入的每 1 美元的资本对应着 19 美元借来的资金。如果资产价值下降 6%，银行的资本就会下降 120%，银行的负债就会大于资产，进而就会资不抵债。对于 B 银行而言，资产价值下降 6%将使资本减少 60%，但 B 银行仍有偿付能力，其资产大于负债。

83.

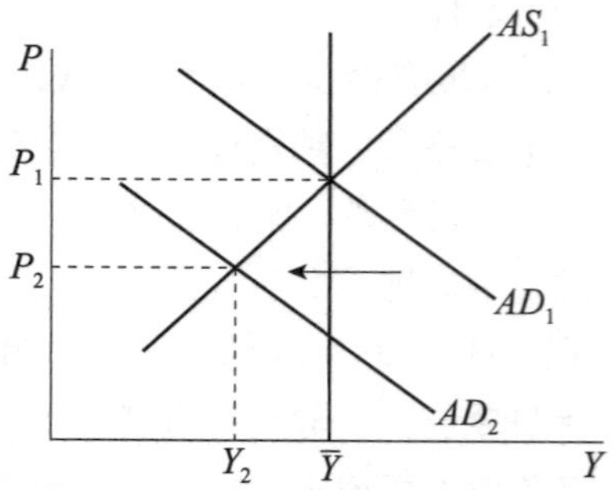

金融危机带来的信贷紧缩既降低了消费者为消费支出融资的能力，又降低了企业为投资支出融资的能力。受到更严格的贷款标准约束的家庭还发现，为新建住宅的支出融资变得更加困难，而新建住宅是投资支出的一部分。房屋价值的下降降低了家庭财富，这进一步抑制了消费支出。这些因素减少了总需求中的消费和投资的组成部分（用图中 AD 曲线的左移来表示）。在短期内，产量下降到 Y_2，价格水平下降到 P_2。

84. 一个运转良好的金融体系通过将资源从储蓄者转移到拥有最高效、最有利的投资机会的借款人，从而促进经济增长。投资带来更多的资本、更多的生产以及更高的人均产出水平。并且一个运转良好的金融体系也可以帮助储户分担风险。由于金融机构破产和人们对金融体系失去信心，金融危机导致从储户向借款人转移的资源减少。经济中的消费和投资下降，导致在短期内产出下降、失业率上升，在长期内资本减少、增长放缓。

85. 流动性差的机构持有的资产的价值足以弥补其负债。问题在于它们的资产不具备流动性，而是期限较长的资产，不能用于偿还当前债务。试图在短时间内将这些较长期的资产转换为流动资产，会导致其市场价值迅速下降。市场价值的下降意味着出售这些资产的企业的资产负债表状况恶化，这意味着它们的资产价值不再能够覆盖企业的负债，从而将一个流动性差的机构变成一个无力偿债的机构。

86. 系统性风险影响整个经济，所以政府和监管机构可以通过实施适当的经济政策来降低这种风险。特质风险影响单个企业，因此这些风险必须由个人来处理，可以通过多元化来降低。

87. 如果金融机构知道它们的错误得到了政府的支持，而政府将使用公共资金来为它们解决困难，它们就会变得不谨慎并进行风险更大的投资，这是一种道德风险。但政府必须为它们解决困难，以保持公众对金融体系的信心，因为许多这类机构“大而不能倒”。

88. a. 购房者不顾一切地借债，这超出了他们的支付能力，极少的购房者把钱投资在买房上以期未来获得更高的差价（炒房）。
    b. 政府决策者鼓励人们拥有住房，并促进抵押贷款。
    c. 许多投资银行将有风险的抵押贷款打包成抵押贷款支持证券，而没有将风险充分告知购买者。

89. 次级贷款指的是向信用状况有问题的借款人发放贷款。次级贷款是 2008—2009 年经济衰退的主要原因之一。这笔钱被用来买房子，并且首付很少，同时作为抵押品的资产价格被高估。当投机泡沫破裂时，抵押品的价格下跌，金融机构资不抵债。

90. 这个问题与逆向选择有关。一般来说，病人比健康人更倾向于购买健康保险。因此，对于任何想要购买健康保险的人，保险公司都认为他或她在隐瞒一些健康问题，它们甚至可能向健康的客户收取更高的保费。

91. 道德风险和逆向选择。银行通过监控（例如，对接受银行贷款的企业的定期监控）来降低道德风险。银行通过发展对其提供贷款的各个领域的评估和业务方面的专门能力来减少逆向选择的风险。

92. TED 利差是 3 个月期银行间贷款利率和 3 个月期国债利率之间的差额。随着人们对银行体系信心的下降，银行开始对向其他银行提供贷款持迟疑态度，并认为政府债券是更安全的选择。因此，贷款和国债之间的信用风险之差就会增大。

93. 在任何衰退中，产出和价格都会下降。美国政府在 2008—2009 年使用的货币政策是降低联邦基金的目标利率。政府实施的财政政策的一个例子是增加政府开支，减少税收。

第 19 章

消费和投资的微观基础

单项选择题

1. 个体的消费决策不影响下列哪项？
   A. 稳态资本存量
   B. 财政政策乘数
   C. 总需求
   D. 黏性价格
2. 边际消费倾向是：
   A. 消费与收入的比率
   B. 每增加一单位收入中用于消费的金额
   C. 进行预防性储蓄后可供消费的金额
   D. 消费与财富之比
3. 平均消费倾向是：
   A. 消费与收入的比率
   B. 每增加一单位收入中用于消费的金额
   C. 进行预防性储蓄后可供消费的金额
   D. 消费与财富之比
4. 凯恩斯认为边际消费倾向：
   A. 为 0
   B. 在 0 和 1 之间
   C. 为 1
   D. 随着收入的增加而增加
5. 凯恩斯认为，平均消费倾向：
   A. 是恒定的
   B. 随着收入的增加而增加
   C. 随着收入的增加而减少
   D. 小于边际消费倾向
6. 凯恩斯认为：
   A. 如果利率升高，消费者增加储蓄
   B. 如果利率升高，消费者增加消费
   C. 如果消费者减少消费，利率就会升高
   D. 利率对消费决策相对不重要
7. 如果将凯恩斯消费函数写成 $C=\overline{C}+cY$，那么平均消费倾向是：
   A. c　　B. $\overline{C}$
   C. $\overline{C}/Y+c$　　D. $\overline{C}+c/Y$
8. 对家庭数据的研究表明，与流动收入低的家庭相比，流动收入高的家庭：
   A. 消费更少
   B. 储蓄更少
   C. 储蓄占当前收入的比例更小
   D. 储蓄占当前收入的比例更大
9. 经济学家预测，随着经济日益繁荣，长期停滞将会出现。他们的依据是：
   A. 边际消费倾向大于 0
   B. 边际消费倾向小于 1
   C. 平均消费倾向随着收入的增加而下降
   D. 收入是消费的主要决定因素

10. 库兹涅茨的发现与包含________ APC 的短期消费函数和包含________ APC 的长期消费函数是一致的。
A. 恒定的；恒定的
B. 恒定的；下降的
C. 下降的；恒定的
D. 下降的；下降的
11. 下列哪一项推测构成凯恩斯消费函数的基础，但与美国的整体数据不一致？
A. 边际消费倾向在 0 和 1 之间
B. 平均消费倾向随着收入的增加而降低
C. 收入和消费之间有很高的相关性
D. 当前收入是消费的决定因素
12. 生命周期模型假设消费者在其生命周期中使用储蓄和借贷来________消费。
A. 增加 B. 减少
C. 平滑 D. 改变
13. 根据莫迪利亚尼的生命周期假说，如果一个消费者希望每年的消费相等，并且利率为零，那么随着________的减少，他的边际消费倾向将________。
A. 剩余生命；增加
B. 剩余生命；减少
C. 剩余工作年限；增加
D. 剩余工作年限；减少
14. 根据莫迪利亚尼的生命周期假说，如果消费者希望每年的消费相等，并且利率为零，假设消费者还有 40 年才退休，还有 60 年的寿命，那么基于收入的边际消费倾向等于：
A. 0.016 B. 0.40
C. 0.60 D. 0.67
15. 根据莫迪利亚尼的生命周期假说，消费曲线随着________的增加而向上平移。
A. 收入
B. 财富
C. 收入的边际消费倾向
D. 退休前的年数
16. 根据生命周期模型，平均消费倾向不会随着收入的增加而下降，因为：
A. 财富和收入一起增长
B. 随着收入的增加，财富减少
C. 在整个生命周期中，储蓄是不变的
D. 在整个生命周期中，财富是不变的
17. 根据生命周期模型，当财富在短期内保持不变时，平均消费倾向随着收入的增加而________。
A. 增加
B. 减少
C. 保持不变
D. 既可以增加，也可以减少
18. 根据生命周期模型，当财富和收入在长期内共同增长时，平均消费倾向：
A. 增加
B. 减少
C. 保持不变
D. 既可以增加，也可以减少
19. 根据莫迪利亚尼的生命周期假说，一个人拥有最多财富的时间是：
A. 出生 B. 死亡
C. 退休 D. 父母去世
20. 对莫迪利亚尼生命周期假说的实证研究表明：
A. 大多数老年人试图在死前花光他们所有的积蓄
B. 根据该理论的一个简单版本，老年人不会在年老时花光他们的财富
C. 老年人一般不愿将遗产留给子女
D. 预防性储蓄不是老年人储蓄的重要动机
21. 预防性储蓄是为了：
A. 应对退休
B. 应对无法预测的支出
C. 遗赠给子女
D. 偿还之前的债务
22. 弗里德曼将当前收入视为永久收入与________的总和。
A. 奖金收入 B. 暂时收入
C. 临时收入 D. 意外收入
23. 暂时收入即：
A. 可支配收入
B. 平均收入

C. 平均收入的随机偏差

D. 目前的收入

24. 根据永久收入假说，消费主要取决于________收入。

A. 目前　　B. 名义

C. 永久　　D. 暂时

25. 根据永久收入假说，家庭将通过减少________或增加________为临时增税提供资金。

A. 消费；储蓄

B. 储蓄；借款

C. 永久收入；暂时收入

D. 暂时收入；永久收入

26. 根据永久收入假说，如果消费者获得一次性收入奖励，那么他们将：

A. 在当年储蓄大部分

B. 在当年花掉大部分

C. 在当年将一半用于消费，一半用于储蓄

D. 不改变当年的消费或储蓄

27. 根据永久收入假说，如果消费者的工资保持永久性增长，那么他们会：

A. 在当年储蓄大部分

B. 在当年花掉大部分

C. 在当年将一半用于消费，一半用于储蓄

D. 不改变当年的消费或储蓄

28. 根据弗里德曼的永久收入假说，如果永久收入的边际消费倾向等于0.9，而当前收入等于5.5万美元（其中5 000美元是暂时收入），那么消费应该等于：

A. 5 000美元　　B. 45 000美元

C. 49 500美元　　D. 55 000美元

29. 根据弗里德曼的永久收入假说，永久收入的边际消费倾向________暂时收入的边际消费倾向。

A. 大于　　B. 小于

C. 等于　　D. 等于1减去

30. 弗里德曼认为，在很长一段时间内，平均消费倾向是恒定的，因为在长期：

A. 收入的变化主要由暂时性部分决定

B. 收入的变化主要由固定的部分决定

C. 普通消费者的行为起主导作用

D. 平均收入为常数

31. 假设政府正在考虑两项减税措施，一项是临时的，另一项是永久性的。两项减税措施都将在第一年给予每个纳税人相同的数额。永久收入假说预测：

A. 在两种减税措施下，第一年的消费额相同

B. 临时减税所导致的第一年的额外消费更多

C. 永久减税所导致的第一年的额外消费更多

D. 在临时减税措施下，第一年不存在额外消费

32. 如果消费者有理性预期，并遵循永久收入假说，那么下列哪种情形会促使他们增加消费？

A. 政府之前宣布的减税措施已实施

B. 他们得到预期的加薪

C. 他们得到一笔意外的遗产

D. 他们最后一次偿还汽车贷款

33. 如果消费者遵循永久收入假说并具有理性预期，那么当政策变化________时会影响消费。

A. 被提出

B. 生效

C. 改变预期

D. 不让消费者感到惊讶

34. 如果消费者能够正确预测他们未来的收入，那么：

A. 当消费者预期经济繁荣时，储蓄率会很高

B. 当消费者预期经济繁荣时，储蓄率会很低

C. 当消费者预期经济衰退时，储蓄率会很低

D. 他们会失望，因为未来的收入永远无法正确预测

35. 莱布森等经济学家通过最近的研究发现，在研究消费者行为时，应将多种________

效应考虑进去。

A. 技术　　B. 气象

C. 环境　　D. 心理

36. 莱布森认为，人们最终的储蓄低于他们的预期是因为：

A. 边际消费倾向随着时间的推移而增加

B. 他们渴望得到即时满足

C. 他们很少获得暂时收入

D. 不可预测的消费变化

37. 一个消费者今天过度消费，打算明天开始为退休储蓄，但明天到来时又决定继续消费就是一个________的例子。

A. 收入效应抵消替代效应

B. 时间不一致性偏好

C. 用长期收入而不是暂时收入支出

D. 跨期预算限制

38. 如果工人显示出惰性，那么他们是否必须"选择加入"或"选择不加入"退休储蓄计划就________有所不同；如果工人的行为较为保守，那么他们的选择就________有所不同。

A. 会；会　　B. 不会；不会

C. 会；不会　　D. 不会；会

39. "明天储蓄更多"项目的成功是基于消费者：

A. 在其生命周期内平稳消费

B. 把永久性收入的一定比例存起来

C. 控制他们对即时满足的欲望

D. 只储蓄他们的暂时收入

40. 最近关于消费函数的研究表明，消费取决于：

A. 当前收入

B. 当前收入和预期未来收入

C. 当前收入、预期未来收入和利率

D. 当前收入、预期未来收入、利率和财富

41. 一个有约束力的借贷限制将________已宣布的未来减税措施对总需求的影响，但同时将________临时减税措施的影响。

A. 不影响；增加　　B. 增加；不影响

C. 减少；增加　　D. 增加；减少

42. 生命周期模型预测，如果老年人口比例在未来 20 年将增加，那么国民储蓄率在未来 20 年：

A. 将增加

B. 将保持不变

C. 将减少

D. 可能先增加后减少

43. 实际 GDP 中最不稳定的部分是：

A. 消费支出　　B. 政府支出

C. 投资支出　　D. 净出口

44. GDP 中的投资支出不包括下列哪项？

A. 企业固定投资　　B. 国外投资净额

C. 住宅投资　　D. 库存投资

45. 企业固定投资包括：

A. 房东购买用于出租的房屋

B. 企业存放于固定仓储设施中的货物，包括原材料和产成品等

C. 企业购买新设备的固定借款成本

D. 企业购买用于生产的设备和基建

46. 新购物中心的建设就是一个________的例子。

A. 企业固定投资　　B. 住宅投资

C. 库存投资　　D. 金融投资

47. 根据新古典投资模型，企业固定投资不依赖于：

A. 企业实现的当期利润

B. 资本的边际产量

C. 利率

D. 影响企业的税收规则

48. 如果资本存量是固定的，并且某件事碰巧提高了任意给定数量的资本的边际产量，那么资本的实际租赁价格将：

A. 保持不变　　B. 上升

C. 下降　　D. 先下降后上升

49. 在均衡条件下，假设其他条件相同，下列哪项变化不会提高资本的实际租赁价格？

A. 更低的劳动力数量

B. 更低的资本存量

C. 更好的技术

D. 更高的劳动资本比

50. 资本租赁价格图

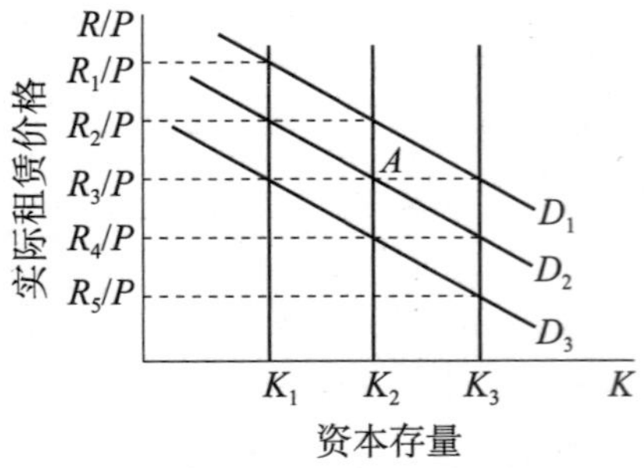

从图中我们可以看出，如果资本市场的初始均衡点为 A 点，实际租赁价格为 R_3/P，资本存量为 K_2，那么在其他因素不变的情况下，若资本存量增加到 K_3，资本的实际租赁价格将变为：

A. R_1/P　　B. R_2/P

C. R_4/P　　D. R_5/P

51. 资本租赁价格图

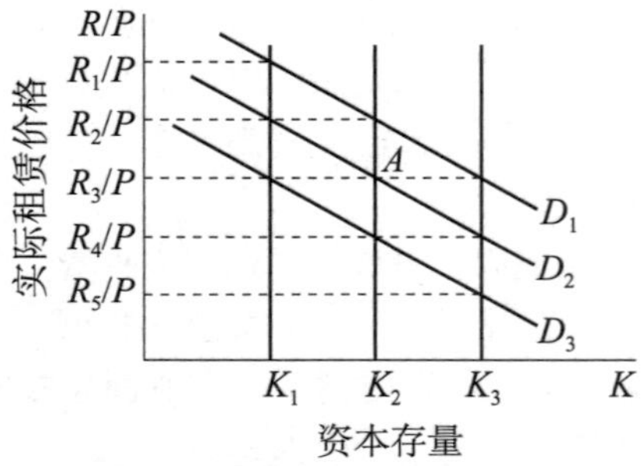

从图中我们可以看出，如果资本市场的初始均衡点为 A 点，实际租赁价格为 R_3/P，资本存量为 K_2，那么在其他因素不变的情况下，劳动力数量的增加将使资本的实际租赁价格变为：

A. R_1/P　　B. R_2/P

C. R_4/P　　D. R_5/P

52. 资本租赁价格图

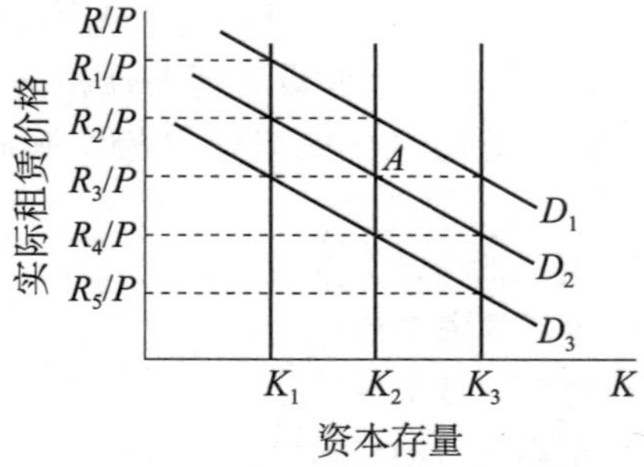

从图中我们可以看出，如果资本市场的初始均衡点为 A 点，实际租赁价格为 R_3/P，资本存量为 K_2，那么在其他因素不变的情况下，提高资本边际生产率的技术进步将会导致：

A. 需求曲线从 D_2 移动到 D_1

B. 需求曲线从 D_2 移动到 D_3

C. 资本供给曲线从 K_2 移动到 K_1

D. 资本供给曲线从 K_2 移动到 K_3

53. 如果一波移民潮增加了美国的就业，那么这波移民潮将会：

A. 提高美国资本的边际生产率

B. 降低美国资本的边际生产率

C. 保持美国资本的边际生产率不变

D. 提高移民来源国资本的边际生产率

54. 企业出租资本时不承担下列哪项费用？

A. 失去了本可以通过将资本的购买价格存入银行而获得的利息

B. 资本的损耗

C. 工人的工资

D. 资产价值的资本损益

55. 折旧率为：

A. 名义利率乘以资本购买价格

B. 资本价格下降造成的资本损失

C. 每一时期因磨损而损失的资本价值的比例

D. 企业 q 值的变化

56. 在不征税的情况下，如果资本货物的价格与其他货物的价格同时上涨，资本投资的成本可以总结为：

A. 名义利率加上折旧率

B. 实际利率加上折旧率

C. 资本品的购买价格乘以名义利率与折旧率的和

D. 资本品的购买价格乘以实际利率与折旧率的和

57. 资本的实际成本是：

A. 单位资本的购买价格除以价格水平

B. 单位资本的购买价格减去通货膨胀率

C. 单位资本的成本减去资本的边际产量

D. 购买和出租以经济产出为单位的资本

的成本

58. 如果资本的实际租赁价格是每单位 1 万美元，而资本的实际成本是每单位 9 000 美元，为了使利润最大化，企业应该：
A. 增加资本存量
B. 减少资本存量
C. 保持资本存量不变
D. 降低资本的实际租赁价格

59. 资本租赁企业的利润率等于：
A. 资本的边际产量减去资本成本
B. 资本成本减去资本的边际产量
C. 零
D. 一个负数（如果它增加了它的资本存量）

60. 净投资为：
A. 企业固定投资减去存货投资
B. 资本存量的变化
C. 总投资减去通货膨胀
D. 总投资加上折旧资本的重置成本

61. 假设其他条件相同，新古典投资模型预测当________时投资会增长。
A. 资本的边际产量下降
B. 新资本品价格上涨
C. 实际利率下降
D. 折旧率上升

62. 根据新古典投资模型，当实际利率上升时，因为资本的________增加，企业的固定投资会________。
A. 边际产量；增加
B. 成本；增加
C. 边际产量；减少
D. 成本；减少

63. 下列哪种情况将导致显示投资总支出的曲线向内、向左移动？
A. 增加生产函数参数 A 的技术创新
B. 任何提高资本边际产量的事件
C. 任何提高资本购买价格的事件
D. 一场事故摧毁了四分之一的美国资本存量，但劳动力供给不变

64. 当资本存量达到稳定状态时：
A. 资本的边际产量一定超过资本的实际成本
B. 资本的边际产量一定等于资本的实际成本
C. 资本的实际成本一定超过资本的边际产量
D. 资本的实际成本一定超过资本的实际租赁价格

65. 企业所得税是对下列哪项征收的一种税？
A. 企业员工的收入
B. 支付给企业股东的股息
C. 企业经理的收益
D. 企业的利润

66. 如果将企业利润定义为资本的实际价格减去适当定义的资本成本，则：
A. 对企业利润征税比完全不征税对投资更有利
B. 对企业利润征税比完全不征税对投资更不利
C. 对企业利润征税与否对投资的激励作用相同
D. 对企业利润征税与否对投资的激励作用取决于税率

67. 投资税收抵免：
A. 使企业能够从其利润中扣除一定比例的资本品支出
B. 使企业能够从其纳税额中扣除一定比例的资本品支出
C. 按资本品支出的比例降低企业所得税税率
D. 允许企业将资本品支出的一定比例作为折旧费用

68. 由于企业所得税法没有将利润定义为经济利润，因此许多经济学家认为，企业所得税法________投资。
A. 鼓励了　B. 阻碍了
C. 不影响　D. 促进过度

69. ________是企业所有权的一部分，这部分在________市场上交易。
A. 资本；资本　B. 股息；股票
C. 债券；资本　D. 股票；股票

70. 托宾 q 值等于：

A. 购买和出租资本的成本（以经济产出为单位）

B. 资本的边际产量减去资本成本

C. 已安装资本的重置价值与资本折旧的市场价值之比

D. 已安装资本的市场价值与资本重置成本的比率

71. 如果托宾 q 值大于 1，那么管理者应该：

A. 增加企业的资本存量

B. 维持企业现有的资本存量

C. 允许存货减少

D. 减少企业的资本存量

72. 如果现有资本的重置成本为 20 万亿美元，现有资本的市场价值为 25 万亿美元，那么根据托宾 q 理论，企业应该：

A. 增加资本存量

B. 减少资本存量

C. 保持资本存量不变

D. 降低产品价格以增加利润

73. 如果企业正在从已安装资本中获利，那么这就提高了已安装资本的________价值，并意味着托宾 q 值________。

A. 市场；降低　　B. 市场；升高

C. 替代；降低　　D. 替代；升高

74. 在其他条件相同的情况下，下列哪种情况会导致托宾 q 值上升？

A. 股价下跌

B. 资本重置成本上升

C. 更多的已安装资本

D. 股票价格上涨

75. 托宾 q 理论表明：

A. 从股票市场中可以预测实际 GDP 的每一个转折点

B. 股票市场可能与产出和就业的波动密切相关

C. 一旦投资上升，我们就可以预期股市下跌

D. 股票市场和经济基本上是相互独立的

76. 对于一个面临融资约束且有投资支出的企业来说，决定其投资规模的最重要因素是：

A. 企业未来的预期盈利能力

B. 企业当前的盈利能力

C. 利率

D. 企业的资本成本

77. 融资约束的存在使得投资：

A. 对当前情况更加敏感

B. 对当前情况不太敏感

C. 支出随机变化

D. 支出在衰退期间增加

78. 在金融危机期间，如大萧条或 2008—2009 年的经济衰退，融资约束普遍________，投资支出________。

A. 增加；增加　　B. 增加；减少

C. 不增加；增加　　D. 不增加；减少

79. 实际利率与下列哪项投资负相关？

A. 厂房设备、房屋建筑和存货

B. 厂房设备和房屋建筑，但不包括存货

C. 厂房设备和存货，但不包括房屋建筑

D. 存货和房屋建筑，但不包括厂房设备

80. 投资需求函数发生变化的原因不包括下列哪项？

A. 技术进步提高了资本的边际产量

B. 人口增长增加了对住房的需求

C. 政府支出增加提高了实际利率

D. 恢复投资税收抵免

81. 经济繁荣应该会刺激投资支出，因为在繁荣时期：

A. 实际利率上升

B. 企业所得税税率通常会提高

C. 资本购买价格上涨

D. 更高的就业水平增加了资本的边际产量

82. 在经济衰退期间，投资支出通常会减少，因为：

A. 实际利率下降

B. 利润下降意味着更多的企业面临融资约束

C. 资本购买价格下降

D. 企业所得税税率通常会降低

83. 根据新古典投资模型，地震摧毁部分资本存量的直接影响是：

A. 资本成本、资本的租赁价格、投资率上升

B. 资本的租赁价格和投资率上升，但资本成本保持不变

C. 资本的租赁价格和资本成本上升，但投资率保持不变

D. 资本的租赁价格和投资率上升，但资本成本降低

84. 假设政府只对石油企业征收一次性税，该税相当于企业石油储量价值的一定比例。根据新古典投资模型，如果企业不面临融资约束，并且认为政府不会重复征税，那么这种税收对企业投资的影响是：

A. 减少投资

B. 不影响投资

C. 增加投资

D. 降低资本的租赁价格，但不改变资本成本

85. 假设今年是选举年，经济处于衰退之中。一位在野党候选人提出一项投资税收抵免政策，该政策将在明年他就职后生效。如果公众认为在野党候选人有很大的胜算，这一承诺的效果可能是：

A. 今年和明年都增加投资

B. 今年和明年都减少投资

C. 今年增加投资，明年减少投资

D. 今年减少投资，明年增加投资

问答题

86. 假设安德鲁·马库斯现在 25 岁，预期能活到 75 岁。

a. 假设他买彩票中了 2 000 万美元现金（税后），退休之后如果他想经常消费，且到去世的时候把所有财富都用光，他每年要消费多少钱？假设实际利率为零。

b. 如果他彩票中奖那一年的总收入是他的彩票奖金，那么他那一年的平均消费倾向（*APC*）是多少？

c. 如果他在彩票中奖之后的几十年没有其他收入，但仍持续不断地消费，那么他之后几十年的平均消费倾向是多少？

d. 安德鲁彩票中奖那一年的“永久收入”是多少？他的“暂时收入”是多少？

87. 除了当前收入之外，哪些变量会影响下列模型中的消费？

a. 生命周期模型。

b. 永久收入假说。

c. 随机游走假说。

88. 根据下列两种理论：临时减税对当前消费的影响分别是什么？

a. 凯恩斯消费函数。

b. 永久收入假说。

89. 退休储蓄是否充足是一个重要的公共政策问题。许多税收优惠的退休计划对工人在达到特定年龄（例如 59 岁半）之前从退休储蓄计划中提取的任何款项均实施税收惩罚。然而，在某些时候，较年轻的工人在更换雇主时可以在不受取款惩罚的同时提取储蓄。在这种情况下，许多工人把他们累积的退休储蓄用于当前消费。假设工人只是换工作，预期未来收入没有变化，这种行为是否符合生命周期/永久收入假说？解释原因并提供一个基于行为经济学的替代解释。

90. 一些纳税人自愿在年内从工资中扣缴更多的税款，以便每年获得一次大额退税。这些纳税人给了政府一笔无息贷款，并失去了他们本可以赚取的利息，因为他们本可以将收到的大额工资的一部分存起来。为什么一个人会作出这样的选择？如何用消费函数理论解释？

91. 当前收入和预期未来收入之间的区别是六种消费理论之间的一个重要区别。哪些理论更强调当前收入？哪些理论更强调预期未来收入？为什么这种区别对经济政策制定者很重要？

92. 凯恩斯认为平均消费倾向与收入之间有什么关系？他的理由是什么？

93. 列出凯恩斯消费函数的三个关键属性。
94. 为什么凯恩斯的猜想在家庭数据和短期时间序列的研究中很有效，但在长期时间序列的研究中却失败了？
95. 在长期，财富的变化如何改变消费函数？
96. 假设一个汽车租赁企业以每辆 2 万美元的价格购买汽车，然后出租给其他企业。该企业面临着每年 10％的名义利率，而汽车价格正以每年 6％的速度上涨。如果汽车以每年 30％的速度贬值，该企业每辆汽车的资本成本是多少？
97. 请用新古典投资模型的企业固定投资来形象地说明一场夺去大量劳动力的瘟疫将如何改变资本的租赁价格。如果其他因素不变，这将如何改变投资数量？
98. 根据霍尔的理论，消费支出遵循随机游走假说。
  a. 在这种情况下，是什么决定了消费的变化？
  b. 随机游走对预测消费变化有什么影响？
99. 如果实际利率上升，企业的固定投资会发生什么变化？
100. 在经济衰退期间，产量下降将如何影响企业的固定投资？
101. 保持其他因素不变，请用新古典主义的企业固定投资模型来形象地说明，一场摧毁了大量资本的飓风将如何改变资本的租赁价格。如果其他因素保持不变，这将如何改变经济中的投资支出数量？
102. 请解释信贷市场紧缩（信贷紧缩）如何影响企业固定投资。
103. 请给出至少两个理由，说明股价下跌可能导致经济活动放缓的原因，并将你的理由与经济模型联系起来。
104. 请画图说明：（1）当资本存量增加时，资本的租赁价格和边际产量发生了什么变化；（2）资本边际产量的变化如何改变投资需求函数。请用文字说明这个过程在达到稳定状态之前如何长期持续下去。
105. 请简要说明投资支出的类型。
106. 请简要解释新古典投资模型。
107. 新古典投资模型所描述的经济中的两种类型企业是什么？
108. 请解释资本的边际产量与资本总量之间的关系。为了使利润最大化，生产企业应该作出什么样的决定？
109. 在资本租赁市场中，为什么需求曲线会向下倾斜？
110. 经济学家建议使用哪一种生产函数来考察影响均衡的租赁价格的变量？写出并进一步解释此函数。
111. 当租赁企业出租其资本时，资本的价格可以改变。资本价格变化对企业有什么影响？
112. 租赁企业投资决策背后的经济动机是什么？
113. 请描述投资函数中企业固定投资与利率之间的关系。

单项选择题答案

1. 答案：D；难度级别：中
2. 答案：B；难度级别：易
3. 答案：A；难度级别：易
4. 答案：B；难度级别：易
5. 答案：C；难度级别：易
6. 答案：D；难度级别：易
7. 答案：C；难度级别：易
8. 答案：D；难度级别：易
9. 答案：C；难度级别：易
10. 答案：C；难度级别：易
11. 答案：B；难度级别：易
12. 答案：C；难度级别：易
13. 答案：A；难度级别：中
14. 答案：D；难度级别：难
15. 答案：B；难度级别：易
16. 答案：A；难度级别：易
17. 答案：B；难度级别：易
18. 答案：C；难度级别：易
19. 答案：C；难度级别：易
20. 答案：B；难度级别：易

21. 答案：B；难度级别：易
22. 答案：B；难度级别：易
23. 答案：C；难度级别：易
24. 答案：C；难度级别：易
25. 答案：B；难度级别：中
26. 答案：A；难度级别：中
27. 答案：B；难度级别：中
28. 答案：B；难度级别：难
29. 答案：A；难度级别：中
30. 答案：B；难度级别：易
31. 答案：C；难度级别：易
32. 答案：C；难度级别：中
33. 答案：C；难度级别：易
34. 答案：B；难度级别：易
35. 答案：D；难度级别：易
36. 答案：B；难度级别：易
37. 答案：B；难度级别：中
38. 答案：D；难度级别：易
39. 答案：C；难度级别：易
40. 答案：D；难度级别：易
41. 答案：A；难度级别：难
42. 答案：C；难度级别：难
43. 答案：C；难度级别：易
44. 答案：B；难度级别：易
45. 答案：D；难度级别：易
46. 答案：A；难度级别：易
47. 答案：A；难度级别：易
48. 答案：B；难度级别：中
49. 答案：A；难度级别：中
50. 答案：C；难度级别：中
51. 答案：B；难度级别：中
52. 答案：A；难度级别：中
53. 答案：A；难度级别：中
54. 答案：C；难度级别：易
55. 答案：C；难度级别：易
56. 答案：D；难度级别：易
57. 答案：D；难度级别：易
58. 答案：A；难度级别：难
59. 答案：A；难度级别：易
60. 答案：B；难度级别：易
61. 答案：C；难度级别：中
62. 答案：D；难度级别：中
63. 答案：C；难度级别：难
64. 答案：B；难度级别：易
65. 答案：D；难度级别：易
66. 答案：C；难度级别：中
67. 答案：B；难度级别：中
68. 答案：B；难度级别：易
69. 答案：D；难度级别：易
70. 答案：D；难度级别：易
71. 答案：A；难度级别：中
72. 答案：A；难度级别：中
73. 答案：B；难度级别：中
74. 答案：D；难度级别：中
75. 答案：B；难度级别：易
76. 答案：B；难度级别：易
77. 答案：A；难度级别：易
78. 答案：B；难度级别：易
79. 答案：A；难度级别：易
80. 答案：C；难度级别：中
81. 答案：D；难度级别：中
82. 答案：B；难度级别：中
83. 答案：B；难度级别：中
84. 答案：B；难度级别：难
85. 答案：D；难度级别：难

问答题答案

86. a. 安德鲁·马库斯每年消费 40 万美元。
   b. 他的平均消费倾向是 0.02。
   c. 无限。
   d. “永久收入”应该为 40 万美元。“暂时收入”是 1 960 万美元。
87. a. 生命周期模型：终身收入、财富、人口年龄结构。
   b. 永久收入假说：永久收入和暂时收入。
   c. 随机游走假说：未预期到的政策变化。
88. a. 在凯恩斯消费函数中，临时减税增加了可支配收入，消费增长是可支配收入变化的 *MPC* 倍。
   b. 根据永久收入假说，临时减税带来的额外收入将在剩余的生命时间中分配，因此，当前消费的增长将只是收入增长的一小部分。

89. 不符合。这种行为与生命周期/永久收入假说不一致，因为预期收入没有变化，所以消费不应该有变化。行为经济学家会将这种行为解释为消费者渴望从当前消费品中获得即时满足和缺乏自律的一个例子。消费者仍然想为退休储蓄，但当前消费更多的诱惑太大，难以抗拒。

90. 面对"即时满足的吸引力"的纳税人可能更愿意超额扣缴税款。通过这种方式，他们承诺不使用额外的薪水来实现即时满足。这种预先承诺提供了一种克服时间不一致问题的方法。也就是说，他们希望储蓄更多，但在任何特定时刻，他们都面临着一种强烈的即时满足感，他们总是选择消费而不是储蓄。这就是莱布森理论中的消费者类型。

91. 凯恩斯消费函数和莱布森行为经济学中的"即时满足的吸引力"强调当前收入。费雪两期模型、生命周期假说、永久收入假说和随机游走假说更强调未来预期收入。这一区别对于决策者来说很重要。例如，如果消费者根据预期未来收入的变化而不是当前收入的变化来作出决策，那么当前税收政策的变化对总需求的影响将较小，因为税收的变化在他们预期的终身收入中所占的比例小于在他们目前的收入中所占的比例。

92. 凯恩斯假设消费与收入的比率（即平均消费倾向）随着收入的增加而下降。凯恩斯认为储蓄是一种奢侈品，因此他认为富人收入中的储蓄比例高于穷人。

93. 首先，边际消费倾向在 0 和 1 之间。其次，平均消费倾向随着收入的增加而下降。最后，消费是由当期收入决定的。

94. 在考察家庭横截面数据时，收入水平的变化可能来自弗里德曼提出的暂时收入的变化，这些变化并不能反映收入和消费之间的长期关系。从长期来看，消费依赖于永久收入，正如长期时间序列所显示的，消费只是永久收入的一小部分。随着时间的推移，这部分收入保持相对稳定。

95. 如果消费依赖于财富，那么财富的增加会使消费函数向上移动。因此，短期（保持财富不变）消费函数在长期内（因为财富随着时间的推移而增加）不会继续保持。

96. 每辆汽车的资本成本是 6 800 美元。

97.

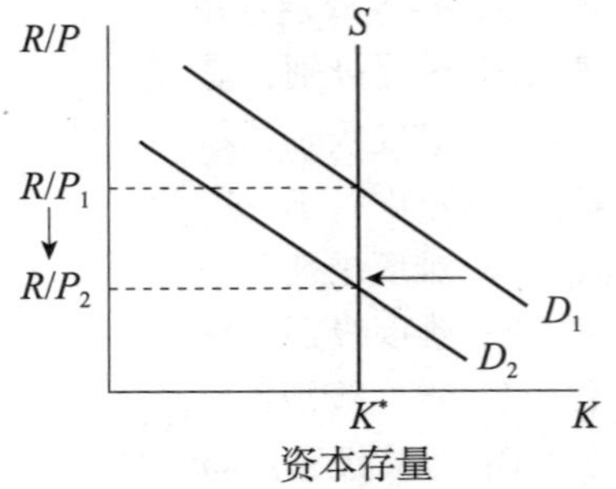

由于资本的实际租赁价格下降（如上图所示），而资本的实际成本不变，因此投资数量会减少。

98. a. 消费的变化是关于永久收入的新信息的结果。

b. 如果消费的变化遵循随机游走假说，那么根据现有信息，这些变化是不可预测的。

99. 实际利率的上升增加了资本成本，而在新古典投资模型中，资本成本的增加减少了企业的固定投资。

100. 较低的产量会减少就业和资本的边际产量，根据新古典投资模型，这将减少企业的固定投资。

101.

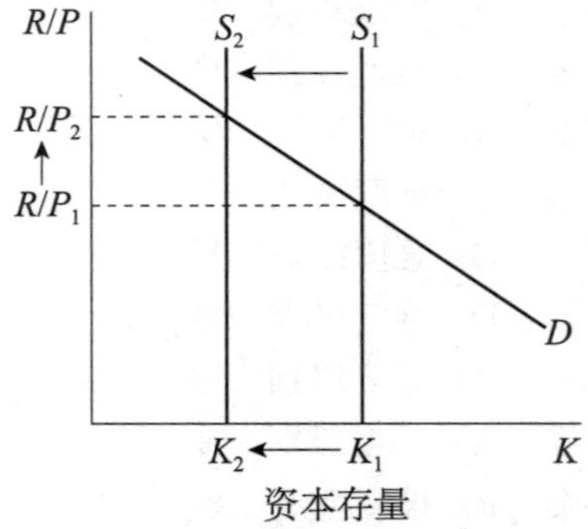

假设资本的实际成本不变，企业的固定

投资数量会因为资本的实际租赁价格的提高而增加。

102. 面临融资约束的企业将无法获得用于投资的贷款，这将减缓增长，并导致其将储蓄错配到其他不受信贷约束的投资项目。

103. 可能的解释包括：(1) 股票价格通过托宾 q 值的下降反映了资本当前和未来盈利能力的预期下降，导致每一利率下的投资支出下降，这将减少总需求，降低均衡产出水平；(2) 股票价格下跌减少了家庭财富，根据生命周期模型，家庭财富是消费的决定因素。消费支出的下降降低了总需求，导致产出下降。其他合理的答案也是正确的。

104.

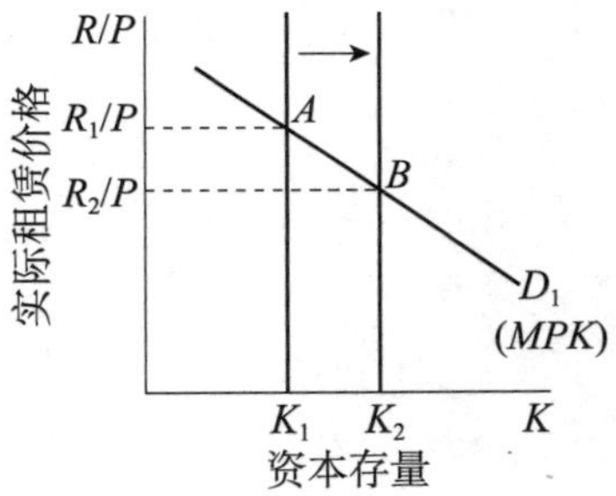

(a)

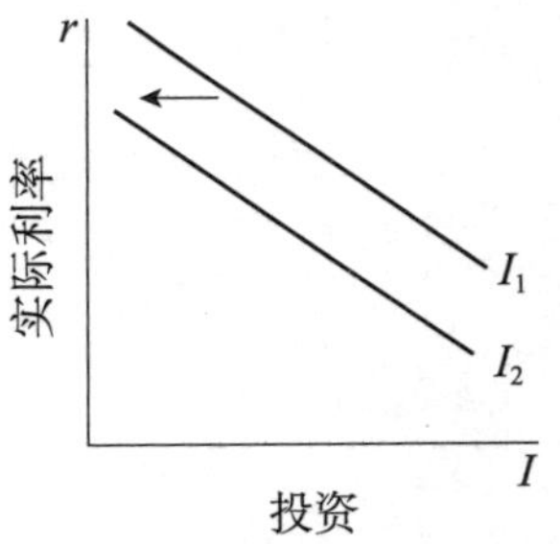

(b)

(a) 图说明了资本存量的增加降低了资本的均衡租赁价格和边际产量，因为均衡点在需求曲线（*MPK*）上向下移动。在（b）图中，*MPK* 的减少使投资需求曲线向内移动，因此在每一个利率下都将有更少的投资支出。投资支出增加资本存量，从而导致投资支出更低并且资本存量增加量更小，直到达到稳定状态时，*MPK* 等于真正的资本成本 $(P_k/P)(r+\delta)$。

105. 投资支出有三种类型。企业固定投资包括企业购买用于生产的设备和建筑。住宅投资包括人们购买用于居住的新房和房东购买用于出租的新房。存货投资包括企业储存的货物，如原材料、半成品和产成品。

106. 新古典投资模型考察拥有资本货物的企业的收益和成本。该模型显示了投资水平——资本存量的增加与资本的边际产量、利率和影响企业的税收规则之间的关系。

107. 在经济中有两种类型的企业。生产企业利用它们租用的资本生产产品和服务。租赁企业在经济中进行所有的投资；它们购买资本品并将其出租给生产企业。

108. 资本的边际产量随着资本数量的增加而下降：企业拥有的资本越多，增加的资本单位对产出的贡献就越少。为了使利润最大化，企业应租用资本，直到资本的边际产量下降到与实际租赁价格相等为止。

109. 需求曲线向下倾斜，因为当资本数量增加时，资本的边际产量降低。

110. 许多经济学家认为柯布-道格拉斯生产函数能很好地描述实际经济是如何将资本和劳动转化为产品和服务的。柯布-道格拉斯生产函数为

$$Y=AK^{\alpha}L^{1-\alpha}$$

其中，Y 是产出；K 是资本；L 是劳动；A 是一个衡量技术水平的参数；α 是一个介于 0 和 1 之间的参数，用来衡量资本在产出中所占的份额。

111. 如果资本价格下降，企业就会亏损，因为企业的资产价值下降了。如果资本价格上升，企业就会受益，因为企业的资产增值了。

112. 一个企业对其资本存量的决定——是增加资本还是让资本贬值——取决于拥有

和出租资本是否有利可图。资本存量的变化（即净投资）取决于资本的边际产量和资本成本之间的差额。如果资本的边际产量超过资本成本，企业就会发现增加资本存量是有利的。如果资本的边际产量低于资本成本，它们就会减少资本存量。

113. 投资函数显示，当利率下降时，企业固定投资增加。这是因为较低的利率会使资本成本降低，从而持有资本更有利。

对题库的使用说明

1. 本题库按照教材《宏观经济学》（第十版）（N. 格里高利·曼昆著，卢远瞩译，北京：中国人民大学出版社，2020 年 1 月，ISBN：978-7-300-27631-1）官方配套题库对照译出。章节安排、专业术语、知识体系等均与原书一一对应。建议读者在阅读教材对应章节之后再进行练习。

2. 本题库与教材课后习题重复较少。从内容来看，教材课后习题倾向于对基本知识点的回顾，而本题库则通过提高难度和扩大覆盖面来进一步延伸教材内容，两者相得益彰。

3. 本题库只有两个题型，单项选择题和问答题。其中计算题也归于问答题一类。

4. 教师在使用时建议作为平时和期末考试的素材，学生在使用时建议在单项选择题的基础上对照教材进一步完善问答题的阐释。

5. 本题库英文版原书有部分刊印错误，译者做了修正，现举一例如下：

第 10 章第 12 题，原书答案为 C，译者认为应为 D，仅供参考。

经济科学译丛						
序号	书名	作者	Author	单价	出版年份	ISBN
1	曼昆版《宏观经济学》(第十版)课后题解答与题库	N. 格里高利·曼昆等	N. Gregory Mankiw	62.00	2021	978-7-300-28855-0
2	共谋理论和竞争政策	小约瑟夫·E. 哈林顿	Joseph E. Harrington, Jr.	39.00	2021	978-7-300-28804-8
3	国际经济学:理论与政策(第十一版)	保罗·R. 克鲁格曼等	Paul R. Krugman	98.00	2021	978-7-300-28805-5
4	微观经济学(第四版)	戴维·A. 贝赞可	David A. Besanko	125.00	2020	978-7-300-28647-1
5	经济建模:目的与局限	劳伦斯·A. 博兰德	Lawrence A. Boland	49.00	2020	978-7-300-28532-0
6	计量经济分析(第八版)(上下册)	威廉·H. 格林	William H. Greene	158.00	2020	978-7-300-27645-8
7	微观经济学(第四版)	保罗·克鲁格曼等	Paul Krugman	86.00	2020	978-7-300-28321-0
8	发展宏观经济学(第四版)	皮埃尔·理查德·阿根诺等	Pierre-Richard Agenor	79.00	2020	978-7-300-27425-6
9	平狄克《微观经济学》(第九版)学习指导	乔纳森·汉密尔顿等	Jonathan Hamilton	42.00	2020	978-7-300-28281-7
10	经济地理学: 区域和国家一体化	皮埃尔-菲利普·库姆斯等	Pierre-Philippe Combes	56.00	2020	978-7-300-28276-3
11	公共部门经济学(第四版)	约瑟夫·E. 斯蒂格利茨等	Joseph E. Stiglitz	96.00	2020	978-7-300-28218-3
12	递归宏观经济理论(第三版)	拉尔斯·扬奎斯特等	Lars Ljungqvist	128.00	2020	978-7-300-28058-5
13	策略博弈(第四版)	阿维纳什·迪克西特等	Avinash Dixit	85.00	2020	978-7-300-28005-9
14	劳动关系(第10版)	小威廉·H. 霍利等	William H. Holley, Jr.	83.00	2020	978-7-300-25582-8
15	微观经济学(第九版)	罗伯特·S. 平狄克等	Robert S. Pindyck	93.00	2020	978-7-300-26640-4
16	宏观经济学(第十版)	N. 格里高利·曼昆	N. Gregory Mankiw	79.00	2020	978-7-300-27631-1
17	宏观经济学(第九版)	安德鲁·B. 亚伯等	Andrew B. Abel	95.00	2020	978-7-300-27382-2
18	商务经济学(第二版)	克里斯·马尔赫恩等	Chris Mulhearn	56.00	2019	978-7-300-24491-4
19	管理经济学:基于战略的视角(第二版)	蒂莫西·费希尔等	Timothy Fisher	58.00	2019	978-7-300-23886-9
20	投入产出分析:基础与扩展(第二版)	罗纳德·E. 米勒等	Ronald E. Miller	98.00	2019	978-7-300-26845-3
21	宏观经济学:政策与实践(第二版)	弗雷德里克·S. 米什金	Frederic S. Mishkin	89.00	2019	978-7-300-26809-5
22	国际商务:亚洲视角	查尔斯·W.L. 希尔等	Charles W. L. Hill	108.00	2019	978-7-300-26791-3
23	统计学:在经济和管理中的应用(第10版)	杰拉德·凯勒	Gerald Keller	158.00	2019	978-7-300-26771-5
24	经济学精要(第五版)	R. 格伦·哈伯德等	R. Glenn Hubbard	99.00	2019	978-7-300-26561-2
25	环境经济学(第七版)	埃班·古德斯坦等	Eban Goodstein	78.00	2019	978-7-300-23867-8
26	管理者微观经济学	戴维·M. 克雷普斯	David M. Kreps	88.00	2019	978-7-300-22914-0
27	税收与企业经营战略:筹划方法(第五版)	迈伦·S. 斯科尔斯等	Myron S. Scholes	78.00	2018	978-7-300-25999-4
28	美国经济史(第12版)	加里·M. 沃尔顿等	Gary M. Walton	98.00	2018	978-7-300-26473-8
29	组织经济学:经济学分析方法在组织管理上的应用(第五版)	塞特斯·杜玛等	Sytse Douma	62.00	2018	978-7-300-25545-3
30	经济理论的回顾(第五版)	马克·布劳格	Mark Blaug	88.00	2018	978-7-300-26252-9
31	实地实验:设计、分析与解释	艾伦·伯格等	Alan S. Gerber	69.80	2018	978-7-300-26319-9
32	金融学(第二版)	兹维·博迪等	Zvi Bodie	75.00	2018	978-7-300-26134-8
33	空间数据分析:模型、方法与技术	曼弗雷德·M. 费希尔等	Manfred M. Fischer	36.00	2018	978-7-300-25304-6
34	《宏观经济学》(第十二版)学习指导书	鲁迪格·多恩布什等	Rudiger Dornbusch	38.00	2018	978-7-300-26063-1
35	宏观经济学(第四版)	保罗·克鲁格曼等	Paul Krugman	68.00	2018	978-7-300-26068-6
36	计量经济学导论:现代观点(第六版)	杰弗里·M. 伍德里奇	Jeffrey M. Wooldridge	109.00	2018	978-7-300-25914-7
37	经济思想史:伦敦经济学院讲演录	莱昂内尔·罗宾斯	Lionel Robbins	59.80	2018	978-7-300-25258-2
38	空间计量经济学入门——在R中的应用	朱塞佩·阿尔比亚	Giuseppe Arbia	45.00	2018	978-7-300-25458-6
39	克鲁格曼经济学原理(第四版)	保罗·克鲁格曼等	Paul Krugman	88.00	2018	978-7-300-25639-9
40	发展经济学(第七版)	德怀特·H. 波金斯等	Dwight H. Perkins	98.00	2018	978-7-300-25506-4
41	线性与非线性规划(第四版)	戴维·G. 卢恩伯格等	David G. Luenberger	79.80	2018	978-7-300-25391-6
42	产业组织理论	让·梯若尔	Jean Tirole	110.00	2018	978-7-300-25170-7
43	经济学精要(第六版)	巴德、帕金	Bade, Parkin	89.00	2018	978-7-300-24749-6
44	空间计量经济学——空间数据的分位数回归	丹尼尔·P. 麦克米伦	Daniel P. McMillen	30.00	2018	978-7-300-23949-1
45	高级宏观经济学基础(第二版)	本·J. 海德拉	Ben J. Heijdra	88.00	2018	978-7-300-25147-9
46	税收经济学(第二版)	伯纳德·萨拉尼耶	Bernard Salanié	42.00	2018	978-7-300-23866-1
47	国际贸易(第三版)	罗伯特·C. 芬斯特拉	Robert C. Feenstra	73.00	2017	978-7-300-25327-5
48	国际宏观经济学(第三版)	罗伯特·C. 芬斯特拉	Robert C. Feenstra	79.00	2017	978-7-300-25326-8

经济科学译丛						
序号	书名	作者	Author	单价	出版年份	ISBN
49	公司治理(第五版)	罗伯特・A.G. 蒙克斯	Robert A. G. Monks	69.80	2017	978-7-300-24972-8
50	国际经济学(第15版)	罗伯特・J. 凯伯	Robert J. Carbaugh	78.00	2017	978-7-300-24844-8
51	经济理论和方法史(第五版)	小罗伯特・B. 埃克伦德等	Robert B. Ekelund. Jr.	88.00	2017	978-7-300-22497-8
52	经济地理学	威廉・P. 安德森	William P. Anderson	59.80	2017	978-7-300-24544-7
53	博弈与信息:博弈论概论(第四版)	艾里克・拉斯穆森	Eric Rasmusen	79.80	2017	978-7-300-24546-1
54	MBA宏观经济学	莫里斯・A. 戴维斯	Morris A. Davis	38.00	2017	978-7-300-24268-2
55	经济学基础(第十六版)	弗兰克・V. 马斯切纳	Frank V. Mastrianna	42.00	2017	978-7-300-22607-1
56	高级微观经济学:选择与竞争性市场	戴维・M. 克雷普斯	David M. Kreps	79.80	2017	978-7-300-23674-2
57	博弈论与机制设计	Y. 内拉哈里	Y. Narahari	69.80	2017	978-7-300-24209-5
58	宏观经济学(第十二版)	鲁迪格・多恩布什等	Rudiger Dornbusch	69.00	2017	978-7-300-23772-5
59	国际金融与开放宏观经济学:理论、历史与政策	亨德里克・范登伯格	Hendrik Van den Berg	68.00	2016	978-7-300-23380-2
60	经济学(微观部分)	达龙・阿西莫格鲁等	Daron Acemoglu	59.00	2016	978-7-300-21786-4
61	经济学(宏观部分)	达龙・阿西莫格鲁等	Daron Acemoglu	45.00	2016	978-7-300-21886-1
62	中级微观经济学——直觉思维与数理方法(上下册)	托马斯・J. 内契巴	Thomas J. Nechyba	128.00	2016	978-7-300-22363-6
63	环境与自然资源经济学(第十版)	汤姆・蒂坦伯格等	Tom Tietenberg	72.00	2016	978-7-300-22900-3
64	货币金融学(第十一版)	弗雷德里克・S. 米什金	Frederic S. Mishkin	85.00	2016	978-7-300-23001-6
65	动态优化——经济学和管理学中的变分法和最优控制(第二版)	莫顿・I. 凯曼等	Morton I. Kamien	48.00	2016	978-7-300-23167-9
66	投资学精要(第九版)	兹维・博迪等	Zvi Bodie	108.00	2016	978-7-300-22236-3
67	环境经济学(第二版)	查尔斯・D. 科尔斯塔德	Charles D. Kolstad	68.00	2016	978-7-300-22255-4
68	MWG《微观经济理论》习题解答	原千晶等	Chiaki Hara	75.00	2016	978-7-300-22306-3
69	横截面与面板数据的计量经济分析(第二版)	杰弗里・M. 伍德里奇	Jeffrey M. Wooldridge	128.00	2016	978-7-300-21938-7
70	宏观经济学(第十二版)	罗伯特・J. 戈登	Robert J. Gordon	75.00	2016	978-7-300-21978-3
71	动态最优化基础	蒋中一	Alpha C. Chiang	42.00	2015	978-7-300-22068-0
72	管理经济学:理论、应用与案例(第八版)	布鲁斯・艾伦等	Bruce Allen	79.80	2015	978-7-300-21991-2
73	微观经济分析(第三版)	哈尔・R. 范里安	Hal R. Varian	68.00	2015	978-7-300-21536-5
74	财政学(第十版)	哈维・S. 罗森等	Harvey S. Rosen	68.00	2015	978-7-300-21754-3
75	经济数学(第三版)	迈克尔・霍伊等	Michael Hoy	88.00	2015	978-7-300-21674-4
76	发展经济学(第九版)	A.P. 瑟尔沃	A. P. Thirlwall	69.80	2015	978-7-300-21193-0
77	宏观经济学(第五版)	斯蒂芬・D. 威廉森	Stephen D. Williamson	69.00	2015	978-7-300-21169-5
78	现代时间序列分析导论(第二版)	约根・沃特斯等	Jürgen Wolters	39.80	2015	978-7-300-20625-7
79	空间计量经济学——从横截面数据到空间面板	J. 保罗・埃尔霍斯特	J. Paul Elhorst	32.00	2015	978-7-300-21024-7
80	战略经济学(第五版)	戴维・贝赞可等	David Besanko	78.00	2015	978-7-300-20679-0
81	博弈论导论	史蒂文・泰迪里斯	Steven Tadelis	58.00	2015	978-7-300-19993-1
82	社会问题经济学(第二十版)	安塞尔・M. 夏普等	Ansel M. Sharp	49.00	2015	978-7-300-20279-2
83	时间序列分析	詹姆斯・D. 汉密尔顿	James D. Hamilton	118.00	2015	978-7-300-20213-6
84	微观经济理论	安德鲁・马斯-克莱尔等	Andreu Mas-Collel	148.00	2014	978-7-300-19986-3
85	产业组织:理论与实践(第四版)	唐・E. 瓦尔德曼等	Don E. Waldman	75.00	2014	978-7-300-19722-7
86	公司金融理论	让・梯若尔	Jean Tirole	128.00	2014	978-7-300-20178-8
87	公共部门经济学	理查德・W. 特里西	Richard W. Tresch	49.00	2014	978-7-300-18442-5
88	计量经济学导论(第三版)	詹姆斯・H. 斯托克等	James H. Stock	69.00	2014	978-7-300-18467-8
89	中级微观经济学(第六版)	杰弗里・M. 佩罗夫	Jeffrey M. Perloff	89.00	2014	978-7-300-18441-8
90	计量经济学原理与实践	达摩达尔・N. 古扎拉蒂	Damodar N. Gujarati	49.80	2013	978-7-300-18169-1
91	经济学简史——处理沉闷科学的巧妙方法(第二版)	E. 雷・坎特伯里	E. Ray Canterbery	58.00	2013	978-7-300-17571-3

经济科学译丛

序号	书名	作者	Author	单价	出版年份	ISBN
92	环境经济学	彼得・伯克等	Peter Berck	55.00	2013	978-7-300-16538-7
93	高级微观经济理论	杰弗里・杰里	Geoffrey A. Jehle	69.00	2012	978-7-300-16613-1
94	高级宏观经济学导论:增长与经济周期(第二版)	彼得・伯奇・索伦森等	Peter Birch Sørensen	95.00	2012	978-7-300-15871-6
95	卫生经济学(第六版)	舍曼・富兰德等	Sherman Folland	79.00	2011	978-7-300-14645-4
96	现代劳动经济学:理论与公共政策(第十版)	罗纳德・G. 伊兰伯格等	Ronald G. Ehrenberg	69.00	2011	978-7-300-14482-5
97	计量经济学基础(第五版)(上下册)	达摩达尔・N. 古扎拉蒂	Damodar N. Gujarati	99.00	2011	978-7-300-13693-6
98	《计量经济学基础》(第五版)学生习题解答手册	达摩达尔・N. 古扎拉蒂等	Damodar N. Gujarati	23.00	2012	978-7-300-15080-8

金融学译丛

序号	书名	作者	Author	单价	出版年份	ISBN
1	金融工程学原理(第三版)	罗伯特・L. 科索斯基等	Robert L. Kosowski	109.00	2020	978-7-300-28541-2
2	金融市场与金融机构(第12版)	杰夫・马杜拉	Jeff Madura	99.00	2020	978-7-300-27836-0
3	个人理财(第11版)	E. 托马斯・加曼等	E. Thomas Garman	108.00	2020	978-7-300-25653-5
4	银行学(第二版)	芭芭拉・卡苏等	Barbara Casu	99.00	2020	978-7-300-28034-9
5	金融衍生工具与风险管理(第十版)	唐・M. 钱斯	Don M. Chance	98.00	2020	978-7-300-27651-9
6	投资学导论(第十二版)	赫伯特・B. 梅奥	Herbert B. Mayo	89.00	2020	978-7-300-27653-3
7	金融几何学	阿尔文・库鲁克	Alvin Kuruc	58.00	2020	978-7-300-14104-6
8	银行风险管理(第四版)	若埃尔・贝西	Joël Bessis	56.00	2019	978-7-300-26496-7
9	金融学原理(第八版)	阿瑟・J. 基翁等	Arthur J. Keown	79.00	2018	978-7-300-25638-2
10	财务管理基础(第七版)	劳伦斯・J. 吉特曼等	Lawrence J. Gitman	89.00	2018	978-7-300-25339-8
11	利率互换及其他衍生品	霍华德・科伯	Howard Corb	69.00	2018	978-7-300-25294-0
12	固定收益证券手册(第八版)	弗兰克・J. 法博齐	Frank J. Fabozzi	228.00	2017	978-7-300-24227-9
13	金融市场与金融机构(第8版)	弗雷德里克・S. 米什金等	Frederic S. Mishkin	86.00	2017	978-7-300-24731-1
14	兼并、收购和公司重组(第六版)	帕特里克・A. 高根	Patrick A. Gaughan	89.00	2017	978-7-300-24231-6
15	债券市场:分析与策略(第九版)	弗兰克・J. 法博齐	Frank J. Fabozzi	98.00	2016	978-7-300-23495-3
16	财务报表分析(第四版)	马丁・弗里德森	Martin Fridson	46.00	2016	978-7-300-23037-5
17	国际金融学	约瑟夫・P. 丹尼尔斯等	Joseph P. Daniels	65.00	2016	978-7-300-23037-1
18	国际金融	阿德里安・巴克利	Adrian Buckley	88.00	2016	978-7-300-22668-2
19	个人理财(第六版)	阿瑟・J. 基翁	Arthur J. Keown	85.00	2016	978-7-300-22711-5
20	投资学基础(第三版)	戈登・J. 亚历山大等	Gordon J. Alexander	79.00	2015	978-7-300-20274-7
21	金融风险管理(第二版)	彼德・F. 克里斯托弗森	Peter F. Christoffersen	46.00	2015	978-7-300-21210-4
22	风险管理与保险管理(第十二版)	乔治・E. 瑞达等	George E. Rejda	95.00	2015	978-7-300-21486-3
23	个人理财(第五版)	杰夫・马杜拉	Jeff Madura	69.00	2015	978-7-300-20583-0
24	企业价值评估	罗伯特・A. G. 蒙克斯等	Robert A. G. Monks	58.00	2015	978-7-300-20582-3
25	基于Excel的金融学原理(第二版)	西蒙・本尼卡	Simon Benninga	79.00	2014	978-7-300-18899-7
26	金融工程学原理(第二版)	萨利赫・N. 内夫特奇	Salih N. Neftci	88.00	2014	978-7-300-19348-9
27	国际金融市场导论(第六版)	斯蒂芬・瓦尔德斯等	Stephen Valdez	59.80	2014	978-7-300-18896-6
28	金融数学:金融工程引论(第二版)	马雷克・凯宾斯基等	Marek Capinski	42.00	2014	978-7-300-17650-5
29	财务管理(第二版)	雷蒙德・布鲁克斯	Raymond Brooks	69.00	2014	978-7-300-19085-3
30	期货与期权市场导论(第七版)	约翰・C. 赫尔	John C. Hull	69.00	2014	978-7-300-18994-2
31	国际金融:理论与实务	皮特・塞尔居	Piet Sercu	88.00	2014	978-7-300-18413-5
32	货币、银行和金融体系	R. 格伦・哈伯德等	R. Glenn Hubbard	75.00	2013	978-7-300-17856-1
33	并购创造价值(第二版)	萨德・苏达斯纳	Sudi Sudarsanam	89.00	2013	978-7-300-17473-0
34	个人理财——理财技能培养方法(第三版)	杰克・R. 卡普尔等	Jack R. Kapoor	66.00	2013	978-7-300-16687-2
35	国际财务管理	吉尔特・贝克特	Geert Bekaert	95.00	2012	978-7-300-16031-3
36	应用公司财务(第三版)	阿斯沃思・达摩达兰	Aswath Damodaran	88.00	2012	978-7-300-16034-4
37	资本市场:机构与工具(第四版)	弗兰克・J. 法博齐	Frank J. Fabozzi	85.00	2011	978-7-300-13828-2

图书在版编目（CIP）数据

曼昆版《宏观经济学》（第十版）课后题解答与题库/（美）N. 格里高利·曼昆，（美）马克·吉布森著；郝延伟，卢远瞩译．--北京：中国人民大学出版社，2021.1
（经济科学译丛）
书名原文：Solution Manual and Test Bank for Macroeconomics，10e
ISBN 978-7-300-28855-0

Ⅰ.①曼… Ⅱ.①N… ②马… ③郝… ④卢… Ⅲ.①宏观经济学-题解 Ⅳ.①F015-44

中国版本图书馆 CIP 数据核字（2020）第 268285 号

"十三五"国家重点出版物出版规划项目
经济科学译丛
曼昆版《宏观经济学》（第十版）课后题解答与题库
N. 格里高利·曼昆
马克·吉布森 著
郝延伟
卢远瞩 译
Mankun Ban《Hongguan Jingjixue》（Di-shi Ban）Kehouti Jieda yu Tiku

出版发行	中国人民大学出版社		
社　　址	北京中关村大街 31 号	**邮政编码**	100080
电　　话	010－62511242（总编室）		010－62511770（质管部）
	010－82501766（邮购部）		010－62514148（门市部）
	010－62515195（发行公司）		010－62515275（盗版举报）
网　　址	http://www.crup.com.cn		
经　　销	新华书店		
印　　刷	北京昌联印刷有限公司		
开　　本	787 mm×1092 mm　1/16	**版　　次**	2021 年 1 月第 1 版
印　　张	24.5 插页 2	**印　　次**	2024 年 6 月第 6 次印刷
字　　数	619 000	**定　　价**	62.00 元